# 군사주의

## 폭력의 이데올로기와 작동방식

서보혁 지음

MILITARISM
THE IDEOLOGY
AND MECHANISMS
OF VIOLENCE

박영사

# 여는 말

 필자가 군사주의에 관심을 갖고 연구하게 된 계기는 북한·통일문제였다. 그 문제를 민족문제, 체제·이념의 문제 혹은 한반도 문제라는 울타리를 벗어나 평화, 인권 등 보편가치의 문제로 접근하면서, 서서히 '군사주의', '군사화'라는 단어가 눈에 들어오기 시작하였다. 평화, 인권과 군사주의는 일견 반명제의 관계로 보이지만 본질에서는 동전의 양면과 같다. 인간 사회가 모순적인 것처럼….

 한반도 문제를 보편가치에 기반해 접근하는 것과 군사주의로 접근하는 것이 별반 다르지 않다고 말할 수 있다. 그렇다면 군사주의로 접근하는 것은 단지 지적인 호기심의 발로에 불과한 것인가? 필자가 한반도 문제를 한반도의 울타리에서 벗어나 보편적 시각에서 접근한 것은 지금도 타당하다고 믿는다. 문제는 보편가치가 당위만이 아니라 그 반대의 현실이 엄존한다는 데 있다. 보편가치가 하나만이 아니라는 점도 중대한 고려사항이다. 한반도 문제를 보편적 시각에서 접근함은 민족, 국가, 이념의 틀로 접근할 때의 장단점을 드러내주면서 결국 둘을 상호보완적으로 엮어줄 수 있다. 동시에 필자는 평화학의 시각에서 한반도 문제를 탐구하면서 필자의 연구 시각과 접근 방법에 오류를 발견하였다. 그 오류란 평화학의 시선이 규범적 접근이라는 생각, 그 생각은 무의식적인 듯하였는데 객관적인 자세를 잃어가는 현상을 초래하였다. 규범적 접근을 평화학의 특징 중 하나로 꼽을 수 있지만, 평화학이 규범적 접근에만 의존하는 것은 아니다. 그렇게 수년을 지나

오면서, 불현듯 평화학의 온전한 이름은 '평화·분쟁연구'임이 떠올랐다. 폭력과 분쟁이 없다면, 그 비인간성과 반생명성이 없는데 왜 평화학이 필요한가 하는 자성이 일어난 것이다. 군사주의, 군사화에 더욱 관심을 갖고 공부하게 된 이유가 여기에 있다. 그러면서 10여 년이 지나왔다. 이것이 이 책을 출간한 변명이기도 하다. 다만, 이런 지적 편력은 한반도에서 평화를 궁리하는 학생의 고민이자 평화연구의 보편성과 특수성이 조우하는 한 단면이 아닌가 생각해본다.

군사주의를 광의로 접근하는 이 책의 시각에서 보면 한국사회와 한반도의 군사주의를 예외적 현상으로 볼 필요는 없을 것이다. 오히려 한반도는 다른 몇몇 나라와 함께 전형적인 군사주의의 예로 간주할 수도 있다. 그런데 왜 학계와 언론에서 군사주의는 무관심을 받아왔을까 하고 의문이 든다. 그만큼 군사주의는 우리 안에 오래전부터 들어와 있고 의문이 들지 않을 정도로 익숙하고 자연스러운지도 모른다. 그럼에도 위 질문에 답을 구해보자면 분단, 북한에 대한 이중적 의식, 즉 흡수통일의 대상이자 공존의 대상으로서 북한, 그 연장선상에서 세계와 호흡하며 민주주의와 평화주의, 생태주의를 사유하고 실천하기 힘든 복합적 폭력 구조가 한국사회와 한반도에 작동해온 것이 아닌가 생각해보는 것이다. 그 구조에 군사주의가 권위주의, 식민주의, 민족주의 등과 동거해왔다고 보는 것이다.

이 책을 출간하지만 그 기쁨보다도 세계 도처에서 전쟁이 진행되고 한반도에서도 긴장이 높은 현실에 무거운 마음을 금할 수 없다. 전쟁과 폭력이 인간사의 필요악인지는 모른다. 그런 전제 위에 서 있는지 몰라도 전쟁법과 국제인도법으로 전쟁을 제한하는 노력 또한 인간이 추구하는 바이다. 그런데 우크라이나 접경지역과 가자지구 일대에서 벌어지는 전쟁범죄와 반인도적 범죄는 군사주의를 자연스러운 인간 문화의 하나로 치부하기에는 심각한 작태가 아닐 수 없다. 국가 차원에서 보자면, 국민의 생명과 복리와 직결되는 정책을 국민의 의사를 충분히 수렴하지 않고 소수 권력집단이 일방적으로 결정하고 집행하는 행태와 그것이 문제가 아니라는 사고가 바로 군사주의적 현상에 다르지 않다. 군사주의에 관심을 갖고 깨어 있어야 평화는 물론 민주주의도, 생태주의도, 인권 보호도 가능함을 재확인한다. 사람을 죽이는 일에 직간접적으로 관여하면서 나 자신과 가족 그리고 자기 국가의 안녕을 추구하는 지독한 모순을 '현실주의'로 변명하는 것은 자기 기만이자 위선에 다르지 않다. 군사주의를 오늘까지의 우리를 성찰하고, 공감하고 공존하는 내일을 설계하는 안내자로 소개하고 싶었다. 전쟁의 위험을 안고 있는 한반도는 물론, 전쟁의 영구화를 우려하는 세계 시민들과 함께 전쟁과 폭력을 만들어내는 검은 메커니즘을 살펴보고자 하였다. 그럴 때 평화와 민주주의 그리고 조화로운 삶을 찾아갈 수 있을 것이라 생각하였다.

이제 평화로운 학술적 논의의 장은 사라졌다. 이론과 실천이 결합하지 않으면 안 되는 실존적 위기의 시대, 지구촌에 살아가는 모든 생명체, 특히 인간의 각성이 절실한 때에 진입한 것이다.

# 감사의 말씀

이 책을 출간하기까지 많은 분들의 도움이 있었음을 기억한다. 평화연구와 평화운동을 함께 생각하는 안목을 길러주신 박경서 전 대한민국 인권대사께 깊이 감사드린다. 정년 은퇴하신 지도교수 한국외대 남궁영 교수님의 가르침에도 감사드린다. 김천식 통일연구원장님의 성원과 격려에도 감사드린다. 김연철 전 통일부 장관의 계속되는 격려는 큰 힘이 되고 있다. 한반도 문제를 평화학의 관점에서 연구하도록 이끌어주신 박명규 전 서울대 통일평화연구원장과 연구원에서 함께 공부한 김병로, 김성철, 이동기, 장용석, 송영훈, 정은미, 백지운, 이문영, 김학재, 한모니까, 김태우 교수님들과 가진 학문적 교류가 군사주의를 연구하는 풍부한 밑거름이 되었음을 기억하며 고마움을 전하고 싶다. 학계와 시민단체에서 함께 토의하고 자극을 준 박순성, 김재명, 구갑우, 이남주, 이혜정, 이기호, 이경주 교수, 임재성 변호사, 이태호, 박정은, 정욱식 선생께도 감사드린다. 한국국제정치학회, 북한연구학회, 한국정치연구회, 현대북한연구회 그리고 아시아종교평화학회의 많은 선배, 동료 연구자들과 지금껏 이어 오는 우정과 격려도 잊을 수 없다. 평소 평화연구를 하며 지적인 연대를 이어가고 있는 이찬수, 원영상, 이성용, 허지영, 강혁민, 차승주, 박홍서 교수의 지지에도 고마움을 전하고 싶다. 근무하고 있는 통일연구원의 동료 연구자들의 격려에도 감사드린다. 융복합 평화연구의 당위와 어려움을 공감하고 필자의 연구를 지지해주고 있는 황수환, 최규빈, 장철운, 나용우, 이용재 박사와도 출간의 기쁨을 나누고 싶다. 통일연구원 자료실의 박청문 선생님의 호의에도 감사드린다. 용혜민, 김현주 연구원은 바쁜 가운데서도 명랑하게 참고문헌을 정리해주고 표지를 만드는 데 도움말을 주었다. 어려운 출판계 여건에도 불구하고 필자를 믿고 출간을 결정해주신 박영사 안종만 회장님, 안상준 대표님과 출간에 수고를 아끼지 않으신 김한유 과장님, 사윤지 선생님에게도 감사드린다.

군사주의와 민주주의를 함께 연구하고 이 책의 일부를 함께 구성해준 김진주 석사에게도 고마움을 전하며 장래 학자로서 장성할 것을 기대해 마지않는다. 이 책의 제III~IV부의 일부는 민주화기념사업회가 주관한 '2023년 학술논문공모' 사업에 채택된 두 사람의 논문, '복합 군사화와 민주주의에의 함의'에 소개되었음을 밝혀둔다. 물론 군사주의 관련 내용은 필자가 집필하였다. 마지막으로 함께 살고 공부하면서 필자를 위해 기도하고 지지해주는 이나미 교수에게 마음으로부터 우러나오는 감사의 마음을 전하고 싶다. 나미의 희생과 건설적인 토론이 이어지지 않았다면 필자가 지금까지 공부하기 힘들었을 것이 분명하다.

분쟁으로 세상을 떠난 이들과 지금도 분쟁 속에서 고통을 겪고 있는 모든 사람들과 뭇 생명들에게 하느님의 가호가 함께 하기를 기원한다.

# 추천의 글

분단체제 속에 살아가고 있는 사람들은 어떻게 군사를 경험했을까? 남북 모두의 일상과 삶 속에는 군사적 특색이 뚜렷하다. 한반도의 과거와 현재를 이해하고 미래를 위한 설득력 있는 답을 구하기 위해 군사적 요소는 대단히 중요하다. 이 책 자체만으로 군사주의의 굴레에서 벗어나 평화로움을 느끼는 매우 독특한 경험을 얻는다.

_ 김동엽 (북한대학원대학교 교수)

저자에 따르면 군사주의는 선사시대 이후 지속되어 온 인류 보편사적인 현상으로 한반도의 분단정전체제뿐만 아니라 러시아-우크라이나 전쟁, 이스라엘-하마스 전쟁, 더 나아가 사회 영역에서 발생하는 다양한 갈등 등 국제적 차원과 일국적 차원을 넘어 전 세계적 차원에서 분쟁과 평화를 설명하는 핵심 개념 가운데 하나이다. 분단 이후 왜 그토록 오랫동안 분단정전체제가 한반도에서 유지되고 있는지 궁금해하는 독자들에게 일독을 권한다.

_ 김범수 (서울대학교 통일평화연구원 원장, 2025년 한국정치학회 회장)

참으로 많이 쓰는 말이지만 선명히 인지되거나 감각되지 않는 군사주의. 이를 망라한 독보적인 책이다. 일상에서부터 국제정치까지, 몸과 감정, 젠더, 식민지까지 민간사회와 군사활동이 연계된 여러 지점들을 살피며 역사적으로 켜켜이 얽혀 구조화된 군사주의를 알고 싶다면, 바로 이 책이다.

_ 김엘리 (성공회대학교 젠더연구소 연구교수)

군사주의만큼 중요한 개념이 그동안 한국 학계에서 본격적 연구 대상이 되지 못했다는 것은 꽤나 놀라운 일이다. 그리고 이 책을 읽는 많은 독자들에게, 우리나라의 대표 평화학자인 서보혁 박사가 그 큰 학술 공백을 체계적이고 종합적으로 메우는 과정 역시 놀라운 일로 기억될 것이다. 향후 이 책에 의해 촉발될 새로운 학술 논쟁이 무척 기대된다.

_ 이성용 (일본 소카대학교 문학부 교수)

진지하고, 체계적이고, 종합적이다. 전 세계 군사주의의 역사, 이론, 사례 등 모든 것을 교차시키면서 군사주의의 다차원성을 이 한 권에 담아냈다. 국제정치와 평화연구 20년의 내공이 이 책을 내기 위한 10여 년의 시간 속에 고스란히 녹아있다.

_ 이찬수 (아시아종교평화학회 부회장, 전 보훈교육연구원 원장)

한반도 문제, 평화와 군사에 대하여 일이관지 천착해 온 저자는 마침내 군사주의에 대한 체계적인 학술 연구이자 시대에 대한 실천적 통찰을 담은 역작을 펴냈다. 새로운 전쟁의 세기로 접어들지도 모르는 이때 한반도 시민들의 필독서가 아닌가 한다.

_ 정태욱 (인하대학교 법학전문대학원 교수)

# 목차

| 제IV부 |
| --- |

# 군사주의의 다차원성     331

# 서장

## 1. 문제의 제기

이 책을 내는 데 우크라이나와 중동에서 벌어지고 있는 전쟁을 염두에 둔 것은 아니다. 그렇지만 두 분쟁의 심각한 영향도 그렇거니와, 두 분쟁이 이 책의 주제와 직결되어 있음을 먼저 언급하지 않을 수 없다. 연구자가 아니라 평범한 한 인간으로서, 싸우지 않고 사이좋게 살아가기를 소망하는 평범한 한 시민으로서 자괴감을 떨칠 수 없다. 전쟁은 왜 일어나는가? 그것이 불가피하다면 국제사회가 합의한 전쟁법을 준수하지 않고 전쟁범죄와 반인도적 범죄를 자행하는 것은 무엇 때문인가? 이 무거운 질문에 감정을 추스르고 연구자의 자세를 갖춰 답을 구해가야 할 것이다. 이 책은 위 두 질문에 대한 설득력 있는 답을 구하고 있다.

지나고 나서 하는 말이 아니라 시작할 때부터 불안이 묻어 있었다. 2018년 1월 1일, 북한 김정은 국무위원장이 신년사에서 평창 동계올림픽에 참가한다고 밝혔다. 2017년 말까지, 김정은 정권은 트럼프 정권과 전쟁을 몇 차례 하고도 남을 정도로 극도로 적대적인 언사를 주고받았다. 물론 그사이 북한은 핵실험과 장거리미사일 시험발사를 잇달아 감행하였고, 미국은 전략자산을 전개하며 물러서지 않았다. 해가 바뀌자마자 언행도 바뀌었다. 북한이 평창 올림픽에 참가하기로 결정한 것을 계기로 2018년에 분단 70여 년 최초로 남북, 북미, 북중 정상회담이 잇달아 일어나면서 소위 비핵평화 협상이 본격적으로 전개되는 양상을 보였다. 남북 정상이 판문점과 평양에서 화해 분위기를 조성하고 재래식 전력 분야에서 군비통제 방안에 합의하고, 북미 간에는 비핵화와 안전보장의 맞교환을 핵심으로 하는 협상을 추진하였다. 그러나 양측의 협상은 결론을 짓기에 턱없이 부족하였고, 그 여파는 남북관계에도 미쳤다. 하노이 담판의 결렬은 트럼프 정권의 경우 국내정치적 곤경을 완화하는 수단으로, 김정은 정권의 경우 핵능력 고도화를 위한 기만전술의 일환으로 당시부터 평가되었다. 그 사이 한국 정부는 북미 간 비핵화 협상의 촉진자 역할을 자부했지만 당사자 역할을 방기했다는 비판을 샀다. 결과는 지금 우리들이 보고 있는 바와 같다. 북한의 핵능력 강화와 한미 동맹 및 대북 제재 강화 그리고 남북 간 불신의 고조다. 한마디로 2018년 이후 한반도는 통일과 평화와는 더욱 멀어지고 일종의 비평화 구조로서의 '분단정전체제'[1]가 더 굳어지는 것처럼 보인다. 패배감과 비관론이 한반도 공기를 지배하게 되었다. 독일이 통일하고, 북아일랜드가 평화의 길로 들어서고, 분단된 사이프러스도 교류와 협력이 지속되는데, 왜 한반도는…. 하노이 협상 결렬이후 한반도에서 통일과 평화는 불가능한 비원(悲願)에 불과한 것인지, 회의가 드는 것이 이상해 보이지 않았다. 그럼에도 만물의 운동 법칙, 곧 변화와 발전이 한반도에서만 예외일까 자조해보는 것이다. 분단이 있는 곳에 통일의 싹이, 대결이 있는 곳에 협력의 기운이 보이지 않는 곳에서부터 일어나지 않을까 희망해보는 것이다.

　필자는 오래전부터, 적어도 10여 년 전부터 분단정전체제의 지속성에 대한 이해와 그 변화, 곧 통일·평화로의 전환을 통합해 사고할 거시 개념을 찾아 헤매왔다. 분단정전체제가 왜, 어떻게 장기화되고 있는가? 그동안 분단체제와 정전체제는 논자의 관심사와 선호에 따라 선택적으로 호명되어 왔다. 그러나 분단은 전쟁으로 굳어졌고 전쟁은 분단으로 일어났다. 그리고 그 유무형의 구성 요소들이 구비되어 이들이 악순환하면서 하나의 거대 체제로 굳어졌다. 이를 구분해 분단체제, 정전체제라 불러도 그것은 분단정전체제의 일부이지, 별개의 두 체제가 아닌 것이다. 분단정전체제 자체가 여러 요소로 구성되는데, 그 장기성은 체제의 복합성을 더해주고 있다. 가령, 2018년 한반도 상황의 전개를 특정 요소(행위자이든 영역이든)에 주목해 논의하는 것은 필요하지만 그것으로 환원해 이해하는 태도는 부적절하다. 분단정전체제에 대한 통합적인 이해는 통일평화체제의 가능성을 전망하는 기초이다. 말하자면 횡으로 분단정전체제의 구조, 종으로 분단정전체제의 변화를 연결지어 파악할 거시 개념이 필요하다는 생각을 하게 된 것이다. 그 개념을 한반도의 특수성을 충분히 반영하되 거기에 빠지지 않고 세계 다른 분쟁·평화 사례들도 분석할 수 있는 이론적 보편성이 있어야 할 것이었다. 그 개념을 찾아나서 '군사주의(militarism)'를 찾았다. 그리고 그동안 이 개념의 타당성과 유용성을 다양한 계기를 통해 검토해왔다.

극단적인 현실주의자가 아니라면 분단정전체제를 통일평화체제로 전환시킬 필요성에 대부분의 한국인들은 공감할 것이다. 현실은 그것을 규정하는 힘에 의해서 인정할 수밖에 없는 삶의 터전이지만, 삶은 현실을 더 바람직한 방향으로 바꾸어가는 바탕이기도 하다. 마찬가지로 전쟁과 평화 문제도 오늘의 현실에서 그것을 지양한 현실을 만들어갈 수 있다.

편리한 이분법을 옆으로 밀어놓는다. 그러면 전쟁과 평화, 선과 악은 현실에서든 변화의 관점에서든 둘을 확연히 구별하기 힘들다. 분단 아래서 통일의 기운이 싹트듯이, 전쟁의 이면에서 평화의 싹이 움트는 것이다. 물론 가치의 관점에서 보면 분단정전체제와 전쟁을 악, 통일평화체제와 평화를 선으로 나눌 수 있다. 그러나 인간 역사와 사물의 객관적 운동법칙에서 본다면 그 둘은 서로 맞서는 힘이라기보다는 정도에 차이가 있는 하나의 연속체의 일부이다. 여기서 군사주의론의 잠재력을 발견하게 된다. 군사주의론은 한반도에서 분단정전체제와 통일평화체제 그리고 보편적인 차원에서 전쟁과 평화를 연속선상에서 분석하고 전망할 잠재력을 갖고 있다. 이와 관련해 폭력과 평화를 하나의 연속체로 간주하고 그 성격과 변화를 개념, 이론, 방법 등의 측면에서 다루고 사례연구로 입증하는 최근의 연구성과를 참고할 만하다.[2] 이런 학술적 논의가 아니더라도 세계를 일원적으로 보는 시각의 유용성은 널리 인정되고 있다. 정신과 물질, 전체와 부분, 보편과 특수는 상호작용하며 하나의 세계를 형성하고 재구성하는 것이다.

새천년이 시작될 때 인류가 희망했던 것과 달리, 오늘날 세계는 미증유의 '글로벌 복합위기' 시대로 진입하고 있다. 국가안보를 목적으로 하는 국가 간 경쟁과 타협이 전통적인 국제정치관이다. 국가안보 패러다임(paradigm)은 지금도 주류 입장을 점하고 있는 듯하다. 세계화 시대 들어 금융, 자원, 공급망과 같은 경제적 이슈가 새로운 안보 이슈, 곧 비전통적 안보 이슈로 등장하여 국제질서에 영향을 미치고 있다. 오늘날 국제질서가 전통적 안보에서 비전통적 안보로 전환하였는지 의심스럽다. 왜냐하면 지난 10여 년 사이 지구촌에서 분쟁이 커지고 관련 동향이 심각해지고 있기 때문이다. 이것은 새천년 들어 인류가 기대해 온 세계평화와 번영에 멀어지는 현상이다.

세계 분쟁과 군비경쟁을 조사하는 스톡홀름국제평화문제연구소(SIPRI)의 분석에 따르면,[3] 2022년 국제분쟁은 56건이 발생하였다. 그중 유럽에서 러시아-우크라이나 전쟁이 국가 간 전쟁이고, 나머지는 유럽 밖에서 일어났는데 모두 내전이다. 이 현황은 2021년 대비 5건이 늘어난 것이다. 그중 1만 명 이상이 관여하는 주요 분쟁은 러-우 전쟁, 미얀마 분쟁, 니제르 분쟁으로 나타났다. 그러나 이스라엘-하마스 분쟁으로 분쟁의 숫자와 규모 그리고 그 양상은 사뭇 크게 변하였다. 희생자 수가 2024년 2월 20일 현재, 3만 명을 넘어섰고, 그중 여성, 아동, 언론인 등 민간인 피해가 절반이 넘는다. 장기화 양상을 띠는 러-우 전쟁 역시 수십 만 명의 사상자와 수백 만 명의 난민이 발생하였다. 유엔을 비롯한 국제기구와 일부 국가들이 휴전과 평화 협상을 촉구하고 있지만 전쟁 당사자들은 총을 내려놓지 않고 있다. 또 위 연구소의 보고에 따르면, 전통적인 분쟁의 경우에도 지난 10여 년 사이에 분쟁을 부추기는 군비 지출 및 무기 이전이 늘어났다. 특히, 러-우 전쟁이 일어난 것을 계기로 2021~22년 사이 동아시아, 중서부 유럽, 중동에서의 군비 지출(3.2~3.6% 증가)보다 동유럽에서 58%의 압도적 증가세를 보였다. 또 무기 수입이 두드러진 지역이 2018~22년 사이 아시아-오세아니아(41%), 중동(31%)으로 나타났다. 러-우 전쟁에 남북한이 각각 다른 일방을 지지하며 군사협력을 하고 있다는 것은 국제 및 한반도 평화와 관련해 깊은 의미를 불러일으킨다.

시간을 좀 더 늘려 2008~23년 사이에도 세계는 점점 평화가 멀어지는 것으로 나타났다. 이 기간 동안 95개국에서 평화가 악화되었고, 66개국은 개선된 것으로 평가되었다. 호주의 경제평화연구소(IEP)가 제안하고 있는 세계평화지수(Global Peace Index: GPI) 중 16개 항목이 악화되었고 개선된 항목은 8개뿐이었다. 세계평화지수는 안전과 안보, 지속적 분쟁, 군사화, 이 세 영역을 통해 평화를 측정한다. 측정 결과 2008~23년 세계평화가 악화된 것으로 나타났는데, 군사화 영역에서는 개선을 보이는, 일견 모순된 현상이 발견되었다. 2008년 이래 군사화는 6.2% 개선된 것으로 나타났다. 그렇지만 이 보고서는 러-우 전쟁의 지속, 국제분쟁의 확산, 가성비 높은 무기 기술의 확산 등으로 군사화의 개선을 제약하는 측면들도 언급하고 있다. 또 러-우 전쟁의 두 당사국과 이 전쟁에의 무기 지원 및 수출국들의 관여가 촉진자 역할을 하면서 전 세계 군사비 지출은 증대하였다. 안전과 안보, 지속적 분쟁 영역에서는 각각 5.4%, 14% 악화되었다.[4] 그렇지만 이 보고서는 이스라엘-하마스 전쟁의 영향을 포함하지 않고 있다. 중동사태를 포함시킨다면 군사화도 심해지고 전체적으로 세계평화가 더 위협받고 있다고 보는 것이 타당할 것이다.

오늘날 국제분쟁은 국가안보 위주의 전통적인 안보 패러다임으로 설명하기 어려운 복합적인 양상을 띠고 있다. 근래 들어 여러 저명한 국제기구와 연구기관들에서 세계정세가 특정 국가, 영역, 이념으로 환원하기 어렵고 경계가 무너진 지구촌 차원의 복잡한 위기에 직면해있다고 경고하고 있다. 보건위기, 기후위기와 같이 국경은 물론 인간과 타 생명체의 경계를 허물고 지구촌 자체의 지속가능성에 영향을 미치는 이슈들까지 부상해 '글로벌 복합위기'를 형성하고 있다. 저발전 혹은 분쟁지역에서 일어나는 자연재해나 자원 개발은 강제 이주를 발생시키거나 계층 간 격차를 가속화시키고, 기존의 저발전과 분쟁을 격화시킬 수 있다. 이미 우리는 우크라이나 사태와 중동 사태로 대량 인명 살상은 물론 전쟁지역의 동식물의 생존 그리고 토양과 물까지 위협받는 것을 목도하고 있다. 곡물과 원유 같은 자원의 유통이 원활해지지 않아 저발전국가나 빈곤계층의 생존이 더 어려워지는 것은 말할 나위 없다. 우크라이나와 중동에서의 비극은 국제질서가 전통적 안보에서 비전통적 안보로 이동한 것이 아니라, 이 둘이 겹쳐 인류의 미래를 더욱 불확실하게 만들고 있다는 데 그 심각성이 있다.

특히, 환경위기는 세계 안보와 평화를 점점 더 위협하는 변수로 급부상하였다. 경제와 사회 등 여러 면에서 취약한 국가들에게는 더욱 그렇다. 분쟁, 기아, 군비 지출과 같이 인간의 생존과 안녕을 위협하는 지표들이 증가하고 있다. 대신 기후변화, 생물다양성, 공해 등과 같은 환경 지표들은 악화되었다. 이 두 현상이 결합한 안보 및 환경 위기는 복합적 위기, 연속되는 위기, 점증하는 위기, 체계적인 위기, 실존적 위기 등 다양한 형태의 복합위기를 초래한다. 이에 대응하는 심오하고 복합적인 접근이 없다면 이 위기는 급속하게 확산될 것이라는 것이 관련 국제기구와 전문가들의 일치된 견해이다. 복합위기에 대해서 복합적으로 대응하는 것은 평화구축과 환경 회복을 결합해 효과적으로 대처하는 것을 포함한다.[5]

그래서 오늘날 분쟁·평화문제는 둘을 구별하는 것을 허용하지 않을 뿐만 아니라, 둘의 상호작용 속에서 보다 나은 방향으로의 전환을 융복합적이고 연속선상에서 접근할 것을 요구한다. 그래서 분쟁과 평화를 하나의 연속선상에서 보고 둘의 관계와 상호작용을 파악하는 어떤 가교 같은 개념이 필요하다는 생각이 올라오게 된다. 그 강력한 후보 중 하나가 군사주의이다. 물론 분쟁과 평화를 하나의 연속선상에 놓고 보더라도 출발은 분쟁에 대한 깊은 이해가 요청된다. 거기서 그 지양태의 가능성과 잠재력을 발견할 수 있다. 군사주의가 그에 알맞은 개념으로 삼을 만하다.

군사주의 연구는 '비판적 군사연구(critical military studies)'로도 불리는데, 군사, 군대, 외교안보정책, 나아가 갈등의 비평화적 해결을 주요 연구대상으로 삼는다. 연구분야가 국제관계나 안보문제에 한정되지 않고 제반 사회적 갈등, 심리와 문화, 과학기술 등 광범위하다. 크게 보아 갈등의 비평화적 해결과 그것을 지지하는 유무형의 제도를 연구대상으로 삼는다. 물론 전쟁을 비롯한 물리적 폭력은 군사주의가 극단적으로 표출된 형태이다.

군사주의론의 폭넓은 가치와 유용성에도 불구하고 한국에서 군사주의 논의는 매우 미진한 상태이다. 한반도의 특수한 현실, 곧 분단정전체제의 영향이 군사주의론의 필요성과 함께 그에 대한 낮은 관심을 동시에 설명해준다. 한반도의 현실을 분석하고 미래를 전망하는 데 군사주의론이 대단히 적절한 주제이자 논의 틀이지만, 그동안 학문·사상의 자유가 제약되어 있는 현실에서 군사주의 연구가 저조하였다.

그럼에도 한반도와 한국사회를 군사주의론으로 접근하는 시도가 근래 들어서 조금씩 일어나고 있다. 이제 그런 논의도 세계의 다양한 동향과 접목해 시야를 확장할 필요가 있다. 한반도 분단 및 통일 문제가 국제적인 성격을 띠고 있거니와, 세계 곳곳에서 군사주의 사례들의 비교 연구는 한국에서의 군사주의 연구를 증진시켜줄 것이다. 특히, 분쟁이 줄어들지 않는 가운데 경제의 양극화와 민주주의 후퇴 그리고 기후위기가 뚜렷해진 소위 글로벌 복합위기 시대에 들어 지구촌의 미래를 논하는 데 군사주의는 제외할 수 없는 주제인 것이다.

이상과 같이 군사주의에 대한 이론적 관심은 전쟁과 평화에 관한 이분법적이고 규범적인 시각을 지양하고 그 둘을 하나의 연속체로서 다룰 필요성에서 출발하고 있다. 정책적으로도 군사주의론은 한반도의 현실을 분석하고 미래를 대비하는 일을 하나의 개념으로 묶어 접근할 필요성을 반영하고 있다.

그런 필요에 비해 국내에서 군사주의 연구는 매우 미진한 상태에서 벗어나지 못하고 있다. 군사주의에 관한 개론서가 없는 사실이 그 단적인 예이다. 군사주의 이론에 관한 전반적인 이해가 부족한 상태에 있는 것이다. 오랜 분단이 학문의 자유에 미친 영향으로 군사주의는 일반 대중의 통념에서는 물론 학계에서도 유폐되어 온 주제이다. 군사주의 연구는 비판적 시각을 견지하게 되어 주류 학계의 냉대를 받아 대학의 커리큘럼에 널리 반영되지 못하고 있다. 권위주의 사회이거나 가부장제 문화가 깊고, 전쟁 경험 위에 군사적 긴장이 상존하는 경우에 군사주의는 자연스럽게 나타난다. 그에 반비례해 군사주의 연구는 소수들만의 비인기 연구주제에서 벗어나지 못한다.

아래 선행연구에서 살펴보겠지만 국내에서의 군사주의 연구는 소수이고, 그것은 한국사회의 성격 혹은 한반도와 관련한 사례연구가 전부이다. 이때 다루고 있는 이론은 해당 사례연구를 정당화하는 논의 틀의 일부로 위치하고 있다. 군사주의나 군사화에 관한 개념 정의는 직관적이거나, 개괄적인 개념 소개와 구체적인 사례 분석이 별개로 진행되기도 한다. 사실 군사주의 연구는 그 성격상 특정 분과학문의 접근이나 특정 패러다임에 갇혀서는 다루기 어려운 주제인 것이 사실이다.

이상과 같은 배경과 문제의식하에서 이 연구는 일차적으로 군사주의 이론과 실제에 관한 전반적인 이해를 도모함으로써 구체적인 관련 연구를 안내하고 촉진하는 데 이바지하고자 한다. 그리고 전쟁과 평화, 한반도의 경우 분단정전체제와 통일평화체제를 분석할 때 군사주의론의 유용성을 풍부하게 확인하는 데도 출간의 취지가 있다.


## 2. 연구 동향 검토

해외에서는 군사주의 연구를 하는 연구자집단과 학술지가 여럿 있다. 물론 해외에서도 군사주의는 다른 연구주제들에 비해 극히 낮은 비중이지만, 한국에 비해서는 연구가 활발한 편이다. 비판적인 시각과 자유로운 연구를 추구하는 연구자들의 소통이 군사주의 연구를 촉진해주고 있다. 해외 학계에서의 군사주의 연구 동향은 본문에서 자세히 다룰 것이다.

국내에서 군사주의 연구는 크게 미흡한 상태이다. 단행본과 학술논문을 막론하고 연구물이 절대적으로 적다. 그만큼 관심이 부족하다. 군사주의 연구가 활성화되지 않는 사회의 특징을 한국사회가 많이 갖고 있기 때문일까? 권위주의, 가부장제, 식민통치의 유산, 강대국의 영향력, 분단으로 군사문화가 건재하면서 비판적 군사연구를 할 정치사회적 환경이 못 되었다. 거기에 연구집단의 창의성과 도전정신이 미흡한 점도 더해져 군사주의 연구는 새천년 들어서야 소수의 연구자들에 의해서 일어나기 시작하였다. 그렇게 된 데에는 2000년 6·15 남북정상회담과 같은 남북관계의 해빙, 권위주의 문화에서 벗어나고 개방적인 자세를 띤 연구자들의 등장 그리고 평화연구와 평화운동의 소통과 같은 점들이 영향을 미쳤다. 그렇다고 해도 국내에서 군사주의 연구는 하나의 연구 흐름으로 자리잡지는 못하고 있다.

아래에서는 국내에서 진행되어 온 군사주의 연구 동향을 두 측면으로 나누어 살펴보고 있다. 먼저. 학술논문이다. 한국학술정보서비스(RISS)를 통해 '군사주의', '군사화'를 주제어로 국내 학술논문을 살펴보았다.[6] 여기서 학술논문은 연구의 질을 고려하여 한국학술지인용색인(KCI)에 등재된 논문으로 한정하였는데, 검색 기간은 최초 시점을 설정하지 않고 현재까지로 하였다. '군사주의'를 주제어로 한 논문이 56편, '군사화'를 주제어로 한 논문이 27편으로 도합 83편이다. 매우 적은 연구결과이다. 〈표 1〉에서 알 수 있듯이, 이들 연구 대부분은 2000년대 들어서 나온 연구물이다. 한국에서 군사주의 연구의 등장은 비판적 연구의 확대, 곧 연구 분야의 발전으로 평가할 수 있다. 거기에 1987년 민주화는 느리고 약하게 영향을 미쳤다고 말할 수 있다. 이들 연구물의 학문 분야는 사회과학이 압도적으로 많았다. 사회과학 분야가 군사주의 논문에서 36편, 군사화 논문에서 24편으로 나왔다. 인문학과 과학기술, 산업경영이 그 뒤를 이었다.

표 1 • 한국에서 군사주의 연구 현황(학술논문)

| 연구분야 주제어 | 한국 | 북한/한반도 | 국제관계 | 기타 | 합계 |
|---|---|---|---|---|---|
| 군사주의 | 24 | 11 | 20 | 1 | 56 |
| 군사화 | 4 | 10 | 8 | 5* | 27 |

\* 과학기술 3편, 산업경영 2편
\*\* 출처: 한국학술정보서비스(RISS) 검색을 이용해 저자 작성

　　해외 군사주의 연구도 그렇지만 국내의 군사주의 연구에서 나타나는 특징은 페미니즘이 하나의 뚜렷한 연구시각으로 부상하였다는 사실이다. 그 연장선상이지만 군사주의 연구에서 이론과 실천이 대단히 밀접하게 연관되어 있다는 점도 또 하나의 특징이다. 연구사례들이 제반 폭력이 일어나는 현장이나 사건, 다양한 이해당사자들, 특히 대중의 반응과 목소리가 페미니즘 등 비판적 연구에서는 주목받는다. 한국의 군사주의 연구는 주로 한국사회에서의 군사주의와 북한·통일문제 관련 군사주의로 구성된다. 북한·통일문제와 관련한 군사주의 연구에서는 비판적 국제정치학의 접근이 두드러지는 대신, 한국사회에 관한 군사주의 연구는 페미니즘 학계가 선도하는 양상을 보인다.

　　다음으로, 한국인이 집필한 군사주의 도서가 10권 남짓이다. 여기에는 해외에서 활동하는 (아마도 외국 국적인) 한국인의 연구물을 번역한 도서도 포함되어 있다. 물론 군사주의와 '관련된' 연구물로 확대해 검색해보면 그 수가 훨씬 많아질 수도 있을 것이다. 이 결과는 교보문고 온라인 사이트를 통해 '군사주의'를 주제어로 검색한 목록이다. 그러나 교보문고의 검색결과에도 군사주의 연구물이라 보기 어려운 연구물은 제외하고, 대신 필자의 판단으로 추가한 단행본을 포함시켜 정리한 것이 〈표 2〉이다.

**표 2** • 한국에서 군사주의 연구 현황(단행본)

| 도서 제목 | 저자 | 출간연도 |
| --- | --- | --- |
| 전쟁 넘어 평화: 탈냉전의 신학적 인문학 | 김나미 외 11인 | 2023 |
| 여자도 군대 가라는 말 | 김엘리 | 2021 |
| 저항하는 평화 | 전쟁없는<br>세상 엮음 | 2018 |
| 분단폭력: 한반도 군사화에 관한 평화학적 성찰 | 김병로 · 서보혁 편 | 2016 |
| 서비스 이코노미: 한국의 군사주의,<br>성 노동, 이주 노동 | 이진경<br>나병철 옮김 | 2015 |
| 군대와 성폭력: 한반도의 20세기 | 송연옥 · 김영 편저.<br>박해순 옮김 | 2012 |
| 군사주의에 갇힌 근대: 국민 만들기,<br>시민 되기, 그리고 성의 정치 | 문승숙<br>이현정 옮김 | 2007 |
| 전쟁과 사회: 우리에게 한국전쟁은 무엇이었나 | 김동춘 | 2006 |
| 대한민국은 군대다 | 권인숙 | 2005 |
| 분단시대의 사회학 | 이효재 | 1985 |
| 전환시대의 논리 | 리영희 | 1974 |

　　이 11편의 저작은 리영희와 이효제의 저작을 제외하면 모두 2000
년대 연구물이다. 재외 한국인의 두 저작도 포함되어 있음이 인상적
이다. 이 두 현상을 놓고 보더라도 한국에서 군사주의 연구는 한국의
정치적 상황과 국제적 연구동향이 반영되어 있음을 알 수 있다. 재외
한국인의 두 저작을 포함해 절반 이상의 저작이 페미니즘의 시각에 서
거나 적어도 그에 친화적임을 알 수 있다. 또 이들 저작은 학술적 논
의와 실천적 논의가 병존하고 있다. 그것은 군사주의 개념의 속성에

서 연유한다고 보는데, 연구 시각과 방법에서 둘의 만남은 필연적이라 할 수도 있다. 그리고 군사주의 연구는 인문학과 사회과학이 협업하는 등 학제 간 연구임을 위 저작들이 잘 보여주고 있다. 연구방법에서 정부 정책 및 법제도 분석은 물론 참여관찰, 현장조사, 인터뷰 등을 통해 피해자, 소수자, 지역사회 등 아래의 입장을 적극 반영하는 점도 특징으로 꼽을 수 있다.

위 저작들이 다루는 연구사례가 한반도에 집중되어 있는 점도 인상적이다. 물론 여기서 한반도는 단일한 지리적 공간을 뜻하지 않고, 한국사회, 북한, 남북관계, 북한·통일문제를 망라하는 바구니 같은 역할을 하는 용어이다. 한국사회의 어제와 오늘에 대한 논의를 군사주의를 프리즘으로 성찰하는 일은 한국인들의 사유와 한반도의 미래를 풍성하게 해준다. 그리고 북한·통일문제에 있어서도 군사주의론은 국가, 안보, 국제관계 등 기존 주류 시각의 의의와 한계를 동시에 파악하고, 대안적인 사유의 창을 제시해준다. 이렇게 국내 군사주의 논의는 한반도 상황에 초점을 둔 단일사례연구가 많은 대신, 비교연구나 이론적 논의는 미흡하다.

리영희의 『전환시대의 논리』와 이효재의 『분단시대의 사회학』은 학문의 자유가 극도로 억제받던 시기에 한국 군사주의 연구의 싹을 틔운 역사적 의의가 크다. 두 저작은 지금도 출간되고 있다. 리영희는 위 저작에서 사회주의 중국, 베트남 전쟁, 일본의 재등장, 한미관계 등을 다루면서 국내 담론이 반공주의에 갇혀 있다고 비판하고, 과학적인 세계 인식을 위해서는 냉전적 허위의식을 타파해야 함을 역설하였다. 『전환시대의 논리』는 물론 리영희의 많은 저작 중 하나이지만, 한국 군사주의 연구의 상징 혹은 대표 저작으로 부를 만하다. 『분단시대의 사회학』은 가부장제가 건재한 한국사회에서 페미니즘의 시각에서 한국의 군사주의를 논의한 걸출한 저작이자, 이후 페미니즘에 기반한 비판적 군사연구를 본격적으로 진행하는 토대가 되었다. 두 저작은 군사주의 연구가 비록 2000년대 들어 개시되었지만, 그 이전에도 극소수의 선구자들이 논의의 명맥을 이어왔음을 웅변해준다. 두 저작은 군사주의를 명시적으로 천명한 연구가 일어나기 이전의 군사주의 연구를 대표하고 있다. 냉전 및 군부 권위주의가 횡행하던 시기에 금기시된 주제를 금기된 시각으로 길어 올린 역작이기도 하다. 두 연구자가 도전한 주제는 반공주의와 가부장제이고, 접근한 시각은 비판적 실증주의와 페미니즘이다. 요컨대, 위 두 저작은 군사주의가 내면화된 사회에서 군사주의를 사회 각 분야에서 드러내고 비판하고, 그 대안을 궁리하였다. 리영희와 이효재의 경험적 군사주의 연구는 한국사회를 다른 시각에서 보여주고 있으며, 그래서 보다 풍부하게 파악할 눈을 열어주고 이후 군사주의 연구의 자양분을 제공하였다.

11편의 군사주의 저작은 크게 한국사회를 다룬 것과 한반도 문제를 국제관계의 맥락에서 다룬 것으로 나누어 볼 수 있다. 물론 두 차원을 서로 넘나들지 못할 정도로 딱 구분하기는 어렵다. 한국사회의 군사주의는 국제정치적 영향을 받고, 한반도 차원의 군사주의 역시 그 주요 요소로 한국사회의 영향을 빼고 논하는 것은 불가능하다. 또 이들 연구가 정확하게 한국 및 한반도에 갇혀 있다고 단정하기도 어렵다. 리영희의 저작은 미국, 중국, 일본, 베트남 등 동아시아 국제관계를 다루고 있다. 또 군사 노동, 성 노동, 이주 노동을 '주변화된 노동'으로 개념화한 이진경은 그것을 초국가적 맥락에서 다루며 군사주의와 성차별을 논의하고 있다.

먼저. 한국사회를 다룬 저작은 이진경, 문승숙, 권인숙, 김엘리, 김동춘, 이효재의 저작을 포함시킬 수 있다. 이효재의 『분단시대의 사회학』은 페미니즘, 민족주의, 민주주의를 결합시켜 한국사회에서 가부장제와 여성 차별 그리고 분단의 문제를 결합해 논의하고 있다.

김동춘의 저작은 책 제목에서 선명하게 보여주듯이, 한국사회가 한국전쟁의 영향을 얼마나, 어떻게 받고 살아왔는지를 면밀하게 보여주고 있다. 전쟁을 정치집단들 간의 또 다른 정치로 다루는 주류 시각을 넘어서 민중의 체험, 전쟁 기억의 정치사회적 영향 등을 다각도로 다루면서 군사주의의 면모를 상세히 보여주고 있다. 특히, 『전쟁과 사회』는 전쟁기 민간인 학살 문제를 본격적으로 거론하고 그 이후 분단과 전쟁을 명분으로 한 국가폭력의 전개를 다루고 있는데, 이것이 곧 군사주의의 사회적 면모이다. 김동춘은 전쟁 후 분단 국가의 국가폭력의 제도화, 일상화에 주목해 이를 '안보국가의 전쟁정치'7로 개념화하는 등 한국 군사주의 연구를 선도해오고 있다.

권인숙의 저작은 한국에서 무시되어 온 군사주의를 군대와 학생운동을 대상으로 선도적으로 다루고 있다. 군대와 학생운동에서의 군사주의는 한국사회에서 보수세력과 진보세력이 각각 금기시해 온 바이다. 권인숙은 자신의 학생운동 경험과 해외유학에서 체득한 페미니즘 이론을 결합시켜 한국사회의 군사주의를 적확하게 분석한 것이다. 이 저작은 군사주의를 이론적 바탕으로 한 두드러진 저작으로서, 한국사회의 비민주성과 차별구조를 비판적이고 성찰적으로 이해하는 데 군사주의가 유용한 이론임을 증명하였다.

송연옥과 김영 등 8명의 한국, 일본의 연구자와 활동가들이 함께 펴낸 저서는 한국 현대사를 군사주의 시선에서 성폭력 이슈로 접근하였다. 이 저작은 일본의 한반도 식민통치 시기에서 한국전쟁 이후까지 한반도에서 일본군, 미군, 한국군의 군사정책과 그 일부로서 성매매 정책을 다루고 있다. 김엘리와 『전쟁없는 세상』도 한국사회의 군사주의를 군대, 징병제를 주요 대상으로 삼아 논의하고 있다. 김엘리의 저작은 페미니즘의 시각 위에서 신자유주의를 비판하는 입장에 서 있다. 이 저작은 여성 징병제가 남녀평등의 논리로, 사실은 여성 혐오의 소재로 다뤄지고 있는 근래 젠더 갈등 상황에서 징병제 문제를 설득력 있게 검토하고 있다. '전쟁없는 세상'이 엮은 책은 평화운동가들과 사회 지성들의 대화를 통해 징병제, 젠더, 종교, 교육, 트라우마 등의 사회적 영향을 다루고 있는데, 그 저변에 군사주의가 관통하고 있음을 밝혀주고 있다.

문승숙의 저작은 한국사회를 군사주의 시각에서 분석한 체계적인 학술서이다. 한국의 근대화, 국민국가 만들기가 사실은 군사주의의 확립 과정임을 페미니즘의 시각에서 밝히고 있다. 1960년대부터 2000년대 초반까지 한국사회를 '군사화된 근대성'의 성쇠와 '성별화된 시민성'의 등장이란 개념으로 설명하고 있다. 그 과정에서 여성과 남성의 정치적 주체성이 어떻게 차별적으로 만들어지는지를 군 복무와 사회생활, 노동과 시민사회운동 등에 걸쳐 다루고 있다. 문승숙은 외국인 학자들과 함께 한국, 일본 및 오끼나와, 독일의 미국 기지가 해당 지역 주민들에게 미치는 영향을 연구해 출간한 바 있다.[8] 사실 군사 기지 일대에서 성폭력과 지역사회의 군사화는 세계 각지의 많은 활동가와 연구자들에 의해 고발되어왔다. 아시아태평양 지역에서도 한국, 일본, 오끼나와, 필리핀, 괌, 대만, 하와이 등지의 사례가 많은 보고서와 집회를 통해 제시되어왔다.

다음으로 한국사회로 국한되지 않고, 남북관계, 북한·통일, 한반도 관련 국제관계(이하 한반도 문제로 통칭)를 군사주의 시각에서 다룬 연구물이다. 물론 연구시각을 막론하고 한반도 문제를 다루는 저작은 한국사회의 군사주의를 다룬 저작들보다 훨씬 많다. 그렇지만 군사주의 시각에서 한반도 문제를 다룬 저작은 한 손에 꼽을 정도이다. 정치 현실은 물론 학계에서도 국가안보 패러다임이 압도적인 영향을 미쳐왔기 때문이다. 그래서 안보문제에 군사주의, 페미니즘, 평화주의, 문민통제 등 대안적·비판적 시각이 목소리를 낼 기회는 거의 없었고, 새천년 들어서야 논의가 일어나기 시작한 것이다. 그마저도 한반도 정세의 부침에 영향을 받아 하나의 연구 흐름으로 자리잡지는 못하고 있다.

한반도 문제를 군사주의론으로 다룬 국내 연구자들의 저작을 두 권밖에 소개하지 못 한다. 물론 두 저작이 한반도 차원의 문제만을 다루는 것은 아니다. 한국사회 내의 군사주의도 다루고 있다. 그렇지만 한국사회 내 군사주의가 한반도, 나아가 세계적 차원의 문제와 관련되어 있음을 알 수 있다. 또 두 저작은 참여 연구자들의 면모에서 알 수 있듯이, 문학, 신학, 역사학, 사회학, 정치학 등 학제 간 연구를 보여주고 있다. 학제 간 연구는 융복합적 성격을 갖는 군사주의에 알맞은 접근이다.

김병로와 서보혁이 편집한 2016년 저작은 그 제목에서 연구 시각과 대상을 뚜렷이 밝히고 있다. 이 저작은 한국연구재단이 지원한 '평화인문학' 연구 프로젝트의 결실로 한반도 문제와 평화학을 결합시킨 논의라는 점에서 그 의의가 있다. 이 저작은 한반도 문제를 국내, 남북관계, 국제 등 다차원 그리고 정치, 군사는 물론 의식, 문화, 교육 등 다양한 측면으로 다루고 있는데, 군사주의론에 기반해 '분단폭력'의 실제와 변화를 다루고 있다.

김나미 외 11인의 신학자들이 만들어낸 합동 연구물은 군사주의를 명시적으로 부각하고 있지는 않다. 전쟁과 평화를 함께 사유하는 데 특징이 있다. 그럼에도 책의 절반은 분단이 낳은 폭력을 트라우마, 기억 그리고 비교의 시선으로 다루고 있다. 또 분단 트라우마를 초국가적 차원과 한국사회 내 타자화 현상 등 다각도로 다루면서 군사주의를 풍부하게 이해하도록 안내하고 있다. 이 저작은 신학자들의 공동 저작인데 신학적 논의로 갇히지 않고 문학, 사회학, 역사학, 여성학 등 다양한 학문들과 접목하고 있다. 그래서 이 저작이 '신학적 인문학'을 제안하는 데 그치지 않고 그 가능성을 보여주고 있다고 말할 수 있다. 반갑게도 근래 들어 평화, 젠더, 생태를 연구하는 민간싱크탱크들이 일어나고 있는데, 군사주의도 관심을 끌고 있다.

이들 단체들 선행연구 검토에서 꼭 소개하고 싶은 외국인의 한국 군사주의 연구가 하나 있다. 카터 J. 엑커트(Carter J. Eckert)가 쓴 『박정희와 현대 한국: 군사주의의 뿌리, 1866-1945』[9]이다. 이 책은 아직 한국어로 번역되지 않았는데, 구한말 개항기부터 일본의 식민통치 말까지 한국의 근대화를 군사주의의 시각으로 분석·평가하고 있다. 저자는 한국 현대사를 ① 근대화, 경제발전, 부국강병, ② 민족주의의 확립과 전개, ③ 군대식 사고 및 행동 방식의 사회적 확산, ④ 그 구현 주체로서 박정희의 등장과 장기집권을 연동시켜 논의하고 있다. 엑커트는 광범위한 문헌분석을 바탕으로 한국의 군사주의를 사고, 인물, 제도 등으로 입체적으로 다루고 있는데, 그의 군사주의 정의에는 비판적 시각 대신 군대가 한국의 발전에 미친 영향에 초점을 두고 객관적인 자세를 유지하고 있다. 관련해 한국의 군사 사상 및 제도를 삼국시대부터 통사적으로 정리한 연구서도 참고할 만하다.[10] 또 번역서이지만 군사주의 시각에서 세계사와 국제관계를 이해하는 데 유용한 도서들도 읽어볼 만하다.[11]

위와 같은 한국에서의 군사주의 연구는 한국사회와 한반도 문제를 두 축으로 하여 주요 이슈나 현상을 다루고 있다. 다시 말해 한국 혹은 한반도 이슈를 주요 연구 대상으로 하는 경험연구를 통해 군사주의를 분석하고, 그것이 한국사회나 한반도에 미치는 영향을 평가하고 있다. 물론 이런 경험연구가 많이 축적되고 그 과정에서 학제 간 연구가 확립되면 군사주의 연구는 더욱 풍부해질 것이다. 그럼에도 불구하고 학술연구가 이론과 경험, 양축이 균형 있게 전개되어야 한다고 할 때 지금까지 국내 군사주의 연구에서 이론적 측면이 크게 미진한 것이 사실이다. 이론적 논의를 하는 경우도 일부 있지만, 그것은 해당 연구 사례와 관련된 부분에 한정되어 있다. 어떤 주제 혹은 영역을 연구하든지 간에 그것은 전체 군사주의 논의에서 일정한 위치에서 학문 발전에 기여하는 것이다. 이 책이 군사주의 이론에 초점을 맞추는 이유이다. 물론 이론의 수립은 경험에 기초하고 다시 이론은 경험 연구의 지침을 제공한다. 이 책이 군사주의 이론의 주요 요소들을 제시하고 그것을 경험연구와 연결 짓는 것도 이론과 실제의 상호작용에 주목하기 때문이다.

## 3. 책의 구성

이 책에서 군사주의는 이론과 실제를 아우르는데, 다측면성, 다차원성, 역동성을 그 주요 요소이자 특징으로 다루고자 한다. 이때 역동성은 한편으로 다측면성과 다차원성의 상호작용을, 다른 한편으로는 군사주의의 변천을 제시하고 있다(그림 1).

**그림 1**  군사주의 논의 틀

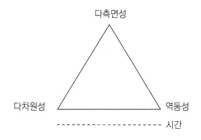

이 책의 범위는 군사주의를 이론적으로 파악할 뿐만 아니라 사례를 분석하고 정책을 평가·전망하는 데 유용한 제반 지식과 논의 지점을 제공하려는 취지를 반영하고 있다. 이 책은 모두 5부로 구성되어 있다. 위에서 말한 연구 배경과 목적에 부합하도록 논의 범위를 잡았다. 다섯 개의 부는 군사화/군사주의 개념과 유형, 군사주의의 변천, 영역, 차원 그리고 군사화 효과이다. 이 다섯 주제와 그 세부 항목들로 군사주의 이론과 실제를 포괄적으로 파악하는 데 기여할 것으로 기대해본다.

제I부는 이 책 전체의 밑바탕이라 할 수 있는데, 군사주의와 군사화 개념과 그 유형을 논의하고 있다. 두 종류의 개념과 유형은 앞으로 구체적으로 논의할 군사주의/군사화의 성격과 그 변이를 판단하는 기초이다. 그리고 여기서 두 개념에 대한 비평과 함께 군사주의와 군사화의 관계에 대해서도 논의함으로써 두 개념에 대한 풍부한 이해를 도모하고자 한다.

제II부부터 본격적인 군사주의 논의로 들어간다. 이 책이 부각하고자 하는 바가 군사주의의 복합성과 동태성인데, 그것은 군사주의의 지속과 변화, 다측면성, 다차원성 등 크게 세 기둥으로 구성된다. 제II부에서는 군사주의의 변천을 다루고 있다. 1장에서 거시적 차원에서 군사주의의 변화를 조망한 후에 제1, 2차 세계대전 시기, 냉전 시기, 세계화 시대로 구분해 군사주의 담론과 정책의 변천을 토의하고 있다. 이 논의를 통해 군사주의가 행위자, 영역, 차원, 담론 등에서 단순함에서 복합함으로 변해갔음을 알 수 있다. 그렇지만 그런 변화가 하나의 방향으로 일관되게 전개되었다고 말할 수는 없다. 5장에서 정치체계에 따른 군사주의의 변용을 검토한 이유가 여기에 있다.

제III부에서는 군사주의의 다측면성을 다루고 있는데, 그 영역이 12개이다. 이들 영역을 다루어 군사주의가 군대나 외교안보정책과 같은 특정 영역에 한정되는 주의주장이 아니라, 일국적 차원과 국제적 차원을 망라해 제반의 사회 영역에서 발견할 수 있는 포괄적이고 복합적 성격임을 알 수 있을 것이다. 여기서 다루는 군사주의 영역은 군대에서부터 정치경제, 노동, 젠더, 신체, 감정, 언론, 공간, 민족, 과학기술, 인도주의, 환경 등에 이른다. 물론 군대 자체가 군사주의는 아니다. 군대에서 발견되는 정신, 제도, 관행 등은 군사주의 성격을 구성하는 요소들이다. 나머지 영역에서도 그 영역 자체가 군사주의를 말하는 것이 아니라, 그 영역에서 발견되는 군사주의와 관련되는 특정 제도, 의식이나 문화, 행위나 정책 혹은 그 결합을 말하는 것이다. 가령, 신체가 군사주의의 도구로 이용되거나, 특히 군인의 몸이 다양한 방식으로 군사주의를 구현하는 것을 보게 된다. 불가피하거나 강제 이주의 경우 그리고 분쟁 상황에서도 사람의 몸은 군사주의와 결합해 희생과 타율성에 빠지는 것이다. 글로벌 복합위기 시대에 진입하여 과학기술, 언론오락, 나아가 인도주의와 환경에서도 군사주의가 구현되고 있음을 알 수 있다. 이는 군사주의의 위력과 함께 그에 편승하거나 대응하는 인간사회의 역동성을 비극적으로 보여주고 있다.

제IV부는 군사주의의 다차원성을 토의하고 있다. 여기서는 군사주의 이론과 실제로 나누어 다차원성을 토의한 후에서 냉전 해체 이후 국제질서를 풍미해온 신자유주의와 결합된 군사주의를 다루고 있다. 1장에서 군사주의 이론의 다차원성은 전쟁 프레임과 죽음 관리, 녹색 군사주의의 출현, 군사주의 확산, 군사화의 세가화(世家化), 군산사회(軍産社會), 이익으로 무장한 군사주의 등으로 논의하고 있다. 생소한 용어로 '세가화', '군산사회'가 나오는데, 세가화는 세계적 차원과 가정의 결합, 군산사회는 군사화와 산업화를 동력으로 군사주의가 널리 발전한 사회를 말한다. 군사주의의 다차원성은 전쟁을 비롯해 문제의 폭력적 해결을 개인에서부터 가정, 사회, 국가, 국제사회 등에서 요구하거나 그런 방식이 주류가 되는 경향을 분석하고 있다. 2장 다차원적 군사주의의 실제에서 그런 현상을 더 구체적으로 살펴보고 있다. 전쟁을 향한 사회적 동원에서부터 고용, 안보, 이주, 생태 등에서 군사주의가 다차원적으로 운동함을 알 수 있다. 그 과정에서 개인이 군사주의의 주체이자 대상이 된다는 점도 논의하고 있다. 3장은 신자유주의적 군사주의를 다루는데, 자유주의와 군사주의가 조우하는 데서 시작해 인도주의와 발전 등에서 신자유주의적 군사주의를 논의한다. 이렇게 진화한 군사주의가 그 영역을 개척하고 그 작동을 제도화되고 있는 점도 발견할 수 있다. 또 신자유의적 군사주의는 외형상 군대의 사회정치적 역할이 약화되는 상황에 등장해 군사주의를 발전시켜가고 있는데, 구체적으로 포스트-군사 사회와 군사주의 현대화의 측면에서 살펴보고 있다. 정부의 효율성과 민영화라는 신자유주의적 요구에 부응하는 대체군인도 흥미로운 현상이다. 결국 신자유주의의 초국가성 혹은 세계적 확장에 한반도도 예외가 아님을 알 수 있다.

제Ⅴ부에서는 이상의 복합 군사주의의 결과로 군사화 효과를 논의하고 있다. 1장에서 군사화 효과의 성격과 방향을 개괄한 후에 영역별 효과와 차원별 효과를 논의하고 있다. 복합 군사주의의 효과가 복합적인 것은 논리적으로 당연한데 여기서 그 내용을 구체적으로 살펴볼 것이다. 영역별 군사화 효과는 개인적 측면, 사회적 측면, 정치경제적 측면, 안보 측면에서 논의하고 있다. 차원별 군사화 효과는 드론 공격, '느린 폭력', 군사적 인도주의, 자유주의적 군사주의, 민주주의 등으로 나누어 사례를 들어 논의하고 있다.

결장에서는 이상의 논의를 요약하고 평가해본다. 여기에는 학술적 차원과 한반도 미래와 관련한 정책적 차원의 논의 그리고 군사주의의 원인에 관해서도 토의하고 있다. 그렇게 함으로써 군사주의 연구의 의의를 확인하고 향후 연구과제를 제안해보고자 한다.

# 군사주의의 개념화

# 제I부

# 군사주의의 개념화

제I부에서는 이 책의 핵심 용어인 군사화와 군사주의를 정의하고 그 유형을 논의할 것이다. 개념을 정의하고 유형을 검토하는 일은 하나의 책이나 논문을 구성함에 있어 전체 논의의 토대가 된다. 군사화 및 군사주의에 관한 개념화 작업은 그 실제를 분석·평가할 이론적 근거를 제공해준다. 군사화와 군사주의는 거의 같은 현상에 관해 약간의 차이가 있을 뿐 동질이형으로 볼 수도 있다. 이 둘은 상대적 강조점에서 차이를 나타내는데, 결국 두 용어는 동일 현상에 대한 깊이 있고 폭넓은 이해에 도움을 줄 것이다. 그럼에도 둘은 논의 차원 및 범주에서 구분 가능한 개념이다. 아래에서는 먼저 군사화 개념과 그 유형을 다루고, 이어 군사주의 개념과 유형을 검토한 후에 군사화와 군사주의의 관계를 개념 중심으로 토의하고 있다.

# 1. 군사화 정의와 유형

## 1) 정의

군사화(militarization, 軍事化)란 무엇인가? 군대식 행동방식이 민간에 널리 퍼져가는 현상인가? 아니면 그것과 관계없이 군대 혹은 군 지도집단의 영향력이 정치를 비롯한 민간 영역에 커지는 과정인가? 그것도 아니면 군사화는 군사력 증강과 사회적 동원을 비롯해 전쟁 준비와 관련된 제반의 움직임을 말하는가? 아래에서 살펴보겠지만, 군사화는 군사주의와 함께 그 정의를 정확하게 하나로 단정하기 어렵다. 그럼에도 기존의 개념화 시도를 통해 군사화를 정의하는 데 핵심이 되는 요소들을 찾아내고 그 과정에서 각기 다른 정의별로 상대적 강조점도 파악할 수 있을 것이다.

우선, 군사화는 군대 혹은 군사정책 관련 특정 현상이나 결과라기보다는 일련의 과정으로 정의하는 것이 큰 흐름이다. 얀 바흐만(Jan Bachmann)은 관련 선행연구를 검토하면서 군사화를 사회문제에 대한 군사적 접근이 엘리트 및 대중의 수용을 얻어내는 과정으로 정의한다. 그러면서 군사화는 대표적인 폭력조직인 군의 지휘구조가 나타내는 독특한 행동양식을 반영하고 있다고 말한다.[12]

이라클리스 오이코노모우(Iraklis Oikonomou)는 유럽연합의 우주정책의 군사화를 검토하면서 군사화를 "군사활동의 준비와 실행을 위한 과정 그리고 군사적 수단을 통해 특정 계급관계, 사회세력의 이익 및 권력의 확대를 위한 과정"으로 정의한다. 군사화는 실제 전쟁의 존재와는 무관하게 진행된다. 그가 사례연구로 삼고 있는 글로벌환경안보감시체제(GMES)는 군사활동과 민간활동이 함께 이루어져 둘의 구분이 모호한데, 이를 오늘날 군사화의 추세로 언급하면서 군사화가 전쟁이나 군사적 침략이 아니고 무기화와도 구별된다고 말한다. 물론 GMES가 장래에 군사적 수단으로 사용되지 않는다는 보장은 없다.[13]

'비판적 군사연구(critical military studies)'의 대표적 인물인 신시아 인로(Cynthia Enloe)도 군사화를 군사주의가 사회 전반에 침투해가는 과정으로 파악한다. 그는 군사화를 "개인, 집단, 사회가 군사주의 사고와 실천을 흡수하는 단계적인 사회적, 정치적, 심리적 과정"이라고 정의한다. 남자와 여자가 군사화되는 것은 군사주의적 관념이 성차별적인 가정과 가치로 깊이 채워지기 때문이라면서 페미니즘의 시각을 부각시킨다. 그는 탈군사화라는 분명한 정향을 갖고 군사화에 주목해왔는데, 탈군사화도 군사화된 가치 혹은 그 영향력에 대한 의존이 줄어드는 과정으로 파악한다. 예를 들어, 국가안보, 정치 후보, 학교 교과과정, 결혼, 애국심, 남성성의 기준, 국가의 국제적 지위, 회사의 이익이 모두 탈군사화의 대상이라고 하면서 (탈)군사화를 다각도로 논의할 것을 제안하고 있다.[14]

고든 아담스와 슌 머레이(Gordon Adams and Shoon Murray)와 그 동료 연구자들은 미국 외교안보정책을 군사화의 시각에서 종합적으로 분석한 바 있다. 두 사람은 편집자로서 서문에서 군사화를 "군대의 시각과 우선순위가 폭넓은 외교안보정책으로 점점 더 스며들고, 더 직접적으로는 정책결정자들이 정책 형성 · 결정 · 집행 등 일련의 과정에 군사기구에 대한 의존을 높여가고, 그 결과 시간이 지나 군대가 미국의 외교안보정책 방향을 주도하는 경향 혹은 그런 현상"으로 정의하였다.[15] 이들의 연구는 외교안보정책의 군사화를 민군관계가 군대 쪽으로 쏠리는, 일종의 제도적 불균형으로 파악하고 그 현황을 관련 제도와 사례를 통해 다각적으로 검토한다. 그래서 탈군사화는 군과 민 사이의 균형을 이루는 길이어서 그 방향은 결국 문민통제 원리에서 찾아야 한다고 보는 것이다.

줄리안 쇼필드(Julian Schofield)는 군사화 개념을 적용해 국가 간 분쟁을 분석한 바 있다. 그는 군사화 정의가 군대의 영향력 혹은 군사적 교리의 수준을 측정하는 것이지, 반드시 국가정책에 군부의 직접적 관여를 뜻하지는 않는다고 지적한다. 또 그는 군사화 개념이 반드시 군사력을 동원한 팽창적 군사주의나 전쟁 준비, 그 연장선상에서 내전/국제전의 수준을 지시하지는 않는다고 말한다. 그럼에도 전쟁을 하기 쉬운 정책은 전쟁으로 귀결될 수도 있음을 인정하고 있다. 그런 경우는 국가가 침략해서 얻을 이익이 침략을 하지 않아서 초래할 비용보다 크다고 판단하기 때문이다. 그런 국가를 '군사화'되었다고 하는데, 이때 국가는 정책결정에 참여하는 정부기구와 관료의 총체인 체제(regime)를 말한다. 그런 체제는 국가 안팎으로 외부의 적대세력에 선제 및 예방 전쟁을 초래할 수 있는 편견을 갖게 되는데, 쇼필드는 그것을 정향상 편견과 배열상 편견으로 나누어 언급한다. 이는 군사화가 일련의 복합적 과정임을 말해준다.

정향상 편견은 국가 지도자가 안보문제에 대한 군사적 시각과 교리에 민감한 태도를 보이는 것을 말한다. 정향상 편견에는 능력에 기반한 위협평가, 기회의 창에 대한 민감성, 급격하게 무력사용에 나서는 경향, 승리를 영토 장악으로 정의하는 경향 등을 포함한다. 그에 비해 배열상 편견은 군대의 협소하고 위계적인 의사결정기구에서 나오는데, 가용가능한 모든 정보 이용을 제한하고 국제관계와 외교를 무시하는 경향을 띤다. 이런 편견에는 정책결정자들이 외교를 주변화하는 대신 무기를 전략으로 이용하는 데 취약해지고, 적대세력과 갈등에 들어가 상황을 이분법으로 나누는 태도를 포함한다.[16]

바바라 수턴과 줄리에 노브코프(Barbara Sutton and Julie Novkov)는 동료 연구자들과 함께 미국 안팎에서 정치, 경제 등 여러 측면에서 군사화의 범위와 함의를 검토하는 공동연구를 이끈 바 있다. 두 사람은 책 서문에서 인로의 군사화 정의를 인용하고 있다. 인로는 군사화 사회를 군사기구의 논리에 의존하고 그에 의해 배태되는 방식으로 언급하는데, 그것은 언어, 대중문화, 경제적 우선순위, 교육제도, 정부 정책 그리고 국가 가치와 정체성에 침투한다. 수턴과 노브코프 등 이들 페미니스트 연구자들은 군사화와 군사주의에 대한 저항을 탐구하면서 식민주의와 글로벌리즘(globalism)을 포함한 초국적 사회세력의 영향을 드러낸다. 이런 연구는 사회적 불평등이 전쟁 및 군사주의와 연결되는 방식도 탐구하고, 종족과 젠더(gender) 그리고 이데올로기들(ideologies) 사이의 연계에 주목하면서 군사주의의 다양한 측면을 비판적으로 검토한다. 그리고 그에 상응해 권력과 차별의 상호관련성, 즉 권력이 성, 민족, 국가, 계급 등에 가하는 차별을 검토한다.[17]

앤드류 로스(Andrew Ross)도 군사화를 군사주의를 초래하는 과정으로 정의한다. 그는 군사화의 여러 측면들을 구분하고 그 과정을 정의하기 위해 군사화와 군사주의 간의 특징을 식별하려 한다. 로스의 군사화 정의가 앞선 정의들과 같이 과정에 주목하고 있지만, 눈에 띄게 다른 점이 있는데 특정 현상을 군사화 개념에 포함시키고 있다는 것이다. 그것이 군사력 증강이다. 로스의 이런 시도는 군사화 개념을 모호하지 않고 명확하게 정의하고 그 운영적 측면을 부각하고 있다. 그는 6개 범주의 척도로 군사화에 대한 정량적 정의를 시도하는데, 그 범주는 군사비 지출, 군사력, 무기수입, 무기생산, 전쟁, 군사체제이다.[18] 그러나 역사사회학자 마틴 쇼(Martin Shaw)는 로스의 군사화 정의가 제3세계 국가에서도 항상 타당한 것은 아니고 선진국에서는 적용하기 어렵다고 비판한다. 로스의 군사화 범주는 쇼가 주목하는 사회적 과정으로서의 군사화가 아니다. 선진국에서는 군사력 증강과 사회적 차원의 군사화 사이의 간극이 더 클 수 있다. 물론 군사화 없는 군사력 증강이 가능할 수도 있겠지만, 일정 규모의 군사력 증강 없는 군

사화를 생각하기 어렵다는 점은 쇼도 인정하는 바이다.[19]

　군사화를 정량적으로 개념화하는 작업도 가능하다. 이는 각 사례들을 균질적으로 분석하고 추세를 평가하고 전망하는 데 유용하다. 군사화를 정량분석하는 연구기관의 하나가 독일 본(Bonn)에 본부를 두고 있는 본 국제분쟁연구센터(Bonn International Centre for Conflict Studies: BICC)이다. 이 연구소는 '글로벌 군사화 지수(GPI)'를 발표하고 있다. 군사화를 재정, 인력, 무기 등 세 측면으로 구성하고 그 측정 지수로 GDP 대비 군사비 비중, 건강 예산 대비 군사비 지출, 인구 대비 병력 수, 인구 대비 예비군 수, 의사 대비 병력 수, 인구 대비 중화기 규모 등 6가지를 분석하고 있다. 이를 이용해 콘라드 쉐터(Conrad Schetter) 박사팀이 2022년 군사화 지수를 분석하였다. 군사화 수준이 높은 10개국은 154개국 중 1위 이스라엘부터 아르메니아, 오만, 바레인, 싱가포르, 사우디아라비아, 브루네이, 러시아, 쿠웨이트, 요르단 순으로 나타났다. 한국은 15위이고, 북한은 자료 부족으로 평가 대상에서 제외되었다.[20] 또 서장에 소개한 경제평화연구소(IEP)는 '글로벌 평화지수'를 평가하는 작업을 하는데, 거기에 군사화가 한 부분이다. 이 기관은 군사화를 인구 10만 명 당 군인 수와 유엔 평화유지활동에 내는 자금 규모로 측정한다. 2023년 발표한 글로벌 평화지수 보고서에서 군사화 수준이 가장 높은 나라 5개국은 이스라엘, 러시아, 미국, 북한, 프랑스로 평가되었다. 그러나 이렇게 정량적 방식으로 군사화를 개념화할 때 의식, 문화, 태도 등 질적인 측면을 다루지 못해 군사화를 온전하게 정의하고 이해하는 데 한계가 있다.

　이상 여러 방식으로 군사화를 정의한 것을 보았지만, 여기서 알 수 있는 것은 군사화 정의의 내포는 분명한 데 비해 외연은 불명확하다는 사실이다. 군사화 개념의 가장자리가 모호하다는 점은 앞선 연구자들에 의해서 지적된 바이지만 개념이 정확하지 않으면 그 범위가 보상해주는지도 모른다.[21] 이를 군사화 개념의 부정확성보다는 탄력성으로 보고 개념 적용에서 창조성이 잠재한 것으로 보는 것은 어떨까 생각한다.

## 2) 유형

군사화는 사회 각 분야별로 여러 형태를 띠는데, 구체적인 형태는 해당 군사화 영역의 특성과 함께 군사화 수준 그리고 강조되는 측면이 조합된 결과이다. 군사화/군사주의 유형으로 존재하는 양상을 취합한 후 일정한 기준에 의해 몇 가지로 묶어낼 수 있다. 군사화 정도를 기준으로 강한/약한 유형이 가능할 것이고, 확산 범위 혹은 차원을 기준으로 국내적/국내적 유형 그리고 구성 요소들을 고려해 단순/복잡형으로 분류할 수 있다. 이외에도 군사화/군사주의를 유형화하는 기준으로 시기, 국가군(진영), 정치사회 체제 등 여러 요소를 후보로 꼽을 수 있다.

첫째, 군사화의 정도를 기준으로 그 유형을 생각해보면 최강과 최약을 양 극단으로 하는 하나의 연속선상에서 군사화 형태를 위치 지을 수 있을 것이다. 가령, 물리적 폭력, 그것도 장기전 양상을 띠거나 민간인 학살까지 동반하는 분쟁은 군사화가 가장 극심한 형태이다. 종교집단들이 근본주의적 신조를 갖고 서로 대립하는 경우도 극단적인 군사화의 예이다. 16세기 중반 이후 30년 이상 이어진 유럽의 종교적 내전(일명 30년 전쟁)은 비극이라는 말로 다 설명할 수 없다. 이를 이해하기 위해 알아야 할 것은 16세기 가톨릭교도와 위그노가 서로에게 느낀 두려움과 증오다. 서로를 향한 불신과 증오는 이들이 1562년부터 1598년까지 무려 여덟 차례에 걸쳐 전쟁을 벌인 이유를 설명한다. 그리고 이 전쟁에서 서로 자신이 신의 가호를 받고 있다고 확신한 두 세력은 민간인과 군인을 구별하지 않고 상대를 섬멸시키려 하였다. 이후 프랑스인의 삶에는 어떤 진영을 선택했든, 어떤 진영을 거부했든 상관없이 끊이지 않는 폭력의 굴레가 씌워졌다. 당시 상황을 몽테뉴는 30년째 계속되는 환란 속에서 모든 프랑스인은 개인으로서든 공동체의 일원으로서든 자기 운명이 언제 거꾸로 뒤집혀도 이상하지 않음을 안다고 말했다.[22] 제1, 2차 세계대전, 한국전쟁, 베트남 전쟁 그리고 기록에 온전하게 남아 있지 않은 수많은 내전, 게릴라전, 각종 소탕작전도 극단적인 군사화의 예들이다. 그것은 폭력적 인간상을 가장 적나라하게 보여주는 것으로서 적대세력 간 군대식 행동방식의 충돌로 그 피해는 인간 생명은 물론 비인간 생명체와 자연에까지 이른다. 최근 러시아의 우크라이나 침공으로 전개되는 러-우 전쟁도 가장 극단적인 군사화 유형으로서, 민족, 국제, 정치경제적 측면을 포함한 복합 군사화 유형을 보인다. 러-우 전쟁은 비단 군사화 유형에 대한 관심으로 그치지 않고, 다양한 측면에서 대중의 안전과 건강, 불평등의 확대, 생태계 파괴 등 막대한 복합 군사화의 효과를 보여주고 있다.[23]

위와 반대로 약한 군사화도 한 유형으로 생각해볼 수 있다. 여기서 '약한'이란 표현은 특정 분야에서 군사화 양상을 띠지만 그것이 물리적 충돌이나 사회 전반에 걸쳐 부정적 영향을 크게 미치지 않는다는 의미이다. 예를 들어 한국사회에서 기업이나 학교에 남아있는 군사문화가 약한 군사화 유형에 해당한다. 일부 기업이나 대학교에서 오리엔테이션 행사 때 신입 사원이나 신입생들에게 군사훈련을 본뜬 프로그램을 실시하는 경우가 있다. 이런 일은 애초 사회집단의 문화를 신입 회원이 빠르고 효과적으로 습득하도록 하는 취지가 있다. 그러나 그 속에는 집단주의적 위계질서를 강조하거나 상명하복의 비민주적 활동 관행을 요구하는 측면이 있고, 소수이지만 목숨을 잃는 사례도 발생하기도 한다. 또 전쟁을 치른 사회에서 국가기관이 보훈사업의 연장선상에서 전쟁을 추억하거나 미화하는 교육홍보활동도 약한 군사화의 하나로 볼 수 있다. 승리한 전투로 알려진 사례를 활용해 전우애를 강조하거나 전투 결과를 과장하는 식으로 전쟁을 향수병같이 기억하는 것이다. 이런 경우는 해당 전쟁과 관련 있는 전역 (상이)군인을 예우하는 바람직한 현상과 함께, 전쟁과 그것을 뒷받침한 군사문화를 지지하는 문제를 초래하기도 한다. 자연보존을 명분으로 한 보안기구와 관료기구 그리고 관변민간단체(GONGO) 사이의 결탁으로 전개되는 녹색 군사화도 연성 군사화의 한 형태이다. 그보다는 19세기 영국의 매 사냥꾼들을 연성 군사화를 구현한 사례로 꼽을 수 있다. 그들은 현대적인 삶에서 위협받는다고 생각한 모든 남성적인 특징들—야성, 권력, 정력, 독립성, 힘—을 매에게 투사하기 때문이다. 매 사냥꾼들은 사람들과 싸우거나 억압하지 않고, 대신 매를 훈련시키면서 자신을 매와 동일시할 수 있다. 동시에 그들은 야생적이고 원시적인 동물들을 '문명화'시키는 데 힘을 행사할 수 있다. 한마디로 매 사냥꾼들은 남성성과 정복이라는 제국주의적인 두 가지 신화를 특정 동물을 통해 한번에 얻었던 것이다.[24]

둘째, 군사화 유형을 그 정향을 기준으로 논의해볼 수도 있다. 이를테면 군사화가 국내를 지향하느냐, 해외를 지향하느냐의 문제이다.

고립주의를 채택해 온 미국이 제1차 세계대전에 관여하기 전까지 군사화는 국내를 지향하였다. 그리고 그 전통은 제1, 2차 대전 이후에도 사라지지 않았다. 가령, 존슨 대통령이 '가난과의 전쟁', 레이건 대통령은 '공공질서를 위한 전투', 조지 부시 대통령이 '마약과의 전쟁'을 선포한 것은 내향적 군사화의 예이다. 미국인들은 전쟁이 모든 정치문화적 사안들에서 일어남을 목도한다. 조지 부시 정부기에 들어 내향적 군사화는 절정에 달했다. 그런 내향적 군사화는 모든 사안들에 관여한 것이 아니라 선택적이었다. 가령, 미국 행정부는 AIDS와의 전쟁은 무시했고, 위에서 언급한 사안들에는 과할 정도로 적극적이었다. 그리고 그런 내향적 군사화 과정은 미국인 전체를 잠재적인 적으로 간주하는 문제를 안고 있었다. 또 1980년대 후반 들어 미국은 아이러니하게도 대외적으로는 군사화를 다른 단계, 즉 축소로 나아가는 경향을 나타냈다. 베트남 전쟁 이후 해외 군사개입에서 큰 성공을 거두지 못한 미국 행정부는 비밀군사작전과 '람보'로 대표되는 안보 영화를 활용하였지만, 전쟁은 더 이상 미국인들에게 인기가 줄어들었다. 그런데 외교안보정책에서의 축소 경향 대신 국내에서 군사화 현상 증가 사이에는 일정한 상관관계가 발견된다. 마약과의 전쟁과 같은 무기력한 전쟁은 실제 전쟁과 비유로서의 전쟁 간의 경계가 모호함을 암시한다.[25]

군사화 유형에 관한 논의에서는 쇼필드가 기여한 바가 큰데, 다만 그의 논의는 국내적 차원보다는 국가 간 전쟁을 주요 사례로 하고 있다. 쇼필드는 군사화 정도를 정향적 측면과 배열적 측면으로 구성된다고 보았다. 군사화 정도는 군사화의 범위와 구성요소 그리고 그 수준에 의존한다. 이들 세 측면을 결합시켜 군사화 정도는 다양하고 풍부하게 만들어낼 수 있다. 쇼필드는 위와 같은 두 측면의 조합의 결과, 군사화 체제 유형을 다섯 가지로 제시하는데, 직접적 군사화 체제, 엘리트 군사화 체제, 민간 군사화 체제, 하이브리드 군사화 체제 그리고 비군사화된 체제가 그것이다. 이런 군사화 체제의 유형은 의사결정 과정에서 특정 민군관계(民軍關係)를 반영한다. 민간의 투입과 군부의 투입 간 적정 균형의 문제는 안보 위협과 그 대응으로 외교와 군사력의 상대적 비중에 달려있다.[26]

쇼필드가 말한 네 가지 군사화 체제와 하나의 비군사화 체체의 성격을 간략히 정리하면 다음과 같다.

직접적 군사화 체제는 모든 정향적·배열적 편견을 보유하고 있다. 군사화 정도가 가장 농후한 형태이다. 이 체제는 가장 극단적인 군사화 형태로서 외부 위협이 심각하거나 반복되는 조건에서 군부가 정치 개입을 단행하고 거기에 대중들이 지지하고 민간 엘리트집단이 순응할 때 형성·지속된다. 군부가 외교안보정책은 물론 국내 대부분의 정책에 주도권을 행사한다.

엘리트 체제는 정향적 편견이 농후한 데 비해 배열적 편견은 상대적으로 낮다. 이 체제에서는 군부가 정당에 참여하는 방식으로 군 지도자가 정치에 관여하고, 발전 및 이념 목표에 종속된다. 엘리트 집단 중 군부 엘리트의 정향적 편견이 나타나지만, 민간관료들이 외교안보정책 등에서 큰 역할을 수행하면서 쿠데타 방지가 가능해 배열적 편견을 보충한다.

민간 군사화 체제는 정향적 편견 면에서 군 혹은 안보 압력에 노출되고, 그에 비해 배열적 편견 면에서는 민간 우위의 민군관계를 보인다. 민간 군사화 체제는 일견 모순처럼 보인다. 군대 그 자체는 민간에 종속되어 있는데도 군사화가 일어나기 때문이다. 그 이유는 민간권력이 군대의 정향적 편견을 내면화하기 때문이다. 민간정부가 위기 사태, 특히 외부로부터의 심각한 위협에 대응하지 못할 때 소위 시민의 '초청에 의한 군사화'가 발생한다. 적대국가의 행동은 강화되고 그에 대응해 군사비가 증가하고 군대의 정치적 영향력이 높아진다. 그런 국가를 해럴드 라스웰(Herold Lasswell)은 '유격대 국가(garrison state)'로 불렀다. 그에 따르면 유격대 국가는 장기적인 국제적 긴장에 대응해 군부 엘리트의 권력이 증가한 결과이다. 쇼필드는 민간 군사화 체제 논의에서 유격대 국가를 거론하고 있다. 민간 군사화 체제는 정향적 편견이 두드러지는 반면, 군관료가 통제되는 한 배열적 왜곡은 일어나지 않는다고 본다.

하이브리드 군사화 체제는 정향적·배열적 편견 양 측면에 노출되는데, 체제의 정통성 부족을 벌충하기 위해 전쟁으로 가는 유인이 작동할 수 있다. 하이브리드 군사화 체제는 군부와 민간 기구가 병립하는 가운데 군대가 제도적 자율성을 나타낸다. 이 체제에서 민간은 군사화 체제를 위한 대중적 지지를 조직하고, 군은 법원, 상업, 은행, 에너지 생산, 교육, 노동통제 같은 전통적으로 민간 주도 영역에 관여한다. 또 이 체제는 국가 상징을 정당화 수단으로 삼는데, 반대로 군부 결정자들이 대중적 감정의 휘발성에 노출되기도 한다. 그 결과 하이브리드 군사화 체제는 군의 전략적 목표보다는 정치지도자의 목표를 추구하는 데 더 노출되어 있어 위험한 상황에 직면할 수 있다. 이 체제에서는 직접적 군사화 체제의 정향적·배열적 편견에 인기영합적 대중정치가 더해지기 때문이다.

마지막으로 쇼필드가 논의하는 유형은 비군사화 체제인데, 이 유형은 여러 변이를 관통해 군사화 체제의 본질을 검토하는 반사경 역할을 한다. 그에 따르면 비군사화 체제의 범주 내에서 저군사화 형태를 생각해볼 수 있는데, 지정학적 환경이 양분되고 가시적인 적대세력이 있는 경우가 그렇다. 이 체제는 위험을 동반한 비효과적인 전략을 구사할 수 있다. 비군사화 체제는 크게 민주와 비민주 변이 사이에서 구별할 수 있다. 비군사화된 민주체제는 외부 위협의 압력을 받으면 군사화를 증대시킨다. 그에 비해 비군사화된 비민주체제는 직접적·엘리트 군사화 체제와 현상적으로 유사하다. 단일 지도자의 카리스마, 군사 퍼레이드, 군사주의적 담론 확산 등과 같은 형태로 군대의 영향이 두드러지게 나타난다. 그러나 이 체제는 정향적·배열적 편견의 효과 때문에 고통받지는 않는다. 이 체제에서는 외교에서 효과적인 반면에 군사력 사용에서 상대적으로 비효과적이다.

이런 유형화 작업을 한 후 쇼필드는 군사화는 외부 위협의 심각성에 비례하고 민군관계에서 국가의 힘에 반비례한다고 말한다. 즉 외부 위협이 대단히 심각하고 국가가 민군관계를 통제할 능력이 약할 때,

즉 군의 영향력이 높아질 때 군사화가 높아진다는 것이다.

앞으로 군사화/군사주의의 다양한 측면과 차원을 살펴보겠지만, 실제에서는 각 측면 및 차원 내에서 구성 요소들 간에 그리고 군사화 측면과 차원이 상호연계되어 복합적인 양상을 나타냄을 말해두고자 한다. 이는 특정 시각의 연구자가 아니라 개방적인 태도를 가졌다면 모든 연구자들이 공감할 바이다. 대표적으로 전시와 평시, 군수품과 민수품의 상호 전환을 지속적으로 발전시킬 수 있다. 여기에 유진 자레키(Eugene Jarecki)도 주목했는데, 그는 미국의 정치는 물론 경제와 사회가 전시체제라고 주장하면서 그 기반으로 군수와 민수의 상호연계를 지적한다. 자레키는 전시에 처한 국가와 국민의 번영은 그 국가의 산업 기반이 군사적 목적에 적용할 수 있는 정도에 의해 결정된다고 말한다. 이는 전시경제의 영구화를 초래할 수도 있다. 전후 군사 케인스주의의 시각에 따르면, 많은 군수산업품은 전후 민수에 맞출 수 있다. 그는 군대와 산업체의 연구 및 혁신이 그것을 촉진하고, 국방개발이 평시 국가발전에 필수적인 것으로 만든다고 보았다.[27]

페미니스트 평화학자들은 군사주의의 행태상 발전은 그 저변에 다양한 측면 및 차원의 상호작용에 의해 작동함을 지적한다. 권 퀵(Gwyn Kirk)도 그중 한 사람이다. 그는 군사주의 연구에 개인(미시), 공동체(중간), 제도(거시) 그리고 초국적/세계적 수준 등 크게 네 차원이 있다고 말하고, 4개의 상호연관된 분석 수준과 행동으로 다양하고 복잡한 군사화를 정리할 수 있고, 또 그 대안도 마련할 수 있다고 강조하였다.[28] 이런 전제는 군사화 유형의 다양성과 군사화 형태의 변화를 설명하는 데도 유용하다. 마틴 쇼는 군사주의에 관한 선행연구 동향을 살펴보면서 인로의 페미니즘 시각과 E. P. 톰슨(E. P. Thompson)의 급진적 국제주의 시각을 이렇게 논평한 바 있다.

인로의 페미니즘 시각에서의 군사화는 사회 전체라기보다는 특정 형태의 사회적 제도의 군사화에 주목한다. 미국, 영국에서 군부는 여성을 통제·조직하고자 하는 경향이 높아진다고 분석하는데, 이때 여성은 여군만이 아니라 부인, 여자친구, 간호사, 매춘부를 포함한다. 그의 대표작, *Does Khaki Become You? The Militarization of Women's Lives*는 특정 여성집단의 군사화와 가부장적이고 군사주의적 사회에 사는 여성 전체의 연계를 과장하고, 군사적 대비가 높은 정치적, 이념적 우위를 가진 사회가 자동적으로 군사주의화로 묘사되는지에 대해서는 답하지 않고 있다. … E. P. 톰슨은 서구 산업사회가 군사화되었다는 급진적 분석을 내놓는다. 그는 "미국과 소련은 군산복합체는 보유하고 있지 않다. 두 나라가 군산복합체다"고 주장한다. 그는 "과학집약적인 민간사회는 군대를 민간화한다. 그러나 같은 순간에 더 많은 민간인들이 군사화된다"고 말한다. 이것은 현대 군사주의의 역설이다. 즉 전쟁이 더 파괴적으로 되고 전쟁 준비가 비싸져 전쟁은 사회에 결정적인 영향을 미친다. … 톰슨의 사회적 혹은 민간의 군사화는 군사비 지출과 같은 사실에 기초하기보다는 군대의 힘이라는 깊은 이념적 중요성에 기반한다. 그는 "지배계급은 영구적인 전쟁위기를 필요로 하는데, 통치와 특권, 우선순위를 정당화하고, 반란을 진압하고 사회적 규율을 실행하고 명백히 불합리한 작동으로부터 대중의 관심을 돌리기 위해서 힘쓴다. 그 결과 사회는 그런(군사주의적-필자주) 양식에 습관이 들여진다고 말한다.[29]

　서로 다른 두 비판적 연구자의 시각에 대한 쇼의 논평은 보는 이의 눈에 따라 다르게 평가할 수 있다. 둘의 차이에도 불구하고 신시아 인로(Cynthia Enloe)와 E.P.톰슨(E.P. Thompson)이 군사화를 각각 날카롭게 비판하고 있는 것은 분명하다. 쇼의 논평에 의하면, 인로의 군사화론은 다차원이라기보다는 여성의 시각에서 권위주의와 밀착한 군사화 현상에 주목한다. 그에 비해 톰슨은 계급적이고 정치경제적 시각에서 군사화의 확대를 일국적·국제적 차원을 연결지어 말하고 있다. 위에서 쿽이 지적한 것처럼 군사주의는 특정 차원, 특정 측면에 한정되지 않고 다양한 차원과 측면에서 진행되고 각각의 움직임은 활발하게 연계되어 있다. 필자는 쇼의 인로 비평에 동의하기는 어렵다. 쇼가 말한 인로의 대표 저작을 포함한 그녀의 군사화 논의야말로 철저하고 비판적인 분석과 페미니즘 시각에 다차원 및 다측면의 논의를 심도 있게 보여주고 있다. 인로의 이런 논의는 국제질서를 힘의 배분 위주로 접근하는 주류 국제정치학에 대한 비판에서 출발한다. 그래서 분석 수준을 국가와 국제관계만이 아니라 개인과 사회를 포함하고 있다. 그는 군사화 연구가 힘에 의한 평화가 아니라 인간집단 간 평등과 해방을 목표로 하는 적극적 평화를 지향해야 함을 제안해왔다.

　군사화는 일국적이든 국제적 차원이든 그 속성상 사회 각 분야로 확산해나간다. 물론 군사화가 처음부터 전 사회에 일제히 확립되는 것은 아니다. 정치체제에 따라서 확산 속도는 다를 수 있다. 독일 나치나 군국주의 일본 같은 경우는 히틀러의 집권과 메이지 유신을 기점으로 급진적으로 군사화가 확산되어 간다. 그에 비해 겉으로는 군사주의를 부인하고 다원주의 사회인 미국에서 군사화는 단일한 길을 걷지 않았다. 상부에서의 완전한 통제가 부족하고 사회집단들이 개입하면서 군사화가 사회로 분산되는 현상을 띤다. 그 이유는 첫째, 군사화 자체가 복합적이고 다면적이고, 둘째, 미국인들은 자기들이 나라를 군사화한다고 생각하지 않고 단지 대내외 위기에 대응한다고 생각하고 있고, 셋째, 실제 전쟁보다는 전쟁의식을 추구한다고 생각하고 있다.[30] 군사화의 확산은 군대에서 시작해 정보 및 보안기구, 준군사기구에서 그리고 관변단체와 협력하면서 학교, 공장, 회사, 종교단체 등으로 확산되어 간다. 군사화의 전개과정을 특정 국가나 사회를 사례로 살펴보면 어렵지 않게 확인할 수 있다. 과학기술의 발전과 경제의 세계화, 온라인 세계의 발전 등을 반영해 오늘날 군사주의는 더욱 확산되는 추세이다. 아래에서는 사회 각 분야에서 진행되고 있는 군사주의 형태를 예시하고 있다.

군사주의의 전형, 일본 천황제 군국주의
(1943년 4월 29일 일본 제국본부)
출처: 위키피디어커먼스

사회 각 분야에서 전개되는 군사화에 관해서는 로베르토 J. 곤잘레스(Roberto J. Gonzalez), 휴고 구스터슨(Hugh Gusterson), 구스타프 호우트만(Gustaaf Houtman)이 엮은 『군사주의(Militarsim: A reader)』가 매우 유용하다. 2019년 출간된 이 책은 마지막 장 외에는 군사화의 영역으로 구성되어 있다. 거기서 제시하는 군사화 영역은 정치경제, 노동, 젠더, 감성적 생활, 레토릭, 공간 및 영토, 인도주의, 미디어, 지식, 신체,

기술 등 11개에 이른다.[31] 영역별 세부 군사화 실태는 다음 장에서 살펴보기로 하고, 아래서는 위 책에서 언급되지 않은 영역을 소개함으로써 군사화 실태가 사회 구석구석에 들어가 있음을 예시하려 한다.

상업의 군사화도 군사화의 한 영역이다. 언뜻 보면 상업(나아가 민간경제)과 군사화는 별개라 할 수 있다. 상업은 시장경제 원리하의 경제적 합리성을 바탕으로 이익을 추구하는 민간활동인 반면에, 군사화는 정치군사적 목적 달성을 위해 전개하는 제반 활동으로서 비경제적 성격이 강하다. 그러나 적어도 자본주의 사회의 등장 배경을 살펴보면 군사화와 상업화는 긴밀한 연관을 맺으며 전개되어왔음을 알 수 있다. 유럽에서 14세기에 화약이 발명된 데 이어 대포가 발명되었다. 대포의 발명은 교회 첨탑에 걸린 커다란 청동 벨을 만드는 기술이 적용된 결과였다. 방어 건축과 대포 기술이 발달하면서 전쟁 패턴이 확립되었고 그것은 끝없는 군비경쟁을 촉진하였다. 중세 이탈리아에서 상인들은 지방 영주들에게 대포 기술자들을 소개해주었다. 이 시기 상업은 군사화되었다. 국가로 통합되어갈 각 소규모 정치체들은 상인들에게 사업 파트너와 같았다. 상업과 군사의 결혼으로 총에 돈을 대는 자금이 태어났고, 그것은 다시 수익성 높은 무역의 길을 닦아주었다. 무역에서 번 이익이 더 많은 군사력에 자금줄이 되었고 그로써 국민국가체제가 등장할 수 있었다.[32] 이를 요약하듯, 폴 비릴리오(Paul Virillio)는 『벙커의 고고학(Bunker Archeology)』에서 산업혁명은 산업 군사혁명과 함께 유럽을 근대화시켰다고 갈파하였다.

## 2. 군사주의 정의와 유형

### 1) 정의

군사'화'가 과정과 본질에 주목하지만 단어 표현상 현상과 결과를 무시할 수 없다면, 군사'주의(militarism)'는 같은 이유로 이데올로기, 태도, 정향(定向), 관행, 상부구조에 주목하는 용어이다. 군사화와 군사주의, 이 두 개념의 유사성과 차이점을 균형적으로 보는 것은 중요하다. 데이비드 킨셀라(David Kinsella)는 두 개념의 차이를 뚜렷하게 부각시킨다. 즉 군사주의는 성향, 군사화는 활동에 주안점을 두는 개념이라는 것이다.[33] 그러나 아래의 정의들에서 보겠지만 군사주의도 과정과 실천의 측면을 무시하지 않고 있다.

브라이언 메비(Bryan Mabee)는 역사사회학이 군사주의를 역사적 현상으로 간주하고 그 동학을 정치, 사회, 경제의 제도적 특징과 연계시킨다고 말한다. 그는 마이클 만(Michael Mann)의 군사주의 정의를 소개하는데, 만은 군사주의를 "전쟁 및 전쟁 준비를 규범적이고 바람직한 사회 활동으로 간주하는 일련의 태도와 사회적 관행"으로 본다.[34] 미국 역사를 군사주의로 정리하면서 이 분야 연구의 기틀을 닦은 한 사람인 알프레드 배그츠(Algred Vagts)는 군사주의를 "군대 및 전쟁과 관련된 일단의 관습, 이익, 위신, 행동 및 사고를 대변한다"고 정의하면서,[35] 정상적인 국가안보를 위한 군사적인 것(the military)과 구분했다. 그는 군사적인 것과 비교해 군사주의는 그 영향력의 범위가 무제한적이고, 모든 사회에 침투하고, 모든 산업과 예술을 압도하고, 일정한 서열, 제의, 권위 및 신념을 드러낸다고 그 특징을 덧붙이고 있다.[36] 다른 학자들은 군사주의를 이데올로기 혹은 관계로 간주한다. 예를 들어 어떤 이는 군사주의를 "군사력을 갈등의 해결책으로 우선시하는 이데올로기",[37] 또 어떤 이는 "조직화된 정치적 폭력을 준비하고 실행하는 사회적·국제적 관계"[38]로 보기도 한다. 이들 정의에서도 문제의 비평화적 해결이 적절하다고 수용하는 태도는 동일하다. 이런 정의를 지켜보면서 신네 L. 디비크와 로렌 그린우드(Synne L. Dyvik and Lauren Greenwood)는 군사주의 과정이 항상 의식적이거나 사려 깊은 것이라기보다는 생각하고 느껴지는 것이라고 말한 바 있다.[39]

'군사주의'는 '군사적인 것'과 구분된다

출처: 위키피디어커먼스

요컨대 군사주의는 일국적 혹은 국제적 문제의 해결을 폭력에 의존하는 태도와 그것을 지지하는 주의주장과 관행을 말하는 것이다. 여기서 군사화와 마찬가지로 군사주의도 다측면, 다차원의 개념임을 알 수 있다. 그런데 군사'주의'가 군사'화'에 비해 행동, 실천, 변화와 같은 역동성은 약한 개념인가? 마틴 쇼는 기존의 군사주의 정의가 정태적이라고 지적하면서 군사주의는 실행의 문제라고 지적한 바 있다.[40]

그러나 쇼가 비판 대상으로 삼은 베그츠와 만도 군사주의를 정의한 표현과 별개로 군사주의를 정태적으로 이해했다고 보기는 어렵다.

안나 스타브리아나키스와 얀 셀비(Anna Stavrianakis and Jan Selby)는 군사주의를 "상위의 가치, 혹은 정치·경제·사회적 발전을 위해 전쟁 및 폭력의 생산성을 인정하는 시각"으로 정의한다. 그들은 군사주의를 "정치경제적 발전의 대행자, 국가 수호자, 근대화의 추진력으로 보는 견해" 등 세 가지로 제시한다. 이런 정의에서 보듯이 군사주의 논의는 분석과 비판을 병행할 수밖에 없다. 물론 분석 작업을 비판과 혼동해 처음부터 반군사주의를 논의에 개입시키는 것은 적절하지 않다.[41] 위 두 사람은 군사주의가 국제관계에서 어떻게 전개되는지에 주목한 연구를 이끌었다. 연구를 체계적으로 전개하기 위해 군사주의를 개념화하는 작업이 우선 과제였는데, 그들은 이념, 행태, 군비증강, 민군관계, 사회화 등 다섯 가지를 기준으로 제시하였다.[42]

군사주의를 보는 시각은 관심사를 중심으로 볼 때 정치, 경제, 사회 등 크게 세 부류로 구분해볼 수 있다. 여기서 사회 중심적 시각은 다시 계급적 시각과 페미니즘의 시각으로 나눌 수 있다. 물론 군사주의 연구는 어느 시각이든 비판적 입장과 다차원적 접근이 공통점이다.

첫째, 정치적 시각에서 군사주의를 정의하는 경우이다. 근대 국민국가체제의 형성 과정에서 군사화와 산업화는 그 양대 추진력이다. 그 둘은 동면의 양면과 같이 동시에 그리고 상호보완적으로 작동한다. 군사화는 산업화에 방해되는 세력을 척결하는 한편, 군사기술의 발명이 산업화를 촉진시킨다. 산업화는 군사기술의 발전은 물론 군대의 국내외적 영향력 확대를 지지·지원한다. 정치적 시각에서 군사주의 개념은 정치는 물론 사회 전 분야에서 군사화 현상을 동반하면서 그 추진 세력의 권력 획득 및 지속에 주목한다. 그 과정에서 군사화는 안보화 현상을 포섭하면서 군사주의를 정당화하고 실현한다. 안보를 명분으로 한 정치세력들 간 권력투쟁이 정치사회 안팎에서 역동적으로 전개되는데, 그것은 국가 차원의 권력 및 재화의 분배를 둘러싼 계급투쟁의 성격을 띤다. 그러므로 정치적 군사주의는 단지 정치분야에서 전개되는 군사화의 정당화가 아니라, 경제적 군사주의, 계급 갈등과 긴밀한 연관성을 띠고 전개된다. 나아가 정치적 군사주의는 일국적 차원의 권력투쟁만이 아니라 세계적 차원의 정치군사 질서를 확립하려는 강대국 간 권력정치에도 적용할 수 있다.

정치적 시각에서 군사주의를 일국 및 국제적 차원에서 명쾌하게 제시한 사람 중 하나로 앤소니 기든스(Anthony Giddens)의 1987년 저작을 꼽을 수 있다.[43] 그에 따르면 오늘날 군사주의는 군대 내에서의 행동양식이나 군대 아닌 곳에서 문제의 군사적 해결을 추구하는 경향 이상을 의미한다. 물론 군사주의가 군대 내 정교한 정치문화와 공개성의 증진을 반드시 부정하지는 않는다. 이들 요소들 사이에 복합한 문제가 형성된다. 전문화되고 비정치적인 군대가 민간정부의 결정에 영향력을 행사하지는 않는다는 것이다. 기든스는 현대국가에서 행정부 내 군의 역할 증대보다는 세계군사질서에서 산업화된 무기의 확산이 초래하는 문제가 훨씬 더 중차대한 문제라고 강조한다. 왜냐하면 핵전쟁과 같은 대량살상무기가 동원되는 전쟁은 인류 전체와 생태환경의 파괴를 가져오는 근본적인 영향을 미치기 때문이다.

비커만 H. 루터포드(Vickerman H. Rutherford)는 정치적 군사주의를 보다 뚜렷하게 지적하고 있다. 그는 군사주의를 자본주의, 특히 제국주의 시대의 자본주의와 동일시하거나 그 대외적 팽창 수단 및 현상으로 파악하고 있다. 루터포드의 정의는 군사주의가 계급적, 정치경제적, 세계적 시각에서 복합적으로 접근할 성질의 주제임을 잘 말해준다. 그는 제국주의를 제국을 힘으로 형성하는 야망으로 정의하고, 군사주의를 제국을 형성·확대·유지하는 기제로 정의하고 있다.[44] 이런 배경을 가진 강대국의 군사주의는 제국주의 시대만이 아니라, 두 차례의 세계대전을 치른 이후에도 지속된다. 물론 냉전 시기 자유진영과 공산진영 간 경쟁이 미친 영향이 군사화의 확대로 한정해서 볼 필요는 없다. 그럼에도 강대국의 군사주의가 "세계적 군사주의 뒤에서 커다란 근본원인이자 추진력"으로 작용한 것은 부인할 수 없다.[45] 그런 지적은 미중 패권경쟁이 서서히 본격화되고 러-우 전쟁 등 국제분쟁이 지속되는 오늘날에도 유효하다.

앞서 언급한 쇼필드는 군사주의의 가정으로 국가 목표로서 영토확장, 그리고 전쟁 수행 요건으로서 우세한 군사력 확보를 말한 바 있다.[46] 그의 주장은 군사적 측면에서 보면 상식적으로 들릴 수 있다. 그의 두 가정은 지금까지 살펴본 군사화 및 군사주의 정의 중 가장 극단에 서 있다. 그럼에도 여기서 그의 논의를 언급하는 이유는 두 가정의 과도함을 지적하기 위함이 아니다. 군사화된 국가의 목표는 영토확장 이상이고, 필요시 전쟁을 수행할 요건도 우세한 군사력 그 이상임을 지적하기 위함이다. 그것은 바로 경제적 시각에서 군사주의를 정의할 필요와 맞닿아있다.

둘째, 경제적 시각에서 군사주의를 정의하는 경우, 순수 경제학적 시각에서 군사주의를 정의하는 것은 불가능하고 불필요하다. 수요-공급의 법칙에 바탕을 둔 이윤 극대화의 방향에서 군사주의를 정의하는 일은 성립 불가능하다. 정확히 말해 군사주의는 경제적 시각에서만 정의하기 어렵고 그 대안으로 정치경제적 시각에서 정의하는 것이 적절하다. 예를 들어 1970년대 영국을 비롯한 서방 선진국가들의 군사주의를 실증연구한 댄 스미스와 론 스미스(Dan Smith and Ron Smith)는 군사주의를 높은 군사비 지출, 호전적인 외교안보정책과 전쟁 준비 경향, 대규모 군수산업과 사회에서 군사적 가치 장려, 계엄령에 의한 군사독재와 통치 등 다양한 현상을 만들어내는 단일하고 근본적이고 인과적인 과정으로 정의한 바 있다. 여기서 군사주의를 구성하는 요소들은 정치와 경제 분야를 망라하고 있다. 물론 그들은 군사주의라는 용어가 분석적이기보다는 서술적이라고 인정하고 있다. 그 가운데 공통적인 현상이 영구적인 군사력 유지인데, 이는 군사주의의 원인이 아니라 결과이다.[47]

경제적 군사주의는 경제 분야에서 전개되는 군사주의 혹은 군사주의를 경제적 수단으로 추구하는 경향으로 정의할 수 있다. 전자는 반드시 군수산업이 아니더라도 어떤 경제 분야이든 군사문화에 기반한 경제정책 및 경영을 옹호하고 수용하는 것을 말한다. 과거 저발전국가에서 추격발전전략에 의한 급속한 성장전략이 그 좋은 예이다. 물론 그런 경제정책이 저발전국가에서만 나타나는 것은 아니다. 선진국의 경우에도 산업 영역 간 경쟁이 치열해지면 군대식 경영이 일어날수 있는데, 다만 저발전국가나 권위주의적 정치문화의 배경하에서 경제적 군사주의가 나타날 소지가 크다. 그리고 경제적 수단으로 군사주의를 정의하는 경우는 정치집단이 목표 달성을 위해 재화의 급속한확보나 편파적 자원 배분을 제일 수단으로 삼는 점에 주목한다. 그렇게 볼 때 경제적 군사주의는 정치적 군사주의의 하위 동반자 역할을하는 셈이다. 그렇다면 경제적 군사주의는 정치와 경제의 긴밀한 유착이 제1의 특징이고, 그 정향이 세계적 확산이라는 점이 제2의 특징이다. 두 번째 특징은 본문에서 (신)자유주의적 군사주의를 논하면서자세히 살펴볼 것이다.

셋째, 계급적 시각에서 군사주의를 정의하는 경우는 마르크스주의 등 좌파의 시각에서 군사주의를 비판하는 입장이다. 마르크스주의는 세계의 본질과 세계 발전의 동력을 경제 분야에서의 모순관계, 즉 생산력과 생산관계의 모순에서 보았기 때문에 무슨 주의(~ism), 종교, 법률과 같은 상부구조는 토대의 반영물로 부차시하였다. 그런 입장을 적용해 계급적 시각에서의 군사주의는 자본주의 사회의 지배계급인 자본가 집단의 기득권을 보장하고 대신 노동자들을 전쟁으로 몰아넣는 반동적 책동이자, 그것을 지지하는 태도라고 비판했다. 마르크스주의를 실천적으로 계승한 레닌은 제국주의를 자본주의의 독점 단계로 규정하고, 독점자본들 사이의 경쟁이 치열해지면서 제국주의 전쟁이 발생할 것을 전망하고, 사회주의 세력, 특히 선진국가들 내 노동자들에게 전쟁 반대를 촉구하였다. 좌파 진영은 군사주의를 자본가 집단의 경제적 이익과 정치적 지배를 물리적으로 지지해주는 선전·선동으로 간주하고 이를 배격해야 한다는 입장이다.

레닌과 비슷한 시기, 독일 등지에서 사회주의 정치와 운동을 이끈 칼 리프크네흐트(Karl Liebknecht)는 군사주의를 "계급으로 분열된 사회에 깊이 뿌리내리고 한 국가와 지역에서 정치·경제·사회적 측면에서 이상하게 다양한 모양을 띤 현상"[48]이라고 정의한 바 있다. 그는 군사주의를 자본주의와 연계해 이해하였다. 그래서 그는 '자본주의적 군사주의'를 탐구하면 자본주의에 가장 깊이 은폐되고 민감한 근본적 측면, 곧 계급지배의 본질과 그 은폐의 현실을 파악할 수 있다고 보았다.[49] 이처럼 계급적 시각에서 군사주의를 정의할 때 기존의 대다수 개념들에서 언급되었던 군대식 행동양식보다는 경제적 이익과 군사정책의 연계성에 주목하고 있다. 그리고 거기에 머물지 않고 자본주의 체제의 지배-피지배관계를 설명하고 그것을 지양하려는 정치적 실천으로 연결짓는 것이 계급적 시각에 선 군사주의 논의의 특징이다. 물론 계급적 시각에서의 군사주의 정의가 모두 좌파의 시각인 것은 아니지만, 현실에서 군사주의가 자본주의 체제와 연계되어 있다는 점은 좌파의 공통된 시각이다. 이와 별개로 군사주의를 비판적으로 논의하는 진보적 시각이 모두 좌파의 시각으로 채워져 있는 것은 아니다. 페미니즘이 좌파의 시각과 함께 군사주의를 비판적으로 다루는 또 다른 중심축이다.

넷째, 페미니즘의 시각에서 군사주의를 정의하는 경우이다. 이 시각에서 비판적 군사연구를 개척해 온 인로는 군사주의가 단순한 사고가 아니라, 군사적 가치를 군대 및 민간 분야 양쪽에 고취하는 일련의 사고로 정의하고 있다. 즉 군사주의는 세상 모든 곳에 군대 우선, 군대의 영향력을 문화 경제 정치적 사안들에서 정당화하는 경향을 말한다. 여기서 군사적 가치와 군대의 영향력은 다른 차원의 진술이다. 군사적 가치를 군대식 사고 및 행동방식애 대한 지지로 이해한다면 그것이 바로 군사주의의 핵심이다. 그에 비해 군대의 영향력은 군사주의의 현상 혹은 결과에 해당한다. 이를 전제로 인로의 시각을 페미니즘에 선 군사주의 정의를 대변하는 것으로 간주해도 무방할 것이다. 나아가 페미니즘은 기존의 시각과 달리, 군사주의를 추상적 정의에 그치지 않고 눈에 띄게 그리고 있다. 인로에게 군사주의는 ① 남자는 자연스러운 보호자이고 여성은 남자의 보호를 받는데 고마워해야 한다는 신념, ② 군인은 국가에 기여한다는 점에 특별한 찬사를 받을 자격이 있다는 신념, ③ 명령의 위계가 사회의 자연스러운 일부라는 신념, ④ 차이를 해결하는 데 있어 물리적 힘을 다른 형태의 인간의 상호작용보다 높은 가치를 부여하는 것, ⑤ 군대 없는 국가는 완전히 성숙한 국가가 아니라는 관념 등을 말한다.[50]

필자는 페미니즘 시각의 군사주의 연구를 만나지 않았다면, 군사화/군사주의를 군대식 사고 및 행동방식의 사회화 과정 혹은 (국내·국제적 차원을 불문하고) 사회적 문제의 폭력적 해결을 추구하는 태도로만 정의했을 것이다. 이 두 정의가 부적절한 것은 아니다. 또 통념상 개념 정의가 추상성을 띤다고 점에서 방법상으로도 불만족스럽다고 말하기는 힘들다. 그런데 이런 페미니즘의 군사주의 정의는 개념 정의의 통념을 깨고 나아가 군사주의에 관해 보다 명료한 이해를 돕고 있다.

## 2) 유형

군사 사회학자들은 현대 산업사회에서 군대의 변화하는 영향력을 탐구하는 거시권력 이론가들이다. 기든스는 현대 국민국가를 대내적으로는 평화적이지만 대외적으로는 갈등적이라고 규정한 바 있다. 그는 군사주의를 검토할 기본적인 토대를 제공해주고 있지만, 전쟁 형태의 변화가 국민국가와 군사주의의 변화에 미치는 영향을 검토하지는 않고 있다. 마이클 만은 현대 군사주의를 역사적으로 유형화하는데, 제한전쟁 시기(1648~1914)-시민전쟁 시기(1914~1945)-핵무기 시대(1945~현재)로 구분하고 있다.[51] 그는 현대 군사문화의 사회적 영향에 대해 도발적인 설명을 하고 있다. 그 중심에 엘리트 중심의 억제-과학 군사주의와 대중적 군사주의 사이의 균열이 있다. 20세기 전반기에는 대중의 전쟁 참여 시기로 이전 시기 제한전과 대중의 분리를 붕괴시켰다. 핵시대에는 다시 엘리트에 의한 전쟁의 재민영화(re-ptivat-ization)가 일어났다.[52]

아래에서는 먼저 군사주의를 크게 국내적, 국제적, 복합적 군사주의 등 셋으로 유형화하고, 이어 특정한 측면을 부각시킨 유형 몇 가지를 제시하고자 한다.

첫째, 국내적 군사주의는 군사화를 일국 내 다양한 사회집단 및 영역에서 정당화하는 제반 주의주장과 실천을 말한다. 여기에 자유주의적 군사주의, 계급적 군사주의, 민족주의적 군사주의 등이 해당한다.

자유주의와 전쟁의 연관성에 대해서는 많은 논의가 있어 왔지만, 제도적 접근을 통해 자유주의적 전쟁을 사회적 역동성과 연계시켜 상호보완적으로 이해할 수 있다. '자유주의적 군사주의'는 군사적 개입을 넘어 자유주의적 전쟁을 역사화·제도화시키는 수단이다. 현대화에 대한 자유주의적 접근은 미국 외교안보정책의 열쇠로서 군사적 현대화의 한 형태이다.[53] 이때 자유주의적 군사주의는 개인의 자유, 특히 경제활동의 자유와 사유권을 옹호한다. 다시 말해 이 시각은 이런 자유에 대한 위협에 대처하는 데 폭력적 대응을 지지한다. 에거톤(D. Edgerton)은 신자유주의적 군사주의를 영국의 맥락에서 네 측면으로 말하는데, 국민개병제 반대, 병력 부족을 대체하는 기술 및 직업주의에 대한 투자, 군대를 외부의 적 대응만이 아니라 대내적 개입 지지, 보편주의 이데올로기와 세계질서 개념을 기반으로 한 진보가 그것이다.[54] 자유주의적 군사주의는 오늘날 대표적인 군사주의 유형으로 자리잡았는데, 거기에는 정치·군사뿐 아니라 경제, 이념 등 다양한 영역의 군사주의가 융합된 결과이다.

페미니스트 학자들은 군사주의가 젠더 중립적이지 않고, 중요하게는 여성이 모든 곳에서 남성 군사주의라는 직조에 짜여 들어 간다고 주장한다. 가령, 대부분의 이집트인들에게 군대는 남성을 만드는 공장이다. 이상적인 이집트 남성이란 사고는 군대와의 관계에서 만들어진다. 군대는 규율, 복종, 의무, 단호함으로 해석된다. 군사훈련이란 군대가 적절한 남성의 행위 규준을 정의하고 남성성과 시민성을 군복무의 성공적 완성과 연계하는 젠더화된 규율을 만들어가는 과정이다. 실제로 군대의 의무는 전쟁 실행과 같이, 시민의 의무와 밀접히 연계되어 있다.[55]

마틴 쇼에 따르면 고전적 군사주의는 19세기와 20세기 전반기에 번성하였다. 민족국가의 등장, 무장한 국가, 민족주의, 징집이 그 증표인데, 이는 대중적 군사주의의 맥락을 형성하였다. 산업화, 국가 관료제와 이념의 유포는 고전적 군사주의의 필수 요소들이다. 고전적 군사주의는 프랑스 혁명에서 출발해 제1차 세계대전 이전 수십 년간 순진한(naive) 애국주의를 거쳐 제2차 세계대전의 이념적 민족주의로 진화했다. 사회학적 낙관주의와 달리 군사주의는 근대 산업사회의 질서

를 규정하는 특징이었다.[56]

계급적 군사주의는 앞서 마르크스주의 시각에서 소개한 바와 같이, 군사주의를 자본가 계급의 경제적 이익의 극대화 시각에서 접근하는 논의를 말한다. 이때 국가와 국가가 전개하는 경제, 외교안보, 문화정책은 경제적 이익의 구현 수단으로서 군사주의의 세계화는 필연적이라고 본다. 물론 계급적 군사주의가 반드시 전쟁을 주요 수단으로 삼고 노동자를 전쟁에 밀어 넣는다고 보지는 않는다. 오히려 교육, 문화예술, 이데올로기 등 다양한 동의 기제를 계급적 군사주의도 선호한다. 그러나 계급적 시각이 아니더라도 국내적 차원에서 군사주의를 예시하는 것은 어렵지 않다. 그리고 거기에는 정치인과 비정치인, 정치와 사회를 망라한다. 미국인들은 정치인들을 전시 영웅주의로 판단하고 정치유세에서 이판사판으로 참여하고, 이상주의에 기반한 남북전쟁의 매력적 모델을 물질주의와 비교하고, 전쟁의 미덕을 전쟁 자체에서 찾으려 한다. 심지어 사회 개혁가들도 자선사업을 전시에 군입대하는 것과 같이 간주할 정도였다. 또 제도적 차원에서 미국 정부의 과학기술 지원은 군대, 사기업 그리고 매사추세스공대(MIT)와 같은 교육기관의 상호 연계를 형성하였다. 이를 두고 해럴드 라스웰은 '민간 군사주의'로 보았는데, 거기서 민간은 직업군인보다 전쟁을 더 기대할 뿐만 아니라 전투에서 더 큰 역할을 수행하였다. 미국 엘리트들은 미국의 전시 기술적 정교함이 전혀 군사주의로 보이지 않고 대신 그것이 군대보다는 시민들의 가치와 전문성에서 연유한다고 본다. 즉 미국인들은 군사기술을 시민의 희생을 최소화하고 미국인을 적대세력이 실행해 온 폭정으로부터 해방하는 선한 세력의 위대한 도구로 보았던 것이다. 제너럴 일렉트릭사의 찰스 윌슨(Charles Wilson)은 "우리는 침략자가 되지 않고 세계에서 가장 강력하고 무시무시한 무기를 가졌다. 우리는 정기적으로 독일군대를 전환시킨 지독한 피의 욕망이 없다"고 말했다.[57] 이런 내향적 민간 군사주의가 군사주의를 더 자연스럽게 사회 전역에 스며들게 하였다.

둘째, 국제적 군사주의는 국제적 차원의 군사화를 추구하는 입장과 실천을 말한다. 국제적 군사주의에 해당하는 유형으로 자유주의적 군사주의, 위기전가 군사주의, 대외팽창적 군사주의, 반공 군사주의 등을 들 수 있다.

자유주의적 군사주의는 국내적 군사주의 유형에서도 언급하였는데, 이 유형은 그만큼 경계를 초월하는 확장성을 갖고 있다. 자유주의적 군사주의는 정치와 경제 그리고 개인과 사회를 망라해 자유를 제일 가치로 삼는데, 이를 지지해주는 대표 이론이 민주평화론이다. 민주평화론은 민주주의 정치이론 중 하나이지만, 국제관계에서는 권위주의 정치와 대립하므로 군사적 충돌의 개연성을 안고 있다. 그럼에도 민주평화론이 군사주의와 어떤 관계가 있는지는 충분히 논의되지 않았다. 그런 점에서 케빈 블래치포드(Kevin Blachford)의 최근 저작은 민주적 평화와 자유주의적 군사주의 간의 연계성을 비판적으로 드러내고 있다.[58] 그에 따르면, 미국의 외교안보정책 담론은 '통치되지 않는 공간'으로부터 일어나는 위협에 대처하기 위해 해외로의 권력투사가 미국 안보에 필요하다는 사고에 둘러싸여 있다. 이때 전쟁은 보편 가치에 대한 도덕적 원칙과 신념 위에서 정당화되어 자유주의적 군사주의를 구현한다. 자유주의적 민주평화 담론은 서방 자본주의 국가들 간 상호의존과 통합의 비전을 지지한다. 이 평화지역은 반자유주의적 무질서와 폭정으로 특징지어지는 무정부지역과 대조된다. 현대 안보 논쟁은 '실패국가', '불량국가', '신형 전쟁', 범죄와 무질서에 관한 담론이 지배한다. 이런 담론은 엘리트들의 관심을 자유주의적 질서에서 부족하거나 문제시되는 영역으로 이동시킨다. 그 결과는 '모든 곳에서의 전쟁(everywhere war)'을 자유세계의 시민들이 수행할 문명화의 임무로 만들어낸 것이다. 지구촌을 안전하게 만드는 수단으로 자유주의적 질서를 수립할 필요로 인해 미국 외교안보정책에서 자유주의적 군사주의의 성격은 강화된다. 블래치포드는 민주평화론을 명분으로 서방 강대국의 군사주의적 개입이 전개되어 온 사실을 고려할 때, 민주평화론과 군사주의의 연계는 권력에 대한 공화주의적 제한의 필요성을 제기한다고 평가한다.

반공 군사주의는 냉전 시기 자유진영의 군사화를 정당화한 최대의 명분이자 실제 군사화 정책의 큰 부분을 차지하였다. 반공 군사주의의 예는 수없이 많다. 베트남 전쟁, 제3세계 국가들에 미군의 개입과 미국의 지원을 받는 친미정권이나 군사집단의 쿠데타가 그런 예들이다. 냉전이 격화되던 1957년 1월 발표된 아이젠하워 독트린도 그런 예에 속한다. 아이젠하워 대통령의 '중동사태에 관한 대의회 특별성명'은 반공을 명분으로 레바논을 공격한다는 것이 요지이다. 사실은 중동에서 미국 기업의 경제적 이익을 안정적으로 창출하기 위한 것이 목적이었다. 사우디아라비아의 원유를 레바논 항구 시돈을 통해 끌어내는 데 친미 카밀리 샤먼(Camille Chamoun) 정부를 내세우고, 샤먼 정부가 국제공산주의 위협을 이유로 미군의 도움을 요청하는 방식을 거쳐 미 6함대가 레바논을 향했다.[59] 이런 예들은 너무 많다. 반공 군사주의야말로 자유주의적 군사주의를 가장 선명하게 적용한 것인지도 모른다. 물론 그 선명함은 시대적 제약을 받고 적용상의 문제점을 노출하였지만 말이다.

'위기 전가 군사주의(risk transfer militarism)'는 마틴 쇼가 제기한 용어로서 '신 서구적 전쟁방식'을 지칭한다.[60] 이 유형은 특정 국가의 군사화를 지적하는 담론이 아니라, 대두하고 있는 '글로벌 국가'의 행동양식을 말한다. 글로벌 군사주의는 냉전 붕괴, 경제적 세계화, 국가의 건재한 위상을 전제로 한다. 냉전 붕괴 이후 본격적으로 세계화된 자본주의 경제질서를 유지하는 데 글로벌 국가의 임무가 부각되었다. 글로벌 국가의 자본주의 질서 유지는 다양한 대응책을 요구받는다. 그 과정에서 특정 지역 혹은 이슈에 대처하는 글로벌 국가의 하위 파트너들이 필요하다. 파트너 국가들은 글로벌 국가가 자본주의 질서를 유지하는 과정에서 가중한 모순과 위기를 분산시키는 데 유용하다. 지역 파트너 국가 혹은 협력 세력은 해당 지역 혹은 이슈 대처에 필요시 군사적 대응도 불사한다. 글로벌 국가와 지역 파트너 국가들 사이에 무기거래가 발생한다. 무기거래는 위계적이고 상호구성적인 제국적 관계로 특징지어진다.[61] 카터와 레이건 행정부 시기, 세계경제의 침체와 베트남 전쟁의 영향으로 패권 유지에 부담을 가진 미국이 동맹·우방국들에 군비 지출 증대를 요구한 것도 그런 예로 들 수 있다. 물론 당시 미국 행정부는 자체 군사비 증강도 추진하였다. 1980년대 초 미국 군대가 관여한 경제적 결과는 전체의 10~12%로 추산되는데, 이는 여느 선진 자본주의국가들보다 높은 수치였다.[62]

분석 편의상 군사주의를 국내·국제로 나누었지만, 현실에서 국내적 군사주의와 국제적 군사주의가 별개로 존재하거나 둘을 뚜렷하게 구분하기 어려울 수 있다. 이런 점은 특히 패권국가나 패권을 추구하는 강대국들에서 잘 나타난다. 강대국의 군사주의는 국내적 차원과 국제적 차원을 동전의 양면으로 하고 있다.

20세기 초반 마르크스주의자 리프크네흐트만큼 국내적 군사주의와 국제적 군사주의의 상호전이를 통한 일체성을 강조한 인물을 찾기 어렵다. 그에 따르면 자본주의 사회질서에 있는 군대는 이중의 목적을 갖고 있다. 대외팽창을 위한 공격과 외부의 위험으로부터의 지배계급 보호가 그것이다. 그는 영국, 미국, 벨기에, 스위스, 일본, 러시아 등 외국의 군대제도를 살펴본 후, 군사주의가 국내외적으로 상호전이성(transmutability)을 나타낸다고 지적하였다. 국제적 군사주의는 기본적으로 국가방어, 적극적으로는 해외팽창이지만, 그가 주목한 것은 국내적 군사주의였다. '국내 군사주의(militarism for home)'는 사회 내부의 적에 대응하는 기능을 말하는데, 그는 군사주의를 계급투쟁의 무기로 보았던 것이다.[63] 그렇다면 국제적 군사주의는 국내적 군사주의의 연장선상으로서, 자본가 계급의 세계 지배를 정당화하는 이념 및 실천에 다르지 않다.

냉전기 미국의 국제적 군사주의는 반공 군사주의였고, 위기 전가 군사주의이기도 하였다. 미국이 동맹·우방국들에 군비 지출 확대를 요청한 것은 아무리 하위 파트너 국가라 해도 그들의 대내적 여건에 따른 힘든 문제였다. 미국의 그런 접근은 문제를 모두 군사적으로 접근하고 있어 위험했다. 1980년대 초 신냉전은 본질적으로 냉전과 같지만 구 냉전보다 더 위험해 보였다. 그런 국제적 군사주의는 국내적 군사주의와 상호보완관계를 형성하였다. 군사주의는 특별히 강력한 이념적 흡인력을 갖고 있다. 애국심은 그 자체가 대개 군사적 전통의 건축물이다. 애국심이 고무하는 가치들은 군사적 전통 안에 있는 것들이다. 그것은 규율, 권위 존중, 복종과 자기희생 등이다. 거기에 최근 군사적 효율성이 추가되었다.[64]

셋째, 복합적 군사주의는 군사화의 요소와 전개 범위가 한정되지 않고 경계를 넘어 전개되는 경우를 말한다. 여기에는 자본주의적 군사주의, 녹색 군사주의, 대중적 군사주의, 신군사주의, 식민주의적 군사주의, 기술적 군사주의가 해당한다.

앞서 언급한 리프크네흐트의 군사주의론은 계급적 시각에 서 있는 자본주의적 군사주의이다. 그는 보편적 군사제도로 만들어진 군대는 자본주의적 발달 단계에 가장 잘 적응한 집단이라고 전제하고, 군대는 인민의 군대가 아니라 인민을 적대시하는 군대라고 주장했다. 이어 자본주의의 확대재생산 속성에 따라 식민지 개척, 그를 위한 대외팽창과 같이 군사주의는 '대외팽창을 위한 군사주의(militarism for abroad)' 양상을 띤다고 말한다. 가령 해상 군사주의, 곧 해군주의(navalsim)와 식민주의적 군사주의는 국제적 위험과 세계전쟁의 영향이자 그 원인이기도 하다. 식민주의적 군사주의는 영국의 경우, 한편으로는 식민지 내부의 적을 억압 감시하고, 다른 한편 식민지 외부의 적(주로 러시아)에 대응하는 무기이기도 하다.[65]

녹색 군사주의(green militarism)는 자연보호를 명분으로 지역 주민을 내몰고 대신 기업의 이윤을 보호하는 데 관료조직과 군대 등과 같은 국가기구가 행정 조치는 물론 물리적 조치까지 행사하는 것을 옹호하는 태도를 말한다. 이런 움직임에는 보존-안보-개발의 넥서스(nexus)가 작동하는데, 이는 일종의 연성 군사화라 할 수 있다. 녹색 군사주의는 지역사회의 일반 대중을 자연보호의 적으로 프레임 짓고 국가와 군사기구가 공개·비공개적인 폭력으로 대중을 억압하는 양상과 그것을 옹호하는 태도를 말한다. 이런 경우는 아프리카, 라틴아메리카, 아시아 등지의 자연보호구역에서 발견되는데, 오늘날 이런 경향이 확대되는 추세에 있다.[66]

21세기 들어 서방 국가들의 군사주의는 군대와 사회 간 명백한 차이를 보인다는 점에서 신군사주의라 부른다. 세계는 크게 서방 국가들과 비서방 국가, 특히 이슬람세계로 구분되기도 한다. 이때 서방 세계는 세계적인 위협에 노출되는 동시에 세계 질서를 관리할 위치에 서 있다. 신군사주의는 서방국가의 사회 전체가 분쟁에 관여하는 동원체제를 지양하고, 대신 군사정책을 직업 군대에 의존한다. 이는 분쟁에 연루되는 서구 사회의 비용을 회피하는 효과를 거두는데, 이런 점에서 신군사주의는 위기 전가 군사주의와 유사한 면이 있다. 신군사주의는 글로벌 가치 수호 임무를 띤 군대 보호를 강조한다. 전투력 투사가 분쟁지역 내 민간인 피해의 위험을 증대시키는 현상은 언론을 통해 완화시킨다. 이는 신군사주의가 분쟁지역보다는 서방국가 내 정치 집단들 간 권력 게임에 더 주목함을 시사한다. 즉, 신군사주의는 정부, 선거구, 미디어 그리고 대중 간의 이념적 넥서스에 중점을 둔다.[67]

기술적 군사주의는 과학기술의 발달과 군사화 경향의 상호 촉진 효과에 주목한다. 농업 생산성 증대를 목적으로 한 제초제 개발이 화학무기 발전에 기여한 것은 널리 알려진 사실이다. 1960년 배리 콤모너(Barry Commoner)는 미국과학발전협회(AAAS)의 인간복지증진과학위원회 위원장이었는데, 위원회는 전후 과학계의 추세 중 하나가 과학과 냉전의 병합이라고 진단했다. 그것은 미소 간 체제 대결에서 과학이 적대세력을 앞서가는 일에 복무하게 되었다는 것이다. 많은 과학자들에게 베트남 전쟁은 혼란스럽거나 무관심했는데, 이는 전후 기술적 군사주의 경향의 다음 단계에 불과했다.[68] 군사기술 수준과 노동력은 반비례 관계를 형성한다. 가령, 영국은 기술 수준이 높은 직업군대와 선진 과학에 기반하는 군수산업에 의존한다. 그 결과 영국 군대와 군수산업에 노동력은 그들이 소비하는 자원과 관련지어 볼 때 크지 않다.[69]

이밖에도 군사주의 유형은 다양하게 제시할 수 있다. 마틴 쇼는 마이클 만 등 앞선 군사 사회학자들의 논의를 계승하면서 엘리트 군사주의와 대중 군사주의를 대별시키고 있다.[70] 엘리트 군사주의는 억제용 고성능 무기개발에 관여하는 정책결정자와 과학자 집단이 공유하는 태도를 말한다. 이름하여 엘리트 중심의 '억제-과학 군사주의'가 그것이다. 이것은 주요 군사정책으로 제한전에 관심을 두는데, 제한전은 단기간이고 강대국에는 비용이 들지 않고, 대중은 참여하지 않는다. 거기에는 경쟁 자본주의와는 다른 독특한 군사경제와 장교 및 군사 지식인들을 포용하는 독특한 군대 이데올로기가 작동하고 있다.

억제-과학 군사주의와 달리 군사주의를 문화, 예술 등 간접적인 방식으로 대중이 자연스럽게 수용하도록 하는 접근도 있는데, 이를 '관중 스포츠 군사주의(spectator sport militarism)'라 부른다. 냉전 시기 소련과 달리, 서방 사회에서 군사주의가 중심은 아니었다. 비록 추상적인 차원에서 서방의 다수 여론은 억지과학 군사주의를 지지하지 않는 대신, 간접적인 방식으로 군사주의를 수용한다. 노년들 사이에서 제1, 2차 세계대전의 참여를 통해 얻은 경험과 지식은 코미디, 서적, 잡지, 영화 그리고 다큐멘터리 등을 통해 청년세대에게 전승되는 식이다. 쇼는 만이 언급한 서방과 사회주의 진영 간 군사주의 차이를, 고르바초프 등장 이후 소련의 체제 변동을 생각하면 과도다고 지적한다. 그리고 소비자 문화는 미국의 전례 없는 군사경제에도 불구하고 압도적이고 관중 스포츠 군사주의의 대표 사례는 미국이라고 평가한다.

군사주의 유형을 정치이념에 따라 분류할 수도 있다. 민주주의적 군사주의, 사회주의적 군사주의, 제3세계 국가의 군사주의가 그 예이다. 이 중 사회주의적 군사주의는 사회주의 체제가 세계공산주의 혁명을 추구하는 점을 들어 글로벌 군사주의로 보기도 한다. 그렇다면 민주주의적 군사주의도 전 세계의 민주주의를 꿈꾼다고 볼 때 글로벌 군사주의로 볼 수 있을 것이다. 그에 비해 제3세계 국가의 군사주의는 확장성을 띠지 않고 국가적 군사주의로 남아있다. 제3세계는 냉전 시기 자본주의 진영과 사회주의 진영의 대결에서 둘 중 한 진영을 선택하지 않고, 비동맹 자주노선을 천명하고 제3의 길을 추구한 국가군을 말한다. 냉전 해체 이후에는 하나의 진영으로서 이들 국가군은 사라졌지만, 일부 국가들에서 그런 노선이 재연되는 경우가 있다.

전후 군사주의(post-militarism)도 주목할 만한 유형이다. 군사화/군사주의는 그 시기를 놓고 볼 때 전전(戰前), 전시, 전후 군사주의로 나눌 수 있는데, 이는 앞으로의 과제로 남아있다. 그런 전제하에서 전후 군사주의는 전후 사회의 전쟁 후유증을 이해하고 민주주의와 평화를 전망하는 데 중대한 연구주제이다. 전후 군사주의는 전전, 전시 군사주의와 비교할 때, 사회구조적 형태보다는 더 이데올로기적이고 문화적인 형태를 띤다. 앞에서 언급한 향수병 군사주의도 전후 군사주의의 일부이다. 이런 군사주의는 물론 전쟁과 군사적 전통 등 나라마다 특수성을 띤다. 국가적 군사주의는 전쟁과 방어에 관한 특정 정치적 신화를 강조하는 문화에서 드러난다. 오틀리(C. B. Otley)는 1900~72년 사이 영국 학교를 연구했는데, 영국 학교에서 군사주의는 제1차 세계대전 이전과 전쟁 기간에 최고조에 달했고 그 후에는 그 정도가 약해졌다고 분석한 바 있다.[71] 1914~18년 전면전의 경험은 1939~45년의 심대한 영향에 나타났다. 기술에 기반한 자유주의적 군사주의는 제2차 세계대전 기간의 대중적 군사주의가 남겨놓은 모순적인 맥락 안에서 현대 핵보유국 영국에서 작동하고 있다. 여러 세대 동안 실제 전쟁 경험은 아니지만, 병영 생활은 남성이 어른다움으로 성숙하는 데 주요 자산이 된다. 그렇지만 대부분의 사회에서 전시 경험에서 흘러나오는 국가적 신화는 군사주의를 적극적으로 지탱시키지 못한다. 점령과 패배, 심지어 저항의 유산은 승리의 유산과 다르다. 단지 프랑스에서 영국 사례와 유사한 측면이 있다. 드골주의의 유산이 지속해 국민을 결속시킨 역할 말이다.[72]

전후 군사주의를 보다 깊이 이해하는 데 있어서는 전쟁 이전과 전쟁 시기와 구분하기보다는 그들을 연결해 접근하는 것이 좋다. 이른바 군사주의의 연속성이다. 여기서 침략전쟁 이후 일본의 군사주의를 적절한 예로 삼을 수 있다. 가령, 만주에서 패전 말기에 소집되었던 신조는 생이별했던 아내에게 이렇게 말한다.

"당신을 이렇게 다시 만날 때까지, 나는 평화를 바라는 선량한 시민으로 그럭저럭 생활하면서 '사회에는 조금은 기여하고 있다' 그렇게 자부하며 살고 있었소. 하지만 나는 아무것도 변하지 않았던 거요. '천황 폐하를 위해, 나라를 위해'가, '사회나 가족을 위해'로 바뀐 것뿐이었지. 메이지에서 시작된 부국강병의 이 붉은 피가 지금도 내 안에 면면히 흐르고 있소. 어떻게 해 볼 도리 없는 피가…. 일본의 근대화는 약한 자와 아시아의 사람들을 내치고 죽이면서 건설됐어요…. 지금도 같은 현실이지. 내 아들 도모요시가 말했소. '전쟁을 일으켰던 과거 같은 건 나와는 관계 없다'고…. 도모요시가 나를 불신하는 밑바닥에는, 우르르 박수치고 전쟁에 가담한 우리 한 명 한 명이 그 후 그렇게 가해를 한 행동을 자기 책임으로 직시하는 법 없이 오로지 어둠 속에 덮어 감추고 눈감고 살아온 데 대한 힐난이 있는 것이 아닌지…."[73]

침략전쟁에서 살아남은 일본 군인들을 면담한 일본 정신과 의사의 보고에 따르면, 병사들 대부분은 학살행위에도 정신적으로 상처 입지 않았다. 일본 장병들에게는 일본인 집단의 시선 속에서 스스로 나서서 학살에 순응하는 정신 자세가 미리 형성돼 있었기 때문이다. 나아가 천황제 이데올로기가 쉽게 가학증(sadism)으로 전화되는 경우도 적지 않았다고 한다. 그것이 '일본군의 강함'이라고 말한다면 그것은 신체는 상처 입어도 마음은 상처 입지 않는 불사, 즉 감정 마비의 강함이다. 이와 같은 감정 마비는 전후의 일본인에게 지속되고 있다. 전후 패전의 충격, 감정 마비와 이에 뒤이은 혼란이 가라앉은 뒤, 일본인의 반응에는 두 가지 유형이 있었다. 그 하나는 침략전쟁의 과오를 '벌하지 않는다'는 것이고, 다른 하나는 전쟁에 의한 마음의 상처를 '물질주의로 바꿔치기' 하는 것이었다. 전시에서부터 전후로 이어진 집단주의 문화 속에서 '강한 정신'이라는 물음은 양방향으로 기능했다. 즉, 그것은 다른 사람을 향한 폭력이 될 수도, 자신의 정신에 대한

폭력이 될 수도 있었다.[74]

전쟁에 뛰어든 사회는 이미 군사주의가 절정에 올라있는 상태이다. 그러므로 군사주의의 연속성을 파악하려면 전쟁 시기가 아니라 그 전후의 사회에 주목하는 것이 적절하다. 전쟁 이전에 사회적 갈등의 폭력적 해결 관행이 누적되고 권위주의 문화가 팽배한지 그리고 전쟁 이후에도 그런 현상이 두드러지는지를 살펴보는 것이다. 출간 직후 논란을 초래한 미켈라 무르자(Michela Murgia)의 『파시스트 되는 법』을 적용해 사회의 군사화 정도를 가늠해보는 것도 한 방법이다. 무르자는 파시스트 되는 법으로 수령이 필요하고, 모든 일을 사소하게 간주하고, 적을 만들고, 모두를 위한 일이라고 말하고, 의심스러우면 폭력을 쓰고, 국민들이 듣고싶어 하는 대로 말하고, 기억을 다시 쓰라 등 7가지를 제시하고 있다. 그중 수령이 필요한 이유를 민주주의 파괴를 들고, 적을 만들라는 대목에서는 기성 사회를 위협하는 세력(가령 이민자들)을 적으로 간주해 위협적으로 보이게 해야 한다고 주문한다. 그리고 의심스러우면 폭력을 쓰라는 대목에서는 본능=폭력=지배라는 등식으로 폭력을 피하는 대안은 지배받는 것밖에 없다면서 군사주의를 노골적으로 옹호하고 있다.[75] 군사주의가 권위주의와 친밀하고 국제적으로는 식민주의와 깊은 관련이 있음을 암시해준다.

군사주의는 군사화와 함께 다양한 패턴과 형태를 보이며 일국적·세계적 차원에서 평화를 가늠하고 전망하는 좌표로 삼을 수 있다. 그 유형화 작업은 군사주의/군사화를 측정할 보편 척도를 개발하기에 앞서(혹은 그와 함께) 더욱 진전시켜가야 할 것이다. 다만 각각의 유형이 지시하는 바가 다양하고 특수하므로 그들 사이의 관계 설정에도 관심을 기울이면 유형화 작업의 유용성은 더 높아질 것이다.

## 3. 군사화와 군사주의의 관계

이상 군사화와 군사주의에 관한 개념화 및 유형화 작업을 시도해 보았다. 이들 시도는 군사화/군사주의의 이론화 작업을 촉진하고 관련 경험연구를 안내하는 데 기여할 것이다. 그럼에도 지금까지의 개념화 및 유형화 작업이 완전하다고 말하기는 어렵다. 아래에서는 앞으로 더 진전시켜야 할 논점을 검토하고 있다.

### 1) 군사화 개념 비평

이상 살펴본 개념화 작업들을 참고해 필자는 군사화를 "군대식 사고 및 행동 방식이 민간 영역에 확산·수용되는 일련의 현상과 그 과정"으로 정의하고자 한다. 이 정의에서 핵심은 군대식 사고 및 행동 방식이다. 더 좁히면 군대식이 군사화 정의의 핵심이다. 그럼 '군대식'이란 무엇인가? 그것은 적대의식 고취와 상명하복의 실천이다. 적대의식은 적을 식별하고 폭력으로 승리할 의욕을 불러일으키며 군의 존재의의를 만들어낸다. 상명하복은 소수 정책결정집단의 하향식 의사결정과 그에 모든 군인이 일사불란하게 따라가는 관행과 그것을 제반 물질적, 정신적 요소들로 지지해주는 효율적인 운영방식을 말한다. 군대식 사고 및 행동 방식은 일종의 권위주의적 문화인데, 유무형의 폭력으로 지탱한다는 점에서 권위주의 문화의 극단에 위치하고 있다. 군사문화라고도 불리는 군대의 이런 성격 자체가 곧 군사화를 말하는 것은 아니다. 군사문화가 정치·경제적 이해관계와 결합하고, 군 막사에 머물지 않고 민간사회로 퍼져나가고, 그런 양상이 특정 제도에 의해 안정적으로 재생산할 때 군사화 개념이 성립된다.

하향식 의사결정과 조직적인 행동과 같은 군대의 특성은 위기시

안보를 위한 일사불란한 대응을 그 배경으로 하고 있음은 두말할 나위 없다. 물론 이런 상식적인 언급을 넘어 군대식 사고 및 행동 방식은 체계적인 논의로 나아가야 할 것이다. 그것은 이 책에서 해명할 과제이고 책 전반에 걸쳐 다뤄질 것이다. 여기서는 군사화가 군대식 사고와 정책 그리고 그것을 합법적으로 지속가능하게 만들어주는 제도 등 세 측면을 주요 요소로 하고 있다고 가정해두고자 한다.

군사화에 관한 기성 정의들을 살펴보면 군사화 개념을 발전시켜 나가는 데 있어 깊이 논의할 몇 가지 논쟁점들을 도출해 볼 수 있다. 첫째, 군사화가 과정이나 결과냐 혹은 본질에 주목하느냐 아니면 현상에 주목하느냐, 둘째, 군사화의 주체가 군대이냐 민간이냐, 셋째, 군사화 개념이 전쟁 준비와 같은 특정 경우를 지시하느냐 아니면 특정 경우에 국한되지 않은 복합적 성격을 갖느냐, 넷째, 군사화가 인접 용어인 안보화, 무기화, 군사국가 등과 어떤 차이가 있는가 등 여러 논점이 흘러나온다. 위 필자의 정의나 다른 연구자들의 정의에서 이런 논점들에 대한 상대적 차이가 발생한다. 여기서는 이상 네 문제들에 대해 필자의 입장을 개진하고 이후 본론에서 자세히 살펴보도록 하자.

첫 번째 논점은 적절하지 않은 표현이다. 예를 들어, 민주화든 산업화든 인류 역사에서 다양한 변화를 거친 거대한 흐름은 여러 요소와 국면별 주요 현상들이 어우러져 만들어지는 과정이고, 그것은 일정한 단계에서 큰 의미를 담은 결과를 만들어낸다. 군사화도 여러 양상을 띤 복합 현상을 드러내고 일정 단계에서 특정한 결과를 보이는 일련의 과정이다. 다만, 개념 정의상 군사화 현상과 결과를 무시하지 않으나 과정과 본질에 더 주목할 때 더 만족스러운 정의가 가능할 것이다. 군사화는 당연히 다양하고 구체적인 요소들을 갖고 있는데, 그것이 특정 국면이나 단계에서는 일정한 결과를 드러낸다. 그리고 다양한 현상을 띠면서도 특정 측면과 국면들을 초월해 군사화의 본질을 보여주는 것은 일련의 긴 과정을 거치며 가능하다. 앞서 바흐만은 군사화를 사회적 실천으로 정의하였는데, 이를 적용하면 연구 초점은 군사화의 기술과 과정이 특정 사건에서 배타적으로가 아니라 일상 조건에서 진화하는 방식 그리고 군사화가 더 '선한' 형태의 권력을 통해 구체화되는 방식을 연구할 수 있다고 말한다.[76] 군사화는 민주국가에서도 발생할 정도의 유연성을 보이면서 보편적인 성격을 지니고 있다. 바흐만은 나아가 군사화가 단지 군대만이 아니라 특정 군사적 실천으로 이익을 얻는 여러 조직에 의해 강화된다는 점을 강조하고 있다. 바흐만은 인도적 지원을 소재로 군사화를 탐구하면서 잠재적인 '지원의 군사화' 과정이 일방적 과정이 아님을 말하고 있다. 오히려 군사화는 사회 문제에 대한 군사적 접근을 수용하게 만드는 복수의 사회적 과정이고, 일상에서 진화하고 제도화된 강압에서 공유되는 경험과 조화를 보일 수도 있다는 것이다.[77] 요컨대, 군사화는 긴 시간과 다양한 상황 속에서 수많은 변이를 띠면서 군대식 사고 및 행동 방식이 사회화하는 과정을 말한다.

둘째, 군사화의 주체는 누구인가? 군사화의 주체는 복수이다. 일차적 주체와 이차적 주체 혹은 의도적인 주체와 비의도적인 주체로 나눌 수 있다. 군사화를 통해 이익을 추구하는 행위자와 그런 의도는 아니지만 불가피하게 그에 협조하는 행위자가 있을 수 있다. 군사화를 지지하는 입장은 국가안보를 위한 국방정책이 우선이라는 인식이 불가피하다고 본다. 그 일차적인 주창자는 안보, 무기, 안전, 정보, 이데올로기, 훈련 등과 같은 업무에 종사하는 집단과 그 방향을 결정하는 정치권력이다. 이들을 군사화의 일차적인 혹은 의도적인 주체라고 한다면, 거기에 불가피하게 혹은 무의식적으로 동조하는 집단은 이차적인 혹은 비의도적인 주체라 할 수 있다. 거기에는 군수기업을 비롯해 언론, 전문가집단, 예능계, 종교계 등 광범위한 민간사회집단이 관련된다. 군사화가 심화 확산되면 이런 주체 구분은 무의미해질 정도로 복합적인 주체(일명 복합체 혹은 카르텔)가 형성된다.

군사화를 군부가 국가안보를 빙자해 자신들의 사적 이익을 추구하는 현상으로 정의하는 것은 적절하지 않다. 혹은 군대식 사고방식과 무관하게 무기 제조기업의 매출 증대를 군사화 개념의 주요 예로 들 수 있는지도 의문이다. '군산복합체'라는 용어가 냉전 시기에 등장하였지만, 냉전 해체 이후에는 군대-산업체-전문가집단-언론-예능의 연계를 지적하는 논의로 나아가고 있다. 이는 군사화의 주체 혹은 일차적이고 의도적인 주체가 군대로 한정되지 않고 확대되고 있음을 말하는데, 그만큼 군사화가 발전하고 있음을 웅변해준다. 이와 같이 군사화의 주체는 군대와 민간 중 하나가 아니고, 이들이 상호 협력하면서 그 연계가 깊어지고 있고 급기야 군사화의 주체(혹은 범위)는 군대와 민간으로 구분하기가 점점 힘들어지고 있다. 가령, 9/11 테러 이후미국 내에서 합법과 불법을 넘나들면서 벌어진 유색인종들을 대상으로 한 무분별한 인권 침해는 군사화의 주체와 범위가 군대와 민간으로 구분하기 어려움을 잘 보여준다. 이런 현상은 본문의 여러 군데에서 재확인할 수 있는데, 국내와 국제적 차원 그리고 정치·안보 분야만이 아니라 대중의 일상생활에서도 발견하기 어렵지 않다. 결국 군사화의 주체 확대와 경계의 모호함은 군사화가 특정 영역에서의 특정 현상으로 한정되지 않음을 말해준다. 그만큼 군사화는 평화와 체계적으로 대립하고 대중의 존엄과 생존을 바로 옆에서 위협하는 수준으로 나아가고 있다.

셋째, 위 논의의 연장선상에서 군사화는 다차원, 다측면의 성격을 띤다. 군사화는 개인의 마음과 일상생활에서도 나타나고 개인이 속한 가정, 직장, 지역사회에서도 발견할 수 있다. 군인과 군인가족도 한 예이다.

국가와 해외주둔에 계약한 군인은 물론 그 가족도 군사화된다. 민간 여성도 군사화된 국가에서는 정부의 군사관료들이 민영화시킨 기업에서 생산과 서비스업에 참여하면서 군사화를 경험한다. 군사화에 직접 혹은 간접으로 연루된 다양한 조직과 압력 속에서 젠더의 사고 및 행동 패턴에도 변화가 일어난다고 인로는 주장한다.[78] 군사화는 개인과 직장, 지역사회, 국가기구, 국제기구와 같은 조직 그리고 안보는 물론 정치, 경제, 사회, 문화 등 제반 영역에서 발견할 수 있다. 인로는 군사화가 여러 단위와 영역에서 발견되는 현상일 뿐만 아니라, 개인, 지역, 국가, 세계적인 것들을 결합하는 과정이라고 주장한다.[79] 그만큼 군사화는 성숙해가고 자아실현을 이룩하는 셈이다. 군사화의 심각성을 말해주는 것이다. 동맹의 세계화와 민주주의 수호를 명분으로 미국은 세계 각지에 군사기지와 정보망을 유지하고 있다. 이는 미국이 주도하는 군사화의 세계화를 의미한다. 그것은 국내는 물론 해외주둔 미군과 그 가족, 미군의 자유수호 임무를 초당적으로 지지하는 미국 시민 그리고 미국의 하위 동맹국의 제반 정책과 미군기지 일대의 시민들의 희생 위에서 존속하고 있다. 군사화의 기원에 대해서는 의견이 분분하지만 그 정향과 결과가 세계화이고 그 동력과 성격이 국가안보와 정치경제적 이익 등 다층적임은 분명하다.

세계 도처에 군사기지를 갖고 있는 미국

출처: 위키피디어커먼스

　지리학자들은 군사화의 공간적 차원에 주목한다. 이들은 군사화를 "사회 생활과 정치적 경쟁이 다양한 방식으로 나타난 결과 그리고 개인 신체에 구현되는 데서부터 세계적 차원까지 다양한 차원에서 나타나는 것"으로 본다. 다른 지리학자들은 공간의 위급성에 주목한다. 또 다른 학자들은 권위조직, 경제적 관계, 정체성을 공간의 핵심 요소로 보고 군사화가 독특한 지리적 맥락에 의해 진행되는 방식 때문에 다른 지역성으로 발현될 수 있다고 본다.[80] 인로의 지적과 유사하게, 바흐만의 지적은 군사화가 불의 고리를 가진 화산대와 같다고 말하는 것과 같다.

　러시아의 우크라이나 침공으로 벌어진 러-우 전쟁의 배경에는 두 국가와 해당 분쟁지역을 둘러싼 오랜 민족 간 대립 그리고 지정학과 지경학이 어우러져 작용하였다. 그러나 러시아의 군사화 경향과 그에 못지않게 냉전 해체 이후 북대서양조약기구(NATO)의 러시아를 겨냥한 신군사화 경향도 무시할 수 없다. 그리고 3년째에 들어선 이 분쟁이 러-우 대결은 물론 범유럽의 안보·경제적 동학, 미-러 갈등 그리고 신냉전의 맥락에서 국제적인 군비경쟁이 겹쳐 군사화는 심화되고 있다.

존 A. 애그뉴(John A. Agnew)는 권위조직, 경제적 관계, 정체성, 이 셋을 공간의 핵심 요소로 보고 군사화가 지리적 맥락에 의해 독특하게 진행된다고 말한 바 있다.[81] 그런 프레임은 러-우 사태에서도 잘 나타난다. 분쟁에 직접 관여하는 두 나라는 정치체제와 무관하게 전시를 이유로 시민의 자유는 억압당하고, 특히 분쟁지역에서는 영토와 거주민의 정체성 불일치로 주민들 간 대립이 중앙정부의 통제를 벗어날 수 있다. 경제도 전시경제체제로 운영되고 있어 대중의 생존은 위협에 처하고, 분쟁 사안들에 대한 적대적인 대립이 분쟁의 장기화를 부채질하고 있다. 현재진행형의 국제분쟁 중 러-우 사태는 시리아, 예멘 분쟁과 함께 군사화의 다층성을 가장 분명하게 보여주고 있다.

넷째, 군사화가 유사 용어인 안보화, 무기화, 군사국가 등과 어떤 차이가 있는가? 군사화와 가장 가까운 용어는 안보화(securitization)이다. 안보화는 안보 이슈가 아닌 것을 안보 관심사로 전환시키는 행위, 그리고 그렇게 된 이슈에 국가안보의 이름으로 자금, 권한, 제도 등 막대한 수단을 제공해 과도한 이익을 발생시키는 현상을 지칭한다. 가령, 테러로 인한 대중의 사망률이 교통사고나 약물 오남용보다 훨씬 낮지만, 정부가 반테러정책을 국가안보에 우선적인 과제로 선정하고 거기에 막대한 예산과 권한을 부여하는 것이 전형적인 예이다. 그 결과 반테러정책으로 안보 및 정보 기구의 권한이 높아지고 시민의 자유가 위축되고 자원 배분에 왜곡이 발생한다. 이는 일종의 안보화 효과라 하겠다. 이렇게 보면 안보화도 군대식 사고 및 행동 방식을 포함하기 때문에 군사화와 같은 측면을 갖고 있다. 그리고 둘이 다양한 측면과 차원을 띠고 과정을 중시하는 것도 유사하다. 그런 가운데서도 안보화는 말 그대로 일반적인 이슈가 안보 이슈로의 전환에 초점을 두는데 비해, 군사화는 군대식 사고 및 행동 방식의 사회화를 다루는 보다 포괄적이다. 군사화 입장에서 안보화는 정치, 외교, 국방 영역에서의 군사화를 다룰 때 적극 활용할 용어이다.

무기화(weaponization)도 군사화와 연관이 있어 보이지만 안보화만큼은 아니다. 무기화는 무기가 아닌 물건을 무기로 이용하는 현상과 이용하려는 태도를 말한다. 과도용 칼을 사람을 상해, 살인할 의도로 이용하려 한다면 과도가 무기화된다고 말할 수 있다. 인터넷이나 인공지능기기가 군사용으로 개발되어 이제는 민간에서 상용되는 일이 인간의 삶을 윤택하게 만들고 있다. 그와 반대로 민간용 기기가 군사적 목적으로 이용되는 경우도 많아지고 있다. 또한 기술 수준이 높은 기술들이 적용되는 정밀기기는 군수와 민수, 이중용도로 이용되는 경향이 높아지고 있다. 이런 현상이 무기화를 조장하는 것이다. 나아가 무기화는 무기가 전략전술 등 군사적 목적 달성을 위해 활용되는 것에 한정되지 않고, 법집행이나 가치 구현 등 비군사영역에서 목적 달성을 위해 이용되는 현상도 포함한다. 군사화 논의에서 무기화는 군사화를 추구하는 수단 혹은 군사화를 전개하는 과정에서 발생하는 현상으로 간주할 수 있다. 그럼에도 무기화 자체를 군사화로 간주하기는 어렵다. 왜냐하면 무기화가 개념상 군대식 사고 및 행동방식을 전제하지는 않기 때문이다.

안보화만큼이나 군사화와 유사한 용어가 군사국가이다. 군사국가는 정확히 말해 두 가지이다. 군사국가(military state)와 군사화된 국 militarized state)가 그것이다. 앞의 군사국가는 군부가 국가권력을 장악해 국정 전반에 대한 통제를 행사하는 현상을 말한다. 일종의 특정 통치형태를 지칭하는데, 이때 군사국가는 군부정권(military regime)에 다르지 않다. 여기서 말하는 군사국가는 두 번째 용어, 즉 군사화된 국가를 말한다. 군사화가 한 국가 차원에서 사회화·제도화되었음을 말한다. 군사화된 국가는 군부통치와 거리가 있다. 가령, 군사국가라도 국정운영 원리로 민주주의와 시장경제를 내세울 수 있지만, 군대 우위의 정치만을 천명할 수는 없다. 그에 비해 군사화된 국가는 그 국가의 정치이념과 무관하게 군대식 사고 및 행동방식에 의거하고 있다. 한국의 경우 과거 이승만, 박정희, 전두환 정권은 자유민주주의체제를 표방했지만 군사화된 국가를 보여주었다. 물론 이들 권위주의 통치 기간 동안 한국에서 절차적 민주주의나 시장경제 등 비군사화 요소들이 전혀 작동하지 않았다는 말은 아니다. 여기서 말하는 군사화된 국가는 국가의 주된 통치운영원리를 지적하는 것이다.

그럼 남한에 비해 북한은 어떤가? 북한은 오늘날까지 세 집권자의 통치 기간을 망라해 군사화된 국가의 전형을 보여왔다. 고 류길재 교수가 '예외국가 이론'을 적용해 북한을 '군사국가화' 사례로 평가한 바 있다.[82] 그리고 김용현 교수가 북한체제를 군사화 개념으로 분석한 바 있다.[83] 그러나 이 두 선행연구는 군사화 이론에 대한 깊은 이해가 부족한 가운데, 북한체제를 위기대응체제의 일상화로 보거나, 군사화와 군사국가화 등 개념상 혼동을 보인다.

군사화의 인접 용어로 산업화, 식민화, 제국주의도 꼽아볼 수 있다. 군사화 이론은 군사화가 전개되는 다양한 사례들을 통해 발전 분화해가고 있다. 역사 및 정치 현실에서 군사화는 그것이 전개되는 국가의 경제발전 수준, 사회적 계급관계, 권력집단의 동학 그리고 국제정치경제 질서 등 다양한 요소들 간의 상호작용을 배경으로 특정한 형태를 나타낸다. 국력과 국제질서 그리고 정치체제를 막론하고 모든 국가에서 군사화 현상을 발견할 수 있다. 일국적 차원에서 군사화는 근대화를 배경으로 하고 권력투쟁을 동력으로 삼고 있다. 주된 논의 흐름은 군사화를 계급 간 갈등의 틀에서 분석하는 흐름과 (국내적 차원으로 한정할 수 없는) 정치경제적 이익 추구의 시각에서 접근하는 흐름이 있다. 이와 함께 국제적 차원에서 군사화를 분석하는 흐름도 작지 않다. 국제적 차원의 군사화 논의에는 군사화를 자본주의 경제질서의 세계화 동력으로 파악하거나, 그 연장선상에서 제국주의의 정치군사적 통치의 지속으로 접근하는 연구경향도 있다. 제국주의 국가들의 식민통치 시기를 연구대상으로 할 경우 식민주의를 거대 담론으로 다룰 수 있다. 오늘날 신자유주의적 자본주의 경제질서와 제국주의적 패권 확립을 (신)식민주의론으로 논의하는 흐름도 발견할 수 있다. 이런 연구경향은 군사화가 그 자체로 독립된 개념이라기보다는 산업화, 식민화, 세계화, 제국주의 등 인접 개념들과 연관지어 논의할 때 그 설명력과 예측력을 높일 수 있음을 말해준다.

## 2) 군사주의 개념 비평

군사주의가 군사화에 비해 이데올로기, 태도에 중점을 둔다고 해도 실제 현상을 놓고 볼 때는 둘 사이의 지시하는 바는 대동소이하다. 그와 별도로 군사주의에 관한 개념 정의와 연구 경향은 논자들의 시각과 함께 시대적 관심사를 반영해 변해간다. 제1, 2차 세계대전 시기에 관한 군사주의 연구는 전쟁 발발의 국내외적 조건에 관심에 집중되었다. 서구 국가들이 근대국가 수립으로 확보한 중앙집권적 관료제도와 전국적 경제질서는 무기 생산과 대중 동원 그리고 대외팽창을 정당화하는 여론 및 이데올로기의 확산을 뒷받침하였다. 이를 반영해 군사주의를 군대식 사고 및 행동 방식의 사회화를 지지하는 가치 및 태도, 나아가 전쟁 준비의 정당화로 정의하는 것이 가능해졌다. 즉 군사주의 개념에는 군사주의를 추구하는 정치집단과 그에 지지·동조하는 사회집단들의 긴밀한 공조가 반영되어 있다.

냉전 시기 군사주의 유형은 정치이념과 경제발달 수준 그리고 국제질서에서 국가의 위상에 따라 상이하게 나타났다. 이 시기 군사주의는 냉전체제를 반영하는 것이 일차적 특징이었다. 핵전쟁 가능성을 안고 있는 두 진영 간 체제경쟁이 지속된 결과, 실제 전쟁 발발시 우려되는 결과와 전쟁 발발에 대비하는 사회적 동원 사이에 간극이 커져갔다. 체제경쟁에서의 확고한 승리를 위한 준비와 다른 한편으로는 경제발전을 앗아갈 수 있는 핵전쟁에 대한 공포, 이 둘 사이의 모순이 군사주의에 내재되어 있었다. 쇼는 이를 두고 완전 파괴와 완전 동원의 절연이 지속되는 군사주의의 역설이라고 지적하였다.[84]

군사주의는 군사화를 정당화하는 일종의 이데올로기와 제반 문화적 실천을 망라하는 것으로서, 군대식 사고방식을 지지하고 그 실천을 뒷받침해준다. 이때 군대식 사고방식에 대한 지지는 정치적·사회적 실천에 이념적·상징적 추진력을 제공해준다. 이때 군사주의는 정치권력의 지속, 경제적 이익의 극대화, 정당화 이데올로기의 확산 등 다양하게 기능한다. 그에 기반해 정치적, 경제적, 계급적, 젠더 군사주의 등 다양한 형태의 군사주의가 전개될 수 있다. 또 그런 형태를 관통해 군사주의는 사회에 자유를 억압하고 경직성을 초래한다. 또 군사주의는 사회 갈등을 평화적 해결을 위한 대화와 타협이 아니라, 일방적이고 폭력적인 길을 추구한다. 그로 인해 사회는 일국적이든 국제적 차원이든, 조정하기 어려운 분쟁으로 치달을 수 있다. 문제는 군사주의가 횡행하는 한 분쟁의 평화적 해결의 길은 모색하기 힘들고, 분쟁이 고질적이고 지속하는 양상을 띤다는 점이다. 그렇지 않으면 억압이 강제하는 위로부터의 조용한 평화가 조성되지만, 그것은 사회적 개방성과 다양성을 빼앗는다. 군사주의에 대한 정의가 개념화에 국한하지 않고 그 실천적인 의미까지 생각하는 이유가 여기에 있다.

군사주의에 대한 개념화 및 유형화 작업은 그것을 다각적이고 풍부하게 이해하는 노력에 다르지 않다. 거기에는 군사주의를 추진하는 목적, 주체, 내용 그리고 전개과정 등을 포함한 많은 요소들이 관계한다. 이런 점들을 본문에서 하나하나 살펴볼 것이다.

군사주의는 전쟁과 권력을 양대 축으로 삼고 있다. 이때 전쟁은 전쟁 자체보다는 전쟁 준비, 전쟁 위협, 위협인식, 적대의식 등 일방적, 위계적, 하향식 사고방식을 정당화하는 대상으로서의 의미를 갖는다. 그리고 그것은 과거 사례와 미래 잠재적 사건 그리고 심리적 작동 기제를 관통하며 안보를 위해 군사화가 불가피하다는 식으로 정당성을 추구한다. 이는 군사주의가 세계를 적자생존, 약육강식의 질서로 이해하고 적과 우방, 나와 너와 같은 이분법적이고 갈등론적 세계관에 기반하고 있음을 말해준다.

권력은 이중적 의미로 군사주의를 성립시킨다. 권력은 한편으로 군사주의를 군사화로 전환시키는 물리적 수단이자, 다른 한편으로 군사주의가 추구하는 목적이기도 하다. 권력은 정치권력, 경제권력이 대표적이지만 근래에는 문화권력도 권력의 한 영역으로 부상한 지 오래다. 물론 권력집단이 권력을 획득·유지하는 데 군사주의만 선호하지는 않을 것이다. 대중의 요구를 수용하고 정치를 능숙하게 전개하는 데 민주적 절차나 포퓰리즘 등 다른 비군사주의적 방법을 채택할 수도 있다. 그러나 군사주의가 그 목적과 정향을 실현하기 위해서는 본질적으로 권력을 제일 수단으로 삼을 수밖에 없다. 이런 판단은 주어에 군사주의가 아니라 다른 주의주장을 넣어도 마찬가지이다. 이는 권력의 일반적 속성으로 보이겠지만, 군사주의의 정의상 그것을 구현하려면 폭력의 합법적 동원이 요구된다. 전쟁을 겪었거나 그에 대비하는 사회에서 권력집단은 위협인식을 활용해 군사문화를 확립하고 사회를 위계적으로 통치한다. 그와 동시에 급속한 전후복구와 경제성장을 위해 공식 정치이념과 무관하게 군사주의를 수단으로 선택한다. 중앙집권적 계획경제와 권위주의적 정책결정 방식 그리고 일원적 관제 대중문화에는 군사주의가 관통하고 있다.

리프크네흐트는 독일이 프로이센 주도로 통일된 이후 선발 자본주의국가를 추격해 산업과 군사에서 강대국으로 도약하는 데 군사주의가 동력으로 작용하였음을 지켜보았다. 그는 독일의 군사주의가 처음 군대에서 출현했지만, 곧이어 군대를 초월해 전 사회를 (준)군사기구 망 안에 품는 체계로 나아갔다고 증언한다. 이들 기구에는 통제 체계, 문학활동 금지, 예비군 제도, 전역자들에 대한 비상근 근무제, 모든 관료기구들에 대한 군사화 등이 포함된다. 나아가 군사주의는 군대정신을 대중의 모든 사적 및 공적 생활에 흠뻑 적시는 체계이다. 여기에는 학교, 언론, 예술은 물론 교회 등 모든 사회단체의 활동이 망라된다.[85]

다음으로 권력이 군사주의 이해에 유용한 또 다른 역할은 그것이 수단으로 그치지 않고 목적으로 자리하기 때문이다. 수단으로서의 권력이 군사주의를 군사화로 전환시키는 힘이라면, 목적으로서의 권력은 군사주의 그 자체를 구현시켜주는 근거이다. 군대식 행동, 비민주적 결정, 공포 및 위협 조성과 같은 일련의 실천은 군대식 사고, 문제의 비평화적 해결이 가장 효율적이라는 믿음을 근거로 한다. 군사주의가 군사화의 토대인 셈이다. 군사주의가 목적이라는 것은 전쟁과 평화만큼이나 오랜 역사와 근거를 갖고 있다. 그렇지만 오늘날과 같이 복잡다단한 인류사회에서 경쟁심과 배타성 그리고 성과주의가 결합하면 권력은 목적으로 격상될 수 있다. 여기서 역사적 배경으로 갖고 장기간 사회적 약자로 억압받는 집단도 인정과 존립을 위해 군사주의를 지지할 수 있다. 목표를 달성하기 어렵고 억압당하는 입장에 개선의 기미가 보이지 못할 경우 군사주의를 목적으로 삼을 수 있다. 대중이 권력에 식민화되는 지점이다. 다른 한편, 억눌린 집단의 최후의 정체성 정치 수단으로서 테러는 특수한 형태의 전쟁으로서, 특정 형태의 물리적 방법과 지지집단의 동원을 배경으로 삼아 표적으로 삼을 집단을 선택한다.[86] 권력으로서의 군사주의는 권력집단과 대중의 연대 그리고 정치, 경제, 사회의 일체화를 만들어낸다. 대중은 권력의 획득 과정에서 폭력적 방법에 동참하고, 국가의 대외팽창에 마음의 지지는 물론 자발적 입대나 군수공장에 들어가는 모범적 행위로 동참한다. 이런 현상은 문화권력을 통해 전파되어 지속되고 재생산된다. 결국 권력은 군사주의로 묶을 수 있는 제반의 비평화적·권위주의적·폭력적 사고에 의해 지지받는다. 요컨대, 군사주의와 권력은 그것이 목적이든지 수단이든지 관계 없이 같이 어우러져 인간의 자유와 삶의 터전을 위협한다.

### 3) 군사화와 군사주의의 관계

군사화와 군사주의는 인류의 생존방식과 그 미래와 직결된 하나의 거대한 문제를 대상을 하는 개념이자 담론이다. 둘은 그런 문제를 구성하는 양면으로서 상대적인 강조점을 보여준다. 두 용어는 군대식 사고 및 행동 방식을 사회 전체에 확산시키고 수용하게 만드는 일련의 과정을 말한다. 또 두 용어는 사회적 문제를 비평화적으로 해결하려는 태도와 실천으로 정의할 수도 있다. 그러므로 이들 용어를 군부통치나 군의 정치적·사회적 영향력 확대로 축소해 이해할 필요는 없다.

군사화와 군사주의를 구별하는 논의는 둘이 지시하는 내용의 차이와 포함관계에 관한 것이다. 둘 사이 지시하는 대상의 차이는 가령, 군사화는 관련 제반 현상과 결과에, 군사주의는 이데올로기와 문화에 각각 상대적으로 더 주목하는 개념으로 이해할 수 있다. 또 군사화는 객관적 현상, 군사주의는 주관적 태도로 구분해 정의할 수도 있을 것이다. 또 둘을 포함관계로 볼 수도 있다. 리프크네흐트는 군사주의를 전 사회에 군사화 현상을 초래하는 이념적 근거로 평가하였는데, 이는 군사주의를 중시하는 입장이다. 그에 비해 인로는 군사화가 사회 전반에 군사주의를 흡수하고 실천하는 긴 과정이라고 정의했는데, 이는 군사화가 군사주의를 포함하는 개념으로 파악하는 경우이다. 이런 차이는 둘의 공통적 본질을 벗어나지 않는 수준에서 이해할 바이다. 실제 비판적 군사연구에서는 두 용어의 공통성을 더 중시해 둘을 구별하기보다는 혼용하는 경우가 더 많다.

군사화와 군사주의의 공통점은 개념을 구성하는 핵심 요소에만 있는 것이 아니라, 다루는 내용이 다측면, 다차원성을 함께 나타내는 데서도 알 수 있다. 군사화/군사주의의 공통 특성은 첫째, 둘은 국가와 사회, 정치와 경제 그리고 이념과 인종, 성, 계급, 종교 등 많은 구분과 차이를 초월해 사회 전반으로 뻗어나가고(확장성), 둘째, 그런 성향이 사회 혹은 국가 단위로 전개되지 않고 국경을 넘어 인류의 생존과 그 터전의 존립을 위험으로 몰아가고(파괴성), 셋째, 식민화, 산업화, 정보화, 무기화 등과 같은 관련 세계적 추세들과 결합해 자기를 강화하는 양상을 띤다(자기강화성)는 점이다. 이런 점들이 군사화와 군사주의의 동시 발전을 설명하는지도 모른다.

군사화/군사주의의 생명력과 위력은 결국 대중의 지지가 없이는 불가능하다. 9/11 테러가 미국 사회에 미친 영향을 다룬 장편 다큐멘터리 영화 '터닝 포인트(Turning Point: 9/11 and the war on terror)'에 이라크 전쟁에 참가한 미 여군이 나온다. 그녀의 발언은 미국의 이라크 개입이 부적절했고 그 이후 이라크의 불안정과 이라크인들의 반미감정을 묘사한 후에 나왔다. 그 여군은 미국 행정부가 그런 결정을 한 된 데에는 미국 시민들의 동의가 있었다고 회고한다. 거기에는 미국 시민들이 국가안보 개념의 위력에 순응하고 안보 카르텔이 안보 개념의 모호성을 이용하는 재능이 동시에 작용하였다고 하겠다.

　군사화와 군사주의를 전개하는 주체는 군 엘리트 집단이나 군부 정권만이 아니라, 그로부터 정치경제적 이익을 영위하는 복수의 집단, 일종의 안보 카르텔이다. 이때 이익이란 현상적으로 군사화/군사주의 추진 집단이 영위할 사익이 국가이익이라는 공익과 구분하기 어렵거나 중첩되는 현상에 놓여있다. 왜냐하면 이 두 용어는 한 국가 내에서든, 국제질서에서든 위협과 적대세력을 전제하기 때문이다. 위협과 적은 방어와 보호를 필요로 하고 이를 위해 국가가 발명된다. 국가안보는 제일의 국가이익이 되는데, 이때 국가는 수단에서 목적으로 위치를 바꾼다. 국가안보를 위해 국방비를 늘리고 사회를 군대와 같이 일사불란하게 재구성하고, 적을 식별하고 언제나 국가를 위해 헌신할 수 있는 안보태세를 갖추어야 한다. '총화단결'은 비단 박정희 정권의 전유물이 아니다. 이런 국가안보 정책의 이면에는 그것을 추진하는 세력의 정치경제적 이익 추구가 동시에 진행된다. 그런 행태는 적을 이기고 나라를 지키는 일에 헌신하는 ○○○정부를 지지하는 게 마땅하다는 정서로 정당화하는 것이다. 억압과 기만에 의해서만 군사화/군사주의를 지속할 수 없다. 대중이 이를 지지하는 동의와 보상 기제를 광범위하게 설치해 가동해야 한다. 그것이 가능하려면 위협인식의 과장과 확산이 선행되어야 한다. 그렇게 할 때 국가안보와 그 뒤에서 실행 주체의 이익도 동시에 실현할 수 있는 것이다. 군사화/군사주의는 이 둘을 연결지어 주는데 결과적으로 국가안보가 좀 먹고 대중의 존엄과 생존은 더 위협받는다.

　국가안보를 핵심으로 하는 국가이익이라는 상자 안에는 실제 국가의 존재 이유와 직결되는 요소와 기득권 집단의 이익에 기여할 요소가 혼재되어 있다. 경우에 따라 권력 이익이 더 커서 그것이 국가이익으로 포장될 수도 있는데, 그 유용한 정치적 프로젝트가 군사화고 그 정당화 이데올로기가 군사주의이다. 비록 생략과 풍자로 채색되었지만 영화 '바이스(Vice)'가 체니와 럼스펠드를 9/11 직후 반테러정책을 추진하며 벌이는 불법 행위자로 고발하는 것은 그런 예의 하나에 불과하다. 군사화/군사주의에 대한 개념화 및 유형화 작업은 현실에서 한 쌍의 정교한 작동방식과 막대한 효과를 토의하는 토대이자 그 지양 방향을 구상하는 출발점이다.

# 군사주의의 변천

# 제 II 부

# 군사주의의 변천

이 장에서는 군사주의의 변화를 거시 역사적인 흐름 속에서 조망해보고자 한다. 아래에서는 전체적인 흐름을 개괄한 후에 근대 및 세계대전 시기, 냉전 시기, 세계화 시기로 나누어 군사주의의 전개과정을 살펴볼 것이다. 마지막 절에서는 정치체계에 따른 군사주의 변화를 토의해봄으로써 이슈별 군사주의 변화를 논의하는 단초로 삼고자 한다. 각 절별 논의는 국제적 차원에서 국내적 차원의 방향으로 전개하되 그렇게 선명하게 구분하기 어려움을 발견할 수도 있는데, 이는 군사주의의 특징을 다시금 보여주는 의미가 있다. 주요 사례로 미국이 많이 거론되겠지만 다른 나라, 특히 마지막 절의 논의에서는 권위주의와 사회주의 체제들도 다루고 있다.

# 1. 군사주의 변천의 개괄

## 1) 선사시대 군사주의

프랑스의 고고학자 장 길렌과 장 자미트는 선사시대에 일어난 인간의 폭력을 연구해왔다.[1] 두 사람은 과정을 중시하는 고고학이 행위의 보편성을 찾으려 하기보다는 개별 문화의 독창성과 다양성을 찾는 데 주력하고 있다고 말한다. 그들은 미국의 고고학이 '왜'에 초점을 맞춘다면 프랑스의 고고학은 '어떻게'에 초점을 맞춘다고 구분하면서 자신들의 연구를 위치 짓고 있다. 이를 전제로 길렌과 자미트는 영장류에서 폭력의 발생 유형을 제시하고 원시 전쟁과 현대 전쟁을 비교하는 논의도 전개하고 있다. 먼저 영장류학계에서는 폭력이 발생하는 경우는 어느 한 개체가 처한 상황에 따라 크게 세 가지로 나눌 수 있다. 첫째, 같은 집단의 구성들이 대립하는 경우, 둘째, 같은 종의 다른 집단 또는 다른 집단에 속하는 구성원과 대립하는 경우, 셋째, 다른 종의 집단 또는 다른 종의 구성원과 대립하는 경우이다. 그러면서 선사시대에 폭력은 궁극적으로 사형 선고 수단, 사회적 격리 의지, 죽임을 당한 사람이 한 명의 주인 또는 한 집단의 소유물이라는 사실 공표와 같은 기능을 수행한다고 말한다. 또 저자들은 폭력의 현대적 정의에 대체로 부합하는 폭력이 선사시대에도 늘 있었다고 말한다. 내향적 폭력은 대개 평화로운 시기에 집단생활 속에서 나타나고, 외향적 폭력은 둘 또는 그 이상의 공동체가 충돌하는 상황으로 구분한다. 두 사람은 또 원시 전쟁과 현대 전쟁 간의 공통점으로 전투에 참여하는 사람이 대개 성인 남자이고, 언제나 당대 첨단 기술로 제작된 치명적인 무기로 무장하는 점을 꼽는다. 또 다른 고고학자 페트르켕 부부는 인구 압력이 높을수록, 정착생활이 더 길수록, 자연환경에 관한 통제력이 커질수

록 사냥보다 전쟁이 더 자주 발생하는 경향이 있다고 공식화하였다.[2]

길렌과 자미트는 민족지학적 연구는 수렵·채집사회에서 전쟁의 역할과 기능에 대해 몇 가지 실마리를 준다고 말한다. 원시 부족 10개 집단에 관한 조사에 따르면, 조사 집단 중 두 집단은 거의 언제나 전쟁상태였고, 다섯 집단은 정기적으로 전쟁을 했으며, 나머지 세 집단만 드물게 전쟁을 하거나 아예 전쟁 자체가 없었다고 한다. 이런 사실을 바탕으로 두 사람이 내리는 결론은 선사시대 사람들을 이상화하는 것은 그들을 비인간화하는 처사라는 것이다. 이는 군사주의가 인류의 사회생활 시작부터 함께 하였고, 그 본질에 있어서 선사시대와 현대 사이에 큰 차이가 없음을 말해준다. 물론 이런 판단으로 군사주의의 변화무쌍함을 부인하거나, 나아가 인류사회의 민주성과 다양성을 부정할 필요는 없을 것이다. 그럼에도 불구하고 갈등적 문제의 일방적 혹은 폭력적 해결을 추구하는 현상이 보편적 현상이라면, 군사주의를 사회적 동물의 속성 중 하나로 간주하는 것은 무리가 아닐 것이다.

## 2) 전쟁과 군사주의

전쟁은 갈등을 초래하는 문제들을 폭력적으로 해결하는 전형이다. 물론 전쟁은 크고 작고, 국가 간 전쟁과 내전 그리고 일회성과 장기전 등 다양한 형태를 띤다. 전쟁은 시대마다 그 양상은 달라도 언제 어디서나 발견할 수 있어 그 기원을 추적해볼 수 있다.

제러미 블랙이 그런 어려운 작업을 시도하였다. 그는 다양한 형태를 띤 싸움의 핵심 요소는 조직의 성격, 지도자의 오인 혹은 오판이 아니라 싸울 의지라고 말한다. 블랙은 고대 아테네와 스파르타 전쟁에서부터 로마, 봉건시대, 범선 전함의 시대, 나폴레옹 전쟁, 제1, 2차 세계대전, 내전, 강대국 간 패권 경쟁 등을 두루 검토한 후에 그런 결론을 내린 바 있다.[3] 즉 호전성이나 전투성으로 풀이할 수 있는 싸울 의지는 전쟁으로 가는 과정에서 합리와 비합리 사이에 이따금 그어지는 무용한 구분선을 뛰어넘는다. 적대와 충돌은 뚜렷이 구분되는 것이 아니라 연속선상에 있다는 것이다. 블랙은 전쟁을 벌인다는 것은 예측 불가능성을 선택하는 동시에 위험에 낙관적 의미를 부여하는 일이고, 개인적·사회적 규범(주로 남성성과 경쟁)의 산물이기도 하다고 말한다.

블랙은 투키디데스의 아테네-스파르타 전쟁의 원인을 상기하면서 그 전쟁에서 문화적 요소의 중요성을 거론한다. 그에 따르면 현대의 평자들은 상대적 힘의 변동을 강조하는 경향이 있지만, 아테네와 스파르타 사이의 문화적 적대감도 매우 중요했다. 공통된 '그리스성'도 그리스 세계 내부의 중요한 정치·문화적 차이를 봉합하지는 못했다. 말기에 접어든 그리스 동맹체제의 상황을 1914년 세계대전이 발발한 배경과 비교해볼 수 있다. 좀 더 깊숙한 차원에서 보면 오늘날과 마찬가지로 고대 그리스에서도 국가이익이라는 관념이 이데올로기라는 관념과 합치했고 두 관념의 편의적 일치가 전쟁으로 가는 길을 수월하게 만들어주었다는 것이다. 로마를 보면 오늘날 미국과 러시아, 구소련 같은 강대국들의 군사주의를 미리 보는 셈이다. 로마는 끊임없이 전쟁을 치르면서 로마의 문화, 공적 기억, 공공장소, 종교적 숭배, 사회·정치체계는 군국주의적 성격을 띠게 됐고, 시민권은 병역과 결부되었다. 여러 면에서 로마는 이탈리아의 스파르타였다. 그들은 군사적 가치를 칭송했으며, 그에 따라 정치인을 예우했다. 오늘날 국내적 차원에서 갈등의 폭력적 접근은 멀리 갈 필요 없이 미국 내 군사문화와 군사화된 정치를 보면 된다. 블랙은 세계의 많은 지역에서는 무법 사태가 내전과 이미 중첩됐거나 앞으로 그렇게 될 것으로 전망한다. 이에 대한 예방조치를 취한 곳에서는 이점이 더욱 명백히 드러난다고 지적한다. 그 좋은 사례로 미국에서는 경찰이 방탄복, 방탄조끼,

헬멧, 군용 소총, 장갑차량, 특수광학장비로 무장하는 식으로 군사화 됐다. 경찰 산업박람회에서는 이런 장비를 아낌없이 전시하며 장비 구입을 돕기 위한 연방 보조금도 존재한다.

블랙은 세계사를 관통해 군사주의의 존재와 그 작동을 확인하면서 문화가 군사사(軍事史)에서 핵심 개념이라고 말한다. 전쟁이 특정한 문화적 배경에 따라 다르게 보이고 경험되는 방식에 집중하면, 전쟁의 본질을 이해할 때 보편적이라고 여기는 명제 너머를 엿볼 기회를 가질 수 있다. 그는 승리를 어떻게 이해하고 무력이 어떤 영향을 끼치는지 인식하기 위해서도 문화적 접근방식이 반드시 필요하다고 주장한다. 이라크, 아프가니스탄 전쟁에서 미국이 직면한 문제도 이러한 접근으로 설명이 가능하다는 것이다.

블랙은 군사사를 탈중심화하고 서구중심적 서술을 벗어나, 과거에 대한 분석과 현재를 보는 관점과 미래를 향한 취지를 동시에 제시하려 한다. 그 요점은 군사 역량에서 뚜렷한 위계가 없다는 것이다. 그는 전쟁에 대한 더 견고한 이해는 국가 내부 분쟁과 비서구 지역에 충분한 주목을 기울일 때만 발전할 수 있다고 말한다. 그의 설명과 주장은 인간사가 군사사인가 하는 궁금을 자아낸다. 전쟁과 군대의 변화 과정에 문화적 요소에 주목하는 것은 군사주의의 지속성과 변화를 함께 그리고 더 풍부하게 이해하는 데도 유용한 접근이다. 로버트 스케일스(Robert Scales) 장군은 제1차 세계대전은 화학자의 전쟁, 제2차 세계대전은 물리학자의 전쟁, 제3차 세계대전은 정보조사관들의 전쟁이었고, 제4차 세계대전은 문화심리학자들의 전쟁이 될 것이라고 말했다.[4] 위 분류는 각 세계대전의 주요 동력을 특징지은 것이다. 그럼에도 블랙의 논지를 적용한다면 스케일스 장군의 말은 모든 전쟁은 문화전쟁의 성격을 띠고 있다고 수정해야 할 것 같다.

위 논의는 주로 고대를 중심으로 하였는데, 시간을 건너뛰어 중세와 근대 시기 군사주의를 간략히 살펴보도록 하자. 20세기 군사주의 연구의 대표 인물 중 한 사람인 마틴 쇼는 현대 군사주의 형태로 두 가지를 제시한 바 있다. 산업화된 국가 간 전면전과 초국적 자본에 기반한 세계적인 감시전쟁이 그것이다. 쇼는 전자에서 후자로의 전환이 현대적 군사주의의 전환이라고 말한다. 쇼에 따르면, 여기서 양식(mode)은 정치·경제·사회 전반에서 잠재적인 전쟁의 지속적인 발전을 포착하는 데 유용한 용어이다. 양식에는 전쟁 시기는 물론 상대적인 '평화' 시기도 포함시킬 수 있다. 쇼는 냉전 시기 군사분야에서의 구조적 변화는 경제, 정치, 문화에서 거대전환을 초래했다고 평가한다. 즉 군사분야에서의 전환은 경제에 관한 국가 통제의 논리를 제거하고, 서구 정부를 자유화시키고 언론도 더 개방하게 된다는 것이다. 미국 정책결정자들에게 베트남 전쟁의 실패는 군사작전에서 실패보다는 여론의 힘을 고려하지 못한 결과로 인식된다. 그래서 미국에서 '베트남 신드롬'은 미디어가 감시하기는 하지만 전쟁을 수행하는 하나의 도구로 기능한다.[5]

쇼는 9/11 이후 서방의 군사주의가 강화되었다고 평가하는데, 군사주의의 사회적 침투가 심화되어 군대와 군사적 상징이 사회에서 더 중요하게 되었다는 점을 이유로 든다.[6] 그런 쇼의 지적은 냉전 해체에 즈음해 군산정복합체의 협력에 기반한 자유주의적 군사주의가 활성화된 주요 계기를 강조하는 것에 다르지 않다. 사실 신자유주의는 냉전 해체 이후가 아니라 근대 국민국가체제가 등장하는 과정에서부터 발견된다. 푸코에 따르면 18세기에 새로운 통치성이 확립된다고 하는데, 국가가 최고가 아니라 시장의 법칙에 기반해 스스로를 조정하면서 통치하는 방식이라는 관념이 등장한다. 푸코는 전후 독일과 미국의 자유주의를 검토하고 더 이상 국가의 확립에 의지하지 않는 통치성, 시장의 법칙에 기반해서만 사회공동체를 건설할 수 있는 통치성을 발견한다. 이때 국가가 수행하는 유일한 임무는 시장의 법칙에 대한 존중만을 보장하는 법치국가이다.[7] 그렇게 본다면 쇼가 말하는 군사주의의 사회화 혹은 사회의 군사화는 9/11 테러에 따른 일시적 현상이 아님이 분명해진다. 그것은 적어도 초국적 군수기업과 신보수주의 정치세력이 냉전 해체 이후 축소된 위협인식을 높여가는 일련의 과정과 그 결과이다.[8] 9/11 이후 군사화의 확장은 초국적 자본이 구 사회주의권은 물론 분쟁과 저발전이 혼재된 지역으로 뻗어가는 데 필요한 도로를 닦는 일이라 할 수 있다.

### 3) 경찰과 군사주의

한편, 경찰의 발달사를 통해 군사주의의 변화를 고찰하는 것도 흥미로운 방법이다. 이 주제를 통찰한 래들리 발코(Radley Balko)는 경찰이 군대에서 분화되어왔고 경찰제도의 발전이 대중의 권리 신장과 사회질서 유지 사이의 긴장 속에서 전개되어왔음을 밝히고 있다.[9]

발코에 따르면 경찰의 기원은 권력자나 자산가를 보호하는 사적 기능이었는데, 그것은 상당 기간 지속되었다. 기원전 44년 줄리어스 시저(Julius Caesar)가 암살되고 로마가 혼란에 빠지자 정치지도자들은 수하의 병사들 중 엘리트들을 보디가드로 채용하는데, 이들은 근위병(praetorian cohort)이라 불렸다. 이들은 전쟁 중에는 장군들을 보호했다. 아우구스투스 황제 말기와 다음 수 세기 동안 근위병들은 오늘날 경찰의 업무라 할 수 있는 범죄 조사, 체포, 치안, 심지어 총격까지 수행하였다. 아우구스투스 통치기에는 두 개의 다른 경찰이 만들어졌다. 그는 기원전 13년경 폭도 진압과 거리 치안을 담당하는 도시경찰(cohortes urbanae)을 만들었는데 화기 사용이 허용되었다. 이어 서기 6년에는 야간 치안을 맡은 야경(vigiles)을 창설했다. 이런 설명에 이어 발코는 아우구스투스가 시민경찰에 대한 저항에 직면해 대중의 안전과 질서 유지를 균형 맞추기 위해 시민의 자유를 존중하는 척했다는 점을 발견했다. 나아가 아우구스투스는 원로원과 시민들에게 질서를 유지하는 공무원들(이들은 모두 로마군대에서 차출됨)의 책임이 로마군대와 다르다고 확신시킬 방안을 찾아야 했다. 발코는 아우구스투스 이후 근위병제도는 로마 권력체계에서 점점 강력한 세력이 되었다고 평가한다. 정복과 제국이 로마사회의 중심 교의가 되면서 로마인들의 일상은 군사주의에 침윤되었다. 학자와 정치가들보다 병사와 장군이 더 존경을 받게 되었다. 근위병 제도는 아우구스투스하에서 시민 보호의 임무를 뛰어넘어 로마 군대와 재접속되었다. 결국 근위병는 황제위 계승문제에 간섭하게 돼 제국의 불안정의 씨앗이 되었다. 결국 근위병 제도는 312년 해체되었다.

　　로마의 근위병 제도에서 출발한 발코의 경찰사 연구는 로마와 오늘날 경찰제도 사이에 폭넓은 유사점이 있다는 발견을 도출해낸다. 그에 따르면 로마 공화정 시기 가족 간 혹은 가족 내 분쟁은 사회적 관행으로 해결되었다. 형사범은 종종 희생자의 친척들에 의해 처벌을 받았다. 그러다가 로마가 공화정에서 제국으로 변신하자 분쟁 해결, 처벌, 보상 지급 등 과거 사적으로 다뤄진 문제들이 공권력의 소관으로 넘어갔다. 영국과 초기 미국도 비슷하게 이런 세기적 전환을 경험한다. 미국에서 제국 시기 상비군에 관한 우려는 범죄와 반란 같은 시급한 문제들에 대한 관심으로 전환되었는데, 그때가 산업화가 본격화되는 시기였다. 중앙집권화되는 권력은 발달해가는 도시에 법과 질서를 부과하였다.

　　발코는 고대 로마에 비해 중세 유럽에서는 조직화된 경찰제도는 사라졌지만, 무역과 문화의 허브가 된 이탈리아 도시들은 예외였다고 말한다. 플로렌스, 베니스 같은 변화한 도시들에서는 범죄와 질병, 가난이 증가해 치안이 문제가 되었다는 것이다. 발코에 의하면 중세까지는 프랑스에서 국가화된 경찰이 등장하는데, 범죄로부터 시민을 보호하기 위한 목적보다는 반란으로부터 군주를 보호하기 위한 조치였다고 하니 그것은 오늘날 경찰과는 거리가 있었다.

발코에 따르면 영국은 섬으로 격리되어 있어 대륙보다는 상대적으로 더 안정적이었다. 1066년 노르만의 공격 이전 영국은 마을의 평화와 질서를 유지하기 위해 열 개 가족 정도의 집단인 'tythings'라는 행정단위로 묶였다. 그리고 열 개의 'tythings'가 'shires'로 조직되었다. 왕은 'shires' 내 질서 유지를 위해 'reeve'를 임명하는데, 'shires' 거주자들 중에서 임명되었다. 그의 지위가 'shire reeve'로 불렸는데, 이것이 오늘날 말하는 보안관(sheriff)의 기원이다. 영국의 제도는 로마법보다는 관습법의 준수로부터 혜택을 받았다. 관습법의 목적은 주권의지의 집행보다는 분쟁 해결이기 때문에 그것은 개인의 권리보호에 더 관심을 갖는다. 영국시민이 법을 위반한 법 집행자를 소송할 권리는 중앙집중화된 경찰제도를 가진 나라들에서는 들어보지 못한 일이다. 그러나 도시화의 진행으로 영국에서도 새로운 제도가 필요해졌다. 14세기까지 영국은 더 산업화되어 가면서 'tything' 제도의 유용성이 떨어진다. 영국 의회는 도시 보안관(urban constable) 제도를 만들어 질서를 유지하려고 했다. 보안관은 야간에 도심을 경비할 시민을 고용하고 위기시 15~60세의 남성을 호출하는 'hue and cry' 제도를 도입하였다. 18세기 초까지 영국, 특히 런던은 질서 유지라는 오래된 제도를 뛰어넘어 성장하였다. 부유한 지역에서는 치안판사가 'thief takers'를 임명해 포상금을 주면서 사기꾼과 절도범을 잡는 프리랜서 범죄 체포자를 고용하였다. 그러나 범죄가 늘어나면서 영국 관료들은 더 나은 해결책을 찾아야 했다.

위와 같은 배경에서 근대 경찰제도가 확립되는데, 국가와 경찰 사이에 경계선이 존재하지 않을 정도로 발단한다. 자크 데리다(Jacques Derrida)는 1920년대 초 근대 경찰의 한계 부재는 감시와 억압 기술의 발달만이 아니라 경찰이 곧 국가라는 사실에서 유래한다고 말한다. 그리고 "오늘날 경찰은 더 이상 법률을 힘에 의해 적용하고 보존하는 데 만족하지 않고, 법률을 제정하고 행정 명령을 공포하고 법적 상황이 (사회의) 안전을 보증하기에 불확실할 경우에는 언제든지 개입하기 때문이다. 다시 말해 오늘날은 거의 항상 개입한다. 경찰은 법의 힘이며 법의 힘을 지니고 있다. 경찰은 수치스러운 것인데, 왜냐하면 경찰의 권위 안에서 '법 정립적 폭력과 법 보존적 폭력 사이의 분리가 지양되기 때문이다. 경찰은 법권리에 미확정의 부분이 있을 수 있을 때에는 반드시 법권리를 부당하게 찬탈한다."[10] 이와 같이 데리다가 언급하는 20세기 초 경찰제도의 강력한 특징은 오늘날 민주국가에서도 찾아보기 어렵지 않다. 테러 위험, '불법' 외국인노동자 유입, 노동자들의 대규모 시위, 다종족국가에서 종족 갈등 등에 대해 통치집단의 물리적 대응은 조르조 아감벤(Giorgio Agamben)이 말한 '예외상태의 규칙화'를 초래한다. 전쟁이나 비상사태가 아닌 상황에서도 공권력에 의한 사회통제가 일상화되는 것이다. 이때 군사주의는 통치집단이 제일 선호하는 이데올로기가 되고, 군사화를 추진하는 집단은 조직의 위상과 이익을 극대화할 기회를 얻게 된다.

발코의 경찰사 연구는 미국으로 집중된다. 미국의 경험은 대중과 시민 간의 적절한 관계에 관한 계몽주의 사고, 영국의 관습법 그리고 영국의 통치에 맞선 식민주의자들의 직접적 경험 등으로부터 찾은 교훈으로 형성되었다. 그런 전통에서 가장 중요한 개념이 '캐슬 독트린(Castle Doctrine)'으로 이것은 개인 거주지에 대한 경찰의 무력 간섭을 둘러싼 논쟁의 원천이 된다. 아이러니하게도 미국은 영국 관습법으로부터 이 독트린을 물려받았다. 로마 정치인 키케로(Cicero)는 "자기 집보다 더 성스럽고, 모든 성스러운 감정으로 더 강력하게 보호할 것이 있는가?"하고 물은 바 있다. 이런 정서가 함의하는 것은 첫째, 형사 범죄자의 침입을 격퇴할 권리, 둘째, 국가가 가정의 성스러움을 위반하는 것은 오직 제한된 경우, 즉 최후의 수단이자 불필요한 폭력으로부터 거주자를 보호하는 조건하에서만 허용된다는 것이다. 미국 대법원은 캐슬 독트린을 인정하고 있지만, 마약과의 전쟁 때문에 거의 포기하고 있다는 것이 발코의 평가이다. 아래는 그 경과에 대한 발코의 설명과 평가이다.

영국 법원이 미국 식민지 상인들을 대상으로 발부한 영장에 의해 세관원이 수입과 세법 집행을 강제하는 일종의 영장제도(writ of assistance)가 있었다. 1660년대 영국 의회가 이 정책을 법리화했지만, 영국에서는 거의 적용되지 않았다. 그러나 1760년대 들어 밀수업자와 상습 범법자들을 상대하는 효과적인 방법이 되었다. 이 제도는 세관원이 개인 집에 들어갈 권한을 부여해 밀수하거나 세금을 부과하지 않은 물품을 찾고, 다른 공무원이나 시민들에게 자신의 업무를 지원하도록 명령할 수 있다. 영장 집행제도는 처음에는 덜 침입적이었지만 오늘날의 영장제도보다는 더 강력해졌다. 세관원이 의심되는 집을 찾은 후 침입해 의심되는 물품을 징발할 수 있었다. 영장 집행제도는 보스턴을 비롯한 미국 식민지 상인들의 재산권을 억압하는 것으로 인식되었다. 관련 재판이 영국의 손을 들어주자 이 제도는 미국 혁명의 도화선이 되었다. 1761년 관련 재판을 지켜본 존 애덤스(John Adams)는 이 제도로 "어린 독립이 잉태되었다(Child independence was born)"고 말했다.[11]

1791년 캐슬 독트린은 미국 권리장전의 일부로서 제4차 수정헌법이 비준되면서 유지되었다. 제4차 수정헌법은 영장이 이성과 적절한 이유 없이 발급되어서는 안 되고, 선서와 확증으로 맹세해야 하고, 조사할 장소와 체포할 사람과 물품을 적시해야 한다고 요구함으로써 연방 차원의 영장 발급을 엄격하게 규제했다. 그러나 위 수정헌법은 어떻게 더 자유로운 사회의 안전을 경호하고 방어할 것인지를 둘러싼 더 크고 계속되는 논쟁의 일부분에 불과하였다. 젊고 불안정하고 국내외적인 위협에 처한 미국은 독립을 위해 싸운 개인의 권리와 계몽주의 원칙에 얼마나 헌신하는지를 시험해야 했다.

　이상과 같은 경찰의 발달사는 경찰의 업무 범위와 그 방식으로 요약해볼 수 있다. 경찰의 업무 범위의 확대를 군사주의 관점을 적용해 논의할 여지는 크지 않다. 경찰의 업무가 권력자와 자산가의 보호에서 사회 안전, 곧 대중의 안전으로 넓혀간 것을 군사주의적이라고 말하기는 어렵기 때문이다. 그에 비해 경찰의 업무 방식은 하향식, 무력 사용, 인권 침해 우려 등의 측면에서 군사주의적 성격이 농후하다. 위 캐슬 독트린의 적용을 둘러싼 논쟁은 경찰의 업무 범위 확대 과정이 군사주의적 방식의 증가를 동반하고 있음을 암시해준다. 물론 발코의 논의를 빌어 경찰제도의 발달=군사주의 확대로 일반화하기는 어렵다. 그럼에도 미국 민권운동과 9/11 이후 반테러전쟁을 거치면서 경찰의 군사화, 경찰과 군대의 협력을 지적하는 논의가 있었음을 상기할 필요는 있다. 이는 권위주의 체제 혹은 비상사태시 편법 혹은 탈법에 의한 경찰의 인권 침해와 별개의 문제이다. 민주주의 체제에서도 경찰이 인권을 침해할 개연성이 있다는 이야기이다. 이는 경찰의 업무 방식에서 나타나는 군사주의적 성격이 사실은 경찰제도에 내재해있음을 암시하는 것으로서 경찰에 대한 민주적 통제의 필요성을 불러일으키고 있다.

## 4) 식민주의와 군사주의

아미타브 고시(Amitav Ghosh)는 오늘날 지구촌의 기후 위기의 기원을 서구 제국주의에서 찾는다. 그는 그 상징적인 예로 네덜란드 동인도회사가 인도양의 반다제도에 서식한 육두구 열매 채취를 위해 선주민을 학살한 일을 든다. 인도양의 남동쪽 끝 작은 섬들이 운집해있는 반다제도에는 화산들이 모여있는 말루쿠 지역이 있고, 그중에는 구능아피라는 활화산도 있다. 구능아피에는 자연이 선사한 특별한 생물종이 자라고 있었다. 육두구(nutmeg, 肉荳蔲)라는 열매와 그 껍질인 메이스가 그것이다. 이것들은 16세기 엘리자베스 1세 시기 잉글랜드에서 향신료 외에도 유행병을 치료하는 약재로 평가받아 육두구 한 줌이면, 집 한 채 혹은 선박 한 척을 거뜬히 살 수 있을 정도였다. 물론 16세기 이전에도 유럽 상인들은 육두구를 채취해 들여오고 있었다. 이것을 확보하기 위한 유럽 제국주의 국가들 간 경쟁이 심화되었는데, 이 지역은 네덜란드가 선두를 달렸다. 17세기 초반 들어 네덜란드 동인도회사는 말루쿠의 육두구를 확보하기 위해 무장선단을 보내 현지 주민, 즉 반다인들에게 육두구의 무역 독점권을 요구하였다. 이것이 받아들여지지 않자 살육과 방화를 저지르고 반도제도를 점령하고 살아남은 반다인들을 노예로 팔아버렸다. 반다인들은 더 이상 하나의 민족으로 존재하기 어려웠는데, 네덜란드인들이 그렇게 만드는 데는 10주가 걸리지 않았다.[12]

17세기 방화를 통한 반다인들에 대한 대학살 시기, 오늘날 코네티컷주에서도 같은 일(영국 정착민들에 의한 토착 피퀘크족 학살)이 발생했는데, 이는 당시 유럽에서 맹위를 떨치던 종교전쟁과 관련이 있다. 두 학살 모두 한 민족의 존재를 소멸시키기 위한 의도로 저질러졌다. 그 결과 수많은 포로들이 노예가 되었고 해외로 보내져 플랜테이션 농장

에서 일하게 되었다.[13]

유럽의 마녀 사냥과 미주 대륙에서의 대죽음 간 시간적 중첩은 우연히 발생한 게 아니다. 이 시기에 유럽의 집단 이성은 나름의 이유로 "인간의 피와 살을 이용하는 등 차마 입에 담을 수 없는 죄를 저지른 아메리카 원주민, 생경한 유대인, 기독교 이교도에 의해 포위당했다"고 알려졌다. 이런 식으로 서로 어우러진 물리적·지적 폭력은 하나같이 비신성·무생물성의 지구에서 자원을 착취하는 데 기반을 둔 새로운 경제의 출현에 필요한 과정이었다. 근대 유럽 엘리트 정통파는 비단 '야만적이고 미개한' 인간뿐 아니라 온갖 종류의 비인간 존재-나무, 동물 그리고 풍경-에 대한 정복이 낳은 산물이었다. 실제로 '진압하다(subdue)'는 인간뿐 아니라 지형과 관련해 되풀이 사용되었으며, 그것들에 대한 정복에서 가장 중요한 단어였다. 진압하고 침묵시키는 과정에서 '자연'을 비활성 존재로 여기는 사고방식이 싹텄다. 바로 '공식적 근대성'이라고 부를 직한 것의 근본 교리가 되는 개념이다. 이 형이상학, 즉 기본적으로 정복 이데올로기는 급기야 서구에서 헤게모니를 장악하며 오늘날에는 전 세계 모든 엘리트들이 공유하기에 이른다.[14]

얀 쿤은 "전쟁 없는 무역도, 무역 없는 전쟁도 있을 수 없다"고 말한 것으로 유명하다. 말루쿠 지역에서 네덜란드 동인사회의 거점인 암보이나(오늘날의 암본)가 당시 전형적인 예였다. 그곳은 엄격한 인종적 위계질서를 중심으로 정렬된, 자체 법령과 절차를 갖춘 상업도시이자 군사기지였다. 지구 반대편, 맨해튼섬에 위치한 네덜란드 식민지 뉴암스테르담도 마찬가지였다.[15]

'테라포밍(terraforming)'은 공상과학 소설가 잭 윌리엄슨(Jack Williamson)이 고안한 단어인데, 오늘날에는 지구와 다른 행성들과의 관련성에 쓰인다. 이 용어는 신조어로 탄생하기 전부터 존재했다. 웰스(H. G. Wells)의 소설 『우주 전쟁(War of the Worlds)』은 테라포밍에 대한 견해를 전제로 한다. 이 소설은 잘 알려진 식민지 시대의 '말살 전쟁' 가운데 하나, 즉 영국인이 태즈메이니아섬을 식민지로 만든 뒤 토착 부족을 절멸시킨 사건에서 영감을 얻었다고 한다. 공상과학 소설에 녹아 있는 테라포밍 개념은 식민지 역사를 기반으로 추론한 결과다. 결과적으로 테라포밍 내러티브는 제국의 수사와 이미지에 크게 기댐으로써 우주는 정복하고 식민지화해야 할 미개척 영역으로 삼는다. 이 개념이 '정착형 식민주의' 경험에 깊이 뿌리내리고 있다는 사실은 왜 그것이 영어권 세계에서 공상과학 소설 팬들은 물론, 기술 억만장자, 기업인, 엔지니어에게도 폭넓은 호소력을 지니는지 설명해준다. 정착형 식민주의란 정부 주도하에 일부 국민이 나라 밖으로 이주해 새로운 정착지를 개척하는 방식의 식민주의를 말한다. 이런 형태는 서구 제국주의 국가들의 본격적인 식민지 정책 이전에도 중국 제국의 일부 지역, 미주 대륙, 카나리아제도와 아일랜드에서도 행해졌다. 새로운 것이 아니다. 그럼에도 유럽인에 의한 미주 대륙 식민화가 다른 것은 불과 몇백 년 만에 전 지구 표면의 25% 이상을 급격하게 바꿔놓았다. 그 결과 엄청난 규모와 속도의 환경 변화가 초래되었다.[16]

테라포밍 프로젝트는 기본적으로 갈등을 수반할 수밖에 없다. 이것은 그 자체로 독특한 유형의 전쟁이었다. 인류사 대부분에서 전쟁은 인간이 만든 무기로 인간 적들 사이에 펼쳐졌다. 하지만 테라포밍은 환경적 개입과 비인간 존재가 중요한 역할을 하는 상이한 종류의 전쟁이다. 따라서 테러포밍 전쟁은 인구 전체가 대규모 생태계 파괴를 포함한 생물정치적 전쟁이었다. 알렉시스 드 토크빌(Alexis de Tocque‒ville)이 『미국 민주주의(Democracy in America)』에서 묘사한 바 있듯이, 유럽 정착인들이 인디언 영토에 들어서 그들의 터전을 황폐화시키고 사냥감을 내쫓았다. 결국 인디언들은 생계수단을 잃고 굶주린 늑대처럼 배회하도록 강요당하고 거기에 저항하는 전쟁은 수백 년 동안 계속되었다. 그런 부류의 분쟁은 '비정규전', '작은 전쟁', '최초 방식의 전쟁' 등으로 묘사되었다. 미국인은 군사적 필요성과 직접적 경험을 통해 인디언 남성, 여성 그리고 아동 살해를 군사적 전통의 일부로 그리고 그들이 공유한 미국식 정체성의 일부로 삼았다.[17]

영국 식민지가 인디언 남성, 여성, 아이들의 두피를 벗겨올 경우 포상금을 제공하기 시작하면서 민간인에 대한 살인은 점차 정상적인 일로 받아들여졌다. 그들의 두피 사냥은 전쟁의 상업화에 기여했고, 민간인 살해를 정당화해주기까지 했다. 그런 관행은 식민 개척지 경제와 미국인의 전쟁방식 모두에서 항구적 특성으로 자리잡았다. 이들 전쟁은 변함없는 패턴을 따랐다. 질 르포어(Jill Lepore)가 지적했다시피 "유럽인과 아메리카 원주민은 3세기 동안 거듭해서 불가사의할 정도로 비슷한 전쟁을 치렀다." 게다가 그런 전쟁은 비단 병사에 의해 행해진 것만은 아니었다. 전체 인구, 인종, 문화, 세계관 그리고 생태계가 서로 맞붙었다. 전면전과 총동원은 유럽으로 들어오기 훨씬 전에 미주 대륙에서 존재했다.[18]

19세기 작가들은 이런 유의 전쟁을 묘사하기 위한 용어에 부족함을 느끼지 않을 수 없었다. 그것은 정확히 서구인들이 말살전쟁이라고 부를 때 염두에 둔 분쟁이었으니 말이다. 말살전쟁은 다름 아니라 환경의 무기화가 분쟁의 주요소인 생물정치적 전쟁이었다. 정착형 식민주의 분쟁과 유럽이 아시아와 아프리카에서 벌인 식민지 전쟁 간의 근본적인 차이가 바로 여기에 있다. 미주 대륙에서 정착형 식민주의 분쟁은 완전히 달랐다. 토착민은 수많은 형태의 비인간 존재들이 관여하는 항구적 전쟁 상태에 돌입했다. 즉, 병원균, 강, 숲, 동식물 등이 모두 그 싸움에서 일정한 몫을 담당했다. 서구식 사고방식의 주요 부분으로서 자연과 인간 간의 확실한 선 긋기는 비인간 존재들이 역사나 정치에서 주인공으로 등장할 여지를 없애버린다. 그것들은 기껏해야 특정한 생태 환경 속에서 놓인 비활성 요소로 취급될 따름이다. 유럽인은 모종의 비인간 존재들을 인간사의 주인공으로 인식하지 않았다. 영국 정착민들은 자기네가 에스파냐인 상대, 남미 원주민보다 더 잔인하다고 믿었다. 토착민들의 씨를 말리기 위해 군사적 폭력 대신 물질적 힘과 자연적 과정에 기댔기 때문이다. 실제로 그 믿음은 비인간적 힘들이 무기로 쓰이고 있음을 인정하는 동시에, 그것들이 물질적 힘을 통해 자연에서 펼쳐지는지라 정착민들로서는 그로 인한 영향에 아무 책임도 없다는 논리를 펼친다.[19]

19세기 대평원을 지나는 마차 행렬에는 소 떼가 함께했는데, 그들은 수많은 토착민들이 의존하고 있던 물소 방목지를 크게 줄여놓았다. 소를 둘러싼 분쟁은 오늘날까지도 미주 대륙의 테라포밍을 특징짓는 요소로 지속되고 있다. 아마존의 산림 파괴가 여전히 이어지고 있는 주원인 가운데 하나는 정착민 그리고 거대 농업기업들이 아마존 일대에서 목축업의 확장을 밀어붙이고 있기 때문이다. 17세기의 뉴잉글랜드에서처럼 오늘날에도 이것은 대규모 삼림 벌채와 목초지 조성을 필요로 한다. 그때와 마찬가지로 오늘날에도 이것은 토착민의 생활세계 파괴를 수반한다. 비인간 존재, 비인간 힘들, 다시 말해 인간의 생명 그물망을 주 대상으로 하는 폭력이 정착형 식민주의 역사의 본질이다.[20]

이렇게 군사적 수단을 동원한 합법적 배제는 토착민들을 관념적 국경 너머의 봉쇄지대로 밀어낸다. 패트릭 울프(Patrick Wolfe)는 "침략은 사건이 아니라 구조였다"고 말한다. 재정착 장소는 시간이 지나면서 거주민들이 크게 파괴된 환경에 대처하도록 강요받는 희생지대로 떠올랐다. 가령, 1890년 운디드니에서 대학살이 일어난 때로부터 50년 뒤, 오세티 사코윈 부족은 다시 한번 미국 군대와 맞닥뜨렸다. 미국 연방정부가 파인리지 보호구역의 34만 2,000에이커를 점령하고 그곳을 공군 폭격장으로 바꿔놓았을 때다. 이 땅은 이제 군수품이 여기저기 흩어져 있어 못 쓰게 되었다. 한 민간연구기관의 보고에 따르면, 현재 미국에 있는 317개 보호구역은 독성 폐기물에서 개벌(clear-cut-tinng, 皆伐)에 이르는 환경 위협에 직면해있다. 가령 서부 쇼숀족과 남북 파이우트족의 신성한 영토였던 남서부 사막의 여러 곳은 핵실험 장소로 전락했다. 라구나족 작가 레슬리 M. 실코(Leslie M. Silko)는 미군이 폭탄 실험을 할때마다 네바다주의 원폭 실험장에서 유래한 방사선 입자 구름이 자기 부족의 거주지를 뒤덮었다고 술회한 적이 있다.[21]

이렇게 20세기 벽두까지 세계는, 아니 서구 제국주의 국가들은 대내적으로 근대 국민국가체제의 안정을 경찰제도를 통해 확보하는 한편, 대외적으로는 식민지 선주민과 자원 및 생태를 착취·수탈해나갔다. 18~19세기 유럽 내 산업화와 해외 식민지 개척은 군사주의를 빼고 설명할 수 없다. 당시 군사주의는 21세기 세계화·정보화 시대 군사주의의 오래된 미래라 해도 무방할 것이다. 물론 과학기술의 힘을 받은 가속도에 차이가 있는 것은 사실이지만 그 무자비함과 오만함은 이미 그 당시에도 적나라하였다.


## 2. 세계대전 시기 군사주의

### 1) 국민국가 형성기 군사주의

기든스는 국민국가 형성기에 폭력의 역할을 산업화와 연관지어 분석한 바 있다. 그의 조사에 따르면, 영국은 1803~1901년 사이 50개의 식민전쟁에 관여하고 있었다. 유럽의 다른 강대국들도 19세기에 각국의 크기에 비례해 전쟁에 관여하고 있었다. 이 시기 유럽 대륙에서는 국가마다 속도에 차이는 있지만 활발하게 산업화가 진척되고 있었다. 산업화 시기는 이전 시기 군사적 폭력을 대체한 것이다. 그것은 군사력의 규모, 그 획득 및 투사 방식 등 모든 면에서 질적인 변화를 나타낸다. 그런 전쟁에는 처음으로 산업화가 낳은 무기 기술을 채용하였고, 독불전쟁의 예외를 빼면 모든 경우에 산업국가가 농업국가에 우세하였다. '전쟁의 산업화'는 19세기 말에 시작해 20세기 초에 끝난 많은 변화를 대변하였다. 제1차 세계대전은 그런 변화의 최종 결과이다. 그런 변화에는 산업생산 기술이 무기에 적용되고, 신 교통통신 방법이 군사적 목적에 채택되고, 군대의 직업화 그리고 장교의 재조직화, 스펙터클(spectacle)하고 제의적인 측면의 전쟁 퇴조 등을 포함한다.[22]

기든스는 이어 식민지를 둘러싼 자본주의 국가 간 무력 충돌, 곧 세계적 차원의 최초의 전면전 준비가 산업화에 힘입어 진행되었음을 두 측면에서 밝히고 있다. 그는 국민 개병제가 전면전을 위한 인적 재료를 제공한다면 교통통신의 발달은 전면전에 필요한 물질적 재료라고 말한다. 산업기술이 전쟁에 미친 영향 중 단연 으뜸은 통신에 집중된다. 수송·병참은 늘 전쟁의 실행뿐 아니라 계급사회의 본성을 강하게 조건지었다. 무기제조업자들이 국내는 물론 국제적으로 치열하게 경쟁하였지만, 무기 생산 및 배분은 국가로부터 국익에 중대한 사안으로 그리고 강력한 규제를 필요로 한다고 간주되었다. 물론 마르크스주의자들처럼 군수산업을 자본주의의 확장의 표현으로 해석하는 것은 잘못이다. 산업자본주의는 전쟁의 산업화 수단을 제공하지만, 국민국가의 활동과 관여는 그런 현상의 기원에 해당할 뿐이다.[23]

기든스는 또 군대 지휘부의 전문화는 대중 징집제의 발전과 함께 진행되었다고 평가한다. 그에 따르면 국민국가에서 군대는 일정한 환경에서 정치적 통제를 가정하지만, 군사력은 반드시 더 이상 국내정책과 관련한 국가의 권위에 필요한 토대는 아니다. 그럼에도 군대는 정치체계에서 빠져나올 수 없거나 폭넓은 의미에서 주권공동체로부터 고립되어 활동할 수 없었다. 왜냐하면 군대는 사회 맨 앞에서 활동하기 때문이다. 전쟁의 산업화 시대에 군사력은 산업화의 생산기구에 의존하고 영토국가의 주권적 권위를 통해 활동한다. 이때 민간정부는 정치력과 군사력의 분리에 관여한다. 19세기 말엽 유럽의 거의 모든 국가들과 미국, 러시아는 사관학교를 설립하고 채용과 승진 관련 관료적 체계도 만든다. 이는 '군대를 가진 국가'라는 관념의 확산과 결합된다. 시민권, 주권 그리고 민족주의 간의 연계는 추가적인 요소를 취하는데, 그것은 아마추어에서 직업 관료로의 전환이 어디서나 시민-군인에 의해 경력 군인의 완성과 관련된다는 점이다. 그것은 전쟁의 제도적 영향을 분석하는 데 주요 지점이다.[24]

야노비치(Janowitz)는 아프리카, 중동과 아시아 그리고 라틴아메리카 등지에서의 신생 국민국가 형성에 미치는 군대의 영향에 주목하였다. 이는 서구에서 국민국가 형성 과정에서 군사력의 영향을 상기시킨다.[25] 식민통치를 겪은 신생 국가들과 국가 형성 과정에서 폭력은 서구의 경우에 비해 더 심각한데, 국가 주도의 경제성장과 권위주의 통치 간의 연계, 소위 개발독재를 배경으로 한다. 물론 대부분 식민통치를 겪은 이들 지역에서 근대국가 형성 과정에서 군사주의의 영향력과 그 결과로서 국가 형성 사이에는 시차가 발생한다. 19세기 중후반부터 식민지역에서는 지식인과 농민들이 반외세 민족독립운동을 전개하였지만, 그 성과는 제2차 세계대전이 종식될 때까지는 미미하였다.

기든스는 전체적으로 국가에 대한 군대의 관여는 시민권의 발전과 다른 사회조직의 특징과의 관련성에 영향을 미친다고 보았다. 한 주권국가에서 시민권은 지배계급이 대중에게 지급하는 가격이고, 반대로 대중은 병역의 의무를 수용한다는 것이다. 다시 말해 시민권은 정치적 민주주의의 상징이 되고, 병역은 시민권의 상징이 된다.

최초로 사회주의 국가를 수립한 러시아에서도 사회주의 운동을 시민권과 연계하는 강력한 압력이 작용하였다는 것이 기든스의 판단이다. 그는 초창기 소련의 고립은 영토성, 국가 형성 그리고 강제된 산업화를 증명한다고 평가한다. 그것은 트로츠키가 강조한 바와 같이 소련이 프롤레타리아 국제주의와 더 멀어진 것이다. 소련은 여느 자본주의 국가들처럼 영토문제에 집착했고, 산업화에 기반을 둔 군사력 발전의 길을 걸어갔고, 그로써 소련은 세계 패권의 최전선으로 내달았다는 것이다. 이렇게 산업화를 거치는 과정에서 유럽의 자본주의 국가들과 소비에트 러시아는 다 같이 군사화와 결합해 부국강병의 길을 내달렸다. 결국 제1차 세계대전은 산업주의의 발전과 그에 기반한 폭력수단의 대규모 생산으로 일어난 것이다.[26]

군사화는 하나의 거대한 역사적 과정으로서 앞선 과정을 지나 발전해가는데, 결국 20세기 대규모 전쟁을 위한 길을 준비하였다. 유럽이 군비경쟁에 휘말렸고 그것은 다시 나머지 세계를 빨아 들었다.[27]

## 2) 제1차 세계대전기 군사주의

그럼 제1차 세계대전이 유럽과 세계의 군사주의에 어떤 영향을 미쳤을까? 최초의 세계대전을 지켜본 비커만 H. 루더포드(Vickerman H. Rutherford)는 전쟁으로 영국과 프랑스가 유럽은 물론 아프리카와 아시아에 군사주의와 자본주의 망을 성공적으로 퍼뜨렸다고 평가한다. 유럽에서 일어난 군사화와 산업화의 결합이 세계로 뻗어간 것이다. 물론 그 결과 세계 정치경제가 균등하게 발전한 것은 아니다. 루더포드는 자본주의와 제국주의가 야만성을 띠면서 물리력, 구체적으

로 해군력과 공군력 등을 발달시키면서 결국 군사주의가 확산되었다는 것이다.[28]

루더포드는 제1차 세계대전의 공식 결과인 파리강화조약이 다음과 같은 점들로 인해 부당하고 그래서 개정해야 한다고 주장한다. 즉 파리조약은 휴전조약(Armistice) 내용과 상이하고, 연합군의 전투 선언 원칙과 배치되고, 더 많은 전쟁을 초래할 우려가 있고, 유럽의 파멸을 촉진할 수 있다는 것이다. 이 조약은 전승국인 프랑스의 클레망소 총리와 영국의 를로이드 조지 수상이 주도한 것이다. 루더포드의 그런 주장은 대전 이전에 독일이 타 유럽 국가들과 경제적 상호의존이 깊었던 점을 상기하면서 펼친 것이다. 그의 분석에 따르면, 파리조약 제정국들은 독일의 경제적 안정성을 완전히 파괴해 독일 대중의 민생에 필요한 식자재와 천연원료 1,200백만 톤의 교역이 불가능해졌다. 또 전쟁 중은 물론 휴전 이후 9개월 지속한 영국의 봉쇄로 독일 대중들의 생명과 건강이 희생되었다. 그에 따르면 파리강화조약은 자본주의의 야망과 제국주의의 비이성이 합쳐진 극단적 사례가 되었다.[29] 문제는 거기서 그치지 않았다는 사실이다.

1921년 3월 조지 수상의 제안이 상황을 더 악화시켰다. 그는 연합국이 연합국 시장에 판매될 독일 제품의 가격 50%를 보상금의 일환으로 취할 것을 제안하였다. 루더필드는 그것이 "미치고", "괴상한" 제안이었다고 말하며, 그 과정을 정치 · 경제 · 도덕적 측면에서 검토하고 있다. 먼저. 정치적으로 그 제안은 실현불가능했는데 독일정부의 능력이 안 되었다. 둘째, 정치경제적으로 그 제안은 라인란트를 프랑스의 경제권, 후에는 정치권으로 복속하려는 프랑스의 계획과 상응한 것이었는데, 그것은 독일과의 새로운 전쟁을 의미했다. 또 그런 제안은 결국 국제연맹에 타격을 줄 것이었다. 루더포드는 오스트리아에 대한 연합국의 강력한 제재 역시 전후 유럽질서에 안정을 주지 못했다고 주장한다. 가령, 다뉴브국가들 사이의 경제연합 구상에 연합국은 관심이 없었고 독일어권 국가들의 연맹 구상을 금지시켰다. 한편, 소비에트 러시아는 중동부 유럽 국가들과 페르시아 등지의 민족자결주의를 지지했다. "자유롭게 가라, 독립을 향유하라"고 말했다. 독일의 탄압을 받아온 폴란드는 제국주의 흐름에 들어갔다. 전후 터키와 페르시아의 운명은 영국과 러시아의 세력균형의 역학에 의존하였다.[30]

이런 사실에 비추어 루더포드는 파리강화조약은 개정해야 한다고 주장한다. 군축은 연합국들이 중부지역 강대국들(독일, 오스트리아)을 강제했지만 정작 자신들은 이행하지 않았다는 것이다. 그는 군축이 국제연맹의 지도하에 합의로 보편화되어야 한다고 말한다. 국제연맹은 분쟁지역 및 수역의 국제화, 경제적 자유, 재화 및 천연자원의 자유교역 등에 기반하고 그로써 세계평화에 기여할 수 있다는 것이다. 그는 군사주의는 교역의 목적을 억누르고 국제화와 완전히 반대라고 덧붙이고 있다.

루더포드의 분석과 평가를 상세하게 토의할 여지는 크지 않다. 그가 제1차 세계대전의 성격과 그 영향을 산업화와 군사화를 결합시켜 논의한 것은 탁월하다. 다만 당시 시대적 조건, 특히 산업화·군사화의 본격화가 아니라 개시 국면이라는 점에서 그의 대안은 현실성이 약하다. 그가 갈파한 파리강화조약의 문제점과 군축의 불평등성 등은 패전국은 물론 승전국들 사이에서도 산업화·군사화의 본격 전개, 그 과정에서 더 격렬한 국제적 경쟁이 불가피함을 암시해준다.

한편, 제1차 세계대전 기간 미국의 동향은 어떻게 평가할 수 있을까. 처음 미국 정부는 전쟁에 참여하지 않다가 우방국인 영국이 점령 당할 우려가 높아지자 참전해 전세를 바꿔놓았다. 이때 미국은 병력만 동원한 것이 아니다. 자크 파월(Jacques Pauwels)은 미국이 '캐시 앤드 캐리(Cash and Carry)' 정책을 구사해 영국과 프랑스에 무기 판매를 촉진했다고 말한다. 이는 교전국가들이 필요한 군 장비를 미국에 직접 가서 현금으로 사도록 하는 정책이다. 제1차 세계대전에 개입하지 않던 미국은 유일한 잠재적인 시장으로 남은 영국과 프랑스가 전쟁에 패할 위험에 처했을 때(1917), 자기 고객이자 채무자인 이들 국가가 파산하는 것을 막기 위해 개입할 수밖에 없었다. 그런데 영국이 당장 모든 현금을 지불할 수 없게 되자 양국은 영국의 식민지와 해외 군사기지를 미국이 인수하는 데 합의했다. 말하자면 영국이 할부로 채무를 지불할 수 있도록 프랭클린 루스벨트 대통령의 설득으로 미 의회가 승인했는데, 이를 렌드리스(Lend-Lease)라 불렀다.[31]

렌드리스 시스템은 국가가 경제의 "펌프에 마중물을 붓고" 이 계획에 필요한 자본은 빚을 내서 공급하는 것이다. 국가가 렌드리스 사업과 군수품 생산을 사실상 독점했던 거대기업들이 청구한 비용을 지불하는 데 일반 세입을 이용하는 방식이다. 청구서는 대부분 전쟁 중에 부자들과 거대기업들 대신 시민들의 세금으로 점점 더 많이 지불되었다. 렌드리스로 인해 영국은 프랑스가 무너진 이후에도 히틀러에 맞서 싸울 수 있었다. 그러나 장기적으로는 미국이 영국과 그 제국 전체에 경제적으로 침투하여 끝내는 영국이 누렸던 패권국 지위를 차지하게 되었다. 이 렌드리스 사업은 소련에게도 허용되었는데, 루스벨트는 나치와 싸울 수 있도록 소련에 원조를 해주는 대가로 소비에트가 가능한 빨리 일본과의 전쟁에 가담해주기를 기대한다고 알렸다.[32]

1930년대 미국에서 전쟁은 비유나 모델로 사용되었는데, 그것은 미국인들이 물질적이고 심리적으로 전쟁을 준비하는 데 도움이 되었다. 전쟁 비유는 정치 갈등의 습관을 강화하는 대신 실제 갈등을 완화해주었고, 다음 반세기 동안 재생하도록 운명지었고, 정치와 국가를 전쟁의 긴요함과 모델에 맞추게 하였다. 그런 간접적이지만 강력한 방식으로 전쟁 비유는 군사화된 미국으로의 전환을 강화하였다.

루즈벨트 대통령은 그런 전환을 지도하고 속도를 내는 데 적합한 인물이었다.[33]

## 3) 제2차 세계대전기 군사주의

비유 혹은 모델로서 전쟁을 인식하는 미국인들의 정서는 전황을 관찰하며 서서히 그러나 적시에 참전하는 데도 유용하였다. 결코 반나치 정서 때문에 유럽 전장에 뛰어든 것이 아니었다. 미국의 일부 자본가 집단은 전체적으로 유럽의 파시즘을 좋아했다. 파시스트 정권이 대기업의 이익을 보호·증진해주었고, 파시즘이 볼셰비즘보다 훨씬 덜 불쾌했기 때문이다. 물론 미국의 권력 집단 내에서 서로 다른 정책을 두고 의견충돌이 있었다. 대부분은 이와 같은 유화정책을 따라 친파시스트·반소비에트 정책을 주장했지만, 일부는 소련과 관계를 정상화하고 나치 독일에 대해 덜 관대한 태도를 주장했다. 히틀러 지지자였던 헨리 포드와 찰스 린드버그는 유럽의 분쟁에 어떤 방식으로도 개입하지 않을 것을 주장하는 '미국 우선(America First)' 운동의 풍토를 확립했다. 의회도 고립주의자들이 다수를 점하고 있었다. 개입주의자들은 미국이 히틀러의 유일한 적으로 남은 영국의 편에 서서 개입할 것을 주장했다. 결국 미국이 나치 독일과의 전쟁에 개입한 것은, 독일 제국에 있는 미국 기업의 공장들에서 이루어지는 수익성 높은 사업을 위협하지 않으면서 영국과도 유리한 거래를 할 수 있는 가능성이 열렸기 때문이었다. 그러다가 일본이 진주만을 기습하자 히틀러가 먼저 전쟁을 선포하는 바람에 미국은 나치 독일과의 전쟁으로 '끌려들어간' 것이다. 1945년 미국이 독일을 정복하고 독일이 항복한 바로 직후, 미국 정부는 홀로코스트(Holocaust)의 수많은 생존자들을 계속 강제수용소에 남겨두었으며, 생존자들은 그곳에 조직적으로 방치된 채 심지어 학대당하기까지 했다. 1946년 9월 트루먼 대통령이 "듣자 하니 우리는 유대인들을 죽이지 않는다는 점만 빼면 나치가 했던 것과 똑같은 방식으로 그들을 대하고 있다"고 시인하였다.[34]

아우슈비츠 절멸수용소에서 자행된 유대인 학살
출처: 위키피디어커먼스

한편, 전쟁 중 미국 재계가 막대한 돈을 벌어들인 데에는 대내적 조치도 한몫했는데, 반트러스트법의 사실상 폐지가 그것이다. 미국 재계의 수많은 인사들이 고위 관직에 올랐다. 큰 정부와 대기업 사이의 동반자 관계가 형성되었다. 미국 정부가 전쟁 수행 지원사업에 공급한 자금은 조세(약 45%)보다 차관(약 55%)이 더 많았다. 전쟁 채권에 은행, 보험회사 그리고 개별 자본가들이 적극 참여한 것이다. 이를 두고 밀스는 제2차 세계대전이 "국가의 생산수단을 통제하는 열쇠를 넘겨주어" "그 이전의 사적 전용들을 사소해 보이도록" 만들었다고 말했다. 1943년 미 의회는 특정 형태의 노동쟁의를 금지하는 스미스-코네리법을 제정했다. 그 결과 기업의 수익은 하늘을 치솟는데도 임금은 동결되었다. 노동자들의 파업이 일어난 것은 자연스러워 보였다.[35]

제2차 세계대전을 거치면서 군사주의는 더 진화해갔다. 제2차 세계대전은 완전히 산업화되고 대중정치화되고, 대중이 매개되어 (mass-mediated) 세계화된 전쟁의 완결판으로 보였다. 산업화된 전면전쟁은 고전적 현대 군사주의를 동반했는데, 그것은 노동자와 농민의 동원, 군대와 타 국가기구가 전례 없는 수준으로 사회에 침투하는 양상을 동반한다. 이런 현상이 제1차 세계대전에 비해 제2차 세계대전에서 더 뚜렷하고 유럽을 넘어 세계적으로 나타났다. 군대의 가치가 문화에 침투하였다. 가령, 대중문학(아동문학 포함)이 제국의 식민지 건설에 관한 군대의 역할, 군대가 대중의 상업생산품에 결합된 이미지 등을 다룬다. 대중정당도 군대의 가치를 정당화하고 군대는 팽창을 위해 사회를 동원한다. 이와 같이 계급적 군사주의는 전쟁과 전쟁 준비를 반영하고 그것을 촉진하기도 한다. 이제 그것이 모든 국가, 민족, 계층에서 그리고 세계로 뻗어간다는 점에서 대중적 군사주의로 변환하는 것이다. 민간인을 적의 일부로 보는 시각을 촉진한다. 이런 군사주의는 전쟁이 시민을 체계적으로 표적화, 나아가 특정 민족에 대한 민간인 대량학살(genocide)을 자행하는 식으로 변질하는 데 도구가 된다. 이때 표적화된 민간인은 적이 되는데, 이미 식민통치 지역에서 자행된 바 있다.[36]

식민통치를 받던 지역에서 독립운동이 일어났지만 독립 후 국가형성은 대체로 냉전 이후라는 점은 앞에서 언급하였다. 식민통치와 두 차례 세계대전이 산업화·군사화를 동력으로 하였다면, 식민통치 지역에서의 국가 형성은 어떻게 전개되었는가? 패트리카 맥패든(Patricia McFadden)은 아프리카에서 식민통치 이후 국가형성에 관한 세 가지

시각을 제시하면서 상대적인 평가를 가하고 있다.[37]

아프리카에서 국가와 군대의 '자연스러운' 관계는 중세와 식민지 전 시대로 거슬러 올라간다. 식민통치기의 이러한 관계는 대륙 전체를 유럽인들이 지배한 상태에서 군대 간의 공공연한 협력으로 더 강화되었다. 아프리카에서 식민국가가 되었다 함은 식민지 지배와 잉여 유출 목적에 봉사하는 것만이 아니라, 계속해서 피지배계급이 젠더화·인종화된 이익을 위해 노동함을 말한다. 거의 예외 없이 대륙 모든 곳에서 국가에 인계해야 하는 사람들과 그것을 상속받는 사람 간에 특별한 협정이 체결되고 거래가 이루어졌다. 점증하는 흑인 엘리트와 특권적인 백인 저주자들이 재산과 현상유지를 둘러싸고 맺는 공모의 시나리오(남아공, 짐바브웨, 나미비아) 그리고 사회주의 프로그램의 일부로서 국가와 소유관계를 재구조화하는 시도(앙골라, 모잠비크)는 결국 모든 국가의 노동자들을 정치경제적으로 소외시키는 상황을 초래하였다.

아프리카에서 식민통치 이후 국가 형성에 관해서는 기존에 서구의 급진적 시각과 부분적으로 급진적인 아프리카 학계에서의 논의가 있다. 첫째, 아프리카 국가에 관한 급진적 서구 학계는 식민화, 인적·물적 자원의 약탈, 제국주의에 대하여 비판을 가하였다. 이들은 전쟁/군사주의와 세계의 경제 제국으로의 재편 간 연계를 세계은행, 국제통화기금 주도의 구조조정 프로그램과 아프리카 정부가 수행한 (혹은 강요받은) 정책으로 제시하였다. 그러나 많은 급진적 남성 학자들과 비슷하게, 이들은 서구 학계 내에 있는 페미니즘 분석의 결정적 중요성에 관해서는 언급하지 않고 있다.

둘째, 부분적으로 급진적인 아프리카 학계의 시각이다. 이보에 허치플(Eboe Hutchful)은 식민국가가 헌법적 민주주의의 실행과 미래 정치에 대중의 참여를 위한 기초로서 부적합하다고 지적한다. 그는 국가-사회 관계의 부족을 규명하고 국가와 시민 간의 유기적이고 정교한 연계 부족으로 두 영역 사이에 거대한 공간과 모호성을 낳았다고 주장한다. 그래서 후기 식민지 및 탈독립 헌법주의는 그런 공간을 채우고 국가와 시민 사이에 적정 연계 메커니즘을 개발하는 과정으로 보인다.[38] 그러나 그는 종족, 젠더 이슈를 언급하지 않고 단지 여성의 권리와 시민사회를 스쳐 지나갈 뿐이다. 그럼에도 그의 분석은 헌법을 군부가 관행적으로 전유해온 권력을 둘러싼 경쟁 공간으로 더 생각하도록 자극하는 기회의 문을 열어주었다. 독립 이후 아프리카 군사주의의 역할과 지속에 관한 연구는 어떻게 식민국가가 국가화를 모든 직업영역에서 식민적 관행의 일부로 통합했는지를 보여준다. 이런 연구는 대다수 아프리카 대중과의 관계에서 식민국가의 배타적 성격을 드러낸다. 대중은 국가로부터 신민으로서 그리고 주체적 행위자라기보다는 단순히 생산의 투입요소로서 간주되어왔다.

맥패든은 이상 두 시각이 갖는 한계를 지적한 후 대안적 시각으로 페미니즘 시각을 제안하고 있다. 이름하여 국가, 군사주의, 계급에 관한 페미니즘 담론이다. 후기 식민국가에 관한 페미니스트 분석은 현대국가의 폭력적 시현을 가부장제의 지속과 연계시킨다. 그것은 페미니즘 연구의 통찰력을 끌어내는 방식으로 권위주의를 접근하는데, 주체성과 정치 간에, 개인과 집단 간에 일어나는 복잡한 조화/부조화를 탐색한다. 그리고 국가안보를 강력하게 재검토할 것을 제안하고 급진적으로 다른 공동체를 상상할 가능성을 열어놓는다. 즉 페미니즘은 국가와 국가의 군사주의 배치를 폭력에 의존하는 축적 수단으로 간주한다. 지배계급 내 각 파당들은 자신들의 부를 축적하는 수단으로 국가권력에 대한 접근을 둘러싸고 다툰다는 것이다.

맥패든은 격렬함(rampancy)을 국가가 배태하고 실행가능하게 만든 가부장적 권력 관계로 재해석할 것을 제안한다. 격렬함의 사용을 젠더화되고 우월주의적인 군사주의의 실행으로 보고, 격렬함에 대한 견해를 정치적 무기와 결합시키고, 그것을 국가가 촉진하는 약탈과 결합시킴으로써 군사주의가 어떻게 계급 지배를 공고화하고 축적을 촉진시키는지를 드러낼 수 있다. 결국 여성과 노동하는 공동체가 어떻게 젠더화된 배제를 당하는지를 알 수 있는 것이다. 계급 이동성과 관련해 약탈 개념을 재배치함으로써 경제적으로 동기화된 필수과제를 계급 형성, 군사화, 국가 권력의 공고화로 재입력할 수 있다.

아프리카에서 가장 현실적인 변화의 가능성은 국가를 계급 약탈 및 정치 억압의 수단으로 더 급진적으로 이해하는 것에서 등장할 것이다. 여성의 삶은 그들의 지위 변화뿐만 아니라 정치·경제·사회문화·법적 변혁의 필요성이라는 거울 이미지를 대변한다. 국가의 군사적 격렬함은 여성(특히 노동여성)의 투쟁과 그들이 참여하는 조직들 안에서 정치 중심을 재설정함으로써 저항하고 극복할 수 있다. 물론 현실에서 국가 지배계급의 표현으로서 군사주의의 격렬함은 중단할 수 없을 것 같다. 이 격렬한 군사주의는 풍부한 군사비, 무기 전시회, 미군에 의한 군사비 대출 및 무기 판매 증가, 소형무기의 확산으로 견고하다. 죽음의 상인들은 아프리카를 "커지는 군사 시장"으로 마케팅한다. 중앙아프리카 콩고 사례는 주목할 만하다. 아프리카 부국들 가운데서 콩고는 격렬함과 약탈로 전형적인 나라인데, 제국이 현지 독재자 모부토(Mobuto)와 결탁했다.

국가 형성기 국가권력의 유지와 그 표현으로서 군사주의의 성장 간에는 명백한 연계가 있다. 또 군사주의는 지배계급이 축적 장소로 국가를 배치하는 데 중심에 있다. 지배계급의 축적 방법은 억압, 감시, 다수 대중, 특히 여성·청년·노인의 배제는 물론 역사를 통해서도 가능하다.

근대 국민국가체제가 등장하는 시기부터 제2차 세계대전 종식까지 세계는 산업화와 군사화가 동시에 전개되었다. 마틴 쇼는 이 시기 군사화를 '압도적 군사주의'로 특징지으면서 소시기별로 그 형태를 구분하였다. 즉 1914년 이전에는 전쟁 준비와 대중적 민족주의 및 군사주의, 제1차 세계대전 기간에는 사회구조, 국가조직, 경제, 계급투쟁 등에서 전례 없이 국제적 차원에서의 격변, 전간기는 전쟁 준비 시기, 제2차 세계대전 시기는 더 세계적인 투쟁, 더 정치화되고 더 파괴적이고 더 완벽한 동원과 문명화된 인류에 대한 살인 등으로 특징지을 수 있다는 것이다.[39] 특히, 제1~2차 세계대전 시기에 세계는 미증유의 폭력을 분출하며 국가 간 그리고 계급 간 경쟁과 대결을 전개해나갔다. 그 거대한 동인이 바로 산업화·군사화이다. 이 두 흐름을 한 쌍으로 묶은 것은 둘이 서로를 강화하는 관계이기 때문이다. 근대 국민국가는 산업화를 시작한 서구 지역에서부터 봉건적 사회질서를 전환하고 분산된 경제를 통합하였다. 그 결과를 바탕으로 사회는 빠르게 군사화되고 그것이 해외로 향하면서 식민지에 대한 착취·수탈 그리고 세계대전이 발생하였다. 국제협력은 일시적이고 전략적이었다. 전쟁의 결과 국내 정치적 변화가 일어났지만, 산업화·군사화는 새로운 국면을 맞이했을 뿐 쇠퇴하지 않았다.

## 3. 냉전 시기 군사주의

### 1) 전후 미국의 군사주의

제1차 세계대전을 거치면서 미국은 초강대국으로 두각을 나타냈다. 미국이 세계 패권국가로 우뚝 선 것은 제2차 세계대전에 개입하면서부터였다. 두 번째 세계대전이 종식된 이후 군사주의는 핵무기의 등장과 냉전체제의 확립으로 약화되지 않고 더 강화되는 양상을 보였다.

홉스, 순자 등 동서양을 막론하고 현실주의 패러다임을 지지하는 정치사상가들의 국가론은 물론 국가안보 전략가들의 군비증강론의 근저에는 공포가 자리하고 있다. 잠재적으로 공격해 올 것이라는 위협 인식, 그에 앞서 힘을 기르고 필요시 먼저 공격을 준비해야 한다는 관념은 공포의식에 연유한다. 냉전기 세계 패권을 다툰 미국과 소련은 똑같이 공포의식에 둘러싸여 상대를 바라보고 자신을 조직해나갔다. 공포의식은 국가안보는 물론 그를 지지하는 세력에게는 막대한 이익을 보장해주었는데, 이때 공포의식은 객관적 실재와 주관적 허구를 망라한다.

미국의 현대사학자 존 다우어(John Dower)에 의하면, 전후 미국이라는 거대괴물은 본질적으로 조울증적이어서 어떤 물질적 기준에 비춰봐도 압도적으로 강력하고 오만하기 짝이 없으면서도 두려움에 차서 불안해했고, 지금도 여전히 그렇다. 군 기획자들이 보기에 이는 불리한 조건이라기보다는 활용해야 할 역설이었다. 존재를 위협하는 불길한 적들에 대한 공포는 거대한 군 장비에 대한 지원을 계속해나가는 정치적 요구에 마중물이 되어주었다. 높은 수위의 불안감은 정치가와 대중을 동조하게 만드는 제어장치였다. 1960년대 케네디가 대통령 선거 유세에서 '미사일 격차'를 허위로 상정했을 때나, 1980년대 레이건 정부가 소련과의 우주 군비경쟁(일명 '스타워즈')을 강조한 것처럼 체감된 위협요소를 과장하는 것, 아니면 적어도 가장 극단적인 최악의 시나리오에 대응할 태세를 늘 갖추고 있어야 할 필요성을 주장하는 것은 득이 되었다. 거기에는 수많은 일자리들이 걸려 있다. '안보'에 투자한 수많은 공공단체나 민간단체도 그렇고, '방위' 관련 산업체들의 이익도 그렇다. 핵전쟁이 기후변화를 촉발하여 전 지구적인 '핵겨울'이 발생할 가능성을 과학자들이 인지한 것은 1980년대나 되어서였다. 미국의 핵억제력은 어느 나라 지도자라도 딴 맘을 못 먹게 할 정도로 무시무시했다. 그럼에도 미국과 소련의 외교안보정책 결정자들은 강박적으로 미국의 핵 병력이 미흡하다는 주장을 계속했다. '취약한 지점'이 존재한다는 환상에 사로잡혀 있었다. 미국과 소련, 두 정부 모두 국민들 사이에 공포심을 퍼뜨렸다.[40]

물론 제2차 세계대전 종식 직후 미국에서 군수경제의 위상은 줄어들었지만, 그 이전 냉전은 시작된 거나 마찬가지였다. 포츠담, 얄타 등지에서 미국과 소련은 전후 세계질서 재편을 둘러싸고 경쟁이 불가피하였다. 독일과 한반도의 분단은 그 지역적 맥락은 다르지만 크게 보아 냉전의 서막이었다.

1939~45년 미국 GNP에서 군비 지출이 차지하는 비중은 900억 달러(약 1.5%)에서 2,000억 달러(약 40%)로 증가했다. 미국경제는 군비 지출이라는 마약에 의존하는 방식으로 유지되었던 것이다. 그런데 전쟁이 끝나자, 즉 상품의 총공급량이 최대이던 바로 그때 수요가 붕괴될 징후가 보였다. 자크 파월은 미국경제가 평화시로 전환되면서 전시 호황이 갑자기 끝나버릴 위험에 처해있었다고 지적한다. 그러나 그런 괴로운 시나리오가 현실이 되지 않도록 막을 방법이 있었다고 하면서 그것이 바로 전 세계를 미국의 시장으로 개방시키는 것이었다고 말한다. 그는 애치슨 국무장관이 1944년 11월 미 의회 연설에서 "해외시장 없이는 완전고용과 번영을 이루지 못할 것"이라고 말했다고 상기시켜 준다. 전후 미국이 제안한, 소련까지 포함하는 범유럽 마샬 플랜, 미국 주도 자본주의 세계경제기구(IMF, IBRD 등) 창설 그리고 비민주적인 친미 정권 지지 등이 그런 맥락에서 진행되었다.[41]

냉전체제가 언제 개시했는가를 둘러싸고 정치가들은 물론 학자들 사이에서도 합의가 형성되지 않고 있다. 그 기점으로 제2차 세계대전의 종식, 그 결과로서 독일 분단, 제2차 세계대전의 개시, 더 올라가

1917년 러시아 혁명 등이 후보로 꼽힌다. 만약 냉전체제의 개막을 제2차 세계대전의 개시나 러시아 혁명으로 잡는다면 대전 중 미국과 소련은 반파시즘 연합전선에 손잡았지만, 세계질서의 주도권을 둘러싸고 경쟁하는 동상이몽(同床異夢)에 들어간 상태였다. 위에서 언급한 전쟁 말기 미국의 군비증강과 마샬 플랜 등은 그런 징후를 보여주는 것이다. 그러나 전후 미국 국내정치가 다시 민주주의로 되돌아가고 경제가 민수경제에 초점을 둘 경우 미국의 세계패권전략이 순조로울지는 미지수였다. 물론 미국 정책결정집단의 판단은 유럽에서 확대된 영향권을 기정사실화하려는 소련의 움직임과 상호작용하면서 이루어졌다. 전후 미국의 냉전질서 구축 작업의 분수령으로 국가전략 NSC-68이 꼽힌다. 그러나 그 중요도와 선후를 고려할 때 전후 군사화 '체제'를 종합적으로 제시한 것은 1947년 제정된 국가안보법(National Security Act of 1947)이다. 국가안보법의 제정은 당시 다른 비밀 목적도 있었겠지만, 적어도 세 가지 기본 목표를 갖고 있었다. 그것은 첫째, 군사조직의 효율성 증진, 둘째, 개선된 양질의 정보 수집·분석·공유, 셋째, 국가안보기구들 간 조정으로 국가안보 증진이다.[42] 모든 입법과정이 그렇듯이, 국가안보법 제정도 군사화 체제를 구성하는 이해당사자들 간의 경쟁과 타협의 결과이다. 거기에는 문민통제, 군사화 체제 운영의 주도권, 안보전략상 우선순위 등이 반영되었다.

전후 미 공군은 육군에서 독립해 설립되고, 육군, 해군, 해병대와 합참은 국방장관의 지휘를 받는 국가안보의 구조가 수립되었다. 합참의장은 "대통령과 국방장관에 주요 군사 자문가"로 봉사하되 문민통제 아래 남는다고 규정되었다. 국가안전보장회의(NSC), 중앙정보부(CIA) 그리고 외교안보정책을 기업, 대학 등을 연결하는 국가안보이사회(National Security Council) 등이 설립할 수 있게 되었다. 이들 안보기구는 특정 임무가 아니라 규모와 합리화 논리가 중요했다. 그것은 전시에 민첩한 국가는 모든 자원을 맞추고 민간 및 군사기구를 연계시켜야 한다는 믿음을 구현하였다. 민간과 군사기구의 경계를 흐리게 하는 것은 전쟁과 평화의 차이를 소멸시키는 것 같다. 그런 믿음이 너무 강력해서 1940년대 말 수많은 이슈들에도 불구하고 아무런 도전을 받지 않았다. 연방정부에서 국가안보의 위상은 더욱 팽창해갔다. 연방정부의 고용은 1932년에서 1952년 사이 4배 증가하여 민간인이 2.6백만, 군인이 3.6백만 증가했고, 그중 1.3백만이 국방부에서, 수천 명이 다른 전쟁 관련 기구에서 근무하였다.[43]

미국 군사화의 역동성은 1950년 4월, 국가안전보장회의가 국가전략 NSC-68로 알려진 문서로, 수소폭탄 개발 결정에서 완전하게 표현되었다. NSC-68은 "미국이 세계 경찰의 역할을 자처하고 모든 변화를 공산주의자들이 지도한다는 판단에 따라 미국이 거기에 대응해야 한다는 점"을 정당화하였다. 또 NSC-68 작성자들은 재무장이 감당할 수 있고, 경제발전과 생활수준 향상을 촉진한다고 생각하였다. 이는 프랭클린 루스벨트가 1940년에 말한 바와 같다. 그러나 루스벨트 이상으로 NSC-68 작성자들은 번영과 무장 사이에 존재하는 것 같은 상호주의적인 관계를 인식하고 있었다. 그들은 국방이 성장을 자극한다는 암묵적인 합의를 선호하였다. 그것을 인정하는 것은 군사화의 가장 깊은 동기 중 하나를 인정하는 것이었고, 당시 미국 언론들도 그렇게 보았다. 그러나 실제 번영은 무장화의 의도하지 않은 부산물로 보였다. 그에 따라 미국의 군사화 조치는 놀라울 따름이었다. 한 해 군사비가 3배로 뛰어올라 350억 달러가 되었고, 많은 작가들은 전쟁 가능성을 배제할 수 없었고, 미국의 안보는 세력균형에 대한 인식에 크게 의존하였다.[44]

한국전쟁의 방향 결정, 특히 원자탄 이용을 둘러싼 트루먼과 맥아더의 갈등을 트루먼은 문민통제의 논리로 정당화하였다. 트루먼 정부, 특히 전쟁부는 군대가 핵무기와 핵에너지 정책 자문을 주도할 위원회 설립을 제안하였다. 이에 과학자들은 자신들의 역할 제한을 우려하고 의회는 군사력 증강을 걱정하였다. 정부-군대-산업체 사이의 느슨한 연합은 핵에너지 연구에 관심있는 과학자 집단과 충돌하였다. 결국 1950년 핵에너지위원회(AEC)가 창설되었는데, 상당한 예산이 투입되고 관련 집단의 이해가 거의 반영되었다. 다만, 핵 실험 및 생산에서 파생될 환경 및 건강문제는 도외시되었다. 한국전쟁에서 미국은 원자폭탄을 이용하지 않았지만, 전쟁은 많은 측면에 미국의 군사화를 다시 방향짓고 전체적으로는 완성했다고 할 수 있다. 한국전쟁은 미국 국가외교안보정책의 규모와 야망을 대폭 확대하였고, 그에 따라 국방예산, 병력, 무기 개발 프로그램이 확대되었다. 또 급격하게 늘어난 자원으로 모든 전쟁에 대응할 수 있는 전략을 모색하였다. 뿐만 아니라 한국전쟁은 미국인들의 생활영역에도 영향을 미쳤는데, 특히 청소년들은 처음으로 계속되는 전쟁에서 살아가는 세대가 되었다. 또 국내보안법(Internal Security Act)이 제정되어 일반 시민들이 사고와 행동에 제약을 받았다.[45]

제2차 세계대전 중 소련은 미국의 동맹으로서 쓸모 있는 존재였는데, 이제는 '유용한 적'이 되었다. 앞서 무르자가 제시한 '파시스트 되는 법'의 제3강령, 즉 적 만들기가 실행된다. 파월은 소위 적색공포를 과장해 미국의 권력집단은 군비 지출을 정당화했다고 주장하며 관련 자료를 제시한다. 미국의 그런 계획은 '군사 케인스주의', '펜타곤 시스템', '전시경제', '전쟁 국가' 등 다양하게 불렸다. 그에 따르면 펜타곤 시스템은 결국 "국가가 보조하여 개인이 이익을 챙기는", 즉 일반 대중이 낸 세금으로 사기업들이 엄청난 수익을 올리게 해주는 계획이었다. 그 결과 전쟁이 끝났는데도 군수산업은 퇴보하지 않고 군산복합체가 확립되었다는 것이다. 파월은 전후에도 막대한 군비 지출의 대부분이 차관으로 충당하는 방식이어서 국가부채가 증가했다고 말한다. 그 모든 부채는 세금으로 충당되어 그 부담은 일반 대중이 떠맡았다. '국방은 공공재'라는 담론은 군비증강의 이익이 사유화되는 반면, 그 비용은 사회화되는 현실을 은폐하는 기능을 한 셈이다. 그에 따르면 냉전의 발발은 경제가 평화시로 돌아갔을 때의 위험요소들, 즉 새로운 불황의 가능성으로부터 미국경제를 보호해주었다. 상승하는 군비경쟁은 대기업들에게 마르지 않는 수익의 원천을 제공해주었다. 그래서 1944년에는 상대가 누구건 어떤 방식이건 간에, 새로운 갈등이 미국 파워엘리트의 환영을 받았다. 물론 그 적은 새로운 라이벌 소련이었고, 소련은 냉전 내내 유용한 적이었다. 파월은 냉전이 미국 파워엘리트들에게는 이익을 가져다주었지만, 그 대가로 공공 부채가 기하급수적으로 증가하였다고 주장한다. 그는 1945년 미국의 공공부채는 약 2,600억 달러였는데, 1990년에는 약 3조 2,000억 달러, 2009년에는 100조 달러, 2010년에는 135조 달러, 2013년에는 170조 달러에 근접했다고 말한다. 또 1945년 기업들이 미국 전체 소득세의 50%를 차지했는데, 2010년대에는 10%에도 미치지 않는다고 한다. 미국 기업들은 '이전가격 조작' 등 온갖 종류의 회계 트릭을 활용해 세금 회피를 해왔다는 것이다. 1991년 미국 다국적기업의 37%가 미국에 단 1달러의 세금도 내지 않았고, 나머지 다국적기업들도 1% 이하의 세금만 부담했다고 한다. 미국 공공부채의 부담은 고스란히 평범한 시민들이 떠맡은 것이라는 주장인데, 그 주요인이 미국 정치경제의 군사화라는 게 파월을 비롯한 비판적 군사연구자들의 시각이다.[46]

미국 엘리트들 중 히틀러 나치 정권에 협력한 경우가 적지 않았음은 앞에서 언급하였다. 전쟁 중에 그러하였다. 전쟁 중 미국 정부는 '제너럴모터스의 이익이 미국의 이익'으로 규정하는 불문율을 준수했고, 미국 기업들이 제3제국에 투자하거나 그들과 거래함으로써 부를 축적하는 것을 눈감아주었다. 진주만 공습이 겨우 일주일 지난 1941

년 12월 13일 루스벨트 대통령은, 미국 기업들이 적국과 사업을 하는 것을 허락하는 포고령을 내렸다. 루스벨트 대통령의 고문이던 버나드 바루크는 독일의 특정 공장들은 폭격하지 말거나 아주 가볍게 폭격하라고 명령했다고 한다. 전후에도 미국은 나치 청산에 소극적이었다. 그 이유는 미국 기업의 이익 창출과 새로운 거대 적대세력, 곧 소련과의 대결을 위한 동맹집단의 결집 필요성이다. 전후 미국에서 독일 기업 수뇌진의 과거 나치 행각은 비밀에 부쳐졌다. 이 전문가들의 도움 없이는 독일 재건이 험난할 것이었기 때문이다. 히틀러의 자본가들, 이게파르벤의 경영진, 무기 재벌 크루프(Krupp) 등을 사형시키라고 외치는 사람들은 자유기업의 적, '빨갱이들'로 비난받았다. 또 하나 중요한 것은 미국 행정부의 그런 아량이 미국의 영향력 있는 기업들이 수많은 독일회사들과 수익성 높은 관계를 밀접하게 유지해왔다는 사실에서 비롯된 결과이기도 하다는 점이다. 이들 기업들의 수익을 유지하는 데 전쟁 포로 및 시민권 없는 외국인 노동자, 강제수용소에 수감된 사람들에 대한 부당한 노동착취 그리고 수익금을 미국 본사로 보내는 등 독일 및 독일점령지 미국 기업인들, 미 본사 경영인들과 나치 고위 인사들의 부정한 연계는 공공연한 비밀이었다.[47]

전후 미국의 미흡한 나치 청산과 냉전의 확립, 그 과정에서 한국전쟁은 군사주의가 세계로 뻗어가는 데 결정적인 계기를 제공하였다. 동서 대결의 냉전이 연합국 대 주축국 대결을 대체한 것일 뿐 군사화는 이념으로 더 설득력 있게, 핵무기 개발로 더 강력하게, 결국 전 세계적으로 뻗어나갔다. 그래서 군사화는 처음 냉전에 참여하지 않던 국가들에도 침투해 들어갔다. 저발전 상태나 독립 과정 혹은 직후의 지역에서 군사주의는 개발 독재 혹은 권위주의 통치를 정당화하는 수단으로 작동하였다.

전후 승전국과 패전국 사회가 전쟁의 기억을 어떻게 다루는지를 보면 그 사회가 군사주의와 맺는 관계를 알 수 있다. 특히 핵폭탄을 투하해 대량살상을 초래한 미국과 그 피해를 당한 일본에서 전쟁 기억은 선명하다. 이때 기억은 망각과 교차하며 그 제한성을 면치 못한다.

'망각' 혹은 '선택적 기억'은 인간관계와 현대 전쟁을 둘러싼 역사적·이념적 논쟁의 일부이다. 그것이 사회에 미치는 영향에 대해서는 낙관론과 비관론으로 나뉜다. 잠재성은 핵문제 관련 기억을 이해하는 데 중요하다. 그것은 억지가 '합리적' 핵정책을 보증해주는 데 중요한 역할을 한다. 핵 파괴력은 억지가 실패하지 않는 한 여전히 잠재성으로 남아있다. 안보 공약과 실행 사이에 존재하는 간극은 실질적이기보다는 잠재적이다.[48]

미국과 일본에서 각각 열린 에놀라 게이 전시회와 히로시마 평화박물관 건립을 비교해보면 미국인과 일본인들 사이의 집단기억도 비교해볼 만하다. 우선 둘의 평화 의식에 큰 차이가 없어 보인다. 이는 가해자와 피해자의 입장이 큰 변수 역할을 하지 못함을 의미하는가, 아니면 그런 구도가 잘못된 것인가? 일본은 원폭 피해국이기도 하지만 식민통치를 감행하고 전쟁을 일으킨 가해국이기도 하다. 그럼에도 에놀라 게이 전시회의 최초 취지와 히로시마 평화박물관의 성격 변화는 양국 내 평화의식이 존재함을 알 수 있다. 다만, 그런 사례에서 선택적 기억 혹은 망각이 군사주의를 정당화하고 현재에도 작동하고 미래에도 작동하게 만드는 요소로 작용하는 점을 부정할 수 없다. 냉전시대에는 선택적 기억을 이용한 군사주의가 더 팽배했음은 말할 나위도 없다. 에놀라 게이 전시회는 냉전 시기에는 생각하기 어려웠고, 히로시마 평화박물관의 성격 변화는 글로벌 냉전이 끝난 이후에야 가능했다.

## 2) 냉전의 확립과 군사주의

앞에서 근대 국민국가체제 등장과 제1, 2차 세계대전이 세계가 산업화·군사화를 동력으로 하였음을 살펴보았다. 다만 그 양상은 미증유의 대량살상을 동반할 정도로 극도로 역동적이었다. 원자폭탄 투하가 그 정점이었다. 그 직후 세계는 냉전체제로 빠져들어 가면서 질서는 여전히 산업화·군사화를 힘으로 하였지만 그 양상은 지극히 안정적이었다. 기든스의 논의를 빌리면 냉전체제에 들어 세계의 안정성은 국제질서의 양극성에 국가의 행정력이 결합하였기 때문이다. 이것이 냉전체제의 한 특징이고, 거기에 군사주의가 기여한 바가 크다.

전후 국제질서를 산업화와 군사화의 상호작용으로 파악한 이는 기든스 외에 다른 전문가들도 있다. 마르크스주의자들은 자본주의체제에서 산업주의는 군사적 경쟁관계를 초래하는 경쟁을 이끈다고 주장했다. 마이클 만은 산업주의와 자본주의가 전쟁 기술을 제외하고는 서로 무관하다고 주장했다. 만의 입장에서 지정학적 숙적관계는 협정으로 극복가능하고 그러면 산업 자본주의는 국가 간 군사적 숙적관계가 초래하는 상황에 빠져들지 않고 발전할 수 있다고 본다. 기든스는 국민국가 안에서는 평화가 가능하지만 무정부상태인 국제질서에서는 전쟁 가능성이 상존한다고 보았다.[49] 사실 기든스의 논리는 고대부터 이어져 온 현실주의 국제정치 패러다임을 지지하는 것에 다르지 않다.

기든스는 국민국가를 세계 국가체제를 구성하는 기본 단위로 간주하고, 국민국가의 범위에 영향을 미치는 변수로 산업력과 군사력의 결합 그리고 국가의 행정력 확대를 꼽았다. 그는 제2차 세계대전부터 1980년대 중반까지 국제적 영역과 범위를 논의하면서 군사와 경제를 다룬다. 군사력은 특정 국가의 행정 범위보다는 더 넓은 범위에 할당하는 자원에 의존하는 반면, 산업 경제는 국제 노동분업의 견지에서 통합되어 있다고 보았다. 전후 국제질서의 방향을 설정한 얄타와 포츠담 합의는 전쟁으로 만들어진 미국과 소련의 영향권이라는 사고를 수용한 결과이다. 특히 소련이 프롤레타리아트 국제주의 노선을 사실상 포기하고 국가주권의 우위를 수용하였다고 평가하고 있다. 결국 기든스는 전후 국제질서는 세계 국민국가체제라는 틀 아래 미소 주도의 군사·산업국가의 결합을 특징으로 한다고 말하였다. 다만, 미국과 소련이 세계를 양분한 것은 사실이지만, 그 하위 파트너들이 일방적으로 거기에 편입된 것은 아니라는 점에 유의할 필요가 있다. 이는 관련 국가들의 정치·경제 체제가 영향을 미친 결과이다. 제2차 세계대전 이후 많은 국가들이 자율성이 증대하거나 축소해왔다. 많은 이유들로 그런 현상을 분리된 것이 아니라 연계된 발전으로 이해하는 것이 좋은데, 그것은 미소 주도의 냉전 질서가 완결된 폐쇄 구조보다는 비록 제한적이지만 국가별 상대적 자율성이 존재했음을 의미한다. 그에 따라 기든스는 국민국가 유형을 국제질서에서의 위상과 패권국가와의 관계를 놓고 아래와 같이 여섯 유형으로 분류하고 있다. 기든스는 기본적인 국가 형태로 고전적 국가, 식민화 국가, 후기-식민화 국가, 현대화 국가로 나눈 바 있다.[50] 여기서 군사주의는 냉전체제의 각 진영 내 위계 형성에 영향을 미친 주요 변수로 작용한다.

---

### 세계 국가체제 내 국가 형태

- 초점의/패권의
- 인접한/보조적인
- 중앙의/동맹의
- 중앙의/비동맹의
- 주변의/동맹의
- 주변의/비동맹의

기든스는 전통적 국민국가의 제도적 특성으로 산업화된 경제, 자본주의적 생산, 정치적 통합, 군사 통치 등을 꼽고 있다. 그럴 때 대내적 평화가 달성되는데, 대내적 평화는 대단히 특징적인 형태의 계급지배로서 산업 자본주의와 직접 관련된다는 것이다. 그로써 군대는 관심을 밖으로 향할 수 있게 된다. 기든스의 눈에는 국민국가가 정치, 경제, 군사적 측면에서 모두 확립되면 대내적 평화가 이루어지고 그에 따라 군대의 눈은 해외로 돌려줘 침략이든 무역 확대든 국력은 커져간다는 것이다. 요컨대, 기든스의 국민국가론은 산업화·군사화·관료화에 힘입어 대내적 평화를 달성하고(혹은 달성하지만), 대외적으로는 전쟁에 대비하는 군비경쟁과 동맹정책을 펼치는 속성을 가진다.[51]

세계대전 이후 식민국가들 대다수가 독립을 성취하고 국제무대에 등장하지만, 그 위상과 능력은 제한적이다. 정치와 경제 양 측면에서 그렇다. 식민국가와 탈식민국가 둘 다 저발전과 억압의 굴레에서 벗어나려는 대중의 열망은 크지만 그 준비가 태부족이다. 개발 엘리트들 사이에 군부통치의 유혹이 크게 작용하는 이유이다. 군부 권위주의 통치의 득세는 사실 마르크스주의, 비마르크스주의 모두 깊은 관심을 두지 않았다. 그렇지만 현실에서는 쿠데타든 반쿠데타든 정부와 군대가 관여하는 것은 아시아, 라틴아메리카, 아프리카 등지의 많은 국가들에서 발견된다. 그런 환경에서 군대는 직업화되지만 또한 집정관의 성격을 띠기도 한다. 집정관 국가의 기원은 상당 정도 식민통치하의 군대가 수행한 역할에서 찾을 수 있다. 기든스에 따르면 전후 군부통치는 산업화된 전쟁이 파생시킨 무기 통제에 의존하고, 관료화된 상비군은 높은 수준의 대내적 평화 속에서 작동한다. 대부분의 현대 국민국가에서 군대는 적어도 대내적으로는 폭력수단의 통제의 견지에서 심각한 경쟁자가 없다. 현대식 교통·통신의 도입, 경찰력과 체계적인 법적 제재 수단의 발달이 거기에 기여하였다.[52]

냉전 시기 선발 자본주의 국가이든, 식민국가의 독립과 개발독재로의 이행이든 그것은 대내적 평화를 전제로 대외적 위상 강화로 나아가는 패턴을 보인다. 흔히 국제질서를 강대국-약소국, 혹은 선진국-후진국으로 단순화하는 관행이 있었다. 냉전체제라는 구조적 제약 하에서 강대국은 핵 개발 경쟁으로 잠재적 전쟁에 대비하는 한편, 약소국은 성장을 위해 (혹은 명분으로) 대내적 평화를 강제해나갔다. 동일한 국제 구조하에서 국가 간 조건의 차이로 평화의 양상이 갈라진다. 그러나 그것을 관통한 원리는 군사주의, 곧 물리적 힘이 법이라는 시각으로 질서를 잡고 삶의 정향을 규정하는 것이다.

이상과 같은 전후 국민국가체제는 세계 자본주의 경제체제의 틀 안에서 설정된다. 물론 세계 경제체제의 발달이 단일한 지배동학으로 진행되었다는 의미는 아니다. 여기서 지역체제와 연관되는 국가들 내 사회제도에 관한 분석이 필요하다. 이런 점들을 종합해 기든스는 현대 세계체제의 특징으로 ① 상징적 질서 및 담론양식으로서 세계정보체제, ② 정치제도로서 국민국가체제, ③ 경제제도로서 세계자본주의 경제체제, ④ 제재 레짐으로서 세계군사질서 등 네 요소를 제시한 바 있다.[53]

그렇다면 냉전체제를 성립시키고 전후 국제질서의 안정을 가져온 국가주권 우선의 원리는 종이조각에 불과한 것인가? 위 현대 세계체제의 구성 요소들을 적용해본다면 국민국가체제는 세계 정보체제, 경제체제, 군사질서에 의해 포위된 셈이다. 외양으로만 보아도 국가주권 원리 위에 서 있는 국민국가체제는 불안하기 짝이 없다. 기든스는 국가의 경계를 초월하는 다양한 조직들은 그 이전에 국가가 지배해온 능력을 전유한다고 인정한다. 또 거기에는 특정 국가가 통제를 시도하는 것에 반작용하는 세계체제의 특징도 존재한다. 그런 조직들은 국가 간 기구(IGOs), 카르텔, 경제연합, 초국적기업, 군사동맹 등이 있다. 이 논의에 따를 경우 크레믈린을 정점으로 하는 동구 국가사회주의체제에는 국가주권이 있는가 하는 질문은 쉽게 풀릴 수 있다. 국가사회주의는 세계대전의 결과이고 냉전의 전방에 있다. 제2차 세계대전 종식 직후 그런 나라들은 '붉은 군대'에 의해 나치 지배로부터 해방되었지만 소비에트식 정치경제제도에 편입되었다. 군사력의 사용은 그런 과정에 필수적이었고, 반대세력이나 자유민주제도를 채택하고자 한 세력은 분쇄당하였다. 어느 국가가 어떤 체제를 따르도록 강요받는지를 결정하는 데 큰 형님(Big-Brother)의 전략적 이익이 대내 정치제도보다 더 큰 영향을 미쳤다. 일국의 주권은 국가의 지정학적 위치와 상대적 군사력 그리고 국제노동분업상에서의 위치 등에 의해 결정되었다. 동유럽 국가들의 주권은 소련과의 인접성, 상호 전쟁경험이라는 역사적 맥락에 의해서도 제한을 받는다. 많은 후기 식민국가들은 상대적으로 낮은 수준의 대내행정적 통제와 높은 수준의 대외의존적 경제에 의해 제한받았다.[54]

이렇게 냉전체제는 수평적으로는 상호 대등한 동서 양 진영, 수직적으로는 진영 내 위계질서로 구성된다. 냉전체제는 군사주의에 의해 지탱되고 군사주의를 강화한다. 동시에 냉전체제는 세계자본주의 경제질서의 틀 안에서 작동하였다. 이 경제질서는 산업화에 의해 확립되었고, 과학기술 및 교통통신의 발달로 산업화를 더욱 확장시킨다. 기든스는 이를 자본주의, 산업주의 그리고 국민국가체제의 연계로 정리한다. 대기업이 다원화된 국가체제 내에서 우세해지고, 국가는 자본주의 초기 발달의 특정 전제조건을 제공한다. 거기에는 대내적 측면에서 법제 형성, 재정적 보증과 평화로운 사회적 환경 제공 등이 포함된다. 그리고 유럽을 뛰어넘는 자본주의 기업의 세계적 확장은 경쟁적 시장 안에 있는 제조업의 경제활동과 구분된다. 또 세계 자본주의 경제의 공고화는 어디에서도 군사력 사용을 동반한다. 유럽의 무기와 군사 규율이 역동적인 우월성을 향유한다. 식민주의는 변장된 형태의 자본의 팽창으로서 결코 무시될 수 없고 오히려 그런 팽창을 지원하는 경향도 찾아볼 수 있다.[55]

현대 국민국가가 발전해가면서 정치력과 경제력을 분리하는 연장 선상에서 정치기구와 경제기구의 분리가 일어났다. 국민국가의 지배로 인해 기업이 무한 포식자가 되는 것을 어느 정도 막을 수 있었다는 게 기든스의 생각이다. 그러나 그의 언급은 거기서 끝나지 않는다. 세계체제는 그 아래 서로 독립된 각각이 만들어낸 일련의 과정으로부터 영향을 받는데, 그 과정이란 국민국가체제와 관련되고 세계 정보교환 네트워크, 세계 자본주의경제, 세계군사질서 등을 통해 조정된 것이다. 세계 자본주의 질서에서의 위계와 역할 면에서 국가들을 제1세계, 제2세계, 제3세계로 나눌 수 있다. 전쟁의 산업화는 과학을 기술연구와 결합해 선진국에서 무기 개발을 촉진하였다. 이것은 그런 나라들의 세계 위상을 강화시켰고 미국과 소련을 세계 무기 발전의 중심지로 만들었고, 상호 군비경쟁을 만성화시켰다. 물론 군사력과 무기의 세계적 차원의 분배가 재래식 세계분업과 직접 상응하지는 않는다. 군사력의 견지에서 제3세계는 존재하지 않는다. 핵무기의 분산을 예외로 한다면, 모든 국가들은 산업화된 전쟁에 가담하는 물질적·조직적 수단을 갖고 있다는 의미에서 제1세계이다.[56]

## 3) '긴 평화' 시기 서방의 군사주의

앞에서 냉전체제의 지속성과 변화 양 측면에 군사주의가 관여하였다고 평가하였다. 그렇다 하더라도 선진 민주국가는 물론 일부 제3세계 국가에서도 전쟁과 사회의 관계 차원에서 탈군사화 경향이 일어나는 현상은 주목할 만하다. 군대는 부분적으로 문민화되고, 대중적 군사주의는 극장 스포츠의 변이를 띠고, 군사주의는 '무장문화'로 대체되는 현상이 나타났다. 이를 쇼는 군사화와 탈군사화의 모순적 과정을 보여준다고 평가한 바 있다.[57]

사실 쇼는 '포스트 군사사회'라는 용어로 냉전체제 확립 이후 군사주의의 특징을 가장 잘 포착하였다.[58] 그는 다 같이 전쟁을 치른 국가들을 해양국가와 대륙국가로 나누어 군사주의의 변이를 고찰한다. 미국, 일본, 영국과 같은 해양국가들은 유럽 대륙국가들에게 미래 전망을 보여주는데, 그것은 전시 동원체제에서 잘 나타났던 대중 군사주의의 인프라를 해체하는 것이다. 그러나 쇼는 그런 경험이 일반 모델로서는 제한적이라고 말한다. 해양국가들의 탈군사화는 냉전, 특히 핵군비경쟁의 틀에서 일어났기 때문이다. 핵군비경쟁은 대중적 군사주의를 대체해 첨단 무기체계를 장려했다. 대중적 군사주의 사회를 해체하는 것은 냉전의 최전선에서 진행되었다. 군사주의는 지속되었고 탈냉전 사회에서는 갱신되었다. 그런 맥락에서 군사주의의 사회적 기구, 문화, 이데올로기는 국가별로 특수성을 띤다. 문화에서 군사적 요소는 국민국가의 주요 구성요소이다. 군사적인 것과 군사주의는 국가 간 사회문화적 형태의 경쟁이고, 불가피하게 한 국가의 사회와 다른 국가의 사회를 구별짓는다. 서구 동맹국들 간의 군사분쟁의 부재는 군사주의의 공통 패턴을 장려하고 국가적 차이를 축소하는 데 단지 제한적인 효과만 띤다.[59]

쇼에 따르면 포스트 군사사회의 모양새를 띠는 서구사회에서는 아래 세 요소들의 작동으로 대중 군대와 대중적 군사주의의 쇠퇴라는 공통된 양상을 보인다. 그 요소들이란 첫째, 유럽과 북미주에서 반세기 이상 전면전이 없었고, 둘째, 주요 서구국가들이 서로 동맹을 맺어 그들 간 군사적 숙적관계를 억제하였고, 셋째, 군사력 기술 향상이 다 함께 일어났다는 것이다.[60]

물론 군대조직과 문화 그리고 그들의 사회 내 역할은 국가들마다 차이가 있었다. 쇼는 주요 구조적 차이로 전후 대륙국가는 징병제를 유지한 반면, 해양국가는 폐지한 점을 꼽는다. 독일과 프랑스는 징병제를 유지하였고, 독일과 일본은 이데올로기적으로 탈군사화했다. 독일에서 민족 군대는 약화되고 민주화되었지만, 프랑스는 상대적으로 그 힘을 유지했다. 쇼는 나아가 국가별 군사주의의 변이는 군대 구조의 차이만이 아니라 문화적 차이와 전쟁 관련 역사적 경험에서도 연유한다고 말한다. 그런 예로 쇼는 미국을 드는데, 미국은 남북전쟁을 제외하면 지리적으로나 역사적으로 전쟁에 깊이 연루되지 않았다. 조지 부시 대통령도 미국 문화에서 반군사주의 문화를 걱정할 정도였다고 한다. 미국 군대는 직업주의, 기업가주의 등 민간조직의 운영 원리에 친숙하다. 그래서 미국의 경우를 '제도적 군대'에서 '직업적 군대'로 전이하는 형태로 보기도 한다. 매디 웨치슬러(Mady Wechsler)라는 작가는 군대와 가족을 '탐욕스러운 제도'로 지칭하고, 이 둘이 사회 구성원들에게 산업화 시대의 어떤 제도보다 더 많은 것을 요구한다고 말한다. 독일 군대는 유럽에서 가장 급진적 변화를 경험했다. 전후 독일은 민주화를 경험하였지만 이후 군대의 기본적 기능에 의문이 일어났다. 징병제하에서 양심적 병역거부가 발생하였다. 그래서 독일은 대륙의 징집제와 해양국가들의 후기 군사주의 사이에서 이행기 형태를 띤다.[61]

유럽국가들은 징병제를 넘어 작은 직업 군대, 세계적 '평화유지'에 적합한 것으로 보였다. 민간기관에서 복무하는 방식도 징병제가 사라지면서 매력을 잃어가고 있다. 영국이 가장 적합한 사례인데, 영국은 징병제와 민간 방위제 없이 지내는 나라로서, 실제 군대의 탈동원 수준이 높게 달성되었다. 그러나 영국은 역설적이게도 다른 어떤 나라보다도 더 큰 군사적 야망을 가지고 있다. 영국은 후기 군사사회에서 군사주의의 생존을 시험할 가장 좋은 사례로 간주할 만하다. 제2차 세계대전 기간 영국의 군사주의는 오늘날까지 남아있는 사회민주주의와 제국주의의 효과적인 확산이라는 자체의 이데올로기를 보유하고 있다. 그 정치적 형태는 처칠주의로 불리어 왔는데, 폭넓은 문화적 확산 안에 왕과 제국, 가정과 가족, 협동과 계획의 장점 그리고 전후 더 큰 평등과 개선된 사회복지의 필요성을 끌어안았다. 물론 군사조직 그 자체는 민주적인 것이 아니지만, '민주적 군사주의'라는 용어는 국가와 시민사회 간의 동의의 관계를 시사하는 데 유용하다. 그 핵심은 징집제 문제였다. 전후 영국은 '군사적·민주적 국가'로 묘사되었는데, 그것은 특정 형태의 '전쟁·복지국가'이다. 사회민주적 개혁의 틀은 제2차 세계대전 기간과 그후 대서양 방어에 관한 중심적이고 심지어 비밀스러운 전쟁동원에 의해 조건지워졌다.[62]

냉전 시기를 '긴 평화'로 평가하는 이도 있지만, 세계 경찰국가를 자임한 미국은 평화에 안주할 수 없었다. 그런 점에서 포스트 군사사회론은 전후 유럽에 적합한지는 몰라도 미국에게는 어울리지 않았다. 베트남 전쟁 개입 때문이었다.

미국의 베트남전 개입은 1945년 이후 미국의 군사화를 지지했던 암묵적 합의를 위반했다. 군사화는 그것이 미국 내 번영과 진보와 일치하고 미국 국격의 유지가 충분하다는 전제 위에서 있다고 보여지는 한 감내되어 왔다. 베트남 전쟁은 미국 경제를 파괴하고 국내 개혁을 위험에 빠뜨리고, 군사력 전개가 보충되지 못한다는 점을 보여줌으로써 그 합의를 파괴한 것이었다. 한국전쟁은 그런 합의를 봉합하고 또 거의 전복했지만 말이다. 군사화는 베트남전에 대한 반동의 속성은 물론 그것들을 표현하는 데 사용되는 언어를 형성했다. 극도로 가열된 정치적 수사를 생산하는 전쟁은 오랫동안 군사화되어 미국인들이 영구위기 시대에 살아가도록 만들었다. 군사화에 쓰이는 언어는 다양하게 다른 목적에도 이용되는데, 전쟁이 악화시킨 분열이 인종, 가난, 젠더, 문화 등 사회 전반에 걸쳐 전쟁 수사를 통해 표출되는 것은 불가피한 일이었다.[63]

　　베트남 전쟁은 단순명료한 교훈, 즉 미국은 대중의 지지와 명백한 목적 없이는 다시 전쟁에 뛰어들지 않는다는 것을 남겼다. 그러나 이 교훈마저도 비판에 직면하였다. 어떤 이는 대중의 동의라는 것이 베트남 전쟁보다 더 명료하고 승리할 수 있는 미래의 전쟁은 없다고 말한다. 또 어떤 이는 미국을 불구화시키는 '베트남 정신'이라는 데 인질이 되어서는 안 된다고 말한다. 전쟁에 돌입하지 않고 어떻게 전쟁이 이길 수 있고 대중의 지지를 받는지를 알겠는가? 그럼에도 다음과 같은 근본적인 질문을 하는 미국인들은 거의 없었다. 전쟁의 목적이 무엇이든지 간에 전쟁은 여전히 유용한 국가정책 수단인가? 그런 질문을 회피한다면 전쟁에 관한 국가정책은 방향을 잃거나 값비싼 대가를 치러야 할 것이다.[64]

　　1980년대에 내향적 군사화가 증가한 것과 반여성주의(anti-feminism)가 높아진 것은 우연이 아니다. 베트남전 패배에서 벗어나야 한다는 강박감과 그것을 대체할 '새로운 전쟁'을 상상하였고 그 앞을 준군사문화가 선도하였다. 실제 레이건과 아버지 부시 정부는 베트남 후유증을 청산하고 '전사의 꿈'을 회복하는 데 앞장섰다. 그 가운데 젠더와 동성애에 대한 공격이 부각되었는데, 그 공격은 그들이 주류 보수문화에 이질적이었을 뿐만 아니라 공산주의와 연계되어 있다는 오래된 의심에 기반하고 있었다. 종교 근본주의와 예술·공연계 사이의 '전면전'도 1980년대 미국 사회의 특징이자 내향적 군사화의 단면을 보여준다. 결국 성, 젠더, 종교 관련 사회적 갈등은 대통령 선거와 같은 계기로 정치적 갈등으로 증폭되기도 하였다.[65]

　　냉전 시기 군사주의의 변이를 국가 혹은 체제별로 다룰 때 사회주의 진영을 자본주의 진영과 비교할 가치가 있다. 두 묶음 사이에는 공통점과 차이점이 있을 것이기 때문이다. 앞장에서 "이익으로 무장한 군사주의"를 두 스미스를 빌어 논의한 바 있다. 두 사람은 '군사주의의 경제학'을 다루면서 진영을 망라해 모든 국가들에서 군대와 관료기구, 이익집단, 산업기술기관과 군수기업 등이 군사주의의 기초를 이루고, 그 연합이 군사주의를 강화한다고 밝혔다. 두 사람은 거기서 두 개의 추가 요소가 소련의 군사주의를 이해하는 데 필요하고 언급한다. 그것은 군수산업기구들의 역할과 소련 역사에서의 교훈이다.

첫째, 군수산업기구들의 역할이다. 이는 서구의 군산복합체의 역할과 유사하다. 물론 이익의 동기 부족, 기구들이 모두 국가기구라는 점 등 다른 점도 있다. 군비 지출과 군수산업 관련 소련의 전략적 요구는 국내의 생산능력을 만들어낸다. 그 과정은 점진적인 기술적 동기에 의한 것인데, 어느 정도 구체적인 냉전 상황으로부터 독립적이다. 소련 군수산업은 민간산업보다 더 역동적이고 창의적으로 드러났다. 이것은 어느 정도 민간산업과 군수산업이 작동하는 맥락의 차이로 추적할 수 있다. 민간의 창의성을 자극할 시장기제가 없는 대신 군수산업은 대단히 경쟁적인 국제 전략환경하에서 작동하기 때문이다.

둘째, 소련 역사로부터의 교훈은 안보 위협에 대한 편집증을 말한다. 그래서 민수 중앙계획경제는 전시경제, 군사정책에 대한 우선순위와 결합된다. 군비 증강을 지지하는 기구의 힘과 애국심의 확대는 소련의 경제정책 패턴을 지속하는 강력한 경제적·이념적 기반을 제공하였다. 이렇게 전시경제, 강력한 군수산업기구, 사회와 정치에 광범위한 군의 침투로 소련과 냉전은 행복하게 동거할 수 있었다. 소련이 추구하는 이념으로 볼 때 소련의 군사주의가 국제성을 띠었다고 말할 수도 있을 것이다. 그러나 적어도 스탈린 집권 이후 소련은 광범위한 국가이익(국내적 지배, 동구 지배 및 비동맹국가들에 대한 영향력 등)을 달성하기 위해 군대를 직간접적으로 이용하였다. 이를 위해 혁명운동에 대한 지지를 재규정하고 축소하고 심지어 종식시킬 태세도 보였다. 소련은 국내적으로나 국제적으로나 혁명국가가 아니었다. 중요한 것은 기원이 아니라 결과이다. 소련 군사주의는 통제받지 않고 인류를 핵 재앙으로 몰고 가는 과정의 일부였다.[66]

물론 동유럽 공산진영의 형성 및 반체제운동의 진압을 통한 동구권 유지 모두 소련의 군사력에 의존한 것이었다. 그 반대로 1960년대 말부터 일어난 동구권 일부에서 탈소비에트 시도는 소련 사회주의체제의 경제적·이념적 설득력이 약함을 시사하였다. 소련이 관여한 대내적 억압은 동구 사회체제를 묶어냈다. 소련군의 주둔은 동구 진영을 하나의 전체로 강화시켰다. 소련의 지도력은 동구진영을 서방에 대항하는 하나의 완충지대로 간주했고, 그것을 위해 동구의 군사력을 하나의 '유격대 군대'로 유지하였다.[67]

다시 마틴 쇼로 되돌아간다. 냉전 시대 군사주의의 변이를 토의하면서 그의 후기 군사사회론의 설득력은 대단히 크다. 세계대전이 종식된 상태에서 서유럽은 시장경제와 민주주의가 병행하여 발전해갔다. 그 결과 군사주의는 크게 약화되었는가? 그런 나라들에서 군대는 대중과 떨어져 있는 특수한 기구이다. 서유럽 시민들은 군대를 시민권의 의무로서가 아니라 특별한 직업으로 들어간다. 군대에 대한 민주적 통제는 보편적으로 군대문제에 참여하는 것과는 거리가 멀다. 문민통제는 의회 주도로 군대에 민주적 책임성을 부여하는 일로 간주되었다.[68]

직업적 군사주의의 대두와 군에 대한 문민통제의 확립은 군사주의의 변형, 즉 후기 군사사회의 등장 요인과 그 성격을 간명하게 말해준다. 그 위에 후기 군사사회는 자기 특징을 만들어낸다. 후기 산업주의가 산업화를 제거하지 못하고, 후기 근대주의가 근대화를 제거하지 못한다. 마찬가지로 후기 군사사회는 군대와 군사주의를 변형시키지 제거하지는 못한다. 오히려 군대와 군사주의는 항상 변하고 그 미래의 역할에 대한 질문은 21세기 사회의 어젠다에 있어 더 공개적인 이슈가 된다. 쇼는 냉전 해체에 따른 세기의 전환기에 후기 군사사회가 두 얼굴을 띤다고 말한다. 하나는 상대적으로 작아진 군대이다. 군대는 전례 없는 파괴력을 갖고 전문화되고 기술 수준이 높아졌기 때문이다. 다른 하나는 점점 더 커지고 있는 비군사화된 생활 공간이다. 핵시대는 경제와 문화 영역이 크게 확장해 개인과 사회집단이 국민국가와 독립해 강한 이익을 획득한다. '증가하는 기대 혁명'은 영구적이 되었고 가속도가 붙는다. 한편으로 그것은 국제적 긴장 형성에 기여하고, 다른 한편으로 생활수준의 개선은 지속적인 국제협력에 의존한다는 인식이 높아졌다. 현대사회에서는 평화를 위한 문화적 자원이 많다.[69] 그렇다면 후기 군사사회는 군사주의의 변형이지만 군사주의 성격이 약해졌다고 말할 수도 있을 것이다. 이것은 군사주의를 지지하는 세력에게는 도전으로 다가갈 것이다. 군사주의를 어떻게 대중의 마음과 생활에 들여보낼까 하는 문제의식이 일어나는 이유이다.

그렇다고 후기 군사사회가 그 자체로 평화로운 사회는 아니다. 후기 군사사회는 전쟁 부재의 의미에서 평화의 가능성을 가져다줄 뿐이다. 역사는 인간에게 진보를 가져다주는데, 그것은 불가피성의 형태가 아니라 가능성의 형태로 부여한다. 쇼는 후기 군사사회의 두 측면이 완전히 대립적이지는 않다고 말한다. 핵 군비경쟁이 후기 군사사회가 처음 발전했던 맥락이었던 것처럼, 페르시아만에서 미군 주도의 군사력 사용은 미래 상황에서 억지로 작용할지도 모른다. 그러나 더 가능성이 높은 것은 그것이 정치적 긴장을 악화시키고 세계 저발전 지역(Global South)에서 국가가 재무장을 추진할 인센티브를 제공하는 경우이다. 만약 강대국이 전쟁을 회피할 노력을 한다면 그것은 강력한 희망의 근거가 될 것이다. 쇼는 후기 군사사회의 양면성을 이야기하지만 거기로부터 평화의 가능성을 찾는 데 힘들어한다. 후기 군사사회론에서 나와서 그는 전쟁이 더 이상 분쟁 해결 수단이 될 수 없는 세계사회(world society)의 조직 방식을 검토한다. 그런 평화사회의 조직원리는 첫째, 민족국가가 그 권위의 근본 핵심을 초국적 기구에 양도하고, 둘째, 세계적 경제의존을 발전시켜 타국, 특히 저발전국과 구조적 불평등을 극복하는 것으로 인식하고, 셋째, 다른 인간을 보호 및 존중하고 인간의 역할에 대한 공통된 가치를 갖고 문화, 종교, 이데올로기의 분열을 초월하는 사회이다.[70]

냉전 해체기와 새천년 개시 사이에 이상주의 혹은 자유주의 국제정치 패러다임에 기반한 세계사회론이 성행하였다. 그러나 1차 걸프전은 발칸과 아프리카 중부지역에서의 민간인 대량학살과 함께 새천년에 대한 장밋빛 희망을 일소해버렸다. 한반도와 서남아시아에서의 핵확산 징후와 세계적 차원의 자원 및 부의 양극화가 그런 비관론을 부채질하였다. 그런 일련의 위기 징후들은 군사주의를 확대시킬 토양으로 작용하였다. 패권국의 세계질서 유지 노력과 패권 도전국의 도전 그리고 세계질서에서 소외된 세력들의 반발은 각각 군사주의가 활성화될 촉진제 역할을 할 수 있다.


## 4. 세계화 시대 군사주의

### 1) 냉전 해체와 냉전 군사주의

1990년대 들어서도 미국에서는 분산된 군사화가 지속되었다. 사회 많은 영역에서 '문화전쟁'이 벌어져 사회 갈등이 심했다. 성·젠더 논란이 지속되는 가운데 교육계에서 교과과정, 주 및 시에서 이민, 인종, 낙태문제가 커졌다. 클린턴이 대선에서 승리하자마자 게이 군입대 문제는 가장 열띤 정치적 화두였는데, 이는 군사화의 축소가 군사력을 옹호하는 세력에 의해 대단히 논쟁적이었음을 말해준다. 공화당측은 의회를 장악해 반국가주의 수사를 쏟아냈지만, 강한 군사력은 예외였다. 그래서 공화당은 전쟁이 없다면, 사회적 약자를 위한 복지 프로그램을 중단하고 연방정부를 폐쇄하는 것이 맞다고 주장하였다. 이는 지배적 프레임으로서 국가안보의 파경은 사회복지 프로그램이 얼마나 그런 프레임에 억눌려 있는지를 말해준다. 1990년대 중반 대통령제도 마찬가지이다.[71] 탁월한 미국 역사가 배그츠는 미국의 군사주의가 20세기 초반과 후반을 비교할 때 퇴행했다고 평가하고 그것을 '단순 군사주의'라 칭하고, 미군이 "그 진정한 목적인 전쟁과 국가의 유지를 망각하고, 자기도취에 빠져 군대 스스로 홀로 존재하는 것을 꿈꾼다"고 말한 적이 있다. 이런 생각은 한 러시아 대공의 다음과 같은 말과 상통한다. 그 대공은 전쟁을 증오했는데, "왜냐하면 전쟁은 군대를 망쳐놓기 때문이다."[72]

전쟁문화는 모든 문제에의 대처를 전쟁(준비)으로 간주하는 습관을 길러낸다. 폭력과 적대의 언어는 비평가들이 간과하는 강도를 표현한다. 그러나 정치문화가 단일하지 않아 전쟁 수사의 대안은 상상하기 힘들다. 전쟁이 끝나도 정치문화의 군사화가 지속되는 이유이다. 전쟁이 미국인들과 멀리 떨어져 있는 것도 그 대안을 입심 좋게 말하는 이유이다. 미국인들은 실제를 잘 모르지만 그것을 두려워할 이유도 없다. 전쟁 담론에 더 빠져드는 것은 국제분쟁에는 점점 덜 관여하고 국내 갈등은 증가함을 의미한다. 그런데 그것은 미국 지도층과 언론이 어쩔 수 없이 대외 군사행동을 구상하도록 만든다. 비록 전쟁 비유가 실제 전쟁과는 떨어져 있음을 반영해도 그것은 실제 전쟁을 일으키고 전쟁을 유용한 것으로 만들 잠재력이 있다. 전쟁을 도덕적 등가물로 추구하는 것은 전쟁 영역 자체를 특권화한다. 또 그것은 전쟁 중에서 선한 것을 뽑아내 다른 노력에 적용한다. 전쟁을 도덕적 등가물로 추구하는 것은 오직 전쟁에서만 목적을 발견하고, 국가가 전쟁과 같은 양식에서만 효과적으로 기능하고, 또 전쟁에서만 승리를 알 수 있다고 가정한다. 그러나 전쟁에 관해 선한 것이 있다면 왜 미국인들은 그 대체재를 찾는 것일까?[73]

1991년 1~2월 걸프전은 베를린 장벽 붕괴(1989.11.9.) 후 1년이 지나는 시점에 벌어져 탈냉전 국제질서의 형성에 중요한 영향을 미쳤다. 걸프전은 미국 주도의 정확도 높은 군사력의 사용 가능성에 대한 예외적인 희열과 성공하지 못한 반란세력의 인간적 비극을 동시에 드러냈다. 냉전 해체 이후 경제 선진국과 후진국들 사이의 잠재적 갈등은 세계화라는 장밋빛으로 은폐되었다. 전면에 드러난 것은 미국이 세계질서를 독점하고 거기에 서유럽국가들과 소련의 종속 그리고 사회운동의 무기력함이었다.[74] 1차 걸프전이라 불리는 이 전쟁은 후세인의 권좌를 지속시킨 혁명적 군사주의를 꺾은 대신 미국 주도의 국제질서를 개막하였다. 그것은 미군이 패권과 안정을 동일시하고 그 둘의 동시 달성을 위해 전 세계에 미군을 배치하고 유연하게 대응할 군사태세를 갖추도록 이끌었다. 미국은 이란-이라크 전쟁을 활용해 중동 질서에서 패권국의 등장을 예방하려고 하였다. 후세인은 이란과의 8년 전쟁으로 직면한 재정위기를 쿠웨이트 석유로 벌충하려 하였지만 물거품이 되었다.

중동 질서의 역동성과 달리 냉전 해체는 서방 자본주의 진영의 승리는 물론 전 세계를 하나의 거대 시장으로 만들어놓은 셈이다. 그 걸림돌을 제거하는 데 군대도 부름을 받는다. 그 명분은 자유에서 인도주의, 인권, 평화유지 등에 걸쳐있었다. 그런 임무를 군이 신속하게 대응할 수 있도록 군사 교리를 보완하는 한편, 군 임무의 민영화를 통해 더 효율적인 임무 수행과 민군협력을 창출할 필요가 군 안팎에서 일어났다.

　냉전 해체 이후 북미주와 유럽에서 평화는 사회 내 폭력의 불법화와 국제관계에 폭력의 합법화 사이의 모순 속에서 유지되었다. 그런 모순에도 불구하고 냉전 해체와 민주화를 겪으며 국내는 물론 국가 간에도, 처음에는 서유럽에서 나중에는 세계적으로 점점 더 폭력이 불법화되어 간다. 반면, 이라크 시민들은 '부수적 피해'로 고통을 받는데, 그것은 미군의 '유연 반응'을 가능하게 한 무기 혁명에 따른 필연적인 부수 현상이었다.[75] 노암 촘스키(Noam Chomsky)는 부수적 피해를 분쟁 희생자들에 대한 국가권력의 공식 집계 뒤에 있는 '감춰진 폭력'을 은폐하는 말이라고 비판하고, 온전한 피해를 규명하는 작업은 국가폭력을 폭로하는 일에 다르지 않다고 주장한다.[76]

　후세인의 패배와 그의 군사국가가 겪은 창피는 남반구의 군사주의의 큰 후퇴이다. 그리고 전쟁범죄, 반인도범죄 등을 자행한 후세인, 폴 포트 등 독재자들에 대한 정의의 처벌이 지지를 얻어갔다. 그러나 미국의 경찰 역할이 선택적이고, 서방국가들이 과거 후세인을 지원했다는 사실에서 완전한 교훈을 얻은 증거는 별로 없다. 물론 미국의 이익이 위협을 받는 경우를 대상으로 하는 과시효과는 분명히 있었다. 정전 조건이 부과한 이라크전에의 개입은 확실히 중요한 선례를 남겼다. 그럼에도 많은 나라들이 자국의 군사력을 강화하려 한다고 믿을 이유가 크다. 이스라엘, 사우디아라비아, 이집트, 심지어 이란이 군비 증강을 하고, 이스라엘과 아랍 국가들 사이에 안보 딜레마가 작동함을 부인할 수 없다. 그래서 단기간에 희망하는 최선은 '무장한 평화(armed peace)' 혹은 지역 차원의 냉전이다. 이는 중동에서 사라지지 않은 열전의 위험을 대체하는 셈이다.[77]

물론 군비증강이 사회적 군사화와 같은 것은 아니다. 아랍지역에서 이슬람 전통주의와 서구의 높은 수준의 기술의 혼합이 무엇이든지 간에, 그것이 군사화된 사회를 뜻하는 것은 아니다. 이란의 이슬람 사회는 이라크에 맞선 과도한 혁명 전쟁 후, 심지어 후기 혁명정권이 재무장해도 탈군사화되어 간다. 반면에 이스라엘 사회는 아랍권과의 영구적인 무장 적대 상태를 통해 제도적·이념적으로 군사화되어 갔다. 물론 분쟁이 완화되면 이스라엘 민주주의가 탈군사화를 허용할 수도 있다. 중동지역에서 일어난 많은 분쟁은 경제적 변화의 문화적 결과와 정권의 권위주의 사이에 존재한다. 동유럽과 소련의 민주화는 그 한계에도 불구하고 남반구 내 발전된 사회에 중요한 선례가 되었다. 중동, 아시아, 남미 등지에서 민주적 격변이 일어났다. 물론 그것은 불균등하고 모순적이다. 그 결과가 군사주의에 미치는 것은 소련의 경우와 같이 복잡하다. 그러나 군비 증강이 계속된다고 해도, 지난 수십 년 동안 이란, 이라크에서 나타난 높고 고전적인 군사주의는 예외적인 발전으로 보일 것이다. 그리고 군사정부(그것이 반드시 사회적 군사화와 관련 있는 것은 아니다)는 민주적 압박이 계기를 얻는다면 남미처럼 아프리카에서도 줄어들 것이다.[78]

서방에서 볼 때 걸프전은 냉전 해체에 이은 탈동원화, 나아가 탈군사화를 확인해주는 큰 사건이다. 전쟁과 군사주의의 관계가 전반적으로 모순된다는 사실은 놀라운 일은 아니다. 승자의 군사주의만 승인되고, 패자의 군사주의는 종종 근본적으로 도전받는다. 제2차 세계대전 이후 미국과 영국만이 군사적 전통과 전쟁의 가치를 뚜렷하게 기념할 수 있다. 또 제1차 세계대전 후 서방국가들 내 광범위한 반발에서 보듯이 승자의 군사주의조차 약화될 수 있다. 이념적 차원에서 군사주의는 군사 기구와 가치가 전투에서 시험받지 않는 조건에서도 번창한다. 군사주의의 전성기는 1914년 이전 10여 년이었는데, 20세기는 큰 분쟁 없이 세기의 종말이 왔다. 제1, 2차 세계대전과 베트남 전쟁 후 전쟁에 대한 미몽에서 깨어나 군사력의 탈동원화와 결합해 사회의 탈군사화가 강화된다.[79] 반대로 한국전쟁과 냉전체제의 전개는 군사화의 지속성을 증명해준다.

군사주의 이데올로기는 일부 서방 사회, 특히 늘 승리한 나라들에서 번창한다. 일부 노인은 영웅적 청년기의 경험을 기억하고, 일부 청년들은 기술수준이 높은 전쟁에 매료된다. 애국심을 조장하는 잡지를 보는 독자들은 단순한 이미지와 슬로건에 중독되는데, 오래된 군사문화가 재생되는 것이다. 대중들은 방송에 자기 검열된 전쟁 보도에서 나타나는 폭력에 대한 이데올로기적 정당화를 받아들인다. 전쟁과 폭력에 대한 사회 여론에서 여성이 늘 남성보다 전쟁을 덜 지지한다. 전쟁에 관한 또 다른 근본적 균열은 군대 경험이 있는 사람과 그렇지 않은 사람 혹은 군대와 관련 있는 가족과 그렇지 않은 가족 사이이다. 서구사회가 직접적인 전쟁 경험과 군대 경험의 비율이 쇠퇴하면서 군사적 가치의 호소력도 계속 쇠퇴할 것이다. 전쟁 후에 애국주의와 반전 여론이 대중문화 속으로 사라질 것이다. 그것들은 평시 군사주의로 수렴되어 군대가 '단지 하나의 직업'으로 변환되고, 전쟁은 폭력적 탈출 혹은 아늑한 향수병의 구실이다. 일시적인 위기는 전쟁과 거리먼 사회가 전쟁의 실체와 대면하도록 강제하는 것이다. 걸프전은 지난 30여 년 동안 가장 극적인 사례이다.[80]

쇼의 포스트 군사사회를 군사주의의 약화 혹은 변형으로만 볼 것인지는 의문이다. 쇼는 세계대전과 베트남 전쟁 후 군사주의의 약화 현상을 언급하고 있지만, 오늘날 강대국 주도의 군비경쟁은 줄어들지 않고 있다. 첨단무기 개발과 군비경쟁 영역의 확대, (문화)산업의 군사화, 그 이면에 분쟁 요인의 다변화 등 군사주의 요소들이 축소되지 않고 있다. 제2차 세계대전 직후 세계는 차가운 평화를 영위한 듯하지만, 그것은 뜨거운 전쟁 준비에 다르지 않았다. 한국전쟁을 거쳐 베트남 전쟁의 패배 이후 미국의 후퇴가 5년 지속되었다. 그러나 전쟁 이미지의 재구성을 통해 영구전쟁의 기반을 닦은 계기로 작용한 것도 베트남 전쟁이다. 레이건의 선거운동에서 가장 호소력 있었던 것 중 하나는, 미국인들 사이에 최근의 전쟁을 마치 '우리가 제국주의적 정복에 눈이 먼 침략자'라고 생각하게 만든 '베트남 증후군'을 몰아내야 한다는 것이었다. 1980년 8월 18일 시카고에서 열린 해외참전용사 대회에서 레이건은 그 전쟁은 "진정으로 훌륭한 대의를 위한" 것이었고, 그 증후군은 '북베트남 침략자'들이 조장한 것이라고 단언했다. 그 연설에서 그는 미소 군축협정이 소련 측의 "일방적인 핵무기 증강"을 허용할 거라며 맹렬히 비난하였다.[81] 또 비록 냉전기였지만 국내에서 반전 평화, 민권운동이 활발해지면서 미국이 외교안보정책 이미지를 이념에서 인도주의로 전환을 시도한 계기도 베트남 전쟁이었다.

네다 아타나소스키(Neda Atanasoski)는 베트남전 이후 전쟁과 인도주의적 감정의 등장 사이의 연계를 검토하였다. 그는 제국주의의 잔학상에 대한 비판은 평화로 가지 않고 미래의 제국주의적 프로젝트로 나아간다고 주장한다. 즉 베트남 전쟁을 미국의 제국 건설 역사에서 결정적인 사건으로 맥락화한다. 베트남 전쟁이 논쟁이 될 때는 미국의 냉전기 제국주의가 미국민들의 비판을 받을 때였는데, 미국 군사주의에 대한 비판은 제국으로서의 미국의 지위와 1990년대 이후 인도주의적 환상의 공고화에 필요했다고 주장한다. 케네디의 뉴 프런티어(New Frontier)를 평가하며 리처드 슬롯킨(Richard Slotkin)은 케네디의 가난과의 전쟁, 인종차별주의에 대한 전쟁 수사는 역설적이게도 올드 프런티어의 인종차별적 폭력에 기반하였다고 주장한다. 거기서 아메리카 선주민은 패배할 수밖에 없는 영적 아둔함을 상징한다는 것이다. 슬롯킨은 미국 역사를 통틀어 프런티어는 폭력을 통한 미국의 영적 재활의 가능성을 상징한다고 말한다.[82] 레이건이 대선 유세에서 카터의 인권외교를 비판했지만 대통령이 되고 나서는 그것을 계승하며 잘 활용했다. 미국의 지정학적이고 도덕적 의무를 베트남전의 교훈 위에서 묘사하면서 레이건 정부는 인권 침해를 군사적 지원의 명분으로 삼았다. 아타나소스키는 베트남전의 고통에 대한 이미지가 전후 미국인들의 인간성을 부흥시킬 가능성의 조건이 되었다면, 소련군이 점령한 1980년대 아프가니스탄은 미국 군사주의의 도덕성을 재확인하고 과거 군사적 접근을 비판하는 장소가 되었다.[83]

물론 다우어가 지적하듯이, 베트남 전쟁 자체는 미군의 민간인 학살, 미국인 자신들의 트라우마 그리고 미국의 부패한 베트남정권 지지 등으로 인도주의 견지에서 심각한 문제를 안고 있었다. 걸프전의 승리 후 조지 H. W. 부시 대통령이 1991년 3월 1일 워싱턴에서 "우리는 베트남 증후군을 완전히 날려버렸습니다"고 말할 때까지 미국은 베트남에 시달려야 했다.[84] 부시 대통령의 베트남 증후군 종식 선언은 신보수주의 세력이 준비해온 미국의 군사패권 유지 전략으로 뒷받침되었다. 9/11 터러를 계기로 중동에 대한 통제권을 확대하려는 계획을 세운 '새로운 세기를 위한 프로젝트(PNAC)'가 그것인데, 이 작업은 럼스펠드와 월포위치가 주도했다. 이들은 이미 레이건 정부 시기에 베트남 증후군 넘어서기를 구상했고 당시 외교안보정책을 실행한 바 있다. 베트남 증후군 넘어서기 작업은 1990년에 국방부에서 뭉친 일단의 네오콘(Neo-con)[85] 정책집단이 주도해 나갔다. 딕 체니(Dick Cheney)가 그 팀을 이끌었다. 1992년 그들이 작성한 '국방계획지침'에 "우리의 목표는 구소련 영토나 다른 곳에서 소련이 위협을 제기한 것처럼 질서를 위협하는 새로운 경쟁자의 등장을 막는 것이다"라고 말했다. 클린턴 시절에 이 네오콘 집단은 PNAC를 창설했다. 2000년에 펴낸 보고서 「미국방의 재건」에서 그들은 "미국의 평화를 유지 확대하려면" 팍스 아메리카나는 "미국의 확고한 군사적 패권에 확실한 토대를 두어야 한다"고 말하였다. 그 이후 조지 W. 부시 정부 들어 군사력의 대대적 확충이 있었다. 9/11 직후인 2002년 부시가 서명한 '국가안보전략'은 PNAC의 매뉴얼과 흡사한 내용이었다. 그 안에 익숙한 문장이 있었다. "우리의 군사력은 잠재적 적들이 미국의 힘을 능가하거나 맞먹는 것을 목표로 군사력 증강을 추구하는 것을 물리칠 만큼 강력해야 한다."[86]

그러므로 쇼의 포스트 군사사회론은 서구의 현상을 순진하게 이해해 군사주의의 강력한 재생산 능력을 과소평가한 것이 아닌가 하는 의문을 갖게 한다. 아래 프랭클린과 바세비치의 논의는 군사주의의 지속성을 지지해주고 있다.

H. 브루스 프랭클린(H. Bruce Franklin)은 미국인들에게 처음 베트남 전쟁은 치욕스러운, 그래서 잊고 싶은 경험이었다고 말한다. 미군이 국제분쟁에서 처음 그리고 현재까지 가장 크게 패배한 전쟁이기 때문이다. 충분히 이해가능한 감정이다. 그는 미국에서 베트남 전쟁의 교훈으로 "미국민들의 지지 없이는 더 이상의 전쟁은 안 된다", "분명한 출구전략 없이는 더 이상의 전쟁은 안 된다"를 꼽는다. 프랭클린에 따르면, 그러나 미국인들은 베트남 전쟁의 기억을 거기에 고정시키지 않고 영원한 전쟁의 토대로서 전쟁의 이미지를 전환시키는 데 활용한다. 전쟁 패배의 상징으로서 베트남 신드롬이 '고귀한 대의(noble cause)'로 전환한 것은 전쟁 다시쓰기, 이미지 재구성으로 이루어졌는데, 그 방식은 전쟁포로 및 실종자와 참전군인들에 대한 영웅화 작업이었다. 레이건 대통령은 1980년 8월 18일 시카고에서 열린 대외 전쟁 참전군인들을 대상으로 한 연설에서 베트남 신드롬을 떨쳐내고 "이제 우리의 전쟁은 정말이지 고귀한 대의였다는 점을 인식할 때이다. 식민통치에서 갓 벗어난 작은 나라가 전체주의적 인접 국가의 정복에 직면해 자치와 자위 수단을 수립하는 데 있어 우리의 도움을 요

청한 것이다"고 말했다. 그런 베트남전 이미지 재구성은 새로운 제국주의 전쟁을 위한 문화적 토대로 구상된 것이었다.[87]

이어 프랭클린은 냉전이 해체되었지만 1991년 걸프전이 벌어지면서 냉전은 '영구전쟁'으로 변했다고 평가한다. 그는 영구전쟁의 명분으로 대량살상무기 확산, 테러, '악의 축' 저지 등을 꼽았다. 프랭클린은 결론으로 이렇게 말한다. "미국이 베트남전과 같이 혐오스러운 전쟁에 대한 부끄러움과 그 전쟁을 종식시키기 위해 오랫동안 반전운동을 한 영광스러움을 이해하지 못하면, 오늘의 미국을 모르는 것이다. 그것을 이해할 때 아마도 영구전쟁에서 벗어날 길을 찾을 수 있을 것이다."[88]

냉전에서 '영구전쟁'으로 전환하는 데 선택적인 인도주의적 폭력이 가교 역할을 하였다. 1999년 미국의 코소보 공습은 다문화주의와 인도주의를 명분으로 하는 군사행동의 힘을 첨단 군사무기로 뚜렷하게 보여준 것이다. 또 그 공습은 미국 군사주의의 절정을 대변한 것인데, 보편적 인권과 첨단 군사기술이 만들어내는 역설적 조합이 그것이다. 그 조합은 탈냉전 시대 제국주의를 상호구성적인 방식으로 도덕적으로 정당화해준다. 새로운 미디어와 군사기술은 주류 미국 담론이 인간화와 살인 간의 모순을 은폐하도록 해준다.[89]

미 행정부는 나토의 코소보 공습이 세르비아 민중, 나아가 궁극적으로 밀로세비치에 대한 전쟁이 아니라, 관용, 자유주의, 자유와 같은 이상을 위한 위대한 전쟁이라고 주장했다. 국가 경계나 영토의 이름으로 싸우는 전쟁이 아니라고 하면서, 클린턴 대통령은 미국의 국가이익과 유럽의 안보는 전 세계에 걸쳐 "방어할 힘이 없는 민중들"을 보호하는 "평화의 대의"를 추구하는 사심 없는 행동이라는 것이다. 클린턴은 또 "미국이 제2차 세계대전 후 서유럽 그리고 냉전 후 중부유럽을 위해 행동했듯이 이제는 남동부 유럽을 위해 나서야 한다. 자

유와 소수자 권리 옹호 그리고 번영은 진보를 위한 강력한 힘이다"라고 강조하였다.[90]

## 2) 일극체제와 군사주의

앞으로 여러 번 소개할 미 장교 출신 앤드류 J. 바세비치(Andrew J. Bacevich Jr.)는 미국이 패권 유지를 위해 군사력의 세계적 주둔, 이 군사력에 의한 세계적 힘의 투사, 세계적 개입주의를 '성 삼위일체'라 명명하고, 이를 지속하는 것을 '워싱턴 룰'이라고 부른다. 그 역시 워싱턴 룰을 만든 계기를 베트남 전쟁으로 보고 있다. 그에 따르면 베트남 전쟁 이후 약화됐던 펜타곤의 힘의 투사능력이 완전하게 회복됐다. 일단의 미국 정치세력은 군사력 사용에 대한 제한을 완화하고, 전쟁을 문제 해결의 주요 수단으로 활용할 수 있게 만들어가야 했다. 워싱턴은 이 두 가지를 완벽하게 해냈다는 것이다. 기존 무기들과 달리 확연하게 값비싼 새 세대의 무기 개발과 무기의 양적 팽창에서 질적 개선으로의 전환이 베트남 전쟁 이후 미 군사력 증강의 특징이다. 1987년 미 의회는 특수작전사령부의 창설을 승인하였다. 이후 미군의 해외주둔은 계속 확대돼 갔는데, 이는 과시용이 아니라 잠재적 분쟁지역에 즉각 출동해 문제 해결을 위한 것이었다. 그래서 해외 미군기지는 '전진 작전기지', '세계적 규모의 허브 시스템', '선제공격 수단'으로 불리게 된다. 이는 일종의 '성 삼위일체의 재편성'에 해당한다.[91]

군부 외에도 군사주의를 추구하는 민간집단은 첨단무기를 동원한 군사작전이 정보화 시대에 부적합하다고 보고 군사분야혁명(RMA)을 지지했다. RMA는 디지털 시대의 전투를 세심하게 안무된 일종의 공연 준비 지침으로 간주되었다. RMA의 매력은 전투에서 필승을 보장하는 데 있는 것이 아니라, 세계에 팍스 아메리카를 영구화하는 데 있다. RMA의 핵심 요소 네 가지는 신속성, 정확성, 동시성, 속도이다. RMA 이론가들이 만들어낸 네트워크 군사전략은 탈냉전 이후의 승리주의와 기술의 체제전환적 힘에 대한 믿음이 세계화의 힘과 결합된 것이다. RMA를 선두에서 지휘한 럼스펠드에 군부의 저항이 컸지만, 이를 돌파하도록 도와준 사건이 9/11 테러였다. 이라크, 아프가니스탄 전쟁은 미군을 전투에 투입하기만 하면 승리는 따놓은 당상인 것처럼 보이게 만들었다. 워싱턴은 더 이상 군사력을 최후의 수단으로 생각할 필요가 없었다. 이제 군사력은 정책결정자들이 언제든지 사용할 수 있는 가장 선호하는 정책수단이 되었다. "미국의 군사력이 움직이기 시작했다는 것이다." 이것이야말로 새롭게 빠져든 미군 군사주의의 특성이다.[92] 이로써 전쟁은 가장 높은 수준의 형태, 곧 영구전쟁으로 나아갔다.

전쟁은 계속되고 있다. 펜타곤의 전략가 마크 쉬슬러 준장(Mark Schissler)은 2006년 국방부 내에 널리 퍼진 이야기들을 "우리는 지금 세대에 걸친 전쟁을 하고 있다"고 요약했다. 그 자신은 이 전쟁이 향후 50년 내지 100년 정도 계속될 것으로 예상했다. 근래 미국 대통령들은 국민들에게 미국이 왜 싸워야 하는가, 특히 새천년 들어 전쟁의 장기화를 설명해야 했다. 조지 W. 부시는 9/11 이후 전쟁을 자유민주주의 가치를 세계에 전파하는 것을 그 이유로 들었다. 이러한 상상은 많은 미국인들의 공감을 이끌어냈다. 그러나 이들은 미국 외의 나라 대중들의 천부인권에 대해서는 거의 아무런 관심을 기울이지 않았다. 미국 대통령들이 자유, 해방, 독재 종식 등을 언급할 때 그 의미는 미국의 생활방식을 지키기 위해서 다른 사람들이 미국의 가치에 순응해야 한다는 것이다. 미국의 전사들은 군사적 승리를 통해 다른 나라 사람들에게 미국에 대한 순응을 강제한다.[93]

그러나 미국이 폭력적 지하드주의와의 투쟁을 위해 이라크와 아프가니스탄에서 채택한 방법은 제대로 작동하지 않았다. 군사 방법론의 전면 개혁이 필요해 보였는데, 군대와 군대 간 전쟁이 아니라 '시민들 사이의 전쟁' 개념이 관심을 끌었다. 발칸반도에서 NATO군을 지휘한 바 있는 영국의 루퍼트 스미스 장군(Rupert Smith)이 고안한 이 말은 분쟁의 장기화와 분쟁 당사자들의 민간인화를 지칭한 것이다.[94]

베트남 전쟁 이후 미 장교그룹은 군사력을 신중하게 사용할 것을 다짐했다. 그러나 평화가 예외적 사태가 되고 전쟁이 일상이 된 상황이 벌어지자 그들 내에서는 반란진압작전에 대한 요구가 터져 나왔다. 새 반란진압작전 교리의 주창자는 2003년 이라크 침공 당시 사단장이었던 데이비드 퍼트레이어스(David Petraeus) 장군이었다. 그는 2005년 캔자스의 미 육군 종합무기센터 사령관으로 재직하면서 육군 교본 FM 3-24를 집필해 이듬해 12월 발간했다. 반란운동이 세계 도처에서 일어나고 있으므로 그 진압을 광범위하게 전개해야 한다는 것이다. FM 3-24는 전쟁을 "적대하는 군대 간의 대결"이 아니라 "조직화된 단체들 간의 폭력적인 이해충돌"로 정의함으로써 전쟁 개념의 범위를 확대하고 그 경계를 애매하게 만들어버렸다. 퍼트레이어스는 이라크 상황을 호전시키라는 명을 받고 이라크에 들어가 병력 증강으로 일시 성과를 거두었다. 이것이 신화가 되었다. 반란진압작전은 오바마 정부 들어 세계화되었다. 일부에서는 '세계적 반란진압작전(Global Counterinsurgency: GCOIN)'이라고도 부른다. 오바마는 아프가니스탄에 대한 군사 개입을 강화해 사실상 긴 전쟁을 추인했다.[95]

바세비치는 미군이 위와 같은 과정을 거치면서 아래와 같은 네 가지 유산을 남겼다고 말한다. 그것은 첫째, 퍼트레이어스가 기여한 '증강'은 한때 민간관료 쪽으로 기울어왔던 민군 간의 균형을 군부 쪽으로 기울게 했다. 둘째, 증강은 장교집단이 그들 자신의 베트남 신드롬을 떨쳐버리는 계기가 됐다. 전쟁은 이제 항상 있는 일이 되었다. 셋째, 증강은 전쟁 준비와 수행의 제약 요인으로서 시간의 중요성을 감소시켰다. 반란진압작전은 엄청난 인내심을 필요로 한다. 아이러니하게도 증강은 맥나마라가 옳았음을 입증하는 계기가 됐다. 1965년 국방장관이던 맥나마라는 베트남의 "가장 중요한 기여"는 미국으로 하여금 "대중의 우려를 자극하지 않고도 전쟁을 일으킬 수 있음"을 가르쳐준 것이라고 생각했다. 대중을 무관심하게 만드는 것, "이것이야말로 우리의 역사에서 매우 필요한 것이다. 우리는 앞으로 50년 동안 이런 종류의 전쟁을 해야 하기 때문이다"고 그는 생각했다. 마지막으로, 퍼트레이어스의 성공은 미국이 얼마나 사태를 엉망으로 만들었는지를 자문해볼 기회를 사라지게 만들었다. 긴 전쟁 그리고 그에 따른 외교안보정책의 군사화를 지지하는 사람들은 그들이 가장 절망적인 순간에 처해있을 때 '증강'이 나타나 그들을 구해냈다고 말할 것이다. 바세비치는 그 예로 한국전쟁을 든다. 당시 군사력 증강을 둘러싼 정치적 논란에 휩싸였을 때, 애치슨 국무장관은 "한국이 나타나 우리를 구해냈다"고 말했다.[96] 정말이지 미국 외교안보정책의 군사화는 이제 특정 행정부나 사건에 국한되지 않고, 모든 경우의 수에 알맞게 대응하는 다양한 정책을 구비한 상태에서 의회와 시민사회의 지지 아래 제도화된 방식으로 전개되고 있다.[97]

미국 주도의 일극체제가 형성된 탈냉전 시대에 세계는 새천년에 대한 기대와 9/11 테러로 인한 반테러전쟁이 뒤섞이며 대혼란으로 빠져든다. 이때 군사주의는 여러 유형의 새로운 옷을 입고 세계와 우주를 향해 더 넓고 더 멀리 그리고 지역을 향해서는 더 깊고 더 안으로 파고 들었다. 모든 곳에서의 전쟁, 모든 일을 군사적 방식으로 해결하자는 구호가 일어날 만했다. 그 양상을 좀 더 살펴보면 탈냉전 세계화 시대 군사주의의 면모를 보다 구체적으로 확인할 수 있다.

## 3) 세계화·정보화와 신군사주의

사회적으로 평화롭고 적어도 역내에서는 국가 간 전쟁도 사라진 듯한 유럽을 보자. 유럽연합은 미국, 러시아를 따라 군사주의의 우주화 혹은 우주의 군사화를 적극 추진하고 있다. 포괄적 통제 개념으로서의 유럽연합의 군사화가 그것이다. 오이코노모우는 우주의 군사화란 "우주에 기반한 기술 및 인프라를 군사적으로 운용하는 것"이라는 정의를 소개하고, 그 개념이 유럽연합의 글로벌환경안보감시체제(GMES)에 딱 들어맞다고 보았다. 그는 반 더 피즐(van der Pijl)이 개발한 '포괄적 통제' 개념이 일반적 이익에 대한 공통 정의의 수립을 내포한다고 말한다. 그는 그런 정의는 헤게모니를 행사하는 계급이나 계급 분파에 의해 수행된다고 전제하고, 규율의 형태로서 포괄적 통제 개념이 사회경제정책과 외교안보정책을 위한 전략을 결합한다고 말한다. 이에 기초해 유럽통합을 유럽사회가 자본의 규율을 국민국가를 초월해 부과할 수 있는 과정으로 정의할 수 있다고 주장한다. 이런 이론을 바탕으로 오이코노모우는 유럽의 군사적 우주정책을 분석한다. 즉 우주로 뻗어가는 군사정책은 단순히 일국 내 계급 간 관계로 환원되지 않고 계급과 구조 간의 관계가 국경을 넘어 하나의 블록을 형성한 결과이다.[98] 여기서 발견하는 '국제화된 계급 연계의 복합망'은 군사주의의 범위(우주), 방법(첨단과학기술에 의한 초국적 협력), 방향(초국적 지배블럭의 강화) 등에 걸쳐 21세기 군사화의 현주소와 그 파급을 시사해주고 있다.

그렇다면 20세기 권위주의 대륙이라는 오명을 얻은 라틴아메리카는 냉전 해체 이후 평화와 인권이 꽃피는 민주주의 대륙으로 전환하였는가. 적어도 크루이즛과 쿠닝스(Kruijt and Koonings)가 보기에는 "아니올시다"이다.

현대 라틴아메리카는 정치군인과 군인정치인의 대륙이었다. 지난 수십 년 동안 라틴아메리카에서 군대의 의미는 그 정치적 성격에 있다. 군대는 안정화 세력, 헌법 보호자, 국가발전의 안내자 등으로서 계속해서 정치문제에 개입하였다. 이것이 '정치군인'이라는 개념의 정의인데, 1980년대 후반 이후 민주적 이행으로 정치군인의 영향력은 급격히 감소했다고 평가되고 있다. 그것은 부분적으로 라틴아메리카 군대가 새로 정의된 국가, 지역, 세계 안보환경에서 새로운 역할을 추구하면서 비정치적인 직업주의로 방향을 틀었다는 것을 의미한다. 그러나 그보다 우세한 추세는 라틴아메리카에서 '새로운 폭력'이라고 불리는 맥락에서 법집행의 군사화이다. 이것은 부분적으로 국내문제에서 군대의 역할을 재정의하고 지역 차원으로의 군사주의의 전환을 보여주는 것이다. 과거 군사독재 치하에서 법적 근거가 없는 준군사조직과 살인부대는 숨어서 비밀리에 활동했는 데 비해, 지금은 법적 틀 안에서 교육받고 직업 활동으로 군인들이 그런 일을 자행하고 있는 것이 차이점이다.[99] 그 대표적인 활동이 '마약과의 전쟁'이다. 이 전쟁을 통해 이들의 과거 반인권적 행적은 은폐(혹은 망각)되는 대신 그들의 정치·사회적 지위를 합법적으로 유지해나가는 효과가 발생한다.

이번에는 영화 한 편을 글로 보는 기회를 통해 정보화 시대 군사주의의 세계화를 확인해보자. 독일인 카린 유르시크(Karin Jurschick) 감독이 2016년 만든 다큐멘터리 영화 'War and Games'이다. 한국에서는 '무인전쟁'으로 번역되었다. 잘 옮겼다고 생각한다. 먼저 영화 맨 앞부분에 올라온 소개글이다.

"드론, 원격조정무기 그리고 전쟁 로봇들은 전쟁 기술의 새로운 장이다. 스크린으로 이것들을 조정하는 것은 컴퓨터 게임과도 같다. 이 새로운 원격조종 기술은 우리에게 정찰에 대한 정보와 안보를 보장해주는 것일까, 아니면 우리를 감시하는 상태를 포장하는 것일까? 전쟁으로 미래를 바꿀 뿐 아니라, 시민들이 삶과 윤리와 도덕을 바라보는 생각까지도 바꿀 기술 발전에 대한 다큐멘터리."

첫 장면과 함께 나오는 자막이 대단히 인상적이다. "지상에서 바라본 드론은 죽음의 천사처럼 보입니다." 들판에서 드론 장난감을 띄워 놀던 아이는 그보다 위에 떠 있는 드론을 보고 겁을 먹고 도망간다. 텔아비브에 있는 이스라엘의 세계적인 국영 군수기업이자 드론 생산업체 IAI(Israel Aerospace Industries)가 있다. 세 베테랑 전문가가 1977년 최초의 무인비행체를 소개한다. 3년 후 무인비행체는 카메라 장착에 성공한다. 다음 장면은 지상관제센터이다. 키보드, 카메라, 마우스 등으로 비디오 게임같이 감시 추적하는 장면이 나타난다. 고등학생 실력의 비디오게임 수준이면 할 수 있다고 한다. 이스라엘방위군의 수석교관은 추적 대상과 가까워지는 느낌이냐는 질문에 이렇게 말한다. "추적 대상의 신상은 알지 못해요. 이름도 가족도 전혀 몰라요. 그런 이유 때문에 객관적으로, 프로답게 임무를 수행할 수 있죠." 이어 그 과정을 볼 수 있나요 하는 질문에는 이렇게 답한다. "2009년 1월, 가자 지구에서 실시된 '캐스트 리드' 작전 중에 … 이스라엘 군인 복장을 한 하마스 테러리스트가 사제폭탄을 갖고 있다고 추정했습니다." 이어 폭발이 있었느냐는 질문에는 답하지 않고 대신 "여기 숨은 테러리스트를 공격하려고 헬기를 요청했어요. (그러나 두 차례 공격이 실패하자) 지상병력을 요청했습니다"라고 말한다.

장면이 바뀌어 미국 뉴욕 쌍둥이 빌딩 터에 9/11 테러 공격을 받은 후 조성된 그라운드 제로. 나레이터가 말한다. "모든 것이 이곳에서 시작됐습니다. 9/11 이후 미국 정부는 감시와 표적 사살을 위해 드론과 그 밖의 여러 장치들을 점점 더 많이 배치하고 있습니다." 정치학자 헤어프리트 뮌클러의 논평이다. "정찰 드론뿐만 아니라 미 국가보안국의 감시체계도 도전에 대한 대응체계라 할 수 있습니다. 비전통적 공격자들의 특징으로 비가시성, 비경계성, 내부에서의 활동 등을 들 수 있습니다. 결과적으로 적들의 행동을 막으려면 훨씬 많은 예방활동을 해야 하죠. 그러려면 적들이 무엇을 하려는지 그것부터 알아야 하는데, 그걸 얻을 수 있는 방법은 저인망식 감시뿐이죠. 물론 정치적 대안, 시민의 용기가 있으면 좋겠지만 지금은 영웅없는 사회입니다. 그래서 감시와 보안 시스템이 필요해요. 테러예방체계는 물론이죠. 드론은 포스트 영웅시대의 무기입니다."

콜 오브 듀티-블랙 옵스(Call of Duty-Black Opts)의 게임 디렉터로 일하는 데이브 앤소니의 한 마디 말은 드론과 그 영향을 이해하는 데 더 직관적이다. "누군가를 암살하고 싶다면 곤충 크기의 드론을 한 무리 보내면 됩니다." 그러면서 인공지능기술이 머지않아 인간지능을 능가할 것이라고 전망한다. 가령, 나노튜브 $1m^3$는 인간의 뇌보다 무려 1억 배나 크다. 앞으로 이런 기술에 대한 통제, 그에 앞서 이런 기술의 필요성에 대한 진지한 검토가 필요하다고 말한다. 이에 대해 나레이터는 인공지능이 미래 버전이 아니라 현재 개발 중이라고 가볍게 반박한다. 이어지는 나레이션이다. 군대의 기술이 민간에 들어가고, 그 반대 현상도 발견된다. 그런 상황은 늘 있어왔지만 전시와 비전시 상황의 경계선이 점차 희미해지고 있다. 정찰과 감시, 첩보활동. 이런 단어들은 정보기관 못지않게 소셜 미디어에서도 볼 수 있다. 금융시장에서처럼 통제를 벗어나면 어떤 일이 벌어질까? 전쟁무기들에 벌어지면 어떨까? 이에 대해 독일의 이본 호프스테러(인공지능 전문회사 창업자이자 빅데이터 작가)는 "혼란을 예방하기 위해 기계들이 데이터분석법을 배우도록 한다. 프로그래밍하지 않고 3차원 학습공간 등에서 학습하면 기계는 자율적으로 발달한다"고 말한다. 그는 이어 "기계를 자율적으로 놔두면 인간을 추월하고, 결국 지구 평화의 장애는 인간이라고 인식하고 중성화시켜 버려야 한다고 판단할 수도 있다."

호프스테러의 말은 가정이 아니다. 미 국방부와 연계된 방위고등연구계획국(DARPA)에서 진짜 뇌를 가진 로봇을 개발 중이라는 보도가 「내셔널 디펜스(National Defence)」에서 있었다고 한다. UCLA 화학·나노 구조학을 가르치는 제임스 짐제우스키 교수는 프로그래밍이 필요 없는 로봇을 "긍정적인 패러다임"이라고 인정하지만, "그렇게 큰 영향력을 가진 것은 아주 나쁜 목적에 이용될 가능성이 다분히 있다"고 우려한다. 그는 구글 같은 대기업이 인공지능을 연구하고 있다고 하면서 "궁극적으로 인체에 인공지능 소재를 이식해 인공 뇌가 만들어져 초인적 기능을 발휘할 수 있다"고 전망한다. 짐제우스키 교수는 "그럴 날이 머지않아 도래할 것입니다. 왜냐하면 오락과 돈 그리고 정치·군사적 수요가 맞물려 있기 때문"이라고 말한다. 세계 굴지의 군수업체 록히드마틴은 대규모 산불 예방을 위해 AI를 활용한 고도의 인지임무 관리 프로그램을 개발하고 있다. 이 프로그램을 국방 분야에도 적용해 적외선 항공 영상을 촬영하고 전체의 알고리즘으로 분석해 예측도를 높이고 있다. 그 결과로 AI 드론부대, 곧 스웜(Swarm)의 등장이 눈앞에 다가와 있다.[100] 이처럼 AI의 군사적 이용 시도가 활발해지는 것은 경제적 부가가치를 극대화하려는 군수업체의 이해와 군사전략적 효과를 기대하는 군의 이해가 동반 상승하기 때문이다.

영화 '무인전쟁'으로 돌아가 나레이션이 이어진다. "당신에게 게임은 군대의 실험장이다. 상상 속 무기들이 현실적으로 구체화되는 걸 보는 것이 무척 매력적일 것 같다." 그래서 나온 말이 '밀리테인먼트(mili-tainmnet)'이다. 군대와 오락의 합성어이다. 이 분야 전문가인 피터 싱어의 말이다. "'밀리테인먼트'는 다른 방향으로 나아가고 있습니다. 처음에 엔터테인먼트 업계에서 전쟁 아이디어를 차용했다면 지금은 군 쪽에서 엔터테인먼트 업계의 아이디어들을 수용한다는 거죠. 군의 로봇장치는 비디오게임의 로봇 기능에서 온 거죠. 이런 일이 일어나는 이유는 두 가지, 비디오 게임 회사들이 이미 수백만 달러를 들여 우리 손에 맞는 조종장치를 개발했습니다. 비디오게임 회사 덕에 18세 세대 전체가 비디오 장치를 능숙하게 다룰 수 있게 훈련이 돼 있죠. 이제는 기술장치가 스스로 결정을 하고, 그 핵심에 있던 인간은 이제 점점 주변화되어 갑니다."

장면은 파리 에어쇼로 옮겨간다. 미 공군의 데보라 리(Deborah Lee) 장관의 말이다. "미 공군은 범세계 방위와 범세계적 도달과 타격을 내세웁니다. 하지만 우리를 지원해주는 산업계와 전 세계의 협력자들이 없다면 불가능하죠. 오늘날 공군력에는 하늘과 우주, 사이버 세계까지 포함됩니다. 우리가 없으면 패배뿐입니다." 첨단 과학정보통신기술의 결합체인 첨단 무기에 대한 숭배심이 물씬 베어나는 발언이다. 세계화 · 정보화 시대의 군사주의에 대한 의기양양함에 다르지 않다.

군사주의에 대한 숭배, 군사주의가 구현된 장비들의 가공할 성능을 보면 그 운용자인 군인은 철학자여야 하지 않을까? 현실은 정반대이다. 다큐멘터리는 계속된다. 이 질문에 대해 로렌스 윌커슨(Lawrence Wilkerson) 전 콜린 파월 국무장관 수석보좌관)은 이렇게 말한다. "미래 군인은 기술자들이다. 벌써 그런 부류가 있죠. 공군에도 있습니다. 그들이 두렵고 무서워요. 윤리의식이 없기 때문이죠. 정치적 관심도 없어요. 그들은 기술적 분야 외에는 다른 어떤 것에도 관심이 없습니다. … 그들의 관심사는 오직 기술 개량, 구매자의 의도에 맞게 기술을 발전시키는 것입니다. 오늘날 우리의 대학, 기업, 사회에서 그런 사람들을 배출하고 있습니다." 로버트 워크(Robert Work, 일명 Bob Work) 전 미 국방부 부장관은 국방부의 임무는 각 군별로 추진하는 AI 드론부대 창설 움직임을 "결합해 적보다 빨리 적절히 임무를 수행하고 확실히 우위에 서"도록 하는 일이라고 말한다.[101]

군사주의의 무한질주를 견제할 장치로 전투 교범, 죄책감과 수치, 공격 여부, 무기 선정 등을 꼽을 수 있지만 무기력해 보인다. 피터 싱어는 기계가 꼬마를 상대할 가능성을 제기하면서 윤리적 딜레마를 간단히 넘어설 수는 없다고 우려한다. 가장 높은 경지에 오른 오늘날 군사주의는 첨단 과학기술 덕분에 인간과 기계의 일체화를 구현해낼 것이다. 이 다큐는 조지아공대의 아킨 교수의 묵직한 질문으로 마무리한다. "로봇이 군인보다 사람을 덜 죽일 것인가?"

이와 같은 세계화·정보화 시대의 군사주의는 어떤 이념에 근거하고 어디를 향하는가? 그 이념은 민주평화론에 기반한 신자유주의, 그 방향은 인간집단을 대상으로 한 '전 세계'라는 표현을 넘어 생태계에 대한 지배이다.

먼저. 세계화·정보화 시대의 군사주의는 어떤 이념을 바탕으로 하는지를 재검토해보자. 자유주의적 민주평화 담론은 서방 자본주의 국가들 간 상호의존과 통합의 비전을 지지한다. 그런 비전이 구현된 평화지역은 반자유주의적 무질서와 폭정으로 특징지어지는 무정부지역과 대조된다. 현대 안보 논쟁은 '실패국가', '불량국가', 신형 전쟁, 범죄와 무질서에 관한 담론이 지배한다. 이런 담론은 엘리트들의 관심을 전통적인 안보에서 자유주의적 질서에 반하는 영역으로 이동시킨다. 그 결과는 '모든 곳에서의 전쟁(everywhere war)'을 미국 시민들이 세계를 문명화하는 일로 수용하는 태도가 높아지는 것이다. 이는 거리는 더 이상 장벽이 되지 않는 '지구촌'이라는 비현실적인 세계관을 만들어내고 거기에 미국은 군사력으로 모든 위협에 대응해야 하는 것으로 이해된다.[102] 지구촌을 안전하게 만들고 자유주의적 질서를 수립하기 위해 미국 외교안보정책은 자유주의적 군사주의를 강화시킨다. 그 방향에서 선호하는 군사전략 중 하나가 기동성 높은 전력운용을 위한 소규모 전진배치이다. 미국은 군사훈련 및 지원, 동맹국으로의 무기 이전 및 역량 향상과 같이 계속해서 국방외교 수행에서 소규모 군사적 개입에 의존해왔다. 미군은 세계 전역에 군사력을 투사하는 데 이용되는 군사기지와 전초기지들을 '늘 변화하는 모자이크'와 같이 만들어냈다.[103]

이상과 같이 지구촌의 안전을 명분으로 미국이 투사하는 군사력의 특징은 미국 시민들이 거의 현대전쟁의 성질과 동떨어져 있다는 사실과 관련이 있다. 제임스 더 데리안(James Der Derian)은 현대전이 24시간 뉴스와 함께 상호결합하는 방식으로 진화하고 있다고 지적한다.[104] 헐리우드, 인터넷과 비디오 게임 등을 통해 전쟁이 오락의 형태를 띠면서 군대에 관한 묘사가 점점 평균 시민들의 부패(decadence)와 분리된다. 그러므로 변화하는 전쟁의 성질은 주목을 받지 못하고, 군사적 개입은 극장에서 멀리 떨어져서 수행되고 대중의 일상에서 제거된다. 국제관계에서 인간안보에 관한 강조는 전쟁과 안보를 분리하고, 결국 군사주의 개념을 페미니즘 학자들과 비판적 이론가들의 작업 밖으로 밀어낸다. 역사학자 알프레드 배그츠(Alfred Vagts)는 군사주의의 참된 반대는 평화주의가 아니라 시민주의(civilianism)라고 주장했다. 그러므로 군사주의에 대한 도전은 정치체계의 성격과 군대에 대한 시민의 감독 정도로 이해할 수 있다. 다양한 유형의 군사주의에도 불구하고, 그것은 특정 정치체의 역동성과 제도적 성격을 반영하는 현상이다. 자유주의적 군사주의는 제도화해가는 군사력 위에 수립되고 전쟁 준비를 정상적이고 바람직한 행위로 간주한다. 자유주의적 군사주의는 보편가치를 추구함에 있어서 전쟁을 정상적인 행위로 자리매김한다.[105]

안보국가의 등장은 어떻게 미국이 냉전에 싸우는지를 특징짓는 것으로 보였다. 냉전 시기 아서 슐레진저 주니어(Arthur Schlesinger Jr.)는 미국에서 헌법의 한계를 초월한 '제국의 대통령제(imperial presidency)'의 등장을 경고했다. 오늘날 미국 대통령들은 대사관 소개(疏開)부터 전면전까지 여러 명분으로 군대를 일상적으로 파견하고 있다. 그에 비해 의회가 거기에 의미있는 감시를 할 권한에는 한계가 있다.[106] 군대의 직업주의화와 민영화의 증가로 민주적 감시는 더 약화진다. 베트남 전쟁 때 보듯이 의회는 대통령에 대한 견제 권한의 하나로 파병 규모의 최대치를 정한다. 이를 극복하기 위해 군대는 민간업체를 활용한다.[107] 베트남전에서 자원병제도를 활용한 것은 정치적으로 편리한 방법이었지만, 공화주의 시각에서는 군사력 사용에 대한 견제책의 제거이다.[108]

군대의 민영화 추세가 반드시 국가권력의 침식이나 거버넌스에서 더 폭넓은 사회적·정치적·경제적 전환을 의미하지는 않는다. 민간과 공공의 침윤은 현대 미국 군대가 더 이상 계약자 없이 전장에서 임무를 수행하기 어려움을 말한다.[109] 민간 계약업체의 활용으로 미군과 미국 시민이 거리가 멀어지는 두 현상이 발생한다. 하나는 국가가 민간 계약업체를 배치하는 데 경영자식 접근을 취한다는 점이다. 이는 군대 이용을 시장의 언어로 프레이밍해 군대 이용을 탈정치화하는 것이다. 둘째는 민간업체가 종종 미국과 영국군 기지에서 활동하지만 대개 해외 작업장에 의존한다. 이는 미국 시민이 군복무하도록 요청하지 않아 계약업체들의 배치에 대한 정치적 장애를 축소한다. 대규모 시민 군대에서 직업군인과 민간업체의 이용으로의 전환은 드론, 특수부대에 대한 의존 증가와 훈련 및 군사지원 업무와 동시에 일어난다. 은밀한 비재래식 전쟁에의 개입은 트럼프, 오바마, 부시 대통령들 사이에서 대개 일관되고 유사하다. 신보수주의자들과 자유주의적 매파는 종종 미국의 군사적 우위를 지지하는 같은 동전의 양면이다. 주류 언론들은 위협으로부터 무엇인가를 해야 한다고 정책결정자들에게 압박을 가하고 여론을 조성한다. 워싱턴 정가의 전문가들도 자신들만의 정보를 활용해 미국 외교안보정책 결정에 영향력을 미친다.[110]

군대를 비롯한 공권력의 정보화와 함께 민영화는 군사주의를 더 정교하고 거역할 수 없도록 확산시키는 데 기여한다. 즉 공권력의 권한 일부를 민간에게 이양함으로써 군사주의는 합법·편법·탈법의 횡단, 행정 및 문화 영역으로의 확대, 민군 연계의 심화 등을 통해 군사주의를 더 자연스럽고 일상적인 것으로 변환시킨다.

물론 민영화라는 것이 격리, 구금, 고문과 같은 물리적 폭력을 대체하지 않는 경우도 있고 대체하는 듯한 경우도 유사시 물리적 폭력은 최종 대책으로 남겨져있다. 대표적인 예가 중국 신장자치구에서 벌어지는 소수민족 감시 권한의 외주화이다. 자치구 정부 당국은 신장지역의 선주민들을 변화시키기 위한 시도로서 민간 기술기업과 경찰보조원들에게 권한을 외주화했다. 천연자원 경제에서 이윤을 얻어왔던 민간 기업가와 한족 정착민은 최첨단 기술 시스템의 감시산업을 구현하기 위한 움직임에 동원된다. 이 디지털 인클로저(digital enclosure)는 얼굴 스캔 검문소와 스마트폰 스캐너에서 '스마트' 수용소와 공장으로 옮겨졌다. 디지털 인클로저는 소위 플랫폼 자본주의 아래서 자본이 알고리즘을 이용해 공공의 빅데이터를 인클로저(대량몰수)하고 수익을 사유화하는 체계를 가리킨다.[111]

감시 시스템이 표적이 된 인구를 구금할 수 있도록 함으로써 체계적인 인종차별과 비인간화를 뒷받침한다. 2017년 현재 신장 내 모든 무슬림 시민들의 고해상도 얼굴 스캔 정보를 포함해 14억 명에 가까운 중국 인민들의 신분증으로 구축된 공안부 데이터베이스 Face++ 알고리즘을 훈련한 것은 매그비(Megvi)라는 얼굴 인식 메가데이터 회사이다. 매그비는 중국 공산당 및 경찰과 협력하고 있고, 미국 마이크로소프트와 워싱턴대학교의 폴 앨런 컴퓨터공학·엔지니어링학과와도 기술협력을 해왔다. 미국과 중국의 경찰은 자동화된 평가 기술을 잠재적인 범죄자나 테러리스트를 탐지할 수 있는 도구로 생각한다. 인종주의적 표현형을 감지하는 알고리즘을 개발해 이들은 흑인 남성이나 위구르족 사람들이 이러한 시스템에 의해 불균형적으로 감지되는 것을 정상으로 보이게 한다. 그들은 감시란 언제나 권력자의 시선에 맞지 않는 사람들을 통제하고 훈육하는 것임을 인식하지 못하도록 가로막는다.[112] 이는 군사주의가 과학기술과 결합해 정보화, 자동화 메커니즘을 만들어 인종화라는 일종의 구조적·문화적 폭력을 일상적으로 전개해감을 보여주는 것이다.

민주평화이론은 자본주의가 일국의 외교안보정책을 평화롭게 만든다고 주장하지만, 전쟁이 시민들과 떨어져 진행되는 한에서 재정 투입이 용이해진다. 조지 W. 부시 정부가 전개한 반테러전쟁은 이런 비접속을 극명하게 보여준다. 그 결과 미국은 적극적인 군대로 전쟁을 정상적인 일로 만들어내는데, 이때 미국 시민들은 전쟁이야기를 듣지 못한 채 몰에서 쇼핑한다. 미국의 군사적 분쟁 개입은 사회적 동원보다는 재정적 동원에 의해 실행되는 것이다.[113]

## 4) 지구촌의 실존적 위기와 군사주의

이제 세계화·정보화 시대에 군사주의의 방향을 논의할 차례이다. 오늘날 군사주의는 이념과 분쟁의 경계를 넘어 전 세계로 뻗어갈 장애물을 모두 걷어냈다. 구 사회주의권 지역은 물론 저발전 분쟁지역에 평화 창출, 인도주의, 인권, 발전 등 보편가치를 명분으로 군사주의는 과거에는 생각하지 못한 임무를 전개해나간다. 이제 그 범위는 육상과 대양을 넘어 우주로 뻗어나가고 있다. 그러나 군사주의의 대상은 국가와 국가 간 관계로만 한정되지 않는다. 최종 방향은 인간의 생존 터전인 생태계이다. 물론 군사주의 종착지를 생태계로 단정하는 것은 이르고, 그것이 세계화·정보화 시대의 특징으로 단정하기에도 무리가 있다. 생태계를 대상으로 하는 군사주의는 서방 자본주의 국가들의 산업화와 제국주의 확장 과정에서 시작되었다.

앞에서 고시에 의해 서구 제국주의 세력의 생태계 파괴와 거기에 군사주의의 관여를 알아보았다. 그는 21세기 기후위기에도 서구 자본주의 국가들의 책임과 위선을 주장하는데 거기에도 군사주의가 작용한다고 말한다. 2009년 코펜하겐에서 열린 유엔 기후정상회의는 부유한 국가들이 가난한 나라들에 기후변화 대응 자금으로 연간 1,000억 달러를 제공하기로 합의했다. 그러나 유엔 그린기후자금은 고작 104억 3,000만 달러를 모금하는 데 그쳤는데, 같은 기간 세계의 연간 군사비 지출은 1조 5,000억 달러를 웃돌았다. 미국이 9/11 테러 이후 전쟁에 쏟아부은 군사비 총액은 6조 달러를 넘는 것으로 추산된다.[114] 2년을 넘기는 우크라이나 사태에 미국과 유럽은 우크라이나에 수백억 달러를 훌쩍 넘은 지원을 했고 앞으로도 추가 지원이 있을 것이다. 그러나 G20 정상회담에서 화석연료 감축 협상은 실패하였다. 그 시점이 기록 사상 최고의 기온을 경신한 2023년 7월이었다. 우크라이나-러시아 국경지대의 주민들과 땅도 7월의 화염 아래 황폐화되었다.

재난은 새로운 공간에 대한 군사적 침범의 빌미를 제공할 뿐만 아니라 전반적인 군사적 확장을 인도주의를 명분으로 정당화하기도 한다. 재난 구조가 점차 엄청난 탄소 발자국을 남기는 조직들에 의해 제공되고 있다. 또한 재난 구조가 그 자체로 군사적 경쟁의 장이 되도록 보장한다. 2013년 필리핀을 강타한 태풍 하이옌에 대응하는 과정에서 25개 국가에서 군 대표단을 필리핀에 파견했다. 물론 단연 미국이 으뜸이었는데, 항공모함 1척, 해군 타격대, 항공기 66대 그리고 병력 13,400여 명이 배치됐다. 기후 관련 재해는 다른 방식으로도 군사적 발자국을 넓혀가고 있다. 예컨대, 허리케인 카트리나가 발생한 후 조지 W. 부시 대통령을 비롯한 미국의 여러 정치인들은 걸핏하면 그 재난을 핵 공격에 비유하곤 했다. 그 사건은 이런 프레임을 통해 공공복지 기금을 줄이고 군사비 지출을 늘리기 위해 오랫동안 동원해 온 해묵은 핵 담론 속으로 스며들었다.[115] 그런 현상은 비단 미국만이 아니라 군사주의에 빠져 있는 모든 국가에서도 발견할 수 있다.

고시는 군사화가 단일 요소로서 생태계를 가장 크게 파괴하는 인간 활동으로 지목되어 왔지만, 그에 대한 연구는 활발하지 못한 것으로 보인다고 말한다. '파괴의 트레드밀(treadmill of destruction)'[116] 사회학파는 군산복합체가 경제와 긴밀히 연관되어 있는 동시에, 그것이 자체의 논리를 따라 경제의 주요 원동력이 되고 자본주의가 잘 운영되도록 도와주는 보호막 구실을 한다고 평가한 바 있다.[117]

오늘날 군사주의가 그 마지막 대상으로 간주되는 생태계로 촉수를 뻗고 있다고 하지만, 위에서 본 것과 같이 자본과 무력의 결합은 언제나 생태계에 위협을 가할 수 있다. 자본의 이윤 극대화와 무력에 의한 상대방 제압 욕망은 동일한 대상을 통해 구현되기 때문이다. 그 대표가 이중용도 물질 혹은 품목이다. 서양 환경운동의 대표 인물인 레이첼 카슨(Rachel Carson)은 과도한 살충제 사용으로 인한 환경파괴를 경고한 것으로 유명하다. 그러나 그녀는 대표적인 살충제 DDT가 말라리아 퇴치를 이유로 세계시장에서 이윤 추구의 수단이 되는 것을 우려했고, 그에 앞서 DDT가 전쟁을 염두에 두고 군인의 건강을 위해 먼저 개발됐음을 알고 있었다.

1943년 약 3킬로그램의 DDT 표본이 미국에 도착했다. 공중보건국, 농무부, 신시내티 의대의 케터링연구소는 즉시 DDT 실험에 착수해 그것이 전투상황에서 안전하고 효과적이라는 결과를 얻었다. 전시에 발진티푸스, 말라리아, 황열병, 뇌염을 퇴치하기 위해 대량으로 생산되었다. DDT는 전쟁 후에도 그러한 곤충 매개 질병을 막는 데 계속 쓰였다. 1950년 미국에서 생산한 DDT의 약 12퍼센트가 말라리아 퇴치용으로 해외로 수출되었다. 그리고 농업용, 상업용, 가정용 DDT의 생산도 급증했다. 내수를 초과하는 물량이 생산되면 이런 화학물질은 번성하는 국제사업으로 떠올랐다.[118]

카슨의 전기 작가 윌리엄 사우더(William Souder)는 냉전 시대에 미국과 소련이 지구를 여러 번 파괴하고도 남을 군비 확장에 매진한 것은 두 나라 공히 국민정서의 일부가 된 두려움과 조급함 탓이었다고 평가한다. 1939년 아인슈타인이 루스벨트 대통령에게 편지를 보내 최근의 물리학 실험에 따라 신종 무기를 만들어낼 수 있으리라고 밝힌 때였다. 파울 뮐러가 스위스 실험실에서 DDT의 치명적 속성을 발견한 것과 같은 해이다. 1961년 9월, 소련은 대기 중 핵실험을 재개했고, 12월 초에는 31개의 핵무기를 터트렸다. 미국도 즉시 계획에 착수해 남태평양에서 핵폭발 실험을 재개했다. 카슨이 『침묵의 봄』을 출간한 1964년 4월의 일이었다. 핵실험 중단을 간청한 슈바이처의 편지를 접한 케네디 대통령은 고심했지만, 상호확증파괴의 논리로써 "비극적 선택(핵실험)"을 멈출 수 없다고 생각했다.[119]

카슨은 살충제와 방사능 사이에 "피할 수 없는 분명한" 공통점이 있음을 발견했다. 그 둘을 수년, 심지어 수십 년 동안 아무런 영향이 드러나지 않는 이상하고도 무시무시한 유독물질이라고 평가했다. 또 살충제와 방사능은 독성의 종류만 다를 뿐, 둘 다 돌연변이를 일으킬 가능성이 많다. 그는 그 둘이 널리 퍼지고 효과가 지속되는 물질, 즉 지구 생태계 전반을 오염시키는 물질이라고 규정하였고, 그 둘이 위험을 내포한 현대적 발전의 소산이라고 생각했다. 『침묵의 봄』에서 직설적으로 말했듯 카슨은 이 둘을 "신중한 자연의 속도가 아니라 무분별하고 부주의한 인간의 속도가 빚어낸" 결과라고 생각했다.[120]

카슨은 그러나 사람들이 방사능 낙진은 두려워하면서도 살충제의 위험성에 둔감하다고 지적하면서 후자에 대중의 관심을 촉구하면서 『침묵의 봄』을 썼다. 결국 카슨은 왜 살충제와 방사능이 동일한 문제의 양면인지를 보여주고자 했다. 카슨은 책에 방사능 낙진과 살충제를 구별해 주로 살충제를 다루었지만, 핵으로 폐허가 된 세계, 거기에 따른 온갖 질병 그리고 하늘에서 떨어지는 유독 잔류물의 이미지까지 연상케 하는 방식으로 이야기를 전개했다. 카슨은 핵시대의 비관주의에 익숙한 사람들에게 경로를 바꾸거나, 위험을 향해 계속 나아가거나 둘 중 하나를 선택하라고 진지하게 호소했다. 카슨이 『침묵의 봄』에서 솜씨 좋게 엮어낸 방사능과 살충제라는 쌍둥이 악마는 우리 인간이 '환경 전반'을 보호하기로 작정할 수 있고 그러지 않을 수도 있는 존재임을 실감나게 드러내었다.[121]

카슨은 『침묵의 봄』 이후에도 여러 환경 저서를 통해 곤충 소멸과 그 서식지 파괴, 해수면 상승, 해양동물 축소, 지표면 온도 상승 등 광범위한 생태계 파괴 현상을 고발하였다. 동시에 그녀는 그 원인으로 화학회사, 농업 이해집단 그리고 관료집단 내에 형성한 이익 카르텔을 지목하였다. 동시에 생태계의 복원력에 대한 기대도 숨기지 않았다. 그러나 그녀는 생태계 파괴의 더 깊은 요인으로 군사주의에까지 깊이 파고들지는 않았다. 물론 그가 생태계 파괴의 원인을 이익 극대화를 위한 상업적 욕구와 함께 대량살상무기 개발을 초래하는 군비경쟁을 지목한 것은 선구적인 혜안이었다.

생태계 파괴 원인으로 인간의 정복욕과 소비욕으로 추상화하면 파괴의 원인을 정확하게 논의하지 못할 수도 있다. 코로나19 팬데믹과 그 대처에서 보듯이 국가와 지역, 계층에 따라 그 양상이 다르게 나타났다. 군사주의는 그 차별적인 원인과 대처를 모호하게 하는 대신 대중의 자유와 안전을 안보와 질서의 이름 뒤로 옮겨놓는다. 그런 현상은 9/11 이후 반테러전쟁을 명분으로 군사주의가 득세하면서 대중의 자유와 안전이 후퇴한 것에서 잘 나타난다. 결국 세계화·정보화 시대 들어 군사주의가 생태계 파괴로까지 나아가는 것은 세계적 차원의 소수 기득권 집단의 이익 수호를 위한 것에 다르지 않다. 중국을 비롯한 많은 나라 정부들이 코로나19 대처를 대중 억압적인 방식으로 전개하고, 아프리카 등 저발전 지역의 대중들의 코로나19 백신 접종률이 크게 저조한 것도 그와 무관하지 않다. 그런데 코로나19 사태를 가져온 인수공통감염병의 원인인 생물 및 그 서식지 파괴, 그 원인인 유한계층의 더 희귀한 것을 보고 먹고자 하는 욕망은 덮어두고 있다. 대신 역병에 휘말려 생명과 생존을 찾으려는 대중은 억압, 심지어 죽음의 사슬에서 벗어나기 어렵다. 다니엘 디포는 18세기 역병이 창궐한 툴롱(프랑스 마르세유 인근 작은 항구도시)에서 벗어나려는 주민들을 포위해 학살한 프랑스 군대의 잔학행위를 고발하였다.[122] 디포의 그 보고를 생태계 파괴에 대응하는 21세기 군사주의의 전조로 보는 것은 과도한 전망일까?

## 5. 정치체계와 군사주의

지금까지는 군사주의의 변천을 시기별로 살펴보았는데, 이 절에서는 정치체계(political system)로 나누어 군사주의의 변이를 살펴볼 것이다. 정치체계란 특정한 정치 이념과 제도 중심으로 구성된 국가 및 사회구조를 말한다. 아래에서 다룰 몇몇 국가는 각 정치체계의 대표

국가로 상정하기에 부족하지 않다. 여기에서 예시한 나라의 정치체계를 세부적으로 논하기보다는 정치체계 간 차이 속에서 군사주의의 양상을 살펴보는 데 초점을 두고 있다. 그리고 논의 과정에서는 군사주의의 차이를 각 국가별 정치체계만이 아니라 지정학과 대내외적 환경도 고려하고 있다.

## 1) 영국의 군사주의

먼저. 영국이다. 영국은 민주주의 국가이자 제국주의 시대를 선도하였고, 제1, 2차 세계대전에 참가하였고, 해양국가이다. 마틴 쇼는 앞의 책에서 포스트 군사사회를 논하면서 영국과 소련을 정치체계와 지정학을 거론하면서 비교하는 데 많은 비중을 두었다.

영국 사회는 전쟁에 가담했을 때도 참전을 군사주의에 반대하는 전쟁으로 인식할 정도로 군사주의에 부정적인 태도를 견지하였다. 그런 판단에는 일부 진실이 포함되어 있다. 제국의 전성기에도 영국의 군사주의는 다른 나라들보다는 낮은 수준이었다. 미국과 마찬가지로 영국은 다른 유럽국가들과 같은 수준 혹은 방식으로 군사화되지 않았다. 군대는 작았고 전체 인구 대비 군인은 작은 비중이었고, 그 결과 빅토리아 시대 군대가 민간사회와 문화적·물질적으로 떨어져 있었다는 점이 하나의 특징이다. 대중들은 군대가 특권적 지위에 있다고 불신했고, 장교들의 생활양식이 상류계층과 유사해 보인다고 비판적이었다. 광대한 제국을 경영하는 데 해군의 역할이 컸다. 그래서 강력한 해군과 아마추어 수준의 육군이 공존했지만, 대중이 군대에 관여하는 데는 반대하였다. 사회적 규율의 기능과 계급 협동의 증진은 '스포츠 의례'에 의해 영국에서 널리 퍼졌다.[123]

그럼에도 영국 문화에 대륙의 군사주의 형태에 대한 저항이 있다

면, 그 시기는 19세기 중 수십 년 동안 나타났다. 그 결과 영국형 군사
주의가 만들어졌다. 대중적 군사주의, 향수병 군사주의, 민주적 군사
주의 등이 그것이다.

　제국주의의 '극장'에서 군대는 중요한 역할을 했다. 19세기 전반
기부터 군대는 연극과 멜로 드라마에서 오랫동안 인기였다. 후반기에
군대와 군인은 대중의 높은 신임을 받았다. 교회가 군생활에서 중요
한 역할을 한 것처럼, 군사적 기독교가 발달했다. 전쟁 언어가 시와
기도에 들어가고 구세군, 교회 군대(Church Army) 같은 군대 같은 조
직이 만들어졌다. 그것은 학교에서 군사주의가 확산하는 계기가 되었
고, 작업장에서 레크리에이션의 출처였다. 맥킨지(MacKenzie)는 많은
비율의 인구가 군대와 준군사조직과 연계를 갖게 되었다고 평했다. 그
런 실제적 관여가 청소년 문학과 대중언론에서 애국심을 조장하는 음
악홀과 같은 군사화된 대중문화에 반영되었다. 대중적 군사주의는 상
당 부분 멀리 있는 식민지의 영웅적 모험과 연계되었는데 그것은 강한
예능적 요소를 갖고 있었다. 많은 유럽국가들에서 대중적 군사주의가
징집과 같은 딱딱한 사실에 초점을 두었다면, 영국에서는 현대적 '극
적 스포츠(spectacle sports)'의 양상이 두드러졌다. 세기의 전환기에 군
사문화는 도래하는 유럽의 전쟁을 준비했는지도 모른다. 사회에 퍼져
가는 군사 이데올로기 위에서 작동한 것은 대중들이 수용한 선전적 요
소였다. 징집, 군대를 위한 더 많은 자원 할당을 지지하는 선전은 사실
다가오는 전쟁 준비에 다르지 않았다. 1870~1914년 사이 군사주의적
전통은 민족주의, 제국주의, 군주제 전통과 마찬가지로 특별한 열정
과 함께 창조되었다. 영국도 예외가 아니었다.[124]

　19세기 후반 영국에서 대중적 군사주의의 '극적 스포츠' 요소가
형성되었다면 억제-과학적 요소도 부상하였다. 19세기 말 산업자본
주의의 중심지 영국에서 기술에 기반한 군산복합체의 발전이 최초로

가시화되었다. 군수산업은 정부의 강력한 경제 개입으로 크게 성장했고, 유럽 다른 나라에서도 결국 목도되었다. 이를 두고 맥닐(W. H. McNeill)은 "1884~1914년의 30년 동안 명령 기술이 해군에 적용된 새로운 버전은 세계 시장경제의 티슈들 안에 암과 같이 급속히 성장하였다"고 말했다.[125]

군사문제에 대한 기술적 해결에 의존하는 것은 제1차 세계대전과 그 후 모든 나라들에서 발견되지만, 처음 영국에서는 이상해 보였다. 1914년 이전에는 해군 기술, 양 대전 사이에는 공중전에 점점 더 의존한 것은 특정한 형태의 자유주의적 군사주의를 반영하였다. 그런 의존은 다른 수단을 통해 빅토리아 군대가 대중적 군사동원을 계속해서 회피할 근거로 작용했다. 물론 1939~45년 전쟁 동원과 1950년대 징집제는 영국 군사주의의 일반적 패턴에서 벗어난 것이었다. 그렇지만 영국이 핵무기 개발을 고집하고 핵억지를 징집제를 대신해 방어태세로 채택한 것은 기술에 기반한 자유주의적 군사주의의 전통을 잘 보여주고 있다. 이는 징집제를 주요 군사제도로 고수한 프랑스, 독일과 대조되는 부분이다.[126]

징집제와 군수산업 중심의 분석은 문화적 요소들과 함께 논의해야 온전한 논의가 가능하다. 영국에서 제국주의 이데올로기에서 군사주의적 요소는 세기 전환기와 두 세계대전과 1950년대 두드러졌다. 영국의 그런 형태는 반응적이고 마지못해서 하는 반파시스트적 사고로 불리지만, 그것은 군대조직이 사회에 확장된 영향을 미친다는 점에서 군사주의이다. 물론 영국의 전쟁 이데올로기는 모든 군사적인 것을 찬양하는 프러시아 혹은 나치의 형태와 같지 않다.[127]

제2차 세계대전을 겪으면서 민주적 군사주의가 살아남은 데에는 국가 차원의 군사적 신화 덕택이다. 영국에서 모든 전쟁에 관한 사항은 불의한 것들이 아니라, 위협과 그에 대한 공동의 승리로 인식되었다. 전쟁 기록을 수집하는 일은 국가의 전쟁 참가 경험과 성공적인 결과에 의존하기 때문에 그 수집은 잠재적인 신화의 원천이다. 전쟁에 대한 기억은 시간이 멀어지더라도 계속해서 영국 정치와 문화에서 중요한 부분이다. 1980년대 초 포클랜드전쟁과 1990년대 초 소련의 붕괴는 불안정과 위협에 의해 미래에도 전쟁의 교훈이 지속될 것이라는 신호였다. 1982년 포클랜드 전쟁과 1980년대 초중반 핵방위 논쟁은 1983년, 1987년 총선에도 영향을 미쳤다. 대처 수상은 체임벌린이 아니라 처칠이 되기로 결심했다. 그러나 그는 처칠이 남긴 사회민주적 개혁은 따르지 않았다. 포클랜드전쟁과 제2차 세계대전 간의 비교는 적절해보이지 않지만, 정부는 유화정책이 실패하고 군사적 힘이 영국의 생활양식을 위협하는 독재자들을 다루는 유일한 방법이라는 '교훈'을 효과적으로 동원할 수 있었다. 1980년대 중반 유럽 대륙에서 미국의 크루즈미사일 배치를 둘러싼 논쟁이 일어났지만, 영국 정부는 그 논쟁을 영국이 원칙적으로 핵무기를 필요로 하느냐의 일반적인 문제로 치환시켰다.[128]

영국의 군사주의 특징 중 하나로 꼽는 것이 향수병 군사주의이다. 향수병 군사주의는 한편으로 제국주의 시대를 선도하고 제1, 2차 대전에 참가하는 등 군사주의에 깊이 관여한 경험, 다른 한편으로 군사주의가 민주적 정치제도와 반전 평화여론으로 견제되는 모순된 요소들의 결과이다.

영국에서 퇴역군인 협회는 전쟁의 기억을 지탱하고 있었고, 국가기구는 그런 이미지를 더 많은 대중들에게 확산시켰다. 로얄브리티시협회(Royal British Legion)와 여타 사회단체들은 영국 전역에 조직을 뻗어 노동자들을 포함한 많은 대중들에게 군대의 가치를 전파하였다. 영국의 제국전쟁박물관(Imperial War Museum)의 태도는 이중적이었는데 이는 다른 박물관들에게 표본이 되었다. 제국전쟁박물관은 평화주의,

전쟁에서 여성의 역할, 국내 전선(Home Front) 등 다양한 측면을 다루었다. 이를 두고 영국의 한 신문은 사설에서 박물관의 목적이 군사박물관이 아니라 덜 군사주의적인 전쟁박물관이라고 말하려고 한 것이라고 논평했다.[129] 이와 같이 군사기구와 하드웨어를 교육과 심지어 예능에 전파하려는 의도는 군대로도 확대되어 갔다. 모든 군대는 교육기능을 수행하는 부대를 발전시켜 잘 고안된 선전적 대화를 매년 수천의 중등학교와 대학교에서 시작했다.[130]

모든 대중매체에서도 전쟁에 대한 기억을 장려하였다. 과거 전쟁에 대한 기념은 현대전쟁의 의미를 갖는다. 다만 그것은 적극적 군사주의보다는 소비문화의 일부로서 기능한다. 전쟁과 전쟁에서 영국군의 활약을 다루는 영화는 그저 오락일 뿐이다. 베트남 전쟁을 놓고 언론이 전쟁 참가를 지지하는 역할을 했는지는 단정하기 어렵다. 전쟁 초기 미국 언론이 그런 역할을 했지만, 전쟁이 지속되자 대중이 참전에 반대하자 언론도 그 입장을 따라갔다. 영국 언론의 역할에 대한 연구를 보면 영국문화에서 군사주의의 한계를 발견하게 된다. 전쟁 실제에 대한 군사적 정의에 대한 저항이 나타나고, 군사적 정의에 관한 정치적 요구에 반대하는 독립언론에 대한 지지도 나타났다.[131]

영국 문화에서 군사적 요소가 존재하되 그 역할이 한계를 보인다는 사실도 주목할 필요가 있다. 1950년대 이후 군사주의는 시장에 기반하고 세속적인 소비자 문화의 맥락에서 보아야 한다. 군사주의의 쇠퇴는 조직화된 종교와 강력한 계급기반 정치문화의 쇠퇴와 비교할 만하다. 이 둘은 근래 수십 년간 영국사회의 특징이다.[132]

## 2) 소련의 군사주의

둘째, 소련이다. 소련은 사회주의 정치체계의 군사주의를 대표하는 국가로서, 영국의 경우와 정치체계만이 아니라 지정학에서도 대조를 보여준다. 그 과정에서 동유럽 국가들도 언급하는데, 이는 민주국가 영국의 군사주의와 대조를 보이는 대목이다. 소련의 군사주의는 대내적으로 강한 대신 대외적으로는 약해 보였다. 불안하게 성립한 소련의 성립 자체가 냉전의 출발이었다. 특히 제2차 세계대전을 끝내고 그 성과인 동유럽을 영향권(sphere of influence)으로 지키며, 냉전을 본격 전개하는 데 군사주의는 매우 유용하였다.

소련이 고전적 군사주의 형태를 보인 것에는 여러 요인들이 작용하였다. 소련 수립 때부터 서방 자본주의 진영으로부터 받아온 지속적이고 강력한 안보위협에 대한 편집증을 제일로 꼽지 않을 수 없다. 그에 따라 만든 전시경제와 군사정책에 대한 우선순위와 결합된 중앙계획경제가 또 다른 주요 요인이었다. 군비증강 기구의 힘과 국가기구 내 애국주의적 가치의 확대는 소련 군사주의의 강력한 경제적 · 이념적 기반을 제공하였다.[133] 군사주의의 정치적 효과에 대한 기대가 권력엘리트 집단 사이에 존재한 점도 다른 정치체계에 비할 때 언급할 가치가 있다.

고전적 군사주의와 공격적 군사주의는 같은 것이 아니다. 쇼는 소련과 동유럽 공산국가들에 발견되는 '군사화된 사회주의'는 전쟁 시기 사회통제 도구들을 세력화한 것으로 평가하였다. 군사식으로 운영한 집단농장, 방어기제를 포함한 훈련 그리고 공산당 청년동맹, 공산당, 노조, 학교, 대중매체의 활동 등이 그것이다. '위대한 애국전쟁'으로 언급되는 교훈은 국가의 선전매체를 통해 사회에 확산되어 갔다. 마이클 만은 그런 군사화된 사회주의를 더 이상 사회 진보와 연합하지 못하고 방어적이고 보수적인 성격을 띤다고 지적한 바 있다. 그것은 핵무기 시대에도 상처받지 않고 유지되고, 서구에서는 그렇지 않은, 인민의 생활 속에서 세계적 군사주의를 제도화한 것이다.[134] 소련의 아프가니스탄 침공은 처음 어느 정도는 과거 헝가리와 체코슬로바키아 침공처럼 '경찰행위'였다. 그 후 대규모 소련 군대의 아프가니스탄 개입은 1960년대 초 미국의 베트남 개입과 유사해 보였다. 군대가 사회정치적 문제에 즉각적인 해결을 보여주지 못한 무능도 비슷한 점이다.[135]

쇼가 보기에 소련과 동유럽 사회주의 진영은 북구 산업화 세계의 고전적 군사주의의 마지막 보루였다. 스탈린주의의 최후는 사회주의적 군사주의의 종식이고, 구 바르샤바조약기구 동맹국들 내 사회적 관계에 일대 격변을 초래하였다. 그런 변화는 정치체계가 전환한 결과만이 아니다. 군사기구는 단지 한 사회의 정치체계만을 반영하지 않는다. 그것은 일국적 차원과 국제적 차원 간의 상호작용에 있다. 스탈린주의의 붕괴는 군사기구와 이데올로기에 대한 변화가 가장 강력했던 냉전의 붕괴이기 때문이다. 소련과 동유럽의 정치적 전환은 민주주의, 사회 정의, 그리고 민족 자결권의 문제를 새로운 형태로 제기하였다. 결국 냉전의 종식은 신 유럽의 전망, 강대국 관계, 대결에서 협력으로의 안보 질서의 전환에 기반해 발생한 것이다.[136]

소련군의 동유럽에서의 철수는 긍정적인 효과만 만들어낸 것이 아니다. 급속한 군대 철수는 소련 군사기지에서 군인의 주거문제를 초래하였다. 또 고용 대안 없는 급속한 탈군사화는 군인들이 미몽에서 깨어나도록 만들었다. 중고위직 군인들 사이에서, 특히 변화에 위협을 느끼거나 공산당 내 보수적 신 스탈린 정파와 러시아 민족주의를 동일시하는 사람들이 있었다. 많은 장교들에게 동유럽의 상실, '사회주의의 후퇴'는 군대의 역할 상실로 받아들여졌다. 철수한 군대와 군 통합은 소련 내에서는 민족 반역으로 위협받았다. 그에 따라 군대 이익에 대한 호소는 공산당 내 보수세력의 주요 행동 근거가 되었다.[137]

그러나 다른 장교들은 개혁의 선두에 섰다. 군인의 권리를 옹호하는 급진적 조합인 쉴드(Shield)가 1989년 결성되었는데, 이 단체에는 소련 의회에 자리하고 있는 현역 장교들도 가담하고 있었다. 쉴드는 군대 내 정치고문 제도의 폐지, 징병제와 궁극적으로 모든 직업군대의 점진적 축소를 호소했다. 군대 개혁은 급진적 개혁가들의 프로그램에 포함되어 있었다. 보리스 옐친(Boris Yeltsin) 러시아 대통령도 직업군대로의 전환과 양심 및 신앙에 의한 병역거부의 대안을 제공하는 데 동의하였다. 체코슬로바키아의 바츨라프 하벨(Vaclav Havel)도 1990년 승리한 선거에서 군대 감축과 병역 의무의 축소, 직업군대 도입을 지지하였다. 이런 소련과 체코슬로바키아 내 변화는 서방보다 선진적이었다. 서방에서는 1990년대 들어서도 징집제 원칙에 대한 큰 도전이 일어나지 않았다.[138]

동유럽에서 발생한 군사주의에 대한 도전은 민주혁명의 근본적 요소가 되었다. 그 이유는 크게 세 가지이다. 첫째, 군대가 국가 및 국제적 억압의 대행자였고, 둘째, 바르샤바조약기구가 동유럽 사람들의 눈에서는 굴종의 구조로 보였고, 셋째, 군비 지출을 우선시하는 것이 특히 소련에서는 사회 진보의 장애물로 보였기 때문이다. 동유럽에서 평화로운 체제 전환은 민주화와 탈군사화가 뒤따르는 발전에서 대단히 중요하다. 루마니아 사례는 이것을 부정적인 방식으로 보여준다. 혁명은 성공했지만 그것은 대중의 폭력과 군대의 지지로 성공했기 때문에, 폭력적 적대와 군대의 개입이 혁명 1년 후에 규범으로 남았다. 그러나 나머지 사례들은 그 반대로 민주화와 탈군사화가 평화적으로 이행되었고 그것은 하나의 추세가 되었다. 국가 차원의 운동이 탈군사화의 촉진제였느냐의 문제는 중대한 이슈이다. 공격적 민족주의와 국가 반란이 더 큰 분쟁을 초래한 기억이 너무 강력해서 무시할 수 없다. 새로운 상황이 비관적으로 나타나는 현상은 하나같이 1914년 이전의 유럽을 연상시킨다. 스탈린주의와 냉전이 억압해 온 모든 구래의 민족 분쟁이 재연할 뿐만 아니라 너무 쉽게 전쟁으로 비화할 수 있었다.[139] 불행하게도 그런 예측은 적중해 버렸다.

소련 위기에서 가장 두드러진 특징 중 하나는 군사주의에 대한 대중적 반대의 증가이다. 이는 부분적으로 소련 일대의 대중들이 아프가니스탄 전쟁에 대한 미몽에서 깨어난 결과이기도 하다. 아프가니스탄에 주둔하던 군인의 귀환은 1980년대 말 폭넓은 의미에서 분쟁의 무익함을 일깨워주었고, 이는 후에 고르바초프 자신이 노회하고 보수적인 공산당 관료들(일명 노멘클라투라, Nomenclatura)을 비판할 근거로 작용하였다. 데탕트(Detent)와 글라스노스트(glasnost)의 결합은 일반적으로 군대, 특수하게는 청년들 사이에 병역에 대한 거대한 미몽에서 깨어나게 해주었다. 징집제의 허술한 조건과 만연한 하급자 괴롭히기는 많은 불만을 샀다. 독일은 통일 직후 36만의 병력을 가지는데, 이는 1989년 분단 말기 두 병력의 합이 66만이던 것과 비교하면 작은 규모이다. 당시 기민당 당수 폴커 루헤(Volker Ruhe)는 적대가 협력으로 대체되는 시기에 국방비 감축을 지지하며, 그것이 대중의 여론이었다고 말한다. (루헤는 독일 통일 이후 1992~98년 국방장관직을 수행한다.) 이미 서구에서 해어진 전통적 군사주의는 새로운 도전에 직면하였다. 사회주의적 군사주의는 급속하게 파괴되고 있었고, 특히 소련에서는 대중의 강한 민주적 압박에 처했다. 서방에서 고전적 군사주의의 마지막 제도적 잔여물인 병역의 목적도 의문에 직면하였다. 진정으로 후기 군사사회의 윤곽을 보는 것이 가능해졌다.[140]

## 3) 제3세계 국가의 군사주의

세 번째, 정치체제에 따른 군사주의의 차이를 보여주는 또 다른 경우로 제3세계 진영의 사례이다. 제3세계는 냉전 시기 자유진영과 공산진영의 대립 구도에 참여하기를 거부하고 독자노선을 추구한 일단의 국가군을 말한다. 그러므로 제3세계 군사주의는 냉전 상황을 전제로 한다. 다만, 제3세계의 정향이 비동맹·자주·자립이었던 점을 감안한다면 냉전 이후에도 강대국들 간 대립 구도에서 제3세계의 노선은 살아날 수 있다. 실제 중남미와 중동 및 아프리카 등지에서 탈냉전 이후에도 제3세계 노선을 발견하는 것이 어렵지 않다. 물론 제3세계형 군사주의라는 단일 형태는 존재하지 않는다. 그럼에도 언급한 제3세계 노선을 반영한 국가에서 군사주의의 특수한 형태는 발견할 수 있다. 아래에서는 냉전 시기 이집트, 이란, 이라크에서의 군사주의를 살펴보고 있다.

이집트와 같이 민간 영역이 없고 민간 영역이 군부엘리트의 직접 통제 대상이 되는 나라에서, 주제가 민군관계가 아니라 군사주의에 기반한 것이어야 한다는 지적은 일찍부터 있었다.[141] 군사화된 사고를 이집트인들이 사회화하는 과정은 군대 가기 전부터 시작된다. 학교 교과서에 군대와 전쟁이 모든 커리큘럼에 나온다. 젠더화하는 규범은 정부의 기술 혹은 통치성의 일부로서 그것을 통해 특정 형태의 이집트 시민이 형성되는 것이다. 전쟁을 젠더화하는 한 방법을 써서 학생들이 '민족역사' 의식을 갖는 게 이례적인 현상은 아니지만, 전쟁의 의미 및 실행과 국가 교육을 연계하는 일은 놀라운 일이다.[142]

래미 M.K. 앨리(Ramy M.K. Aly)는 식민지 독립 이후 이집트 현대사를 군사주의 관점에서 세 시기로 나누어 논의한 바 있다. 그에 따르면 이집트 현대정치는 민족자결의 지향 아래 자생적 군사엘리트의 확립으로 평가하는데, 그 시기는 군사통치 수립기(1952~67)-군대의 재정비(1971~81)-군관복합체에서 군산복합체로의 발전(1981~2011)으로 이루어진다. 1970년대 중반부터 이집트에서는 산업화 정책과 함께 군 현대화 사업이 본격적으로 전개된다. 이집트는 아랍 진영의 맹주

였으나 이스라엘과의 수차례 전쟁에서 패배하면서 그 위상을 상실한
다. 1980년대 들어 이집트 군부의 민간경제 침투, 군대 비지니스 망
의 활성화 그리고 군부 집정관주의와 군사화된 대통령직 등 군사주의
가 제도화되는 양상을 띤다. 1990년 걸프 위기로 이집트는 국제통화
기금(IMF), 세계은행으로부터 지원을 받고 채무 탕감을 받았다. 그 과
정에서 군부는 1990년대 중반 IMF가 주창한 경제 자유화와 민영화를
추진하는 주요 행위자가 되었다. 오라스콤 그룹, 만수르 그룹은 군부
와 계약을 맺었고 미국으로부터 자금을 제공받았다. 군부는 경제를 운
용하는 과정에서 부패하였으며 경제 효율성은 바닥 수준이었고 문민
통제는 불가능하거나 형식적이었다. 무바라크 대통령은 군부와 정치
적·재정적 상호의존 관계 안에 존재하였다. 그의 통치 기간 중 국가
행정기구의 폭넓은 재군사화 과정에서 경찰의 군사화도 나타났다. 무
바라크는 경찰에 의존해 반테러 전쟁과 마약 퇴치를 전개했는데, 정치
적 억압과 비상사태도 발생하였다. 그는 내무부와 여러 보안군에 투자
해 철권통치에 활용했다. 이집트는 경찰국가가 되었고 동시에 친기업
국가로 변신해 규제를 완화했다. 이런 대내적 억압은 과거 군부통치
의 대안이 아니라 확대였다.[143]

이집트인들은 군대에 대한 긍정적 이미지가 있지만, 군사화된 정
부에 대한 대중의 반대는 이집트의 정치환경을 급진화할 수 있고 그래
서 군부의 기득권을 침해할 수 있다.[144] 2000년대 들어 나타난 민주화
운동은 군사주의와의 대결 속에서 전개되어 갈 것이다. 이상 이집트
의 군사주의를 보면 제3세계 노선보다는 지정학적 요소와 대내적 요
소가 더 크게 작용하는 것처럼 보인다. 더욱이 그 양상은 군부 권위주
의 통치기 한국의 군사주의와 유사해 보이기도 한다. 그럼에도 이집
트 사례는 미국과 동맹관계에 있는 이스라엘과의 대립에서 더 잘 이해
할 수 있고, 그것이 바로 이집트가 처한 지정학적 요소의 대부분을 구

성하고 있음을 알 수 있다.

한편, 이란, 이라크 사례는 어떨까? 1980년대 이란-이라크 전쟁은 전면전 양상을 띠었는데, 특히 이란 측에서 그러하였다. 혁명주의적 이란은 프랑스 혁명의 경험에 나타난 대중적 군사주의 과정을 재생산하였다. 프랑스와 같이, 대중 혁명에 대한 외부의 공격은 '인민 전쟁'을 초래하였다. 이라크의 이란 공격은 혁명적 군사주의를 낳았다. 이란에서의 혁명적 군사주의는 이슬람 군사주의를 촉진하였다. 그에 비해 이라크에서 대중적 군사주의는 바트당의 세속적인 민족주의 이데올로기가 큰 역할을 하였다. 1백만 이상의 군대는 17백만 인구에서 차출되었고, 전 사회는 후세인의 이란, 쿠웨이트와의 전쟁 모험에 동원되었다. 미국과의 분쟁을 통해 이라크 군사주의는 폭넓은 아랍 군사주의의 일부가 되었지만, 걸프전에서의 실패로 그 위상은 이라크 내는 물론 아랍 전역에서 의문을 샀다.[145]

이렇게 제3세계 국가들에서의 강력한 군사주의는 군사정권만의 산물이 아니라 민간사회와 함께 한 사회적 산물이다. 쇼필드(Schofield)의 분류에 따르면 제3세계 진영에서 군사주의는 하이브리드형 군사화 체제와 유사한 셈이다. 민간정부는 전면전에 관여하고, 대중은 민족주의 정서를 품은 정치적·종교적 이데올로기에 의해 동원된다. 이란, 이라크와 같은 높은 수준의 군사주의의 전형이 중동은 아니다. 중동보다 군사화가 심한 국가나 지역은 여럿 있다. 그럼에도 1990년대 초부터 중동은 세계에서 가장 군사화된 지역이다. 세계와 제3세계 국가들은 인구 대비 0.5%의 군대를 보유하고 있는 데 비해 중동은 그 두 배가 넘는다.[146]

제3세계 지역에서의 군사주의는 일률적이지 않다. 지역 혹은 국가마다 처한 국내외적 상황과 그에 따른 정책노선에 특수성이 작용한다. 그리고 냉전이 아닌 오늘날 세계화 및 정보화 그리고 민주주의 압력도 작지 않다. 그럼에도 위에서 살펴본 사례들을 통해 제3세계 노선을 취하고 있는 국가들에서 자립경제, 민족자결 등을 명분으로 군사주의는 정치는 물론 사회, 경제에서도 강한 호소력을 보이고 있다. 그런 점에서 북한 사례도 제3세계 군사주의로 간주해도 틀리지는 않다.

## 4) 중국의 군사주의

넷째, 그렇다면 중국에서 군사주의는 어떻게 보아야 할 것인가? 중국은 앞서 말한 세 부류 중 하나로 간주할 수 있는가, 아니면 달리 규정하는 것이 타당한가? 중국은 정치이념상으로는 사회주의 국가라 할 수 있으나, 냉전 해체 후 세계 자본주의질서에서 사회경제 생활을 하고 있어 별도로 논의하고자 한다.

브라운과 자나디(Brown and Zanardi)는 군산복합체를 중심으로 중국의 군사주의를 평가한 바 있다. 그들은 중국에서 군산복합체가 등장한 것을 1975년 문화대혁명 말기로 본다. 이후 인민해방군이 사적 경제도 운영하면서 부패가 만연해지고, 개혁·개방 이래 군에 대한 통제도 부족해졌다고 한다. 그래서 장쩌민(江澤民) 국가주석 들어 중국 공산당은 인민해방군을 직업화하기로 하고 군대의 사업은 폐지하는 등 급속한 군 현대화 산업을 벌여나갔다. 군 무기의 국산화를 추진하면서 1998년 당시 민간부문에서 군산복합체의 생산 약 70%를 담당할 정도였다. 군대에서 군수경제와 민간경제가 공존하는 이중경제가 유지되었다. 핵심은 구 군수산업체인데 그 생산은 군부에서 민간으로 전환되었지만, 여전히 두 경제의 연계와 잔여 군부의 영향이 남아 있다고 한다. 두 사람은 중국 경제의 개방과 민영화 추세와 함께 군혁신으로 군부는 자기 이익을 위해 로비를 해야 하는 실정이라고 평가하였다.[147]

브라운과 자나디는 이어 중국 군산복합체가 직면한 도전 과제를 거론한다. 그 하나는 중국이 이제 국력을 전 세계로, 나아가 우주까지 확대해야 하고, 둘째는 세계 강대국이 되기 위해 충분한 항공모함 확보와 우주 분쟁 대비이고, 셋째는 중국 군부가 지역 및 국가 사업의 후원자이지만 부패의 온상이라는 점은 혁신할 과제이다. 가령, 철도 현대화 및 확장 과정에서 중국 군부는 주요 이해관계자로 개입한다. 교통부가 모든 정책을 결정하지 못한다. 중국 관영 신화사통신도 "군부의 요구가 철도 발전계획의 일부"이고 "인민해방군이 고속철도 구상 및 계획에 적극 참여하고 있다"고 보도할 정도이다.[148] 여기서 중국이 해외 군사기지의 확대 노력에 군사적 목적은 물론 군산복합체의 조직적, 경제적 이익 추구가 함께 작용함을 언급해둘 필요가 있다.[149] 지정학과 지경학의 결합이 역사적으로 그리고 오늘날 미국과 중국의 패권 경쟁의 본질이자 동력이다.

위 두 연구자는 중국 군지도부 일부에서는 군의 서구화에 대응할 필요를 강조하면서 중동과 동남아와 같이 당과 갈등을 빚을 수도 있다고 전망한다. 그리고 공산당 지도부가 중국 군부를 안정적으로 통제할지에 대해서도 의문을 표한다. 물론 중국 공산당은 지속적인 경제발전과 세계시장 확대를 위해 군산복합체를 발전시키고 활용할 필요가 높다. 이는 제2차 세계대전 이후 미국에서도 발견된 현상이다. 그 과정에서 아이젠하워 대통령의 우려처럼, 군사복합체의 발전이 영원하고 승인되지 않은 영향력으로 나아갈 우려는 남아있다.[150]

퇴임 연설에서 군산복합체의 영향력을 우려한
아이젠하워 대통령

출처: 위키피디어커먼스

　　중국의 군사주의는 앞에서 토의한 영국형, 사회주의형, 제3세계
형 어느 형태와도 가깝지 않다. 물론 중국의 군사주의에서 영국형에서
보는 극적 스포츠형을 보이기도 하지만 민주적 성격과는 거리가 멀고,
승리와 성공의 경험이 부족해 향수병 군사주의는 찾아보기 어렵다. 사
회주의형이라고 말하기에도 어렵다. 오늘날 중국의 군사주의는 이념
보다는 자본의 영향, 즉 정치적 이익보다는 경제적 이익에 훨씬 더 노
출되어 있기 때문이다. 중국은 제3세계가 아니라 패권에 도전하는 초
강대국이다. 물론 중국은 과거 제3세계 진영의 비동맹·자주노선에 동
참한 바 있다. 그렇지만 중국은 스스로 세계 자본주의 틀에 편입해 중
국식의 세계화를 추구하면서 군사화를 적극 전개하고 있다. 결국 중
국의 군사주의는 하나의 별도 범주로 설정해 검토함이 타당할 것이다.

다만, 그 범주를 무엇으로 할지는 더 깊은 연구가 필요하다.

이상 몇 가지 정치체계로 군사주의를 분류하는 것은 개별 사례로 나열하는 군사주의 논의를 유형화하고 그 특징을 살펴보는 데 유용하다. 그리고 정치체계별로 군사주의를 전망해보고 정책적 함의를 도출하는 것을 시도해볼 수도 있다. 그럼에도 불구하고 정치체계로 군사주의를 분류해 논의하는 것을 과대평가할 필요는 없다. 왜냐하면 위 사례들에서 보듯이, 정치체계의 차이에도 불구하고 군사주의는 건재하고 또 지속할 수 있기 때문이다. 평화연구의 대가인 케네츠 E. 볼딩(Kenneth E. Boulding)은 공산주의의 계획경제를 비판하면서 그 전형으로 군대를 거론했다. 그는 자유주의를 옹호하면서 이상의 결핍과 기업의 쇠퇴가 사회를 군사화시킨다고 지적하고, 그럴 가능성은 파시즘 체제, 공산주의 체제는 물론 자유주의 체제도 예외는 아니라고 경고한 바 있다.[151]

유엔의 보고에 따르면 멕시코는 1964년 이후 민간인 실종이 계속되고 있고 그 숫자는 마약조직의 폭력과 효과적인 수사 부족으로 증가하고 있다. 그 숫자는 멕시코 정부가 운영하는 데이터베이스에 등록된 숫자만으로도 10만 명이 넘는다. 그중 약 1/4이 여성이고, 약 1/5이 실종 당시 18세 미만이었다. 또 실종 날짜를 알 수 없는 사건의 대부분(약 97%)은 멕시코가 군사화된 공안 모델로 전환한 2006년 12월 이후에 발생하였다.[152] 1964년부터 지금까지 멕시코가 권위주의와 민주주의 정치체계를 모두 경험했다는 점에서 지속되는 실종과 그 증가 추세는 다른 요인, 즉 정치체계를 막론하고 군사주의를 형성·지속시키는 내재적 요인들을 찾는 것이 타당함을 암시해준다. 위 정치체계별 군사주의는 그 형태상 차이를 보여주고 있지, 군사주의의 발생 여부를 말해주지는 않는다. 그렇다면 한국의 경우는 어떻게 말할 수 있는지도 이런 논의에서 힌트를 얻을 수 있을 것이다. 요컨대, 정치체계도 군사주의의 특징과 변화를 설명하는 데 유용한 한 변인이기는 하지만, 주요 변인이라 하기에는 힘들다.

# 군사주의의 영역

# 제III부

# 군사주의의 영역

제III부에서는 군사화/군사주의 영역을 살펴보면서 그것이 외교 안보 정책결정은 물론 대중의 일상생활에까지 나타나는 광범위하고 다양한 얼굴을 띠고 있음을 알아보고자 한다. 군사화/군사주의 영역을 분류하는 방법은 ① 정치, 경제, 사회, 문화, ② 개인과 집단, ③ 물질과 정신, ④ 국내와 국제 등 다양하다. 아래에서는 주로 ①과 같은 분류법을 적용해 논의하면서 나머지 분류를 보조적으로 활용하고 있다. 구체적으로 군사화/군사주의 영역으로 정치경제, 군대, 노동, 젠더, 신체, 일상·감정, 언론·오락, 공간·영토, 민족·인종, 과학기술, 환경, 해외 개입 등 12개 영역을 살펴볼 것이다. 물론 현실에서는 이들 영역이 구분되어 개별적으로 나타나기보다는 복수의 영역들이 상호 연관을 가지며 복잡하게 전개되어 갈 것이다. 그 동학에 관해서는 제 II, IV부에서 차원과 변화의 관점에서 상세히 살펴보고, 여기서는 군사화/군사주의의 여러 얼굴을 살펴봄으로써 개념과 현실의 연결고리를 튼튼히 하고자 한다.

# 1. 군대

## 1) 군사주의의 엔진

군사주의에 대한 정의는 대단히 다양하지만, 그 한 가운데에 군대가 자리하고 있는 것은 분명하다. 군대는 군사주의와 구체적으로 어떤 관계를 맺고 있는가? 군대, 특히 군의 소수 결정집단이 국방 외의 분야에 영향력을 행사하는 경우를 군사주의라 할 수 있는가, 그렇다면 그때 군은 곧 소수 결정집단과 같은가?

앞 장에서 언급한 배그츠(A. Vagts)는 군사주의의 특징으로 군의 사회에 대한 무제한의 침투성과 지배성 그리고 군대가 본연의 목표를 초월하는 것을 지적한 바 있다.[1] 이때 군 본연의 목표는 당연히 국방의 임무를 다하는 것을 말한다. 미국을 제국으로 평가한 것으로 유명한 찰머스 존슨(Chalmers Johnson)은 배그츠의 논의를 이어간다. 배그츠는 군사주의를 정의하면서 권력의 특정 목표를 달성하는 데 사람과 물질이 효율적으로 집중되는 '군대식'이라는 것과 구분하였다. 존슨도 '군사적인 것'과 군사주의를 구분한다. 군사적인 것은 국가가 국방을 위해 취하는 제반 활동이라고 말하고 군이 반드시 군사주의를 초래하지는 않는다고 지적한다. 즉 군사적인 것에서 군대는 시민의 자유를 위한 국가의 독립적 행위와 관련되는 반면, 군사주의에서 군대는 국가 안보 달성이나 정부구조의 통합성에의 헌신보다는 제도로서 군 조직의 확장을 앞세운다. 존슨은 군사주의를 평시에 군대가 모든 국가기구들 중 가장 중요하다고 말한 배그츠의 정의를 상기시켜주고 있다. 이어 그는 군대가 군사주의의 도구로 변질되면 자연스럽게 국가 간 관계를 수행하는 모든 정부기구들의 위상도 뒤틀리게 된다고 지적한다.[2] 아래에서 살펴볼 국가 간 갈등을 외교적으로 해결하려는 노력이 군사주의 체제에 의해 제약당하거나, 미국의 경우 국무부의 원조 및 개발 협력 업무가 국방부로 분산되면서 제도적 불균형이 나타나는 경우가 그런 예이다. 이 논의는 군대가 곧 군사주의를 보증하는 것이 아니라 군사주의에서 군대의 성격이 변질됨을 말해준다.

## 2) 신경질적인 제도

군대는 어떤 성격인가? 비판적인 군사연구의 일환으로 군대를 다룬 켄 맥라이쉬(Ken MacLeish)는 군대를 항구적 긴장 속에서 느린 사망이 이루어지는 곳으로 비유하고 있다.[3] 민간사회와 군대의 경계를 유지해야 하는 데서 스트레스가 발생하기도 한다. 또 자유의 본성을 가진 인간이 그것을 제약하는 군대 안에서 적응하며 주어진 임무를 수행하려고 노력하면서 발생하는 긴장, 그 과정에서 군인들 간에 발생하는 긴장 등 삼중의 스트레스가 일어나는 곳이 군대이다.

맥라이쉬가 위와 같이 군대를 비유한 것은 독창적인 것은 아니다. 그는 마이클 터식(Michael Taussig)이 고안한 '신경체계'[4]라는 개념을 적용해서 군대와 같은 제도가 강요하는 합리성, 과도하고 모순적인 규칙, 그리고 일상생활에 들어있는 비상사태에 주목한다. 이것이 체계인 이유는 그 자신이 포괄적이고 느낌이 없고 단일한 질서이기 때문이고, 그것이 신경질적인 것은 제도 내 생명이 역동적이고 선동을 받고 부당한 감정으로 가득하기 때문이다. 그런 성질을 갖는 군대에서 군인은 스트레스, 긴장, 불만을 가지면서도 그것을 폭발시키지 않으려고 노력하면서 그 안에서 살아간다. 물론 그런 불안을 이기지 못하고 극단적인 일이 발생하기도 한다.

군대에서 발생하는 긴장과 정상이 모순관계 속에서 병존하는 것을 하나의 '총체적 제도'라고 말할 수 있을 것이다. 맥라이쉬는 어빙

고프만(Erving Goffman)이 일찍이 고안한 '총체적 제도'[5]라는 개념을 적용해 군대를 안과 밖이라는 경계와 타자와의 관계를 논의한다. 이때 총체적 제도에 제도를 구성하는 요소들 사이, 그 제도와 제도 외부 사이에 긴장과 모순이 존재한다. 여기서 총체적이란 제도를 구성하는 요소들이 반드시 제도 밖과 구별되는 특별한 의미를 갖는다기보다는 둘의 경계를 넘나들면서 제도적 속성을 찾아가는 과정에 주목한다. 그래서 총체적 제도는 문화적 승리를 요구하기보다는 가정적 세계와 제도적 세계 간의 특정한 긴장을 지속하고, 사람 관리의 견지에서 항구적 긴장을 전략적 지렛대로 이용한다.[6] 민간 문화 및 사회의 군사화 그 자체는 불완전하거나 모순적인 현상이다. 총체적 제도는 언제나, 이미 '신경질적'이고 벗어날 수 없고, 의도적으로 불완전하다. 또 그 침범성, 과도함, 비합리적이고 과장된 평가, 빈번한 자기모순은 충격적이거나 문젯거리(scandal) 같지 않다. 우리가 이런 현상이 해결가능하다고 보지 않고 그것들을 구성적인 실체로 간주하면 다른 종류의 비판적 시각이 가능하다. 그런 현상들은 결코 부대현상이 아니고 그 시스템이 생명을 그 목표에 묶고 뒤로 밀어버리는 과민한 긴장의 일부일 뿐이다.[7]

군사제도에 관한 민족지학(ethnogaphy)은 내부에서 상상된 견해가 아니라, 안과 밖 사이의 경계를 계속 감시하고 상상하는 일에 대한 관찰이다. 외부자의 존재는 이런 경계를 정의하는 데 좋은 도발인 셈이다. 군대만이 아니라 퇴역군인단체와 같은 단체는 군대 규범을 초과하고 안과 밖의 경계를 곤란하게 만든다. 이때 군인(이었던) 신체는 제도적 관리를 위한 가장 현저한 지렛대이다. 이 규율권력은 신체에 작동해 일정한 불완전성을 드러내면서 그에 저항하는 육체에 직면한다.[8] 퇴역군인단체는 반관반민(半官半民) 단체와 함께 사회의 군사화 측면에서 중요한 행위자이다. 이들은 군대와 사회를 연결하며 군사주의를 사회 저변에, 대중의 의식과 일상생활에 스며들어 가는 데 기여한다.

이상과 같은 연결, 예외, 이탈의 민족지학은 '군사화'에 관한 단일한 견해가 군대 생활에 대한 모든 측면을 잘 설명한다는 시각에 대한 체계적인 비판에서 출발한다. 그리고 민족지학은 군대가 수행하는 정치적·문화적 역할을 의문시하지 않는 태도와 거리를 둔다. 대신 비상사태와 군대생활의 조건에 대한 맥락적 접근을 지지한다. 군대생활은 항구적인 긴장과 끝없는 규율, 느린 죽음에 대한 인내의 동학과 세계 지정학의 모순 사이의 간격 안에 있다. 군대라는 제도는 군인의 생활을 보호하고 처분할 능력 주변에 선택적 경계를 긋는데, 이는 자유주의 정치학이 치명적 폭력을 배치하고 책임지는 일 주변에 선택적 경계를 긋는 일과 똑같다. 물론 이 둘은 생명 보호과 도구화 사이의 근본적인 복잡성은 생략한다.[9]

### 3) 계급지배의 도구

계급적 시각에서 군사주의를 보는 논자들도 있다. 자본주의 사회에서 계급적 시각은 비록 소수의 시각이지만 그 역사는 결코 짧지 않다. 계급적 시각에서 볼 때 군사주의는 자본가들의 배를 불리는 시장 확대, 이윤 극대화를 추구하는 물리적 접근을 지지하는 것에 다르지 않다. 자본주의 발전의 엔진으로 간주할 수 있는 공장은 군사화된 생산제도라는 것이 마르크스주의자들의 기본 시각이었다. 근대 초기 노동자들의 평화로운 집회와 파업은 발포할 준비가 되어 있는 군인과 경찰에 의해 저지되었는데, 그것은 공권력이 기업주들과 연합한 결과였다.[10]

가장 극단적인 입장은 전쟁을 자본가들의 이윤 극대화를 위한 갈

등으로 보고 거기에 노동자들을 총알받이로 이용한다는 주장이다. 제
1차 세계대전은 선발 자본주의 국가 대 후발 자본주의 국가 간의 식
민지 쟁탈전이었다. 독일은 프로이센 주도로 통일을 이룬 이후 프랑
스와의 전쟁에서 승리를 하고 유럽질서의 주도 국가로 발돋움하면서
식민지 개척에도 뛰어들었다. 제1차 세계대전의 징후가 높아지자 독
일의 진보정당인 사회민주당 내부에서 그 대응을 둘러싸고 논의가 벌
어졌다. 의견은 크게 셋으로 갈려졌는데, 독일의 전쟁 참여 지지, 기
권, 반대로 나뉘었다. 사회주의 정치가 리프크네흐트는 앞의 두 입장
을 제국주의 옹호, 기회주의로 비난하고 "이 전쟁이 세계시장의 지배
와 은행가 및 제조업자들의 이익을 위한 제국주의 전쟁이고, 성장하
는 노동운동을 파괴하는 성질이 있다. 그래서 우리의 명백한 의무는
의회의 전쟁 예산을 반대하는데 투표하는 것이다"고 주장했다. 익명
의 그의 친구의 증언에 따르면, 리프크네흐트는 1916년 5월 1일 베를
린에서 열린 노동절 기념집회에서 "우리 프러시아의 독일인들은 군인
이 될 권리, 세금을 낼 권리 그리고 입을 다물 권리 등 세 가지 중대
권리를 갖고 있다. … 가난과 비참함, 필요와 궁핍이 독일을 지배하
고 있다"고 비판하였다. 그는 실제 유럽 전역이 그런 경향을 띠고 있
고, 결국 세계전쟁이 초래할 무정부로 인해 유럽 문명이 파괴되고 있
다고 주장했다.[11]

　　마르크스주의자들은 현대 군사주의를 대중을 공격하도록 대중을
무장시키는 역할을 한다고 본다. 군사주의는 자본주의에 봉사하는데,
그 구체적인 방법은 첫째, 군인정신으로 여러 방면에서 모든 공공생
활을 오염시키고, 둘째, 프롤레타리아 계급을 유순하게 만들고, 셋째,
프롤레타리아 계급의 자유 획득 투쟁을 최대한 방해하는 일을 한다
는 것이다. 군사주의는 직간접적으로 계급투쟁에 정치적으로 간섭한
다고도 본다.[12] 그 수단으로서 군대는 계급투쟁에서의 무기, 즉 사회

내 지배계급의 기득권을 보호하고 프롤레타리아에 적대하는 무기이다. 군대는 경찰, 법원, 학교, 교회 등 사회기구들과 연합하여 그 기능을 수행한다.[13] 리프크네흐트는 군인을 노동자의 경쟁자로 보는데, 노동자의 권리 증진과 그 수단으로서의 파업을 탄압하는데 군이 동원되는 경우도 있기 때문이다. 19세기 말~20세기 초 유럽에서 참정권 운동이 활발할 때 군대와 준군대 조직은 진보정당과 대중의 참정권 운동을 탄압하였다. 이들 조직이 부르조아의 군사주의적 계급투쟁 조직으로 기능하였다는 것이다.[14] 마르크스주의를 비롯해 진보적 시각에서 군대는 군사주의의 수단이고, 군사주의는 노동계급의 권리를 억압하고 자본가 계급의 기득권을 폭력적으로 옹호하는 반동적인 시각에 불과한 것이다.

## 4) 사회적 군대

만약 당신이 해군에 들어가 함정을 타고 1년간 망망대해에서 군생활을 한다면 이때 군대를 어떻게 인식할 수 있을까? 직장으로서의 군대와 개인의 사적 공간은 분리하기 어려울 것이다. 그런 가정이 아니더라도 사회와 격리된 군대에서 생활할 때 가지는 고립감이나 향수병을 어떻게 극복할 수 있을까? 이는 군인 개개인의 문제인가, 군 조직이 대처할 공적인 문제인가? 어쨌든 정보통신기술의 발달로 군대와 사회의 거리를 연결할 수 있는 조건에서 군대의 성격은 어떻게 변하는지 궁금해진다. 이를 반영한 개념이 바로 '사회적 군대(social military)'이다. 사회관계망서비스(SNS)가 군대와 사회의 기존 관계를 어떻게 변화시키는지, 그래서 군대의 성격이 어떻게 변할 수 있는지를 탐색할 수 있다.

직업세계와 가정생활, 공적 영역과 사적 영역 그리고 군대와 사회에서 사회적 매체가 어떻게 다양한 경계와 분리를 복잡하게 만드는지를 탐구하는 일은 최근의 일이다. 사회적 매체와 참여 관찰자들이 군대에 들어가 군인들과 동거하면서 사회적 매체 기술이 군대와 사회의 관계 그리고 군사화를 변화시키는 양상과 그 맥락을 탐구하는 것이다.

피터 아데이(Peter Adey)와 그의 동료들이 진행한 연구도 그중 하나이다.[15] 이 연구에서 종속변수는 군생활에서의 경계이고, 독립변수는 사회적 매체이다. 이 연구를 통해 군사화 경향이 사적 영역으로 야금야금, 더 예측불가능한 방식으로 침투해 들어감을 확인하려고 한다. 여기서 '사회적 군대'란 현대 군대의 특징이자, 이론을 만들어내려 하는 일단의 방법론적 접근을 말한다. 이는 두 가지 논제로 구성되는데, 첫째, 사회 매체와 그것이 군과 맺는 사회적 관계 전환, 둘째는 군대라는 공간을 탐색하는 순서가 일련의 다른 방법론적이고 윤리적인 도전을 대변하는 방식이다.

사회적 군대 개념에서 볼 때 군대는 국방, 위계, 민간세계로부터의 분리 등 재래식 군대 개념과 크게 다르다. 군대는 폭넓은 형태의 사회문화적 변화와 분리되어 존재하지 않는데, 그런 변화는 디지털 기술, 가족의 이동성 그리고 관련 사회적 물질적 실천과 깊이 관련되어 있다. 또 군대는 오늘날 높은 이동성이 하나의 특징인데, 그만큼 네트워크 사회에 존재함을 의미한다. 네트워크화된 생활의 특징이 군대와 전투 현장에 미치는 영향은 알려져 있다. 첨단 통신기술과 정보공유 능력이 군 운용 및 준비태세에 적용되고 있다. 그에 비해 군인과 그 가족 혹은 친구가 SNS를 사용하는 것은 덜 이해되고 단지 지루한 것으로 치부되어 왔다.

사회적 매체는 군인과 그 가족이 자신의 삶을 경험하고 살아가는 방식을 재구성하는 수단이자 그 방식을 말한다. 사회적 매체가 군대 일에 침투하는 일반적인 방식은 군대기구보다는 군인 개개인에 의해 진행된다. 과거에 비해 군의 위계 구조가 불안정해지면서 순간적인 접촉점과 그 장단점이 뚜렷해진다. 사회적 매체의 재구성을 통해 군사화 과정도 영향을 받는데 그 결과가 사회적 군대이다. 사회적 군대는 군대가 이전에도 사회적이었지만 그 방식이 더 아날로그적이고, 강도, 확장성, 참여는 덜함을 반영한 용어이다. 그런 점에서 사회적 군대는 경계, 특징, 구획과 같은 기존 군대의 특징이 약화되는 대신 군대의 성격을 재구성해간다.

사회적 군대를 연구하는 이들은 자신들의 연구목적에 알맞은 연구시각이 페미니스트의 관여라고 보는데, 이 시각은 친근성, 이동성, 체현(embodiment) 등을 초래하는 감정에 개방적이다. 이들 연구는 친근성과 관련된 일부 이진법적 가정과 구획에 문제의식을 갖고 있다. 사회적 매체의 활용으로 물질적으로는 떨어져 있는 지리적 측면과 전자상으로 친근함을 느끼는 사회적 측면이 중첩됨을 발견한다. 그런 친근감은 신체, 가정과 같은 특정 공간, 감정과 같은 특정 형태의 상호작용의 관계 그리고 보살핌과 같은 감정을 구현한다. 결국 사회적 매체를 통한 친근성은 군대생활을 전환하는 대단히 중요한 경험을 제공한다. 군대에서 친근한 관계를 만들어내는 효과는 복지에서부터 개인의 도덕, 조직의 소통과 행동양식 등에 걸쳐 폭넓은 함의를 갖는다.

위 연구결과에 따르면 영국군은 사회적 매체를 활용해 군인과 사회의 관계를 재구성한다. 가령, 독신군인 주택개량사업(SLAM)은 군인 개개인의 생활을 보장해주면서 모바일 연락망을 활용해 전체 영국군 차원의 대단지와 통합되어 있다. 이는 군인의 개성 및 사생활과 군 전체의 통합성을 동시에 보장하는 데 사회적 매체를 적극 활용하는 사례이다. 과거에는 기지가 군인들의 사회적 상호작용의 거점으로서 중요했는데, 이제는 그런 의미가 빠르게 줄어들고 있다. 그런 변화는 디지털 통신에의 접근과 깊은 관련이 있다. 이런 현상은 해외 기지와 통신

기술에의 접근이 제한되었던 곳에서 더욱 두드러진다. 그래서 군 기지가 점점 덜 기지화 된다고 말할 수도 있지만 다른 측면은 없을까? 군이 사회적 매체의 활성화로 군 본연의 위상이 약화되는 것을 보고만 있을까? 저자들은 민간사회와 멀리 떨어져 있는 해군함을 예로 들어 이 문제를 토의하고 있다. 군사화 수준이 높은 공간이 비군사적인 기구들에 의해 간섭받을 수 있다는 가정을 갖고서 말이다.

해군함은 군인들에게 직장과 생활 공간을 분리하기 어렵고 그 결과 함정에 있는 사람들 사이에 친근함이 발생한다. 그렇지만 향수병이나 위계에 의한 고립감도 불러일으킬 수 있다. 이때 사회적 매체를 통해 가족이나 친구와 소통하는 것이 침식된 개인적 생활공간의 의미를 보충해준다. 이를 군의 입장에서 보면, 사회적 매체의 도움을 받아 군인이 군대를 친근한 공간으로 생각해도록 함으로써 군의 통합성이 약화되지 않음을 확인시켜준다. 군인과 그 가족과의 소통은 인권으로 간주할 수도 있고, 하나의 문화로도 받아들일 수 있다. 이런 소통은 신입 병사에게 어려울 수 있는 군으로부터의 기대와 압력 그리고 군에 대한 충성심 사이에서 어느 한쪽으로 기울지 않고 군생활을 잘할 수 있게 해줄 것이다.

사회적 군대의 핵심 관심사 중 하나인 친근성은 군인의 감정과 여건을 반영하는 데 그 특징이 있고 사회적 매체가 그 주요 수단이다. 이런 친근성은 사회적 매체가 발달하지 않고 개성을 무시한 과거에는 발견되지 않은 현상이다. 특히 군대와 같은 조직에서 친근성은 대단히 생경한 현상으로 군의 속성과 위상이 약화될 개연성도 없지 않다. 사회적 매체의 군대 침투로 군대 내 개인과 조직, 직장생활과 사생활의 구별이 흐려지고, 군인과 민간사회 구성원의 소통이 활발해진 만큼 구세대 군 고위층은 그런 우려를 가질 수 있다. 그러나 군 지도층은 군인의식이 투철하고 이런 변화에 능동적으로 대응한다. 신세대 군인의 생활 특징을 적극 고려해 군과 사회의 관계에 개방적인 태도를 취하면서 군인 개인 차원에서는 자기 본분, 군 조직 차원에서는 군의 통합성을 지키는 데 유연성을 보인다. 이런 현상은 군인이 평소 군생활에서 사회와 소통하며 긴장을 줄이고 개성을 유지하도록 해주는 일종의 평화 프로그램 같은 것이다. 그렇지만 군은 그렇게 해주는 만큼 군인과 군대의 일체감을 유지함으로써 유사시에 무리 없이 대처할 준비를 갖추는 셈이다. 결국 사회적 군대는 군대가 군사주의로부터 이탈하지 않고 운영되도록 하는 부드러운 규율 장치인 셈이다.

## 5) 기업가적 군대

마지막으로 군대의 군사주의적 연관성은 앞 절에서 말한 군사주의의 정치경제학으로부터 흘러나온다. 냉전 붕괴 시점과 지경학의 부상 시점이 일치하는 것은 결코 우연이 아니다. 일부에서는 냉전 붕괴가 세계의 평화와 번영을 가져올 것이라는 낙관론을 펼치기도 하였다. 그러나 일찍이 경험해보지 못한 경제의 세계화와 일극체제는 다루기 어려운 간극이 분명히 존재하였다. 냉전이 억눌러온 민족·종교·자원 등 다양한 분쟁 요인의 관리는 준비되지 않았던 터였다. 냉전 해체 시기 에드워드 류트왁(Edward Luttwak)이 "신지경학의 시대에 분쟁의 원인이자 결과는 경제적이어야 한다"[16]고 주장한 것은 군의 경제적 개입의 가능성을 부각시켜 주었다. 베를린 장벽이 붕괴되는 즈음에 논문을 발표하면서 그는 무역 규제, 보조금 그리고 사회 비지니스 투자 등을 지경학적 분쟁이 수행하는 방식의 예로 들었다. 그는 돈이 지경학적 전략을 수립하는 경제기구들을 전장에 배치하는 수단의 일부라고 했다. 그러면서 경제기구들은 군의 전술과 전투 역할을 수립하는 방식에 함의를 준다고 말한다.

강대국들이 군대를 보내 대외문제에 개입하는 이유도 늘어났다. 종교, 자원에서부터 이념을 거쳐 이제는 각종 재해도 개입의 명분으로 삼고 있다. 특히 해외 분쟁에 군사적 개입을 결정한 강대국은 (분쟁 후는 물론 분쟁 도중에서부터) 그 지역으로부터 경제적 이익을 추구한다. 이때 군이 개입한 국가는 국가이익 혹은 지역 안정화를 명분으로 내놓지만 실리는 따로 있는 것이다. 그러니 군대가 민간업체와 손잡고, 혹은 필요시 자체적으로 이익 창출을 위한 작업을 전개하니 이를 기업가적 군대라 부르기에 충분하다.

군대가 경제적 이익을 추구함에 있어서 그 위상과 역할도 단순하지 않다. 분쟁지역에서 군은 국가나 기업의 이익을 대행할 수도 있고, 군 자신이 이해당사자로 경제활동에 나설 수도 있다. 현실에서는 두 역할을 동시에 수행하고, 현지 국가기구, 국내외 기업과 협업을 전개한다. 여기에 밖으로는 경제의 세계화, 안으로는 군사주의화 경향의 확대가 배경으로 작용한다. 그래서 강대국의 국가안보전략, 구체적으로는 군의 교리와 작전지침에 경제적 요소가 부각된다. 칼 J. 슈람(Karl J. Schramm)이 말한 '모험경제'의 군사전략론은 좋은 예이다. 슈람은 분쟁 후 경제 재건이 해당 국가의 사회 안정에 필수적이라고 전제하고, 경제 재건이 미군의 핵심 임무가 되어야 한다고 주장한다. 나아가 그는 군의 재건사업이 중소기업을 중심으로 한 기업가주의에 기반해 조직해야 한다고 제언한다. 나아가 그는 군 주도의 경제재건을 제언하며 군인과 군대가 그런 임무를 수행할 수 있도록 훈련받고 재편해야 한다고 주장할 정도였다.[17] 수많은 전문가들이 거론해 이제는 식상해진 지경학도 군사주의의 정치경제학과 기업가적 군의 요청을 반영하고 있다. 문제는 기업가적 군대로의 변신이 이론이 아니라 실제라는 데 있다. 이라크 침공을 주도한 도널드 럼스펠드(Donald Rumsfeld)는 2002년 국방장관 재임시 기업가적 군대를 공식 천명하였다. 그는 당시 유명 외교 전문지에 이렇게 말했다.

> "군대는 더 기업가적 접근을 장려해야 한다. 기업가적 접근은 대중이 소극적이지 않고 더 적극적이고, 관료 같지 않고 더 벤처기업가처럼 행동하는 것 그리고 위협이 등장하고 확실한 것을 기다리지 않고 미리 예상하고 그것을 퇴치하고 제거할 능력을 개발하는 것을 말한다."[18]

기업가적 군대는 이제 국제질서를 주도하는 소수 강대국만의 전유물은 아닌 것 같다. 한국에서도 정부가 방위산업 수출 확대를 천명하고, 이를 위해 수출 후 세일즈(post-sales) 개념을 제시할 정도이다. 그리고 우크라이나 등 분쟁 국가에 무기 수출과 권위주의 국가들에 시위 진압용 무기 판매를 해당국과의 군사협력과 병행하는 경우도 나타나고 있다.

네트워크 중심의 전투와 군대의 기업가주의는 군대가 기업의 가치를 채택하고 전쟁을 사적 영역에 아웃소싱하는 경쟁모델로 전환해가는 방식을 지지한다. 이는 군대가 국가는 물론 기업, 안보는 물론 경제에 깊이 관여하는 것을 의미한다. 그러나 돈을 무기체계로 주목한 길버트는 군대가 경제를 끌어안는다는 것을 다각적으로 검토한 바 있다. 첫째, 군대의 목적으로 시장화와 기업가 정신을 강조한다. 돈이 군대에서 변화를 초래하는 무기이자 상징이 되는 셈이다. 둘째, 그런 현상에 대응하는 대안적인 거버넌스를 도입하지 않으면 국가의 역할은 약화된다. 전쟁은 영토 획득보다는 시장 확대에 관한 것이 되고, 돈의 무기화는 해외시장을 서구 자본에 개방시킨다는 지경학적 논리의 좋은 예이다. 비록 군대는 국가의 군대이지만 군대의 경제적 역할은 더 확대되는데, 군이 주권, 영토, 법치에 예외성의 지렛대를 갖고 자본주의를 실행하기 때문이다. 셋째, 인간안보보다는 안전한 시장의 견지에서 안보 개념을 변화시킨다. 기업가주의는 자기 관리 및 규율을 할 수 있는 집단과 그렇지 못한 집단을 나눈다. 위기는 완화되지 않고 그 영향은 모든 대중들을 향한다. 움직이는 재래식 폭력이 지속되면서 군인과 민간인 모두 많은 사상자를 내고 사회 인프라에 대한 손상도 커진다. 그런 상태에서 인간안보는 더욱 악화된다. 돈의 무기화는 인간안보보다는 시장 접근 보장 그리고 정치적 법적 자유보다는 자유시장 보호라는 견지에서 재정의된다. 비치명적 무기로서 돈의 배치는 강제의 형태를 인정하지 않고 보다 인간적이고 호의적인 전쟁방식으로 간주될 수 있다. 결국 돈의 무기화는 서방이 벌이는 전쟁이 어떻게 돈과 시장을 통해 수행되는가 그리고 기업가적이고 시장화된 결과가 어떤 것인가와 같은 심각한 문제를 던져주고 있다.[19]

여기서 하나 더 생각할 바는 기업가적 군대가 일국적, 국제적 차원을 막론하고 군사주의를 확대 강화시킬 수 있다는 사실이다. 미국 외교안보정책을 군사주의 시각으로 관찰해 온 전직 군인 출신 앤드류 바세비치(Andrew J. Bacevich)의 말이다.

> "미국인들은 이 야금야금 서서히 진행되는 군사주의(creeping militarism)를 의식하지 못한다. 군대를 시민 덕성의 저장소로서 국력과 군사기구의 압도적 표현으로 보는 것, 군사기술의 혁명적 진화를 복잡한 문제의 해결책으로 기대하는 것, 직업적 군사 엘리트에 국방을 아웃소싱하는 것, 문민통제의 약화 등은 미국인의 현명함을 왜곡한다."[20]

기업가적 군대는 '야금야금 군사주의'의 일부이다. 야금야금 군사주의가 미국에서만 일어나는 일일까? 또 야금야금 군사주의가 국방

분야에만 일어난다면 그것은 군사주의가 아닐 것이다.

## 2. 정치경제

군사주의 정치경제(political economy)는 군사화/군사주의를 지지함으로써 정치경제적 이익을 추구하는 과정과 그 현상을 말한다. 거기에는 군수산업과 군비경쟁, 공격적인 외교안보정책 그리고 이를 지지·확산하는 대내적 입법 및 문화활동과 국제 공조를 포함한다.

### 1) 군비 지출의 정치경제

댄 스미스와 론 스미스(Dan Smith and Ron Smith)는 냉전의 한 가운데서 강대국들의 군비 지출 동학을 분석하면서 군사주의에 관한 정치경제적 이해를 보여주었다. 두 사람은 세계 각국이 합리적인 과정을 따른다고 해도 그 결과는 핵전쟁과 같은 비합리적인 결과를 초래할 수 있다며 합리성의 한계와 상대성을 지적하였다. 군비 지출의 과정에 참여하는 각 행위자들이 다른 입장을 갖고 합리적이라 평가하는 영역이 서로 다를 때도 복잡한 현상이 발생한다. 군비 지출이 합리적이라는 한 사람의 판단이 그에 대한 동의를 의미하지 않고, 군비 지출에 관여하는 모든 사람이 합리적이라는 것은 더더욱 아니다.[21] 그래서 군비 지출을 평가하는 이론도 합리성에 기반한 비용-편익효과 이론 외에도 기술 발전을 구현하고자 하는 동기, 군사 관료 및 산업 이익의 작동, 이익 및 경제성장 유지를 위한 군비 지출, 당선을 위한 정치인의 이해 등 다른 정치경제적 요소들을 강조하는 이론들이 즐비하다.

이상의 논의는 모두 대내적 변수들이다. 위 두 저자들은 일국의 군비 지출은 자본주의 질서 내 해당국의 위상에 의해 영향을 받고 그 위상을 지속한다는 방향성하에서 결정된다고 본다. 또 국가는 단일 행위자가 아니라 군비 지출 결정이 이루어지는 일련의 제도이다. 자본도 단일 블록이 아니다. 정치인과 관료, 군산복합체 등 다양한 이해당사자들이 관여하여 군비 지출이 결정된다.[22] 이는 군사주의의 실제가 합리성의 규제를 벗어날 수 있고 그 차원도 일국을 넘어 국제적임을 말해준다. 그러므로 기본적으로 군사주의는 정치경제학의 영역인 셈이다.

두 스미스는 군사주의의 전략적 요구를 네 영역으로 제시하는데, 정치경제의 문제들이다. 그것은 첫째, 국제 자본주의체계를 방어하고, 둘째, 군대는 선발 자본주의국가와 후발 자본주의국가 간 관계를 규제하는 메커니즘의 일부이고, 셋째, 패권국가가 자본주의체계를 조직하는 능력의 기초이고, 넷째, 국가의 군대 독점과 군사주의 및 애국심 동원 능력은 기성 사회질서에 대한 대내적 위협에 대처한다.[23] 아래 여러 영역을 통해 군사'주의'는 하나의 주의주장이 아니라 그것을 통해 정치경제적 이익을 추구하는 일련의 실천임을 알 수 있을 것이다. 그 과정에서 정치권력과 경제권력은 다양하고 유연한 방식으로 협동을 추구해나간다.

그렇다면 국방비 증가가 곧 군사화를 의미하는가? 적정 군사비는 어떻게 책정하는가? 가령, 미국 경제활동에서 국방비 비중은 크게 줄어든 추세라고 하지만 그것이 폭넓은 공감대를 얻는지는 의문이다. 국내 총생산에서 국방비의 비중은 1950년대 9.4%에서 21세기 첫 10년대에 3.8%로 하락했다. 그럼에도 무기 생산 및 구입과 서비스 관련 국방비는 전체 국방 예산의 40% 이상이다. 그리고 국방부와 사업을 하는 주요 민간계약업체의 지리적 집중현상도 언급할 필요가 있는데,

캘리포니아주, 버니지아주, 텍사스주, 매릴랜드주 그리고 코네티컷주가 그렇다.[24] 이런 사실은 적정 군사비가 국방정책 방향에 일차적으로 의존하지만 국내정치적 영향도 받을 수 있음을 시사해준다. 그에 비해 미국이 베트남 전쟁 이후 가장 많은 적극적인 군사개입을 한 이라크와 아프가니스탄 전쟁에서 미국이 쓴 군사비가 과도했다는 점은 사실이다. 리처드 N. 하스(Richard N. Haas)는 미국이 이라크와 아프가니스탄에 쓴 군사비가 가장 많을 때는 연간 재정적자의 10~15%에 육박했다고 평가한다. 경제 · 재정 · 정치적 실패가 미국이 해외에서 해야 할 일을 힘들게 한다고 지적하고, 그는 국방 · 안보 예산이 미국 경제 악화의 원인은 아니지만 경제적 곤경에 기여한 것은 사실이라고 주장한다. 아프가니스탄 전쟁 개입을 포함해 가장 많은 군사 · 안보비용은 7,500~8,000억 달러로 연방예산의 20%가 조금 덜 된다고 한다.[25] 미국의 이라크, 아프가니스탄에 대한 군사적 개입에 투입한 재정을 정상 국면에서 지출하는 군사비와 구분하지 않고 말하는 것은 적절해 보이지 않는다. 다만, 과도한 군비를 초래한 미국의 군사 개입 자체가 적정했는지는 토의할 수 있다. 그 논의는 외교안보정책에서의 군사화와도 깊이 관련되어 있는데 제Ⅴ부에서 더 살펴볼 것이다.

러-우 전쟁은 미국이 참전하지 않고 다각적인 이익을 얻는 기회이다. 자유민주주의를 바탕으로 소위 '가치 연대'를 통해 푸틴 정권에 맞서면서도 군인을 투입하지 않고, 대신 무기 지원 및 수출로 경제적 이익까지 획득하기 때문이다. 칼럼니스트 마크 A. 티센(Marc A. Thiessen)은 680억 달러에 달하는 미국의 우크라이나 군사 지원의 약 90%가 미국에서 사용된다고 확인해주었다. 미국 민간연구기관의 조사를 인용해 그는 우크라이나를 향한 무기 생산처가 미국 내 31개 주, 71개 도시의 117개 생산라인이라고 말했다. 티센은 또 러-우 전쟁으로 미국은 우크라이나뿐만 아니라 안보 불안을 느끼는 다른 유럽국가들에도 막대한 무기수출을 하고 있음을 구체적인 수출 내역으로 밝혀주고 있다. 2005년 이래 한 기도 생산하지 않던 스팅어 지대공 미사일도 다시 생산해 1,400기(6억 2,460만 달러 규모)를 우크라이나에 제공한 것은 그중 일부에 불과하다. 그는 결국 우크라이나에 대한 군사 지원이 위험할 정도로 위축된 미국의 군수산업을 다시 일으키고 있다고 평가했다.[26] 이외에도 많은 탐사보도와 전문가들이 러-우 전쟁이 장기화되는 데 러시아 푸틴 정권과 폴란드 젤렌스키 정권의 정치적, 군사적 입장 대립만이 아니라 군산정복합체의 이익이 작용하고 있음을 지적해왔다. 결국 군비 지출은 군대, 군수기업, 정치세력의 이익을 충족시키는 것인데, 그 대가가 인명 살상과 생태 파괴이다. 이것이 군비 지출의 정치경제의 실상이다.

## 2) 전쟁 옆의 군사주의

냉전 시대 미소 두 강대국 간 세력균형으로 제3차 세계대전의 발발 가능성은 높지 않았다. 그럼에도 핵무기 개발이 확산되면서 핵전쟁의 위험, 즉 인류문명을 파괴할 위험은 오늘날까지 이어지고 있다. 사회적 차원에서 군사주의는 하나의 생활양식으로 간주할 수 있지만, 기본적으로 군사주의는 전쟁(준비태세)과 관련 있는 정책 성향이다.

군사주의에 비판적인 시각을 띤 논자들은 군비경쟁을 정치경제학적으로 접근하였다. E. P. 톰슨(E. P. Thompson)은 군비경쟁과 군산복합체는 자기를 재생산하고 문명을 파괴할 위험이 있는 자체 역동성이 있다고 하면서, 그것이 강대국들이 상호 파괴를 회피하는 합리적인 정치경제적 이해에 의해 제약될지 의문을 표했다. 평화운동의 이론을 제공해온 매리 캘더(Mary Kaldor)는 전쟁양식과 생산양식 사이의 긴장에서 전쟁의 뿌리를 찾으며 전쟁이 자본주의에 부담이 된다고 보았다. 이들의 시각과 달리 찰스 틸리, 테다 스카치폴, 앤소니 기든스 같은 신베버 역사사회학자들은 경제결정론을 비판했지만, 전쟁과 군사주의를 자본주의 혹은 제국주의의 확장으로 간주하면서 (톰슨이나 캘더가 주목한 전쟁과 전쟁 시스템의 성격과 내적 역동성보다는) 주로 전쟁과 군사력의 역할을 검토하였다.[27]

냉전 붕괴로 경제의 세계화가 본격화되었다. 그와 연동해 정보통신기술의 급격한 발달과 언론의 영향력 증대 그리고 불평등의 세계적 확산이 두드러졌다. 이런 거시 현상이 구조적 배경으로 작용하여 전쟁 양상과 그 요인들에도 변화가 발견되었다. 물론 새로운 전쟁 수행 방식이 선형적이거나 완전한 변화를 의미하지는 않는다. 산업화에 기반한 전면전의 개연성은 아시아에 핵전쟁 위험으로 남아있었다. 그 둘이 결합해 대규모 전쟁을 초래할 수도 있다.

그럼에도 자본주의 사회에서의 큰 변화가 전쟁에서 큰 변화를 초래하는데, 첫째, 경제와 사회가 점점 세계적 토대 위에서 발전해갔다. 캘더가 지칭한 '군사 포디즘'이 끝나고 공공의 이익이 강대국 간 전면전쟁의 가능성을 배제하였다. 세계화된 시장에서 자본이 자유로운 이익 추구에 속도를 더하는 상황에서 전쟁은, 적어도 세계대전은 상상할 수조차 없다. 둘째, 세계경제에서 발전해가는 국가들은 공동의 정치·경제적 제도에 참여해 이익을 증진할 수 있게 되었다. 이 역시 전쟁 가능성을 축소한다. 셋째, 세계 미디어 공간의 발전이 더 통합적이고 국제화된 다매체 환경을 만들어 세계 정치와 전쟁의 정보 맥락을 급격하게 변화시켰다. 이는 전쟁 관련 정보를 군대가 모두 통제하기 어렵게 되었음을 의미한다. 언론의 영향력 증대는 비밀리에 정치경제적 이익을 추구하는 세력의 손발을 덜 자유롭게 만든 대신, 언론과 대중영합주의가 손잡고 분쟁을 초래할 개연성을 높일 수 있다. 에드워드 스노든(Edward Snowden)의 정보기관에 의한 민간사찰 폭로와 걸프전을 중계한 CNN 효과가 좋은 예이다. 넷째, 국제법 체계의 발전은 군사적 사건이 새로운 방식으로 법적으로 감시될 수 있음을 의미한다. 세르비아의 밀로세비치, 이라크의 후세인, 리비아의 가다피가 전쟁 범죄 및 반인도 범죄 등의 혐의로 국제인도법의 심판을 받았다. 현재 푸틴 대통령이 전쟁범죄 혐의로 국제형사재판소(ICC)의 체포 영장이 발부되어 있고, 유엔 북한인권결의를 통해 김정은은 반인도 범죄 혐의를 받고 있다. 이런 사례는 보편적 규범이 국경을 넘어서고 있음을 보여주고 있고, '보호책임(R2P)'이 그 흐름을 선도하고 있음을 말해준다. 물론 국제 인권 및 인도법의 적용은 정치적 채널을 거치며 선택주의로 전개되기도 해 보편적 적용에는 한계를 보이고 있다.

이와 같이 세계질서 변화 요인들이 엮어낸 군사주의의 양상 변화의 결과 강대국 간 전쟁 가능성은 낮아졌다. 대신 약소군 간, 국가와 무장정치집단, 무장정치집단 간의 전쟁은 더 많이 발생할 것이다.[28]

## 3) 군대와 군수기업의 짝짓기

앞서 군사주의의 정치경제적 동학에 관여하는 이해 집단들을 열거하면서 군산복합체도 그 중 하나로 언급하였다. 군산복합체가 군사주의 추진력으로 얼마만큼의 비중을 차지할까? 적어도 1/n은 아닐 것이다.

냉전이 전개되면서 군수기업이 급격하게 발전한 점을 상기할 필요가 있다. 무기 생산업체들의 다변화 현상이 발견되는데, 이는 군수산업의 분화가 대단히 전문화되고 군수 계약에 의존함을 의미한다. 그런 의존은 복잡한 문제이다. 특정 국가에서는 군산복합체의 능력이 안보에 결정적이라고 볼 수 있다. 군산복합체는 산업을 공급하고 거기에 정규업무를 제공하고 혁신을 지속시킨다. 이와 달리 군산복합체를 비판하는 사람들은 그런 관계를 과잉 단순화하며 군수기업이 무기 획득, 전략 및 군비 지출을 결정한다고 주장한다. 부분적으로 그것은 군수기업이 미국에서 커다란 영향을 끼치며 정치적 영향력도 크게 행사하는 데서 연유한다. 군산복합체는 일반적으로 음모나 뇌물 및 부패에 기반하지 않는다. 오히려 상호이익으로 발전하는 구조적 짝짓기의 기반 위에서 작동한다.[29] 그러나 군수기업의 무기 납품은 정치인들과의 공모와 비리, 곧 뇌물 스캔들에 연루되는 경우가 적지 않은 것이 사실이다. 한 예로, 1930년대 중반 미 의회에서 제널드 나이(Gerald Nye) 상원의원이 이끄는 위원회는 전쟁의 원인과 관련해 권력과 업계의 비리 의혹을 조사하였다. 조사 결과 금융계와 무기업체 그리고 정부관리들 간의 국가적 및 국제적 차원의 공모를 적발하였다. 위원회는 군사주의가 현대 전쟁과 자본주의의 복합 요구로부터 발생하였음을 이해하고, 미국을 1917년 전쟁으로 몰아갔는지를 비난하고, 평시에도 그런 공모가 기업과 정부 권력의 집중 그리고 미국인의 삶을 병영화하는 것을 경고하였다. 당시 그와 관련해 베스트셀러 반열에 『죽음의 상인(The Merchants of Death)』, 『전쟁으로 가는 길: 1914-17 미국(Road to War: America, 1914-17)』 등이 있다.[30] 2023년 9월 하순, 뉴욕 맨해튼 연방지방검찰청이 밥 메넨데즈(Bob Menendez) 상원 외교위원장을 불법 무기거래 혐의로 기소하였다. 상원의원, 그것도 외교위원장의 위치를 감안할 때 메넨데즈의 의원이 다양하게 불법 무기거래에 관여한 것은 미국 정가에 충격으로 다가갔다. 이런 무기 개발 및 거래 과정에서의 비리와 부패는 예외적인 경우인가, 필연적인 현상인가? 어느 경우이든 불법 무기거래 비리는 군사주의의 단면임이 분명하고, 그 영향은 지역 정세, 국가 간 관계와 시민의 복지에 걸쳐 나타난다.[31]

군대와 군수기업은 높은 군비 지출을 요구한다. 이 둘의 공모는 주요 군장비 생산 계약을 둘러싸고 조직된다. 기술적으로 정교한 무기

획득은 둘의 관계 발전 없이는 일어나지 않는다. 그런 공생은 두 근본적인 정치·전략적 가정에 기반한다. 하나는 국가 차원의 무기 개발 및 생산은 국가안보의 요구라는 가정이고, 다른 하나는 선진 군사기술이 안보상 필요하다는 가정이다. 군대와 군수업체의 구조적 짝짓기는 그런 가정의 불가피한 결과라는 것이다. 두 번째 결과는 주요 무기 공급자들이 군 예산의 수립 및 집행 결정에 영향력을 행사하는 점이다. 이런 영향은 군대 및 관료기구와의 계약을 통해 직접적으로 그리고 정치적 영역을 통해 간접적으로 진행된다. 자연히 이런 기업의 영향은 군비 지출을 높이는 방향으로 미친다. 무기생산 입찰 및 조달 과정에서 군수기업들 간 경쟁이 발생하지만, 군수기업의 영향력과 해당 무기체계의 전문성 등을 고려할 때 일종의 제한경쟁 양상을 띤다. 이런 수준의 경쟁은 군 관료조직 내 음모와 공작을 허용하고 결국 집단 이익이 국가외교안보정책의 실행 안에서 작동하도록 해준다.[32]

1945년 이후 정치·군사·경제적으로 가장 강력한 나라는 미국뿐이었다. 1944년 10월 프랭클린 루스벨트 대통령은 "이 지구적인 전쟁에서 정치적인 것이든, 군사적인 것이든 미국의 이해가 걸리지 않은 문제란 사실상 존재하지 않는다"고 말했다. 동시에 전쟁에 의해 미국 자체가 변혁되었다. 미국은 이제 더 이상 탈군사화된 국가가 아니었다. 나중에 '군산복합체'라고 알려지게 된 것이 전쟁에 의해 창출되었고 나아가 평화시에도 존속한다. 미국이 유례없는 규모의 군대를 계속 유지하고 배치해두었기 때문이다. '안보국가'가 출현했고, 이 속에서 중앙정보부(CIA) 같은 새로운 기관과 더 강력해진 군부가 의사결정에서 차지하는 비중이 더 커졌다. 1949년에 미국은 거의 150억 달러에 달하는 연 군사비를 지출했고 약 150만 명의 병력을 유지했다. 아이젠하워 대통령은 보잉사 사장인 애얼 섀퍼(Aerl Schaefer)에게 말했다. "미국은 자신의 경제를 지탱하기 위해 특정한 원료를 얻을 필요가 있고, 또 가능하다면 우리의 잉여를 위한 수익성 있는 시장을 보존할 필요가 있다. 미국의 외교안보정책은 바로 이러한 필요에 기반을 두어야 한다." 1960년대 초 미국은 30개국 이상에 100만 명 이상의 병력을 배치해두고 있었다. 미국은 42개국과 상호방위조약을 체결했고, 100개 이상의 나라에 군사원조를 제공했다. 1965년 딘 러스크(Dean Rusk) 국무장관은 "우리는 육지에서든 바다에서든 대기권에서든 심지어 지구를 둘러싸고 있는 우주에서든 지구상의 모든 것에 관심을 기울여야 한다"고 말했다. 이상과 같은 현상은 미국이 유례없는 전 지구적 권력의 선두 주자이고, 세계의 모든 곳에 미국이 개입할 권리가 있다는 것을 주장한 것이었다. 미국은 제2차 세계대전 이후 45년 동안 거의 300회에 걸쳐 전쟁이나 기타 군사작전을 벌이고 군대를 배치했으며 핵경계 태세에 들어갔다.[33]

군산복합체는 처음부터 비대화를 지향하고 비리를 내장하고 결국 사회와 세계의 군사화를 초래할 운명이었는가? 리처드 트레드웨이(Richard Treadway) 대령은 2차 걸프전 개시 작전을 지휘하였다. 미군은 2003년 3월 19일 미 공군 원정대가 국방부 특별 비밀명령으로 후세인 암살작전을 수행할 때 GPS 기반 벙커버스터를 이용했다. 물론 작전에 참여한 부대원들은 그들의 작전이 무엇인지를 몰랐다. 트레드웨이 대령은 스텔스기와 정밀무기를 이용한 그 작전을 "대단한 도약"이라고 찬양하면서 과거 전쟁의 원시주의(barbarism)로부터의 거대한 진보라고도 평가한다. 그는 군산복합체를 목숨을 구하는 선한 군대라고 치켜세운다. 그러나 개시 작전이 후세인을 잡지 못하고 이후 많은 군사작전이 이라크 민중의 마음을 얻지 못한 결과를 인정하였다. 책임지는 이는 없었다. 물론 럼스펠드 장관이 가장 큰 책임이 있다. 트레드웨이 대령은 군산복합체가 아이젠하워 대통령에서 만들어진 말이라는 것을 알고 있고, 그것이 전례 없는 규모와 독특한 방식으로 발전해갔다고 그 특징을 언급한다. 나아가 그는 미국의 전쟁방식이 '압도적인 병참 지원하에 압도적인 화력'에 그 특징이 있다고 말한다. 그는 유수의 군수기업 이름들을 언급하면서 그들이 미국 민간 산업의 많은 부분도 창출했다고 평가한다. 그는 군산복합체가 무기의 힘으로 대중을 해방시키고, 외과수술식 공격이 가져다줄 보호를 통해 대중의 신뢰를 획득하는 것으로 간주한다. '부수적 피해와 무고한 목숨의 위험의 최소화'가 대중의 지지를 얻는 데 대단히 중요하다고 인정하고 그는 군산복합체가 그런 역할을 해왔다고 주장한다.[34] 과연 그런가?

앤드류 바세비치에 따르면, 1980년에서 2001년 9/11 테러 사이 미군은 이슬람 세계의 10여 개 국가들(리비아, 레바논, 이라크, 쿠웨이트, 소말리아, 보스니아, 사우디아라비아, 아프가니스탄, 수단, 코소보, 예멘 등)을 "침략하거나 점령하거나 폭력을 가했다." 2014년 미 국방부는 2011~14년 사이 "150개 이상의 나라에 특수작전부대가 배치"되었다고 말했다. 2015년 1년 동안 미 정예특수부대가 약 150개국에 배치되었고, 워싱턴이 안보 병력의 무장과 훈련을 지원한 나라는 그보다 더 많았다. 그래서 찰머스 존슨이 미군의 전 세계적 네트워크를 거론하며 미국을 '군사기지제국'이라 부른 것도 무리는 아니다.[35] 그 과정은 미 군부 단독이 아니라 군수기업 그리고 워싱턴 정치권이 삼각공조를 이루어 진행된 것으로 보는 게 합당할 것이다.

위에서 아이젠하워 대통령의 발언을 언급하였는데, 그가 군인 경험과 양심을 결합해 군산복합체의 영향에 우려를 갖고 있었다는 점도 말해야 공정할 것이다. 아이젠하워 대통령의 고별연설은 군산복합체로 유명해졌는데, 그의 손녀 수잔(Susan)에 따르면 원래는 '군산의복합체(military-industrial-congressional complex: MICC)'였다고 한다. 연설 바로 전에 아이젠하워는 의회를 삭제했는데, 국정 운영에 초당적 협력을 강조해 온 그가 의회의 협조를 얻는 데 부정적인 영향을 우려

했다고 한다.[36]

중견 안보전문가인 조지프 시린시언(Joseph Cirincione)은 안보 관련 계약 및 정책의 지속적 전개를 고려한다면 둘(군대와 군수기업)이 아니라 의회가 포함된 셋, '철의 삼각형(iron triangle)'이 맞다고 말한다. "그 셋이 미국 국가외교안보정책의 토대를 형성한다"는 것이다. 그는 그 예로 미 전투기 생산 결정과정을 든다. F-22 랩터 전투기 생산과 관련된 지역구 의원은 F-22 생산과 관련된 일자리 창출과 자금 유입을 위해 F-22 사업을 지지할 수밖에 없다. 그는 행정부와 군수기업들에 취약해진다. 결국 F-22를 생산하는 지역구 의원은 의회와 행정부에 군수기업의 입장을 지지하고 대변하는 역할을 하는데, 이를 '홀로그램 복합체(holographic complexity)'라고 말하기도 한다. 물론 MICC는 세 구성부분들 간 공모와 경쟁은 물론 각 부분 내에서도 상호 경쟁으로 역동성을 만들어낸다. 그러나 결국 무기 판매자와 구매자는 서로 협력해 둘의 이익을 결합시킨다. 무기개발 프로그램 예산은 처음과 달리 크게 높아진다. 그 과정은 무기의 기능을 과대평가하고 군수업체가 부담할 바는 과소평가하는 초기비용 과대책정(frontloading)과 무기판매를 촉진시키는 정치적 공작(political engineering)으로 진행된다. "초기비용 과대책정은 무기개발 프로그램을 개시하는 것이고, 그것을 지속시키기 위해서는 돈과 일자리를 가능한 신속하게 의회 지역구에 갖고 들어와야 한다"고 스피니(Spinney)는 말한다. 그 좋은 예가 F-22 랩터 전투기이다. 이 전투기는 한 대 가격이 처음 3천만 달러로 평가되었지만 최종 3억 달러가 되었다. 기술적 문제는 더 많아졌다. 그 전투기는 소련 전투기를 상대로 한 공대공 임무로 제안되었지만 소련은 붕괴되었다. 그럼에도 F-22는 44개국에서 계약을 맺었는데, 이는 관련 미 의원들이 F-22 개발 프로그램을 지속하면서 기득권을 누리고 있음을 말해준다. 그런 공모는 군이 대변하는 공공이익이 계약자의 사적

이익과의 경계가 모호해지는 위험을 증가시킨다.[37]

군산복합체의 출현과 그 정치적 영향력 행사에서 군부와 기업 그리고 정치집단 중 어느 쪽이 주도적인 역할을 하느냐는 부적절한 질문일 수 있다. 이 셋은 긴밀한 상호협력으로 군수산업과 외교안보정책의 공동 발전을 추구하기 때문이다. 이제 그런 움직임은 미디어와 오락산업의 지원으로 국가의 정책결정에 더 깊이, 대중의 의식에 더 자연스럽게 파고들고 있다. 군산복합체의 진화는 그 주체의 확대와 연대강화는 물론 그 영역의 확장, 즉 대기권 밖으로 나가는 것에서도 알 수 있다. 2015년 파리국제에어쇼에서 데보라 리 미 공군 장관은 "미 공군은 전 세계의 산업계와 협력자 없이는 임무 달성이 불가능하다"고 말하면서, "오늘날 공군력은 하늘, 우주, 그리고 사이버 세계까지 포함한다"고 강조한 바 있다.[38] 세계 강대국들 간의 군비경쟁이 가장 치열한 분야가 우주 및 사이버 군사력인데, 이 분야가 기존의 전쟁 판도까지 지배할 것이기 때문이다.

## 4) 무기체계로서의 돈

군사주의의 정치경제는 군사활동에 경제적 요소가 보다 깊이 작용함을 의미한다. 그를 둘러싸고 관련 이해 당사자들의 움직임이 복잡해지는 것은 단적인 현상이다. 가령, 해외 미군의 활동에서 기업, 시장, 경제적 이익, 인도주의 혹은 개발 관련 기구들의 움직임이 점점 두드러진다. 여러 실증 연구를 통해 분쟁 후 국가에서 미군의 '안정화' 활동은 물론 분쟁 중에도 경제적 요소들의 영향이 높아지고 있음을 알 수 있다.

미국의 대외 인도주의 지원활동은 전통적으로 국무부와 미 국제개발처(USAID)가 주무 기구였다. 그러나 새천년 들어 국방부와 군도 분쟁 후 재건과 인도주의적 지원 활동에 관여하기 시작했다. 그리고 양측의 협업으로 안정화 및 재건 활동이 더 활발해지고 있다.[39] 특히, 이 분야에 새로 뛰어든 미군은 분쟁 후 지역 안정화 작전에 민간업체의 참여를 높이고 지역주민의 시장경제 활동을 장려하는 조치들을 개발해왔다. 미군은 군사 계약업체와 민간보안기업에 기회를 제공하는데, 그 방식이 해외 무기판매와 같은 안보지원 이니셔티브와 재건활동이다. 이런 안보전략에서 사적 영역의 발달은 지역민들 사이에 시장 중심적 주체성의 생산과 시민의 기술 증진에 기여한다. 미군의 안정화 전략의 시작에서부터 민간 영역은 '제5군대의 공급자'로 규정되고 미군의 전투활동과 통합되어 있다.[40] 이렇게 미군의 안정화 작전에서 기업가적이고 시장 주도적 논리는 현지 사정에 따른 개별 사례가 아니라, 하나의 추세로서 미군의 공식 작전 중 하나로 부상하였다. 2010년 미 합동군사령부는 「경제 안정화를 위한 군사적 지원 지침서(Handbook for Military Support of Economic Stabilization)」라는 책자를 발행하였다. 같은 해 미 대통령 정책명령이 그런 군사활동에 힘을 실어주었다.[41]

군사주의의 정치경제학에서 주목할 또 다른 현상으로 미국의 대외 현대화 정책을 꼽을 수 있다. 현대화 논리는 군사주의와 관련지어 두 가지 문제를 제기한다. 첫째는 미국이 위협적인 국가를 제도적으로 다루는 방식이고, 둘째는 다른 국가를 현대화하는 방법이다. 그중 두 번째 방법과 관련해 미국은 후원-수혜관계의 틀에서 군사주의의 확산 및 전이를 선도한다. 미국은 동맹·우방국에 자본집약적인 군사화에 초점을 두고 훈련 및 무기이전 등의 형태로 군사원조를 전개한다. 그에 상응하여 동맹·우방국은 미국의 발전전략을 모방해 현대화를 시도하고 동시에 미국과 이념적·군사적 동맹관계를 발전시켜간다. 물론 이런 현대화 프로젝트가 순조롭게 전개되지 못하고 친미 개발도상국 내에서 정변이나 공산세력의 개입이 일어날 경우에는 군사적 개입이 불가피하다. 결국 냉전의 주요 구성 요소로서 현대화와 군사주의의 개입은 국내외의 경계를 모호하게 만들었다. 개입주의적 행동은 군사적 개입과 더 폭넓은 국제경제정책에서도 발견할 수 있는데, 그것이 '현대화'라는 이름으로 포장되었다. 이는 냉전 초기부터 전개된 미국의 일관된 외교안보정책이었다.[42] 1949년 미 국가안보장회의 문서 NSC 52/3에서 트루먼 대통령은 이렇게 말했다.

> "우리는 반공산주의 세계를 일방적으로 방어하고 지시하고 지원할 자원이 없다는 점을 인정하고, 우리가 필수적이라고 간주하는 같은 결과를 위해 기여하며, 정치적·경제적 안정과 군사적 능력을 높이려는 의지와 능력을 갖춘 나라를 지원하고 격려할 것이다."[43]

군사적 측면에서 현대화는 두 개의 버전이 있었다. 군사 개입을 통한 현대화가 하나이고, 전략적 목표와 자유주의 이념의 확산을 결합하는 것이 다른 하나이다. 두 번째 방법은 훈련과 무기이전 그리고 군사교리 전파가 주요 방법이었다. 케인스주의 방식의 하향식 현대화의 실패 이후에도 미국은 '워싱턴 컨센서스'라는 신자유주의적 발전전략과 9/11 테러 이후 군사적 개입 및 국가 형성 등 두 가지 방법을 반복해서 적용하였다. 국가 형성 및 발전과 관련해 '선정(good governance)'이 경제발전을 위해 제시되었다. 신자유주의적 군사주의는 결국 자본집약적이지만 사적 영역의 실행 및 지원에 더 의존했다. 신자유주의적 군사 현대화는 이런 사고의 국제화에 다르지 않다.[44]

결국 미군의 군사활동에서 경제적 이익이 궁극적 목적이라고 말할 수 있다. 이는 선언이 아니라 고립주의를 폐기하고 중남미에서 군사적 개입을 할 때부터 나타난 사실이다.[45] 또 미국 군사활동의 주요 수단 중 하나가 자금이다. 냉전시대에도 이 명제는 적용되었지만 이념이 앞세워지면서 간접적으로 보였다. 그러나 경제의 세계화 이후 그리고 미국의 패권 유지에 필요한 비용 부담이 높아질수록 경제적 측면에서의 군사주의는 다시 수면 위로 올라왔고 돈이 미국의 외교안보정책 전반, 특히 공식 교리의 중심을 차지하였다. 트럼프 대통령이 동맹국들에게 미군 주둔 비용 분담의 확대를 노골적으로 요구하였지만, 그것은 새천년 후 미국 행정부 전반의 양태였다. 미군과 영국군의 반란대응 혹은 반게릴라 전투교범에서는 "돈은 탄약이다"는 구호와 "전장에서 돈을 사용하기" 지침을 제시하고 있다. 이제 돈은 서방 강대국의 해외 군사활동에서 분쟁지역의 인프라 개발, 고용 창출 그리고 사업 추진 등으로 지역 주민의 마음을 살 수 있는 "변하지 않는 힘"으로 찬양받고 있다.[46]

에밀리 길버트(Emily Gilbert)는 무기체계로서 돈의 성격과 기능을 깊이 있게 연구한 논문을 발표하였다. 그는 구체적으로 첫째, 군인들이 경제적 이니셔티브에 대한 직접적 통제를 전투 전략의 핵심으로 간주하고, 둘째, 직접적인 군사비 지출을 써서 발전사업을 만들고, 셋째, 경제와 인구를 신자유주의 경제노선에 따라 재편하고, 넷째, 이들 모두를 전쟁 참여 및 승리를 추진하는 명분으로 삼는다고 가정하였다. 이를 증명하기 위해 연구대상으로 첫째, 군대가 재건사업에 수행하는 역할과 관련 교리의 변화, 둘째, 군대가 사람을 통해 통치를 재구성하는 방식, 즉 통치성(governmentality) 문제, 셋째, 선정, 법치 등으로 양육될 자산으로서의 대중, 넷째, 군대의 사회문화적 지식 획득 등을 선정하였다.[47]

연구 결과, 하나의 무기체계로서 돈은 전투에서 대중의 환심을 사는 데 유용하고, 돈이 전투 밖에 있지 않고 그 일부라는 것이다. 미군 사령부는 2009년 「무기체계로서 자금 이용을 위한 사령부 지침서:

전술, 기술, 절차(Commander's Guide to Money as a Weapons System: Tactics, Techniques and Procedures: 미군은 통상 이 지침서를 MAAWS라 불렀다)」라는 책자를 발간하였다. 그 책자 서문에서 T. A. 클레이(T. A. Clay) 대령은 "돈과 계약은 전투력의 사활적 요소이다"고 규정하였다. 이 지침은 미군 사령부에 의해 공식 승인된 내용이며, 실제 이라크와 아프가니스탄의 안정화 작전에서 적용된 바 있다.[48] 반란진압으로서 전투를 파악하면 전쟁과 군대의 의미에 일대 전환이 일어난다. 전쟁은 대중이 지지와 투자의 대상이라는 점으로 재구성되고, 군대는 죽임이라는 전통적 역할 외에 생명을 관리하는 생명권력(biopower)으로 전환한다.[49] 결국 무기체계로서 돈의 성격은 두 가지이다. 첫째, "선의의 개입"자로서 돈은 치명적이 않은 무기이다. 둘째, 돈은 선도 악도 아니지만 자체의 폭력을 초래할 수 있다. 시위 진압용 최루탄은 총은 아니지만 사람에 해를 가하고, 다른 치명적인 무기와 함께 사용된다. 돈을 치명적이지 않고 선의의 개입이라고 본다면, 그것은 돈과 재래식 무기가 동시에 작동하면서 대중의 순응을 강제하는 현실을 무시하는 태도이다.[50] 이는 무기체계로서 돈이 모순적인 성격을 안고 있음을 의미한다.

MAAWS에는 10여 가지 기금 프로그램이 제시되어 있다. 각 프로그램의 임무는 다르지만 야전 사령부가 분쟁 후 지역에서의 대중의 지지 획득과 반군세력 소탕이 공통 목적이다. 미군은 이 프로그램을 전개하는 지침으로 다음 몇 가지를 제시하고 있는데, 각 지침의 첫 단어의 첫 글자를 합하면 무기(WEAPONS)가 된다. 각 지침은 적정 기금기관 식별 작업(Work), 기금 비용 평가(Estimate) 및 기금 가용성 확인, 필요한 승인 획득(Attain), 물품 및 서비스 구입(Purchase), 수령 및 완료 감시(Oversee), 관련 정부기구에 보고(Notify), 문서 보증(Secure)이다.[51] MAAWS 중 하나로 사령부 긴급대응프로그램(Commander's Emergency Response Program: CERP)이 2003년 이라크에 도입되고 이듬해 아프가니스탄에도 도입되었다. 2003~15년 사이 80억 달러가 CERP를 통해 전투원들에게 할당되었다. 경제발전이 단지 분쟁 후 활동이 아니라, 전쟁 중 전투를 구성하는 것으로 재구축된다. 이는 해외원조가 전쟁 후 군사적 개입의 대안으로 부상한 것과 다른 것이다. 이로써 안보 대 원조와 같은 구분은 흐려지고, 군대-발전의 넥서스가 반테러 전쟁에서 다시 부각된다. 코소보 전쟁에서 군의 이런 역할을 변호하며 당시 미 합참의장 콜린 파월(Colin Powell)은 "증배군(force multiplier)"이라고 불렀다. 이제 발전은 외교, 국방과 함께 미 국가안보전략의 한 축으로 자리매김되었고 그에 따라 국방부 예산에서 원조기금도 점점 늘어갔다. 2012 회계연도 1년차 국방부를 통한 원조기금이 170억 달러로 증가했고, 이듬해는 국무부의 원조기금보다 100억 달러 더 많아졌다. CERP 아래 미 사령관은 최대 2,500달러의 소액대출을 할 수 있었고, 이를 통해 기업 투자를 유도하고 주둔국의 기업 창출을 추구하였다. 길버트는 CERP가 승인한 개발유형의 자금 지출과 서방 회사들과 파트너십을 가진 비즈니스와 안정화 작전 태스크포스(Task Force on Business and Stability Operation)의 활동을 분석해 돈의 무기화가 순응을 강요함을 조사하였다. 거기에 기술이 활용되고, 돈이 경제적 자유를 보장하는 데 동원되었다고 평가한다.[52]

그러나 길버트의 평가에 따르면 CERP는 적지 않은 문제점을 드러냈다. 그 프로그램을 통해 대출 수혜자가 있는 반면, 배제되는 사람들이 발생하고, 군대가 선하다는 인상을 퍼뜨리는 대신 현지 주민은 수동적으로 평가되고, 돈은 강제 수단이자 군대의 선의를 확인시켜주는 것으로 다뤄진다. 이를 두고 크리스티(R. Christie)는 "전투와 개발의 역할은 하나의 개입의 두 측면이다"[53]고 일갈한 적이 있다. 그리고 개발이 군대를 통해 전달되는 것 자체도 문제이다. 개발조직은 장기적 견지에 초점을 두는 반면, 군대 돈은 회계연도에 써야 한다. 군대는 지역사회와의 협의에 인색하고 지역의 권위를 부차시한다. 그런 프로젝트는 군대 돈이 안보 관심사의 초점이 되어 평화로운 구역이 위험에 처해질 우려가 있다. 인도주의적 인력과 군인의 구별이 점점 더 흐려져 원조 활동가들이 위험해지고 전통적인 원조 원칙인 중립성, 불편부당성과 독립성이 약화될 수 있다.[54]

　미국이 분쟁 후 지역의 안정화 작전의 일환으로서 전개하는 경제적 접근은 그 비중이 점점 증가하고 있다. 생명의 위협과 거리가 멀고 지역주민의 생존에 기여할 수 있다는 점에서 의미가 작지 않다. 지역주민의 지지 획득과 경제성장의 기회 창출이 주요 목표이고, 그 주요 수단이 돈이다. 그러나 거기서 경제성장은 탈정치화되면서 새로운 문제(부의 쏠림과 불평등)를 야기한다. 위약하고 실패한 국가에서 시장경제와 신자유주의적 발전정책이 초래하는 문제는 고려되지 않는다. 물론 기업가적 성격을 장려하는 것은 민주주의의 확산을 지지하는 미국의 국가안보전략에서는 호응을 받는다. 시장 논리는 참여로써 시민의 역량을 높이고 기업을 통해 그들의 삶을 개선할 능력을 부여한다. 그런 논리는 평화에 대한 갈망과 자본주의적 통합에 의해 정당성을 얻는 것처럼 보인다.

　그러나 미군과 협동해 시행하는 분쟁 후 재건사업은 나오미 클라인(Naomi Klein)으로부터 '재난 자본주의'라는 혹평을 받는다. 그것은 시장의 기회주의적 확장과 관련되는데, 분쟁과 자연재해로 발생한 파괴의 폐허 위에서 진행된다는 점을 강조한다. 분쟁 후 지역은 일종의 '통치되지 않는' 공간이다. 그에 대한 시민권 및 민주주의 관련 도덕 담론은 결국 글로벌 시장의 앞머리에 군대가 나섬으로써 공간의 영토화를 정당화하는 데 봉사한다는 것이다. 그 발전의 주요 수단이 돈이다. 분쟁 후 지역의 안정화 작전에서 돈은 민군 협력을 장려하고 경제적 논리를 강조하지만, 그 대상이 되는 저발전 사회의 대중의 목숨은 여전히 위태롭고 대외적 투자에 호의적인 환경을 생산하는 소재로 기능할 뿐이다.[55]

## 3. 노동

### 1) 규율권력과 노동

노동 분야에서 군사주의 현상의 주체는 국가 혹은 자본이고, 그 양상은 물리적 폭력 혹은 감시, 배제와 같은 구조적 폭력으로 전개된다. 그러나 그 본질은 노동자와의 소통 없이 국가 혹은 자본이 정한 입장을 일방적으로 관철하려 한다는 점, 즉 반민주성이다.

구조적 폭력과 관련해 푸코가 고안한 규율권력은 유용한 개념이다. 규율권력의 대상으로 정보 및 행정기구가 보유한 개인의 사생활 정보가 대표적인 예이다. 이들 정보는 국가기구들이 합법·탈법을 망라한 감시활동으로 획득한 것이다. 기든스는 현대국가와 관련된 규율권력의 특징을 논의한 적이 있는데, 첫째, 규율권력은 특정 공간 혹은 거기에 시설을 만들거나 기존 시설을 대상으로 정규적인 감시활동을 전개해 자신을 확장한다. 여기서 지역 시설의 좋은 예로 공장을 꼽을 수 있다. 공장은 산업자본주의와 국민국가를 연결하는 물리적 지점이다. 이런 경우는 국가기구의 직접 개입보다는 생산과정에서 잠재적인 저항집단에 대한 규율 증진을 통해 대내적 평온을 증진할 수 있다.

규율권력의 다른 한 특징 역시 국가기구가 직접 휘두르는 제재와 거리를 둔 대중의 일상활동에 대한 감시의 발달과 깊이 관련있다. 이어 가장 비중 있는 제재가 자본에 의한 처벌에서 인신구속으로 전환한 것은 행정력의 확대와 결합되어 나타난 '새로운 논리'의 처벌과 관련 있다.[56] 이렇게 대중, 특히 노동대중에 대한 국가 및 자본의 권력 행사는 물리적 폭력에서부터 다양한 규율권력으로 전개되어 그 유연성이 높아진다. 대규모 공장에서 노동의 집중으로 강제와 감시가 가능해진 것이다. 그럼으로써 노동자들이 자신의 기본적인 생존권 보장과 삶의 질 개선을 위해 활용할 최후의 수단으로서 파업은 (법에 의해 보장되어 있더라도) 사실상 금기시된다. 경제 영역에서 이루어지는 규율권력의 작동으로 대내적 평화가 이루어지는 셈이다.

그 결과이자 마지막 특징으로 현대 자본주의 사회에서 군대가 내정에 직접 참여하는 것에서 철수한다. 이는 산업 자본주의의 특징으로 간주되었는데, 그것은 전쟁의 쇠퇴가 아니라 대외문제에 군사력을 집중한 결과이다.[57] 그럼에도 경찰의 군사화와 비상시 군대의 거리 진출을 고려할 때 군대가 노동과 거리로부터 철수해 대내적 문제에 간섭하지 않고 국방과 대외분쟁에 전념한다고 단정하기는 어렵다. 기든스도 해외를 향한 군대의 관심을 언급하면서도 군대의 간섭 없는 대내적 평온의 의미를 주의 깊게 해석해야 한다며 신중한 태도를 보이고 있다.[58] 대규모 폭력시위는 물론 마약과의 전쟁, 심지어 인종차별적인 범죄 혐의자 체포 과정에서 총격을 포함해 가정과 거리에서 벌어지는 경찰의 과잉 진압과 군대의 개입은 예외적인 경우라기보다는 어렵지 않게 볼 수 있는 현상이다.[59]

## 2) 초이념적 군사주의와 노동

노동에서 군사주의는 제2차 세계대전 후 냉전 시기, 즉 이념적 대립의 맥락에서 두드러진 현상이 아니다. 전쟁 중 독일 내에서 그리고 나치 정권과 그 대항세력의 선도국 미국 사이에서도 발견되었다.

독일에서 노동과 군사주의는 일방적 관계는 아니었다. 산업발전에 군사주의가, 군사주의의 사회화에 노동자의 지지가 있었다. 프랑스 사회심리학자 귀스타브 르 봉(Gustave LeBon)은 1915년에 그런 지적을 하면서 "공장과 병영은 많은 점에서 비슷하며 독일인은 이쪽에서 저쪽으로 쉽게 넘어간다"고 갈파하였다. 이에 공명하듯 당시 독일 프라이부르크대학 벨로브(Below) 교수도 "독일의 경제적 발전은 독일 군대에 팽배한 훈련 정신에 힘입은 바가 크다"고 말한 어느 경제학자의 말을 회고했다.[60]

제2차 세계대전 발발 이전 모든 독일 기업은 히틀러의 당과 국가에 널리 퍼져 있던 인식, 즉 '지도자에 대한 복종의 원리'에 따라 운영되었다. 회사 소유주나 최고 경영자가 그 회사의 지도자인 것에 대한 반대가 없어야 했다. 노동자를 비롯한 피고용인들은 인격 없는 '추종자 집단'으로 전락해 회사 지도자에게 철저히 복종해야 했다. 총생산비에서 임금이나 사회복지 비용에 투입해야 하는 부담이 줄어들었다. 그에 따라 수익은 늘어났다. 이에 부응하듯 나치 정권은 1933년 5월 노동단체와 관련한 새로운 법률을 개정해 단체협약을 비롯한 노동자들의 권리를 박탈했다.[61]

히틀러의 제3제국 시기 실업자는 1933년 550만 명에서 1937년 100만 명, 1939년 4만 명이 채 되지 않았다. 하지만 그 기적은 재무장으로 가능했던 것이고, 이를 위해 평범한 독일인들이 상당한 비용을 부담해야 했다. 고용의 증가, 곧 노동량의 증가는 노동의 질 저하로 이어졌다. 안전사고와 노동 관련 질병이 1933년 약 93만 건에서 1939년 220만 건으로 급증했다. 쉬운 취업이 죽음의 전조가 되었다. 1930년대 히틀러 치하에서 명목임금(총임금)은 증가했지만 공제금이나 기부금 때문에 실질임금은 하락했다. 실질임금이 감소한 것은 꾸준히 물가가 상승한 것이 주원인이었다. 국민소득에서 임금이 차지하는 비중 역시 줄어들었다. 노동시간은 (공식적으로 8시간 노동제가 유지되고 있었지만) 1933년 주당 평균 42.9시간에서 1939년 47시간 이상 일한 것으로 분석되었다. 1930년대 말 노동자들의 생활수준은 대공황 직전인 1928년보다 더 낮아졌다는 평가가 있다.[62]

히틀러의 경제정책은 루스벨트의 그것처럼 케인스주의로 보였지만, 루스벨트와 달리 대부분 군사적이었다. 그의 지휘 아래 독일 정부는 탱크, 잠수함, 트럭, 비행기 그리고 기타 전쟁물자를 대량 주문했다. 고속도로 건설 같은 전형적인 케인스식 처방도 있긴 했지만 상대적으로 미미한 수준이었다. 히틀러의 명령으로 새롭게 건설된 아우토반에도 신속한 부대 이동이라는 군사적인 목적 때문이었다.[63]

미국 사업가들은 히틀러의 두 가지 업적에 깊은 감명을 받았다. 첫째, 1933년 초 정권을 잡자 그 즉시 사회주의 정당과 공산주의 정당을 없애버리고 노동조합을 해체한 것이다. 둘째는 이후 몇 년에 걸쳐 고속도로 건설을 비롯한 다양한 공공사업과 재무장 등 정통적이지 않지만 매우 효과적으로 보이는 방법으로 독일을 대공항의 사막에서 빠져나오게 했다는 점이다.[64]

제2차 세계대전 중 미국 재계가 막대한 돈을 벌어들인 데에는 대내적 조치도 한몫했는데 반트러스트법의 사실상 폐지가 그것이다. 미국 재계의 수많은 인사들이 고위 관직에 올랐다. 큰 정부와 대기업 사이의 동반자 관계가 형성되었다. 미국 정부가 전쟁 지원사업에 공급한 자금은 조세(약 45%)보다 차관(약 55%)이 더 많았다. 전쟁 채권에 은행, 보험회사 그리고 개인 자본가들이 적극 참여한 것이다. 이를 두고 라이트 밀스(Wright Mills)는 제2차 세계대전은 "국가의 생산수단을 통제하는 열쇠를 넘겨주어" "그 이전의 사적 전용들을 사소해 보이도록" 만들었다고 말했다. 대신 1943년 미 의회는 특정 형태의 노동쟁의를 금지하는 스미스-코네리법을 제정했다. 그 결과 기업의 수익은 하늘을 치솟는데도 임금은 동결되었다. 노동자들의 파업이 일어난 것은 자연스러워 보였다.[65]

나치 강제수용소는 나치는 물론 적대국가
기업들도 관여하였다.
출처: 위키피디어커먼스

전후 미국은 나치 청산에 소극적이었고 거기에 노동에 대한 군사주의가 전개되었다. 특히 독일 기업들 수뇌진의 과거 나치 행각은 비밀에 부쳐졌다. 이 전문가들의 도움 없이는 독일은 물론 적대국가의 재건이 험난할 것으로 판단했기 때문이다. 나치에 부역한 독일 기업들, 대표적으로 화학기업 이게파르벤과 무기 재벌 크루프 경영진 등을 사형시키라고 외치는 사람들은 자유기업의 적, '빨갱이들'로 비난받았다. 또 하나 중요한 것은 미국의 이러한 아량이 미국의 영향력 있는 기업들이 수많은 독일회사들과 수익성 높은 관계를 밀접하게 유지해왔다는 사실에서 비롯된 결과라는 점이다. 이들 기업들의 수익을 유지하는 데 전쟁 포로 및 시민권 없는 외국인 노동자, 강제수용소에 수감된 사람들에 대한 부당한 노동착취 그리고 수익금을 미국 본사로 보내는 등 독일 및 독일점령지 미국 기업인들, 미 본사 경영인들과 나치 고위 인사들의 커넥션(connection)은 공공연한 비밀이었다.[66]

## 3) 가부장 제도와 노동 군사주의

노동에서 산업주의는 가부장제를 더할 때 그 효과가 더 뚜렷한지도 모른다. 인로는 한국 여성학자들의 도움으로 한국에서 산업화, 군사화 과정에서 여성의 희생, 즉 가부장제의 위력을 알게 되었다. 한국 여성 노동운동에 대한 국가와 자본의 억압은 물론 가부장제에 물들어 있던 남성노동자의 차별이 있었던 것도 잘 알려진 사실이다. 박정희 정권 몰락 당시 YH여성노동자들의 민주당사 점거농성과 김경숙의 투신 사망사건은 그 비극적인 한 사례이다.

인로는 자신의 저작에서 군사화된 세계 신발산업의 전형적인 예로 한국을 꼽으며 노동에서 젠더화된 군사주의를 비판하였다. 그에 따르면 '값싼 노동'은 숙련과 노력에 비해 덜 평가받는 노동자들의 작업을 말한다. 페미니즘은 이런 익숙한 관념에 질문한다. 정부 관료에 친밀한 사용주들은 군사화된 경찰을 요청해 여성 노동자들이 조직한 노동시위를 진압한다. 여성 노동자들은 자신들의 노동이 '값싸다'고 해서는 안 된다고 주장한다. 매번 정부는 여성들의 저항을 공권력을 동원해 진압한다. 이런 행태에 대한 질문은 단지 세계화된 자본주의 경쟁만이 아니라 세계화된 가부장제적 경쟁에 관한 것이다.[67]

박정희 군사정권 치하 한국의 신발산업 노동자들은 대부분 여성이었다. 저임금에 기반한 박정권의 수출주도전략은 어머니들이 집에서 길쌈을 하는 것과 그 딸들이 신발공장에서 일하는 것이 이념적으로 다르다고 주장했다. 군부 정권은 '여공'들이 사회에서 일함으로써 국가 경제를 발전시키고 국가 위신을 높이고, 결국 국가안보를 튼튼히 하는 "존경받을 만한" 집단이라는 이미지를 개발해낸 것이다. 나이키, 리복, 아디다스 등 세계 굴지의 스포츠기업이 1960~70년대 한국 공장에 매혹된 것은 박정권이 "의무적인 딸들"의 행동에 무엇이 "자연스럽고", "칭찬할 만한" 것인지에 관한 한국 부모들의 사고를 전환시켜 놓았기 때문이다. 결국 1970년대 후반 부산이 "세계 신발산업의 수도"가 된 것, 일명 나이키 모델이 가능했던 것은 ① 세계신발기업이 자체 공장을 폐쇄하고, ② 여성노동자들이 만드는 신발공장을 남성노동자들이 있는 하청 공장 가까이 두고, ③ 이익창출의 기제로 반공이념을 공유하고, ④ 냉전의 군사동맹에 편안해하고, ⑤ 저임금을 합리화하기 위해 현지 성관념을 개발하는 기업전략을 구상하고, ⑥ 지역레짐이 "여성에 대한 존경"이라는 국가이념을 고안하도록 하고, ⑦ 서방국가들의 소비자들이 고가의 신발을 구입하면 "힘을 얻는다"고 생각하도록 조장하고, ⑧ 또 서방 소비자들이 아시아 여성이 신발을 만드는 것을 이상히 여기지 않고 오히려 그들이 부산의 공장에 일하러 갈 때 "힘을 받는다"고 느끼도록 설득한다. 이런 현상을 묶어 성차별화되고 군사화된 신자유주의적 산업 공식이라 할 수 있는데 오늘날에도 발견할 수 있다. 군사화하는 행동을 정당화하기 위해 정부는 세계안보나 국제안보가 아니라, 국가안보의 견지에서 말한다. 예를 들어 정부가 수출기업 노동자들의 저항을 진압하는 데 노동자들의 조직적 행동이 세계평화를 위험에 빠뜨린다고 주장하지 않고 국가안보를 위험하게 만든다고 말한다. 마찬가지로 일국 정부는 국제 군사동맹의 일환으로 합동군사연습에 참가하고 무기와 관련 절차를 표준화하고 무기를 수입하는 등의 조치를 취하는데, 이 모두는 국가안보 증진을 명분으로 한다. 이 모든 정책은 결국 군사화를 세계화하는 데 봉사하는 것이다.[68]

노동의 군사화는 군사주의의 사회화에 핵심적인 영역이다. 그것은 젠더화, 무기화, 안보화와 연합해 자신을 확장하고, 경우에 따라 노동의 협력을 이끌어내기도 한다. 그 힘은 군사주의 자체보다는 군사주의를 초청해 사익을 공익으로 변환시키는 권력정치에 있다.

# 4. 젠더

## 1) 패권적 남성성

오늘날 비판적 군사연구를 주도하는 시각 중 하나는 페미니즘이다. 페미니즘은 주류 패러다임이 안보문제를 명분(혹은 소재)으로 삼아 가부장제도, 권위주의, 차별 등 사회적 모순을 정당화해왔다고 비판한다. 이어 페미니즘은 군대, 전쟁, 군인 등 군사 제도 및 문화를 사회 전체의 발전에 유용하다는 주의주장도 비판한다. 페미니즘의 입장에서 볼 때 군대의 전쟁 준비와 사회를 향한 군사주의 확산은 성차별은 물론 제반 사회적 차별을 정당화한다.

그럼 군대=남성=보호=우월의 등식은 어떻게 생성되는가? 이름하여 '군사적 남성성(military masculinity)'이다. 이 용어는 페미니즘 연구에서는 친숙한 용어이기는 하지만 측정하기는 어려운 개념이다.[69] 군사적 남성성은 남성이 우월하다는 환상은 남성이 국가안보를 위해 생명을 내놓는 용감한 집단이라는 가정에 기초한다. 그 한 가운데에 전투와 군인이 있다. 전투는 적극적 연계와 소극적 차별화의 지점을 구성한다. 전투와 패권적 남성성에 대한 독점은 군대와 사회를 구분짓는다. 그 근본적 지점의 차별화로 군대는 분리되고 특별한 곳으로 상상되고, 민군 분리의 특권화된 측면을 차지한다. 군대는 다른 권력 및 복종의 축이 생성, 학습, 실행, 재생산되는 공간이고, 이런 젠더화와 군사훈련 및 전시와 관련된 모든 것의 개념적 정박지이다. 주요 전쟁 신화는 영웅적 전투 내러티브에 근거하는데, 그것은 특권화되고 강력하게 규범적인 전시 폭력에 관한 상상이다. 전투 상상은 국가 대 국가의 전투에서 '영웅적 군인'을 생산한다. 그렇게 영웅 군인은 영웅적 국가의 소우주로 상상된다. 영웅 군인은 근본적으로 전투에 의해 구성되는데, 남성성과 시민성을 동시에 구현한 이상으로 그려진다. 군인은 전 사회의 총체적 가치의 수호자가 된다. 그러므로 영웅 군인의 신화와 전투와 남성성의 그 구성적 관계를 해체하는 것은 페미니스트와 젠더 연구자들의 주요 과제의 핵심이다.[70] 사실 군사적 남성성이라는 표현은 부적절하다. 군사적과 남성성은 동어반복으로 보이기 때문이다. 군사적 남성성의 극단형으로서 패권국가의 지위를 형성·유지하는데 복무하는 '패권적 남성성'[71]도 마찬가지이다.

군사적 남성성이 패권적 남성성으로 뛰어오르면 그것은 군사적 성격을 띤 남성성이 아니라 군사화된 남성성으로 보는 것이 더 적절하다. 패권국가는 단지 최대 군사력과 그에 대한 지지가 아니라 군사주의가 전면적으로 구현된 국가이기 때문이다. 이때 젠더와 전투는 공동 구성(co-constitution)의 양상을 보인다. 미국 군대의 남성성 연구를 비롯해 미군의 드론 및 전시 살인 연구는 군대 남성성을 단일하지 않고 위계적으로 조직된 복합성으로 평가하고, 전투, 남성다움, 군인다움 간의 관계를 드러낸다.[72]

이런 분석을 통해 전투는 군사적 남성성의 닻으로 보이고 영웅적 이상을 추구하는 중심지다. 젠더는 전투와의 관계에서 정의되는데, 그것은 젠더화된 정체성이 지향하는 것들에 둘러싸인 경험적인 문제이다. 위 미국 군대 연구는 전투가 어떻게 미군의 젠더 구조를 조직하는지를 밝혀낸다. 전투는 전시 폭력의 특정 패권적 상상이라기보다는, 어떤 경우는 대면하고 어떤 경우는 그렇지 않은 상식적인 것이 되어버렸다. 이는 영웅적 군인 신화가, 폭력과 가장 직접적인 접촉을 하는 사람들을 특권화시킴으로써 유지됨을 말해준다.[73]

그런데 군사적 남성성이 남성의 육체에서 떨어져 나온다면 어떤 개념일까? 군인과 민간인이 구분되기 어려운 전시에서 여성도 전쟁에 자의든 타의든 가담할 수 있다. 2004년 9월 체첸 반군이 러시아 베슬란시 소재 한 학교에 침입해 1천 1백 명(그 중 아동이 777명)을 인질로 잡고 러시아군과 대치한 사건이 있었다. 이 사건은 러시아 군인들이 수행한 진압작전으로 종료되었는데, 그 과정에서 선생님으로 보이는 두 여인이 섞여 있었다. 이런 사례를 통해서 볼 때, 일부 페미니스트들과 비판 연구자들이 수십 년 동안 확신을 갖고 전개해 온, 남성은 폭력적이고 여성은 평화적이라는 이분법은 적절해 보이지 않는다.[74]

전역 군인들만큼 남성성 단일 테제의 문제를 극명하게 드러내는 집단은 없을 것이다. 그들은 종종 자신들의 민간생활로의 전환과 민간사회의 젠더 규범에 적응하는 데 힘들어한다. 그들은 국가, 군대와 양면적인 관계를 가질지도 모른다. 더욱이 군사화된 남성성이 체현된 상태에서 민간생활을 시작하는 퇴역군인들은 모순적인 정체성에서 혼란을 겪는다. 그들의 생활과 심리에는 군대와 민간이 공존해 경합하고 있기 때문이다. 퇴역군인들이 군사화된 남성성을 해체하려는 노력은 페미니스트 학자들이 채용해 온 일부 주요 개념에 도전한다. 실제 체현된 전역 군인의 정체성은 군사화된 남성성이라는 전반적 개념을 거부하지만, 민간과 군대를 예외화하려는 노력의 한계도 분명하다. 이런 해체의 임계성은 군대 대 민간 그리고 남성 대 여성의 젠더화와 같은 깔끔한 범주화를 무효로 만든다. 결국 군사화된 남성성에 과도하게 초점을 두는 것은 전역 군인의 민간생활을 형성하는 역동적이고 상호구성적이고 모순적인 과정을 무시하는 것일 수 있다.[75] 아무튼 군사적·패권적 남성성에서 남성 대 여성이라는 대당관계도 그러하지만, 남성과 여성을 각각 단일한 실체로 간주하고 그 외 다른 젠더를 배제하는 것이 적절한지 깊이 생각해볼 문제이다.

## 2) 좌절된 남성성

페미니스트 연구자들이 비판적 군사연구를 통해 남성성이 한 사회나 국제관계에서 폭력과 전쟁을 지지하고 성차별을 비롯한 각종 불평등을 정당화하는 것을 지적한 것은 놀라운 일이다. 이때 가해자 및 폭력 당사자로서의 남성과 피해자 및 평화애호자로서의 여성의 대립은 불가피한 대당관계인지도 모른다. 그런 구도는 실제를 풍부하게 이해하는 분석 틀보다는 오랫동안 정당화되어 온 폭력 및 불평등 구조를 폭로하는 비유적 틀의 성격이 짙다. 그렇지만 새로운 각도의 젠더 및 군사 연구가 진행되면서 그런 이분 구도는 단순하고 젠더와 군사주의의 실제를 오도할 위험이 있는 것으로 보인다. 민간사회에 복귀한 남성과 병영에 있는 군인 개개인 그리고 민군 구분을 떠나 여성의 정치적 태도 등에 대한 미시적 사례연구를 통해 단일 남성성 테제는 보다 복잡하고 미시적인 평가로 보완할 필요성이 일어난다. '좌절된 남성성', '취약한 남성성'이 그런 문제의식의 발로이다.

헨리 미르티넨(Henri Myrttinen)과 그 동료들은 분쟁 상황 및 분쟁에 영향받은 남성(성)에서 나오는 특징을 세 가지로 논의한 바 있다. 그 첫째가 '좌절된 남성성'인데, 이 용어는 지배적인 남성성의 시각을 준수할 것이라는 기대에 구속되어 있는 남성을 말한다. 그런데 현실은 그런 기대를 달성하기 힘든 상황이고 결국 자신은 물론 타자에게도 종종 좌절과 폭력을 초래한다. 실향과 난민캠프 생활의 맥락을 면밀히 조사한 결과, 남성은 자신이 가족 부양의 의무를 충분히 수행하지 못하게 된다. 남성은 가축과 관개를 관리해 온 역할에서 나오는 권력을 상실하고, 대신 새로운 생활은 여성과 청년에게 경제적 독립의 기회를 제공한다. 이렇게 가축 기르기와 식량지원에 대한 의존의 상실로 제한된 생존 기회에 직면하고 그럼으로써 이상적인 남성성의 기회

에 부응하기 어려워진다.[76]

둘째가 '취약한 남성성'이다. 과거 분쟁·평화연구는 부분적으로 가부장제적 젠더 규범과 남성성이 분쟁을 초래하는 방식에 초점을 두었다. 정책, 개발, 평화구축 등 관련 학술적 담론은 남성을 침략자로 묘사하는 정형화된 젠더 시각을 용인하고, 여성은 수동적 희생자나 평화 창출자(peacemakers)로서 여성들 안에서는 차이가 없는 단일 집단을 암시한다. 이런 담론은 여성을 취약집단으로 강조하는 경향이 있고, 남성의 취약성을 본질적으로 상상할 수 없는 것으로 만든다. 지배적인 남성성의 견해는 역설적이게도 남성과 소년의 취약성을 증가시킨다. 가령, 청년이 자신의 명예를 지키기 위해 폭력에 의존함으로써 남성성을 증명한다는 기대는 청년들의 폭력적 사망률을 높이는 이유가 된다. 이런 기대는 '행동할 수 있는 육체를 갖고 군대에 갈 나이가 된 남자는 잠재적으로 군인이고 그래서 국내/국제법 규범으로 보호받을 가치가 적다는 암시를 낳는다.[77]

셋째, 비이성애가 남성성에 주는 영향이다. 분쟁 및 분쟁 후 시기 성 소수자와 그들의 역할 및 행동 그리고 취약성은 평화구축 담론과 실행에서 배제되어 왔다. 분쟁 상황은 동성애를 비롯한 다양한 성 소수자들(LGBTI)에게는 대단히 불안정하다. 그들은 '원하지 않는 타자'로서 증대하는 학대와 배제에 직면한다. 그들의 국가 및 민족에 대한 충성은 그들의 섹슈엘리티(sexuality)에 기반해 의문을 받고, LGBTI 반대 여론을 동원하는 과정에서 애국주의의 기치 아래 폭력적인 상황이 되기도 한다. 국가 및 비국가 행위자는 종종 군인들뿐 아니라 민간인들 내에서도 일탈적인 성/젠더 행위를 폭력적으로 감시하기도 한다. 이런 경우는 콜롬비아, 이라크, 시리아 등 고질적 분쟁 국가들에서 드러났다. 그런 경우 성 소수자들의 성적 지향 및 젠더 정체성과 관련한 행동은 추방의 명분으로 작용했다. 직접적 폭력에 더해 오명과 이해

부족으로 특정 취약성이 발생한다. 예를 들어 서비스나 구호 접근에서 차별이 발생한다. 성 소수자들이 직면하는 취약성은 종종 인도주의적 구호 활동에서 간과된다. 레바논에서 시리아 LGBTI 난민은 이따금씩 그들이 이용할 수 있는 서비스에 대한 접근이 불가능하였다.[78]

군사화된 남성성 개념으로 남성을 침략자, 여성을 희생자로 이분하는 기존 연구 경향은 재검토할 필요가 있다. 위 논의에서는 군사화된 남성성에 주목하고 사회가 폭력, 군사화, 남성성의 관계를 보는 방식의 복잡성을 인정하고 있다. 분쟁의 영향이 미치는 상황에서 군사화된 남성성은 단지 폭력적 남성성을 검토하는 수준을 넘어서야 함을 주장한다. 남성과 남성성 연구는 어느 정도 이루어져 온 반면, 그것을 평화구축과 연계지은 연구는 미흡하다. 남성성, 폭력, 군사화에 대한 지배적이고 협소한 초점의 역설적 결과는 그것이 해체하려 한 것, 즉 남성이 폭력이라는 점을 강화하는 결과를 초래한다는 점이다.[79]

미르티넨과 그 동료들은 군대 내 남성이 전시에 주변화되고 심지어 취약해지는 방식을 부각시키는데, 전시에는 남성성이 갑자기 재구성됨을 말해준다. 이들이 고안한 좌절된 남성성 개념은 남성이 남성성에 관한 패권적 사고에 순응하고 실행하라는 압력이 전시 남성이 좌절하는 원천이라고 주장한다. 패권적 권력을 실행할 수 없는 상태에서 남성은 군사화와 군사적 가치에 종속될 수 있다. 그것은 좌절될 남성성일 뿐만 아니라 취약성이기도 하다. 미르티넨과 그 동료들은 시에라레온과 라이베리아에서 군인 출신 택시운전사의 예를 들면서 큰 경제권력이 없으면 분쟁지역에서 군인 출신의 가난한 남성은 폭력과 사회적 주변화의 위험에 노출된다고 말한다. 이들은 나아가 여성만이 취약하고 남성은 가해자/탐욕자라는 사고에 도전하면서 젠더 관계가 일부 남성을 낙인찍고 소외시키는 방식에 초점을 둔다.[80]

위에서 검토한 좌절된 남성성, 분쟁의 영향을 받는 만성적인 취약성, 지배적인 성적 지향과 일치하지 않는 사람들의 지위는 모두 남성과 관련된 지배적인 규범과 연계되어 있다. 이것들은 나이, 계급, 장애 여부, 계엄상황, 도시와 농촌 등에 의존하는 남성들끼리의 차이를 보여줄 뿐만 아니라, 분쟁의 영향과 남성성의 문제를 접근할 때 고려해야 할 필요가 있는 차이이기도 하다.[81]

### 3) 교차성과 젠더

군사적 남성성과 그 보완 개념으로서 좌절된 남성성은 페미니스트를 비롯한 비판적 군사연구의 결실이다. 전자는 가부장제를 기반으로 하는 군사주의의 비민주성과 반평화성을 비판하였다. 그에 비해 후자는 남성 대 여성의 대립 구도를 넘어 민군 영역을 관통해 모순적이고 복잡한 젠더 군사주의의 문을 열어놓았다. 이 둘은 결국 성차별과 군사주의가 서로 의존하면서 강화하는 관계를 증명해보였다. 그럼에도 이 둘은 성, 인종, 계급 등 다양한 억압과 차별이 형성, 작동, 지속되는 복합적 메커니즘을 반영하는 수준으로 나아가지는 못하였다. 이런 문제의식은 사실 군사주의 논의보다는 인종과 성이 교차하는 역사적 현실, 그것이 지금도 온존하고 있는 실제에서 발견되었다. 벨 훅스(Bell Hooks)[82]가 잘 보여준 바와 같이, 빈곤한 흑인 여성 노동자의 삶의 현장이 전형적인 예이다. 이런 미국적 맥락 아래 독특한 경험에서 개발된 개념이 '교차성(intersectionality)'이다.

흑인 페미니스트 학자 킴벌리 크렌셔(Kimberle Crenshaw)가 30여 년 전에 개발한 교차성 개념이 그런 중층적 억압 현실을 포착한 것이다. 교차성은 주로 교차하는 억압과 그 시스템에 관한 문제이다.[83] 크렌셔가 교차성 이론을 개발해 부상시킬 때 대단히 중요한 이론의 확장 작업이 일어나고 있었다. 그 과정에서 교차성은 연구 분야만이 아니라 연구 방법 나아가 패러다임으로 간주하였다. 이어 최근에는 군사주의와 관련해 교차성 개념을 도입해 군사조직 내의 위계성에 주목하거나 분쟁 상황에서 남성의 취약성 등 복합적인 남성성을 논의하는 데로 나아가고 있다.[84]

마샤 헨리(Marsha Henry)는 교차성을 적용한 군사적 남성성 논의를 발전시킬 논점 셋을 제안하고 있는데, ① 두 주제어(교차성과 군사화된 남성성)의 역할, ② 여성의 군대 남성성에 관한 관심, ③ 군대에서 여성성과 남성성, 그 둘을 발견하는 작업이 그것이다. 그중 첫째 논점을 부연 설명해보고자 한다.[85]

폴 히가테(Paul Higate)가 2003년 편집한 책[86]은 군사적 남성성 개념을 확장했는데, 남성이 어떻게 '남성다운' 전사가 되는지를 젠더와 군사적 사회화 두 과정을 통해 강조하고 있다. 이 편서는 군사적인 것과 남성성을 위치짓는 게 어렵다고 하면서, 둘은 상호 구성적이라고 주장한다. 이 저작은 비전통적 맥락, 즉 반란집단, 갱, 테러집단에서 군사화된 남성성을 사고하는 길을 닦아준다. 연구의 초점은 가해자의 성폭력 경험을 가해자가 구축한 담론에 초점을 두고 논의하는데, 이는 그들의 잔혹한 행동 이면의 다양한 동기(콩고 사례)를 파악하는 데 유용하다. 또 다양한 남성성의 구축에 국가가 미치는 영향(이스라엘 사례), 위계적으로 생성되는 남성성이 군사적 경험에 의해 영향받는 경우(이스라엘과 러시아 사례) 등에 관한 논의가 주목할 만하다. 벨킨(A. Belkin)의 저작, *Bring Me Men*(2012)은 군사적 남성성이 단일하고 균질적인 군사적 사회의 결과이고 그것이 여성성과 이성애의 반대에서 구축된다는 관념에 도전한다. 티투니크(Titunik)의 2008년 논문[87]은 군사화된 남성성에 대한 협소한 정의와 그것을 단순하고 병리학적으로 정의하는 것을 비판한다. 그는 군조직도 희생, 열정, 협동과 같이 전통적으로 여성성과 관련된 다양한 개인적 특성을 존중함을 밝히고 있다.

새손-레비(Sasson-Levy)는 교차성 개념을 불러내 이스라엘의 맥락에서 군사화된 남성성 연구를 진척시킨다. 즉 어떻게 페미니즘에서 영감을 얻은 차이 이론을 이용해 각기 다른 위치에 있는 군인의 경험을 더 잘 이해할 수 있는지를 탐구하는 것이다. 새손-레비는 복수의 차이의 구조적 효과에 초점을 두고 젠더와 계급을 강조한다. 그는 젠더와 계급이 군사화된 사회 내에서 군인의 한계와 기회를 지시한다고 주장한다. 이스라엘과 같이 계층화된 사회에서 교차성과 불평등에 주목해 차이가 일어나는 방식을 더 잘 이해하는 것은 놀라운 일이 아니다. 새손-레비의 작업은 흑인여성의 삶에서 교차성의 뿌리를 인정하고, 이스라엘 군대의 가부장제와 계급체제에 도전한다. 그렇지만 그것은 교차하는 억압이라는 사고를 곱씹지 않고 인종이라는 범주에 실질적으로 관여하지도 않는다. 이런 맥락에서 권력관계에 도전하고 다양한 억압 형태를 보여주는 잠재적으로 급진적인 교차성은 구석으로 밀려난다. 위 연구가 이스라엘 군대 내 사회적 차이에 초점을 두고 있기는 하지만, 교차성은 군사 권력에 종속된 집단이 팔레스친 사람들과 같이 군대 내에서 인종차별 받고 표적이 된 소수집단에 가하는 억압에 초점을 둔다.[88]

교차성의 내역은 다양하다. 그래서 아직 그 내역, 은폐되거나 소외받은 교차 억압 지대를 놓치고 있는지도 모른다. 이스라엘 군대에도 소수민족의 배경을 가진 군인들이 군에서나 개인생활에서 직면하는 주변화 경험은 많다. 즉 남성성과 종족성이 교차하는 측면을 이론화하는 분석은 단일한 군사화된 남성성이라는 기존의 사고에 도전하고, 군대 내 민족화(ethnicization), 차별, 특정 남성에 대한 우대 과정의 부상에 주목할 수 있다. 교차성이 연구자들로 하여금 젠더 및 소수자 집단의 경험에서 연유하는 차이에 민감하도록 안내하지만, 가난한 사람들이 보이지 않고 군대 안팎에서 '인종화된' 여성도 주목받지 않고 있다. 가령, 젠더 주변성 논의에서 팔레스틴 여성이 가려져 있는 것은 무엇인가? 향후 연구는 교차성 개념의 기원으로 복귀할 필요가 크다. 그것은 규율적 요구가 아니라, 인식상의 시공간을 초월해 소수자들에 대한 복합적인 역압에 주목하는 횡단정치에 관여하는 의미가 크기 때문이다.[89]

## 5. 신체

### 1) 몸, 군사주의의 제물

전쟁과 군사화는 자연세계와 사회관계에 복잡한 방식으로 영향을 미치지만, 가장 직접적이고 먼저 영향을 미치는 곳이 사람의 몸이다. 고대 이래로 신체는 군사 행동에 의해 헌정되고 변형되고 손상되고 결국 파괴되어 왔다.[90] 전쟁론의 대가, 칼 폰 클라우제비츠(Carl von Clausewitz)는 침략의 목적이 적을 점령하거나 그 군대를 파괴하는 것이 아니라 전반적인 손상을 입히는 것이라 말했는데, 거기에 몸이 포함되는 것은 물론이다. 또 그는 전쟁의 목적이 적의 고통을 증가시키는 것이라고도 말했다.[91] 인간의 신체는 주체성과 객관성이 만나는 공간이다. 사람의 몸은 고문과 파괴를 당하는 대상으로 처분당할 수도 있고, 고통과 절망을 경험하는 주체적인 실제이고, 권력의 폭력적 기입을 기다리는 빈 공간이거나 그런 권력에 저항하는 원천일 수도 있다.[92]

현대 전쟁이 인간 신체에 파괴적인 영향을 가하는데, 거기에 깊이 관여한 정부와 군사기구가 그 영향을 제거하기도 한다. 휴 구스터슨(Hugh Gusterson)은 핵폭격과 1차 걸프전에 관한 미국 정부의 문서를 검토한 결과, 군사행동의 폭력적 성격을 은폐하면 그에 관한 인간적 비용을 파악하기 어렵다고 주장한다. 그에 따르면 현대 미국의 전투 전략은 인간의 신체를 대규모로 파괴하는 것만이 아니라 신체의 존재를 모호하게 주변화시키는 것과도 관련이 있다. 현대전에서는 표적으로서 신체의 비중은 줄어들고 대신, 영토 점령, 적의 무기 파괴 및 산업시설 무력화 등이 승리의 지표로 부각된다. 이런 점은 핵 담론에 들어있는 신체의 표상을 검토해보면 더 분명해진다. 핵무기 개발사는 부분적으로는 주체적 신체의 대상화 및 소멸의 이야기이다. 핵 담론은 그 담론의 주인을 자신의 신체와 분리시킨다. 서구의 과학적 군사주의의 객관화하는 실천-가령, 미 의회에서 묘사된 히로시마, 나가사키 핵폭탄 희생자들과 미 국방부의 발간물에서 핵무기 효과에 관한 객관적 묘사-에서 핵무기의 희생자들은 소멸되는 것이다. 거기에서 몸의 주관성, 나의 몸과 타인의 몸의 관계에 대한 의식은 약화된다. 그 손상당한 신체가 다시 살아날 때는 지식의 신체로 재구성되는 경우뿐이다.[93]

과학기술의 발달이 군인의 신체 및 목숨에 미치는 영향은 신체와 군사주의의 관계에 관한 새로운 관심 분야이다. 케네스 포드와 클락 글리모어(Kenneth Ford and Clark Glymour)는 "능력이 향상된 전투원(enhanced warfighter)"이란 용어로 군인 신체와 전투 기술의 결합을 묘사한다. 능력이 향상된 전투원은 기술적으로 형성된 신종 주체를 말한다. 이 주체는 유전과 컴퓨터로 일어난 실체 변형의 결과로서 심리적 감시를 받고 처방 약을 많이 사용한다. 군인 신체와 전투 기술의 결합은 둘의 관계를 지속시키지만 해로운 결과도 초래한다. 그것은 한편으로 규율 과정 및 기술적 도구가 신체를 단기적 손상이나 죽음을 더 극복할 수 있도록 고안하지만, 다른 한편으로는 그런 혁신이 군인을 더

많은 장기적인 위험에 노출시킨다.[94]

　군인과 함께 전쟁에서 민간인의 희생은 군이 말하는 '부수적 피해'가 아니라 필연적인 현상이다. 특히 군대와 민간인을 구별하지 않는 더러운 전쟁과 민간인 테러 그리고 내전은 민간인의 피해를 가중시키면서도 공식 기록에는 이들의 피해가 누락되는 경우가 많다. 가령, 제임스 퀘새더(James Quesada)는 분쟁에서 군인과 민간인의 심리적 손상이 군사 행동이 중단된 뒤에도 어떻게 수십 년을 가는지 밝힌다. 그는 니카라과 소모사 독재정권과 산디니스타 반군 사이의 내전 과정에서 10세의 소년 다니엘(Daniel)과 그 가족의 경험을 민족지학적으로 분석해 전쟁의 유산이 살아남은 사람들의 몸에 만성적인 고통을 가한다고 강조한다. 다니엘 가족이 사는 마타갈파는 정부군과 반군의 교전이 벌어지는 마을의 하나로, 가족이 흩어지거나 식량 부족과 물가인상, 생활시설 파괴 그리고 만성적인 불확실성이 계속 일어나는 공간이었다. 그런 장기분쟁 상황에서 다니엘은 신체적 손상은 물론 깊은 절망을 경험하는데, 이와 관련해 앤소니 기든스가 고안한 '존재론적 안보(ontological security)' 개념이 유용하다.

　존재론적 안보는 자신과 자신을 둘러싼 세계의 안전에 관한 의식을 말한다. 이는 사회적 파괴와 혼란으로 위협을 받을 수 있는데, 다니엘의 삶의 환경이 거기에 딱 들어맞았다. 다니엘은 전투 현장 인근에서 살았고 그의 어머니와 계부는 반군활동에 직접 관여해 목숨이 위태로울 수 있었다. 니카라과 내전은 물리적이자 심리적인 전쟁이었다. 거기서 가해자들은 불안의 분위기를 적극 조성했고, 불안으로 사람들은 흩어졌고 국가 및 지방 권력에 순종하게 되었다. 몸이 상호의존의 망에 묶여 들어가면 죽음은 최종적인 분리 행동이 아니라, 접속감을 구하거나 재형성하는 시도로 보일 수 있다. 여기서 자신의 희생이 다른 사람의 목숨을 살릴 수 있다는 역설이 성립된다. 다니엘은 몸을 자신의 개인적 신체만이 아니라 가족의 신체라고도 생각했다. 다니엘에 관한 이야기는 아이들이 전쟁과 그 후과에 지불하는 비용을 뚜렷하게 볼 기회를 제공한다. 이런 이야기는 그동안 생명에 대한 직접적인 위협으로 인식되지 않았다.[95]

## 2) 고귀한 군인 신체

신체와 군사주의의 관계는 당연한 상식처럼 보인다. 왜냐하면 신체는 군사주의를 실행하는 주체인 동시에 그 대상이기 때문이다. 전투와 전투를 준비하는 사회적 동원을 생각하면 쉽게 이해될 수 있다. 물론 그 영향은 간단하지 않지만 말이다. 나아가 신체를 물리적 실제의 상징으로 간주한다면 신체와 군사주의의 관계는 더 풍부하고 다양하게 나타날 수 있다. 신체는 군사주의를 실행하는 매개 수단이 되어 권력, 이익, 정체성 등 인간 집단이 추구하는 다양한 목적의 전달자 혹은 대행자 역할을 할 수 있다.

20세기 초에 유럽에서는 교회, 학교 그리고 군대와 같은 데서 체조를 장려했는데, 체조가 노동자들을 '개선'시키고 신체적으로 군대에 적합한 사람들을 양성해내며, 우생학 운동의 많은 목표를 달성하기 위한 방법으로 간주되었다. 1893년 나중에 영국에서 가장 배타적인 학교였던 이튼의 교장이 된 에드워드 리틀턴(Edward Littleton)은 스포츠를 옹호하며, 그 이유 중 하나로 "소년으로 하여금 책임 있는 자리의 무게를 느끼도록 명령하는 위치로 높여주는 것"이라고 말했다. 1920년 제3차 전 러시아 공산주의청년동맹 대회에서는 "신체 훈련이 청년들의 노동능력을 배양하고, 그들로 하여금 소비에트 권력의 방위를 담당할 수 있도록 준비시킨다는 목적도 갖고 있다"고 공식 언급되었다.[96] 이런 경우는 공개적이고 합법적인 절차를 이용해 대중의 동의를 획득해가는 방식을 취한 것이다.

군인 만들기는 군대와 사회를 연결시켜주는 메커니즘이다

출처: 픽스베이

그와 달리 대중의 신체를 본인의 의사와 무관하게 군사주의의 재단에 희생시키는 권력 행사도 있다. 교육과 동원을 통해 대중의 신체를 군사주의에 호응하도록 단련하는 방식과 달리 사회적 소수자들은 권력이 처분권을 행사하는 차별에 노출되었다. 그 극단적인 예가 핵무기 개발 과정에서 사회적 약자가 희생당한 사례이다. 미국의 핵개발 과정에서 맨해튼 프로젝트와 로스앨러모스의 제안 이후 1945년 4월부터 1947년 7월 사이 비밀리에 플루토늄 실험 대상이 된 사람들('인간표본'으로 불림)은 총 18명이었다. 이 18명 중 그 누구도 실험에 동의하지 않았다. 당연히 실험을 진행한 측에서도 그들의 의사를 묻지 않았다. 최근 연구들에 따르면 30년이 지나도록 플루토늄은 여전히 신체에 남아있다고 한다. 그 18명 중 골암에 걸린 네 살 된 남자아이도 있었다.[97]

물론 자발적으로 자신의 신체를 군사주의에 복무하는 경우도 없지 않다. 북아일랜드인과 미국 흑인들은 영국과 미국이 제2차 세계대전에서 승리하도록 자원 입대하면서 전쟁 후 사회적 차별에서 벗어나길 희망하였다. 그러나 그런 희망은 물거품이 되어버렸다.

잠재적으로 전투에는 민간인들도 동원되거나 관여할 수 있지만, 일차적으로 군인이 뛰어든다. 이때 군인의 신체는 고귀한 생명의 담지자로 머무르지 않고 다른 고귀한 목적(국가이익 따위)을 실현할 주체로 나아간다. 현대 자유주의 전쟁정치이론에서 인간 생명은 보호해야 할 재화인 동시에 비용-편익 분석의 대체물이기도 하다.[98] 군인의 신체는 전쟁을 위한 수단이자 천연자원이고, 가장 잘 보호하고 가장 조심스럽게 관리해야 할 선한 기계이기도 하다. 군인은 국가폭력의 대행자이자 수단이자 대상이다. 군인은 규율에 의해 강제받고 권력을 부여받고, 무수히 세밀하고 기술적인 충동에 종속됨으로써 생산적인 역할을 하도록 만들어진 존재이다. 또 민간단체는 군대 규범을 초과하고 안과 밖의 경계를 곤란하게 만든다. 이때 군인(이었던) 신체는 제도적 관리를 위한 현저한 지렛대이다. 이 규율권력은 군인의 신체에 일종의 과민한 불완전성을 보유하는데, 이때 규율권력은 상하고 지친 상태가 된 육체의 저항에 직면하게 된다.[99] 국가 안전보장을 위한 단일 집단으로서의 군대라는 인식하에서 이런 이해는 불가능할 것이다. 접속, 제외, 붕괴의 민족지학은 군 생활의 모든 면을 설명한다는 군사화에 관한 단일한 시각에 대한 체계적인 비판에서 출발한다. 이런 민족지학은 군생활 그 자체의 위급사태와 신체적 조건에 대한 부분적·상황의존적 접근을 선호한다. 그런 상황은 군인이 겪는 긴장과 규율, 그에 대한 인내 그리고 일국의 외교안보정책의 지정학 사이에 발생한다.[100]

군인 신체는 고도의 규율을 강제 받는데, 그중에서도 여군의 신체에 대한 규제는 더욱 심하다. 바로 여성의 생리적 특성이 군사활동에 영향을 주지 않도록 분리 통제를 받기 때문이다. 페미니즘 시각에서의 군사연구는 미군 의료기관이 여군의 월경 주기를 군사작전에서 우려 사안으로 규제하는 노력을 검토하고 있다.[101] 담론 분석과 민족지학적 인터뷰를 활용한 이 연구는 젠더 통합을 추구하는 미국 군대의 자유주의적 공약 내의 긴장을 드러낸다. 미군 당국의 입장에서 여군은 골칫거리이자 위협이다. 왜냐하면 전장에서 여성의 존재는 보호자와 피보호자 간의 이념적 구별을 모호하게 하고, 여성의 냄새는 적에게 아군을 노출시켜 위험에 빠지게 하기 때문이다. 그래서 군은 여군에게 호르몬 피임을 권장하는데, 그것은 여성의 신체를 영구 전쟁 준비태세와 조화시키는 데 이용한다.

### 3) 생명정치와 이주자 목숨

이주는 인류사의 출발과 함께 나타난 오랜 현상이다. 그 양상은 원인에 따라 달라지고 그 크기 및 지속성 정도에 따라 이주 집단은 물론 타 집단에게도 긍·부정적인 영향을 미칠 것이다. 군사주의는 이주 요인의 복잡성, 이주 규모, 타 집단과 이해관계의 조응 여부 등에 따라 그 영향이 달라질 수 있다. 가령, 복합적인 분쟁과 일자리 그리고 기후변화가 어우러져 이주가 발생하고 그것이 단기간에 중단되지 않을 경우에 군사주의는 이주자들에게 큰 영향을 미칠 것이다. 이주는 인도주의적 지원 및 개입을 초래하는데, 위와 같은 이주의 경우 인도주의적 개입도 군사화될 개연성이 높아진다. 새천년 들어 지중해에서 일어나는 이주 현상은 그런 복합적 요인들이 상호작용한 결과로서 군사주의 개입이 발견된다.

유럽 전체 차원에서 지중해 난민 대책은 2010년대 들어서 두드러졌는데, 북아프리카와 중동의 분쟁에 따른 대중의 생존권 악화가 직접적인 계기가 되었다. 그런데 그에 대응하는 유럽의 이주 정책은 공격적인 이주 통제, 일종의 군사적 인도주의 성격을 띠기 시작하였다. 2013년 10월 이탈리아 정부가 진행한 마레 노스트룸(Mare Nostrum) 작전이 최초의 대규모 정책이었는데, 6백 명 이상의 이주자들이 탄 두 선박의 난파로 대부분 사망한 직후에 나왔다. 두 번째는 소피아 작전으로 불렸는데, 2015년 6월 유럽연합(EU)이 9백 명이 사망한 난파 사건 이후에 대응에 나선 것이다. 그 대응은 위험한 바다와 잔인한 밀매자 및 밀수자들로부터의 난민 보호 및 안보 대책이었다. 특히 리비아에서 유럽으로 사람들을 들여보내려는 밀수 및 밀매자들을 단속하는 것도 공식 목표로 언급되었다. 이 작전으로 46명의 밀매 의심 인물을 체포하고, 67척의 배를 처분하고, 3,078명의 이주민을 구조했다. 이어 2016년 2월 북대서양조약기구(NATO) 안보동맹 참여국들이 최초로 지중해 난민 문제에 개입했다. NATO 개입의 목적은 유럽연합의 지중해 이주민 정책을 튀르키예 영해로 확대해 구조와 단속을 전개하는 것이었다. 이 작전은 유럽연합이 진행해 온 이주민의 에게해 루트를 차단하는 것이었다. 유럽연합과 튀르키예는 2016년 3월 비호민(asylum) 자격이 없이 그리스에 도착한 사람들을 튀르키예에 송환하는 대신 유럽연합 측은 튀르키예에 구호와 정치적 양보를 제공하는 협정을 맺었다. 이들 작전은 인도주의가 난민과 이주민 흐름을 차단하는 목적을 띤 법외 행동을 정당화하는 것임을 보여준다.[102] 2023년 9월 현재, 유럽연합 내 불법 이주민 도착 건수는 19만 4,269건이고 이주과정에서 바다서 숨진 사람은 2,300명이다. 유럽연합은 난민들이 급증하자 '위기 규정'을 만들어 국경지역에 최대 5개월 체류시키고, 특정 국가에 몰릴 땐 타국으로 분산시킨다는 방침을 세웠다. 그러나 이주에 나서는 아프리카인들은 유럽이 아프리카의 자원과 사람을 이용해 발전해 온 역사를 알고 있다. 현실적으로도 가령 이탈리아인들이 아프리카를 여행할 때 비자가 필요 없는 경우가 많지만, 아프리카인들의 유럽 입국은 많은 규제가 있는 현실이 부정의하고 위선적이라고 말하기도 한다.[103]

목숨을 걸고 바다를 건너는 난민들

출처: 픽스베이

　위와 같은 사례를 다룬 최근의 연구는 군사적 인도주의 기술이 지중해 이주자들을 관리하는 현상에 주목한다. 이는 최근의 난민/이주자 문제가 유럽연합 국가들에게는 하이브리드 위협으로 간주되고 있다는 전제하에서 지중해 난민이 일종의 하이브리드 전투, 즉 '생명정치적 전투'에 따라 통치되고 있다는 평가를 자아낸다. 생명정치는 살인이나 해상에서 이주자들이 죽도록 하는 것이 아니라, 이질적인 기술, 개입 그리고 그들에게 영향을 미치는 조치들을 통해 작동한다고 본다.[104]
　'지중해 경계'는 현재 이주 횡단의 병참에 관한 폭넓은 전투로 관리되고 있다. 초국적 대중을 표적으로 하는 생명정치적 전투는 군사적

인도주의 수단을 포함해 이질적인 전술들로 시행된다. 그런 전투는 이주자의 이동성을 표적으로 삼는 것을 비롯해 이주자, 밀수자, 테러 의심분자 등 다양한 위험한 주체를 대상으로 한다. 전투 전술은 높은 강도와 가시성을 띤 순간과 공간 사이에서 움직인다. 마크 듀필드(Mark Duffield)는 '안보-발전 넥서스'를 제안하는데, 그것은 통제와 같은 제3의 범주 없이는 불완전한 상태로 남는다. 다양한 개입과 기술이 불완전하고 잠재적으로 생명을 위협하는 순환을 제한하거나 관리하려는 것이다.[105] 여기서 푸코가 군대를 정치의 알맹이로 자리매김한 것은 지중해상에서 위태로운 초국적 대중에 대한 통제의 생명정치를 파악하는 데 유용하다. 『감시와 처벌』에서 푸코는 18세기를 전투와 군대의 결합으로 특징지었다. 이때 전투는 국가 간 정치 수행의 방법, 군대는 개인의 신체 통제의 전술로서 정의된다. 그것을 초국적 대중 통제에 적용해본다면 생명정치는 통제 전략과 체포 기술로 구성된다. 군사적 인도주의에 대한 하나의 비판적 틀로서 초국적 대중에 대한 생명정치적 전투라는 시각도 제안할 만하지 않을까.[106]

## 4) 인간폭탄과 하이브리드 전투

위에서 언급한 두 지중해 난민 대책에 군대가 개입해 유럽 국가들의 안보 대행자로서 혹은 구조 임무의 실행자로서, 또 이주 흐름을 봉쇄하는 역할을 수행하였다.

디디어 비고(Didier Bigo)는 이주민에 대한 전쟁이라는 견해가 잘못이라고 하면서, 폭력적 실행과 지정학적 내러티브의 복잡성을 언급하였다.[107] 비고의 견해는 지중해 이주민 관리의 진화를 분석하는 동시에 '전투와 이주의 넥서스'를 밝히려는 시도였다. 지중해 이주민을 대상으로 구조와 통제의 이중 형태로 군사적 인도주의 개입을 전개하는 것이다. 중요한 것은 전쟁이나 국경 통제 그 자체가 아니라, 군사적 기술을 통한 이주 관리이다. 방법론적으로 이것은 이 연구의 관심을 군사적 접근이 생산하는 것과 그것이 이주정책을 재구성하는 방식으로 옮기게 한다. 그의 작업은 이주 전투가 무엇인지를 구체화하려는 시도인데, 이때 이동하는 초국적 대중에 대한 통치로서 생명정치적 기술에 주목한다. 또 비고는 담론 분석을 초월해 군사적 기술이 어떻게 지중해 이동성의 영역에 적용되는지를 파악하려 한다.[108]

주디스 버틀러(Judith Butler)는 정치적 기능으로서 '인간 방패' 개념을 제시했다. 인간방패는 공격을 방어하기 위해 혹은 같은 방식으로 방패로 불릴 수 있는 폭탄을 피하기 위해 사람을 전략적으로 어떤 곳에 배치하는 것을 말한다.[109] 그의 견해를 따라 이주자의 신체 역시 특별한 반대의 기능을 하는데, 그것이 '인간폭탄'이다. 인간폭탄은 인간을 분쟁 지역에 배치하거나 배치를 위협하는 행위를 말한다. 인간폭탄으로서의 이주자는 일국적인 동시에 국제적인 차원에서 전개되는 정치적 강제를 온몸으로 체험하면서 생존을 위해 그에 대응해야 하는 절박한 존재이다. '이주에서 유발한 강제'는 지중해에서 중요한 역할을 수행한다. 리비아 가다피 정권과 그 몰락 이후 내전에 관여한 무장정치세력들이 유럽으로 건너가려는 난민을 정치적 무기로 이용하였다. 튀르키예의 에르도건(R.T. Erdogan) 대통령도 (이주민 유럽 입국 통제 협력 협정에 따른) 유럽의 자금 지원의 지연을 비난하고 대량이주를 무기로 사용할 것을 언급한 바 있다. 이렇게 이주민은 관련국 담론에서 위험스러운 존재이자 위험에 처한 존재로 이중성을 띤다.[110]

공적 논쟁에서 회자되는 '이주 위기'는 이주 자체를 넘어 다양한 주체, 지정학적 이슈, 사회적 동학을 포함한다. 테러리즘, (불법) 이주, 범죄, 밀매 사이의 비안보의 연속체는 적어도 20년 동안 반이주정책을 정당화하는 역할을 해주었다.[111] 이 연속체는 최근 지중해 일대 이동성의 정치를 재구조하는 정책의 중심이 되어 증가하는 군사화와 상호교차한다. 안보와 통제 조치를 강화하려는 노력은 하이브리드 전투 흐름에 따라 주조되는데, 이는 복잡하고 위협적인 원천에 대한 대응으로 부상한다.

리비아 수역과 에게해에 각각 초점을 둔 NATO의 개입은 초국적 대중에 대한 통제의 생명정치를 주도하는 것이다. 이는 이주 통치에 대한 하이브리드 전투의 생명정치 형태를 적용한 것이다. 이 하이브리드 전투는 이주자를 유럽에 위협을 가할 위험 집단의 일부로 간주해 다양한 전술을 이동성 통제에 적용함을 말한다. 하이브리드 전투는 은밀하게 이동하는 대중에 대한 생명정치를 동반하는데, 이주자를 잠재적 불법 분자로 간주해 그들의 유럽행 지중해 통과를 억지하려 한다. 그런 하이브리드 전투는 하이브리드 위협을 상정하는데, 전형적인 양상이 위협이 다양하고 저강도이고 이동성이 높다. 구체적으로 하이브리드 위협에는 사이버 전쟁, 비대칭 분쟁 시나리오, 테러리즘, 해적, 세계화로부터의 후퇴, 대량살상무기 확산 등이 포함된다. 하이브리드 전투는 그런 다양하고 비재래식 위협에 대한 유연하고 이질적인 전쟁 기술을 강조한다.

불평등이 심화되고 생존에 필수적인 기본적 필요(basic needs)가 극히 불충분한 상황에서 대중은 이주를 강제받는다. 그런데 준비되지 않은 이주 대상 지역의 국가의 입장에서 이주는 하이브리드 위협의 중심으로 부상하는 것이다. 이주자들은 바다, 밀매, 밀수로부터 구조받을 대상이자, 숨은 테러분자나 인신매매업자로 의심을 사기도 한다. 후자를 부각시켜 빅토르 오르반(Victor Orban) "모든 테러분자는 기본적으로 이주자이다"고 주장했다. 그런 맥락에서 소피아 작전은 밀매업자들에 대한 인도주의적 전쟁일 뿐만 아니라 이주 출발에 대한 억지 공격이다. 소피아 작전 사령관 엔리코 그레덴디노(Enrico Credendino)

장군은 지중해상에 이주 선박이 줄어든 점을 들어 억지 효과가 있었다고 평가한다. 그러나 동시에 밀수업자들의 대응이 있음을 인정한 점은 이주 여행의 비안보화가 증가함을 말해준다. 그 결과 이주자들의 해상 사망 수는 줄어들지 않고 리비아에서 이주자들을 향한 인권 침해를 방지하지 못하였다. 이주자를 차단하고 밀매와 싸우는 이중 목표는 전체적으로 이주 횡단의 경제를 약화시키는 결과를 초래하였다.[112]

## 6. 일상·감정

### 1) 친근한 지하드 활동

군 생활을 해본 한국 남성들은 전역하면 부대가 있던 지역을 향해서는 오줌도 누지 않는다는 말이 있다. 그 정도로 군생활은 다시 생각하고 싶지 않은 기억, 잃어버린 시간으로 생각한다. 그럼에도 남자들끼리는 병영생활을 추억으로 떠올리기도 하는데, 이를 체현된 군사주의(embodied militarism)의 단면으로 볼 수도 있다. 한국의 경우도 다르지 않다.[113] 이런 현상은 문화권을 초월하는 것 같다. 무장 이슬람 조직으로 알려진 지하드에서 이탈한 이들을 인터뷰한 연구에서도, 그들이 군생활에서 가졌던 형제애, 친근함, 즐거움 등을 기억으로 많이 이야기한다. 다만 그런 경험은 집단훈련, 코란학습, 군사훈련 등과 같은 결속력 높은 행동보다는 덜 강조되었다.[114]

보통 군인의 전쟁 가담에 대한 논의에서 폭력과 트라우마에 과도한 초점이 주어진다. 이제는 군대와 같은 규율이 높은 조직 내에서 구성원들이 경험하는 친근함, 육체적 즐거움에 주목하는 연구들도 나타난다.[115] 조직 구성원들이 나누는 악수나 포옹 같은 육체적 애정이 연구 대상이 되는 것이다. 군대생활에서 그들의 정서적 발산은 남성들 간의 친근함을 허용하는 공동체 내 더 넓은 구조에 의해 형성된다. 이런 상호작용에 나타나는 그들의 정서적 교감은 일반 민간조직에서는 나타나지 않는 전투 준비와 같은 활동에 의미를 부여하는 폭넓은 젠더 구조를 반영한다. 줄리아 웰랜드(Julia Welland)가 연구한 전시 경험처럼 트라우마 경험, 폭력적 분절과 실망이 순간을 묘사하지만, 그들을 군대에 강하게 결속하게 만든 것은 그들이 체현한 즐거움과 기쁨의 경험이다. 절연(disengagement)의 경험은 이탈의 사회적 과정을 강조하는 반면, 체현 혹은 기쁨에는 관심을 두지 않는 경향이 있다.[116]

다른 한편, 지하드 이탈자는 지하드 활동과는 다른, 그 나름의 정서적 공감을 얻는다. 이탈 과정에서 어려움을 겪지만, 아버지로서 그리고 민간 공동체의 일원으로서의 역할을 얻는 새로운 즐거움을 경험한다. 이런 역할은 육체노동을 통해 개인이 얻는다. 특정 역할에 대한 접근은 그들이 이용가능한 자원에 의해 직접 획득한 것이다. 그런 자원에는 종족적 배경, 나이, 부, 교육수준과 기타 다른 경험이 포함되는데, 모두 그들이 통제하지 못하는 것들이다.

다른 세대의 외국인 군인은 다른 정체성에 접근한다. 인도네시아 출신으로 아프가니스탄에서 싸운 군인들의 독특한 위치로 그들은 그들을 따르는 자들보다는 훨씬 더 쉽게 고위 정치인의 지위를 채택할 수 있다. 예를 들어, 인터뷰에 나선 연구자가 만난 아프가니스탄에서 싸운 인도네시아 군인들 중 누구도 청바지나 야구모자 같은 서양 복장을 하지 않는 반면, 그 후세대는 그러했다는 것이다. 전투 네트워크를 떠난 후 복장 문제는 나이에 크게 의존한다. 마찬가지로 군인의 지위는 그들이 이용가능한 역할에 영향을 미친다. 그것은 군인들이 자신을 농촌 자바보다는 자카르타의 자유로운 시민으로 위치짓는데 더 용이하다. 이는 남성성의 구축에 필수적인 것으로 파악된다. 이념적 헌신에 변화를 겪은 사람에게 체현된 실천과 사회적 역할의 변화가 그들의 신변 변화보다 앞선다. 나아가 지하드 네트워크와의 절연에 실패한 사람들이 말하는 큰 장애는 이념적 헌신보다는 계속되는 사회적 네트워크의 유혹이다.[117]

　　물론 위와 같은 인터뷰 조사 결과를 일반화하는 것은 위험하다. 군사 네트워크의 일원에서 시민생활로의 전환은 체현된 것이지만, 그런 선택은 당사자들이 어떤 속박도 없이 당사자의 자유로운 성찰만으로 이루어진 것은 아니다. 시민생활로의 전환을 향한 육체노동은 그 노동을 참되게 만들고 잇따른 행동을 지혜롭게 보여주는 선행 물질적 조건을 요구한다. 사회 내 다른 구성원들처럼, 극단적 폭력에 연루된 남자는 다양한 방식으로 젠더화된 구조에 의해 형성된다. 인터뷰 참가자들이 지하드 네트워크를 떠나려 한 시도는 그런 군대 안팎의 요인들이 작용해 계속 진행되는 일종의 프로젝트이다. 지하드를 이탈한 이후 의복, 마사지나 언어 구사와 같이 그들의 일상생활에 더 주목할 필요가 있다. 그렇게 절연에 대한 추가 연구를 통해 "전쟁 종식 후에도 그들(지하드 이탈자들)이 전쟁과 오래 살아가는" 방식을 더 풍부하게 이해할 수 있을 것이다.[118]

## 2) 보안시장과 남성성

　　감정 및 일상에서 군사주의를 발견한다는 것은 군사주의의 방대한 침투 능력과 미시 권력정치의 작동을 실감하는 일이다. 그 세부 영역은 위에서 살펴본 폭력집단 내 구성원들 사이, 지금 살펴볼 보안업체와 그 고객 사이, 그 다음에 살펴볼 분쟁국가의 정부와 피해 가족 사이, 핵전쟁 관련 정부와 민간사회 사이 그리고 관련 민간집단들 사이 등이다.

개인적 차원의 보안문제에서도 군사주의는 일상적 남성성을 드러낸다. 보안업체와 그 고객 간에 형성되는 친근성에 관한 연구는 자민족기술지(autoethnograghy)를 활용해 고객과 업체의 조우에 초점을 둔다. 그들의 조우를 통해 안보산업 구조가 주변적·패권적 남성성을 어떻게 주조하는지를 알 수 있다. 즉 남성성은 누가, 무엇이 적합한 안보제공자인지 그리고 안보를 가치 있는 일로 이해하고 실행하는 방식을 정당화한다. 이때 남성성은 다음 두 가지 측면에서 젠더와 전쟁에 대한 폭넓은 논쟁에 관여한다. 하나는 어떻게 연구자가 늘 자신이 생산하는 연구 안에 체현되고 그 연구에 의해 형성되는지를 보여주고, 다른 하나는 남성성이 민간 보안시장에서 등장하는 패권적 군사화를 넘어 복수의 남성성을 전면에 내세운다.[119]

안보의 상업화와 민영화를 연구하는 페미니스트들은 신자유주의 안보시장을 만들어내는 다양한 남성성을 연구한다. 이론적 논의는 안보산업이 전통적인 안보관을 어떻게 재남성화하고 가격을 책정하는지, 그 산업이 세계 군사노동 작업장을 재구성하는지 그리고 그것이 어떻게 젠더화된 신자유주의적이고 인종적인 사업을 통해 지성있는 것으로 보이게 하는지를 토의한다. 사회학과 민족지학에 바탕을 둔 경험연구로 현장의 작동을 살피는데, 그런 연구는 산업현장의 남성을 주요 연구 대상으로 삼는다. 특정 남성성이 지배적이고 직업적이고 위험하고 혹은 다르게 보이는 일상에 초점을 둔다. 가령, 어떻게 젠더 위치성이라는 것이 중요하고, 어떻게 현장을 조사하고, 누구와 만나고, 무슨 말로 현장경험을 기술하는지 등. 여기서는 연구자도 분명한 연구 대상이다. 여기서 '군사화된 남성성'은 우리가 현장에 적용하는 개념이 아니라, 주어진 의미이고 우리가 현장과 관계하는 방식을 통해 만들어지는 개념이다. 즉 군사화된 남성성 개념은 감정이입하고 연결하는 논리, 실천, 주관성으로서 후에 보안 관련 이야기를 하는 방식이다.

고객과 보안업체 간 일상적 조우에 초점을 둠으로써 남성성과 (비)안보가 어떻게 친근하게 엮이고 유동하고 양면적인지를 알기 시작한다. 또한 어떻게 고객이 적극적으로 남반구 노동자들의 백인화와 여성됨이라는 상상을 생산하는지를 본다. 거의 모든 경우에 서구 직업주의는 이상적인 안보로 여겨진다. 가령, 백인과 구르카(Gurkha)로 불리는 현지 보안업체 직원을 자연스럽게 분리된 것으로 상상하는 것은 안보와 제국에 관한 보다 폭넓은 정치경제를 통해 조건 지워진다. 거기서 보안업체와 기술에 관한 정보를 얻는다. 관찰자는 현장에서 보낸 시간을 통해 인종의 양면성과 이상적인 안보 제공자를 형성하는 방식을 배운다. 그런 양면성과 모순은 페미니스트의 남성성 연구 웹사이트와 마케팅 그리고 업체만이 아니라, 그런 실천을 소비하는 고객을 통해서도 재생산된다. 이런 젠더화된 수행성은 경쟁하고 협상한다. 이들이 시사하는 바는 인종과 젠더가 계속해서 재생성되고, 그 잔여적 남성성이 시장 평가에서 종종 고객들 사이에서 선호될 수 있다는 점이다.

## 3) 사이프러스의 분단과 남성성

흔히 한반도가 냉전 대립의 희생으로 세계 유일의 분단국이라고 하지만 그것은 사실의 일부에 불과하다. 한민족이 냉전 대립의 직접적인 희생인 것은 사실이지만, 냉전 시대에 들어서서 분단된 국가로 사이프러스(Cyprus)도 있다. 물론 사이프러스는 그리스계와 터키계가 섞여 있어 단일 민족의 갈라짐은 아니었다. 아무튼 한반도와 사이프러스는 지정학이 뚜렷하게 작동하는 맥락하에서 '국제화된 내전'을 거쳐 국가가 양분된 점은 동일하다. 이런 복합분쟁의 경우 국가는 물론 민간인들의 피해는 막심하다.

분단 사이프러스하에서 가족이 겪는 아픔을 글쓰기로 옮기는 작가의 가슴도 아프기는 마찬가지이다. 안나 M. 아가탄겔로우(Anna M. Agathangelou)는 사이프러스를 복합적인 관계의 공존에 의해 구성되는 거주 세계의 과정과 일련의 사회적 집합으로 읽는다. 구조적으로, 논리적으로 사이프러스는 정치의 조건과 실용적 발명의 가능성을 표현하는 것이다. 그러나 사이프러스가 식민주의의 폭력과 민족주의화된 살인과 강간의 공동묘지를 젠더화되고 급진화된 인식의 출현, 주권국가의 창조 그리고 자결로 전환할 수 있을까 하고 안나는 고민하는 것이다.[120]

그녀의 어머니 말씀은 일부 그리스계 사이프러스인들이 느끼는 슬픔을 안나 자신이 다시 생각하도록 해준다. 파파도폴로스(Papado-poulos) 사이프러스 대통령은 전 국민 앞에서 울면서 대중이 아난 계획(Annan Plan)에 반대 투표하도록 독려할 때였다. 코피 아난(Kofi Annan) 유엔 사무총장은 1990년 후반~2000년대 초반까지 남북 사이프러스의 통일을 위해 많은 노력을 기울였는데 두 체제, 두 지역의 공존을 바탕에 둔 연방통일안을 만들어 남북 사이프러스 국민투표를 촉구하였다. 이때 파파도폴로스 대통령은 국민들에게 반대 투표를 호소하였다. 2004년 4월 24일 투표한 결과는 사이프러스 내에서의 반대, 북사이프러스(터키령)에서는 찬성 투표가 많아 아난의 통일안은 부결되었다.[121] 파파도폴로스의 주장은 애정, 의미, 분절된 혁명, 주권 변동을 동원하는 것인데, 급진적 민주주의 주체를 정치적으로 동원하고 정당화하는 대신 타자들은 불법화한다. 이때 안나는 프란츠 파농(Frantz Fanon)을 떠올리며 지구상의 비참한 자들은 자신들의 비참함을 작동시킬 수 없는 사실에 직면한다.

분단의 희생자가 된 안나 삼촌의 뼈는 사이프러스 실종위원회를 통해 발견됐다. 유엔과 관련 지도자들이 상실에 대한 슬픔을 표하기 위해 힘썼다. 그러나 이 상실은 민족주의적이고 관련 사회집단의 의제로는 유익하고 공동체 내의 의제로는 그렇지 않다. 그럼 1974년 남북 사이프러스 간 전쟁에서 희생된 육체의 잔해를 찾는 일에서 중요한 것은 무엇인가? 유엔이 안내하고 그리스와 터키가 이끄는 사업이 통치성의 틀을 통해 종합될 수 있는가? 사실 그 사업은 일관되고 종합적이지 않고, 군사화된 남성성을 구축한 주권적이고 군사화된 사업이었다. 발굴은 제국 전쟁의 물질성, 민족주의 그리고 그것들을 의문시하며 반복해 초래될 비참함을 재연시키기도 한다. 실종자 찾기를 둘러싼 경쟁은 인도주의 사업보다 더 폭넓은 것이다.

남북 사이프러스의 물리적 충돌로 사망 혹은 실종된 사람들의 뼈는 살아남은 공동체에 통합되어 있다. 안나는 말한다. 그것들을 둘러싼 투쟁은 그들의 빼앗긴 삶, 불완전한 죽음이 식민지적이고 민족주의적 병리와 부패의 증좌임을 말해준다. 그리고 돌봄에 관한 그들의 담론은 힘과 강제에 스며들어가 있다고 하면서 위로부터의 인도주의적 사업에 대한 비판적 시선을 촉구하고 있다.

## 4) 기억들 속의 군사주의

만약 미래를 장밋빛으로 상상하고 그 방향으로 사회 구성원을 동원하는 대신 과거 파괴와 억압의 사실에 침묵한다면, 그것은 편향된 기억이자 공동체에 대한 책임성을 외면하는 처사일 것이다. 이는 한국사회든, 다른 사회든 근대를 거쳐 탈근대로 이동하고 있는 오늘의 인류가 겸허히 성찰할 바이다. 아비샤이 마갈릿(Avishai Margalit)은 "기억하는 것은 아는 것이고 행하는 것은 믿는 것이다"[122]고 말한다. 망각 혹은 선택적 기억은 인간관계와 현대 전쟁을 둘러싼 역사적·이념적 논쟁을 초래하기도 한다. 역사적 사건에 대한 기억은 과거에 대한 인식은 물론 오늘과 내일을 특정 방향으로 기대하도록 이끈다. 그 가운데 특정한 기억은 집단 간 유대와 함께 구분도 자아내는 것이다. 한국전쟁 이후 전쟁과 통일에 대한 남·북한의 집단기억이 전형적인 예이다.

스테파니 피셸(Stefanie Fishel)이 소개하는 집단기억에 관한 비교 사례연구는 제2차 세계대전 이후 미국과 일본 내 집단기억의 형성과 정을 기억의 경쟁 혹은 주조로 보여주는 예이다.[123] 두 사례는 미국 스미소니안 박물관의 에놀라 게이(Enola Gay) 전시회와 히로시마 평화공원·박물관의 원폭 투하에 대한 묘사의 변화이다.

에놀라 게이는 히로시마에 핵폭탄을 투하한 미군 폭격기 B-29의 별명이다. 에놀라 게이는 1995년 6월 28일~1998년 5월 18일 미 스미소니안 박물관에 전시되었다. 이 전시 계획은 1987년 논의를 시작할 때는 다른 곳에 전시할 계획이었는데, 히로시마 핵 투하는 물론 제2차 세계대전 기간 연합국과 주축국들 간의 전쟁 맥락에서 (핵)전쟁의 위험을 다룰 예정이었다. 그러나 여러 참전군인단체들이 개입해 그런 계획이 자신들의 명예를 훼손한다며 반대 여론이 일어나고 급기야 의회까지 개입해 애초 계획은 취소되었다. 결국 전시를 계획했던 책임자가 사임하고 참전단체들이 지지하는 내용으로 변경되어서야 전시가 이루어졌다. 전시회에서 다룬 에놀라 게이는 핵폭격을 삭제한 보통 비행기로 축소해 묘사되었다. 그 과정을 상세하게 다룬 책의 저자가 그 전시를 추진하다가 참전단체와 의회의 압력으로 사임한 마틴 하윗(Martin Harwit)이다.[124]

한편, 히로시마 평화공원 및 박물관 건립을 둘러싸고 일본에서 의견이 분분하였다. 일본은 전범국가이자 미국의 핵공격으로 엄청난 피해를 본 이중적인 위치에 있었기 때문이다. 거기에 전후 일본은 샌프란시스코 조약에 의해 전쟁 책임 처리가 미온적으로 진행된 채, 미군 정을 거치며 친미 반공국가를 형성해 동아시아 지역 냉전의 최전선에 서게 되었다. 처음 이 건물 설립을 반대한 여론은 전시 일본군이 한국과 중국에 가한 침략 책임을 수용하지 않았다. 혹 박물관 건립을 수용한다면 그것은 일본인이 세계 최초의 핵폭탄 희생국으로 자리하는 것이다. 일본 정부와 우익단체들이 그런 입장을 취했다. 박물관이 열린 1955년에 히로시마는 이미 상처를 거의 덮고 현대적인 도시로 바뀌었다. 만약 박물관이 일본의 피해만을 다룬다면 그것은 공허한 평화주의로 비판받을 수 있다. 그러나 핵폭탄 피해자(히바쿠샤)들의 증언과 일본 시민단체들의 노력으로 박물관에 핵폭탄의 위험과 일본군의 만행을 포함시키는 데 성공했다. 1994년 새로 추가한 건물 한쪽에서 히바쿠샤의 이야기와 핵전쟁의 위험을 강조했다. 1990년대를 지나면서 여론은 정부의 국가주의, 보수주의 시각을 지지하지 않고 핵전쟁의 위험에 주목하는 작업을 지지했다.[125] 그러나 히로시마 박물관은 끝내 미국의 핵투하를 비롯해 핵정책은 본격적으로 다루지 않았다. 이런 예는 편향된 기억이 군사주의를 지속시키고, 군사주의가 기억의 선택을 안내함을 말해준다.

핵으로 인한 사망은 정도가 아니라 종류가 다른 문제이다. 핵 파괴는 개인적 차원의 죽음을 앗아가는 동시에 그 죽음을 무의미하게 만든다. 국가는 핵무기가 초래하는 정당성의 위기에 대항한다. 국가는 핵무기에 취약한 인간보다는 국민국가의 시민을 의미한다는 강력한 공식에 의존한다. 그런 국민국가 비전은 윤리적으로 취약하다. '우리'와 '그들'이라는 구별에 기반하는 국민국가는 존재 자체로 폭력이다. 국민국가는 속성상 분열적이고, 처음부터 차별적인 정치공동체를 지지하는 민족 정체성에 기반한다. 그것은 또 세계를 상호 배타적으로 대립하는 폭력집단으로 구분하는데, 이 집단은 팻 맨(Fatman)과 리틀 보이(Littleboy)보다 더 파괴적인 핵무기로 무장한다. 스미소니안 박물관에 전시된 에놀라 게이는 폭격에 참가한 (전사한) 군인들과 함께한 애국주의의 일부이다. 이런 점들을 요약하며 피셸은 우리 자신의 개인적 기억이 우리를 실패시킬 수 있는 반면, 집단적 기억의 실패는 잠재적으로 더 무서운 결과를 가질 수 있다고 말한다.[126]

집단 기억의 실패, 선택적 기억의 편리함은 반테러전쟁을 이라크와 아프가니스탄 등지에서 전개하다가 발생한 미군과 현지 주민들의 피해를 온전하게 밝혀내는 데 어려움을 준다. 테러리즘의 프레임으로 알려지지 않은 혹은 테러리즘으로 은폐된 문제들은 편향된 기억의 비관론에 힘을 실어줄 수 있다. 더 나아가 현실이든 기억이든 그것을 친구와 적으로 편리하게 구분하는 태도는 그 너머에 있는 인류 공동체의 생존기반의 위험, 그런 상태를 조성해 온 인류의 삶의 터전에 대한 파괴 관행을 성찰할 기회를 억압하는 셈이다. 그럼 그 대안은 무엇인가? 대결과 파괴에 대한 무감각은 기억을 온전하고 성찰적으로 하지 못하는 인간의 태도에 기인한다. 대안이 무엇이든 출발은 거기서 시작해야 할 것이다.

## 5) 감정적 중압감과 무감각

기억과 군사주의의 관계와 유사한 현상이 감정과 군사주의 사이에서도 발견된다. 오늘날 군사화는 일상 활동에 침투하고, 문화적 가치를 형성하고, 언론과 교육기관 같은 사회문화 제도에 들어온다. 문제는 그것이 한 번의 행위로 단기간에 이루어지는 것이 아니란 점이다. 역사를 일련의 군사작전이나 영웅의 업적으로 풀어내거나, 대중영화에서 군사화된 폭력을 미화하고, 평화·안보 문제에서 군인의 의견을 특권시하는 방식이 모두 군사화의 구체적인 작동 방식이다. 그런 식으로 대중이 군대의 가치를 내면화하도록 장려한다. 그 점을 깨닫지 못하면 우리는 폭력을 정상적이거나 불가피한 것으로 수용하고 정부에 질문하는 걸 중단하고, 전쟁의 논리를 무비판적으로 받아들이고, 결국 조국 사랑을 군사적 목적에 대한 충성과 같은 것으로 생각하게 된다.[127] 여기서 무감각이 군사주의의 협조자가 될 수 있음을 알 수 있다. 그렇다면 감정적 중압감은 군사주의와 어떤 관계가 있는가?

'Breaking the Silence'는 이스라엘의 시민단체 이름이다. 이 단체는 이스라엘 군인들이 파레스틴 점령지역에서 행한 폭력적이고 반인권적인 행동을 고백하고 그럼으로써 평화를 추구하는 단체이다. 같은 이름의 다큐멘터리 영화, '침묵을 깨다(Breaking the Silence, 도이 토시쿠니 감독, 2009)'는 이스라엘 사람들이 군 복무시 팔레스타인 점령지에서 행한 폭력을 당시에 근무한 병사들을 통해 고발하고 있다. 10년을 촬영한 이 다큐는 긴 침묵을 깨고 피해자가 아닌 가해자의 시선에서 전쟁의 폐해를 고발한다는 점에서 이색적인 영화이다. 아래는 필자가 이 영화를 보면서 채록한 내용과 필자의 감상이다.

이스라엘 군인 출신 유다 사울이 군인이 겪는 감정적 중압감을 솔직히 말한다. "군대는 프로 군인만이 필요한 세상입니다. 전쟁 군인은 임무 중에 감정을 드러내면 안 돼요. 내 안 깊숙한 곳에서 자신의 감각을 잃는 거죠." 역시 군 출신 도탄 그린발드는 "유대인과 아랍인의 격리정책이 남아프리카 인종차별정책과 비슷하다"고 말한다. 그는 역사 수업에서 아파르트헤이트(Apartheid)는 가르치면서 왜 헤브론에서 일어나는 일은 가르치지 않을까 의문을 나타낸다. "병역 후에도 그 죄를 추궁하지 않는" 점이 '감정적 중압감'을 초래하는데, 그는 그걸 견딜 수 없어 "침묵을 깨는 걸 선택했다"고 말한다.

이스라엘 군인들은 팔레스틴 거주지역을 강제 점령하고 파괴하고 그 과정에서 팔레스틴 사람들을 살인, 체포, 구타하는 일에 관여한다.

시오니즘 사상이 강한 가정에서 자란 1982년생 아비하이 샤론은 2000년 7월 이스라엘 특수부대에 배치돼 팔레스틴 점령지에서 활동한다. 그는 자신과 비슷한 시기에 입대한 동료 군인들이 겨우 18~20세였는데, 항상 트러블을 찾아다닌 임무가 마치 게임 같았다고 말한다. 그는 입대 전에 즐긴 게임, 즉 가상 전쟁게임을 군대 들어와서는 총과 실탄을 이용해 진짜 사람을 쏘는 걸로 바뀐 것 같다는 생각이 들었다. 처음 그는 "나는 나쁜 군인이 아니다. 주민들을 폭행하고 다니는 국경경비병과는 다르다. 단지 너무 심심하고 할 일이 없었던 것 뿐이다"고 생각하고 자신과 동료들이 행한 폭력을 정당화하면서 그 일을 계속했다고 말한다. 그는 결국 "이 폐쇄적 프로세스에 한번 걸려들면 점점 빠져들어서 회복이 불가능해요. 그래서 매일 이게 마지막이라고 외치면서도 막상 다음날에는 그 짓을 또다시 해버리는 것"이라고 힘겹게 말한다.

양심적인 이스라엘 군인들의 중압감은 군사작전으로 파괴된 팔레스틴 거주지역을 구호하러 온 미국인에게도 발견된다. 이스라엘 군의 포격으로 무너져내린 건물의 잔해더미에서 팔레스틴 사람들이 실종된 가족을 찾고 사진을 찾는다. 미국인 구호요원은 그걸 보고 터진 울음을 참으며 도와주려 한다. 그걸 본 팔레스틴 여성들이 울지 말라며 달래주기도 하지만, 한 남자는 미국인에게 화를 냈다. 현장에 외국인이 있다는 것에, 특히 그 사람이 이스라엘을 지원하는 미국인이라는 사실에 화가 난 것이다. 이에 대해 그 미국 구호요원은 이렇게 말한다. "미국인들은 비난받아 마땅해요." 거기에 윤리적인 판단이 개입하고 있는 것은 물론 자신의 행동이 대단히 모순적이라는 자각 속에 스며있을 중압감이 작용하고 있는 것은 아닐까? 그 영화는 팔레스틴 거주지역이지만 이스라엘 군이 그 안에서 경계를 긋고 만든 검문소를 팔레스틴인들이 줄을 서서 통과하는 장면으로 끝난다. 그 장면을 보는 관객도 윤리적 중압감을 겪을 수 있다. 그런 중압감은 2023년 10월 7일(하마스의 이스라엘 기습공격) 이후 전개되고 있는 가자 분쟁에 참가한 전투원들에게도 있을 것이다.

# 7. 언론과 문화산업

## 1) 군산복합체와 언론

1961년 1월 17일, 퇴임 연설에서 드와이트 D. 아이젠하워(Dwight D. Eisenhower) 미국 대통령은 미국이 평화와 진보, 자유를 추구하는 국가임을 천명하였다. 특히, 평화를 지키는 데 군대의 막강한 힘이 중요함을 인정하였다. 그러나 그는 군조직이 평시 과거 정부나 제2차 세계대전, 한국전쟁 때와 달리 비대해졌다고 지적했다. 군사안보에 투여하는 예산이 전체 미국 기업의 수입보다 많다고 말했다. 그는 그렇게 거대한 군조직과 군수산업의 결합이 오늘날 미국이 겪는 새로운 현상이고 그것은 경제, 정치, 심지어 심리적인 측면까지, 또 모든 도시와 모든 연방 및 주 정부기관에도 영향을 미치고 있다고 지적했다. 이것이 저 유명한 '군산복합체'에 의한 사회의 군사화를 지적한 연설이다. 그는 깨어있는 시민이 나서 군산복합체의 인정되지 않은 영향력에 맞서 안보와 자유가 함께 번성하도록 노력해야 한다고 촉구했다. 그는 그 주요 방안으로 군축을 제시하였다.[128] 물론 아이젠하워 대통령이 외교안보정책을 평화와 군축 위주로 전환한 것은 아니다. 아이젠하워 정부는 충성심 대신 국가안보 담론을 부각시켜 위기의식을 조장하고 시민의 자유를 제한하였다. 대외적으로는 대량보복 핵전략을 채택해 냉전을 격화시켰다.[129]

위 아이젠하워 대통령의 우려 섞인 연설에 호응하는 언론은 거의 없었다. 베를린과 아바나를 비롯한 세계 곳곳에서 냉전이 굳어져 가고 있었기 때문이다. 사실 제2차 세계대전의 영웅인 아이젠하워 대통령의 고별 연설은 자신의 재임 시절 군산복합체가 형성되었음을 자인하는 것에 다르지 않았다. 아이젠하워의 퇴임 이후 미국은 유럽과 동남아시아 등지에서 공산진영을 이기기 위해 자금과 정보 그리고 군대와 기술자를 포함한 인력까지 투입해 글로벌 냉전을 확립해나갔다. 군산복합체는 정치권(행정부와 의회)의 협조와 비호하에 발전을 거듭해갔다. 그래서 출발부터 군산복합체가 아니라 군산정복합체가 더 적절한 표현이다.

2000년대 군산정복합체의 발전과 그 진면목을 깊이 파헤친 저작으로 앤드루 파인스타인(Andrew Feinstein)의 『그림자 정부(The Shadow World)』를 꼽지 않을 수 없다.[130] 저자는 남아프리카공화국의 대표적인 흑인해방운동조직, 즉 아프리카민족회의(ANC)에서 활동 경력이 있는 안보 전문 작가이다. 그는 흑인정권이 국민들의 복지를 뒤로 하고 군수산업과 검은 손을 잡는 일을 알게 된 것이다. 음베키 정권이 무기거래를 위한 논의를 시작한 시점은 수백만 명에 달하는 에이즈 환자들에게 의약품을 제공할 재원이 부족하다고 알려진 때였다. 음베키 정권은 군수업자들과의 거래에 2018년까지 총 약 60억 파운드가 들 것으로 추산했다. 남아공에 대한 외부 위협이 거의 없는 상황임에도 에이즈 환자들의 목숨을 살릴 의약품 대신 무기를 택한 것이다. 영국에 본사를 둔 세계적인 군수업체 BAE가 석연치 않은 이유로 군용기 판매업체로 선정된 것이다.[131] 이 거래를 성사시키기 위해 음베키 정권만이 아니라 블레어 영국 총리도 관여했다.

파인스타인이 고발하는 군산정복합체의 검은 무기거래의 세계로 더 들어가보자. 미국에 본사를 둔 세계 굴지의 군수업체 록히드마틴은 자체 로비스트를 운영하고 있지만, 그 출신 인사들을 잘 관리해 이익 극대화에 활용한다. 록히드마틴 출신의 신보수주의자이자 사업가인 브루스 잭슨(Bruce Jackson)은 이라크해방위원회의 공동 설립자로서, 방송에 이라크 침공을 지지하는 발언을 1,000회 이상 할 정도였다. 물론 그가 이라크 전쟁을 통해 이윤을 노린 군수업체의 컨설턴트로 활동하며 수십만 달러를 챙겼다는 사실은 한 번도 언급되지 않았다. 미국과 영국의 합동 이라크 침공으로 개시한 전쟁에 대한 국내외 반대 여론은 거셌다. 물론 이라크의 9/11 테러 지원 의혹으로 전쟁 개시 자체는 국내 여론의 지지를 받고 있었다. 미 국방부는 군 출신 인사들을 여러 차례 언론에 출연시켜 전쟁에 대한 정부의 입장을 홍보했다. 군 장성 출신 배리 맥캐프리(Barry McCaffrey)가 그 중심이었음이 치밀한 탐사보도를 통해 밝혀졌다. 이렇게 동원된 퇴역 군인 중 다수는 군수산업에도 연계되어 있었다. 이들은 평론에 필요한 정보를 얻기 위해 국방부의 특별 브리핑을 받기도 하였다.[132]

파인스타인의 위 책은 큰 관심을 얻어 같은 제목의 다큐멘터리 영화로도 제작되었다(요한 그리먼프레즈, Johan Grimonprez 감독, 2016). 영화를 시작하면서 소개글이 등장한다. BAE와 록히드마틴사에 대한 조사를 통해 세계 최고위층 사이에 무기거래가 어떻게 이루어지고, 그와 관련된 부정부패가 외교안보정책에 어떤 영향을 미치는지를 다룬 다큐멘터리라고. 나아가 이 영화는 현재 국제외교안보정책이 끊임없이 계속되는 전쟁의 국면을 어떻게 변화시키고 무기가 인간을 어떻게 공격하고 미래 기술을 얼마나 위협하는지에 대해 경고한다.

이 영화에는 크리스 헤지스 전 「뉴욕타임스」 종군기자도 나온다. 헤지스는 "영구적인 전쟁상태가 중동을 망친 것이다. 이슬람 극단주의가 아니라고요. 영구적인 전쟁으로 이득을 챙긴 사람들이 있죠, 정치·경제·군사적으로 말이죠"라면서 군산정복합체를 지목한다. 그는 전쟁은 판도라의 상자를 여는 것이라면서 "전쟁이 나를 통제하게 되죠. 상상을 초월하는 미증유의 결과를 초래하고 꿈에도 꾸지 못할 결과를 낳는다"고 하면서 전쟁의 비인간성을 고발한다. 그러나 언론인으로서 그의 특종기사는 뉴욕 본사로부터 거절당하고 국가안보에 반하는 행동을 했다는 이유로 그는 사퇴를 강요당한다. 드디어 그는 침략과 전쟁, 그 정치경제적 정당화에 언론과 오락산업의 관여를 오랜 체험에 바탕을 두고 아래와 같이 지적한다.

> "전쟁에 대한 이미지는 온갖 거짓말로 대처하고 통제합니다. 그 거짓말을 비호하기 위해 사회 모든 기관들이 동원되죠. 학교, 정부, 연예오락매체 그리고 언론도 포함됩니다. 그 거짓이 무너지고 기술전쟁, ○○전쟁이라는 것이 결국 살인과 학살에 불과하다는 게 알려지면 사람들은 경악할 테고 전쟁은 쉽게 안 일어나겠죠."

## 2) 군사주의의 벗

칼 리프크네흐트는 1906년 저작에서 상업과 소비의 힘을 지적했다. 그는 군사주의의 수단으로 소비자와 생산자의 관계, 군사도시와 군수기업의 공생을 들었다. 제국주의의 팽창정책이 시장 확대를 위한 경쟁이었다는 점에서 리프크네흐트의 지적이 단지 이념적 주장만은 아니었다. 그에 따르면, 1904년 10월 31일 당시 독일 육군과 해군이 보유한 산업체에 총 54,723명이 고용되어 있었다. 군은 그들에게 군사주의를 매우 적극적이고 배타적으로 주입하고 모든 반동적인 선동을 비난하고, 온갖 타이틀을 주거나 오락행사를 여는 한편, 노조를 불법화하였다. 철길, 우편 및 전신제도는 외부 적은 물론 내부 적에 대한 전쟁에도 중요한 기구였다.[133]

일상적 폭력이 오늘날 제1세계 나라들에서는 14세기에 그랬던 것만큼 눈에 띄지는 않으나, 현대 전쟁에서의 군중의 폭력, 굶주림과 가난은 여전히 존재한다. 폭력은 또한 오락과 '전쟁 장난감(war toy)' 같은 것들을 통해 더 미묘한 방식으로 문화에 계속 스며든다.[134] 문학과 언론, 오락 같은 문화적 매체를 통해 군사주의가 확산되면 군사주의는 위로부터의 강제보다는 아래로부터의 동의에 의해 사회에 자연스럽고 폭넓게 확산된다. 자발적 군사주의가 확인되는 셈이다.

인로(Enloe)는 다양한 군사화 형태를 예시하면서 거기에 침묵을 포함시켰다. 침묵으로 군사화가 발달한다고? 그는 군사화 형태로 무기, 기술만 아니라 군인을 포함한 거래를 한 묶음으로 하고, 두 번째로 법제, 세 번째로 침묵을 한 묶음으로 해서 거기에 언론, 학술, 종교, 민간기업과 군수기업의 협력, 군수기업을 둔 도시를 포함시켰다.[135] 여기서 침묵은 군사화를 지지·방조하는 보이지 않는 힘으로 읽히는데 요한 갈퉁(Johan Galtung)이 말한 문화적 폭력과 유사하다. 군사화가 자본주의 사회와의 깊은 연계성을 갖고 있다고 한다면 그것을 추진하는 침묵에 상업언론과 오락산업이 포함되는 것은 당연해 보인다. 이런 점은 인로에 앞서 마틴 쇼가 냉전 시기 자본주의 국가들의 군사화를 추적하면서 발견한 사실이기도 하다.

군사주의는 군대 관련 기구가 교육과 예능 등 사회 곳곳에 뿌리내리고 활동하는 일과 깊은 관련이 있다. 군대는 교육 기능을 수행하는 부대를 발전시켜 잘 고안된 선전적 대화를 매년 수천 개의 학교와 대학에 시작한다. 또 모든 대중매체에서도 전쟁에 대한 기억을 장려한다. 과거 전쟁에 대한 기념은 현대전쟁으로서의 의미를 갖는다. 다만 그것은 적극적 군사주의보다는 일반적인 소비문화의 일부로서 기능한다. 가령 전쟁에서 영국군의 활약을 다루는 영화는 아무것도 아니다. 그저 오락일 뿐이다. 다른 사례로 베트남 전쟁을 놓고 언론보도가 대중의 지지 여론을 조성했는지는 단정하기 어렵다. 전쟁 초기 미국 언론이 그런 역할을 했지만, 전쟁이 지속되자 대중이 참전에 반대하자 언론도 그 입장을 따라갔다.[136] 그러나 전쟁 실패의 아픔을 겪은 후 미국 언론이 신보수주의의 흐름을 타고 전쟁영웅 만들기에 나선 것은 잘 알려져있다.

쇼(Shaw)는 언론의 역할에 대한 연구를 보면 영국문화에서 군사주의의 한계를 발견하게 된다고 말한다. 전쟁 실제에 대한 군사적 정의에 대한 저항이 나타나고, 그런 정의에 관한 정치적 요구에 반대하는 독립언론의 가치에 대한 지지도 나타났다. 영국문화에서 군사적 요소가 존재하되 그 역할이 한계를 보인다는 것이다. 그와 달리 군사주의를 1950년대 이후 시장에 기반하고 세속적인 소비자 문화의 맥락에서 보아야 한다는 점은 유의할 바이다. 그럼에도 쇼는 군사주의의 쇠퇴는 조직화된 종교와 계급적 정치문화의 쇠퇴와 비교할 만하다고 언급하며, 이 둘은 근래 수십 년간 영국사회의 특징이라고 평가한다.[137]

프랑스 정치사상가 몽테뉴의 친구, 에티엔 드 라보에티(Etienne De La Boetie)는 『자발적 복종(Discours de la Servitude Volontaire)』에서 독재자와 피지배자 간의 관계를 탐구한다. "대중이 스스로 권력에 노예가 되는 이유"라는 부제가 붙은 이 책에서 라보에티는 피지배자가 억압에 단순히 굴복하는 것이 아니라 영합함으로써 벌어지는 현상을 분석한다. 그는 자발적 복종에 탄식하며, 그 이유 중 하나는 독재자가 제공하는 화려한 구경거리다. 라보에티는 이런 꼬임수에 "넋이 나간 사람들은 눈앞에서 번쩍이는 오락과 무익한 쾌락에 빠져 복종에 익숙해졌다"고 말한다. 게다가 피지배자들은 억압이 과거에도 늘 존재했고 지금도 존재하며 앞으로도 영원히 존재할 것이라 믿기에 그 굴레를 받아들인다. 이런 식으로 피지배자들은 "여태 항상 그래왔다는 믿음에 따라 명령을 내리는 자에게 주인의 권리를 부여한다." 이 구절에서 라보에티는 독재자에게 피지배자를 사로잡는 자질을 부여하는 것은 결국 피지배자 자신이라는 점을 암시하는데, 이는 훗날 막스 베버가 제시한 카리스마 이론과 놀라울 정도로 비슷하다.[138]

인류학자 로베르토 J. 곤잘레스(Roberto J. Gonzales)는 같은 인류학자 리사 페티(Risa Peatti)가 고안한 '상상할 수 없는 것의 일상화'라는 개념을 빌어 미국 대중들이 금기시해 온 고문에 태도가 변하는 과정을 분석한 바 있다. 그는 고문에 대한 정의와 범위 그리고 지칭하는 용어의 변화에 노출되면서 대중이 고문에 대한 태도가 완화되고 일정한 조건에서 실행할 수도 있다는 태도를 보인다는 점을 여론조사 결과를 통해 보여주고 있다. 가령, 고문의 범주에 심리적 고문을 제외하고, 테러를 예방하고 테러분자를 색출하는 선한 의도를 가진 사람이 고문을 하는 것은 어떨까 하는 식의 질문을 한다는 것이다. 이런 대중의 태도 변화를 가져오는 데 방송프로그램이 촉진 역할을 하고, 이를 보안·정보기구가 활용한다. 곤잘레스는 그 뒤에 강력한 기득권층이 "신중하게 조율한 마케팅 전략"이 작동하고 있다고 평가한다. 그 결과 금기는 산산조각이 난다. 이런 언론의 군사주의 옹호작업은 미 국방부가 어린이 장난감 회사, 인스턴트 식품회사, 영화사와 함께 군대, 무기, 군사활동을 자연스럽게 만드는 이른바 '마케팅 군사주의'와 동전의 양면을 이룬다.[139]

오늘날 미국, 영국과 같은 서방 강대국들은 군대의 해외 개입을 둘러싸고 논쟁이 일어나고 있고 거기에 문화예술계도 관여한다. 그 과정에서 상업언론 및 오락산업이 군사주의 담론을 사회에 유포시키는 일은 정부의 대외 군사정책에 도움을 준다. 사실 그 일에 정보·안보기구가 관영하고 있지만 말이다. 권위주의 체제를 띤 강대국의 대외적 군사주의는 상업보다는 국가주의 담론을 더 호명하지만, 그 매개 역할을 언론 및 오락산업이 수행하는 것은 민주주의 체제하의 강대국과 마찬가지이다.

### 3) 자아실현 욕구와 병역

군입대는 많은 국가에서 아직 병역의 의무로 간주되고 있다. 그래서 군입대는 청년들의 인생 설계에 큰 영향을 미친다. 그와 달리 자원병 제도를 실시하는 나라에서 청년들을 대상으로 하는 군입대 홍보는 훨씬 중요한 병역정책 수단이다.

21세 들어서도 자원병 제도를 시행하는 국가에서 군입대 홍보는 여전히 중요한 문제인데, 그 가운데 청년의 사회생활, 즉 직업문제가 걸려있다. 병역 기구가 이점을 무시하고 애국심에만 호소하는 것은 설득력이 크게 떨어진다. 즉 군복무에 관한 통치담론의 변화가 불가피해진 것이다. 영국과 스웨덴 같이 자원병 제도를 실시하면서 경제 수준이 높은 나라에서 징집 담론에 자기개발이라는 점이 부각된다. 병역 관련 통치담론의 세련화, 입대자 중심주의, 개인의 이익 수용과 같이 탈권위주의적이고 위로부터의 시각은 크게 탈색한 것이다.

영국과 스웨덴의 병역제도를 비교 검토한 결과에 따르면,[140] 시장 논리가 크게 개입하는 현상이 두드러졌다. 다만, 두 사례에서 병역을 홍보하는 논리에서 차이가 발견되었는데, 스웨덴에서는 '평화유지자' 이미지가 커뮤니케이션과 연계된 반면, 영국에서는 '무기', '전투', '적'과 같은 단어들이 널리 이용되었다. 병역 담론에 대한 이해는 단순히 하나의 조직(군대) 실제를 반영한다기보다는, 군인 개인의 꿈과 사회의 기대 사이에서 발생하는 협상의 견지에서 이해해야 한다. 다만, 거기서 군인이 군생활에서의 실제와 징집 홍보에서 나타난 실제 간의 차이에서 경험할 위험이 병역제도에 내재함에 유의해야 할 것이다.

입대할 생각이 있는 청년은 군복무를 자기발전의 징검다리로 보려고 한다. 그래서 군대 직업과 치명적 물리력 사용에 관여하는 것은 담론적으로 자아 실현 및 발전과 연계된다. 그 결과 청년의 자아실현 욕구는 신자유주의 국가의 정치적 프로젝트와 병존한다. 거기서 고용 인과 피고용인, 국가와 사회의 구별은 흐려진다. 결론적으로 진취적 인 군인의 입대 과정은 거버넌스의 제거보다는 권력과 정치, 곧 정부 의 통치기술의 발전으로 이해함이 타당하다. 두 연구자들이 내린 결 론은 전쟁과 폭력의 위험은 신자유주의 사회에 있는 선진 북구국가들 의 개인들이 갖는 자아실현 및 발전이라는 요구 뒤에 은폐되어 있다 는 사실이다. 물론 한국의 경우 병역제도와 안보 환경 면에서 위의 경 우와 거리가 멀다.

## 4) 가상전쟁과 패션 디자이너

과학기술의 발달과 인간의 공격성은 전투 현장은 물론 전투 기술 에도 직접 영향을 미친다. 이제 전장은 육해공을 넘어 우주 그리고 가 상세계로까지 확대되고 있다. 제임스 더 데리안(James Der Derian)은 가상전쟁에 관한 독보적인 저작을 통해 그것이 과학기술의 발전을 반 영하고 있지만 잘못된 확신에 기반해 잘못된 결과를 가져온다고 주장 한다. 그는 모하비 사막, 실리콘 밸리, 헐리우드 그리고 미국 대학들에 서 진행되는 신종 가상전쟁을 다루면서 사이보그 기술, 비디오 게임, 미디어 스펙타클, 전쟁 영화, 선행 이데올로기가 고기술 저위험의 가 상전쟁을 만들어냈다고 말한다. 그러나 그는 9/11 테러 이후 반테러 전쟁, 이라크 전쟁 등에서 가상전쟁론에 기반한 미국의 외교안보정책 이 엄청난 결과에 봉착했다고 평가한다. 거기서 그는 기존 아이젠하 워의 군산복합체론, 밀스의 권력 엘리트론을 넘어 군대-산업-언론-오 락의 네트워크(일명 MIME NET)가 군사주의의 중추라고 주장한다.[141]

데리안은 현대 군사주의와 군사력이 산업, 미디어와 오락 산업에 걸쳐 대단히 넓게 침투해있다고 말했다. 그에 따르면 가상이란 다른 문화들에 따라 변이를 계속하지만 본질이 있다. 그것은 대중이 존경, 존엄, 인정받기를 원한다는 것이다. 불경, 치욕, 분노는 하나의 가상이 다른 가상의 특수성에 맞서 보편성을 추구할 때 중요해지는 감정이자 수단으로 작용할 수 있다. 전쟁은 본질적으로 보편 언명에 기초하기에 지역의 적과 충돌하는 것은 불가피하다. 군사적 가치가 모든 곳에 퍼져있고 시민의 가치가 군대에 퍼져있으므로 군사주의와 반군사주의를 구분짓는 일은 점점 더 어려워진다. 군대-산업-언론-오락 네트워크는 비대칭을 보상하고, 권력의 확장 수단을 군사력과 같은 물질적 능력 이상의 것으로 확대한다. 가상전쟁은 공간과 윤리, 두 측면에서 새로운 전쟁이다. 공간 차원에서 가상전쟁은 멀리서 수행하는 전쟁인데, 영토 장악이 목적이 아니라 재난 통제나 인종청소 중단 등을 통해 대중을 획득하는 것이다. 윤리적 차원에서도 멀리서 싸우면서 가상전쟁은 개입과 전쟁을 정당화한다. 이것은 개선된 것이다. 지정학만이 전쟁의 주요 영역이 아니다. 1, 2차 걸프전에서 보듯이 전쟁은 점점 가상화되어 간다.[142]

군사분야혁신(RMA)에 기반을 둔 자유주의적 안보 결정자들은 가상전쟁을 포함한 외교안보정책의 성공, 즉 민주주의의 확산을 위해 더 정교한 군사개입을 확신한다. 그러나 데리안은 문화와 대반란작전으로 관심을 돌리면 적을 억지·파괴하는 것을 목표로 한 군사혁신에 대한 믿음을 잃게 된다고 주장한다. 나아가 네트워크와 문화 중심의 전쟁을 연결하는 것은 군사적 시뮬레이션과 대중에 대한 감성적 호소에 계속 의존하는 것이다.[143] 가령 대중은 영화에서 새로운 문화 전쟁 게임에 참여하는데, 그것은 문화적 인지 단계를 밟는 것에 다르지 않다. 이는 경제, 물질, 현지조사와 달리 네트워크 권력 혹은 가상 정보

수단에 의존하는 것인데, 그만큼 이미지와 이데올로기의 힘이 크다.

　　그럼 가상전쟁의 폐해에 대한 대안은 무엇인가? 데리안은 패션 디자이너를 호출한다. 대항(countering)은 단지 반대가 아니라 새로운 방식의 사고와 무엇이 됨을 제시하는 것과 관련있다. 푸코에게 '대항 정의(counter-justice)'는 기존 체제와 싸우고 대안적 법정을 설립하는 것과 관련있다. 대안적 군대를 생각해보자고 데리안은 제안한다. 게이와 레즈비언이 군대를 갈 수 있는 경우, 기존과 완전히 생경한 관여와 규범의 규칙에 기초한 군대를 상상할 수 있다. 가령 패션디자이너가 많은 위장술을 이용한다면 그것은 군대의 권위를 약화시킬까, 강화시킬까? 군대의 가치를 강요하는 것에 대한 반대로서 전유의 역할은? 기존의 구분 방식 밖에서 검토할 영역이 일어나고 있는 것이다. 결국 데리안은 구체적인 대안을 제시하는 대신 열린 토의를 제안하면서도 방법론에서는 구체적인 대안을 제시하고 있다. 군사주의를 특정한 역사적 맥락 없이 느슨하게 사용함으로써 그것을 무형의 성질로 정의하는 한편, 선형적인 인과론보다는 비선형적인 관계론으로 전개하는 방식 말이다.[144]

# 8. 공간과 영토

## 1) 비판 지리학의 3대 분야

　　지리학에서는 군사주의를 어떤 시각과 방법으로 접근할까? 이에 관해 매튜 레흐(Matthew Rech) 외 4명의 전문가들이 공동작업을 해 간명한 논문을 『비판적 군사연구(Critical Military Studies)』 창간호에 발표하였는데,[145] 아래는 그 논문에 거의 의존하고 있다.

비판적 군사연구에서 지리적 접근은 군사문제들이 '지리적으로 구성되고 표현된다'고 본다. 즉 군사 현상들이 존재하는 과정에서 공간, 경관, 장소가 형성된다고 본다. 비판적 군사연구의 특징 중 하나가 성찰성이다. 이는 지리학의 기원이 국가권력에 봉사하는 데 있다는 점을 전제한다. 지리학은 현지조사나 자료수집 등에서 착취적 성격이 있었던 것이 사실이다. 그 대안을 논의하는 것이 지리학에서도 일어났다. 전통 군사 지리학은 지리학의 도구 및 기술이 군사적 목적을 추구하는 데 이바지하는 학문으로서 여전히 주류의 위치를 차지하고 있다. 반면, 인문지리학에서 비판적 접근은 개인 및 지구 차원 등에서 권력 및 관련 효과에 대한 비판, 군사활동 및 군사주의에의 관여, 군사주의 및 그 효과에 대한 높은 관심을 보인다. 지리적 접근이 만들어내는 발견이 비판적 군사연구를 구성하는데, 그것은 크게 경관, 대변(representation), 규모 등 세 측면에서 논의 가능하다.

첫째, 경관 연구는 경관이 무엇을 대변하다는 시각과 경관을 사회·역사적 경험으로 간주하는 시각으로 나뉘어진다. 이들 시각으로 군사활동에서 상상된 지리를 특정한 방식으로 비판할 수 있다. 우선 대변적 시각에서 '군사적 경관'은 군사활동을 특정 위치 혹은 상황으로 규정하고 그곳에 있는 군사적 존재의 파괴적 효과를 탐구한다. 비판적 군사연구는 이런 시각에서 힌트를 받아 지리에서 군사화된 과거, 그 현재적 양상 그리고 군사활동이 전개되는 공간이 작동하는 방식을 개념화한다. 가령, 공군의 에어쇼는 경관이 창조하고 대변하는 일의 중요성을 파악하고, 특정 공간에서 군사활동을 위치짓는 것, 곧 군사화 과정을 드러내는 데 유용하다.

에어쇼는 군사적 경관을 창출하는 대표 행사이다

출처: 위키피디어커먼스

　다음으로 '경험으로서의 경관' 시각은 군사주의의 반향이 일상생활에 반영되는 것을 추측하고, 군사주의가 역사적 기억으로서 경관을 드러내고, 하나의 지역 차원에서 개인 혹은 사회적 실천이 군사주의의 지리적 효과를 더 이해할 수 있는 정보를 제공한다. 이 시각은 최근 들어 가상세계 분석에 초점을 둔다. 비디오 게임을 경관을 단순히 대변하는 시각을 넘어 게이머들(gamers)이 특정 위치에서 환경을 경험하는 방식을 검토하고, 가상 경관이 플레이어(player)의 정서, 애정, 경험 상태를 조성하는 방식과 군사 이념이 담화를 넘어 작동하는 방식을 논의하고, 게이머들이 군사 이념에 정서적으로 관여하는지의 여부와 그 방식 등을 토의할 수 있다. 경험으로서의 경관 연구는 군사조직이 시뮬레이션과 컴퓨터 기반 훈련기술을 이용하는 것을 비판하고 분쟁의 현실적 경관을 제공하도록 한다. 이런 연구는 군사주의 실천이 전투 현장은 물론 전투를 대중이 문화적으로 대변하는 장소에 주목한다. 경관연구는 전쟁 공간이 확대되고 전투공간의 경계가 흐려지는 방식, 즉 데렉 그레고리(Derek Gregory)가 말한 "모든 곳에서의 전쟁"[146]을 검토할 방식을 제공한다.

둘째, 대변은 비판 군사연구에서 수단과 실천, 이 두 시각에서 연구되고 있다. 우선, 수단으로서 대변은 군사적 통제의 메커니즘과 전략을 설명하고 일상적이고 자연스럽게 만드는 도구이다. 특정 전투사례에 관한 문서 독해의 경우, 그 텍스트를 대변으로 초점을 맞추고 특정 전투가 묘사되는 정치와 의도성에 주목한다. 이 시각은 역사적 '사실'을 기록(혹은 재구성)하고 특정 전략의 유용성을 분석 평가하는 일에 관심을 둔다.

다음으로 실천으로서의 대변은 특정 장소에서 생산, 분배, 소비와 같은 일련의 실천이 일정한 의미를 생산한다고 본다. 이 시각의 특징은 자의적인 기억 장소로 보이는 것에 특정한 정치적 의미를 부여하지 않고, 특정 현상이 발생하는 시점에 주목한다. 그 시점은 정부가 군대와 대중을 적극 연결시키려고 노력할 때이다. 이는 군사주의의 시민적 공간을 검토하도록 해주고 대중적 군사주의가 일상적인 장소 협상의 일부로 등장하는지에 의문을 갖도록 해준다.

결국 대변은 비판적 군사연구에 흥미로운 방향을 제공해준다. 거기에는 군사 현상이 영향을 주고받는 장소에서 군사문제를 이해할 잠재력과 상상적인 군사지리학이 포함된다. 즉 비판적 군사지리학은 특정 군사주의 정치와 특정 장소의 조합이 만들어내는 '공유되고 상상된 장소'에 관한 연구이다.

셋째, 규모이다. 비판적 군사지리학은 거대규모, 국가 중심의 전통적 관심에서 벗어나 군사주의를 젠더화된 주권의 형태로 이해한다. 이는 국제화된 위계 규모에 정해진 것만이 아니라, 장소를 만드는 실천이 구현된 곳에서도 가능하다. 이 연구의 주된 관심사는 국가, 주권,

군사주의 등과 같은 개념들이 개인적 영향으로 나타나는 방식, 군사주의와 전쟁이 작동하는 규모를 문제시하고, 관련 비판적 범주와 도덕적 책임을 검토한다. 미군과 영국군에서 드론 비행사가 되는 상세하고 개인적인 지리를 검토하는 것도 이런 연구에 속한다. 미국과 영국에서 대학병무처(university service units)에서 제공하는 군대 정보는 직접적으로는 참여 대학생들의 취업, 간접적으로는 그들을 통해 장래 시민사회에 영향을 미친다. 대학생이 군대 경험을 한 것은 이후 군대와 민간사회에 대한 그의 판단에 영향을 준다. 이는 군사주의가 개인 차원에서 구현된 일종의 미시지리적 효과라 할 수 있다.

스케일에 관한 비판적 연구가 주는 의미는 군사지리학이 더 소규모, 더 지역화 및 개인화된 사례를 연구할 기회를 제공하고, 국가, 국제, 전략 중심의 기성 연구와 균형을 맞추고, 군사주의가 작동하는 공간에 초점을 두는 식으로 스케일을 변경할 수 있다는 점이다.

지리학에서 비판 군사연구는 정보에 기반한 비판 위에서 발전해 나가야 한다. 그런 작업 속에서 민군관계의 뉘앙스와 복합성이 학계, 군대 그리고 다른 민간 영역을 관통해 규명되고 공유되는 것이다.

## 2) 인도주의의 안보화

국제사회에서 대표적인 구조 활동이자 평화만들기(peacemaking) 사업은 인도주의 활동이다. 인도주의는 분쟁과 재난, 그것을 초래하는 정치집단 그리고 인도주의 활동에 나서는 국제사회와 그 대상이 되는 해당 지역 주민 등으로 구성된다. 그런데 자유주의 시각에서 인도주의 활동은 그런 사태를 초래한 '실패한 국가'의 개혁과 부패하고 권위주의적인 정권의 변화를 동반하게 된다. 그러므로 인도주의 활동은 보기와 달리 민간, 경제, 선의와 같은 요소들로만 구성되지 않는다. 선진국 정부 혹은 국제기구가 정치적 결정에 관여하면서 정치·경제·사회 전반의 개혁을 추진하고 필요시 군대가 긴급구조, 평화유지, 선거지원 등의 명목으로 개입한다. 그리고 더 필요한 경우 주둔한다.

영토와 주권은 상호 작용하면서 폭력의 의미가 변화할 수 있다. 적어도 국제사회에서 국가로 인정받은 가운데 주권을 행사하는 정부와 그 정부로부터 인정받는 집단의 무력은 합법으로 간주된다. 그러나 반정부 게릴라 세력은 불법 폭력조직, 그들의 무력은 테러로 간주된다.[147] 분쟁 후 사회가 안정되지 않고 반정부 게릴라 세력이 무장활동을 전개할 경우 군대의 역할은 더 두드러지고 그에 비례해 인도주의 활동도 안보의 영향을 받는다. 인도주의의 영토화 및 안보화가 그것이다.

정체성 정치에서 아(我)는 자신의 존재는 물론 갈등적 행위를 정당화하는 데 타자를 설정하고 그 타자와의 관계를 적대적으로 규정하는 것이 필수이다. 데렉 그레고리(Derek Gregory)는 마이클 샤피로(Michael Shapiro)의 '적대의 건축물' 개념을 이용해 타자를 위협 혹은 적대 세력으로 간주할 조건을 제공하는 자아와 타자의 (공간적) 건축을 이해하려 한다.[148] 그레고리의 논의 틀은 군인이 이런 '상상의 지리'에 의존하는지 혹은 '적대의 건축물'을 생산하는지에 관해 기존에 답하지 못한 일련의 질문을 제기한다.[149]

발전과 인도주의 연구자들은 인도주의의 안보화를 탈냉전기를 특징짓는 현상으로 주목한다. 이들은 인도주의 기구들이 생산하는 '이동 주권' 형태를 조사하거나, 1859년 솔페리노 전투를 계기로 한 적십자사의 탄생과 1969년 비아프라에서 '국경없는 의사회'의 출범을 통해 인도주의 계보의 형성을 추적하기도 한다.[150] 비판적 시각에서 보면 발전은 자유주의 체제에 잉여인구의 절멸에 대한 대안을 제공하는 영역으로 보인다. 반대로 저발전은 위험한 것이고, 그것을 극복하려는 발전정책은 사회경제적 프로젝트에 한정되지 않고 외교안보정책을 동반하는 것이 자주 목격된다. 그렇다면 이때 발전은 '자유주의적 평화'를 달성하는 일종의 통치양식인지도 모른다. 탈냉전기에 들어 발전은 경제를 넘어 사회 및 인간적 차원을 아우르며 국가의 통제와는 거리가 있는 개념으로 부상한다.[151]

자유주의적 평화와 관련해 '자유주의적 방식의 전쟁'에 관심을 두는 연구도 있다. 이런 접근은 영토 권력과 정부 권력 간의 구별을 강조한 것과 달리, 어떻게 푸코가 이 둘을 상호연계적인 것으로 다루었는지를 상기하며 정부적·규율적·주권적·기타 권력들 간의 복잡한 상호작용에 주목한다.[152] 여기서 군대의 '지리적 상상'은 인도주의가 반게릴라 활동이 의도하는 전술을 완벽하게 만들어주는 하나의 '전장'이 됨을 암시한다. 반게릴라 활동은 자체의 '적대의 건축물'을 생산하는데, 이 건축물은 인도주의적 공간과 반게릴라 전투 공간 사이를 호환시킬 수 있다. 그런 적대의 건축물을 생산하는 지리 안팎에서 반게릴라 전술은 더욱 발달하는 것이다.[153]

지중해를 통한 유럽행을 감행하는 이들에 대한 통제 역시 인도주의 문제를 안보문제로 간주하는 것이다. 이들의 목숨은 유럽을 향하는 지중해상은 물론 배를 타기 전에도 심각한 도전에 직면한다. 유럽 대륙의 안녕과 관련국들의 이익 보호를 위해 유럽행은 강력한 단속 대상이 되는 것이다. 리비아 사태와 시리아 분쟁 등으로 발생한 난민들은 유럽을 향했다. 그런데 유럽연합은 리비아 해안선에 세워진 끔찍한 강제수용소를 지원하며 이들의 유럽행을 막으려 하였다. 그 수용소를 운영하는 세력은 리비아 범죄조직이었다. 아프리카 난민들이 지중해로 가지 못하게 수용소에 가두는 일에 유럽연합이 지원하고 나선 것이다. 그 범죄조직에 유럽인들은 돈은 물론 선박과 장비까지 지원하며 난민들의 유럽행을 막는 것이다. 또 유럽과 미국은 이주민들이 리비아로 가기도 전에 막으려고 사헬 지대에 군사기지를 두기도 하였다. 이 주민들이 지중해까지 가면 유럽에서 공식적으로는 법적 문제가 발생한다. 강제송환 금지 원칙(non-refoulement principle) 때문에 이주민들을 거부할 수 없기 때문이다. 유럽은 그런 상황을 막는 동시에 유럽이 법을 준수하는 점잖은 지역이라는 이미지를 유지하기를 원한다.[154] 이 사례는 지중해상에서 유럽 땅을 추구하는 경우와 연결해 인도주의의 안보화와 영토화를 잘 보여준다. 이는 신자유주의 시대 인도주의의 본질적 취약함과 그 추진 집단의 위선을 웅변해주고 있다.

## 3) 통치되지 않은 공간의 통치성

냉전 붕괴 이후 세계 유일 패권국이 된 미국은 그 지위를 유지하는데 군사력만이 아니라 민간의 역량을 동원할 필요가 있었다. 왜냐하면 외교안보정책의 영역이 분쟁 (후) 사회의 재건과 인도주의 활동 같이 과거에는 군이 관여하지 않은 영역으로까지 확대되기 때문이다. 그런 경우 민군이 협력해야 하는데, 군의 입장에서는 민간의 경험과 역량을 활용하면서도 안보적 관점을 견지해 나가야 한다. 이제 군은 기존에 관할하지 않은 영역에 들어가 인도주의, 발전, 법치 등의 이름으로 새로운 영향권을 만들어가야 하는 것이다. 이름하여 비통치 공간에 대한 통치성 프로젝트이다.

비통치 공간에 대한 통치성에 관한 연구는 크게 세 측면으로 구성된다. 첫째, 영토화는 통치되지 않는 공간에 주목하는 상상의 지리학에 의해 인도되고, 둘째, 민간 영역은 영토화의 군사적·인도주의적 실천에서 점점 중요해지고, 셋째, 영토화는 지정학과 지경학에 의해 인도되므로 미군의 군사적·인도주의적 실천 및 담론도 미군의 점령 영토 확대 및 미국 주도의 신자유주의 시장의 확대를 정당화시켜

준다.[155]

　미국의 외교안보정책에서 저통치 및 비통치의 위협을 대변하는 것은 도처에 존재한다.. 이런 대변은 차이와 거리에 관한 상상의 지리학에 기여한다. 이런 대변은 미국의 국가안보 담론을 '대테러 전쟁'을 통해 보강하고 공간=타자라는 담론으로 개입과 정복을 정당화한 초기 제국의 특징을 소환한다. 종종 '실패한 국가', '실패하는 국가', '취약국가'로 틀 짓는 비통치성의 스펙트럼은 국가안보전략을 보강하고, 전진과 후퇴에 관한 역사적 관념에 기반하는 시공간적 상상력을 생산한다. 이런 공간적 상상력은 불안하고 통치받지 않는 공간과 관련지어 정의하려 행동한다. 공간의 불법성과 비지배력은 미국과 서방 국가들의 개입을 정당화하는 듯하고 개입과 불균등한 식민적 권력관계를 정당화하는 법치 및 도덕적 가치와 대조를 이룬다.[156]

　'비통치' 공간이란 관념은 미군의 안정화 전략에 중심적인 위치를 차지하는데, 이 전략은 미국 국가안보 독트린 안에서 두드러진 '취약국가' 프레임과 같이 국가 실패에 관한 설명과 궤를 같이한다. 일례로 세계발전에 관한 대통령정책명령(PPDGD), 미 국무부 첫 4개년 외교발전리뷰(QDDR)에서 초국적 위협은 취약국가의 약점을 잘 드러낸다. 또한 위협과 통치되지 않는 공간에 대한 이해는 미 행정부의 인도주의 및 발전정책에도 널리 퍼져있다. 예를 들어 미 국제개발처(USAID)에서 분쟁 후 지역 및 국가를 다루는 체제이전제안국(Office of Transition Initiatives)은 '비통치' 공간을 "국경을 넘어 테러리즘을 수출할 수 있는 극단적 운동의 인큐베이터"로 정의한다. USAID가 발간한 문서, 「폭력적 극단주의와 반란에 대한 발전정책적 대응(The Development Response to Violent Extremism and Insurgency)」은 "통치가 부실하거나 통치되지 않는 영역에서 폭력적 극단주의가 발호해 피난처나 보호구역이 필요해진다"는 점을 부각시키고 있다. 공간을 '통치되지 않는' 것으로 틀 짓는 것이 후진성, 차이와 같은 식민주의적 상상력을 들먹이기도 하지만, 그런 위협적인 공간은 국가안보전략에서 세계의 연계성과 도시의 성장에 의해 특징지어지기도 한다. '통치되지 않는' 도시 공간은 위협의 씨앗을 뿌리는 땅으로 간주된다. 관련 미군 문서는 "도시 지역이 (폭력적 극단주의의) 피난처가 되고 테러분자, 반란자 혹은 범죄조직의 기지를 제공한다"고 묘사한다. 이런 이해는 대테러전쟁 초기 미 국가안보기구들의 세계적 연계성과 통합에 관한 담론과 대조를 이룬다. 현 미국 국가안보전략은 이런 세계의 신자유주의적 통합 목표에 의해 보강된다.[157]

글로벌 통합을 추진하고 '비통치' 공간을 통치하는 주된 방식은 군사적 조치와 인도주의적 대응의 병행이다. 이것은 민간 영역의 적응력을 높여 영토 통제와 미국의 영향력을 확대시킨다. 이런 공간을 '통치하는' 노력 속에서 영토는 단지 국민국가의 경계로 환원되지 않고 권력과 지식과 상호작용하는 관계적 공간을 대변한다. 권력과 지식의 상호작용은 권력관계를 낳고 이어 권력관계 위에서 활동한다. 그러므로 영토화는 공간이 권력의 통제 아래 만들어지는 과정으로 이해할 수 있다. 그러나 한 영토가 반드시 다른 영토를 대체하는 것은 아니다. 미군의 활동에서 영토 통제는 통치성 및 생명정치라는 사고와 긴밀히 연결되어 있고, 대중과 관련되는 공간의 계산, 규율 및 운영을 대변한다. 그러므로 공간을 통치한다 함은 대중과 공간에 대한 지식을 생산함으로써 행동규범을 수립하는 데 봉사하고, 동시에 위협과 안보에 관한 기존 가정에 의해 지지받는다. 미군의 군사적·인도주의적 실행은 지역 대중에 관한 정보를 창출하고, 인도주의적 지원과 안보 원조 패키지를 통해 공식 통치구조에 영향력을 행사하고, 대중 사이에 인도주의적 프로젝트로 신뢰를 구축하는 등의 방식으로 공간을 통치한다.[158]

## 4) 민군 합동의 영토화와 시민권

USAID는 창설 때부터 미국의 지정학적·지경학적 야심의 도구로 기능했고 그 활동은 대중을 대상으로 삼았다. 예를 들어 베트남과 엘살바도르 등지에서 냉전의 반게릴라 노력을 지탱시키는데, 이 기구는 핵심적인 역할을 담당하였다.[159]

전시에 군대가 민간기구와 민사활동에 공동으로 나서는 것은 USAID 요원의 영향력 증대를 가져왔다. 2010년 미 하원 국가안보 및 외교문제 소위원회 증언에서 USAID의 선임 차관보는 미 국방부가 USAID가 사용한 주요 접근을 채택하기 시작했다고 말했다. 아프리카 미군 사령부(AFRICOM), USAID, 미 국무부를 묶어 계속 진행하는 사하라횡단반테러리즘 프로그램(TSCTP)은 2005년 창설되어 범사헬이니셔티브(PSI)를 승계하였다. TSCTP는 알제리, 부르키나파소, 카메룬, 차드, 말리, 모로코, 마우리타니아, 니제르, 나이지리아, 세네갈, 튀니지 등지에서 활동하는데, 민간인들 사이의 테러 위협에 대응한다. 이 프로그램은 '통치되지 않는' 공간에서 능력 형성에 관여한다. 미국은 고립되고 소홀히 여겨진 지역에 있는 집단을 표적으로 삼아 청년 고용 지원, 지방 통치능력 강화 등을 목적으로 개발 인프라를 제공하고 건강 및 교육 서비스 향상을 추구한다. 이런 기구 간 합동 프로그램에서 군대는 주로 안보 영역에서의 능력 형성에 초점을 둔다. 물론 민주적 통치 증진은 폭넓은 의도를 갖고 있다. 일련의 군대 훈련은 국방부의 주 관심사인데, 물론 군인과 지역주민의 접촉을 만들어내는 인도주의적 지원활동에도 관여한다.[160]

군사적·인도주의적 활동은 결국 미군의 해외 주둔의 정당성을 증대시키고, 전투를 더 '인간적'으로 보이게끔 만들어준다. 이런 효과는 미군의 전방위적 영향력 확대와 복합 전쟁에서 승리할 대민 중심 전투 노력을 대변한다. 콜린 벨(Colleen Bell)은 민간의 역할을 강조하는 것이 전투를 보강하는 데 유용한 점을 지적한다.[161] 그것은 첫째, 지역문화에 대한 더 많은 지식은 지역민과 반란자들의 행동을 더 예측가능하게 만들어주고, 둘째, 지역민들과의 효과적인 소통은 군대와 지역민의 관계를 개선해 결국 군사적 결과를 높여준다. 다시 말해 인도주의적 활동이 포함된 군의 활동은 지역 주민들에 대한 개입 지점을 제공하고 전투시 군대 논리에 평시 활동을 결합시키고, 궁극적으로 미국의 영토 통제와 '통치되지 않는' 공간에 대한 영향력을 확대시킨다. 민간 발전조직에 대한 두드러진 특징인 통치성은 민간의 동기가 어떻게 군의 군사적·인도주의적 실천으로 흡수되는지를 잘 보여준다.[162]

미국 국가안보기구의 안정화 정책은 민주주의와 시민권의 도덕적·치유적 언어의 안내를 받아 민군 활동에 정당성을 제공한다. 그런 언어는 발전정책에서 공통적인데, 이제 미군의 전략에서 영향력이 커지고 있다. 킬란 맥코맥(Killan McCormack)은 2013년 USAID가 발간한 「민주주의, 인권 그리고 거버넌스 전략(Strategy on Democracy, Human Rights, and Governance)과 2014년 미군이 발간한 「민간의 국가지원 활동(Civil Affairs to Nation Assistance)」을 분석한 바 있다. 이 두 문건은 인권, 인도주의 그리고 법치가 미국의 장기 지역 전략의 핵심 지침이라고 말한다. 그러나 맥코맥은 보편가치로서 인권은 모순적이게도 미국의 예외주의에 기반하고 있고, 미국 주도 개입은 도덕적 과제로 인식되고 있다고 본다. 이른바 미국식 선의라는 프레임은 과거는 물론 대테러전쟁 수행 과정에서도 발생하는 미국의 인권 위반을 흐리게 한다고 평가한다.[163]

법적 차원에서 시민과 국가의 관계는 국가에 의한 법치 주도의 영토적 통제, 즉 비통치 공간에 대한 통치를 확대하는 방법으로 보인다. 푸코의 통치성 개념에서 보면, 그런 식의 민주주의 및 시민권에 대한 초점은 통치되지 않는 공간의 시민들에 대한 자유주의적 주체성을 생산하는 노력에 다르지 않다. 이는 시장 중심 논리에 의해 안내되는 주체성으로서 책임있고 합리적이고 기업가적인 개인을 장려해 신자유주의적 세계 통합이라는 더 넓은 국가안보전략으로 향한다. 미첼 딘 (Mitchell Dean)은 그런 움직임을 '시민권 기술'이라고 부른다. 시민권 기술은 강조점을 사회적 권리에서 사회적 의무로 이동시키고, 대중을 적극적이고 자유로운 시민으로 탈바꿈시키려 한다. 이때 시민은 정보에 밝고 책임있는 소비자, 자기 운영하는 공동체 및 조직의 구성원, 사회운동가, 자신의 위험을 통제할 줄 아는 행위자로 간주된다.[164]

　신자유주의 이데올로기의 힘은 시장이 국가와 사회 위에 군림하는 것을 옹호하는 데 그치지 않다. 그것은 시장에 바탕을 두고 성장해 온 시민들이 이제는 상호 경쟁으로 원자화될 뿐 아니라 위계를 형성하는 데 있다. 국가는 자본의 이윤 극대화를 향해 복지는 물론 안보를 망라해 공적 영역을 민영화시킨다. 그 결과 국가의 공공재 제공 및 관리 역할이 축소되면서 시민은 권리를 개인적 차원에서 찾아나서는 대신, 세금을 비롯한 의무는 사회적 차원에서 계속 부담해야 한다. 공동체의 사회 유지, 공동체를 통한 인간 유대, 공동체 발전을 위한 국가의 관여와 같은 오랜 성취는 자본과 시장의 위력 앞에서 축소될 수밖에 없다. 이제 국제사회가 추구하는 보편가치는 상실되거나 시장의 무한 확장과 기업의 이윤 극대화를 위한 명분으로 전락한다.

　미국 국가안보전략에서 민간 영역은 사활적이다. 민간이 군사적·인도주의적 활동에서 수행하는 역할이 증대하기 때문이다. 여기서 군대와 함께 활동하는 민간과 군사적·인도주의적 활동의 표적이 되는 민간 사이에는 위계가 형성된다. 특히 목숨의 위계가 군대와 민간 영역의 중첩을 통해 더 분명해진다. 그에 따라 민간기구는 명백한 지정학적 실행은 물론 간접적으로는 군대가 실행하는 주권의 폭력에 연루되기도 한다. 비록 USAID와 국무부가 처음부터 미국의 지정학적, 지경학적 야심을 위해 일하지만, 그런 활동은 서서히 진행되고 침윤하는 군사주의로 특징지을 수 있다.[165] 계속 확장되는 글로벌 미군이 전개하는 인도주의적 활동은 본질적으로 군사주의의 진화이지만, 현상적으로는 호의로 보이며 군사주의를 은폐하고 모호하게 만든다.

## 9. 민족과 인종

### 1) 민족/인종주의의 폭력성

민족과 인종이 군사주의와 맺는 관계는 역사에서 어렵지 않게 발견할 수 있다. 종교전쟁 및 종교재판에 의한 대량살육, 나치 정권에 의한 유대인 학살, 제국주의 시대 서방 국가들에 의한 제3세계 지역 민중들에 대한 광범위한 반인도주의적 범죄와 노예노동 그리고 냉전 해체기 구 유고슬라비아와 르완다에서의 인종청소 등이다.

군사주의도 하나의 사상이라면 그것은 세계를 둘로 나누고 인간사회를 갈등론적으로 파악하는 것이 기본 체계이다. 거기에 자신과 자신이 속한 집단의 결속을 권위주의적 방식으로 추구하는 한편, 타방을 물리적으로 제압할 적으로 보는 것이 특징이다. 물론 자기 집단 내의 이적 분자를 규정해 국가안보나 정권안보를 추구하는 것도 무시할 수 없다. 이 측면이 군사주의를 통한 정체성 정치를 구성한다.

적 혹은 적대의식에 관한 기성 논의는 크게 세 가지로 묶어볼 수 있다. 첫째, 인종주의를 활용해 타자화를 정당화한 유럽 민족주의와 식민지 팽창이 만들어낸 폭력을 다루는 것이다. 둘째, 폭력의 정당화가 부정적인 대변뿐만 아니라, 관료적 정당화, 폭력의 일상화, 기술전략적 언술 및 기제 등과 같은 비인간화의 동학에 주목하는 경우이다. 셋째, 폭력의 정당화가 극단적 형태의 적 동일시와 일치함을 다루는 경우인데, 이때 폭력은 비인간적 형태의 바깥에 위치해 '폭력의 신비화', '모방 폭력' 등으로 불린다.[166] 민족 혹은 인종 우월의식에 빠진 집단은 대립하는 상대 민족 혹은 인종을 열등하고 암적인 집단이므로 무찌르거나 심지어는 절멸시키는 것도 필요하다고 본다. 민주주의 국가에서는 노골적으로 인종 및 민족 차별을 할 수 없는 대신 편법 혹은 관행적인 차별을 시도한다. 물론 노골적인 차별을 하는 경우도 비일비재하지만 말이다. 인종주의와 군사주의는 상대를 필요로 하는 공생관계에 있는 것이다.

누구에게나 사회적 우월의식, 직관적인 용어로는 부족주의가 있는데, 그런 성향이 있는 사람일수록 애국주의, 인종주의, 운명, 카스트, 국가의 운명, 군사주의, 범죄에 대한 강경책, 기존 권위와 불평등을 지지한다. 스티븐 핑커(Steven Pinker)는 집단 간 경쟁의 대표적인 예는 인종이 아니라, 같은 인종 내에 있는 다른 마을, 부족이라고 말한다. 그리고 가장 뚜렷한 편견의 기준으로 언어를 지목한다.[167] 그에 따르면 민족주의 자체가 군사주의와 결합하기보다는 그 사이에 나르시시즘(narcissism)이 민족주의와 결합해 분노를 초래하는 경우에 주목한다. 구체적으로 사태가 추악해지는 경우란 대량살상이 일어나는 경우이다. 뒤섞여 살아가던 민족집단들이 각자의 국가를 원할 때, 여러 나라에 흩어진 디아스포라(diaspora)가 하나의 국가로 합치고 싶어할 때, 이웃 집단의 조상에게 받았던 피해를 두고두고 기억하면서 자신이 상대에게 가했던 피해는 뉘우치지 않을 때 혹은 자기 집단의 영광스러운 역사를 신화화하면서 다른 집단은 사회적 계약에서 배제하는 정부가 있을 때 등을 꼽을 수 있다.[168]

귀스타브 르 봉은 1915년 『전쟁의 심리학』을 출간한 프랑스의 사회심리학자였다. 그는 인간사회에서 중대한 갈등이 일어나는 근본적인 이유가 생물학적 원인과 정서적 원인, 신비주의적 원인들의 상호작용에 있다고 보았다. 이를 전제로 그는 인종주의가 당대의 지배 담론 중 하나였음을 인정하고 이를 잘 활용한 나라로 독일을 꼽았다. 그는 독일 통합을 주도한 프로이센의 군주제도가 영토를 끊임없이 확장하는 것을 지켜보았는데, 거기에 인종 우월주의가 작용하였다고 지적했다. 독일에서 병역의 의무는 이미 1733년에 법제화되었다.[169] 이는 나치 정권의 유럽 침략과 대량학살 원인을 히틀러 개인, 나아가 독일민족으로 환원하는 것이 타당한지 의문을 불러일으킨다. 독일 외에 다른 서방 국가들은 인종우월주의에 빠지지 않고 국가이익이라는 합리적 목적을 위해서 제국주의 정책을 추진했다는 말인가.

## 2) 인종주의의 두 기원

　매디슨 그랜트(Madison Grant)의 『위대한 인종의 소멸(The Passing of the Great Race)』(1916)은 미국 인종주의의 부활에 핵심 역할을 했고 히틀러주의에도 영향을 미친 저술이기도 하다. 히틀러는 이 책을 그의 성경이라고 말했다. 왜냐하면 그는 그랜트가 말한 범죄자, 질병 있는 사람, 정신이상자 등 다양한 종류의 사회 부적합자들과 궁극적으로 무가치한 유형의 인종에도 적용할 수 있을 것이라는데 전적으로 동감했기 때문이다. 그랜트는 '과학적 인종주의'를 만들어내 인종차별 정책에 날개를 달아주었다. 위 그랜트의 책은 제2차 세계대전 전에 적어도 일곱 차례나 재발간되었다.[170]

　처음부터 미국의 우생학은 엘리트주의적 운동이었다. 1916년 미국 연방정부가 제1차 세계대전 개입시 과학 자원 동원 방안을 검토하기 위해 국립연구위원회(NRC)를 만들었다. 그 위원회에는 우생학자들이 대거 참여하고 있었다. 1917년 7월 위원회 내에 인류학소위원회를 구성했는데 그 위원들 역시 우생주의자들로 거의 다 채워졌다. 인류학소위원회는 전쟁 수행 및 미국의 미래와 관련해서도 점차 가치가 커지리라고 생각한 세 가지 주요 프로젝트를 추진했다. 그것은 군사주의와 인종주의의 협력을 잘 보여준다. 그 협력이란 키가 작은 사람도 입대할 수 있도록 군의 최저 신장 기준을 완화하고, 둘째는 입대자를 대상으로 미국 인구에 대해 종합적인 해부학적 기록을 수집하는 것이고, 셋째는 체질인류학 학술지를 창간하는 일을 포함한다. 그중 두 번째는 그랜트가 추진하였다. 미국에서도 우생학은 부유한 개인과 기업과 기관으로부터 재정적인 후원을 받았다. 헨리 포드는 히틀러와 나치 정권의 초창기 후원자 중 한 명이었는데, 그는 우생주의자였고 맹렬한 반유대주의자였다. 그는 무솔리니와 함께 독일인이 아닌 사람 중에 독일 최고훈장인 독수리 훈장을 받은 유일한 사람이었다. 히틀러에게 훈장을 받은 미국의 또 다른 사업가들로는 IBM의 토머스 왓슨, 제너럴모터스의 제임스 D. 무니도 있다. 히틀러 정권 초기 우생학과 의학 연구의 중심지였던 카이저 빌헬름연구소는 록펠러재단으로부터 많은 후원을 받았다. 특히, IBM은 펀치카드 기술을 만들어 60만 명의 독일 내 유대인을 식별하는데 기여했는데, 결국 이 프로그램은 절멸 프로그램 시행을 관리한 셈이다. 즉 IBM이 파트너로 참여함으로써 히틀러 정권은 자동화를 이룰 수 있었고 12년간 이어진 홀로코스트의 여섯 단계(식별, 배제, 이주, 게토화, 추방, 절멸) 모두에서 속도를 높일 수 있었다. 모든 수용소에서 IBM 센터가 있었기 때문이다.[171]

1950년 유네스코(UNESCO)가 모든 인간은 동일한 종에 속하며, '인종'은 생물학적 실재가 아니라 신화라는 성명을 발표한 것은 앞선 시대의 막심한 인종주의의 피해 뒤에 나온 성찰의 결과이다. 물론 그

성명은 방대한 과학적 근거를 바탕으로 한 국제적 목소리였다. 그럼에도 불구하고 인종을 생물학적 실재로 믿고 인종을 위계적으로 범주화하려는 데는 정치적 의도와 그에 동조하는 과학자들이 있었기 때문이다.[172] 인종차별주의의 기원을 살피는 일은 다양한 시각에서 접근할 수 있다. 문화인류학, 사회심리학, 역사학, 정치학, 경제학 등등에서 각기 접근할 수 있고 이를 엮어 융복합적으로 설명할 수도 있다. 이런 방대한 과제는 별도의 연구 결과를 살펴볼 것을 권장하면서 여기서는 인종주의를 근대적 현상으로 가정할 경우 그 잠재적 책임자로 국가를 지목할 수 있다. 물론 찰스 틸리(Charles Tilly)가 지적한 대로, 서구에서 근대 국민국가의 형성 과정에서 관료제와 상비군 그리고 국민국가 단위의 시장 형성 과정에서 광범위한 폭력이 수반되었다.[173] 이후 서구 자본주의 국가 간 시장 및 자원 확보를 위해 대립과 갈등을 제2차 세계대전까지 전개하였음은 잘 알려져 있다. 그 과정에서 인종주의는 제국주의 국가들의 식민지 개척을 위한 대내적 동원과 식민지 민중을 폭력적으로 억압하는 이데올로기 구실을 하였다.

미국의 정치철학자 낸시 프레이저(Nancy Fraser)는 2022년 출간한 논쟁적인 저서, 『식인 자본주의(Cannibal Capitalism)』에서 자본주의가 필연적으로 인종주의를 동반하는지를 검토한 바 있다. 그는 자본주의 체제의 형성 및 발전을 이해하는 데 마르크스의 자본과 노동의 모순관계, 즉 생산과정에서 자본에 의한 임노동의 착취는 부분적인 기여만 한다고 주장했다. 그리고 자본주의의 세계적 속성 및 그 확장 과정에서 자본주의 국가에서 법적·형식적으로는 자유로운 주체와는 다른, 비자본주의 지역에서 존재하는 다양한 형태의 종속적 주체들의 기여를 지적한다. 그 종속적 주체들이 바로 제3세계 지역의 유색인종들로서, 바로 그들이 그 지역의 자원과 함께 자본주의 국가의 내적 모순을 완화하고 자본주의 체제의 확장에 기여했다는 것이다. 일종의 식민지 수탈이 자본의 임노동 착취와 결합해 자본주의의 발전, 결국 인류사회의 지속가능성이 한계에 이른 '식인 자본주의'가 가능했다는 주장이다. 프레이저는 자유로운 주체들은 착취, 종속적 주체들은 수탈을 받는데 이 둘의 상호관계가 빚어내는 양상으로 자본주의 체제의 발달 국면을 설정할 수 있다고 본다. 그가 설정하는 자본주의 발달의 단계는 상업적 자본주의→자유주의·식민주의적 자본주의→국가 관리 자본주의→금융 자본주의로 구성된다. 그는 현재 금융화된 자본주의 단계에서는 착취와 수탈이 혼종하는 가운데 수탈이 착취를 앞선다고 보았다.[174]

그럼 그가 던진 질문, 즉 자본주의가 필연적으로 인종주의를 동반하는지에 대해 어떻게 답하고 있는가? 가령, 국가 관리 자본주의하에서 착취는 더 이상 수탈과 분리된 모습을 보이지 않았다. 오히려 수탈과 착취는 인종화된 산업 노동 내부에, 다른 한편으로 포스트 식민사회의 시민권을 둘러싼 타협 내부에 접합됐다. 그에 비해 금융화된 자본주의하에서는 산업이 해외로 이전하고 금융이 미친 듯이 확장되자 수탈은 보편적인 양상이 되기에 이른다. 전통적인 예속민뿐만 아니라 과거 시민·노동자이자 자유로운 개인의 지위를 통해 보호받았던 이들조차 수탈로 괴로워한다. 수탈과 착취를 동시에 당하는 시민·노동자라는 새 집단이 부상한 것이다. 그런 상황에서 자본이 굳이 인종차별로 종속적 주체들에 초점을 둔 수탈을 전개할 필요는 없어진 것이다. 그럼에도 불구하고 이 국면에서도 인종적 억압은 건재하다. 유색인은 여전히 인종화되며, 빈민·실업자·노숙자가 되어 굶주리고 병들 가능성이 다른 이들보다 훨씬 높다. 요약하면 금융 자본주의는 이전 체제들에서 인종적 억압의 토대 노릇을 하던 정치경제적 구조를 해체하고 있다. 다른 한편으로는 여전히 인종적 격차를 장착하고 인종적 적대를 끓어오르게 만든다.[175]

## 3) 인종주의의 첨병

사실 군사주의가 전개되는 데는 다양한 요소들이 작용하는데, 작용하는 요소들의 수와 작용방식에 따라 군사주의의 양상이 달라질 것이다. 관련 요소들이 어우러져 일국적이든 국제적이든 사회경제적 불평등이 발생하고 그것이 군사화와 상호 강화하는 관계를 형성한다. 사회의 각 영역을 초월하는 불평등 논의가 주목하는 바는 어떻게 인종주의자, 민족주의자, 성차별주의자 그리고 계급 지배 이데올로기와 실천이 상호작용하는지이다. 그 결과 집단들 간에 지배와 종속, 이익 획득과 상실을 둘러싸고 다양한 축들이 상호 구성하고 강화해간다. 군사화가 다양한 집단들, 특히 여성과 식민통치 유산이 있는 집단을 포함한 종속된 위치에 있는 집단들에게 영향을 미치는지를 비판적 군사연구는 주목하는 것이다.[176]

노암 촘스키(Noam Chomsky)는 미국의 아시아 정책에서 인종주의, 즉 아시아인들에 대한 백인의 우월성이 군사전략에 반영됐다고 주장한다. 히로시마와 나가사키에 원폭을 투하한 것, 한국전쟁에서도 원폭을 투하하려 한 것과 민간인을 구별하지 않은 융단폭격 그리고 베트남에서의 제초제 에이전트 오렌지(Agent Orange)의 살포 등 그가 예시하는 것들은 한둘이 아니다. 특히, 베트남전에서 미군의 무차별적인 제초제 살포는 과학과 공군력의 융합으로서 대량인종학살과 식물 제거를 겸한 것이었는데, 결국 한 민족에 대한 기술적 파괴에 다르지 않다.[177]

1969년 미군이 베트남에 고엽제를 살포하고 있다.

출처: 위키피디어커먼스

　　과테말라 인류학자 곤잘레스 폰치아노(Gonzalez Ponciano)는 제국적이고 민족적인 인종 프로젝트를 띤 반공 담론과 그를 둘러싼 긴장을 인정하는 것이 중요하다고 지적한다. 미국이 후원하는 반게릴라 활동이 과테말라에 부여한 민족 건설 및 파괴를 다루려고 한다면 그런 가정이 필요하다는 것이다.[178] 어디 과테말라만이겠는가, 어디 미국만 제 3세계 지역 민중들을 우생학적 논리로 억압 차별하였겠는가?

　　일본 제국주의가 '탈아입구(脫亞入歐)'를 기치로 근대화를 추진하면서 자국이 속한 아시아 민중을 억압한 것은 잘 알려져 있다. 일본은 '대동아공영(大東亞共榮)'을 기치로 서방 국가들과 전쟁을 벌여 패망했지만 그들의 아시아 민중 멸시는 사라지지 않았다. 전후 일본이 환영한 평화헌법과 평화 담론은 일본인들이 종전에 앞서 일어난 일들을 망각하는 데 도움을 주었고, 특히 일본인이 아닌 희생자들의 민족 정체성을 삭제하였다.[179] 재일 조선인들의 저작과 증언의 핵심은 일본인 저작과 달리, 식민통치 및 전시 일본에 대한 깊은 논의를 담고 있다. 일본인들의 자료와 마찬가지인 것은 재일 조선인들의 증언이 원폭의 공포와 그 비인간성을 분명히 말하는 데 있다. 그러나 재일 조선인들은 전시 일본의 전형화되고 널리 퍼진 인종적 설명에 도전한다는 점에서 뚜렷한 차별성이 있다. 물론 일부 일본인 작가들의 원폭 피해 관련 논의에서 재일 조선인들의 존재와 그들의 피해가 배제되었음을 인정하고 있지만, 그것도 재일 조선인들이 차별 반대운동을 전개하는 과정에서 전시 피해 증언이 나온 뒤에 가능한 일이었다.[180]

## 4) 교차성과 인종주의

군사작전에 참여하는 남자 군인에 관한 논의는 잠재적 폭력 사용자로서만이 아니라 그들이 갖는 복합적인 성질을 함께 고려할 때 풍부한 이해가 가능하다. 그런 점에서 교차성(intersectionality) 개념을 도입해 군사조직 내의 위계성에 주목하거나 전쟁 및 분쟁 상황에서 남성의 취약성을 식별하는 것은 유용한 작업이다. 가령, 유대인으로만 구성되어 있을 것 같은 이스라엘 군대도 교차성에 의존해 소수민족의 배경을 가진 군인이 직면하는 직업적, 개인적 주변화 경험을 이해할 수 있다. 남성성과 민족성이 교차하는 측면을 이론화하는 분석은 단일하고 군사화된 남성성이라는 사고에 도전하고, 군대 내의 특징을 발견할 뿐만 아니라 민족화(ethnicization), 차별, 특정 남성에 대한 우대 과정의 부상에도 주목할 수 있다.[181]

토니 모리슨(Toni Morrison)의 소설 『우리집(Home)』[182]에 등장하는 프랭크는 모순적인 교차성을 안고 있다. 프랭크는 자신이 살던 미국에서 참혹한 인종차별을 보고 견디지 못해 한국전쟁에 참전하는데, 그는 거기에서 더 큰 고통에 직면한다. 강력한 폭력을 바탕으로 타자를 보호하는 영웅적인 남성의 이미지는 프랭크에게 공포이자 동경의 대상이었던 것이다. 프랭크는 백인들의 폭력을 마주하면서 두려움에 떨었지만, 그 역시 전쟁터에서 폭력과 남성성을 동일시하고 약자를 제압하는 것에서 쾌감을 느낀다. 한국의 전쟁터는 그 불편한 진실이 명확하게 드러나는 장소였다. 죽음의 공포가 엄습할 때마다 프랭크는 광분하면서 살인을 거듭한다. 힘없는 민간인은 폭력을 행사할 수 있는 가장 만만한 대상이었다. 이 소설에는 어린 시절 프랭크 남매가 목격한 생매장 사건, 한국전쟁에 참전한 프랭크가 저지른 살인, 인종차별주의자 스콧 박사가 흑인여성을 대상으로 한 생체실험 등 세 사건을 교차시키면서 인종차별과 전쟁이라는 집단 폭력의 문제를 응시한다. 외상을 입은 피해자의 엇갈린 진술 과정은 상처 입은 자가 스스로 환부를 자각하기가 얼마나 어려운 일인가를 보여준다. 인종차별을 주제로 다루었던 모리슨은 1950년대 미국 남부의 인종차별과 한국전쟁을 동시에 겪은 프랭크의 정신적 외상을 그리면서 폭력의 근원에는 어김없이 타자를 향한 혐오와 차별이 존재한다는 것을 강조한다.[183] 앞서 소개한 훅스의 흑인 페미니즘은 인종 차별을 중심으로 성차별과 계급적 억압을 엮어 사회적 차원에서의 교차성을 확립하고 그에 기반한 해방 운동의 동력을 제공하였다.

인종 및(혹은) 민족, 성차별을 연결해 한 사회 내 보이지 않는 관행으로 지속하는 것과 그것을 이용해 사회 내에서든 국제적으로든 물리적 폭력의 명분으로 삼는 것은 차원을 달리하는 문제이다. 조디 멜라메드(Jodi Melamed)는 인종화를 "인간의 가치와 가치성의 다른 관계를 구성하는 과정"으로 정의한다. 그 수단은 육체와 공간을 특정 인종으로 범주화하는 것이다.[184] 멜라메드의 정의에 기반해 아타나소스키는 신체의 (무)가치를 신념체계와 사회적 세계의 (무)가치와 연결짓는다.

또 그는 현대 미국 제국주의를 군사적, 법적 폭력을 활용해 개인을 전복하고 자유주의적 현대성과 결합한 신념 체계를 대신하는 메커니즘이라고 말한다. 이어 그는 다문화주의가 과거 미국의 노예제를 초월해 미 제국주의적 군사주의를 통해 초국적화되고, 미국 시민은 자신의 신념을 다문화주의 안에서 도덕적인 것으로 가정한다. 미국은 계속해서 다문화주의 담화를 반복하고 대신 미국 자본주의 발전이 노예제와 인종차별에 기인한 사실을 은폐함으로써 보편성, 인도주의 그리고 정의에 관한 미국의 잠재력을 확인한다. 미합중국이라는 나라로 통합하고 포용하는 것을 강조하는 인종적, 종교적 차별성이라는 시각은 냉전 시기 동유럽의 위협에 맞서면서 발전하였다. 미 연방수사국(FBI)의 에드거 후버(J. Edgar Hoover) 국장은, 공산주의는 기만의 망토를 입고 공작하기 때문에 식별하기 어렵다고 말했다. 그래서 미국 정치와 문화는 공산주의를 영구적 위협으로 간주하고 국가가 언제나 국내외적으로 긴장할 것을 요구한다는 것이다.[185]

역사적으로 제국주의 권력만이 무기 개발을 위해 군대를 이용할 소위 제국의 권리가 당연시되었는데, 그것은 강대국의 정부 관료는 물론 일반 시민들이 요구한 것이기도 하였다. 이때 정부와 시민을 하나로 묶어준 것이 자민족 우월주의에 기반한 부국강병론이었다. 미국의 군사적, 경제적 영향력의 세계적 확장은 선과 악, 문명과 야만이라는 특정 가정에 기반해 수립되었다. 그런 가정은 미국의 군사적 개입을 정당화하고 종족 및 인종적 타자를 적이나 전시에 처분가능한 사상자처럼 저렴한 노동력으로 간주하였다.[186] 민족·인종주의와 군사주의는 이렇게 사람을 나누고 세계에 폭력을 가하며 동거해왔다. 그 한가운데 폭력에 적나라하게 노출된 대중은 침묵하거나 가해자로 변신하기도 한다. 그 모순을 교차성이 포착하고 있는데, 교차성은 탈군사화의 길을 찾는데도 비추어야 할 랜턴과 같다.

# 10. 과학기술

## 1) 무기 개발과 무감각

제2차 세계대전을 정리하는 과정에서 미국은 오버캐스트(Over-cast)와 페이퍼클립(Paperclip)이라는 작전명하에 나치에 부역한 독일 과학자와 기술자들을 미국 기업에서 일하도록 조치했다. 일종의 지적 강탈인 셈인데, 이는 당시 첨단 과학기술을 아메리카 대륙으로 이전해 냉전을 주도하려는 의미가 실린 조치였다. 미국으로 온 사람들 중에는 독가스·화학무기·세균무기 전문가들, 로켓기술 전문가, 생체실험에 참여했던 의사도 포함되어 있다. 미국의 그런 조치는 나중에 군산복합체로 불리게 되는 기업들에게 이로움을 준 것은 말할 필요도 없다. 독일에서 받거나 강탈한 배상 가운데 상당히 큰 몫이 기업들의 차지가 되었다. 그럼에도 이 부분에 대한 논의는 제대로 이루어지지 않았다. 이는 독일이 소련에 지급한 배상을 과대평가해 공론화된 것과 극명한 대조를 이룬다.[187] 이 사례는 과학기술이 무기개발에 활용됨은 물론 그 것이 자연스러운 과정이 아니라 정치적임을 말해준다.

신 군사기술 개발에 아낌없이 자금을 투자하는 것은 과학의 발전을 왜곡하고 군수기업에 이익을 가져다주는 군사화된 산업정책을 만들어낸다. 그 결과 매리 캘더(Mary Kaldor)가 말한 '바로크 무기', 즉 정치적 유용성의 대가로 너무 많은 성능을 장착한 무기를 만들어냈다. 너무 복잡하게 디자인한 무기 시스템이 출현한다. 예를 들어 1997년 기준으로 B-2 폭격기 1대는 7억 3.7천만 달러였고 1시간 비행하는 데 119시간의 정비가 필요했다. 더 문제는 기술 진보는 살인 행위를 비인격적인 성질로 변질시킨다.[188] 살인을 무감각하게 하는 데 기술 진보가 기여한다는 말인데, 이는 과학기술의 발달이 분쟁의 폭력적 해결을 촉진할 개연성이 높음을 말해준다.

앞에서 언급한 트레드웨이 대령이 참전한 이라크전에 첨단무기를 활용한 미군의 작전 능력은 오늘날 높은 고도에서 단추만 누르는 전쟁이라는 비전을 구현해준다. 그것은 분명 군산복합체를 눈에 띄게 확대시키고 그만큼 미국의 전쟁개념에 영향을 준다.[189] 압도적인 병참에, 압도적인 무기로 적을 제압한다. 아군의 피해를 하나도, 최소한 거의 주지 않고서. 조지 W. 부시 행정부가 유행시킨 선제공격 독트린은 전쟁무기에 대하여 무조건적이고 강한 믿음 없이는 불가능하다. 그것은 민간인 피해에 대한 무감각을 동반할 수밖에 없다.

1988년 저 유명한 에세이, '국가안보 국가(The national security state)'에서 고어 비달(Gore Vidal)은 미군의 예산이 국방부 예산만으로는 전체 연방정부 예산의 37%이지만, 국방부만이 아니라 다른 정부 부처들 예산에 들어있는 국방예산을 합치면 전체 예산의 77%라고 평가한 바 있다.[190]

우주분야에 투입하는 군사 예산은 정확히 파악하기 어렵다. 1983년 미 일반회계조사처(Genral Accountign Offie)는 항공우주국(NASA) 예산의 1/4가량이 군사 프로그램을 지원하고 있다고 밝힌 바 있다. 1982년 「뉴욕타임스」의 존 노벨 윌포드(John Nobel Wilford) 기자는 국방부의 우주 관련 예산은 알려지지 않았지만 NASA의 예산과 같거나 클 것이라고 보도한 바 있다. 보잉사가 2010년 4월 22일, 무인 우주선으로 발사한 X-37B는 군사용 우주드론이다. 이것은 지구 주위를 선회하며 비밀 임무를 수행한다. 오늘날 국방부의 우주 활동은 민간 탐사활동을 훨씬 능가하고 있다. 2016년 오바마 정부 시기 애쉬턴 카터(Ashton Carter) 국방장관은 국방부의 우주 예산을 크게 증액시킨 바 있다. 트럼프 대통령의 우주군대 설치 움직임은 오바마 정부의 우주의 군사화 노력의 연장선상에 있다. 우주의 군사화 작업은 어느 정당이 행정부를 장악하느냐와 무관하게 일관되게 진행된다. 사실 많은 우주

기술이 이중용도이기 때문에 우주의 군사화는 더 속도를 낼 수 있다. 군 스파이 위성, 우주전쟁 기술, 알려지지 않은 우주에서의 군 실험, 우주 무기, GPS 같은 공공영역에서 많은 혁신 장치들이 그렇다. 이런 발달은 군대와 민간이 연합한 지식을 만들어낸다. 자본주의 시장에서 군사화된 과학의 이중용도는 군사화와 시장화의 상호 의존 및 보완성을 잘 보여주고 있다. 군사적 우주 개발은 우주여행, 식민지 개척과 같은 대중적 환상의 은막 뒤에서 추진되고 있는지도 모른다.[191]

우주 군비경쟁이 본격화되면 '스타워즈'가
현실이 될 수 있다.

출처: 픽스베이

우주 개발이 인간의 무한한 욕망의 투사라면, 대인지뢰 개발은 가장 효율성 높은 무기의 대명사이다. 지뢰의 공포에 시달리는 공동체는 시간적으로도 공간적으로도 전쟁과 평화 사이에 명확한 선을 그을 수 없다. 지뢰(anti-personnel)는 기술적 엄밀성이라는 위장 아래 그것이 나타낸다고 주장하는 바를 모호하게 만들어버리는 일종의 언어적 얼버무림이다. 그것은 엄밀히 말해 인간에 반하는(anti-person) 수단이다. 이 대인지뢰와 집속탄이 민간경제와 사람의 생명은 물론 모든 생명의 터전인 환경에 미치는 영향이 막대하다. 이 비정밀무기를 정밀타격전에 사용할 때마다 민간인 피해는 속출한다.[192]

대인지뢰는 상대적으로 쉽고 값싸게 적의 목숨을 겨냥한다는 점에서 과학기술의 군사적 성과로 불릴 수 있을지도 모른다. 동시에 그만큼 대인지뢰는 과학기술의 군사화가 얼마나 더럽고 비인간적인지도 잘 보여주고 있다. 대인지뢰 생산에 개당 3~30달러가 드는 반면, 그것을 제거하는 데는 개당 300~1,000달러가 든다고 한다. 유엔에서는 전 세계적으로 대인지뢰 제거에 330억 달러가 소요될 것이라고 추산한 바 있다. 많은 무장단체들은 대인지뢰를 설치한 지도와 기록을 남기지 않아 해당 지역을 농토와 민간시설로 만들기는커녕 제거하는 데 어려움을 겪고 있다. 지뢰 폭발 피해를 입은 생존자가 보철을 하는 데 평균 1,000달러가 필요한데, 그 금액은 평균적으로 피해자들이 10년간 일해야 벌 수 있는 돈이다. 그런 곤경에도 불구하고 과학자들과 평화운동가들의 노력으로 대인지뢰금지조약, 화학무기금지조약 등이 체결되어 이들 무기의 생산 및 확산은 통제되고 있다. 물론 기존에 설치된 무기 제거와 피해자 보호에는 여전히 한계가 있다. 거기에는 정치인들의 위선적인 태도와 군사주의를 안보를 위해 불가피한 것으로 보는 인식이 크게 작용하고 있다.[193]

대인지뢰가 가장 많이 묻혀있는 곳이자 대인지뢰금지조약의 사각지대가 한반도라는 사실을 다시금 상기할 필요가 있다. 그만큼 한반도는 과학기술의 군사화를 대변하는 공간이다. 한국과 미국은 과거 사례처럼 북한의 남침 위협을 저지하기 위해 한반도에서 대인지뢰를 이용한다고 밝히고 있다. 바이든 행정부는 2022년 한반도를 제외하고 세계 모든 곳에서 대인지뢰를 금지한다고 밝혔다. 그러나 집속탄을 우크라이나에 제공한 바이든 정부의 군수지원에 대인지뢰의 포함 여부는 언급되지 않고 있다. 윤석열 대통령은 우크라이나에 지뢰 제거 탐지기 지원을 공약하였다.

## 2) 군사안보 신앙

과학기술이 인류 진보의 동력인 점은 부인할 수 없는 사실이다. 개인이든 국가 차원이든 안보를 증진하는 데 과학기술이 큰 역할을 수행한다. 그러므로 과학기술이 뒷받침하는 (국가)안보에 대한 믿음은 튼튼하게 형성할 수 있다. 다만, 그 결과가 인간의 삶에 항상 유익하다고 장담할 수는 없다. 과학기술 만능주의는 인간의 삶을 유익하게 한다는 신념이지만, 그 신념은 살상을 동반하는 근본주의의 유혹을 받기 때문이다. 아래는 그 예이다.

제2차 세계대전 말기, 미영 연합군이 독일과 일본의 민간인 시설을 포함한 무차별 폭격을 전개한다. 이것을 보고 일군의 미 공군 장교들이 군사기술의 진보에 바탕을 두되 민간인 피해 없이 효과적인 군사작전으로 전쟁을 종식해야 한다는 신념을 가졌다. 압도적인 기술을 결합한 고고도, 주간, 정밀 폭격을 폭격기 마피아들이 구상한 것이다.[194] 정말 민간인 피해 없이 정밀 폭격이 이루어졌는가? 1927년 세계 최초로 대서양을 횡단한 찰스 린드버그(Charles Lindberg)는 태평양에서 첫 전투를 회고하며 "그것은 지구 반대편에서 라디오에서 전쟁 뉴스를 듣는 것 같았다. 그것은 더 멀리 떨어져 있고, 너무 분리되어 실제를 파악하기 어려웠다"고 했다. 이보다 트루먼 대통령의 발언은 군사기술에 대한 맹신이 지나치다. 그는 미군의 일본 열도 폭격이 '매우 정밀한 소이탄 공격'이고, 일본 시민들은 단지 "집만 잃었고", 원폭은 도시가 아니라 군사기지에 투하한 것이라고 말했다고 한다. 이 정도라면 '기술적 광신주의'라 말해도 과언이 아닐 것이다.[195]

확신이 현실에 부딪혔을 때 진정한 신자들에겐 어떤 일이 일어날까? 제2차 세계대전시 통계학자였던 리언 페스팅거는 "그런 상황에서는 자신이 느끼는 바나 자신이 하는 일에 잘 부합하는 인식만을 받아들일 것"이라고 말한다. 우리는 새로운 도구와 기술 그리고 혁신이 매일같이 등장하는 시대를 살고 있다. 여기서 새로운 기술이 보다 높은 목적에 기여하도록 하는 유일한 방법은 열렬한 신자들이 그 기술이 그런 목적을 위해 쓰여야 한다고 주장하며 적극 헌신하는 것이다. 폭격기 마피아가 노력을 기울인 것이 바로 그런 경우이다.[196]

미국이 최초로 개발하고 지금까지 유일하게 사용한 원자폭탄도 인류의 삶을 명분으로 개발되었다. 물론 그 비용은 다른 무기와 비할 바는 아니다. 미국 정책결정자들과 군부는 원폭이 나치와 일본 군국주의를 조기 종식시키는 데 유용하다는 판단을 내렸다. 원폭 개발에 나선 과학기술자들도 처음에는 그렇게 믿었다. 그러나 실제 미국이 일본에 떨어뜨린 원자폭탄은 야누스와 같았다. 그것은 전쟁의 어리석음을 일깨워준 반면에 과학의 새로운 전지적 능력을 상징한다.[197] 또 원폭은 하나의 국제질서를 종식시키고 새 국제질서의 문을 열어놓았다. 세계대전의 종식과 냉전시대의 개막이 그것이다.

핵폭탄이 가져다준 최초의, 가장 강력한 영향 중 하나는 미국을 특별한 '벙커사회'로 전환시킨 점이다. 냉전시대가 접어들면서 미국과 소련 사이에 핵 군비경쟁이 격화되자 미국에서는 지하 벙커가 민방공 훈련 장소 이상의 의미를 갖기 시작하였다. 벙커사회는 임박한 핵공격에 대비해 만든 지하 벙커를 정신·물질적 요새로 삼아 그 안에서의 생활을 장려한다. 그리고 미국 사회를 군사화하고 절대 안보를 달성할 수 있다는 환상을 심어주었다. 핵국가는 핵비상사태를 정상적인 것으로 생각하게 만들고 그 결과 '국가안보'를 호소하면서 핵무기를 만들어내는 모순을 끌어안았다. 미 행정부는 핵무기와 그 운반수단을 적극 건설하는 동시에 미 전역에서 핵낙진 대피소 건설에 대대적인 투자를 추진하였다. 그 프로그램은 모든 인프라를 지하에 설치하는 것으로서, 랜드연구소가 제시한 계획을 보면 잠수함처럼 핵낙진 지하 대피소는 청정공기와 산소 그리고 모든 생활필수품을 갖춘 지하시설을 설치하는 작업이다.[198]

냉전기 군사기술이 핵공격에 살아남을 정도로 발전하자 미국 안보결정자들은 민간국방정책의 일환으로 '시민군인(citizen-soldier)'을 고안해 냈다. 시민군인이란 정서적으로 핵국가를 지지할 준비가 된 사람을 말한다. 핵에 맞서 기술과 심리를 튼튼히 하는 것은 초기 핵국가의 이중 프로젝트였는데, 핵벙커를 새 민족과 국가 건설의 거점으로 만들었다. 미국인들이 냉전 초기 지하생활을 고려하면서 대량 사망에 대한 신종 사회적 친근성이 국가 안보문화에 깊이 스며들었다. 즉 군대가 핵전쟁에 나설 대규모 기술시스템을 건설하자, 민간방어 프로그램은 항상적인 위기 상태에서 작동하고 신종 대량 살상력에 견뎌낼 수 있는 사회 건설을 추구했던 것이다. 냉전의 기획자들은 확실히 핵 공포와 미국 예외주의 이데올로기를 결합시켰다. 미국과 세계의 안전을 위협하는 핵 개발은 금지하지만 거기에 미국은 제외된다는 것이다. 미국의 안보를 위해서 말이다. 그럼으로써 그들은 미국을 가장 강력하고 동시에 취약한 신종 군사화된 사회로 만들어갔다. 그런 이데올로기는 오늘날까지 계속해서 미국의 안보 문화에 스며들어갔다.[199]

이제 기성 핵국가들은 핵무기의 억지효과에 대한 기대를 저버리지 않으면서도 그 위험에 대한 우려를 인식하기 시작해 핵 개발 제한 혹은 감축 협상을 벌이기 시작했다. 항상적으로 안보위협에 처한 국가들 중 일부가 핵개발에 나서는데, 그런 나라는 핵에 의한 절대안보에 대한 믿음을 다시 끌어올리고 있다. 북한이 대표적인 사례임은 모두가 알고 있는 사실이다.

군비경쟁은 인공지능이 지나칠 수 없는 막대한 잠재 시장이다. 군사화의 속성을 감안할 때 인공지능은 원자력과 비교할 만하다. 인공지능을 통해 권력이 중앙에서 하향식으로 그리고 비민주적인 방식으로 행사된다는 의미에서도 원자력과 유사하다. 우리들 대부분이 원자력을 원하는지 물어본 적이 없는 것처럼, 인공지능의 감시 및 생체 인증, 의사결정 시스템, 전화 데이터 처리 등을 원하는지 물어본 적이 없다.[200]

오늘날 미국은 적어도 군사적으로는 도전을 허용하지 않는 패권을 유지하고 있다. 이는 우연적 요소에 의하거나 최근 들어 나타난 일시적 현상이 아니라 장기간 적극적으로 추구해 온 노력의 결실이다. 다우어(Dower)는 많은 자료조사를 통해 미국이 적어도 일본의 진주만 공격 이전부터 세계 패권국가를 지향했다고 말하고, 그것은 정치적, 군사적, 경제적 측면을 아우르고 있음을 밝히고 있다. 특히, 전통적으로 미국식 전쟁은 '3D(물리치고 파괴하고 황폐화시키다. defeat, destroy, devastate)'를 강조해왔다고 말한다. 1996년 이래로 펜타곤이 공언한 임무는 모든 영역(육지와 바다, 하늘, 우주, 정보)에서 그리고 전 세계의 접근 가능한 모든 지역에서 '전 영역 우세'를 유지하는 것이었고, 그것을 달성하기 위해 전 세계에 많은 군사기지를 설치·운용해오고 있다고 말한다. 그는 미국이 세계 지도국가로서의 역할을 '미국식 예외주의'와 미국의 '명백한 운명'과 연결지어 말하면서 그 밑바탕에 남성성(muscularity), 즉 세계에서 가장 발전되고 가장 파괴적인 전쟁무기 개발이 있다고 지적한다.[201]

과학기술의 군사화는 과학기술의 민간 활용과 동전의 양면을 이룬다. 거시적 차원의 과학기술의 이중용도라 할 수 있다. 그럼 탈군사화의 길에 과학기술의 역할은 무엇일까? 그 역할을 줄이는 것인가, 통제된 개입에 나서는 것인가? '영장류의 평화 만들기'를 구상한 프랑스

드 발(Frans de Waal)은 과학이 개입할 때를 언급한다. 드 발은 "현재의 평화 이슈를 둘러싼 신비주의를 합리적 접근 방법으로 대체해야 한다"[202]고 말한다. 그 신비주의에 과학기술 만능주의, 과학기술의 군사화, 그를 통한 국가안보에 대한 신앙이 포함되어 있는 건 아닐까? 그럼에도 무정부적인 국제질서를 감안할 때 장래의 이익보다 현재의 안보 불안, 거기에 침략을 당한 경험이 있는 민족의 경우 군비증강은 필수적 선택지로 간주된다. 야누쉬 피에호친스키, 전 폴란드 경제부총리는 한국의 한 언론사와의 인터뷰에서 "안보에는 비용이 들지만, 나중에 국가의 자유와 독립을 되찾는 데는 더 많은 비용이 든다는 걸 알고 있다"고 하면서 "한국과 마찬가지로 폴란드는 달갑지 않은 이웃이 있었고, 침략을 당한 역사가 있다"고 말했다.[203] 여기에 세계 패권국과 패권 도전국은 더 말할 나위가 없다. 그럼 군사주의는 수정 가능한 하나의 경향이나 태도가 아니라, 불변의 법칙이라는 주장을 할 만도 하다. 과학만능주의와 군사주의의 조우는 그 단면에 불과할지도 모른다.

## 3) 과학기술과 군수경제

무기 생산에서 주요 결과로 꼽는 것이 핵무기 생산, 로켓 추진체 발명 그리고 무기 시스템의 발전이다. 이들이 결합해 세계군사질서를 선도한다.[204] 국가안보, 안보전략, 군수경제/전쟁경제, 무기개발 등을 비판하는 시각을 담은 개념은 가령, 군산복합체, 권력 엘리트는 행위주체에 주목한다. 국가안보의 정치경제로 이익을 추구하는 집단은 그 이익의 실체이자 동력으로 자금과 함께 과학기술에 주목한다. 민간의 과학기술이 군대에 들어오지 않으면 군수경제든 군산복합체든 작동하지 못한다. 또 군대에서 개발된 과학기술이 민간으로 확산되지 않으면 군사화도 발전하지 않는다. 과학기술과 군수경제는 서로를 돕고 촉진하는 관계를 형성하는 것이다.

베트남 전쟁에 대량 투입된 에이전트 오렌지는 민군 협력, 상업화와 군사화의 결합을 잘 보여주는 사례이다. 미국의 제초제 살포는 과학과 공군력의 융합으로서 민간인 대량살상과 식물 제거를 겸해 결국 한 민족학살에 다르지 않다. 이를 두고 예일대 생물학자였던 아서 갤스턴(Arthur Galston)은 대규모 자연파괴, 즉 에코사이드(ecocide)를 의도적이고 영구적인 환경 파괴만이 아니라 반인도 범죄라고 주장하였다. 제초제 산업은 과학과 군수산업의 동맹의 일부로서 제2차 세계대전 중에 만들어져 대전 후에 발전해 나갔다. 이 산업이 1945년 미국 국내시장에 도입된 것이나, 1960년대 초 베트남에서 평화에서 전쟁으로 전이된 것 모두 부드럽게 이루어졌다.[205]

냉전 시기에 들어와 민수와 군수 양 측면에서 과학기술의 동시 발전은 높은 수준의 기술혁신으로 수렴되었다. 가장 중요한 기술혁신의 일부는 사회경제 생활에도 영향을 미쳤는데, 그것은 무기 관련 발전으로부터 나온 결과이다. 민간 제트비행, 원거리통신과 정보기술도 그런 예이다.[206] 인터넷과 위성항법장치(GPS)도 군대에서 개발된 과학기술이 민간으로 확산된 대표적인 사례이다. 그런 쌍방향의 상호작용의 결과 민간과 군대의 경계가 약해지고 과학기술의 민영화와 군사화가 동시 전개된다.

모든 영역의 군사적 생산에서 확인되는 현상은 과학이 산업에 맞춰진다는 점이다. 예를 들어 탱크는 처음 무장하고 장갑한 선박과 같았는데, 나중에 해안으로 가져가고 육상에서 운용되었다. 비행기와 같이 탱크는 제2차 세계대전까지는 지상에서 큰 효과를 보이지 못했다. 군사력의 증강만 아니라 전쟁경제 모델은 1930년대 말 세계 강대국으로 등장한 세 나라, 즉 소련, 독일, 일본에서 중요한 역할을 하였다. 제2차 세계대전 초기까지 강대국들의 군사력은 국제경제의 공급 시스템과 연계되었다. 독일은 유럽 중심부에서 자체 시스템을 만들어 정복한 노동 및 물질 자원을 강제로 전쟁에 통합시켰다.[207]

미국, 영국, 프랑스에서 군수기업들은 계약을 유지하기 위해 전직 군 장교들을 대거 고용했다. 모든 국가에서 과학 전문지식과 투자가 군산복합체 쪽으로 과도하게 집중되었다. 미국에서 1960년대에 과학자와 기술자의 절반 이상이 군수 부문에서 일했고, 1980년대에는 군수부문이 국가의 총 자본 투자의 거의 절반을 차지했다.[208]

국가는 산업화된 전쟁에 관여할 수단을 독점적으로 소유한 행위자이다. 과학이 군사기술의 발달에 계속해서 기여한 결과 군사화의 세계화가 이루어진다. 군비경쟁이 활발했던 냉전 시기 제1세계 무기의 세계적 확산은 긴장이 높은 지역 내 국가 간 관계에 많은 영향을 미친다. 핵무기 경쟁과 마찬가지로 잠재적 분쟁 위험이 높은 지역에서 군비경쟁이 높아간다. 또 그런 군비경쟁은 강대국과 첨단무기업체들에 의한 무기 이전에 의해 촉진되기도 한다. 숙적관계에 있는 국가들은 상대국의 위협을 이유로 군비증강을 감행하는데, 이는 저 유명한 안보 딜레마를 초래한다. 많은 국가들이 산업화된 국가들이 만들어낸 무기 개발의 기술적 발달에 의존하지만, 자체 무기산업을 개발하는 국가들도 증가한다. 더 걱정스러운 현상은 '평화적' 핵이용을 위한 기술 및 천연자원의 이용으로 관련 조약의 규제에도 불구하고 핵무기의 확산을 초래할 가능성이 높아진다는 점이다.[209] 이런 우려가 냉전이 격화된 1950~60년대나 신냉전이라 불리는 최근이 아니라, 냉전이 붕괴해가던 1980년대 후반에 나온 점을 확인해둘 필요도 있다.

## 4) 정교한 억압 수단

전체주의는 냉전의 붕괴, 곧 공산주의 체제의 몰락과 함께 사라졌는가? 이 질문에 회의적이라면 전체주의의 형성 및 전개에 과학기술의 영향을 탐색해보는 것도 유용할 것이다. 기든스는 전체주의 기원을 이해하기 위해서는 발달된 감시기술과 전쟁기술의 결합에 의해 공고화된 정치권력에 대한 분석을 제안한다. 그에게 국가와 군사력 배치의 관계는 분석 이슈이자 규범적인 정치이론의 문제이기도 하다. 여기서 어떻게 국가의 폭력 독점이 '좋은 사회'라는 정치이념과 화해할 수 있는가 하는 질문을 할 수 있다.[210] 칼 프리드리히(Carl J Friedrich)는 전체주의가 기성 다른 통치방식과 다른 점으로 전체주의적 이념, 일인 중심의 일당 통치, 비밀경찰 외에도 대중매체, 운용 수단, 제 사회조직에 대한 통제를 포함시켰다.[211] 매체, 수단, 통제에 과학기술이 적용되는 것은 물론이다. 근현대 인류사에서 모든 통치는 산업화, 상업화, 도시화와 그 연장선상으로서 군사화와 국민국가체제의 형성, 그 확장으로서 세계 자본주의체제의 형성 등을 통해 과학기술의 도움을 받는다.

과학기술이 정치적인지, 아닌지는 해결되지 않은 오랜 논쟁 주제이다. 과학기술 발달의 원동력이 과학기술자의 지적 호기심인 경우도 있지만 경제적·군사적 필요의 산물인 경우도 비일비재하다. 또 과학기술의 결과가 사회경제적 발전을 이끌 수도 있지만 분쟁과 대규모 전쟁을 초래할 수도 있다. 다만, 과학기술이 통치 영역에 적용되면서 대중 감시 및 여론 조작에 합법성과 정교함을 더해주는 추세는 주목할 만한 현상이다.

GPS에 대한 긍·부정적인 반응이 어느 하나로 수렴되지 않고 있지만, 그 기능은 전례 없는 능력을 보여주고 있다. 1995년 7월 17일에 완전한 작동 능력에 도달한 GPS는 2만 킬로미터 상공에서 지구를 도는 위성 33개로 구성된다. 각 위성은 전자기 스펙트럼의 마이크로파 부분에서 전파를 통해 운반되는 GPS 신호를 보낸다. 콜로라도주 콜로라도 스프링스의 슈리버 공군기지에 본부가 있는 이 체계는 전 세계의 감시국 16곳에 분산된 군인과 민간인 8천 명이 관리 감독한다. GPS는 지금까지 고안된 것 중 가장 큰 감시체계의 핵심으로서 일상생활의 거의 모든 면을 관리 조정할 수 있다. GPS 위성 측정과 내비게이션 시스템은 뉴턴이 상상한 '기계 같은 우주' 또는 어두운 면에서 제러미 벤담이 고안한 보편적 '판옵티콘'이 구현된 것과 같다. GPS의 원자시계와 그것을 지구 표면으로 보내는 신호는 마치 글로벌 두뇌와 신경계처럼 작용하며 적시에 공간을 가로질러 우리의 경제활동과 사회생활과 거버넌스를 조정한다.[212]

국가 차원의 감시와 권위주의적 관행에 인공지능이 이용될 가능성도 높다. 새로운 감시 도구 및 역량이라는 점에서 인공지능은 강화된 억압이며, 심지어 전체주의를 초래할 수 있는 정부와 정보기관에 힘을 준다. 때로는 중국과 미국에서처럼 국가와 민간 기업이 한 팀이 되어 그런 역량을 끌어올리기도 한다. 기업의 기술은 시민의 삶에 대해 많은 것을 알고 있다. 자유민주주의 국가들조차 안면인식 시스템을 설치하고 예측 치안을 도입한다. 또 국경에서는 인공지능이 장착된 도구를 사용한다. 소위 '알고리즘 거버넌스'가 '인간 행동 전반'을 지시할 위험이 있다. 더 나아가 인류 전체에 인공지능이 권한을 부여하여 동물 같은 비인간과 자연에 영향을 끼칠 수 있다. 천연자원을 추출하는 데 인공지능이 도와주고, 이 기술로 에너지 소비가 일어나고 있다.[213]

2021년 출간된 대런 바일러(Darren Byler)의 책, 『신장 위구르 디스토피아(In the Camps: China's High-tech Penal Colony)』는 과학기술의 발달이 대중 억압에 얼마나 더 많이 그리고 더 노골적으로 이용할 수 있는지를 잘 보여준다. 물론 바일러는 이 책이 정치적 의도로 출간된 것은 아니라고 말한다. 만약 의도가 있다고 생각하는 독자라면 미국 정부가 과학기술을 이용해 억압에 나선 예를 쉽게 찾을 수 있을 것이다. 대표적으로 대테러전쟁 과정에서 일반 시민의 사생활을 감시하고 테러 용의자들을 무단 체포해 고문한 사례들에 과학기술의 힘이 크게 작용하였다.[214]

신장 위구르 자치구는 중국에게 그 면적, 숫자는 물론 민족, 종교, 인구, 자원, 지정학적 비중 등에서 중차대하다. 바이런에 따르면 중국은 신장 지역의 막대한 위상을 지키기 위해 잠재적인 위협 요소, 구체적으로 신장 지역에 오랫동안 거주한 종족들의 독립 움직임을 감시·예방·억압하는 데 과학기술의 힘을 적극 활용하고 있다. 특히 감시 시스템 스스로 예비범죄라는 '유죄 추정'의 논리를 고안해낸다. 신장의 2,500만 주민을 대상으로 "모두를 위한 신체검사"라 불리는 생체인식 데이터 수집 절차가 진행되었다. 경찰은 신장 위구르인들의 얼굴과 홍채를 스캔하고, 목소리를 녹음하고, 혈액과 지문과 DNA를 채취했다. 이 정밀도 높은 데이터는 신장 지역 주민들의 행동을 매핑(mapping)하는 데 쓰일 거대한 데이터세트에 저장된다. 데이터 집약적 기술에 대한 국가의 투자는 이미지 및 얼굴 인식에 초점을 맞춘 민간 컴퓨터 기업의 성공에 필수적이다. 또 '스마트 수용소' 시스템이라 불리는 지휘통제실은 컴퓨터 비전 시스템, 빅데이터 분석, 클라우드 컴퓨팅과 같은 기술로 지탱되는 시설이다. 지침 문건에는 수용소가 "주변 격리, 내부 격리, 보호 방어, 안전한 복도 및 기타 시설과 장비를 완벽하게 하고, 보안 기구와 장비, 영상 감시, 원 버튼 경보장치 등과 같은 장비가 적재적소에 기능할 수 있도록 해야 한다"고 규정하고 있다. 이런 국가감시 시스템은 중국 기술산업이 신장의 감시 프로젝트에 사용되는 국가자본을 통해 그리고 중국의 다른 지역과 신 실크로드에 구축된 감시 시스템으로 발전해나가고 있다.[215]

대중을 감시하는 데는 위와 같은 노골적인 방법보다 보이지 않는 곳에서, 값싸면서도 대규모로 할 수 있는데 그 역시 과학기술의 공이다. 온라인을 통한 대중, 특히 정부에 비판적인 인사나 집단을 감시할 수 있다. 2023년 벽두에 미국과 중국 사이에 논란이 되었던 정찰 풍선도 대중의 감시에 적격이다. 중국이 신장 위구르인들이 사는 지역에 정찰 풍선을 띄운 사실이 밝혀졌다. 여기에 국영·민영 연구기관들이 기술을 제공한 것으로 알려졌다.[216]

인공지능은 드론과 중증도 분류체계에도 활용되어 전에 보지 못한 새로운 형태의 감시와 생명을 죽이고 죽게 내버려 두는 생명정치를 가능하게 하는 새로운 도구가 된 것이다. 그런데 오늘날 대부분의 감시는 정치적 권위자(소위 빅 브라더)와 관련된 문제이기보다는, 공식적인 정치제도 밖에서 사회 전체에 걸쳐 일어난다는 점에서 푸코의 관점을 강조할 필요가 있다. 다시 말해 이제는 인공지능이 모든 것을 '보는' 것은 물론이고, 이른바 '후각감시'라는 말이 있듯이 모든 낌새를 '감지'한다.[217]

핵실험을 하는 나라와 그 정권은 막대하고 복합적인 이익을 기대한다. 거기에는 국가 발전, 국민 통합, 경제와 군사의 일체화, 정권과 통치자의 위대함이 포함된다. 핵실험은 특히 저발전 권위주의 체제하에 있는 나라에서는 더욱 높은 기대를 끈다. 가령, 인도의 핵무기 개발은 과학과 자연의 정복을 통해 위대한 국가 위상을 선언하는 장대한 쇼이자 초자연적이고 불길한 전조를 알리는 스펙터클이었다. 여기에 앙숙관계에 있던 파키스탄이 핵실험으로 응수한 것도 같은 맥락이다. 그 사건은 기술적 숭고함, 국가의 종교적 숙명, 남성적이고 호전적인 애국주의 언어를 통해 표현된 국가의 자기 과시였다.[218] 이 역시 과학기술과 군수경제의 위대한 승리이자, 과학기술 만능주의를 증명하는 거사이다. 한반도 북녘에서 벌어지는 핵개발도 예외가 아니다. 어디 북녘의 핵뿐일까?

# 11. 인도주의

오늘날 군대는 전쟁만이 아니라 각종 재난·재해에도 관여하는 경향이 높아지고 있다. 군대는 재난·재해에 신속하고 조직적으로 들어가 인명 구조를 비롯해 피해 지역 및 시설의 복구에 큰 역할을 수행한다. 군대가 인도주의적 활동에 가담하는 배경에는 자연재해의 규모가 커지는 것과 함께 분쟁이 더욱 복잡해지는 추세도 작용한다. 국가 간 갈등만이 아니라 기후, 종교, 민족·인종, 젠더에 기반한 차별 등과 같은 요인들이 작용하면 분쟁은 더 커지고 그 피해도 급상승한다. 대규모 재난·재해와 분쟁은 긴급구호가 요청되는 인도주의적 상황을 연출하고 거기에 민간에 기반한 평소의 위기대응 시스템이 대응하기에는 역부족이다. 군대의 인도주의적 개입이 불가피해진다. 그러나 이런 말도 있다. "해외 재난구호는 당신을 (아직) 쏘지 않은 것일 뿐 일종의 반게릴라활동이다."[219]

## 1) 평화를 위한 전쟁

냉전 시기에도 세계 각지에서 내전이 발생하였다. 그 이유는 이념, 종족, 종교, 자원 등 다양하고 하나의 분쟁에 관여하는 이유가 많을수록 그 분쟁은 장기화하고 치열하고 그만큼 대중의 피해가 심각하고 해당 국가의 발전은 기약하기 힘들다. 다만 냉전시대에는 두 빅 브라더에 의해 분쟁이 판도라의 상장 안에서 억제되었다. 냉전 해체로 그 상자의 뚜껑이 열린 것이다.

분쟁 요인들을 억제하던 힘이 사라지자 분쟁의 분출하는 것은 필연적이다. 분쟁 요인들이 여럿이고 역사적 배경이 작용하고, 거기에 법치가 확립되지 않고 저발전 상태에서 벗어나지 않는 나라에서 무장충돌은 막을 수 없었다. 보스니아-헤르체고비나, 르완다, 북아일랜드, 콜롬비아 내전이 대표적인 사례이다. 특히, 1988년부터 발생한 소말리아 사태는 냉전 해체 시기 불거진 인도주의적 사태로서 국제사회의 준비되지 않은 개입으로 실패를 맛보았다. 소말리아 증후군으로까지 불린 이 사태는 이후 보스니아-헤르체고비나, 르완다, 코소보, 스리랑카, 동티모르 등 잇달아 전개된 일련의 인도주의적 사태의 문을 열어놓은 격이었다. '인종청소'는 종족 갈등으로 치달은 보스니아-헤르체고비나 내전에서 독립을 추구한 이슬람계와 크로아티아계와 이를 저지하는 세르비아계 사이에 벌어진 방화·살상·강간 등 대규모 민간인 피해를 일컫는 용어이다. 1990~91년 벌어진 1차 걸프전은 이라크의 쿠웨이트 침공을 둘러싼 미국과 이라크의 전쟁으로서, 내전이나 인도주의적 개입의 성격을 띤 분쟁은 아니다. 다만, 1차 걸프전 이후 이라크에 가하진 제재와 이라크의 쿠르드족 억압이 인도주의적 이슈로 부상하였다.

1990년대 초에 들어 인도주의적 사태와 관련 분쟁이 많아진 것은 냉전 해체로 그동안 냉전의 틀에 억제되어 있던 많은 분쟁 요소들의 분출로 인한 유고슬라비아 연방의 비극적 해체는 앞에서 언급한 바와 같다. 중동과 아프리카의 경우 구 식민통치와 강대국의 영향, 자원 소유 혹은 개발권, 해당 국가 내 종족 간 갈등의 확대 등이 작용하였다. 갑자기 여러 곳에 분출하는 인도주의적 사태에 국제기구와 강대국 그리고 비정부기구들이 다양한 배경과 이해관계하에서 관여하기 시작하였다. 냉전 시기 '오랜 평화'의 그늘 아래서 겪지 못한 대규모 인명 피해가 발생하는 상황에 직면해 국제사회는 베스트팔렌조약 이후 지켜온 국가주권 평등 및 내정불간섭 원칙에 의문을 표하고 인권 보호와 인도주의 구현을 위해 필요한 개입을 실시해야 한다는 여론이 높아졌다. 물론 유엔 헌장에서 침략 격퇴와 자위를 위한 군사력 행사를 인정하고 있지만, 국제평화와 안정을 위해 특정 국가에 군사적으로 개입하는 것은 유엔 안전보장이사회의 5개 상임이사국 한 나라의 반대도 없을 때만 가능하였다.

그런 한계 속에서 인도주의적 사태가 발생하자 인도주의 기구들에서도 군사력 발동을 포함한 적극적 개입을 지지하는 의견이 일어나 기존의 중립성, 독립성 원칙을 견지하는 측과 논쟁을 벌이기도 하였다. 인도주의 기구 내에서 적극적 개입을 지지하는 측은 인도주의 사태의 종식 및 책임 규명을 위해 평화유지는 물론 평화강제(peace enforcement)도 필요하다고 보았다. 그런 진정성 위에 '정치적 인도주의'가 부상하였다. 심각하게 박해받는 사람들을 구원하기 위해 인도주의 기구들이 군대와 협력하는 것을 말한다. 결국은 강대국의 이해관계와 준비되지 않는 개입으로 인도주의적 개입은 상황을 더 악화시키는 경우도 발생하였다. 미국 주도의 나토군의 코소보 공습과 쿠르드족에 대한 강대국의 냉정하고 선택적인 관심이 대표적인 예이다. 인도주의 기구는 서방의 개입 논리에 더 협력적으로 변해갔고 현지 시민사회의 절망은 개선되지 않는다.[220] 카너 폴리(Conor Foley)가 말하는 정치적 인도주의가 곧 군사화된 인도주의는 아니지만, 군대가 필요시 인도주의의 대의를 달성하는데 협력 가능한 파트너로 부상하는 것이다.

그럼 군대의 인도주의적 활동은 언제부터 시작했을까? 적어도 미국 해병대가 인도주의적 활동을 준비한 것은 제2차 세계대전의 포성이 멎기 훨씬 전이다. 미 해병대는 1940년 「소규모 전쟁 매뉴얼(Small Wars Manual)」이라는 책자를 발간한다. 이 문서는 미국의 군사 교리가 적 중심에서 대중 중심의 전투로 이전(혹은 확장)함을 반영한다. 물론 이런 교리가 꽃을 피우는 것은 냉전 해체 직후 '인종청소(ethnic cleansing)'와 같은 대규모 민간인 학살이 일어나면서부터. 1990년 위 책자가 다시 출간된 배경이다.

미 해병대원을 하와이로 재배치하는 것은 인도주의가 군 전술의 발전을 위한 명분으로 유익함을 말해준다.[221] 왜 그럴까? 미 해병대 학교에서 민사교과목을 강의하는 테일러 소령(Major Taylor)은 수업 자료로 「소규모 전쟁 매뉴얼」을 이용한다. 테일러는 서울이나 일본으로 배속되는 병사들에게 이 책을 권한다. 테일러가 해병대 강의에 쓴 위 책자는 중앙아메리카 국가들에서 미군의 군사작전들을 평가하고 다른 군사훈련 문서를 참고해 작성한 것이다. 결국 그 책자는 최종적인 군사전술에서 어떻게 시간과 공간이 삭제되는지를 분명히 보여주고 있고, 특히 아이티와 관련해서 이것은 섬의 가난에 관한 인종차별화된 담화이다. 니카라과와 같이 아이티는 미국 점령지인데, 장소 이름은 삭제되고 언제, 어디서든 적용할 수 있는 추상적 전술이 선호된다.

해병대 강의의 다른 강사 가스 소령(Major Gars)은 아이티를 아프가니스탄, 이라크 사례와 비교한다. 그는 세 나라 국민들의 기대수명을 비교하며 돈이 세 나라 간에 차이가 크다고 말한다. 아이티에는 이라크, 아프가니스탄에서 이용되는 사령부긴급대응프로그램(CERP) 같은 재량 자금이 부족하다고 말한다. 또 가스는 아이티인들의 가난과 기대수명이 다른 개입 지역의 그것과 유사하다고 말하며 인종차별적 태도를 견지한다. 거기에는 제3세계 국가들에 대한 역사가 누락되어 있다.

테일러의 동료 브룩스(Brooks)는 해병대 강의에서 『손자병법』을 강의하며 "싸우지 않고 이기는 것이 가장 큰 기술이다"는 유명 문구를 인용한다. 거기서 한 학생이 "싸우지 않으면 아무도 죽일 수 없고, 더 많은 적을 만들 수 없다"고 말했는데, 브룩스는 그 말에 푹 빠졌다.

「소규모 전쟁 매뉴얼」은 1990년대 미국의 이라크, 소말리아, 보스니아, 르완다 개입에 활용되었다가 그 이후 잊혀졌다. 그러다가 2007년 「미 육군·해병대 반게릴라 현장 매뉴얼(US Army and Marine Corps Counterinsurgency Field Manual」을 제작하면서 재조명을 받았다. 이 매뉴얼은 역사를 전술에 묻어버리고 그 전술을 만들어낸 특정 시간과 장소를 삭제해버렸다. 그 책자는 미군의 모든 민사 훈련의 전범이 된다.

테일러는 강의에서 학생들에게 맥스 부트(Max Boot)의 「평화를 위한 야만적인 전쟁(The Savage Wars of Peace: Small Wars and the Rise of American Power)」(2002)을 읽어보았느냐고 묻는다. 그는 학생들에게 "이 책은 「소규모 전쟁 매뉴얼」 다음으로 그대들이 해외에 가기 전에 꼭 읽어야 할 책이다"고 말한다. 부트는 작은 전쟁이 미 해병대의 중심이 되었다고 말하는데 그것이 그의 핵심 주장이다. 그는 해병대 정신은 기습공격으로 적군을 섬멸하는 것이지만, 실제 임무는 평정과 인도주의적 지원과 더 많이 관련있다고 지적한다. 그는 계속해서 19세기 말~20세기 초 해병대의 역할을 거론하면서 해병대를 국무부의 군대로 말하고, 아이티와 니카라과 같은 나라를 평정하고 경영하는데 복무했다고 평가한다. 부트는 군 지도자들에게 해병대와 다른 미군 부대들이 '제국의 경찰'을 수행한 과거 역할을 복원해야 한다는 점을 인식시키는 것을 목적으로 삼고 있다. 부트의 책 제목은 키플링(Kipling)이 1899년에 쓴 시, '백인이 지는 부담(The White Man's Burden)'에서 따왔다. 그 시에서 키플링은 "미국이 평화를 위한 야만적인 전쟁을 수행하는 것을 겁내서는 안 된다"고 주장하면서 필요하면 "자유의 제국"을 확장해야 한다고 주장했다.

해병대 민사활동 강의의 목적은 학생들에게 언어, 문화, 인내, 자제 관련 전술들이 사격술보다 더 강력하다는 것을 인식시키는 것이다. 그런 전술은 반게릴라 활동과 대중의 관심에 주목한다. 거기서 '문화 지식'은 살인의 대체물일 뿐만 아니라 그 정교화를 위한 필수물이다.[222] 전쟁이든 인도주의적 활동이든 군사활동은 침략과 같은 객관적인 사태만이 아니라 영토, 주권, 위협 등에 스며있는 상상, 이미지, 기대와 같은 주관성에 의해서도 결정된다.

평화를 위한 전쟁은 진화해왔다. 식민지 쟁탈과 그 후 착취하는 데는 '문명화'와 '구원'이라는 사탕발림이 있기는 했지만 노골적인 폭력이 주를 이루었다. 제1, 2차 세계대전 시기에는 전범국 격퇴와 "모든 전쟁을 종식시키는 전쟁"이라는 명분에도 불구하고 식민지 보호와 사회적 기득권 유지를 위한 폭력과 차별이 이어졌다. 냉전 시기에는 이념과 폭력이 상호보완적인 관계를 형성하였다. 냉전 해체에 이은 세계화 시기에는 국가 간 전쟁이 줄어들었지만 폭정과 반인도적 범죄 종식을 위한 인도주의적 폭력이 부상하였다.

2003년 미국의 이라크 침공은 1899~1902년 영국이 남아프리카공화국과 치른 보어전쟁과 유사했다. 두 경우 모두 비평가들은 자기 이익을 차리려는 정치인들과 천연자원에 눈먼 사업가들 간의 더러운 결탁이 만들어낸 전쟁이라는 비난을 했다. 남아프리카의 경우는 금과 다이아몬드가 계기였고, 이라크의 경우 반테러리즘과 원유였다. 그렇지만 두 세계경찰을 이끌었던 정치인들은 모두 자신들을 물질주의자가 아닌 인도주의자라고 여겼다. 모든 탄압받는 이들을 위해 싸운다고 생각한 것이다. 이라크의 경우 시아파와 쿠르드족을 위한다는 명분을 내세웠고, 보어전쟁의 경우 흑인 아프리카인들을 위해서라고 했다. 어떤 설명이 맞는지 간에 영국과 미국 모두 무력 사용 결정으로 자국 내에서 논란이 일어났고 동맹국들도 하나둘 등을 돌렸다. 전쟁 결과 미국과 영국이 승리하였지만, 아무 대가 없이 성공을 거둔 것은 아니었다. 비정규군과 익숙하지 않은 전투를 해야 했다. 특히, 미국은 자국 시민들을 감시했고, 포로들도 무기한 감금했다. 이들에 대한 보호를 규정한 제네바협정도 부인해 버렸다. 심지어 생포한 적을 고문하고 그것을 변호하기도 했다.[223] 그에 앞서 1999년 나토의 세르비아 및 코소보 공습은 코소보 독립을 목적으로 유엔의 승인 없이 개시되었다. 나토 병력이 78일간 세르비아에 쏟아졌고, 2만 3,000개의 폭탄과 미사일을 휘몰아친 결과 수백, 수천 명 가까운 민간인이 사망했다. 코소보해방군의 지도자 하심 사치(Hashim Thaci)는 미국 중앙정보국과 나토의 주요 협력자로서 나토군의 폭격을 틈타 전쟁범죄를 자행해 국제재판소에서 재판을 받았다. 나토는 인도주의적 사유(세르비아의 인종청소를 막는다는 명분)로 침공을 정당화했으나, 관련 증거들은 나토의 폭격이 인도적 재앙을 막기보다 오히려 그것을 만들어냈다는 것을 강하게 시사한다.[224] 이렇게 인도주의적 폭력은 평화를 위한 전쟁의 명분으로 작용하였다. 여기서 인도주의적 폭력이 부수적 피해가 결코 작지 않고, 폭력 행사가 선택적임을 언급해두지 않을 수 없다. 인도주의적 폭력이 초래하는 피해가 부수적인지도 의문이거니와 그 폭력의 대상이 폭력 실행자와 맺는 관계(우방인가 적인가)에 따라 선별되는 것이다. 폭력의 선별성은 오랜 역사를 가지지만 그것을 '인도주의'로 포장한다는 점에서 폭력의 진화 혹은 기만성을 엿볼 수 있다.

비판적 군사연구는 군사적 침략이 의존하는 지리적 상상을 이해하는 프레임, 테러와 영토성의 관계, 영토와 주권의 연계가 폭력의 의미를 변화시키는 방식 등에 주목한다. 그 연장선상에서 인도주의적 군사 활동을 군사화된 인도주의로 파악하는 것이다. 탈냉전기에 들어와서, 그리고 9/11 사태를 계기로 군사화된 인도주의가 얼마나, 어떻게 활발해지는지도 관심사이다. 이제는 자연재난, 기후 및 보건 위기, 패권 경쟁, 지역분쟁이 겹친 글로벌 복합위기 시대에 진입하고 있다. 인도주의적 군사 활동이 더욱 요청되는 만큼 군사화된 인도주의의 개연성도 높아지고 있다.

## 2) 군사화된 인도주의

여기서 군사화된 인도주의는 인도주의를 명분으로 한 군사주의를 말하는데, 그것은 크게 반게릴라 활동(counterinsurgency)의 효과를 높이기 위해 인도주의를 이용하는 경우와 보다 강도 높은 군사작전을 실행하는 명분으로 인도주의를 이용하는 경우, 두 경우로 생각해볼 수 있다. 앞은 주로 내전과 대규모 재난이 발생한 국가 차원에서, 뒤는 국제적 차원에서 발생한다.

먼저. 첫 번째 경우인데 이런 군사화된 인도주의는 역사가 길다. 군사주의와 인도주의를 결합시켜 군사전문가들은 그들이 새로운 것, 즉 더 효율적이고 덜 폭력적인 반게릴라 활동을 만들었다고 주장한다.[225] 실제 인도주의적 군사 활동에 관한 사례연구를 통해 사회적 실천으로서의 군사화 연구에 기여할 수 있다. 특히 군사 활동 및 인도주의 영역에서 군사화 개념을 보다 뚜렷하게 만들어낼 수 있다.

1960년대 초 케네디 정부가 전개한 남미 반게릴라 프로그램은 '신' 반게릴라 활동과 유사하다. 이 둘은 미국 패권의 위기라고 인식되는 사태, 가령 1959년 쿠바 혁명 성공과 2000년대 이라크와 아프가니스탄에서의 군사작전 실패와 관련이 있다. 두 경우에 미군은 재래식 전투에서 살인적 폭력을 개발 및 인도주의적 지원과 같은 연성권력과 결합시킨 프로그램으로 재정립한다. 반게릴라 작전과 같은 개념에 기반해 두 프로그램은 그런 작전의 조건이 되는 가난과 주변화를 이용해 연성권력의 사용을 정당화한다. 마찬가지로 케네디 행정부 시기와 반테러전 시기 미국은 양자 및 다자 개발기구와 수용국 정부의 지원 아래 국가형성 활동을 전개하였다. 다만, 케네디 정부의 라틴아메리카 반게릴라 정책과 오늘날 미국 행정부의 그것과의 차이는 미국의 개입 방식과 관련된다. 1960년대 미국은 외교관, 자문관, 특수부대 팀에 의존해 수용국 정부와 군대를 동원했다. 그에 비해 최근 미국의 반게릴라 캠페인은 수십만 명의 미군을 파견해 외국을 점령한다.[226]

　미국은 1960년대 과테말라 북부 페텐(Peten)주에서 군 주도의 개발 프로젝트를 전개한다. 이 '변방 식민화' 프로젝트는 농민의 환심을 사고 질서 있는 개발을 진행시켜 반군세력의 저항 근거지 설립을 저지하는 것이 목적이었다. 과테말라 내전(1960~96)의 첫 십 년 동안 국가건설 프로젝트는 일련의 기구 및 행위자들의 에너지를 동원했는데, 가장 유명한 군 주도 조직이 페텐경제발전을 위한 국가기업(FYDEP)이었다. FYDEP는 인프라 건설이 주 기능이었지만 천연자원 채취를 규제하고 문화활동을 장려하는 등 "국가 내 국가"로 기능하였다. 과테말라 사례는 초기 반게릴라 활동에서 개발과 인도주의의 역할을 이해하는 데 많은 것을 보여준다. 라틴 아메리카에서 과테말라는 미국의 반게릴라 전쟁의 핵심 대상국이었다. 미국은 민군업무(MCA)로 알려진 프로그램을 과테말라에 시행해 경제사회 개발에 기여하고 국민들 사이에서 군대의 이미지 개선을 추구하였다. 그래서 과테말라는 MCA 정책의 성공 사례로 꼽힌다.[227] 당시 과테말라의 미국 MCA 자문관은

"과테말라 경험에서 MCA는 반게릴활동의 정보 및 작전만큼 중요했다"고 회고했다.

이제 시각을 탈냉전 이후로 옮기고, 장소를 넓혀 얘기를 이어가보자. 군대의 인도주의적 활동이 뚜렷하게 들어온다. 분쟁이나 재난에 직면해 군대가, 특히 외국 군대가 구호활동에 나서면 그 수혜자들은 외국 군대의 사회적 역할을 생각하게 된다. 물론 군의 인도주의적 활동과정에서 강제와 폭력의 문제가 발생할 터이고, 그러면 구호 수혜자들의 군대 인식은 복합해질 것이다.

2010년 아이티에 지진이 발생하자 미국 정부는 구호활동에 국방부 민·군 인원 22,000명, 2014년 서아프리카 에볼라 발발 대처에 3,000명의 미군을 배치하였다. 이런 미 정부 차원의 접근은 서방의 지원 및 안보원칙, 구체적으로 인도주의 활동과 군사 활동이 뒤섞이는 현상에서 비롯된 비판을 초래한다.[228]

미 국방부가 각 전쟁 기간과 종식 이후 이라크와 아프가니스탄에서 반테러 및 반게릴라 전쟁의 일환으로 지원을 제공해왔는데, 이는 관련 입법, 자금제공, 통합 민군기구 등을 통해 진행되었다. 이로써 국방부가 재건과 개발지원의 주요 행위자로 부상하였다. 그런 활동에 현지 대중들에 대한 '연민'이 중요하다고 강조되었는데, 그만큼 활동 목적이 더욱 모호한 새로운 개입 분야를 창출한 것이다. 분쟁이 쉽게 종식되지 않고 지속되면 그런 상황이 정치적 환경으로 인식된다. 그에 따라 지역 혹은 세계적 차원의 취약성이 군사적 위협 시나리오의 중심으로 자리잡는다. 물론 그 취약성은 동등하게 분포되어 있는 것은 아니다. 미군은 안정화 작전 교리에 따라 인도주의 및 개발의 필요라는 틀로 점점 들어가는데, 거기서 "적은 종종 질병에 걸리고 가난하고 재난의 결과에 직면한다."[229]

미군이 아프리카에서 벌이는 인도주의 활동은 반테러전쟁의 연장선상에서 볼 수 있다.[230] 미군 아프리카사령부의 우간다, 케냐에서의 대민활동이 좋은 예이다. 아프리카뿔통합태스크포스(CJTF-HoA)는 9/11 테러 직후 동아프리카에서 대테러활동을 위해 설립되었는데, 지금은 아프리카 전역에서의 대민활동으로 확대해 미 아프리카사령부 소속 역내전투사령부로 발전하였다. 동아프리카에서 CJTF-HoA는 인도주의 및 구호 활동으로 지역주민의 신뢰를 획득하려는 시도를 통해 테러리즘에 대한 간접적 접근을 추구하고 있다. 소규모 인프라 프로젝트를 확대하면서 대민활동은 평시 군의 주둔 및 활동의 정상화에 기여할 수 있다. 그럼에도 그런 주장은 경험적 검토가 필요하다. 이를 위해 케냐, 우간다에서 대민활동에 나섰던 미군을 인터뷰한 연구가 눈에 띈다. 우간다에서 미군이 주둔한 현지 주민들이 필요한 것을 미군이 제공해줌으로써 미군에 대한 감정을 바꾸었다. 그 결과 지역 주민조직이 그들을 지원했던 미군 민사활동팀과 비교할 수 있을 정도로 발전했다고 한다. 미군도 지역 비정부기구를 미 민사활동팀과 상호보완관계라고 평가한다. 이런 경험을 반영해 콜린 파월 미 합참의장은 2001년 10월 현지 비정부기구가 미국을 위해 "많은 역할을 수행하는 행위자(force multipliers)"라고 평가했다.

위 두 사례에서 미군의 민사활동이 현지 주민의 필요에 부분적으로 도움이 되자, 미군에 대한 지역주민들의 의심은 실용적 자세로 변했다. 그럼에도 불구하고 현지에서는 학교와 병원에서 필요품이 많기 때문에 교사와 의료인력은 추가적인 자금조달을 위해 현지 엘리트와 지도자들에게 손을 내밀 수밖에 없다. 두 지역에서 교사, 의료인, 공동체 지도자들은 미군이 재건과 개발에 기여해주기를 기대한다.

1984년 와갈라지역에서 케냐 군대가 감행한 소말리아 민족주의 무장세력들에 대한 반게릴라전투와 케냐-소말리아인 수백 명에 대한 학살은 그 지역공동체의 집단기억 속에서 깊이 새겨져 있다. 케냐

정부는 과거 영국 식민행정기구의 접근을 이어받아 수십 년 동안 북부 변경지역을 예외적인 방식으로 통치하였다. 9/11 테러 이후 미국은 케냐를 포함해 아프리카 일대에서 11개 반테러작전을 전개하였다. 처음 미군의 활동은 현지 공동체의 권위와 조화를 이루지 못해 주민들의 반발을 샀다. 군사적 폭력에 노출된 집단기억과 만연된 면책특권의 관행은 공동체 지도자들이 미군과 그 활동을 어떻게 인식하는지를 말해준다.

2007년 미군이 우간다 북부지역에 나타났는데, 이때는 우간다 정부군과 반군 사이에 평화협상이 진행되고 있었다. 2009년 미국 등 수개 국의 군대로 구성된 미 아프리카 사령부(USAFRICOM)는 학교와 병원을 보수하면서 민심을 얻고자 하였다. 그러나 군사화 효과를 초래했는데 미군의 출현 자체가 지역주민의 반발을 샀고, 민사활동을 현지 공동체 지도자들로부터 문의하고 허락을 받지 않았다. 그 결과 많은 사람들이 미군의 개발활동을 이 지역에서 광범위한 미군 작전의 일부로 간주하였다. 또 당시 오바마 미 대통령은 반군 지도자 체포와 국제형사재판 회부를 위해 군대를 증파하겠다고 발표했고, 실제 2014년 3월 그렇게 했다. 그러나 그런 인권 강제는 강압정책을 더욱 정당화하는 것에 불과하다.

미군이 전개한 일방적인 접근은 구호 실행자와 수혜 공동체의 관계가 군사화됨을 의미한다. 우간다에서 전쟁 경험과 분쟁에는 단지 군사적 해결만이 있다는 정부의 언명을 고려할 때, 전후 군대의 역할 강화는 AFRICOM의 개발 민사활동에도 불구하고 정치적 관계 발전을 저해하고, 이전 평화협상이 실패해 폭력의 증가를 초래할 뿐이다. 그 결과 분쟁에 대한 군사적 해결에 반대하는 것은 정부에 의해 비합법적으로 간주되고 평화 노력은 약화된다.

앞서 말한 미 해병대 테일러의 강의실로 다시 가보자. 그는 생도들에게 원정 해병대가 아프가니스탄이나 이라크에 있지 않을 때 이 부대가 무슨 일에 관여하는지를 묻는다.[231] 학생들이 머뭇머뭇하다 인도주의라고 답하자, 강사는 고개를 끄덕이고 2010년 아이티 대지진을 사례로 든다. 민사훈련의 지리적 상상에서 아이티의 중심성은 여러 측면에서 나타나는데, 아이티와 미군을 연계시키는 역사적 교직이 두드러진다. 아이티의 재등장은 현대 군의 학습 환경에서 역사의 역할이 중요함을 보여준다.

아이티의 역사는 식민주의, 제국주의, 냉전을 거치면서 폭력의 상설 무대 같았다. 1929년 아이티 외교관 단테스 벨가르데(Dantes Bell-garde)는 미국이 아이티에 인간의 이름하에 개입한 것으로 말했지만, 점령 처음 4년 동안에만 3,500명의 아이티인들을 고문하고 대량학살을 자행했다고 폭로했다. 한때 유명한 해병대 장교였던 스메들리 버틀러(Smedley Butler)는 1933년 연설 '전쟁은 사기다(War is a Racket)'에서 자신을 "자본주의를 위한 깡패"라고 부르면서 그가 어떻게 "내셔널시티뱅크(National City Bank) 사람들이 부를 모을 수 있도록 아이티와 쿠바를 얌전한 곳으로 만드는 데 일조했는지"를 언급한다. 물론 그것은 미국이 니카라과, 도미니크공화국 그리고 중국 등 해외에서 미국기업의 이익을 군사적으로 증진하는 사례들과 맥을 같이한다.[232] 미국은 아이티에 1991년 쿠데타 지원, 1994년 군사 개입에 이어 세 번째로 지진 구호활동으로 군대를 보낸다. 아이티는 미국 건국에 중심적인 역할을 했고, 미국은 1915~34년 아이티를 점령했다. 이런 사실을 알고 있는 미국인들이 얼마나 될까?

미군의 세 번째 아이티 진주는 지진 피해 구호활동이므로 미군의 활동은 유엔이 추구하는 보호책임(R2P)론의 반영이다. R2P론은 일국 시민들의 생명과 안전 그리고 존엄을 해당국 정부가 보호해주어야 하는데, 그것이 여의치 않을 경우 국제사회가 평화적으로, 필요시 비평화적 방법으로 보호할 책임이 있다는 논리이다. 이 담론은 2005년 새 천년 들어 처음 열린 세계정상회담 선언문(A/RES/60/1)에 담기면서 국제관습법적 지위를 획득하기 시작하였고 인도주의적 개입에 적용되고 있다.[233] 그러나 군사적 인도주의의 다른 면도 살피는 것이 균형적인 자세이다. 미군의 세 번째 아이티 진주는 평화유지군이 훈련을 받고 그들을 세계무대에서 현대 안보 행위자로 대변할 기회를 제공해준다. 미군과 마찬가지로 평화유지군은 아이티에 대한 대중적이고 인종차별적인 내러티브, 즉 아이티가 저발전 혹은 후진적이라는 발화를 내놓음으로써 자신들이 현대적이라고 대변하려 한다.

이런 비전통적인 군대 활동을 의미있는 것으로 만드는 방식은 지역 주민들을 구호해 군대의 활동 범위를 재구성하는 시도이다. 그럼에도 군의 민사활동은 군과 공동체 간 신뢰구축을 목적으로 하는 활동 혹은 예방활동과 분리해서 논의할 수는 없다. 군의 민사활동이 생산적이고 권력 행사를 모호하게 하지만, 미군이 분쟁 혹은 재난 후 국가의 개발사업에 개입할 때의 잠재적 강압효과는 주목 대상으로 남아 있다. 미군의 민사활동은 미국의 전체 군사전략에 통합되어 있기 때문이다. 군의 민사활동 목적이 순응이나 의존관계를 강제하는 것이라고 해도, 그 결과가 반대 방향으로 나아갈 가능성은 상존한다.[234] 강압적 결과는 특정 거버넌스 영역에서 진행되는 군사적 접근을 정상화하려는 시도에 의해 만들어질 수도 있다. 그 거버넌스가 이루어지는 곳은 과거 군대가 폭력을 자행한 공간이다.[235]

두 번째, 국제적 차원의 군사화된 인도주의의 경우이다. 아이러니 같은 하나의 역사적 사실은 제노사이드, 기근, 자연재해 등 극단적인 재앙의 시대에 서방 국가들에서는 인간성의 이름으로 해외 분쟁에 개입하고 지원해야 한다는 여론이 발생한다는 점이다. 한때 '개입의 권리' 문제로 토의됐던 문제가 1948년 이래, 특히 냉전 해체 이후에는 점점 '개입의 의무'로 다뤄지는 경우가 많아졌다. 그러나 그런 질문은 오랜 서구의 개입 역사가 학살, 기아, 질병, 가난 등으로 수천만 명의 목숨을 앗아간 사실과 함께 검토해야 할 바이다. 그런 수상쩍은 사실에도 불구하고 서방에서는 개입의 가치와 의무에 강한 신념이 존재한다. 개입의 권리에서 의무로의 전환은 대단히 중요하다. 개입의 권리는 잠재적으로 주권을 제한하는 결정적으로 정치적인 질문인 데 비해, 개입의 의무는 개입의 문제에 맥락과 역사를 탈각시킨 도덕적 영역이다. 즉 개입의 의무는 더 이상 조건을 제한하는 문제가 아니라 선 대 악, 인간성 대 비인간성과 같은 보편적 문제로 치환된다. 이렇게 정치 영역에서 벗어나 도덕적 문제로 전환되면 개입의 문제에 도전하는 것이 어렵다. 개입의 권리에서 의무로의 전환은 탈냉전 이후 많은 요소들에 의해 촉진되었는데, 거기에는 인권 담론의 패권적 부상이 포함된다. 현대 제국주의, 인권 그리고 제국적 개입양식을 정당화하는 수단은 주체를 생산할 필요성에 크게 의존한다. 그 필요성은 권리, 민주주의, 구조와 같은 필요를 말한다. 이런 필요의 주체는 다시 자신을 구원의 책임 담지자, 곧 제국의 에토스에 참여할 선한 인도주의자로 조직하는 일에 다르지 않다.[236]

　　여기서 미국 주도의 북대서양조약기구(NATO)의 코소보 공습의 경과를 다루지는 않는다. 다만, 그것이 애초 개입할 의향이 없다가 민간인 학살이 심각해지자 개입했다는 점, 유엔 안전보장이사회 결의와 국제법에 의거하지 않고 개입한 점, 나아가 그런 군사화된 인도주의가 강대국의 자의적인 선택에 의해 결정된 점은 밝혀두고자 한다. 그래서 군사화된 인도주의가 명분으로 하는 생명 보호가 선택과 배제의 틀에서 갇혀 있다는 비판에서 벗어나지 못하는 것이다.

　　군사화된 인도주의는 개입 국가가 처음부터 구호활동과 군사작전을 구분하지 않은 채 관여한 데서 기인한다. 군대가 구호활동에 참여하는 주된 이유는 현지인들의 마음을 사로잡기 위함이다. 미군은 반테러전쟁의 일환으로 아프가니스탄에 개입해 탈레반 정권을 무너뜨렸다. 이어 미군은 지방재건팀을 창설했고 국제안보지원군도 이 전략에 일부 기여했다. 구호활동으로 성과를 낸 지방재건팀도 있었다. 그러나 재건팀 소속 군인들 중에는 민간인 복장을 하며 정보 수집을 하고, 아예 군사개입이 현지 파견활동 전반을 압도해 버린 경우도 있었다. 그래서 반정부 세력이 준동해 외국군과 그 협조자들을 살해하고 그에 대해 평화유지 임무를 띤 군이 반군 진압으로 완전히 전환하는 현상이 발생하였다. 이에 대해 서방세계는 기존 전략의 실패를 인정하고 그 원인을 분석하는 대신 계속해서 파병을 인도주의적인 것으로 묘사하기에 바빴다.[237] 이렇게 군사화된 인도주의의 문제는 의도적 측면과 비의도적 측면이 혼재해 있는데, 그 둘의 상호작용이 인도주의에 반하는 결과를 초래하는 데 심각성이 있다.

### 3) 선택과 배제의 살림

미군 주도의 반테러전쟁은 부분적으로 인도주의적 견지에서 정당화되기도 한다.[238] '인간안보(human security)'라는 관념은 군사적 개입을 정당화하는 명분으로 등장하는데, 특히 보호책임(R2P) 임무의 등장이 그렇다. 지정학적 개입 명분을 가진 실천과 함께, 인도주의 법도 전쟁에서 폭력을 온건하게 감행하는 데 이용되기도 한다. 그래서 어떤 이는 다른 수단에 의한 전쟁으로 그 용어를 쓴다.[239] 또 어떤 이는 "만약 전쟁 결정자들이 전쟁에 더 인간적으로 관여할 수 있다면 그들은 전쟁에 더 자주 관여할 것이다"[240]고 일갈한 적도 있다. 비판적인 시각에서 볼 때, 재난과 분쟁은 인도주의적 도덕 담론과 결합해 군사적 개입을 촉진해 결국 전쟁을 자연스럽게 보이게 하고 탈정치화를 연출한다.

인도주의의 군사화는 전쟁과 평화의 경계선을 모호하게 하고, 역설적으로 지원과 보호의 이름으로 군사작전을 촉진한다. 이것은 적대자들이 지원봉사자들을 적, 즉 점령군의 일부로 오해하도록 만들어 해당 지역 대중들을 폭력에 더 노출시키는 결과를 초래한다. 또 다른 결과로 '지원산업의 벙커화'라는 말이 나올 정도로 인도주의 조직은 점점 더 분쟁지역에서 요새화된다. 이런 현상은 오늘날 인도주의가 관련 기구와 행위자들의 활동 범위와 영향력을 확대시키는 바탕으로 작용하기도 한다. 인도주의 활동은 글로벌 거버넌스의 영역으로 간주되는데, 군사화된 인도주의 활동은 점점 공적이고 위계적이고 제도화되고 항상 더 넓은 시장과 국가 행위 속에 포함된다.

디디에르 파신(Didier Fassin)은 인도주의가 근본적으로 생명의 정치이자 인구 관리 및 규제의 전술이라고 주장하는데, 위기와 재난시 의료 제공과 캠프 설치를 통한 예에서 잘 드러난다고 말한다.[241] 실제 인도주의적 활동 과정에 불평등한 권력관계가 작동한다. 파신은 인도주의적 이유가 어떤 목숨을 다른 목숨 위에 올려놓는다고 지적하고, 그것은 인도주의적 담론의 중심에 있는 인간 생명의 공통성이라는 도덕적 내러티브에 거짓말을 하는 꼴이라고 말한다. 이는 생명정치의 분리로서 인도주의가 자유주의와 식민주의 역사에 기반하고 있음을 의미한다. 물론 인도주의 담론은 그 활동의 변화를 반영해 복잡하고 모호한 유산을 포함하고 있다. 그럼에도 군사화된 인도주의적 개입은 생명정치적 분리를 더 영속화시킬 우려가 높다.[242]

우간다와 케냐, 아이티 등지에서 미군의 인도주의적 실천의 통합, 미군이 행하는 반게릴라 작전과 인도주의의 중첩 그리고 역사적 유제, 인도주의 사업에서 군대와 정부 및 민간기구의 중첩 등을 살펴보았다. 냉전 해체 이후 인도주의 사업은 크게 성장해왔는데, 민간 인도주의 조직이 분쟁 후 미군의 현지 안정화 활동과 더 통합되는 것을 특징으로 한다. 보다 주목할 것은 인도주의 활동의 군사화가 뚜렷해 질 경우 인도주의가 권력의 수단으로 전락할 수도 있다는 점이다. 그 때 생명은 구호를 받지만 그 대상은 일부에 지나지 않고 다른 일부는 배제된다. 선택된 일부도 지속가능하고 존엄한 삶을 살 수 있을지는 모른다. 군의 인도주의 활동에서 인도주의는 안보와 안보화된 발전에 압도당할 개연성이 상존하기 때문이다. 그렇다면 해당 지역사회와 주민들은 인도주의와 발전의 주체로 나아갈 수 있을까? 또 지역의 생태는 어떻게 변모할까?

## 12. 환경

### 1) 생태계와 군사화

산업화 시대 환경 파괴의 주범은 기업으로 인식되었다. 기업은 이윤을 최대로 남기려고 환경보호에는 관심이 없고 오히려 환경을 파괴하는 일을 자행해왔다고 비난받기도 했다. 거기에 국가가 방조했고 국민이 묵인했다. 그러다 사회가 절대적 가난에서 벗어나고 대중도 삶의 질을 생각하면서 환경문제에 관한 관심이 높아졌고, 환경 오염이 정치적 의제로 부상하기 시작하였다. 그에 따라 환경보호 관련 입법과 정책이 만들어진다. 그런 변화에도 불구하고 군이 환경에 미치는 영향에 관해서는 큰 관심이 일어나지 않았다.

산업화는 그 작동방식과 생태 파괴 측면에서
군사화와 유사하다.

출처: 픽스베이

　민주화를 거쳐 세계화가 시작되는 1990년대 초에 들어 한국에서
도 군대와 환경 관련 문제들에 대한 관심이 일어났다. 당시 주한미군
부대 내 환경 오염과 대인지뢰로 인한 인명 피해 및 토양 오염에 관
한 사회적 관심이 일어나기 시작하였다. 그럼에도 지금까지 한국에서
는 군과 환경의 관계는 언론은 물론 학계에서도 크게 다뤄지지 않는
다. 국가안보의 비밀주의에 따라 군이 환경 예외지대라는 사회적 무
의식이 작용한 탓일 것이다. 전시 상황에서 군대와 환경문제는 더더
욱 논의하기 어렵다. 전 세계적인 우려를 사고 있는 러-우 전쟁도 유
럽 안보, 식량, 에너지 및 공급망 위기 그리고 난민 등에 관한 보도는
많지만, 전쟁이 환경에 미치는 영향에 관한 논의는 찾아보기가 어렵
다. 2023년 6월에 나온 유엔의 러-우 전쟁 영향에 관한 보고서는 지속
가능발전목표(SDGs) 관련 7개 항목에 걸쳐 실태를 다루고 있지만 환경
영향 평가는 제외되어 있다.[243] 그럼에도 같은 시기 우크라이나 정부

와 유엔이 공동으로 조사해 발표한 「재난 후 필요 평가(Post-Disaster Needs Assessment: 2023 Kakhovka Dam Disaster, Ukraine」는 카호프카 댐의붕괴를 계기로 지역사회의 경제와 환경 피해를 다루었다.

레이첼 카슨은 1962년 저 유명한 저서, 『침묵의 봄(Silent Spring)』에서 생태계의 이중성을 언급하며 인간의 태도 전환을 촉구한 바 있다. 그는 "생태계는 한편으로 너무나 연약해서 쉽게 파괴되고 다른 한편으로는 믿을 수 없을 만큼 튼튼하고 회복력이 강해서 예상치 못한 방식으로 역습해온다"[244]고 말했다. 그는 군사주의를 환경 파괴의 원인으로 꼬집지는 않았지만, 기후변화의 징후들을 거론하면서 그 잠재적 요인들에 대한 관심을 촉구하였다. 카슨은 1963년 초 당시 사람들의 이목을 끌지 못한 환경문제, 즉 기온 상승과 해수면 상승의 패턴에 관심을 보였다. 그해 3월 보존재단(Conservation Foundation)이 소규모 과학회의를 소집했다. 화석연료의 연소로 인해 대기 중의 이산화탄소가 증가할 가능성을 따져보려는 자리였다. 그 회의에서 나온 보고서는 걱정스러운 결과를 담고 있었다. "대기 중의 이산화탄소가 꾸준히 증가하는 현상은 지표면 온도가 크게 상승하는 현상을 수반하는 것이 틀림없다. 또한 그와 같은 온난화로 극지방의 만년설이 녹아 해수면이 상승할 테고, 바다에서도 상업용 어류를 포함한 해양 종의 분포가 크게 달라질 것이다."[245]

카슨의 완곡한 경고에도 불구하고 1960년대 미국에서는 환경보호를 위한 국제협력이 군사화의 위력에 눌리기 시작하였다. 1946년 미국 황야협회 회의가 열렸는데, 협회 회원들은 미국의 환경 우선순위를 세계평화 의제에 통합하려는 비전에 전념했다. 그 목표를 위해 협회는 알도 레오폴드 회장이 이끄는 외교관계위원회를 창설했다. 그런데 이 국제적 비전은 해리 트루먼 대통령이 1949년 소련이 원자폭탄을 보유했다고 선언하면서 궤도를 이탈했다. 미국의 국제주의는 철저히 군사화되어 갔다. 냉전의 그늘에 가린 미국 환경주의는 생존가능한 환경을 가장 기본적인 인권으로 여기는 세계적 생태학 비전으로부터 점차 멀어졌다.

1960년대에 『침묵의 봄』에 힘입어 오염과 공중보건을 향한 관심이 일어나 미 환경보호국 창설, 청정대기법과 청정수질법의 발의 등 주목할 만한 변화가 일어나기도 했다. 그러나 미국의 항구 전시체제는 끊임없이 이러한 성취를 위협하였다. 1972년 스톡홀름 국제인간환경회의에서 각국 대표단은 "환경보호가 사회경제 발전에 기본 요소"라는 데 합의하였다. 특히 서유럽과 호주에서 공중보건정책은 점점 더 환경정책과 긴밀히 연결되었다. 반면 같은 기간 미국은 분열을 초래하는 베트남 참전, 마틴 루터 킹 목사와 로버트 케네디 대통령의 사망으로 정신적 충격에 빠졌다. 시민권 운동은 물론 반전운동도 심각할 정도로 환경운동의 계율이나 목표와는 관련이 없었다.[246]

그로부터 많은 시간이 흐른 2002년 스톡홀름국제평화연구소(SI - PRI)의 발표에 따르면 일상의 안보 비용은 전 세계적으로 약 2천억 달러로 국가안보 비용의 1/4 규모로 평가되었다. 안보 관련 활동이 환경파괴와 인간의 건강에 미치는 부정적인 영향이 언급되었고, 거기에 참여 거버넌스의 약화가 원인으로 지목되기도 하였다.[247] 카슨이 생태계가 연약하면서도 회복력이 강하다고 했는데, 그 당시는 회복력이 강했다고 할 수 있다. 오늘날은 어떠한가? 회복력이 남아있고 거기에 기대하는 바가 없지 않지만, 생태계가 연약함을 넘어 죽어가고 있다는 우려가 높아지고 있다. 그 원인이 더 많아졌기 때문이고 거기에 군사화의 영향을 부정할 수 없을 것이다.

오늘날 생태계와 군사화의 부정적인 상호작용에 그 심각성이 있다. 기후위기는 그 자체로 혹은 식량, 자원 등 다른 요소들과 결합해 안보 위협을 초래한다. 기후가 섭씨 1도 상승하면 살인과 폭력 그리고 폭동과 내전이 일어날 가능성이 높아진다. 오바마 미국 대통령은 2015년 5월 20일 열린 미국 해안경비대 사관학교 졸업식에서 기후변화를 '위협을 증폭하는 요인(threat multiplier)'이라는 펜타곤의 입장을 두둔했다. 그는 기후변화가 세계 각지에서 일어나는 분쟁의 원인이 아님을 인정하면서도 나이지리아와 시리아, 이라크 등지에서 테러집단이 가뭄과 흉작을 내전에 활용하고 있다고 비난했다.[248] 반대로 무기 개발 및 군사훈련으로 막대한 탄소가 배출되므로 군대와 군산복합체는 기후위기를 악화시킨다. 대부분의 무기들은 민수용 기기들에 비해 연료 소비는 막대하고 연비는 낮은 결함이 있다. 미국, 유럽연합, 중국 같은 강대국들의 군비경쟁은 기후위기 대처에 장애를 초래하고 있다. 2020년도 미국 군대가 5,200만 톤의 탄소를 배출했는데, 이는 노르웨이, 스웨덴, 스위스 삼국이 배출한 양보다 더 많다. 그리고 어렵게 만들어낸 유엔기후변화협약에 군사 분야에서의 탄소 배출 보고는 자발적인 영역이 아니라 사각지대로 남아있다.[249] 그럼 분쟁집단이 환경을 활용하는 경우는 군사화의 생태 위협에 해당하는가, 그 반대인가?

군사화가 생태에 미치는 가장 강력하고 광범위한 영향은 전쟁에 의한 것이다. 고대 전쟁에서부터 러-우 전쟁까지, 전쟁은 대규모 생태 파괴와 인명 살상을 동반하는데, 이를 조효제는 '에코사이드와 제노사이드의 연계'[250]라고 말한다. 이 간명한 표현 속에서는 인종, 성, 계급, 민족 등 인간에 의한 인간의 악마화와 자연은 무한정하고 인간이 마음대로 처분할 권리가 있다는 착각이 융해되어 있다.

## 2) 환경 군사주의

'느린 폭력'이라는 용어가 느리게 관심을 끌고 있다. 환경 운동가이자 작가인 롭 닉슨은 느린 폭력에 관한 책을 집필하는 데 필요한 영감을 얻기 위해 3명의 걸출한 인물에게 돌아가곤 했다. 문학 교수 에드워드 사이드(Edward Said), 과학저술가 레이첼 카슨(Rachel Carson) 그리고 사회학자 라마찬드라 구하(Ramachandara Guha)가 그들이다. 닉슨은 '구조적 폭력'과 견주어 '느린 폭력'을 제안한다. 구조적 폭력은 폭력의 효과와 관련해 상이한 인과관계와 행위자 개념을 재고하도록 하는 이론인 반면, 느린 폭력은 구조적 폭력을 포함하지만 그보다 포괄 범위가 더 넓다고 한다. 느린 폭력은 시간이 흐르면서 서서히 전개되는 더 폭넓고 복잡한 범주의 폭력에까지 관심을 기울인다. 닉슨은 느린 폭력 개념이 한편으로 인간의 지질학적 인식에서 드러난 최근의 급격한 변화에, 다른 한편으로 시간에 관한 기술적 경험에 부응하기 위한 노력이라고 말한다.[251]

카슨은 1950년대 말 미국에서, 마타이는 1990년대 모이의 독재 아래 시달리는 케냐에서 군사화와 환경 위기를 동일선상에 두었다. 마타이는 경험자이자 매개자로서 결국 토착주의적 선언과 세계시민주의적 과학에의 호소 사이를 전략적으로 왔다 갔다 했다. 그는 스스로를 지역에 깊이 뿌리내린 초국가적 애국자로 자리매김함으로써 그리고 케냐에 대한 헌신과 전 지구적 가치에 대한 현실을 조화시키고자 부단히 노력함으로써 배신자라는 굴레에서 벗어나려 애썼다. 따라서 그녀는 보편화한 페미니즘을 통해서가 아니라 키쿠유족의 문화적 관습을 감안해 여성과 전통에 대한 견해를 정립하는 데 힘썼다. 마타이는 자원문제가 지역, 국가, 세계 차원에서 지속가능한 안보에 영향을 끼쳤다고 주장하였다. 빈자의 환경주의는 분배 정의 문제와 떼려야 뗄 수 없는 관계라고 강조했다. 그녀는 "보통 사람들 속에 안보에 대한 감각을 재도입하는 데" 전념하는 운동을 추진하였다. 그렇게 함으로써 그들이 주변부로 밀려났다고 해서 국가 테러의 피해를 입었다고 느끼지 않도록 도와주려고 하였다.[252] 마타이는 환경보호를 명목으로 한 공권력의 폭력을 고발하면서 생태평화가 정의를 끌어안을 때 진정성이 있다고 말한다.

다시 닉슨으로 돌아가서, 그는 묻는다. 비대해진 소비지상주의와 군사주의가 지리적 시간적으로 동떨어져 살아가는 사람들의 삶에 어떤 영향을 미치는지를, 나아가 느린 폭력이 장기적으로 세계의 생태와 가난한 사람들에게 스며들고 있을 때는 어떤지 의문을 제기한다. 그는 미국인들에게 묻는다. 미국의 군사주의와 30~40년 전 가령 앙골라와 라오스에서 결정한 군사정책이 사회환경에 시종 나쁜 영향을 미치고 있다는 사실을 인식하는 사람이 과연 몇이나 될까? 제국들은 하나같이 세계 권력과 세계 지식 간에 극심한 불일치를 드러내고 있다.[253]

모잠비크 크루거 국립공원 만들기 과정은 분쟁과 원주민 추방 그리고 해당 지역사회의 파괴 등으로 악명이 나있다. 19세기 말 이후 모잠비크는 남아프리카공화국의 광산을 위한 주요 외국인 노동자 공급처로 남아있었다. 크루거 국립공원 북단의 커다란 바오바브나무는 수십 년 동안 수만 명에 이르는 모잠비크 남성들의 집결 장소로 쓰였다. 그들은 거기서 자격증을 교부받고 소독약 처리를 당한 다음 광산으로 실려 갔다. 그곳에서는 노동, 군사주의, 관광산업, 자연문화가 한데 어우러지고 서로 영향을 끼쳤다. 1930년대 이 북쪽 지역이 크루거 국립공원에 통합될 무렵 총간어를 쓰는 마쿨레케족은 자신들이 살던 땅에서 쫓겨났다. 수십 년 동안 항거한 뒤 보존 난민 중 일부는 결국 샹간족-총간족의 가잔쿨루 반투스탄에 정착했고, 나머지는 모잠비크로 달아났다. 1970년대 말과 1980년대는 거꾸로 모잠비크에서 남아공으로 국경을 넘는 이들이 줄을 이었다. 이번에는 남아공 사람들이 모잠비크에 발생한 군사 폭력을 피해 도피에 나섰다. 1980년대 말에는 난민들이 매달 1,000명꼴로 가잔쿨루를 향해 밀려들었다. 닉슨은 인간이 전쟁의 유물을 통해서든 과도한 소비지상주의를 통해서든, 생물 지역 혹은 국가의 경계를 넘어 오랜 기간 대참사를 초래하는 느린 폭력과 공모해왔는데, 역사 속에서 그 사실을 망각했다고 말한다.[254]

인도는 오늘날 자국을 '정착형 식민주의' 이미지로 재건하기 위해 안감힘을 쓰고 있다. 미주 대륙과 호주에서처럼 말이다. 가장 뚜렷하게 이런 야심을 가로막는 것이 바로 숲에서 살아가는 아디바시 사람들이다. 그들은 존재 자체로 자원을 함유한 땅과 숲을 점거하고 있었다. 아디바시에 대한 법적 보호는 지금껏 인도에서 그다지 굳건하지 않았다. 식민지 시대 이래 공식적으로 지정된 숲지대(국가 표면적의 20%)는 토지 법률의 정상적 기능이 유예된 '예외상태'를 형성해왔다. 이 영역은 이제 막강한 권력을 가진 거대 관료집단인 산림부와 준군대처럼 기능하는 삼림경비대의 통제를 받는다. 이 부서는 북미와 호주에서 토착민 업무를 관장하던 정착형 식민주의 관료체제와 대단히 흡사하다. 이 두 기구는 그런 예외상태에 놓인 숲지대에까지 기업의 이해가 깊이 파고들도록 도왔다. 북미와 아프리카에서와 마찬가지로 인도에서도 보호림에 대한 단속은 흔히 인종청소에 해당하는 결과로 이어지곤 했다. 관광산업과 그 산업을 위한 도시 중산층 고객의 이익을 앞세우며 토착민을 그들이 살던 고향에서 몰아낸 것이다. 광산업과 추출 산업이 아디바시가 신성시하는 산이나 그 밖의 장소에 파고들었다. 그 밖에도 아디바시 아동의 재교육, 아디바시의 생활 기반이 된 특정 유형의 수렵과 채집 금지도 유사했다. 그 결과 정부군과 부족 반군 사이에 무력 충돌이 발생하였다.[255]

이스라엘은 물을 절약하게 해주는 점적 관개(drip irrigation) 기술에서 세계 선두국가이다. 만성적인 물부족 때문에 생겨난 이 기술이 개발되었지만 폭넓은 환경의식을 반영한 것은 아니다. 이 기술은 이스라엘 중심부에 식수를 공급하는 데 지나지 않는다. 이스라엘의 임업과 농업 정책은 유칼립투스 숲과 오렌지 농장을 중시했다. 둘 다 물을 대단히 많이 소비한다. 이스라엘의 유명 언론인 아리 샤빗(Ari Shavit)은 1997년 시온주의가 "이 작고 섬약한 땅의 상당 부분"을 "생태의 파국"으로 몰아갔다고 평가했다. 예상과 어긋나지 않게 환경 위기는 유대인과 아랍인 사이의 적대관계 때문에 갈수록 심해졌다. 본래 작은 국토의 이스라엘은 인구 증가를 막을 사회적 합의가 필요했다. 그러나 출산을 제한하는 문제는 정통파 유대인이든, 팔레스타인 사람이든 비애국적인 일이라며 강하게 거부한다.[256]

이상과 같이 환경을 파괴하는 데 군사주의가 개입하는 배경과 목적 그리고 형태는 다양하다. 군사주의가 곧 군 주도의 사회적 분쟁 해결 혹은 군의 영향력 확대는 아니다. 그 개념을 상기해볼 때 환경문제와 관련해 군사주의는 지역 주민의 생존과 생태의 지속가능성을 무시하고 폭력적인 방식으로 처리한다는 데 그 본질이 있다.

### 3) 프랙탈 전쟁

1991년 걸프전은 최초의 프랙탈 전쟁(fractal war)으로 불린다. 소규모 지역전쟁이었지만 전쟁의 표현방식에서는 세계적 차원의 전쟁이었다. 지각의 관점에서 고해상도의 전쟁이었지만 인식론적으로는 흐릿했다. '중개된 즉시성'이라는 역설에 집착해 전쟁의 장기적인 환경 후유증에 대한 고찰을 무색하게 만든다. 전쟁 후 현지를 답사한 작가 마이클 켈리(Michael Kelly)는 "걸프전은… 거의 전적으로 아주 멀리서 살해를 저지른 미국인들로서는 자신들이 살해한 사람들 혹은 그 살해 행위 자체와 관련되어 있다고 느끼기가 극도로 어려웠다"고 진술한다. 그리고 전후 현장을 다녀와 "전쟁이 빚어낸 승리와 학살의 증거가 넘쳐나는 현실을 원 없이 볼 수 있었다"고 증언한다.[257] 프랙탈 전쟁은 살인행위에 대한 무감각과 사후 인지라는 특성을 보여주는데, 이는 전쟁 결정 및 그 방식을 더 용이하게 한다는 점에서 그 위험성이 크다.

사담 후세인 정권에 맞선 걸프전 당시 이동병원부대 소속의 미 육군 간호사 캐럴 피코(Carol Picou)는 임무를 수행한 후 귀국해 방사능에 오염되었다. 미군이 사용한 열화우라늄탄의 피해를 본 것이다. 그녀는 자신과 소속 부대가 그렇게 오염된 전투지대에 투입되기 전 열화우라늄탄의 잠재적 위험에 대해 미리 경고를 받지 못했고, 보호 장구도 착용하지 않고 열화우라늄탄에 불태워진 탱크 안이나 옆에서 임무를 수행하였다. 전투가 끝나고 5년이 흐른 뒤 그녀의 소변에서 우라늄 수치가 내내 높은 상태를 유지하고 있었다. 그럼에도 불구하고 군 당국은 피코의 처참한 육체적 붕괴가 전쟁과는 무관하다고 선을 그었다.[258]

한편, 반도체를 비롯한 고기술 제품에 희귀 금속이 널리 쓰이면서 희귀 금속 채굴 및 보유를 둘러싸고 소위 공급망 경쟁이 치열하다. 그만큼 희귀 금속은 지정학과 지경학이 작용해 군사주의의 표적이 되고 있다.

에너지 전환의 핵심 원료인 희귀 금속 대부분을 중국이 독점하고 있다. 그 의미는 첫째, 경제와 산업 측면에서 세계 모든 나라들이 에너지 전환을 위해 중국에 의존해야 하고, 둘째, 생태환경 측면에서는 친환경 성장을 위해 석유를 활용하던 예전 모델보다 더 심각하게 환경을 훼손해야 하고, 셋째, 군사와 지정학 측면에서는 서양 기업들이 보유한 정밀 첨단장비의 운명 역시 부분적으로는 중국에 의존하고 되고, 그럼으로써 중국과 미국의 분쟁 가능성이 높아질 수 있다. 넷째는 오염의 총량은 줄지 않고 위치 이동만 할 뿐인데, 전기차 도입이 상징하듯이 에너지 전환과 디지털 전환은 부자들이 모여 사는 도심의 오염을 크게 줄이는 대신, 도심보다 열악한 지역에 사는 주민들에게 그 부작용을 전가하는 것이다.[259] 희귀 금속 자체가 군사주의의 속성을 갖고 있다고 보기는 어렵다. 그러나 희귀성과 해당 금속의 높은 전략적 가치로 인해 그 획득 및 이용을 둘러싸고 희귀 금속은 군사주의의 자장(磁場)으로 빨려 들어간다.

## 4) 체제 변동과 환경

제2차 세계대전을 전후로 영국, 미국 등 주요 국가들이 독가스를 연구하기 시작하였다. 이를 두고 버날(Bernal)은 거의 모든 나라에서 과학자들이 전쟁산업에 참여할 압력을 받고 전쟁 발발시 다양한 전쟁 업무에 관여할 계획이었다고 진술하였다. 이에 대해 미국인 조류학자 윌리엄 보그트(William Vogt)는 전쟁만들기와 과학이 결혼한 과학기술이 자연에 가하는 거대한 위협의 총체라고 평가했다. 이런 위험에 대한 해결책으로 일부 인사들은 국제환경정책 레짐 수립 혹은 유엔의 규제를 제시하기도 했다.[260] 그러나 그런 제안은 손바닥으로 하늘을 가릴 정도의 위선으로 치부되기에 충분하다. 국가 차원이든, 국제적 차원이든 정치와 경제, 즉 권력과 이익이 결탁한 바탕 위에서 과학기술이 군사화로 치닫는 길을 막을 도리는 없었다. 다만 이 막중한 사태는 군사주의가 그렇듯, 군사주의 너머의 사유도 정치에 기반해야 함을 말해준다.

많은 국민국가에서 군대의 영향력은 강력하다. 심지어 안정적인 자유민주주의 군대의 개입이 발생하지 않는 것을 보장할 수는 없는 노릇이다. 중요한 한 변수는 군사주의적 가치의 침입에 대한 저항이다. 그것은 현대 평화·생태운동에서 공유하는 주요 영감이다.[261]

환경보호가 정치·경제 권력과 손을 잡을수록, 역사학은 비판적 입장으로 환경운동에 동참하는 과제에 충실해야 한다. 역사의 경험은 정부가 그 자체로 공익이 아니라는 점, 또 중앙집권국가라 할지라도 환경문제에 전면적인 권리를 보장해주지 않는다는 점을 보여준다. 오히려 관료주의는 능력과 책임을 분산시키는 경향이 있다. 환경보호가 무척 다양하게 해석될 수 있다는 점도 유념해야 한다. 생태를 앞세워 사기 행각을 저지르는 일은 이미 따로 한 편의 역사를 쓸 정도다.[262]

세계 환경사에서 악명으로 기억되는 체르노빌 사태는 기득권을 구축한 과학계가 독립적이고 비판적으로 생각하는 힘을 잃었음을 보여준다. 그 비극이 경직된 체제가 붕괴될 징후 아래 발생했다는 점에서 국가 변동과 환경의 상관관계를 생각할 계기를 마련해준다.

고르바초프의 위로부터의 개혁은 체르노빌이라는 초대형 사고로 소비에트사회주의연방공화국(소련)에 속한 국가들이 저마다 '생태 민족주의'를 표방하는 바람에 처음부터 흔들렸다. 러시아는 물론이고 다른 국가들도 환경의식을 향토애와 동일시했다. 소련 붕괴로 나타난 새로운 민족주의와 지역주의는 이전과는 전혀 다른 연합을 이루었다. 원자로 사고의 후유증을 생산적으로 소화하기 힘들다는 점은 벨라루스의 경우가 잘 보여준다. 벨라루스는 체르노빌이 방출한 방사능 가운데 70%에 노출되었음에도 환경운동이 일어나지 않았다. 벨라루스는 러시아의 천연가스에 의존하고 있었다. 또 카자흐스탄은 소련의 원자폭탄 실험장으로 쓰여왔는데, 자발적으로 자국 영토에 설치된 원폭의 소유권을 포기했다. 카자흐스탄에서는 냉전 40여 년 동안 456회의 원폭 실험이 인구 70만 도시 세미팔라틴스크에서 150km 떨어진 실험장에서 이루어졌다. 뒤늦게 환경단체가 출범했다.[263] 이들 사례는 환경문제에 영향을 미치는 변수로 체제 변동을 단독으로가 아니라, 국민 여론과 국가 간 역사적 관계와 함께 보아야 함을 말해준다. 그럼에도 그런 변수들을 연결하는 데 언론과 과학기술집단 등 지식인의 역할을 무시할 수 없다.

제 IV부

# 군사주의의 다차원성

# 제IV부

# 군사주의의 다차원성

## 1. 다차원 군사주의 이론

군사주의를 이론화할 때 개념 규정을 하고 나면 그 유형과 동학을 만들어갈 수 있다. 유형은 행위자와 행동 영역으로 설정해 논의하고, 동학은 그 기원 혹은 배경, 전개과정, 변화, 환류(feedback) 등을 논의할 수 있다. 아래 2장에서는 군사주의 개념과 유형을 다룬 후 3~5장에서는 그 동학을 상세히 논의할 것이다. 이 장에서는 군사주의의 다차원성을 다루고 있다. 군사주의의 다차원적 동학에 관한 이론은 관련 담론, 요인, 실행, 효과 등을 포함한다. 그런 이론은 군사주의의 복합성과 역동성을 확인해줄 틀을 제공해준다. 군사주의는 군국주의 일본이나 나치 독일처럼 전쟁을 준비하는 나라는 물론 평시 국가에서도 개인에서부터 가족, 사회, 국가, 국제 등의 차원에 걸쳐 전개됨을 알수 있다. 이는 평화를 개인에서부터 가족, 사회, 국가, 국제적 차원에 걸쳐 추구하는 것과 상응한다. 『대학(大學)』에서 논하는 격물-치지-성의-정심-수신-제가-치국-평천하는 진리와 평화를 달성하는 순서가 아니라 다차원성을 말하는 것이다.

## 1) 전쟁 프레임과 죽음 관리

전쟁에 가담하는 전투기 조종사는 어떤 마음일까? 애국심에 불타 명령에 무조건 따른다는 각오로 전투기에 올라탔을까? 아니면 살상, 특히 민간인 살상을 우려하며 끝까지 불편한 마음을 지우지 못할까? 그보다 전투에 참가한 군인의 태도를 개인의 마음으로 환원해 말하는 것이 적절한지 생각해보는 것이 순서일 것이다. 왜냐하면 전쟁은 전투와 전투에 나서는 군인의 합이 아니라, 전쟁을 개시하게 만드는 구조와 정책집단의 판단의 결합이기 때문이다. 그중에서도 정책결정집단이 전쟁을 발생시킨 구조적 요인들에 반응하고 국내 대중과 국제 여론을 동원해내는 데 전쟁 프레임은 대단히 유용한 장치이다.

주디스 버틀러(Judith Butler)의 '전쟁 프레임'은 다음 몇 가지 측면에서 군사화 동학을 파악하는 데 적합하다. 첫째, 현대 서방의 전쟁을 추진하는 의미 구조의 임의적·선택적 특징을 묘사하는 데 유용하다. 이 프레임은 그에 속하는 생명과 그렇지 않은 생명을 구분하는데, 비서방 민간인은 후자에 해당한다. 비서방 생명은 근본적으로 인간도 아니고 비인간도 아닌데, 그런 비결정 상태는 폭력을 자연스럽게 만드는 데 큰 역할을 수행한다. 둘째, 전쟁 프레임은 푸코가 말한 '담론'의 요소들과 유사하다. 담론과 같이 전쟁 프레임은 정체성, 신념과 같은 관념적 요소와 장치, 무기와 같은 물질적 요소로 구성된다. 셋째, 전쟁 프레임은 한번이 아니라 여러 경험을 통해 형성된다. 군인은 적에 대한 인식이 뚜렷하지 않은 가운데 첫 전투에 참가하고 다음에는 적의 폭력을 경험하고 그 다음에는 적에 보복한다. 전쟁 프레임은 일종의 해석 프레임인데, 그것은 취약해 깨질 수 있다. '프레임 파열(frame breaking)'은 군인들이 자신들이 싸운 전쟁 경험과 그에 대한 시각적·구두상 설명이 상이할 경우 발생한다. 이때 군인은 신념 상실, 전근 요청, 전역 등 다양하게 반응한다. 드론 공격에 참여한 군인들은 외상후증후군(PTSD)을 겪기도 하는데, 그들은 처음에는 치명적인 행동을 한 것을 의식하지 않는 사람들과 과도하게 동일시하는 태도를 취한다. 그런 군인들은 작전 목표 달성을 위해 동료들끼리 경쟁하기도 한다.[1]

마티아스 델로리(Mathias Delori)는 버틀러의 전쟁 프레임을 적용해 현대 서방 국가들이 주도하는 전쟁의 '비인간화' 경향을 논의한다.[2] 그 전제는 담론적·해석적 프레임이 폭력을 정당화한다는 가정이다. 서방의 전쟁 프레임은 탈레반이나 지하드에 맞서는 '문명적인 사업'이라는 식으로 유럽중심주의 혹은 오리엔탈리즘에 서 있다. 그런 프레임은 도덕적 혹은 절대적 적 개념을 부각시키고, 구체적인 전쟁 실행에도 영향을 준다. 프랑크푸르트학파가 제안한 '구체화(reification)' 개념도 서방의 전쟁 경향을 이해하는 데 유용한데, 구체화는 악마화보다 '더 차가운' 비인간화 개념이다. 동료 군인이 겪는 경험에 대면할 때 부정적인 감정을 양산하기보다는 긍정적인 감정을 중립화시킨다. 서방의 현대기구들은 인간과 인간을 연결짓는 윤리적 끈을 약화시킨다. 일련의 기술적 층위들은 타자를 또다른 나(alter ego)로 인식하는 것을 약화시킨다. 그 연장선상에서 서방의 전쟁 기술은 일상화된 인간의 존재를 재정의하고, 전쟁을 경제적 틀로 설정하고, 실제와 허구의 경계를 무시한다. 그 결과 드론 공격의 피해자들은 스크린에 나타나는 익명의 복제물로 축소된다. 드론 공격에 나선 군인은 마치 운동장에서 경기에 나선 선수의 기분을 갖고 있는 것 같다.

자신이 폭격한 민간인을 완전히 비인간화하지 않는 공군에 델로리는 주목한다. 그는 기술전략적 용어 중 가장 인상적인 말이 '인간방패'라고 하며, "소년의 몸은 단지 공격으로부터 공격자를 보호하는 군사화된 금속으로 간주된다"는 버틀러의 말을 인용하다. 그럼 여기서 비인간화 경향이란 무엇인가? 델로리는 드론 공격수들이 희생자들을 항상 비인간화하는 것은 아니고, 서방의 전쟁 수사와 군사용어를 성찰하기도 하고, 상부의 지시를 지적하기도 한다고 말한다. 말하자면 서방 전쟁의 비인간화 경향은 정도의 문제라는 것이다. 이를 전쟁 감정으로 전환시키면 선택적 공감이 혐오나 무관심보다 더 중요하다는 것이다. 선택적 공감을 정당화하기 위해 '덜 사악함(lesser evil)'의 원리가 호명받는다.

전쟁 상황에서 선은 존재하지 않는다. 오직 사악함들 가운데 상대적으로 덜 사악한 선택지를 찾는 일밖에 없다. 물론 그것이 사악함의 소용돌이에서 벗어나게 해줄지는 사악한 집단들 사이의 대결이 종식되기까지는 미지수이다. 다시 드론 공격이 이루어지는 공중전으로 돌아가보자. 드론 공격수들은 자신을 동료를 구하고, 적대세력의 민간인에 대한 '부수적 피해'를 초래한 선택적 도덕의 대행자로 묘사하는데, 이것은 일종의 '연민의 경제'의 극단을 보여준다. 그들은 모두 인간인데, 문제는 동등하지 않다는 것이다. 탈랄 아사드(Talal Asad)의 말처럼 그들은 "죽음의 시장에서 교환가치가 다르다."[3] 작전 중의 동료는 무슨 수를 써서라도 구해야 하지만, 부수적 피해, 즉 민간인 살상은 더 큰 악을 피하도록 하는 참을 수 있는 죄로 틀 지어지는 것이다. 이를 델로리는 잘못된 관념이 참된 사실을 구성하는 것이라고 말한다. 그것이 가능하려면 정당화 논리를 두텁게 만들어내야 한다. 덜 사악함의 원리에 이어 '도덕 기술'이 등장한다.

델로리는 관여의 규칙으로서 '도덕 기술'을 아디 오피르(Adi Ophir)의 논의에서 갖고 온다.[4] 도덕 기술은 기구 및 기술 담론과 관련된다. 그에 따르면 기술은 꼭 '기술적'이지는 않고 특정한 존재양식으로서의 도덕으로 프레임지을 수 있다. 이 도덕 기술은 현대 서양의 전쟁에서 큰 역할을 하는데, 그것이 '관여의 규칙'이다. 전쟁 교리를 학습하는 군인들은 자신들이 불가피하고 합법적인 폭력을 행사한다는 사실에서 도덕성을 주장한다. 가령, 그들은 비차별, 비례성의 원칙과 같은 국제인권규범을 거론하고 그런 원리들이 실제 적용된다고 설명하는 식이다. 뎰로리는 그런 담론에 그치지 않고 실제에서는 비전투원의 희생 한계치(NCCV)[5]를 설정해 공격의 수위와 시점을 조절함을 지적한다. 그 한계치가 작동하는 방식은 첫째, 민간인의 가치에 대한 주관적·임의적 평가, 둘째, 서방군인의 생명 가치에 대한 맥락적 평가, 셋째, 군사 목표물에 대한 주관적·임의적 평가 등에 의존한다. 여기서 또 다른 정당화 논리로 인도주의적 폭력이 등장한다. 에얄 와이즈만(Eyal Weizman)에 따르면 인도주의적 폭력의 수행자는 "금융 전문가들과 같다. 그들은 예측의 불가능성을 알지만 계산하는 것 외에 달리 할 일이 없"[6]는 존재이다.

덜 사악함, 도덕 기술, 인도주의적 폭력 등을 동원한 뎰로리의 전쟁 프레임 설명은 전쟁을 생동감 있게 보여주는데, 이런 시각에서 국가 대 국가의 전쟁보다는 국가와 비국가집단 간 전쟁에 더 주목한다. 물론 전쟁은 국경을 넘을 수도 있고 내전의 경우 국내에서 전개될 수 있다. 행위자 간 차이는 뚜렷해 보이는 데 비해서 논의의 경계는 단정적이지 않다. 다만, 이런 전쟁 프레임은 국가 차원과 개인 차원의 관계를 통해 잘 설명된다. 이때 국가 차원은 국가 행위자로 치환되지는 않는다. 반군세력은 정부에 맞서 권력 장악을 추구하는 무장 정치집단으로서 국가 차원에서 속한다. 개인도 개개인이라기보다는 대부분은 정부 및 반정부 세력 간의 전쟁에 연구되고 많은 경우 피해를 받는 지역의 민간인들이다.

위와 같은 전쟁 프레임은 결국 비인간화 동학의 복잡성을 말해준다. 뎰로리는 비인간화 동학이 다음과 같이 구성되는 더 큰 프레임의 일부라고 평가한다. 그것은 첫째, 모든 인간의 긍정적 가치를 인정하고, 둘째, 비서방 민간인의 가치를 조금 인정하고, 셋째, 덜 사악함의 원리에 의해 죽음을 관리한다. '관여의 규칙'은 서방 군대가 자신을 폭력의 조정자로 묘사하고 폭탄 투하가 덜 사악한 것이라는 믿음을 부각시킨다. 이때 폭력 평가를 실제 전체 사망자 수와 분리시키는 권력의 작동이 일어나는데, 권력은 이 모순을 살인 방법이 실제 사망자 수보다 더 중요하다는 입장을 내세워 해결하려 한다. 정치인들이 대중의 '생명'을 관리하는 것과 같이, 군인은 죽음을 관리하는 것이다.

죽음관리 정치가 가능하려면 그 구성은 전쟁의 정당화 담론과 행위자 동원만이 아니라, 죽음관리의 대행자도 필수적이다. 그 대행자가 무기와 돈이다. 길버트가 앞에서 돈을 무기체계로 잘 설명한 점을 상기하면서 여기서는 크리스토프 와신스키(Christophe Wasinski)가 말하는 전쟁 수행자로서의 무기의 역할을 살펴보자.[7] 와신스키는 사람은 기술이 만들어낼 수 있는 결과(무기, 탄약 따위)에 기초한 자기 정당화의 문화를 생산해낸다고 가정하고, 공군력 기술을 사례로 들어 그 점을 증명한다. 공군력 기술이 타자를 비정치화된 적으로 프레임을 만드는 데 기여한다는 것이다. 이때 무기는 중립적인 도구가 아니라 폭력 이용을 일상적인 일로 만드는 장치이다. 무기가 생각하는 행동가로 변신한 셈이다.

군인은 죽이는 행위를 단순히 살인 이상으로 인식하는데, 그런 정당화는 첫째, 살인 이전에 그런 행동이 가능하다고 보고, 둘째, 살인이 발생할 때는 그것이 적당하다고 인식하고, 그 후에는 그 행동에 대한 비판적인 질문에 제한을 가하는 식으로 전개한다. 이를 뒷받침하는 이론이 '행동 변경 이론(actant theory)'이다. 와신스키는 이 이론을 통해 무기의 군사적 역할을 넘어 정치적 역할까지 토의한다. 사물은 인간과 같은 대행자의 능력을 부여받는데, 가령 기계는 인간의 행동을 생각하고 실행하고 말하게 할 수 있다는 것이다. 기계는 인간의 산물이지만, 쓰이는 곳에서는 더 이상 인간의 통제를 받지 않고 오히려 새로운 인간기계의 집합체의 일부이다. 와신스키는 아프가니스탄에서 작전을 한 영국 공군의 메모를 통해서 볼 때 전쟁이 적에 대한 묘사를 만들어냈음을 밝힌다. 그때 이용한 무기는 '기술 숭배'의 대상이 될 정도이다.

와신스키는 마틴 쇼를 인용하며 작전을 전개할 때 무기는 작동법에 따라 사용하는데, 그 결과 민간인에 대한 고려는 우선순위가 아니라고 말한다. 민간인을 위험에 빠뜨리는 것은 기술전략 담론에서는 통상적으로 보인다. 그는 민간인의 생명을 구조해야 하는 경우는 도적적 이유가 아니라 적 점령지 민간인의 마음을 얻기 위한 것 같은 현실적 이유 때문이라고 말한다. 그는 이어 기술전략적 담론에서는 영국군의 아프간 파병의 정치적 결정에 대한 논의는 거의 없고, 나아가 그런 논의가 있어도 아프간에서의 적대감의 문제와는 별 관련이 없다고 말한다. 그런 상황에서 전쟁기계의 기술이 적대감을 생산해낸 것이다. 영국 공군이 아프간에 있는 것은 영국 육군을 지지하기 위한 것뿐이다.

결국 적(대감)에 대한 묘사는 강압적 기술과 무기에 의존하는 것을 정당화하는 데 봉사한다는 것이 와신스키의 결론이다. 무기는 군인과 함께있으면서 숨을 쉬고 소기의 목적을 향한 행동 변경의 주체가 된다. 과학·기술·정보가 더욱 발전해가는 오늘날과 미래에 행동 변경의 주체로서 무기의 역할은 더 높아질 것이다. 인공지능기술과 소프트웨어가 결합은 AI 드론이 부대(Swarm)를 형성해 사람의 조정을 받지 않고 전쟁을 지배할 날이 다가오고 있다.[8] 행동가로서의 무기 논의 역시 국가 차원과 개인 차원이 두드러지는데, 국제 및 지역 차원과의 연계성도 충분하다. 그만큼 행동 변경자로서 무기의 역할은 군사주의의 다차원성을 보여주는데, 그 이면에 살상 명분이 확대되고 그만큼 피해도 증대할 개연성이 커진다.

## 2) 녹색 군사주의의 출현

자연보호를 위해 행정력과 함께 무장력이 개입할 수 있다. 거기에 이해관계를 가진 국내외 다양한 행위자들이 관여하면서 국내-국제-생태적 차원의 군사화가 작동한다. 이름하여 '녹색 군사주의(green militarism)'의 출현이다. 프란시스 매시(Francis Massé)와 그 동료들은 보전-안보-발전의 넥서스로서 녹색 군사주의 개념을 사례와 연결해 깊이 토의한 바 있다.[9] 이 개념을 적용한 논의에서는 분석 수준에 개인-사회-국가-국제는 물론 생태가 추가돼 가장 복잡한 다차원의 군사주의가 나타난다.

얘기의 시작은 야생동물 불법 포획에 대한 국제적 우려와 감시 활동이다. 그에 대한 현지의 반응은 상반되게 나타난다. 한 반응은 야생동물로부터 획득가능한 생산품에 대한 수요를 억제하는 것이고(중국, 베트남), 다른 한 반응은 보호구역을 군사화하는 것이다(아래의 사례들). 매시와 그 동료들이 2012~16년 사이 남아프리카공화국과 모잠비크 현지답사에서 수행한 관찰과 인터뷰 결과, 양국의 포수들은 불법포획을 폭력적으로 단속하는 일에 더 많은 시간을 할애하는 데 비해 폭넓은 보호 임무는 소홀히 한다. 그런 경향은 생태계 보호를 명분으로 무력 행사자들의 관여를 정당화하고, 지역 주민들을 강제로 추방하는 결과를 초래한다. 일종의 경성 접근방식인 데 그 폐해가 크다. 녹색 군사주의에 대한 우려에는 단지 군사적 수단의 확대만이 아니라, 포획에 가담한 사람들에 대한 인권 침해(살해 포함), 지역사회를 보호활동에 소외시키는 것 그리고 무력활동과 민간활동의 경계가 점점 무뎌진다는 점까지 포함한다. 그 결과 지역주민과 야생동물 감시단체, 지방정부와 중앙정부 그리고 국제기구와 해당 지역사회 등 여러 차원의 관계에서 갈등이 빚어진다. 보호와 안보 그리고 발전 사이의 악순환이 일어나는 것이다. 불법포획 감시활동을 하는 입장에서는 보다 효과적인 대처의 필요성을 느낀다. 이름하여 연성 퇴치활동이 등장하는 배경이다.

군사화된 보호활동은 지금까지는 경성 접근방식을 취했는데, 그 방법은 의심되는 포획자 체포와 살해, 군사적 방식의 정보 획득과 강제 추방 등이다. 그에 비해 연성접근은 지역사회 발전의 틀과 어울린다. 지역주민의 지지가 관건이라고 판단한 것이다. 기존의 안보-발전 넥서스는 발전이 안보전략으로 배치되는 방식과 발전 지원의 성공 보장, 이 두 측면으로 구성된다. 이 넥서스는 누가 군사적 행동을 하는지 그리고 누가 군사주의를 지지하는지를 모호하게 만든다. 여기서 나아가 남아프리카공화국에서의 포획에 대한 경성 접근은 연성 반게릴라 독트린과 결합하는데, 이는 지역 대중의 환심을 사 포획경제를 단념시키고 관련 정보획득에 협조하도록 만드는 것이 목적이다.

이런 점들을 살펴본 후 매시와 동료들은 상업적 포획의 안보화와 녹색 군사주의의 등장 과정을 추적한다. 이들은 상업적 야생동물 포획은 전통적 안보 개념과 경제안보 개념 두 차원에서 안보화되어 감을 발견한다. 전통적 안보 차원에서 미 국제개발처(USAID)는 불법 포획과 밀매가 국제발전의 문제라고 하면서 그 이유로 그것이 안보, 법치, 가난퇴치 노력을 약화시키기 때문이라고 말한다. 유엔발전프로그램(UNDP)도 그것을 "심각한 세계안보 우려"라고 지적한다. 이들은 녹색 군사주의의 요소와 특징을 다음 세 가지로 묶어낸다. 그것은 첫째, 야생동물 포획과 거래를 테러리즘, 반란 그리고 조직범죄와의 연계, 둘째, 관련 안보와 국제 경계, 영토, 주권의 통합, 셋째, 경제안보 고려이다. 이런 접근이 군사화된 개입에 권위를 부여한다는 것이다. 포획에 대한 군사화된 개입의 틀에서 지역사회 발전에의 개입이 나타나는데, 그것은 지역사회의 이익, 주민의 삶의 질 향상과는 거리가 멀다.

포획에 대한 군사화된 개입이란 단지 포획의 감소로 한정될 뿐이다.

이런 연구를 통해 매시와 동료들은 생태정치학과 비판적 군사연구의 결합이 필요하다고 평가한다. 생태정치학은 권력이 인간과 자연의 상호작용을 형성하는 방식에 주목하고, 비판적 군사연구는 군사력과 그 작동방식을 당연시하지 않는다. 인로가 말한 '의심하는 호기심'의 발동을 환기시키고 있다. "비판적 군사연구자가 된다는 것은 의심의 눈초리로 호기심을 갖는 군사연구자가 되는 것이다."[10]

### 3) 군사주의 확산의 첨병

현대 국제사회의 구조적 특징은 첫째, 군사력 구조와 독트린에서 이형동질 현상이 증대하고, 둘째, 국제 군사관계가 세계 위계구조에서 종속적인 양상을 보이는 점이다. 세계군사질서는 이들 특징과 연결되어 있다. 또 군비증강 등 군사화에 대한 설명은 합리주의적 시각과 구성주의적 시각으로 모두 설명이 가능하다. 합리주의적 시각에는 구조, 기능, 대내적 경쟁 등, 구성주의 시각에서는 제도와 규범의 상호구성적 관계, 관례화된 신념 등을 주요 요인으로 삼는다. 여기서 자본을 강화하는 군사화는 강제력을 더 작게 하는 대신 더 통제가능한 인구 구성에 투자하고, 그에 대한 지지는 전략적으로 선택된 무기획득과 관련 정책을 더 용이하게 해준다. 개발도상국의 경우 이런 경우는 선진 무기의 해외 공급자에 의존하지 않는 한 실현하기 어려울 것이다. 데이비드 킨셀라(David Kinsella)는 이런 인식을 바탕으로 무기거래를 군사주의 확산의 첨병으로 보고 자세한 논의를 펼쳐나간다.[11]

킨셀라는 우선 무기거래와 군사주의의 상관관계에 관한 선행연구를 살펴보면서 무기거래와 군사 분쟁 간의 연계성은 활발하게 연구되지 않은 분야라고 평가한다. 그는 무기거래가 군사적 폭력에의 의존을 암시한다면 그 거래는 사회적 악에 기여하는 것으로 판단할 것을 제안한다. 그는 또 세계적 수준의 분석에서 국가 간 무기거래 양과 군사분쟁에 연루된 국가 수 사이에는 긍정적인 상관관계가 나타난 점도 확인한다. 이어 킨셀라는 여러 지역을 포함한 사례연구 결과, 무기 공급자는 분명히 전쟁 결정의 한 요소임을 확인한다. 그 이유로 무기의 우위성, 세력균형의 변화에 대한 인식, 지원국들과의 연계 등 여럿을 꼽는다. 또 다른 면에서 전시에 무기 공급자는 일반적으로 전쟁을 장기화하고 강화시키는 점도 확인한다. 특히 킨셀라는 강대국들의 무기 공급에 몇 가지 특징을 발견한다. 예를 들어 아랍국들과 이스라엘 그리고 이란과 이라크의 관계에서 소련의 무기 이전은 라이벌 국가들 간의 적대관계를 증대시킨다. 이때 적대성은 소련 무기를 접수하는 국가가 주도하는 경우가 있고 어떤 때는 그 적대국이 주도하는 경우도 나타났다. 이 경우 적대국은 대부분 미국 무기의 접수국이다. 이 적대국의 분쟁 개시는 다른 국가를 향한 소련의 무기 공급에 대한 선제적 반응임을 말해준다. 이런 식의 무기 공급은 지역분쟁을 장기화시키고 지역분쟁에 국제성을 가미시킨다.

다른 한편, 킨셀라는 무기 공급 및 이전과 관련한 군사주의가 국제적 차원에서만 일어나는 것이 아님을 확인해준다. 대내적으로 군사주의는 억압을 초래한다. 무기 도입과 인권 위반 간의 연계가 확인된다. 그는 여러 선행연구 결과를 소개하면서 소형·경량 무기가 더 길어지고 피를 흘리는 내전과 참혹한 교착상태와 연관되어 있음을 확인한다. 또 지역 차원의 군사력에 국제적 차원의 연계는 이차적이지만, 저기술의 군사력을 추동해 군사화 수준을 악화시킨다고 지적한다.

킨셀라에 따르면 반테러전쟁에서 두 가지 분리되는 양상을 발견하는데, 하나는 선진 군사기술국들 사이고, 다른 하나는 '불량국가' 혹은 '실패국가'들 사이에서 나타나는 양상이다. 후자의 경우 초국적 테러조직을 지원할 의향 혹은 그 반대로 진공상태의 무정부 지대를 발견한다. 아무튼 이런 현상은 냉전 구조의 완화를 의미한다. 그러나 다른 한편, 새로운 분화 현상이 발견되는데, 테러와 대량살상무기 대응에 있어 강대국에 의존적인 국가들과 통치되지 않는 지역에 권위를 수립하려는 집단들은 무기거래로 더 군사화할 후보들이다. '불량국가'와 '실패국가'도 비록 국제무기 공급에 접근하는 데는 한계가 있지만, 그들의 고립과 불안은 내생적인 군사화를 가중시킬 것이다. 결국 군사화는 국내외 다양한 차원을 관통하고 나아가 그 경계를 약화시키면서 지속하는 양상을 보여준다. 다만, 그 구체적인 양상은 국제 군사질서의 성격과 국내적 안정성의 여부에 영향을 받는다.

## 4) 군사화의 세가화

이상의 논의에서 군사주의의 다차원성과 역동성을 확인할 수 있다. 거기에는 생태적 차원도 포함된다. 여기까지는 비판적 국제정치학으로서도 논의가능하다. 군사주의는 개인의 삶과 생각, 개인이 속한 공동체(가족, 직장, 지역사회 등)와의 상호작용에 주목하는 데까지 나아갈 필요가 있다. 왜냐하면 군사주의는 거창한 거시 차원의 문제이기도 하지만 미시적 차원의 생존 이슈이기도 하다. 이런 맥락에서 군사주의를 논하는 데는 여성주의(feminism)와 인류학적 접근이 유용하다. 여기서는 여성주의에서 접근할 때 군사주의를 얼마나 풍부하게 이해할 수 있는지를 알아볼 것이다. 다시 인로를 초대해본다.

인로는 다국적 기업의 한 공장과 그 나라 경찰의 협조를 예로 들면서 세계화와 군사화의 상호 강화하는 관계와 군사주의의 다차원성을 예증하고 있다.[12] 만약 다국적기업이 해당 공장이 있는 나라의 경찰에 의한 노동자 억압에 의존해 이윤을 추구한다면 그 기업은 군사화되었다고 본다. 이렇게 세계화와 군사화는 서로를 먹여주는 관계이다. 세계화는 군사화될 수 있다. 국가안보에 관한 군사화된 사고가 특정 국제관계를 형성·지속하는 데 중심적이라고 간주할 때마다 세계화는 군사화에 의존한다. 마찬가지로 군사화도 세계화될 수 있다. 다국적 군수기업과 무기개발 전문인력 등이 모두 세계를 무대로 활동한다. 민간보안업체도 분쟁지역에서 정부군의 역할을 일부 대신하기도 한다.

인로는 데이비스 바인(David Vine)의 전문서를 인용하며,[13] 전 세계에 걸쳐 800여 해외 미군기지를 두고 있는 현상도 군사화의 세계화를 보여주는 좋은 예라고 말한다. 그중 독일, 일본, 한국, 이탈리아는 미군기지가 많이 있는 나라로 평가받는다. 영국은 2000년대 들어 부족한 군인을 과거 식민지였던 피지, 네팔 등지에서 충당한다. 이는 식민주의와 군사주의의 공모라 말할 수 있다. 인로는 군사화의 세계화는 새로운 것이 아니지만 새로운 사실은 ① 군대식 사고 및 군사화 과정의 세계적 확산, ② 세계화하는 군사주의의 촉진 능력이 치명적인 수준에 이름, ③ 수많은 민간기업이 군사화의 세계화에 연루됨, ④ 국제동맹에의 관여 등을 특징으로 평가한다. 또 많은 사람들이 이런 현상을 문제시하고 당연하게 생각하지 않고, 대중적 주목과 해결이 필요하다고 믿을 때만 '이슈'가 된다는 말을 덧붙이고 있다. 여기서 알 수 있는 것은 세계화와 군사화라는 두 흐름이 서로를 강화하는 관계임을 확인하는 데 그치지 않고, 그런 관계를 만들어내는 요인들이 군사화와 세계화에서 모두 발견되는 다차원성의 상호작용이라는 사실이다.

인로는 군사화가 어떻게 세계로 뻗어가는지도 해명하려 한다. 가장 큰 원인으로 그는 국가안보의 군사화를 지목한다. '국가안보'는 어떻게 군사화되는가 하는 질문이 그것이다. 그 논의 과정에서 군사화가 국가관료, 무기산업체 CEO는 물론 노동자와 시민운동가 그리고 군인 가족까지 뻗어있음을 알 수 있다. 인로는 먼저 국가관료들이야 말로 군사화의 주요 추진체라고 간주한다. 군사화하는 행동을 정당화하기 위해 그들은 세계안보나 국제안보가 아니라 국가안보의 견지에서 말하는 것을 발견한다. 예를 들어 정부가 수출기업 노동자들의 저항을 진압하는 데 노동자들의 조직행동이 세계평화를 위험에 빠뜨린다고 주장하지 않고, 국가안보를 위험하게 만든다고 말한다. 마찬가지로 일국 정부는 국제 군사동맹에 가입해 합동군사연습에 참가하고 무기와 관련 절차를 표준화하고 무기를 수입하는 등의 조치를 취하는데, 이 모두가 국가안보 증진을 명분으로 한다. 결국 이 모든 정책이 군사화를 세계화하는 데 기여한다.

다른 한편, 인로는 국가안보에 대한 이해가 더 군사화될수록 안보담론은 더 남성화(masculinization)된다는 사실도 발견한다. 국가의 힘을 위협하는 것으로 보이는 한, 그것은 관례적인 국가안보관을 이용해 국가안보에 대한 위협으로 정의된다는 것이다. 해외 군사동원만이 아니라 멀리 떨어져 있는 적도 국가안보 위협으로 간주되고, 국내에서 벌어지는 반정부 활동(으로 보이는 것)도 국가안보 위협이 될 수 있다.

안보 담론의 군사화에서 국가관료의 역할은 결정적이지만 흥미롭기도 하다. 닉슨과 존슨 대통령이 전망이 불투명한 베트남전에서 빠져나오지 않고 계속 관여하게 된 것에 대해 페미니스트 연구자들은 자신들이 '남자답지 못함', 즉 여성적으로 보일 것에 대한 두려움이었음을 발견해냈다. 이런 발견은 인로가 제안한 '페미니스트의 호기심'이 작동한 결과이다. 동시에 여성주의는 성인지 분석도 하고 있다. 여성주의 연구자들은 2002년 이라크에 들어간 남성화된 IAEA 핵사찰팀의 활동과 핵발전 의혹 없음이라는 결론에 대한 미 조지 W. 부시 정부의 반발을 검토했다. 그 결과도 미국의 정치문화가 유연하고 더 여성적인 관행(인내, 협상 등)보다 남성적인 힘을 과시하는 것을 더 평가하는 문화를 발견했다. 대량살상무기위원회(WMDC)가 이에 영향을 받아

"전통적인 시각에서 탈피해야만 군축과 비확산의 길로 나아가는 장애를 넘을 수 있다"고 말했다. 인로는 선행연구를 활용해 남성화를 인도의 정책결정자들에게서도 발견한다. 가령, 인도의 정책결정집단은 인도가 여성적이라는 인식이 창피스럽다고 생각하고 그런 인식을 바꾸는 데 핵발전 결정이 유용하다고 판단한 것이다.

이제 군사화가 세계로 뻗어가는 현상만이 아니라 가정으로도 파고드는 경향임을 말할 순서이다. 말하자면 군사주의의 세가화(世家化) 경향이다. 가령, 부부 중 한 사람, 특히 남성이 군인인 가정에서 그 부인도 군사화된다는 것이다. 인로의 설명이 계속 이어진다. 무기 기술자와 결혼한 여성이 점점 군사화된다는 사례이다. 그 부부가 정치 얘기를 나누고 특정 이슈에 대해서는 의견이 다름을 알게 된다. 부인은 남편의 회사 일이 방위계약회사임을 알게 된다. 회사 일에 대해 남편은 말하지 않고 부인도 묻지 않는다. 시간이 흐르면서 침묵이 많아진다. 그들의 결혼생활은 이런 식으로 군사화된다. 결혼생활을 지속하기 위해 그녀는 꼬치꼬치 캐묻지 않는 부인이 된다. 군인과 결혼한 부인들도 군사화되는데, 그들은 아래와 같은 생활방식을 취하며 자신들이 진정한 애국자라고 생각한다. 가령, 군인 부인이 자신의 직업생활에 관한 희망을 희생하고, 군사기지 공동체에 결합하기 위해 무보수 자원봉사에 참여하고, 남편 군인이 멀리 배치되어 있을 때 홀로 외로움을 견디고, 공적으로는 미소를 짓지만 사적으로는 군인 남편의 스트레스에 대응해야 하고, 남편이 만약 사망한다면 슬픔 속에서 침묵과 인내를 지킨다.

가정으로 들어간 군사화는 국가 혹은 국제적 차원의 군사화가 사회, 개인의 군사화에 기반하고 있고, 전자가 후자를 제약함을 말해준다. 다차원의 군사주의가 빚어내는 역동성은 그 안에 위계성을 띠고 있다. 인로는 국가안보의 군사화가 '자연스럽게' 보이게 하는 강력한 사고 중 하나로 보호자와 피보호자 사이에 '자연스러운' 관계가 있다는 생각을 꼬집는다. 가족 안에, 군사기지 안에, 나아가 사회 안에 그런 관계가 있다는 것이다.

국가외교안보정책 결정의 남성화는 누가 여성화되느냐에 관한 관념에 의존한다. 남성화 과정은, 사람은 여성과 아이의 안보를 책임질 만큼 합리적이기 위해 '남자다워'야 한다는 가부장적 신념에서 직접 흘러나온다는 것이 인로의 판단이다. 그 결과 보호자의 남성화와 피보호자의 여성화는 국가 비밀주의를 정당화한다. 남성다운 일부 소수 정책결정자들이 안보를 이유로 고급정보를 독점하고, 나머지 많은 사람들은 믿을 수 없고 유약하고 책임성이 없다는 판단하에 비밀과 폐쇄를 정당화한다. 인로와 같은 여성주의 시각이 아니면 군사화와 세계화의 쌍방향 관계는 물론 그 비민주성을 주류 학술회의 장에서 토의하기는 힘들 것이다. 그리고 안보가 군사화와 결합할 때 안보라는 관념이 그 대상(인간과 자연)을 평안하게 해주고(安), 그들의 존재와 삶의 환경을 지켜준다(保)는 것과 멀어지는 역설을 알 수 있다. 왜냐하면 국가 보호자로 주장하는 사람들은 세계를 위험한 곳으로 묘사할 필요가 늘 있기 때문이다. 국가 외교안보정책의 형성 및 합리화 과정에 페미니즘의 불빛을 비추면 국가엘리트들이 남성화된 보호자와 여성화된 피보호자들 간의 인공적이고 불평등한 관계를 지속하는 데 많은 노력을 투자하는 것을 알 수 있다. 이런 안보 프레임은 앞서 말한 전쟁 프레임과 동전의 양면을 구성하면서 평시와 전시를 막론하고 인간의 삶과 생태계에 위협을 가할 수 있다. 이것이 군사주의의 복합적 역동성이다.

## 5) 군산사회와 폭력

찰스 틸리(Charles Tilly)가 근대 국민국가 형성 과정에서 폭력의 기능에 주목했다면, 앤소니 기든스(Anthony Giddens)는 국민국가체제의 확립 과정에서 폭력의 기능에 주목한 대표적인 학자이다. 기든스는 1987년 저작에서 이 문제를 깊이 다루었는데, 산업화와 군사화의 밀접한 상호작용을 국내적 차원에서 분석한 후 자본주의의 세계화에 편승하여 둘의 관계도 세계화함을 밝히고 있다. 그리고 그 두 흐름을 추동하는 사회체제로 '군산사회(military-industrial societies)'를 제안하고 있다.[14]

기든스는 국민국가, 산업주의 그리고 군대의 관계를 추적한다. 가령, 해럴드 라스웰(Harold Lasswell)이 말한 '유격대 국가' 경향은 세계군사질서의 배경하에서 이해해야 한다는 것이다. 유격대 국가는 조직화된 폭력의 사용 및 그 위협에 의존한다. 유격대 국가가 반드시 비민주적이지 않고 많은 경우 대내정치적 과정에 참여할 가능성이 열려있다. 그럼에도 라스웰의 견해는 서구 자유민주주의의 미래에 대한 두려움의 맥락에서 형성되었다고 기든스는 말한다. 서구 자유민주주의는 현대 과학기술의 폭발적 성과와 그런 발전은 거대한 자본 축적에 적합한 인구 및 자원 통제와 연계되어 있다.

기든스는 1980년대 후반 군사력의 중요성을 평가하는 문제와 관련해 몇 가지 질문을 던진다. 서구 국민국가는 경제조직이 군사적 요청에 얼마나 지배받는가, 군사통치 방식이 점점 더 공통적인가 그리고 민간정부를 만들 조건은 무엇인가? 이어서 세계군사질서의 본성이 무엇이고 그것이 어떻게 현대세계체제의 다른 특징과 연결되는가도 묻는다. 그 답의 일단으로 기든스는 '군산사회'에 기반한 군사비 지출의 거대한 규모를 꼽는다. 그에 따르면 '군산사회'는 국내경제에서 군사비의 역할에 부분적으로 의존하는데, 통계적으로는 GNP에서 군사비 지출 비율을 분석한다. 그러나 기든스는 군사비 지출을 전체 정부 지출에서 차지하는 비율로 분석하는 것이 더 적합하다고 주장한다. 그는 당시 산업화된 국가의 방위비 비율은 11~30% 사이인데, 그런 수치는 군사적 목적의 생산 채널이 GNP에서 군사비 비율보다 더 중요함을 암시한다고 말한다. 그러나 그런 수치는 군산복합체의 지출 비용만큼 공개되지 않는다고 덧붙인다. 그런 현상은 정치, 경제, 군사의 통합이라는 밀스의 시각이 타당함을 말해준다.

기든스는 자본주의의 발달과 현대사회의 복잡성을 반영해 자본주의 사회에서 지배계급은 통치하지 않는다고 말한다. 마찬가지로 그들은 전쟁도 일으키지 않는다고 한다. 다만, 현대세계에서 군사비 지출이 제조업자와 국가경제를 위한 생산의 호조건을 창출하는 데 도움이 된다는 점은 인정한다. 그러면서도 현대 국민국가에서 군사비 지출은 세계 국민국가체제 안에서 정치적 관여와 주로 연계해 이해해야 한다고 한다. 이어 그는 왜 많은 현대 정부가 '군사정부'가 아닌가 하고 묻는다. 이 질문은 자본주의사회에서 지배계급이 통치하지 않는다는 언명과 상통한다. 군대는 민간조직에 대해 세 가지 큰 정치적 장점을 갖는다. 그것은 조직상 우위, 상징적 지위, 무력의 독점이다. 이들 장점은 기업과 질서를 형성한다. 그래서 질문은 그런 세력이 민간을 지배하는가가 아니라, 왜 민간이 그들에 복종하느냐이다. 그 답이 국민국가의 폭력성이다.

기든스는 현대 군사질서의 성격으로 군대의 정치 개입과 필요시 폭력적 방식의 동원을 꼽는다. 그리고 퍼뮤터(Permutter)의 세 군사체제 유형을 소개한다. 첫 번째 유형은 중재자 정권으로 소수 장교가 군사령부를 장악하는데, 이들은 권력을 민간정치가와 공유한다. 두 번째 유형은 통치자 정권으로서 군사평의회를 만들어 직접 행정부를 통제하되 사령부는 비정치적 관료들로 구성한다. 세 번째 유형은 당군정권 혹은 순수 민간정권으로 불리는데, 군사 독재자가 군사령부의 지원을 받아 통치한다. 이때 군부가 만든 정당이 국가를 통치하는 데 민간의 지지를 획득해야 한다. 기든스는 퍼뮤터의 논의로부터 제3세계 군사정권의 구조적 기초로 대내 행정 조정력의 부재를 꼽는다. 중앙집중화된 행정 통합의 정도가 낮은 점을 이유로 든다. 그리고 현대 군대의 존재가 제기하는 문제는 민간정권과 군사정권의 구별만이 아니라, 통치과정에서 무력의 사유 여부라는 점을 덧붙인다.

군산사회론에 기반한 기든스의 군사화 논의는 일국적 차원을 기본 모델로 하고 있다. 그러나 그는 그 모델을 세계 군사질서를 논의하는 기초로 삼고 있다. 산업화와 군사화의 상호보완관계를 인정한다면 자본주의의 초국적 속성에 따라 군사화도 국경을 쉽게 초월할 수 있다. 그래서 기든스는 세계군사질서의 3대 주요 제도로 초강대국의 헤게모니, 무기거래, 군사동맹체제를 꼽는다. 널리 알려져 있다시피 냉전 시기 미국과 소련은 세계 무기비용의 약 3/4을 지출하며 세계군사질서를 주도하였다. 기든스는 냉전에 균열이 가기 시작한 1980년대 이후 미국이 수립한 세계동맹체제는 한편으로 인력 충당 및 군사훈련에서 협력과 군사기술의 발전, 다른 한편으로 주로 대여 방식의 군사지원을 양축으로 한다고 평가했다. 그는 이어 산업화된 전쟁 수단의 세계적 확산이라는 의미에서, 1980년대 후반 인류는 '군대사회'에서 살아간다고 주장했다. 그런 판단은 산업주의로 고도 성장한 현대사회에 의한 군대사회의 대체라는 테제와 대립하는 것이 아니라, 둘은 동전의 양면이다. 국가가 더 산업화될수록 행정체계는 더 통합되고, 군사적 생산의 상대적 비중은 줄어들거나 군부의 직접 통치는 덜 지속된다. 그러나 불행하게도 군사적 힘에 대한 이런 제한이 그 자체로 전쟁 없는 세계를 암시하는 것은 아니다. 그 반대로 산업화와 국민국가체제가 결합된 상태의 확산으로 전 세계 모든 국가가 과거 제국보다 더 많은 군사력을 보유하게 되었다.

기든스는 사회민주주의 시각에서 현대 자본주의 사회를 일관되게 분석해온 학자이다. 마르크스주의의 경제결정론의 기본 논지를 인정하면서도 정치, 군사, 이념 등 상부구조가 경제적 토대에 반작용하는 상대적 자율성에도 주목해 현대 자본주의 사회의 변동을 깊이 있고 균형적으로 논의하였다. 산업화와 군사화에 기초한 군산사회론은 그 구체적인 학설이다. 여기서 그는 관료, 기업, 노조 등 국가와 시민사회의 상호작용을 바탕으로 군산사회를 국제적 차원으로 확장시켰다. 그럼에도 그는 현대 자본주의사회의 전개과정에 주목하였기 때문에 군사화/군사주의에 집중하는 데는 한계가 있었다. 그는 위에서 언급한 여러 행위자 및 차원에서 자본주의사회의 동학을 다루었지만 군사주의의 정치경제학을 확립하지는 못하였다. 아래 두 스미스의 논의가 그런 점을 보완해주고 있다.

## 6) 이익으로 무장한 군사주의

앞에서 댄 스미스와 론 스미스가 1980년대 군사주의의 정치경제를 다룬 저작을 살펴보았다. 두 사람은 거기서 군사주의의 토대인 군비 지출에 이해관계를 가진 조직들이 군비 지출=국가이익이라는 담론을 말하지만, 그것은 자신들의 합리성에 의해 굴절된다고 평가한다. 군사주의의 지지 기반은 군대와 관료기구, 산업기술조직, 기업, 군수업체 등으로서 그들 간 연합은 실로 막강하다. 이하는 그들이 이익을 추구하는 과정을 다루는데, 그 방향은 국내적 차원에서 국제적 차원이다.[15]

먼저. 군대와 관료기구의 연합으로 군사주의는 그들의 이익을 추구하는 튼튼한 명분이 된다. 가령, 항공모함, 전폭기, 탱크와 같은 주요 무기체계는 조직상 위계의 정점을 형성한다. 무기 체계의 중심성은 기술적 정교함과 기능적 보존의 결합에 의존한다. 이것은 기존 기구의 관성을 강화할 따름이다.

　두 스미스는 이어 군대의 특징, 곧 규율과 전통은 무기체계의 형성 과정에 결정적인 역할을 수행한다고 말한다. 규율은 많은 사람들이 목숨을 거는 기능적 필요로서 이해될 수 있고 단일 대오로 가능하다고 보았다. 전통에 대한 강조는 위계 및 의례 강조와 관련된다. 전통은 집단적 자기 이미지를 장려하고 개인이 동일시하는 집단적 과거를 제공한다고 주장한다. 그러나 두 사람은 현대 군대를 유연성이 없고 변화에 취약하다고 생각하는 것은 정확하지 않다고 본다. 비록 군대가 거대한 폐쇄 조직이지만 대단히 선택적인 학습방법을 발전시켜 간다는 것이다.

군대 규율은 효율성의 이름으로 사회를
군사화시키는 밑바탕이다.

출처: 픽스베이

둘째, 두 스미스는 관료정치도 군사주의를 통해 관련 이익집단들의 이익 추구에 기여한다고 본다. 다만 관련 집단들 사이에 경쟁이 활발해진다. 군비 지출과 관련해서 군대 내에 다양한 집단들 사이에서 이익이 분산되는 현상도 그런 점을 보여준다. 두 사람은 관료정치가 군비 지출의 결정과정을 설명할 수 있다고 주장하면서, 관료제의 한계를 인정하는 것도 중요하다고 말한다. 군비 지출 결정과정이 많은 부분 비공개인데, 비밀은 실패와 무능의 책임성을 줄이는 데 대단히 유용하다. 그 결과는 진정한 안보 우려를 초월하고 군 비밀주의가 더 깊이 내면화된다.

두 스미스는 특권적 지위에 있는 군 관료제는 지식과 전문성의 저장고로서, 항상 소속 집단의 이익에 반하는 정책자문을 피하고자 한다는 점도 지적한다. 관료들 사이에서 다른 문제들, 특히 재정이 긴박할 때 예산 내에서 자원 할당에 관해 더 분열된다는 점도 그런 맥락에서 이해할 수 있다. 두 사람은 1950년대 미국에서 중거리 핵미사일의 책임을 둘러싸고 육군과 공군 사이의 주도권 다툼을 예로 든다. 임무를 둘러싼 군 조직 내 분열 위에 행정적 통제 관련 이슈들 사이를 분열이 다시 가로 짓는다는 것이다. 두 사람은 그런 횡단 분열에서 관료정치는 부단히 변동하는 연합을 취한다고 말한다. 행정가, 과학자, 경제학자들은 계속 변하는 상황에서 서로 맞선다는 것이다. 군수기업과 정치인들은 그런 과정을 강화시키고 그 결과 자원할당 과정이 더 복잡하고 어렵게 전개되는 것은 자연스러운 결과이다.

셋째, 두 스미스는 산업기술기관과 군수기업도 군사주의의 경제적 기초에 영향을 미치는 주요 요소로 꼽는다. 두 사람은 가령 영국에서 군 장비 예산 증대와 그 비율 상승은 자본집약적인 군비 지출을 반영하고, 인력보다는 장비에 지출을 늘리는 추세를 드러낸다고 평가하였다. 두 사람은 무기 생산업체들의 다변화 현상을 목도하는데, 이는 군사적 분화가 대단히 전문화되고 군수 계약에 의존함을 의미한다. 이들은 그런 의존이 복잡한 문제를 초래한다고 본다. 특정 국가에서는 군산복합체의 능력이 안보에 결정적이다. 그들은 산업을 공급하고 거기에 일자리를 제공하고 혁신을 지속시킨다.

두 스미스에 의하면 군대와 기업은 높은 군비 지출을 요구한다. 군대와 기업은 주요 군장비를 둘러싸고 긴밀히 협력한다. 기술적으로 정교한 무기의 획득은 둘의 관계 발전 없이는 작동되지 않는다고 보기 때문이다. 군대와 기업 간의 공모가 발생하고 부패의 사슬이 발생하지 않을 수 없다. 이에 관해서는 이 책에서도 다루고 있는 앤드류 파인스타인의 저작과 그에 기반한 영화에서 적나라하게 다루고 있다.

마지막으로 군사주의의 경제적 기초를 닦는 데 기술적 요소를 빼놓을 수 없다. 이것은 그 자체로 객관적인 요소이지만 무기체계의 성능-군사독트린-정치외교적 판단과 같은 연쇄 고리에 의해 채택과 배제를 받는다. 두 스미스는 이에 관해 국가는 군산능력의 유지에 힘쓰지만 일단 그것이 산업과 군대에 뿌리내리면 그 과정에 거의 신경쓰지 않는다고 말한다. 과연 그럴까? 국가를 군대 혹은 군산복합체의 대리인 정도로 보는 것일까? 기든스는 다른 의견을 낼 수 있을 것이다. 두 스미스는 군산 능력을 유지하려면 새로운 아이디어와 신 기술을 계속 발전시켜야 한다는 점을 인정하고 있다. 물론 관련 비용은 무기수출 장려나 국제 합동프로젝트와 같은 비용의 국제화로 제한할 수 있을 것이다. 그러나 지금까지 그런 정책이 군사기술의 모멘텀을 실질적으로 제한하지 않았다는 것이 두 사람의 평가이다.

정부, 군대, 기업, 과학기술자 등 다양한 이해당사자들의 결합으로 군사주의에 붙는 정치경제적 이익은 막대한 규모로 커진다. 그 실현이 무기거래이다. 무기공급업자들이 서로를 먹여 살리는 시스템 안에서 엮여있다는 것이 두 스미스의 판단이다. 수입은 번성하는 군대 및 관료 기구를 지탱하고, 수출은 그 자신들을 지탱할 뿐만 아니라 재생산한다. 무기는 끝없이 시장을 찾아나선다. 냉전 해체 이전에 이미 많은 서방 기업들의 눈이 중국을 향하는 것을 두 사람은 포착하였다. 기업들은 중국이 높은 기술의 무기에 적합하고 선진 자본국가들이 계속 공산국가들에 대한 수출 규제를 해제하기를 희망하였다.

군사주의가 무기거래를 통해 국경을 넘는 데는 국내적 요인들 외에 거기에 공통의 이해관계를 가진 집단들 간의 국제 협력도 무시할 수 없다. 특히 무기거래 붐이 무기생산의 국제화를 동반하는 파급효과는 주목할 만하다. 두 사람은 저발전국은 산업화 국가에서 설계된 무기를 생산하는 경향이 있다고 말한다. 그 목적은 신 장비 획득에 소요되는 환율 비용을 줄이고 배타적인 수입 의존도를 끝내는 데 있다는 것이다. 그러나 그 과정은 정반대의 결과를 낳기도 하는 점도 인정한다. 환율은 유동적이고 선진국 기반의 무기 생산은 선진국 의존도의 증가를 동반할 수 있기 때문이다. 정교한 무기 생산은 더 가난한 나라로 전가되지만 그 기술에 대한 통제는 높아진다. 그런 과정을 거쳐 결국 무기사업은 국가 영역을 벗어나기 시작한다. 무기 공동발전의 문제는 여러 가지가 있다. 갈등하는 요구들과 선호들을 단일 무기체계에서 화해시키는 노력은 그 복잡성과 비용을 증가시켜, 결국 관련국들이 원하는 것 이상의 정교한 무기를 생산한다. 그 결과 군수업체의 이익은 극대화되고 전쟁 준비태세는 고도화되어 간다.

이렇게 국가안보를 명분으로 한 군사주의의 정치경제는 그 추진 집단의 이익을 극대화하는 대신 안보 불안을 증대시킬 수 있다. 이것이 무기 발전의 역설이다. 군사주의를 지지하는 세력의 특수이익이 군사주의가 추구하는 보편이익을 잠식하는 역설 말이다.

## 2. 다차원 군사주의의 실제

앞에서 군사주의 동학의 복합성을 이론적으로 토의하였다. 군사주의는 적대세력을 전제로 싸움을 준비하고 그에 알맞은 사고 및 행동 방식을 추구한다. 이때 싸움을 준비하는 사고 및 행동은 사회를 군사화하고 국가 간 전쟁에 대비하는 것을 포함한다. 사회를 군사화한다는 것은 사회 구성원을 군사주의를 지지하고 필요시 적대세력을 제압하거나 전쟁에 승리하도록 준비하는 것을 말한다. 이를 위해서 안으로는 산업화가 뒷받침되어야 하고, 밖으로는 동맹·우방국들과 정치·이념은 물론 군사·기술적으로 협력을 다져놓아야 한다. 그렇지만 군사주의 동학은 현실에서 대내적 차원과 대외적 차원으로 분리할 수 없고 그런 구분은 흐려진다.

전쟁은 군사주의가 총체적이고 극단적으로 나타난 형태이다. 이스라엘-하마스 전쟁에서 보듯이, 전쟁은 참여 당사자들이 숙적관계이지만 전쟁을 발발시키고 지속하는 데 이해관계를 갖기 때문에 가능한 일이다. 쌍방과 그 배후세력들은 전쟁 중단보다는 지속, 심지어 영구 전쟁 상태를 선호한다는 분석이 설득력을 얻고 있다. 분쟁 쌍방은 독립과 테러리즘 근절이라는 대의 아래 상대를 괴멸시키고 대내외적으로 존재감을 과시하고 싶어 한다. 미국 같은 강대국 역시 나름의 정치경제적 이익을 추구하며 전쟁의 규모와 강도에 영향을 미치는 데 결국 전쟁 종식을 바라지 않는다는 지적을 받는다.[16] 이때 인도주의, 인권은 뒷전으로 밀리거나 명분으로만 호명될 뿐이다. 수많은 민간인이 살상되어도 전쟁이 계속되는 것은 군사주의 다차원성과 역동성을 극명하게 드러내준다.

이제 군사주의는 개인적 차원에서부터 사회적 차원을 지나 국가와 세계를 넘어 근래에는 생태계까지 아우른다. 아래에서는 군사주의 동학의 실제를 여러 차원에서 논의하고 있다.

## 1) 사회적 동원

무기를 개발·생산·거래하는 일련의 흐름은 전쟁 준비를 위한 것인가, 아니면 비즈니스인가? 군수산업은 안보용인가 상업용인가? 만약 군수산업이 안보가 목적이라면 분석 수준은 국가 및 국제적 차원이, 경제적 이익이 목적이라면 기업을 중심으로 한 사회적·세계적 차원이 주된 논의 무대이다. 답은 없거나 둘 다 맞다. 시각에 따라 다르고 현실은 두 측면을 아우르고 있다. 아래에서 다루는 독일 나치의 무기 생산의 경우는 국가와 사회 차원이 두드러지는데, 둘 사이에 위계적 관계가 형성됨을 알 수 있을 것이다. 이어 전시 일본의 사례에서는 국가-사회-개인 차원이 일체화됨을 알 수 있다. 물론 국가가 일체화를 주도한다. 이 두 경우에 사회 구성원 개개인과 사회적 약자가 혜택은커녕 피해에 가장 크게 노출된다.

자크 파월(Jacques Pauwels)은 제1, 2차 세계대전을 수정주의 시각에서 해석한 역사학자이다. 그 일환으로 파월은 히틀러의 나치 독일이 사회를 어떻게 군사화시켜 대중과 자원을 동원하고 전쟁을 준비했는지를 상세히 밝힌 바 있다. 히틀러가 그렇게 하기 위해 먼저 할 것은 사회를 분열시켜 군사화의 장애물을 제거하는 것인데, 그것이 좌파 숙청이었다. 아래는 그 전개과정이다.[17] 이어 파월은 독일과 미국의 자본이 연합하고 미국 기업이 어떻게 히틀러에 협력했는 지도 폭로하고 있다.

나치가 1933년 2월 27~28일 밤 사이에 제국의회 의사당 화재 사건을 일으키고, 그것을 빌미로 좌파세력을 탄압한 사실은 잘 알려져 있다. 나치는 이미 공산당 당직자 중에서 제거할 인물 명단을 작성해

둔 터였다. 3월 23일 통과된 전권위임법을 통해 제국의회에서 과반수 동의를 얻지 않고도 법령 제정이 가능해졌다. 이어 나치는 6월 22일 사회민주당의 정당 활동을 금지한 데 이어 7월 14일 국가사회주의독일노동당을 제외한 모든 정당 활동을 불법화하였다. 그런 위헌적 조치들은 독일 기득권층으로부터 지지를 받았다. 프로테스탄트와 가톨릭교회도 히틀러를 축복하였다. 히틀러는 노동조합을 해산하였다.

히틀러는 독일의 정치사회 지형에서 좌파세력만 제거한 것이 아니라, 자신의 당에서도 좌익인사와 잠재적 반대세력을 없애버렸다. 1934년 7월 1일 히틀러는 룀을 비롯한 돌격대 지도부와 수많은 대원들, 나치 좌익 책임자들 그리고 잠재적인 경쟁자들을 암살하라고 지시했다. 이 피의 숙청사건 이후 돌격대를 대신해 히틀러의 개인 경호대로 힘러가 이끌던 친위대가 강력하게 부상하였다. 독일의 기득권층은 7월 1일의 유혈사태에 주목하고 크게 만족감을 드러냈다. 특히 군 지휘관들이 기뻐했다. 8월 노쇠한 힌덴부르크 대통령이 사망하자 히틀러는 군으로부터 특별한 보상, 즉 대통령 취임에 대한 지지를 얻었다. 히틀러는 제국의 총리 겸 대통령이 되었다. 히틀러가 권좌에 오른 것은 합법과 불법적 방법, 그런 조치들에 부응해 광범위한 세력의 지지가 있었기 때문이다. 1933년 3월 5일 선거에서 과반의 지지를 얻는 데 실패하자(43.9%), 광범위한 폭력과 협박 그리고 독일 재계의 재정 지원으로 실행한 선동과 대규모 선거운동이 동원되었다. 이상을 통해 히틀러의 집권에 정치권과 사회의 협력이 있었음을 알 수 있는데, 나치의 강력한 집권 드라이브가 일차적 요소이지만 교회와 언론의 지지, 노조의 무기력함 그리고 대중의 지지와 방관이 어우러진 결과였다. 문제는 그런 나치의 집권과정이 사회를 군사화의 길로 동원한 데 있었다. 국내적 차원으로 한정돼 보이던 나치의 군사화는 세계를 향하고 있었던 것이다. 사회 동원은 제1차 세계대전 이후 해제당한 군 재무장의 초석이 되었다. 나치 집권의 동력을 권력과 대중의 연합으로 본다면, 재무장 시기는 권력과 기업의 연합을 특징으로 한다. 군사화는 동원만으로는 한계가 있다. 경제와 기술이 뒷받침될 때 힘이 만들어진다.

히틀러의 전쟁 준비는 나치 케인스주의를 일으켜 기업의 수익을 한껏 끌어올려 주었다. 1936년 석유화학 트러스트의 신속추진계획, 일명 4개년 계획으로 불린 정책도 그 중 하나이다. 히틀러가 집권한 1933년 재정지출에서 군비는 4%였는데, 그 이후 계속 증가세를 보이다가 1938년에는 거의 50%에 육박했다. 이들 예산은 트럭, 탱크, 항공기, 연료 생산 그리고 관련 금융업에 흘러 들어갔다. 독일 산업계가 공식적으로 벌어들인 수익은 1933년 66억 라이히스마르크에서 1938년 150억 라이히스마르크로 급증하였다. 나치는 재무장, 곧 적극적 군사주의로 나아갈 물리적 발판을 마련한 셈이다. 그러나 거기에 머무를 수 없었다. 보다 많은 노동력과 자원을 군사주의 대열에 참여시켜야 했다. 제1차 세계대전 이후 짓눌린 독일을 재건하는 데 그치지 않고 세계를 주도할 게르만 제국을 수립하려면 '더 많이, 더 높이, 더 빨리'가 필요하였다. 노조 파괴에 이어 순응하는 대중의 에너지와 삶의 조건을 최대한 군사화로 편입시켜야 했다. 기업과 노조의 구별이 불필요하였다. 각 집단은 독일 제국의 영광을 위해 나치의 영도하에 소임을 다할 뿐이다.

당시 독일의 대다수 기업들은 히틀러의 당과 국가에 널리 펴져 있던 인식, 즉 '지도자에 대한 복종의 원리'에 따라 운영되었다. 회사 소유주나 최고 경영자가 그 회사의 지도자인 것에 대한 반대가 없어야 했다. 노동자를 비롯한 피고용인들은 인격 없는 '추종자 집단'으로 전락해 회사 지도자에게 철저히 복종해야 했다. 총생산비에서 임금이나 사회복지 비용에 투입해야 하는 부담이 줄어들었다. 그에 따라 수익은 늘어났다. 이에 부응하듯 나치 정권은 1933년 5월 노동단체와 관련한 새로운 법률을 개정해 단체협약을 비롯한 노동자들의 권리를 박탈했다. 자발적 혹은 강제적 방법으로 온 사회가 군사화를 이룬 것이다.

히틀러는 재무장 프로그램에 필요한 재정을 부담하기 위해 다양한 수단을 활용했는데, 그 첫째가 사회복지 비용을 과감하게 축소해 자금을 확보하였다. 사회복지비 지출은 1933년 23억 라이히스마르크에서 계속 줄어들어 1937년에는 4억으로 감소했다. 또 다른 방법은 유대인 재산 강탈과 국내외 금융기관으로부터의 자금 대출이었다. 그런 일에 독일 재계가 큰 역할을 했다. 결국 히틀러의 재무장 프로그램은 수익을 사유화하고 비용을 사회화했다. 그 결과 '산업평화'가 찾아왔다.

산업평화를 얻은 기업은 이제 나치에게 '세계평화'를 위한 선물, 곧 자금과 무기를 제공할 입장에 섰다. 독일 재계의 히틀러 집권 프로젝트가 본격 추진된 것이다.[18] 독일 재계는 공산주의의 득세를 우려하고 그것을 막을 수 있는 유일한 길이 파시스트 독재정권 수립이라고 판단했다. 또 그들은 퇴행적인 사회정책과 재무장에 중점을 둔 경제정책을 실시해 경제위기 극복을 시작해야 할 필요가 있다고 믿었다. 독일 재계는 히틀러가 집권하면 당시 나타나고 있는 유대인에 대한 잔혹행위와 범죄가 지속될 것이라고 알고 있었지만(일부는 그런 우려를 표명했지만), 히틀러에게서 받을 큰 혜택을 위해 치러야 할 대가라고 생각했던 게 분명하다. 대부분의 기업가와 은행가는 "달걀을 깨뜨리지 않고는 오믈렛을 만들 수 없다"는 식으로 접근하는 히틀러의 방식에 군말 없이 동의했다.

독일의 기업가와 은행가는 전쟁 초기에 그동안 열렬히 바랐던 것을 쉽게 얻을 수 있었다. 그것은 바로 대서양 연안에서부터 머나먼 캅카스산맥까지 유럽 전역에 걸쳐 독일이 선도하는 대경제권을 형성하는 것이었다. 독일 기업은 동유럽과 러시아에서 값싼 농산물과 연료를 구할 수 있었고, 전쟁포로 및 강제 수용소를 이용해 수익을 극대화할 수 있었다. 대신 임금과 물가는 1939년 9월 '전쟁경제에 관한 명령'으로 이미 동결된 상태였다.

이상과 같이 나치 집권기 독일 사회의 군사화는 소시기별 그 수행주체에 일부 차이가 있지만, 전체적으로 권력, 대중, 기업이 연합해 국가 및 사회적 차원에서 군사화를 실현하였다. 거기에 개인적 차원의 자율적인 영역은 찾기 어려웠고 좌익세력과 노조 파괴 이후에는 개인적 차원의 군사화는 논의할 필요가 없을 정도였다. 이제 그 방향은 국제적 차원의 군사화였다. 그에 비해 태평양 전쟁 말기, 그러니까 미국이 일본 히로시마, 나가사키에 원자폭탄 투하를 추진할 즈음 개인적 차원의 반응은 상기해볼 만하다. 패전의 징후를 어렴풋하게 알면서도 입 밖으로 꺼내지 못하고 전쟁 동원에 내몰린 일본의 학동들과 원폭 투하 작전에 참여한 미군 청년의 태도는 상이할 수밖에 없다. 물론 개인적 차원에서 군사화를 논의하는 것이 국가 혹은 국제적 차원의 군사화를 대체하지는 못한다. 또한 천황제 군국주의하의 일본이 완전히 일체화된 사회라 말할 수는 없을 것이다. 일본 국민 사이에도 외적으로는 천황제 질서를 수용하면서도 속으로는 무관심하거나 무시한 측면이 크다. 군부는 천황의 권위를 이용해 정복 전쟁을 감행하였고, 대중은 천황의 명령이라는 이유로 개인에게 전쟁의 책임을 묻지 않고 은연 중에 그 책임을 천황에게 돌리는 모양새를 취하기도 했다. 그 결과 일본의 정치사상가 마루야마 마사오(丸山眞男)가 갈파한 바와 같이, 일본인의 정신은 안과 밖의 조화가 아니라 밖의 일방적 수용을 통해 유지되는 병리적인 것이다.[19] 그러나 적어도 패전까지 일본이 개인과 국가가 일체화된 전시체제였던 사실을 부정할 수 없다.

이제 1945년 8월 초 일본과 그 일대 상공으로 들어가 보자.[20] 일본의 어린 학동들 8만 명이 고향 마을, 히로시마의 사지를 스스로 잘라내는 이 의식(90%에 가까운 히로시마 시내 목조건물이 미군의 폭격으로 화염 폭풍이 일어나지 않도록 건물을 허물을 뜨리는 일)에 매일 동참해야 했다. 다에코와 에미코는 두 살 터울의 남매였다. 자매는 불굴의 책임감을 가지고 스스로를 전쟁터에 나간 이들과 똑같은 군인으로 여겼고, 대일본 제국의 적에 대항해 싸우는 일에 모두 헌신적이었다. 에미코는 종군 간호사가 되겠다는 꿈을 꾸었는데, 적과의 치열한 전투에서 부상당한 병사들을 보살피는 미래의 자기 모습을 그리며 밤마다 다에코와 속삭였다. 히로시마 원폭이 투하되던 날, 에미코는 폭심지에서 겨우 700미터 떨어진 도바시 다리에서 건물 해체작업을 하고 있었다. 급우들은 그 자리에서 즉사했고 나머지는 코이에 있는 소학교로 이송되었다.

가미가제 특공대를 공급하는 부대에 와다는 자원해 들어갔다. 그는 비행기 대신에 배를 몰 줄 알았기 때문에 히로시마만 건너편의 고노우라 해군 훈련소에 배치되었다. 거기서 자함을 향해 배를 몰고 가 250kg짜리 폭탄을 격발시켜 적함을 폭파시키는 임무를 준비하였다. 결국 본인도 산화한다. 군인들에게 그것은 장렬한 죽음이었다. 와다에게는 남아의 기질을 재확인하는 의식이자 자신을 무언가 특별하고 탁월한 존재로 만드는 일, 죽음이 자신을 찾기 전에 스스로 죽음을 찾기로 각오한 군인의 결단이었다. 와다의 학교 선배들은 이미 6월 오키나와 전투에서 수천 명이 전사하고 겨우 100명가량 살아남았다. 폭탄을 지고 증오해 마지않는 적군들 속으로 뛰어들어 전쟁을 승리로 이끄는 일, 자신들도 역시 선배들과 꼭 같이 가치 있는 군인임을 증명하는 일은 이제 훈련병들의 몫이었다.

우지나 항구에 있던 통신부대에서 하사관으로 근무하던 다나카는 8월 5일, 비번이어서 집에 들렀다. 부모와 아내, 가족들과 점심을 들고 다시 복귀할 터였다. 그는 아이에게 뽀뽀를 하지 않았다. 그는 일본 군인이었고, 사람들이 알면 그런 친밀감의 표시는 사내답지 못하다고 눈살을 찌푸릴 것 같았다. "자, 다음 일요일에 다시 만날 때까지 잘 있어요" 하고 떠난 것이 마지막이었다.

8월 6일(월) 오전 6시 15분, 공격 개시 2시간 전 히로시마. 30만 주민 대부분은 일터로 향했다. 도시 전역에 흩어진 지하실 수백 곳에서 어린 학생들 수천 명이 다시 공동탁자에 앉아서 비행기 엔진이며 토판이며 포를 위한 부품을 만들었다. 에미코처럼 다른 8천여 명은 중심가로 모여들어 기다란 밧줄로 낡아빠진 나무집을 해체하는 일로 하루를 보낼 참이었다. 44곳이나 되는 병원에는 대개 십대 학생들인 간호사 수백 명이 오전 교대를 위해 속속 들어오는 중이었다. 그들은 언제나 그렇듯 죽창 연습으로 하루 일과를 시작했다. 병원 마당에서 죽창으로 보이지 않는 적을 찌르고 있노라면 결의와 극기의 상징인 하얀 머리띠가 땀에 젖어 번쩍였다. 군대도 잠에서 깨어났다. 시내에 주둔하는 4만 3천 명의 병력 가운데 대다수는 오타강의 동서 양쪽에 만든 거대한 연병장에서 상의를 벗고 뜨거운 태양 아래 줄줄이 늘어서 아침 체조를 하고 있었다.

한편, 미국인들에게 일본인은 혐오와 공포와 경멸의 대상이었고, 그들을 같은 인간으로 보는 미국인은 거의 없었다. 한 나라의 국민들을 몽땅 악마로 만들어버리는 심리가 이 한 구절에 고스란히 담겨 있다. 바퀴벌레로서 그들은 인류의 동정을 받을 가치가 없었다. 동정은 커녕 죽임을 당할 뿐이었다.

극히 일부 미국인들은 '쪽발이들'을 기다리고 있는 게 뭔지 알고 있었다. 원폭 '에놀라 게이'를 다루는 딕 파슨스 대위도 그중 한 사람이었는데, 원폭 투하 직후의 인터뷰에서 그는 별다른 감정을 느끼지는 않았다고 말했다. 뉴멕시코주 앨라모고도 인근에서 단행된 트리니티 핵실험(1945년 7월 16일)에 관여한 과학자들 중에서는 원폭을 투하할 때 초강력 사이렌을 함께 울려 지상의 적들이 하늘을 쳐다보게 만들자고, 그래서 그들 모두 즉시 시력을 잃게 하자고 건의했다. 마치 일본인들이 시커멓게 타거나 터져버리는 것쯤으로는 성에 차지 않는다는 듯 말이다. 전쟁 직후 조사차 히로시마를 방문한 미 전략폭격조사단은 세부 피해를 조사하고 냉담하게 지적했다. "충분히 예상한 바와 같이 원자폭탄에 대한 최초의 반응은 공포심, 그것도 통제되지 않은 공포심이었다." 그것은 두말할 나위 없이 전체의 일부분에 지나지 않았다. 트루먼은 원폭 투하 직후에 "그건 걱정하고 말고 할 만한 결정이 아니었다"고 주장했다. 그 이후 미국 기독교연합평의회로부터 더 이상 원자폭탄을 사용하는 데 반대한다는 전문을 받았을 때, "우리가 다루어야 할 것이 야수라면 그것을 야수로 취급하지 않을 수 없다"고 말했다. 레슬리 R. 그로브스 주니어(Leslie R. Groves Jr.) 중령은 제2차 세계대전 시기 미국의 원폭 제조 임무(일명 맨하탄 프로젝트)의 책임을 맡았고, 전후에는 국방부 건물의 건축 책임을 맡은 인물이다. 그로브스는 일본이 항복하고 두 주일이 지났을 때 어떤 연설에서 "원자폭탄을 이용한 데 대해 나는 어떠한 사과의 말도, 변명의 말도 하지 않겠다. 전쟁을 시작한 건 우리가 아니지 않는가?" 하고 말했다.

전쟁과 그 직후 서로 다른 입장에 놓인 개인적 차원에도 불구하고 상대를 적대시하고, 심지어 인류 최초·최대의 무기 사용도 적대감으로 정당화하는 데서 군사주의의 최대치를 보게 된다. 거기에는 일본인과 미국인의 차이, 군인과 민간인, 고위 인사와 낮은 위치에 있는 사람의 차이가 없었다. 군사화를 특정 차원, 가령 개인적 차원으로 떼어내 논의하는 유용성이 무엇인지 의문이 든다. 이때 개인은 자유로운 조건에 있는 사적 개인이 아님은 분명하다. 위 사례에서 개인적 차원의 군사화란 각 국가 혹은 사회의 일체화를 보여주는 기초 단위일 따름이다.

## 2) 군사화와 고용 그리고 불평등

군수산업이 그 지역사회와 나아가 국가의 경제발전에 기여하는가? 그래서 시민의 삶을 풍요롭게 하는 데 유익한가? 군수산업체 경영자와 그 공장이 있는 지역 주민 그리고 중앙정부 관료와 언론이 위 질문에 긍정적으로 답할 것이다. 반면에 군수산업은 소수 군산복합체의 정치·경제적 이익만 늘려줄 뿐 지역사회의 환경 오염과 자원 배분의 왜곡, 잠재적인 전쟁 위험을 증가시킨다는 비판도 만만치 않다.

히틀러의 제3제국 시기 군사화는 고용 창출로 이어져 일견 군수산업의 사회적 기여를 증명하는 듯하였다. 군사화가 대중의 노동권을 증진시키고 삶의 질을 높여준 것인가? 오늘날에도 군사화를 지지하는 논리 중 하나가 고용 창출이다. 고용과 산업은 그 영역이 다르지만 둘 다 사회적 차원으로서 국가와의 관계를 논의할 때 사회를 대표하는 두 영역이다. 그렇다면 제3제국 시기 나치의 군사화는 국가와 사회의 연합으로 추진되었다고 말할 수 있을 것이다.

독일 실업자는 1933년 550만 명에서 1937년 100만 명, 1939년 4만 명이 채 되지 않았다. 그 기적은 재무장으로 가능했던 것이다. 군사화가 고용 창출 효과를 거두는 것처럼 보였다. 평범한 독일인들이 상당한 비용을 부담해야 했다. 고용의 증가, 곧 노동량의 증가는 노동의 질 저하로 이어졌다. 안전사고와 노동 관련 질병이 1933년 약 93만 건에서 1939년 220만 건으로 급증하였다. 쉬운 취업이 죽음의 전조가 되었다. 1930년대 히틀러 치하에서 명목임금(총임금)은 증가했지만 공제금이나 기부금 때문에 실질임금은 하락했다. 실질임금이 감소한 것은 꾸준히 물가가 상승한 것이 주원인이었다. 국민소득에서 임금이 차지하는 비중 역시 줄어들었다. 노동시간은 (공식적으로 8시간 노동제가 유지되고 있었지만) 1933년 주당 평균 42.9시간에서 1939년 47시간 이상으로 분석되었다. 1930년대 말 노동자들의 생활수준은 대공황 직전인 1928년보다 더 낮아졌다는 평가가 있다.[21]

히틀러의 경제정책은 루스벨트의 그것처럼 케인스주의로 보였지만, 루스벨트와 달리 대부분 군사적이었다. 4개년 계획은 독일 경제를 점점 더 조직화, 나아가 군사화되도록 만들었다. 그런 현상은 전쟁 기간 동안 극심해졌다. 그렇다고 해도 4개년 계획으로 인해 독일의 사유재산과 경쟁에 기초한 경제체제, 곧 자본주의 경제체제가 위협받은 적은 없었다. 이 계획에 참여한 기업들은 계속해서 민간 소유로 남았고 수익은 엄청나게 늘려나갔다. 괴링은 1942년 "국가는 민간기업이 감당할 수 있는 수준을 넘을 때를 제외하고는 기업 프로젝트에 간여해서는 안 된다"는 의견을 고수했다. 나치 정권이 설립했던 국영기업들은 원료 발전이나 경제적 수익성이 떨어져 민간 영역에서 관심을 갖지 않은 특정 군수산업에만 몰두했다.[22]

한편, 전쟁과 직접 관련이 없는 상황에서도 사회의 군사화는 진행되고 따라서 대중의 삶은 직접적인 영향을 받는다. 바바라 수턴과 줄리 노브코프(Barbara Sutton and Julie Novkov)는 동료들과 신자유주의 시대에 시민의 군사화에 주목한 바 있다. 대중을 경제적 생존과 사회적 이동 수단으로 간주되는 군대에 밀어 넣어 불평등을 조장하는 방식이 그것이다. 미국에서 1996년 복지 '개혁', 사회 비용 감축, 노동의 이동을 포함한 신자유주의 정책은 대중 교육의 약화, 가용 직업의 질 하락, 사회 프로그램의 비용 축소 등을 초래하였다고 평가되었다.[23]

수턴과 노브코프는 경제정책, 사회 불평등 그리고 군사화는 역동적으로 연관되어 있다고 하면서 다음 책을 소개한다. 프란시스 F. 피벤(Frances F. Piven)은 2004년 저작 『국내 전쟁: 부시정부 군사주의의 대내적 비용(The War at Home: The Domestic Cost of Bush's Militarism)』이 그것이다. 피벤은 9/11 테러 직후 미국의 군사 공격은 미국 자본가들의 해외 이익 보호를 위한 제국 전략일 뿐만 아니라, 부자 감세, 사유화, 복지 후퇴 등에 기반한 국내정책의 수월한 이행과 전쟁 지지 여론 조성을 위한 부시 정부의 필요가 반영되었다고 평가했다. 그런 정책은 국내의 기존 불평등과 긴장을 악화시키고, 반대로 해외에서는 부유한 북구 국가들의 지지하에서 개도국 내에서 인내하기 어려울 정도의 사회적 긴장과 위기를 초래할 수 있다는 것이다.

위 두 저자는 또 역사적으로 식민지 및 제국주의 기업은 인종차별주의와 인종중심주의적 편견에 의존하고 그것을 확대시켜 왔다고 평가한다. 제국의 이익 방어와 대량살상무기 개발을 위해 군대를 이용할 소위 제국의 권리가 당연시되었다. 거기에 시민들의 지지가 힘이 되었다. 미국의 군사적·경제적 영향력의 세계적 확장은 선과 악, 문명과 야만이라는 이분법적 가정에 기반해 추진되었다. 그런 가정은 미국의 군사 개입을 정당화하고 종족 및 인종적 '타자'는 적이나 처분가능한 사상자처럼 저렴한 노동력으로 이용된다는 것이다.

수턴과 노브코프 등이 편집한 책에는 군사주의가 인종 및 성차별주의 그리고 식민주의와 결합해 대중의 삶을 악화시키고 결국에는 생명을 위협하는 메커니즘을 사례로 밝히고 있다. 가령, 6장에서 록사나 마라미타쉬(Roksana Mahramitash)는 성차별이 군사화와 맺는 관계를 토의한다. 그는 현대 오리엔탈리즘 이데올로기와 구 식민주의 간의 연속성을 지적한다. 이어 식민주의의 지대한 결과는 아프리카에서 신식민주의 경제 어젠다, 국가형성 과정, 약탈 그리고 군사주의 사이에 빚어지는 해로운 연관성에서(8장), 영국 식민주의의 유산을 배경으로 피지 군대에서 종족과 젠더에 따른 포용과 배제의 관행(7장)에서도 드러난다. 또 12장에서 카렌 하우퍼트(Karen Houppert)는 군대가 어떻게 공격적으로 노동자와 유색 청년들을 대상으로 군인을 모집했는지를 설명하고 있다. 군대 가면 "책을 볼 수 있고, 쓸 수 있고, 나중에 취업할 기회도 높다"고 하면서 말이다. 그런 유혹은 가난한 집안 청년의 자율적 판단과 만나기도 한다. 20세기 초 미국, 영국, 독일 등 제국주의를 추구한 서구 강대국들은 교육, 스포츠, 군대식 훈련 경기, 나아가 총기 놀이까지 활용해 청소년들을 비롯한 시민사회에 군사주의를 자연스럽게 확산해나갔다.[24] 한국을 포함해 식민통치나 전쟁을 겪은 나라에서도 그런 사례는 쉽게 찾아볼 수 있다. 미국도 19세기 말~20세기 초에 군인 모집을 위해 여러 인센티브(incentive)를 고안해냈다.

사회적 차원의 군사화는 결국 국가적 차원, 나아가 국제적 차원의 군사화와 접속한다. 사회적 차원에서는 개인, 가족, 기업, 그외 사회집단 사이 그리고 이들과 국가의 활발한 상호작용이 일어난다. 그 조합의 결과 군사화의 성격과 유형이 결정된다. 위 사례들에서 알 수 있는 것은 사회적 차원의 군사화는 국가권력과 사회집단들의 개입이 개인, 가족보다 훨씬 규모 있게 작동한다는 사실이다. 현상적으로 히틀러 시기 독일 사회의 군사화와 신자유주의 시기 미국 시민의 군사화는 대중의 자발적 지지로 보이지만, 거기에는 국가권력과 자본의 정치·경제적 공작이 개입한 결과이기도 하다.

### 3) 군사주의의 주체로서의 개인

그렇다면 군사화 과정에서 개인은 주체인가 아니면 대상인가? 미국의 원자폭탄 개발 과정에 참여한 개인은 군사주의의 주체인가, 객체인가? 그에 앞서 거대한 군사화/군사주의 논의에서 개인적 차원을 분석 수준으로 설정하는 것이 적절한지 의문을 가질 수도 있다.

군사 퍼레이드는 대중이 군사주의를 긍정하도록 만든다.

출처: 위키피디어커먼스

　　미국의 원폭 개발 및 투하는 제2차 세계대전의 조기 종결을 목표로, 희생 최소화를 명분으로 추진되었다. 실제 히로시마에 인류 첫 원폭 투하를 진행한 관련자들은 군사주의에 적극 가담했다는 점에서 주체적 개인들이었다. 물론 그들은 개인적 차원의 우연한 합으로 원폭 개발 및 투하에 관여한 것은 아니다. 미국 행정부의 주도하에 진행된 극비 작업에 관여한 인사들이었다. 그들은 그 과정의 객체가 아니었고 단순 참가자도 아니었다. 적어도 아래에서 언급하는 인물들은 군사주의를 발전시키는 데 혁혁한 공을 쌓은 사람들이라는 점에서 군사주의의 주체, 적어도 능동적 대행자로 평가하는 데 어려움이 없다.

　　스티븐 워커(Stephen Walker)는 미국의 히로시마 원폭 투하까지, 세계사를 바꾼 3주간(1945.7.15.~8.7.)을 관련 기록물과 관련자들의 증언, 그리고 국제정치적 맥락에서 생동감 있게 묘사하였다. 오펜하이머는 원폭 개발 계획을 '트리니티'로, 그로브스는 '맨해튼 계획'으로 불렀다. 임시위원회(Interim Committee)를 1945년 5월 30~31일 두 차례 마치고, 제임스 번스(James Byrnes) 국무장관은 위원회의 결의사항을 트루먼 대통령에게 보고했다. 트루먼은 원자폭탄 사용을 승인했다. 이 원폭이라는 개념은 그로부터 11년여 전 리오 실라드(Leo Szilard)가 구상해냈다. 그는 1933년 9월 12일 비가 오락가락하는 런던 거리에서 신호등이 빨강에서 초록으로 바뀌는 동안 원자폭탄이라는 개념을 생각해낸 과학자였다. 그런 그가 원자폭탄 개발 및 사용에 반대하기 시작하였다. 그는 1942년 세계 최초로 연쇄반응 원자로를 만든 시카고대학교 금속실험실에서 동료 두 명과 함께 5월 번스 국무장관에게 핵무기 개발 계획과 실험을 취소할 것을 설득했다. 6월에는 유엔의 모든 국가들이 지켜보는 가운데 사막이나 무인도에서 실험을 해야 한다고 제안했고, 오펜하이머도 참여시키고 했지만 모두 다 실패했다. 그러나 그는 포기하지 않고 학자 66명의 서명을 얻어 트루먼 대통령에게 직접 탄원서를 보냈지만, 그로브스의 책상 서랍 안에 처넣어졌다.[25] 이렇게 원폭 개발 및 투하 결정은 관련 정책결정자들과 과학자들의 능동적인 역할의 조합으로 진행된 것이다.

다시 1945년으로 되돌아간다. 이번에는 원폭 투하 대상지 선정 및 투하 단계이다. 미국이 원폭 투하 후보지로 정한 곳은 교토, 히로시마, 요코하마 고쿠라 병참기지, 니가타 등이었다. 여기서는 개인 차원의 역할이 크지 않다. 투하 결정이 난 이후였기 때문에 투하 대상지와 시기 및 방법 결정으로 좁혀져 있었다. 그것은 개인의 태도보다는 전황과 날씨, 전략적 고려 등이 변수로 작용하였다

1945년 4월 27일에 이어 5월 10일 미군에서 공격목표선정위원회가 그로브스의 주재로 열렸다. 위원회 비망록 제7항은 '목표물 선정의 심리적 측면'이라는 제목 아래 이렇게 논하고 있다.

"원자폭탄의 목표물 선정에 있어 심리적 측면이 너무나 중요하다
는 데 의견이 일치했다. 여기에는 두 가지 국면이 있는 바, ① 일본
에게 가능한 가장 막중한 심리적 충격을 가하고, ② 차후에 원자
폭탄에 관해 공식 발표할 때 국제적 인지도를 극대화할 수 있도록
최초의 원자폭탄 투하는 가능한 한 장엄하게 실시한다."

히로시마가 온전하게 보전되었다는 점은 세계의 눈길을 끌 거의
확실한 담보였다. 교토를 제외하면 일본의 어떤 도시도 이만큼 잘 보
전되어 있지 않았다. 그야말로 현대전의 가장 비뚤어진 최악의 모습
이었다. 역사상 가장 장대한 폭탄을 터뜨린 다음 그것을 떠벌린다는
것. 원자폭탄 개발과 홍보는 애초부터 단짝이었다. 원자폭탄은 전쟁
무기인 동시에 홍보 수단이기도 했다. 납세자들이 낸 20억 달러가 들
어갔으니 무리도 아니었다. 에놀라 게이는 스타였고, 거기 탑승할 대
원들도 스타였으며, 무엇보다 그것이 싣고 갈 원자폭탄은 최고의 스
타였다. 그로브스는 에놀라 게이에 자기녹음기(wire recorder)를 싣고
가서 다음 세대를 위해 대원들이 하는 말 한마디 한마디를 모두 녹취
해두라고까지 명령했다.
　　이와 같이 군사주의 논의에서 개인적 차원의 영역이 존재함을 알
수 있다. 거대하고 무시무시한 주제에서도 특정 국면, 사건, 순간에 개
인적 차원의 의미는 뚜렷하다. 최고 정책결정자는 물론 기능적인 역
할을 하는 전문가 및 병사의 역할을 볼 때 군사주의에서 개인의 주체
적 역할을 확인할 수 있다.

## 4) 군사주의의 대상으로서의 개인

군사주의에서 개인의 주체성이 존재하지만 그것은 소수이다. 군

사주의에서 개인적 차원은 능동성보다는 수동성이 더 크다. 개인 차원이 군사주의의 추진 주체보다는 그 대상인 경우가 훨씬 많다. 물론 국가-사회관계의 틀에서 볼 때도 군사주의의 크기는 국가적 차원이 사회적 차원보다 크다. 개인 차원과 사회 차원을 묶어보아도 그것은 국가 차원의 군사주의의 주도성보다 크지 않다.

조에 H. 울(Zoe H. Wool)은 군사주의의 주체로 보이는 군인과 군인가족의 생활을 통해 유무형의 소외와 차별을 드러내고 있다.[26] 울은 비판적 군사연구가 전쟁만들기 메커니즘이 여러 사회제도와 공존함을 이해하는 데 도움을 준다고 말한다. 그에 따르면 이런 연구는 전쟁만들기와 군생활이 만들어내는 모순에 대한 비판적 안목을 제공한다. 비판적 군사연구는 사회이론을 심도 있게 질문할 공간을 제공해준다. 가령, 좋은 삶이라는 자유주의적 환상 속에서 살아갈 가치 있는 삶이라는 윤곽(contour)을 검토할 수 있다. 이를 통해 미국 사회에서 현역 및 퇴역 군인의 자살문제가 가정과 원호제도라는 이질적인 규범성과 중첩되는 방식을 알 수 있다.

울은 군인 자살률이 높아지는 시점에 즈음해 미군은 가족을 군생활에 본질적 차원으로 간주한다. 한마디로 군인가족은 군사력의 일부로서, 군인자살 문제도 그런 차원에서 대응할 성질이라는 것이다. 군원호사업도 마찬가지인데, 아이러니하게도 부인이나 여자친구는 보호자로 전환되어 남자군인의 목숨을 안전하게 해주는 역할을 담당한다. 그것은 규범적 친근성의 틀에서 자연스럽게 진행된다. 울은 미국에서 민간인과 군인 자살 규모는 2012년부터 군인 수가 많아졌고, 또 평시 자살 사망자 수가 전투 중 자살 사망자 수보다 더 많아졌다고 말한다.

그럼 군인가족 원호사업은 그들의 불만족을 해소하는 데 기여하는가? 군인 자살이 많아지면서 군가족 보호가 '전후 생명보호업무(Afterwar work for life)'로 부상한다. 울에 따르면 이것은 자살이라는 망령이 목숨을 위험에 빠뜨리고, '보호'가 치유는 아니지만 장기간 지속할 개입의 형태를 띤다. 군가족 보호사업은 군당국은 물론 정치인도 개입해 다양하게 전개된다. 질 바이든(Jill Biden) 여사는 '군인 엄마'라는 말을 만들어내고 미첼 오바마(Michelle Obama)와 함께 '군인가족'이라는 원호사업 캠페인을 전개하였다. 안보싱크탱크도 사망 및 상이군인에 관한 연구보고서를 발간하면서 이들에 대한 보호정책 대안을 제시한다. 엘리자베스 돌(Elizabeth Dole) 여사도 재단을 만들어 상이군인을 돕는 원호사업에 관여한다.

그런데 그런 원호사업에 군인 자살문제는 적극적으로 다뤄지지 않는다는 것이 울의 지적이다. 자살은 부대배치 이후 불안한 상황 속에서 주요 관심사로 남아있지만, 자살은 군인가족 원호라는 취약한 규범의 틀 안에 걸려 있을 뿐이다. 이를 울은 군인가족 원호의 젠더화라고 말한다. 결국 군가족 보호사업을 전개하면서 군인가족도 어려움에 직면한다. "군인이 전쟁터에 나가면 그 가족도 전쟁에 뛰어든다"는 말을 상기시키면서 울은 군인가족의 부인은 자신을 부인이 아니라 남편의 보호자로 소개한다고 말한다. 울은 군인 원호제도가 많은 프로그램과 보호 제도에도 불구하고 퇴역군인의 필요를 모두 충족시키지 못하고, 관료주의적 절차와 많은 기다림으로 그들에게 스트레스를 가중시킨다고 평가한다. 또 이 제도는 가족에 관한 군대의 정의가 더 폭넓고 복잡한 군인들의 생활 현실보다는 개인, 등록, 보조금과 같은 자체 규정에 한정되어 있다. 결국 군생활에서 사랑과 유대가 덜 중시되고 지속가능하지 않은 생활을 초래한다는 것이다.

그럼 군인 원호제도를 보완하면 군인과 그 가족은 군사주의의 폐해로부터 자유로울 수 있을까? 울은 논의 말미에 자신의 논의는 군에 좁게 초점을 맞추어 진행되었지만, 논의 주제를 확장할 필요를 제기한다. 그런 문제제기는 ① 미 군사력의 제국주의적 야망이 나라 전체를 거대 전쟁으로 밀어 넣어 민간계약자, 군인가족까지 전쟁에 참여시키고, ② 상이군인 원호제도의 부작용이 크고, ③ 가족의 군사적 정의가 복잡한 현실 속 군인의 삶보다는 개인, 지원 혜택, 보조금 등 자체 규정에 한정되어 있다는 비판과 연결되어 있다.

군인의 민간인으로의 전환은 대단히 힘들고 전쟁을 치른 사람은 더 힘들다. 이때 힘들다는 실체는 무엇인가? 페미니스트 군사주의 연구자들은 그것을 '군사화된 남성성의 해체' 문제라고 말한다. 사라 불머와 마야 에이츨러(Sarah Bulmer and Maya Eichler)는 이라크와 아프가니스탄 전장에서 퇴역한 미국 군인을 사례로 이 문제를 다룬다.[27]

두 사람은 군인의 민간인으로의 전환에 관한 국가 담론은 그 과정이 원만할 것이라고 암시하지만, 전환은 퇴역군인들에게 어려움을 초래한다고 가정한다. 그들은 군인이 되려고 훈련받았지만 군인으로서 프로그램화되어 버렸다고 평가한다. 종종 군인은 '전쟁하는 정체성'이라는 긴장을 초래해 효과적인 전환이 어려워진다는 것이다. 정의상 퇴역군인은 민간인도 군인도 아니고 두 영역 사이에서 협상하고 적응을 시도한다는 것이다. 불머와 에이츨러는 신분 이전이라는 개념은 분명한 구분을 암시하지만, 실제 퇴역군인들의 경험에서 연속성과 불연속성의 동거에 주목해야 한다고 말한다. 이들은 미국 퇴역군인의 말을 소개한다. 그는 "이전은 네버랜드다. 군복을 입어온 우리 중 누구도 보지 못한 신비로운 공간이다. 왜냐하면 우리는 관계짓지 않는 시간을 가져왔기 때문이다." 두 페미니스트 연구자는 이를 군인 젠더와 민간인 젠더 역할 사이의 커다란 긴장이라고 설명한다. 다만, 민간인 젠더가 평등주의적인 시각을 담고 있다면 군민 전환에 곤란을 겪는다고 해도 퇴역군인이 감내할 만한 가치가 있는 시간일 것이다. 이쯤 되면 퇴역군인의 군민전환 논의는 당사자 개인적 차원의 문제가 아니라 국가와 사회집단들이 다 함께 관여해야 성질의 문제이다.

전쟁 경험을 한 사람에는 군인만이 아니라 그들을 지원하는 이주 노동자들도 있다. 전장에서 벗어난 이들이 겪는 고통도 개인적 차원만 은 아니다. 이라크와 아프가니스탄 전장에서 미군을 지원한 북마케도 니아 출신 이주노동자들은 기지 내 건물 및 막사 폭파로 동료들의 죽음을 목도하였다. 그들이 고향으로 되돌아오면 그런 경험을 잊고 다시 민간인으로서 사회생활에 쉽게 적응할 수 있을까? 결코 그렇지 않다. 비공식 정보에 의하면 북마케도니아에서 12,000~14,000명이 두 전장에 들어갔다. 그중 70% 이상이 귀국해 외상후 스트레스와 기능장애를 겪고 대인관계가 비정상적이어서 직장을 구하기도 어렵다고 한다. 그 래서 정신장애가 있는 사람들은 군인 요양원에서 치료를 받는다.[28] 이 대목에서 한국전쟁 중 군수품을 지개로 나른 전시근로자가 떠오르는 데, 그들이 합당한 명예와 보상을 받았다는 말은 못 들었다.

군사주의의 일차적 대상은 전쟁으로부터 직접적인 희생을 당하는 개인들이다. 이때 개인은 군인과 민간인, 희생은 사망, 부상 및 고문 등 신체적 상해, 사회적 배제, 정신적 억압을 망라한다. 그리고 희생이 한 사건으로 종결되기보다는 당사자와 가족의 정신적 측면은 물론 사회·경제 활동에서의 피해가 계속된다. 전쟁과 분단 이후 한국 사회에서 관련 당사자와 가족의 피해는 이루 말할 수 없었다. 그 고통은 군사 권위주의 통치기를 거치고 평화와 통일이 성취되지 못한 오늘날까지 원호제도에도 불구하고 이어지고 있다. 한국전쟁이 중단된 지 70년이 넘어가고 있지만, 전쟁의 트라우마는 사라지지 않고 유족들의 가슴에 남아있다.

아래 유키 미야모토(Yuki Miyamoto)가 전하는 히로시마 원폭 투하 이후 그 피해자들에 가하는 미국의 조치도 선의와 평화를 가장한 세련 되고 조직적인 2차 가해라 할 수 있다.[29] 2008년 10월 21일 히로시마 상공에서 한 예술단체가 '피카(ぴか)'라는 작은 비행전시회를 열었다.

피카는 불꽃의 번쩍거림을 뜻하는 일본 의태어인데, 여기서는 히로시마 원폭 투하시 발생한 큰 섬광을 말한다. 이 행사는 관람인들이 원자폭탄 투하를 성찰하게 하는 것인데, 사실 그것은 역사적 사건을 망각하고 일본인들이 평화롭게 살고 있음을 보여주는 피상적인 행사였다. 대변하는 쪽과 대변당하는 쪽의 관계가 비대칭적이면 거기서 폭력이 발생할 수 있다. 이를 피하는 얕은 수가 바로 진부한 대변인데, 이 경우 진부함은 폭력의 정상화, 정상화된 폭력의 정당화로 나타난다. 이는 범죄가 무엇인지 정치적·도덕적으로 규정하지 않은 채 범죄자가 수용되고 일상화되는 방식에 이른다. 미국이 보호자이고 일본(특히 원폭 피해자, 히바쿠샤)은 피보호자라는 젠더화된 담론은 안보국가 담론의 일부를 구성한다. 또 이런 담론은 1950년대 미국과 일본에서 폭력의 일상화와 일상화된 폭력을 정당화하는 것이다.

1955년 5월 5일 히로시마 원폭피해 여성 25명이 미국에 가서 치료와 민박 그리고 언론 인터뷰 등을 한다. 그 과정에서 미국 정부와 언론 그리고 미국인들은 미국이 선의를 갖고 일본인 피해자를 돕고 과거를 잊고, 미국이 세계를 하나의 가족으로 포용하는 지도국가로서의 이미지를 창출해낸다. 방미한 원폭 피해 일본 여성들은 미국의 무조건적인 사랑과 국내 안정을 과시하는 도구에 불과하였다. 미야모토가 다루는 당시 미국 사회의 이미지는 위계적 구조하에서 백인, 중산층, 기독교에 기반한 것으로 묘사된다.

위 두 사례는 군사주의 논의에서 개인적 차원이 국가, 사회 등 다른 차원과 밀접히 연결되어 있고, 다른 차원의 영향을 받을 가능성이 높음을 말해준다. 개인 차원이 군사주의에서 어떤 성격이든, 주체 혹은 객체이든 마찬가지이다. 다만 현실에서 개인 차원은 군사주의의 주체보다는 대상으로서의 성격이 훨씬 강함을 알 수 있었다. 그럼 군사주의에서 개인적 차원은 다른 차원과 별개가 아니라, 가령 사회적 차원에 다름 아니라 할 때 그것은 구체적으로 어떤 모습인지 더 토론해 볼 필요가 있다.

## 5) 군사주의 사회

19세기 말 민간부문에 군대의 조직 원리를 도입하는 군사화에 대해 선도적인 연구를 행한 사람이 바로 독일의 사회학자이자 정치경제학자인 막스 베버(Max Weber)였다. 규율과 기강이 잘 잡혀 있던 프로이센 군대는 당시 프랑스군이나 영국군에 비해 훨씬 잘 짜인 명령체계를 자랑했다. 명령계통을 따라 장교와 사병 모두에게 각각의 역할과 의무가 보다 엄정하고 분명하게 위임되었다. 철혈재상 오토 폰 비스마르크(Otto von Bismark)의 독일은 이러한 군대 모델을 기업과 민간의 제도에 적용하기 시작했다. 그렇게 함으로써 혁명을 방지하고 평화를 보장할 수 있다는 게 비스마르크의 생각이었다.[30]

군복을 입은 비스마르크 총리(우측),
그 옆은 룬 장군(중앙)과 몰트케 장군
출처: 위키피디어커먼스

19세기 말 투자 결정과 관련된 용어에 처음으로 군대 용어가 등장하기 시작했다. 군사행동을 뜻하는 캠페인(campaign)이 '투자촉진 운동(investment campaign)'이라는 말에 사용되고, 전략적 사고(strategic thinking)란 말도 등장했다. 심지어『전쟁론(On War)』을 쓴 프로이센의 장군 카를 폰 클라우제비츠(Carl von Clausewitz)의 '성과 분석(outcome analysis)'이란 말도 경제용어로 자리잡았다. 미국 역사학자 로버트 위비(Robert H. Wiebe)가 말한 '질서 찾기(Search for order)'가 기업에서 정부 그리고 민간사회로 확산됐다. 관료사회는 집권당에 관계 없이 정치의 외풍을 타지 않게 됐다. 시민사회의 영역에서도 학교의 수업과 교육 내용이 표준화되고, 전통적인 전문직종인 의료·법률·과학 분야에서 전문가들의 입김은 더욱 세졌다. 베버는 이처럼 군대에 뿌리를 둔 제도가 일상적인 삶을 규정함에 따라 그 속성상 군대와 다를 바 없는 우애와 권위, 공격 따위에 대한 규범을 가진 사회가 도래할 것으로 보았다. 물론 그렇게 되더라도 사람들은 스스로가 군인과 같은 사고방식을 갖고 있다는 사실을 깨닫지 못할 것이라고 베버는 생각했다. 근대사회에 대한 여느 연구자들과 마찬가지로 베버도 20세기에 무장투쟁 풍조가 만연할 것을 우려했다. 특히 정치경제학자로서 베버는 결과적으로 군대가 시장보다 근대사회에 더 큰 영향력을 발휘하게 될 것이라고 주장했다.[31] 이러한 베버의 진술과 주장은 정치체제와 경제발달 수준에 관계없이 근대사회 시스템이 군사주의에 기반을 두고 있음을 말해준다. 물론 체제 유형에 따라 군사주의의 정도와 형태는 다를 것이다. 아래 소련의 예는 체제 변수가 크게 작용한 경우로서, 근대사회의 군사주의적 성격을 극명하게 보여준다.

2015년 노벨문학상을 수상한 스베틀라나 알렉시예비치는 전쟁 시기와 냉전 시기 소련 치하에서 아동과 여성을 포함한 대중의 삶과 애환, 체르노빌 사건의 영향 그리고 체제 전환기 대중의 고뇌 등을 여러 책으로 엮어냈다. 각각의 책은 소설도 아니고 시도 아니고, 수필도 아니다. 해당 시기에 대중이 어떻게 살았고 어떤 생각을 했는지를 대중의 목소리 그 자체를 담아내고 있다. 그것이 문학인지 일시적으로 논란이 있었다지만 그녀는 당당히 노벨문학상을 받았다. 이들 작품을 관통하는 개념이 유감스럽게도 군사주의이다. 물론 그에 대한 대중의 의문, 반발, 저항이 의식과 말에 존재하지만 행동으로 표출되지 않는다. 소련이 무너지는 시점이 되기까지는 말이다. 알렉시예비치는 그 증언을 잘 편집한 기자의 역할을 충실히 하고 있을 따름이다. 물론 그 증언을 기획하고 인내심 있게 기록하고 전 세계 인류에게 보고하며 평화와 자유의 소중함을 일깨워준 것이 노벨상을 받기에 충분하였다.

군 기념행사에 군복을 입고 참여한 아동들

출처: 픽스베이

소련 치하에서 대중의 생각과 삶을 지배하는 것이 군사주의였음을 그 시대를 살아간 대중이 증언한다. 그들은 소련이 전형적인 군사주의 사회였음을 자신의 삶의 경험에서 증언한다.[32] 알렉시예비치는 그 시대 소련인들을 '호모 소비에티쿠스'라 부른다. 소련 치하 군사주의 사회와 대중의 삶을 알렉시예비치는 이렇게 정리한다.

> "알고 보면 우리는 전쟁에 길들여진 사람들이다. 우리는 항상 전쟁 중이었거나 전쟁을 준비해왔다. 다른 방식으로 살아보지 못했다. 바로 여기에서 '전시 심리'가 탄생한 것이다. 그래서 평화로운 시기에도 항상 전시체제였다. 큰 북을 울리고 깃발을 흔들면서, 튀어나올 것처럼 쿵쾅대는 심장을 안은 채로 살았다. 우리는 자신이 노예라는 것을 인식하지 못했고, 오히려 노예로 사는 것을 좋아했다."[33]

알렉시예비치가 정리한 구 소련의 대중, 주로 여성들이 길거리에서 나눈 잡담과 부엌에서 나눈 대화에서는 보다 현실감 있게 소련이 군사주의 사회임을 확인해준다. 한 여성이 말한다. "스탈린을 겪은 우리들은 피에 대해 전혀 다른 태도를 갖게 되었어요. 우린 가족끼리 서로를 죽였던 그 일들을, 왜 살해당하는지도 모른 채 학살했던 수많은 사람의 죽음을 기억하고 있어요. …우리는 평화로운 상태와 전시 상태를 구분하지 못해요. 우린 늘 전쟁 중이었으니까요." 또 한 사람이 왜 스탈린을 심판하지 않았는지 말한다. "스탈린을 심판대에 올리려면 먼저 우리가 가족, 친지, 지인들을 심판해야 했기 때문이에요."[34]

국가권력이 사회를 감시하고 사회가 개인을 감시한다. 전형적인 군사주의 사회이다. 군사주의 사회의 완결성과 지속성은 그런 하향식 감시·통제가 상향식과 결합할 때 구현할 수 있다. 대중이 가족과 친지, 지인을 감시하는 것을 넘어 때로는 죽음의 길로 끌고 가는 그 자발성과 능동성을 발휘하는 호모 소비에티쿠스가 곳곳에서 활동했던 것이다. 그들의 증언을 더 들어보면 호모 소비에티쿠스가 군사주의 사회를 지탱시키는 일원들이었음을 알 수 있다.

### ▶ 마르가리타 포그레비츠카야(의사, 57세)

"콤소몰 선언에도 있어요. '나는 내 민족이 내 목숨을 필요로 한다면 언제든지 바칠 각오가 되어 있습니다.' 이건 단순히 말로만 하는 맹세가 아니었어요. 우리는 실제로 그렇게 교육을 받으며 자랐어요. 군대가 행군하는 걸 보면 모두들 제자리에 멈춰 서서 경의를 표했죠.…우리 신부님은 전직 장교이신데 설교 때마다 군대 얘기, 원자폭탄 얘기를 하세요. 그런데 저는 다른 말씀을 듣고 싶어요."35

### ▶ 올라 카리모바(음악가, 49세)

"러시아 남자들은 모두 트라우마를 가지고 있어요. 전쟁 때문이든, 감옥이나 수용소 생활 때문이든…. 전쟁과 감옥, 이 두 단어는 러시아어에서 가장 중요한 단어들이에요. 러시아어를 통틀어서요! 러시아 여인들은 한 번도 정상적인 남자들과 살아본 적이 없어요. 러시아 여인들은 치료자들이에요. 남자를 영웅처럼 대하기도 하고 아이처럼 대하기도 하면서, 그렇게 그들을 구원하는 사람들이라고요. 오늘날까지도 그래요. 러시아 여인의 역할은 늘 같았어요."36

### ▶ 안나 M(건축가, 59세)

"우리가 다섯 살이 되는 게 두려웠어요. 다섯 살이 되면 우리를 고아원으로 데려갔으니까요. 어린 우리들도 고아원이라는 게 엄마로부터 멀리멀리 우리를 떨어뜨려 놓는 것이라는 걸 알고 있었거든요. 지금도 기억이 나요. 난 제5호 마을에 있던 제9호 고아원에 보내졌어요. 모든 것에는 번호가 붙어 있었어요.…우리는 보육교

사가 없었어요. 그런 단어는 들어보지도 못했죠. 대신 우리에게
는 대장이 있었어요. 대장이요! 그들의 손에는 항상 긴 자가 들려
있었어요. 이유가 있어서도 맞았고, 그냥 아무 이유 없이 맞기도
했어요. 그냥 우리를 때렸어요."[37]

그럼 지금 러시아는 어떨까? 자유민주주의체제로 전환한 러시아
는 자유롭고 민주주의가 꽃피는 나라로 전환하지 않았을까? 적어도
국경도시 중 하나인 옐냐(Yelnya, 러시아어 Ельня)에서는 군사주의가
건재해 보인다. 러시아의 우크라이나 침공 3개월 전, 옐냐에서 군사력
증강이 목격되었다. 기술회사 막사 테크놀로지스(Maxar Technologies)
사가 옐냐에 러시아군이 집결한 장면을 촬영했다. 이 위성사진이 미
국 언론 「폴리티코(Politico)」지에 2021년 11월 1일 공개되었다. 한 러
시아 인터넷 신문은 「폴리티코」를 인용해 "벨라루스와의 국경에서 멀
지 않은 러시아 도시 옐냐 근처에 기갑부대, 탱크 및 자주포가 배치되
고 지상군이 집결하고 있다"[38]고 보도하였다. 옐냐는 러시아 스몰렌
스크주 중부에 위치한 도시로 인구가 1만 명이 조금 넘고, 데스나강
과 접하며 스몰렌스크에서 동쪽으로 82km 정도 떨어진 곳에 위치한
다.[39] 옐냐의 군사주의를 이해하려면 나치 독일의 소련 침공으로 올라
가야 한다. 옐냐는 소련이 독일의 침공을 최초로 격퇴시킨 전투가 일
어난 곳이다. 옐냐 전투는 스몰렌스크 전투의 일부분으로 1941년 8월
30일부터 9월 8일까지 지속되었다. 독일이 옐냐를 침공해 점령하였지
만 소련군과 지역 주민들이 9월 8일 수복하였다. 그런 승전을 기념하
는 행사가 지금도 계속되고 있다. 푸틴의 집권 이후 러시아 민족주의
가 고조되고 서방국가들과 긴장이 조성되면서 군사주의 문화가 성행
하는데, 옐냐에서 그런 분위기가 재생산되고 있다. 그 배경에는 경제
적 곤경도 작용하고 있고, 결국 군사주의 문화는 청소년들의 사고에

도 스며들어 간다.

옐냐에서 군사주의 문화가 어떻게 재생산되고 그것이 청소년들에게 미친 영향을 다룬 다큐멘터리 영화, '타운 오브 글로리(Town of Glory)'가 있다.[40] 승전탑 주위에 모인 남녀 청소년들이 미래 희망으로 군인을 선호한다고 말한다. '불멸의 옐냐'라고 적힌 현수막을 앞세우고 참전 가족들이 행진하고, 승전기념 행사가 있고 이어 적대의식을 고취하는 공연에 청년들이 음악과 무용으로 참여한다. 마을 어른들은 자녀들에게 군사주의 문화를 전승한다. 예를 들어, 옐냐 마을대표는 전쟁 승리를 기념하며 지금 유럽인들이 소련군의 희생을 망각하고 있다며 비난한다. 기념행사에는 푸틴의 사진이 있는 현수막이 나붙고, 군복을 입은 여중생인 마샤는 군사주의 문화를 찬양하는 노래를 부른다. 노래 가사는 이렇다.

> 사람들은 말해 여자가 무슨 군대냐고/ 하지만 남자들만 하는 일은 없다지/ 진정한 여자는 군복을 입는다네/ 여자가 없는 군대는 굶은 군인과도 같으니/ 더는 여군을 모욕하지 말지어다/ 우리는 참호를 파고 부상자를 보살피며/ 전투 효율을 높인다네.

마샤의 어머니 스베틀라나도 마샤가 군대행사에 참가하도록 노래 지도를 하고 딸이 군인이 되도록 적극 권유한다. 그녀는 소련 붕괴 시절 일자리를 구하기 위해 입대하였고, 그 후 옐냐관공서에서 일자리를 얻었다. 마샤는 엄마의 기대를 저버리지 않는다. "엄마, 저는 군대에 갈어요. 남자 친구 대신 싸우고 싶어요"라는 노래를 자연스럽게 부른다. 또 마샤는 입대를 희망하는 친구들과 같이 군인 행사에 참여한다. 이 행사에서 여학생들은 군복을 입고 총검술과 격투기 시범을 보인다. 주최 측이 어린이들에게 총을 소개하고, 심지어 성직자도 총을 들고 사진을 찍는다. 행사장 포스터에는 "통합 러시아, 세대를 연결하다"는 문구가 보인다.

이제 마샤는 엘냐에서 유명한 학생이 되었다. 그녀는 자신이 다녔던 유치원의 학예회에 참가해 군대를 미화한다. 군사주의 문화가 청소년에서 어린이로 전승되는 것이다. 유치원 벽에는 푸틴 사진이 걸려 있다. 마샤는 이 행사에 군인복장으로 참석해 자신이 쓴 아동용 시집, 『근위병의 나라』를 소개하며 "소년들은 자라나서 군인이 되어 이 나라를 평화롭게 지켜줄 것이다"고 말한다. 이 말에 유치원생들과 그 부모들이 박수를 친다. 이런 군사주의 문화가 활발한 곳이 비단 러시아의 한 국경도시만일까?

## 6) 안보와 이익의 동맹

군사주의의 방향이 안보인가, 이익인가, 그것도 아니면 다른 무엇인가 질문해볼 수 있다. 보기에 따라서 그 둘 모두가 하나의 세트(set)가 되어 군사주의의 방향이자 목적이라 말할 수도 있다. 혹자는 안보를, 어떤 이는 이익을 상대적으로 강조할 수 있다. 또 다른 시각에서는 안보를 명분, 이익을 실질 목적으로 볼 수도 있다. 여기서는 그런 논쟁에 개입하기보다는 군사주의가 안보와 이익을 함께 추구한다는 전제하에 두 경우를 증명하고, 어느 경우이든 군사주의는 그 범위를 전 세계로 넓혀감을 밝히고 있다.

장교 출신인 앤드류 바세비치(Andrew Bacevich)는 비판적 군사연구 진영에서 군사주의 정향을 안보로 보는 학자 중 한 사람이다. 그가 주목하는 대상은 미군이다. 안보는 미국의 국가이익을 군사적으로 수호하는 것, 곧 세계 패권국가로서의 위상 수호, 미국의 세계적 영향력 확대 및 유지이다. 바세비치는 제2차 세계대전 이후 미국의 국가경영 전통을 미국이 세계의 지도자, 구원자라는 믿음을 지키는 것이라고 말한다. 이어 그는 미국이 의심할 여지없이 세계에서 가장 우위에 있고, 세계에 영향을 미치기 위해 목표를 선택하고 그 수단을 선택하는 것까지도 미국인의 손에 달려있다고 주장한다. 바세비치는 미국의 군사정책의 지속적인 요소 셋을 '성 삼위일체'라고 말한다. 그것은 곧 미 군사력의 세계적 주둔, 이 군사력의 세계적 투사, 세계적 개입주의를 말하는데, 그는 이것을 '워싱턴 룰'이라고도 부른다. 여기서 워싱턴은 지리적 의미가 아니라, 국가 정책의 형성에 영향력을 미칠 수 있는 인물들과 조직들을 말한다. 워싱턴에는 연방정부의 행정·입법·사법부의 상층부를 비롯해 국가안보의 주요 구성원들, 가령 국방부, 국무부, 국토안보부, 정보기관들과 그외 연방 행정기구들, 일부 싱크탱크(think tank)와 이익단체, 변호사, 로비스트(robist), 전직 관료, 예비역 장교, 금융기관, 군수기업, 유력 대중매체, 학술단체 등을 망라한다.[41]

바세비치는 이어 미국이 항구적인 국가안보 위기 상황으로 빠져들어 간다는 문제의식을 '워싱턴 룰'이 앗아간다고 지적한다. 미국 초대 국방장관 제임스 포레스탈(James Forestal)이 고안해낸 '준전쟁(semiwar)'이라는 말도 그런 의도가 담겨있다는 것이다. 그에 따르면 준전쟁의 전사들은 워싱턴 룰을 만들어냈고 이를 지속시켰으며, 그 지속을 통해 이득을 취해왔다. 이들 준전쟁의 전사들의 일부는 군인이고 또 다른 일부는 민간인인데, 어떤 위협이 실제로 존재하는가에 관계없이 대대적인 군비 지출이 필요하다는 데 두 집단은 완벽하게 의견 일치를 이룬다. 그들은 기회가 되면 평화에 대한 굽힘 없는 헌신을 강조하면서도, 그 어느 것도 미국의 전쟁 준비를 방해해서는 안 된다고 주장한다. 이어 바세비치는 초대 중앙정보국장 앨런 덜레스(Allen Dulles), 초대 전략공군사령관 커티스 르메이(Curtis LeMay), 1953년 국방장관에 지명된 당시 제너럴 모터스 사장 찰스 윌슨(Charles Wilson)

의 언행을 상기시키면서 미국의 군사주의가 안보와 이익을 동시 추구하고 있음을 보여주고 있다.[42]

바세비치는 케네디 행정부가 쿠바 위기에서 얻은 교훈을 베트남 상황을 다루는 데 활용하지 않았다고 평가한다. 그리고 2001년 9/11 테러에 즈음해서도 미국인을 위험에서 보호한다는 의미에서의 방어는 일이 터지기 전에는 단 한 번도 미국 정책결정자들의 머릿속에 떠오르지 않았다고 주장한다. 그들에게 중요한 것은 오로지 군사력으로 국가를 이끌어가겠다는 생각, 즉 철저하게 군사화된 국가경영 개념을 고수하는 것이었다. 워싱턴 컨센서스를 유지하기 위해서는, 나아가 권력을 누리고 있는 자들의 특권을 유지하기 위해서는 힘에 의존하는 리더십이 전쟁을 초래한다는 의문이 제기되지 않도록 억눌러야 한다는 것이다.[43]

둘째, 전쟁 및 전쟁 준비로 거대한 이익을 추구하는 경향에 주목하는 이들은 정치, 군사, 경제, 과학기술 등의 영역에 걸쳐있는 이익집단들의 연합에 주목한다. 제Ⅰ부에서 언급한 기언 퀵은 제2차 세계대전 이래 미국을 '영구 전쟁경제' 체제로 특징짓는다. 그는 전쟁을 대규모 비즈니스라고 주장하는데, 미 국방부 사이트에 국방부를 "가장 오래된", "최대의", "가장 성공적인" 미국 기업으로 묘사하면서 엑슨모빌, 포드 혹은 제너럴모터스보다 더 큰 예산규모라고 자랑하는 점을 예로 든다. 미국 군사정책과 재정적 우선순위는 군사화를 전 세계적으로 추동한다는 것이다. 1960년 아이젠하워 대통령이 퇴임하면서 '군산복합체'의 힘을 경고했지만, 이제는 더 정확히 말해서 '군대-산업체-의회-학계-언론 연합체'라고 말해야 할 것이라고 퀵은 주장한다.[44] 이 중 사람과 돈의 회전문 출입이 핵심이다. 밀스의 표현에 따르면 그것은 '형이상학적 군사주의', 즉 항구적 전쟁경제를 정당화하는 중심에 위치한다.[45]

국제군축·세계화네트워크 의장 스티븐 스태이플스(Steven Sta-ples)는 미국 군사예산은 "모든 실제적 목적에도 불구하고 하나의 조합적 보조금"이라고 일갈했는데, 공적 자금이 사적 손아귀에 들어가고 관세무역일반협정(GATT)에 의해 보호받기 때문이라고 말했다. 그는 이어 말한다.

> "세계화와 군사주의는 동전의 양면이다. 한편으로 세계화는 불안, 불평등, 분쟁 그리고 결국 전쟁을 초래하는 조건을 장려한다. 다른 한편으로 세계화는 정교한 무기생산에 필요한 군수산업을 보호하고 장려해 전쟁에 가담할 수단을 촉진한다. 이런 무기는 결국 초국적 기업의 투자와 그 주주들을 보호하는 데 사용하거나 사용하도록 위협한다."[46]

미군은 국가기구이자, 록히드마틴, 레이시언, 노드럽 그룬만, 보잉 등과 같은 기업들과 계약한 거대 이윤 영역이다. 말하자면 군수업체는 공적 자금으로 장기간 연구발전을 진행하고 정부는 그런 무기의 주요 고객이다. 국민국가, 군대, 기업은 국제무기시장을 통해 서로 연결되어 있다. 1999년 코소보 공습과 아프가니스탄과 이라크 공격과 같은 대규모 군사작전은 무기제조업체들의 광고 대행을 하는 것 같다고 쿽은 말한다.

세계화 시대 들어 군대 기능의 일부를 외주화하고 민영화하는 경향이 높아지고 있다. 이는 군민 협력 방식으로 군사정책의 효율성을 제고하는 의미가 있지만, 다른 한편 군사주의를 이익의 관점으로 접근하는 시각의 타당성을 보여주는 측면도 있다. 쿽은 군수기업의 기능을 다각적으로 말하는데, 군수지원에서부터 군사업무 컨설팅, 군수 병참 및 생활 제공, 전략적·행정적 전문성 제공 등을 포함한다. 또 그는 블랙워터 시큐리티 건설팅(Blackwater Security Consulting)사를 거론하며 군수업체가 대규모 전투에 관여하는 경우도 언급한다.[47]

비판적 역사학을 전개해 온 자크 파월도 군사주의를 무기 생산 및 거래의 이해당사자들의 이익 추구로 파악한다. 그에 따르면 밀스의 명저 『파워 엘리트(Power Elite)』는 권력의 삼각형(triangle of power) 맨 위에는 군과 기업 지도자, 그 아래 정치지도자, 맨 밑에 일반대중이 존재한다. 그에 비해 파월은 경제 엘리트를 강조한다. 그는 미국의 파워 엘리트는 다른 무엇보다도 경제적 이익과 사업적 이해관계에 따라 움직인다고 본다. 그 중추 신경은 미국의 초국적 거대 기업들이고, 미 연방정부는 사실상 기업국가이다. 1920년대에 이미 쿨리지 미국 대통령은 "미국이 할 일은 비즈니스이다"고 말한 것을 파월은 상기한다.[48]

20세기 말에서 21세기 초반에 걸쳐 무기거래의 세계를 가장 깊이 파헤친 이로 앤드류 파인스타인을 꼽지 않을 수 없다. 그는 자신의 오랜 탐사 활동을 책으로 내놓았다. 그의 입장도 군사주의를 이익의 관점에서 본다. 그는 강대국의 국정운영의 중심이 무기제조업체와 그 후원자들의 이해관계에 달려있다고 단언한다. 정부, 군대, 무기산업체 사이에서는 회전문을 통해 지속적인 인적 교류가 이루어진다고 말하고 그런 현상이 가장 두드러진 곳이 바로 미국이라고 역시 단언한다. 무기제조업체, 국방부, 정보기관, 의회, 행정부가 공유하는 이해관계에 대한 도전이 거의 존재하지 않는 미국은 실질적으로 '국가안보 국가(national security state)'라 할 수 있다는 것이다. 무기거래를 둘러싼 이익 연합이 얼마나 부조리한지는 그의 책 곳곳에서 다루고 있다. 일례로 경제가 어려운 상황에서도 미국은 전투기 사업에 수천억 달러를 투입할 전망이었는데, 해당 전투기는 현재 진행 중인 분쟁에 쓸모가 없을 뿐만 아니라 전직 국방부 항공기 설계 전문가로부터 "완전한 쓰레기"라는 혹평을 듣기도 했다. 평범한 미국인들의 진정한 안

보와 경제적 이익은 이처럼 합법화된 뇌물의 제단에 희생된다고 그는 평가한다.[49]

사적 이익을 추구하며 국가안보와 시민 복리를 걷어찬 군사주의 주창자들의 민낯은 일찍이 알려졌다. 히틀러의 전쟁 광기를 지지·방조한 독일 안팎의 대기업 경영자들이 대표적이다. 조지 버나드 쇼의 희곡 「바버라 소령」에 등장하는 군수품 제조업자 앤드류 언더샤프트가 "내 이익을 지키기 위해 뭔가가 필요해지면, 그건 국가적 차원에서 필요한 것이 되는 것"이라고 읊조린 대목은 섬찟할 정도이다. 세계적인 무기거래업체 BAE의 대부로서 "죽음의 슈퍼 세일즈맨", "전설적 무기딜러"로 불리는 바질 자하로프(Basil Zaharoff)는 서아프리카에서 대립한 두 부족에게 무기를 팔았다. 그는 "양쪽 모두에게 팔기 위해 전쟁을 부추겼다"고 말했다. 19세기 말엽 무기거래에서 고위 관료에게 커미션을 준 세일즈맨의 일화는 슬픈 희극의 한 장면처럼 보인다. 한 고위 관료가 과도한 요구를 하기에 세일즈맨이 "그러면 순양함을 만들 수가 없지 않느냐"고 묻자, 그 관료는 "우리 둘 다 돈을 받기만 하면 되지 순향함을 만드는 게 무슨 상관이냐"고 답했다고 한다.[50] 파인스타인은 현대에 들어 군수기업의 사익이 국방부가 대변해야 할 공익을 침해하는 현상을 두고 "국방부와 록히드마틴의 결혼", "산업과 군의 아름다운 결합"으로 묘사하였다.[51]

이렇게 과거와 현대 강대국의 국가경영 전통에서 이익 추구 경향이 있다고 한다면, 21세기 들어서는 어떤가? 신자유주의적 국제질서에 들어서 그런 경향은 더욱 뚜렷해지고 있다. 앞서 말한 맥코맥은 여러 선행연구를 검토하고 미국의 해외 안보지원 및 재건활동에서 민간, 특히 기업의 역할이 증대하고 있다고 말한다. 그는 수잔 로버츠(Susan Roberts)를 인용하면서 미 국제개발처(USAID)가 해외 개발지원 집합체로 성장한 것은 광범위한 필요와 개입의 공간을 들먹인

'공간화'에 의존했다고 지적하는데, 미군의 안정화 작전도 그와 비슷하다고 말한다. 즉 미군은 군수기업과 보안기업에 기회를 제공하는데, 그 방식이 해외 무기판매와 같은 안보지원 이니셔티브와 재건활동이다. 그런 안보전략에서 사적 영역의 발달은 현지 주민들 사이에 시장 중심적 주체성의 형성과 시민의 기술 증진에 기여한다는 것이다. 미군의 현지 안정화 전략의 시작에서부터 민간 영역은 '제5군대의 공급자'로 규정되고 미군의 전투와 통합되어 있다는 점이 미 국방부 문서에서도 확인되고 있다. 맥코맥은 그 좋은 예로 미합동군사령부의 「미군의 경제안정화 지원 지침서(Handbook for Military Support to Economic Stabilization)」(2010)라는 책자에서 기업가적이고 시장 주도적 논리가 잘 나타나 있다고 말한다. 맥코맥은 기업은 결정적이라고 말하며 기업이 시장은 물론 자연 통제와 위험 계산을 하면서 군의 영역에도 침투해 이익 달성을 극대화한다고 말한다.[52] 군사주의는 별개의 주의주장이 아니라 자본의 이익 추구의 새로운 현상이자 경향이라는 것이다. 그럴 때 안보를 달성할 수 있을까, 아니 적어도 이익과 조화를 맺을 수 있을까?

군사주의의 방향을 둘러싸고 논쟁이 일어날 수 있지만, 안보와 이익 추구가 동시에 발견되고 많은 경우 그 둘은 동전의 양면과 같다. 문제의 본질은 그 폐해가 그 둘이 결합한 이상이라는 데 있다. 앞에서 나온 퀵에 따르면, 민영 군 대행업체는 군인을 단기 계약으로 고용해 비용을 절감함은 물론 의회의 군사작전 감시를 회피하고, 나아가 군대가 법적 통제를 할 수 없는 회색지대에 그들을 처넣는 것이다. 예를 들어 군 대행업체는 이라크 수감자들을 학대했고, 보스니아 사태에서 딘콥(Dyncorp) 직원들은 여성을 밀매하고 다른 성적 범죄에 연루되었다. 민영화 영역에서 활동하는 군 대행자는 전쟁에서 죽어도 공식 군 사망자 명단에 오르지 못한다.[53]

물론 군사주의에서 경제정책과 군사정책은 항상 어울리는 것은 아니다. 예를 들어 존 페퍼(John Feffer)는 미국의 동아시아정책에서 중요한 모순을 지적하는데, 역내 10억 명이 넘는 잠재적인 소비자를 둔 중국에 시장개방을 추진하는 반면에 냉전적인 외교안보정책을 추구하는 것이 그 예이다. 시장경제하에서는 기업만이 아니라 국가 또한 군대에 자금을 지원하고, 군 계약업체로부터 무기를 구매하고, 애국심, 민족주의 그리고 국가안보를 지지하는 식으로 군사화를 위한 이념적 지지를 창출한다.[54]

안보의 관점에서 군사주의를 토론한 바세비치는 '워싱턴 룰'의 지속은 성찰의 기회를 방해하고, 타자들이 미국의 필요나 열망을 따를 것이라고 믿게 만들고 그로 인해 미국이 풀어야 할 문제들을 무시하거나 지연시킨다고 비판한다.[55] 파인스타인은 군산복합체가 경제정책과 외교안보정책, 전쟁 개시 결정을 포함해 국가 운영의 모든 측면에 해로운 영향을 미친다고 말한다. 한 예로 1990년대 중반 록히드마틴사 임원들은 루마니아 정부에 신형 레이더 시스템 구매 로비를 하면서 자신들이 루마니아의 북대서양조약기구(NATO) 가입이 이루어지도록 미 정계를 설득하겠다고 말했다는 것이다. 그는 의회, 사법부, 대중매체, 시민단체가 군산복합체의 활동 상당 부분을 감시하거나 파악하지 못하는 현실에서 이는 더욱 우려스러운 일이라고 덧붙인다. 민주주의 발전 수준이 낮은 나라일수록 무기산업과 정부는 끈끈한 공생관계를 이룬다.[56] 과연 그럴까, 그렇다면 미국은 민주주의 수준이 낮은 나라이다. 파인스타인이 상세하게 밝히고 있지만, BAE 같은 초국적 군수기업은 세계적인 군산정복합체를 형성해 합법·비법·불법 등 각양의 무기거래를 전개한다. 그런데 그 감시와 규제가 완벽할 수 없다. 노벨상을 받은 정치인들이 어두운 무기거래에 관여하는 경우도 목격된다.

초국적 무기거래의 원인은 그 효과와 동전의 양면을 구성하는 데 국제적 차원의 네트워크에서 둘이 만난다. 그 피해는 각국의 시민이 다같이 진다. 다만 그 형태는 다를 수 있다. 저발전국이나 분쟁(후) 국가의 시민들은 가난과 폭력의 소용돌이에서 벗어나기 어렵다. 소위 선진국의 시민들에게도 자신들의 세금이 복지를 축소하는 방향으로 쓰여지고 안보를 이유로 인권을 억압받을 개연성이 높아진다. 물론 접경지역 주민들이나 경계를 오가는 이주민들은 그런 구분에 개의치 않은 채 군사주의에 더욱 노출되지만 말이다.

## 7) 이주의 군사화

린 스테판(Lynn Stephen)은 미국-멕시코 국경을 넘으면서 사망, 실종 등 곤경을 겪는 이주자들(Los Nuevos Desaparecidos)을 군사화의 관점에서 토의한 바 있다.[57] 양국 간 국경에서의 군사적 활동, 멕시코에서 이민율의 증가와 다양한 종류의 밀수활동은 사망과 실종을 양산한다. 스테판은 미국-멕시코 국경에서 새로운 상호작용의 군사화, 사람 및 약물 밀수, 공개되지 않은 이민이 어떻게 21세기 사망과 실종을 생산하는지를 다루고 있다.

이주민의 국경 넘기를 통제하는 공권력

출처: 픽스베이

　미국-멕시코 국경 일대에서 발견되는 강간 및 살인의 희생자 대부분은 멕시코 출신 여성, 유색인, 여성 노동자들로서 이들은 고향에서 일자리를 찾기 어려웠다. 또 실종자들은 남녀를 불문하고 선주민들이 많은데, 이들이 이주의 주류를 형성하는 경향이 커지고 있다. 이들은 미국의 이민정책과 연계되는데, 1994년 이래 미국 정부가 이들을 국경지대의 거대밀수업자들이 통제하는 비인간적인 영역으로 밀어 넣은 꼴이다. 또 국경지대 이주자들이 겪는 비참함은 미국의 외교안보정책과도 연계되는데, 미국은 서류 없이 입국을 시도하는 이주자들을 모두 범죄자로 낙인찍는다. 초국적 이주자들을 감시하는 사람들의 일부는 과거 중앙아메리카와 멕시코에서 반군 소탕부대의 일원이었고 이어 마약 카르텔에 가담하기도 한다.

　스테판은 미국-멕시코 국경 일대의 군사화된 통제의 배경으로 엘살바도르에서 진행된 미국의 반공정책의 영향을 되짚는다. 레이건 정부부터 조지 부시 정부는 1979~92년 엘살바도르 내전 기간에 60억 달러를 엘살바도르 군대에 지원해 반군의 승리를 저지하는 시도를 펼쳤다. 국제인권단체 엠네스티(Amnesty)는 엘살바도르 군대가 수천 건의 민간인 암살, 실종, 강간, 고문에 연루되었다고 보고했다. 미국이 엘살바도르 군대를 지원한 명분은 국가안보였다. 미국의 국가안보 교리는 '국토안보'로도 불리는데, 냉전 담론과 공산주의와의 투쟁을 중심에 놓고 있었다. 엘살바도르, 과테말라를 포함한 많은 중남미 국가들의 정부는 미국의 원조와 정치적 영향력에 의존했다. 국가안보 교리는 무장세력과 그 우호집단이 지지했는데, 이 교리는 "대내적 안보를 수호하고 국경내 '체제전복의 소지들'에 무력으로 대처하는" 역할을 담당했다.[58] 엘살바도르에서 민간인들이 겪는 비참함은 '체제전복적'이라는 단어가 그들에게는 실제 억압으로 다가간다는 사실에서 잘 드러난다.

'체제전복'이라는 딱지는 전쟁과 군사화의 맥락에서 인종화뿐 아니라 젠더화된다. 적이라는 딱지를 여성에게 붙이는 혐오와 배제는 결국 남성과 여성 그리고 아동의 비인간적 처리를 정당화할 수 있다. 그런 처사는 중요한 맥락상 차이를 갖기는 하지만, 전쟁과 군사화의 맥락에서 뚜렷하게 나타난다. 멕시코, 중앙아메리카 그리고 국경지대에서 여성성이라는 이미지와 그런 이미지를 이용해 여성, 아동, 다른 남성을 통제하는 권력의 위치에 있는 남성은 군사화를 다시 젠더화하는 역할을 담당하는 셈이다. 인권 침해의 기본 요소는 특정 개인과 집단을 존엄하고 존경받을 표준 밖에 두는 것이다. 엘살바도르 실종 및 암살 피해자 가족대책모임 코-마드레스(CO-MADRES)에 적극 참여하는 여성과 생존자들의 대부분은 과거 구금, 강간, 고문을 당한 경험이 있다. 강간은 고문의 관행적 일부로 자행되었고 코-마드레스 소속 여성은 물론 내전 기간 중 일반 여성들에게도 흔한 경험이었다. 멕시코 국경도시 시우다드 후아레즈(Ciudad Juarez)에서도 살인 전 여성들에 대한 강간이 자행되었다.

1979~89년 사이 약 50만 명에 이르는 엘살바도르인들이 미국에 들어갔다. 그들 대부분은 멕시코를 경유했다. 엘살바도르 난민과 실향민의 수는 약 1백만 명, 전체 인구의 20%로 추정되고, 그 중 절반가량이 고국을 떠났다. 엘살바도르 인구 중 약 20%가 국외에 거주하는 셈이다. 1980~90년대 멕시코에서 미국으로의 이주가 급증한 것은 멕시코 경제의 침체와 초기 미국의 이주정책과 관련된다. 미국의 이주정책은 저임금 노동력 수요와 직접 관련있고 그 과정에서 불법 이주민들에 대한 국경 단속이 지속되었다. 물론 불법 이주는 줄어들지 않았다.

불법 이주의 지속과 이주민들의 삶의 질은 비례하지 않았다. 마약, 갱, 성매매의 씨앗이 커지는 이유이다. 로스앤젤레스에서 결성된 갱단 마라 살바트루차(Mara Salvatrucha)는 엘살바도르, 과테말라, 멕시고 등지와 미국을 오갔다. 이 갱단과 다른 LA 갱단들은 과거 준군사조직에 가담했던 이들을 조직원들로 받아들였다. 이들은 무기를 갖고 훈련받고 폭정에 가담한 경력이 있다. 1990년대 갱단원들은 미국에서 엘살바도르로 추방되었다. 당시 그들은 다른 사업에도 뛰어들었는데, 멕시코 남부 국경 일대에서 국경 밀수 통로를 통제하던 조직들과 협력했다.

미국의 국경통제정책은 늘어나는 이주민과 마약 밀수를 모두 감당하기 어려웠다. 단속과 다른 곳으로의 월경 시도, 체포와 구금, 도주 과정에서 기아와 죽음 등 미국 남부 국경지대는 '킬링 필드'가 되었다. 밀수사업이 번창하고 밀수조직이 범죄 신디케이드와 닮을 정도로 커졌다. 사람 밀수와 마약 밀수업이 겹치는 점이 많아지면서 두 사업은 통합되어 갔다. 그에 비례해 마약 자금의 부패한 영향력은 더 커졌다.

멕시코 경찰, 군 지도부, 많은 법관들의 책임 부재는 사법체계의 기능을 위축시켰고 그 결과가 멕시코 시민들의 신뢰는 사라졌다. 멕시코 카르텔은 미국-멕시코 국경 양측의 전체 뇌물수익의 약 10%를 지출한다. 2001년 유엔 독립법률가위원회 특별보고관은 멕시코에서 모든 형태의 범죄에서 높은 수준(95%)의 면책이 있었다고 평가하였다. 국경도시에 존재한 많은 마약상들은 공무원을 매수하는 것으로 알려졌다. 조직원들 중 일부는 미국에서 훈련받은 적이 있는 멕시코 유명 반게릴라 무장조직 제타스(Zetas)의 소속원들로서 텍사스 국경지대에서 밀수 루트를 보호하고 있다고 한다.

중앙아메리카의 반게릴라 군사 및 준군사조직은 한때 미국의 지원을 받았는데 이들 조직이 마약 및 사람 밀수와 같은 수지맞는 연관사업으로 통합되는 것은 놀라운 일이 아니다. 마약 카르텔이 멕시코 국경과 일부 국내를 통제하는 것은 1995년 이래 미국 국경의 군사화 진척과 결합된다. 이는 전쟁 같은 분위기를 만들어낸다. 국경도시에 사는 사람들과 국경지대를 통과해 미국으로 들어가야 하는 사람들은 전쟁 와중에 체포되는 사람들과 같은 위험에 직면한다. 미국의 국경방어정책은 이주민들을 아리조나 서부와 대륙에서 가장 야만적인 국경지대로 밀어 넣었다.

그 결과 두 가지 현상이 나타났다. 미국-멕시코 국경지대 Ciudad Juarez의 여성들 중 다수는 성폭력에 노출되었다. 1993~2004년 최소 370명의 여성과 소녀들이 시우다드 후아레즈(Ciudad Juarez)와 치후아후아(Chihuahua)에서 살해됐다고 엠네스티는 보고했다. 그들 중 거의 1/3이 성폭력으로 고통받았다. 그런 범죄는 피해자들의 같은 특성 때문에 연쇄로 계속 일어난다. 2003년 범미주인권위원회는 많은 희생자들이 15~25세 사이 여성들이고, 죽기 전에 구타나 성적 폭력에 시달린다고 폭로했다. 그리고 살인자 대다수가 면책되고, 살인율이 증가하는 현상이 두드러진다고 말한다.

자유의 여신상을 지나가는 이민관세국 헬기

출처: 위키피디어커먼스

　국제이주기구(IOM)는 2023년 첫 3개월 동안 아이티 출신 3만 6천명이 추방(90%가 도미니카공화국에서 추방됨)된 사실을 공개하였다. 그러면서 이 기구는 일부 국가에서 "엄격한 통제, 국경의 군사화, 체계적인 이민 구금, 국제보호의 방해 등"으로 인해 이주 과정과 구금센터에서 아이티인들에 대한 인권 침해 및 학대 혐의가 있다고 말했다. 그런 장애물로 인해 취약해진 이주민들은 "살인, 실종, 성폭력 및 젠더에 기반한 폭력, 범죄 네트워크에 의한 인신매매"에 노출되어 있다.[59] 국경지대에서 이주민들의 사망·실종 사건이 이들에 대한 인권 침해와 깊은 상관관계가 있다는 의미이다.

　멕시코와 미국 국경지대도 마찬가지이다. 아니 이주자들이 겪는 위험은 더 심각하다. 멕시코 경찰과 국경경비대, 미국 국경 순찰대 그리고 밀수 카르텔과 그 실행자들에 의해 이중삼중으로 군사화된 국경을 건너야 했다. 이들 군사화 관련 조직들은 이주의 길목을 통제하고 대중의 국경 통과를 단속했다. 그렇게 횡단한다는 것은 죽음을 각오하는 일이다. 어떤 사람의 눈에는 미국-멕시코 국경 넘기와 미국으로의 이주는 전쟁에 뛰어드는 것과 같다. 강력한 단속 아래서 국경을 넘기 위해서는 단속의 손길이 미치지 않는 미지의 곳으로 들어가야 한다. 그러다 길을 잃고 목이 타고 쓰러지고, 정신을 잃는다. 추위와 맹수의 위협을 받으며 죽어간다. 그 시신은 물론 뼈도 찾지 못하는 경우도 있다. 트럼프 정부는 국경을 넘다 체포된 이주민 가족을 성인과 아동으로 격리해 국제사회의 비난을 사기도 하였다. 합법으로 국경을 넘으려면 많은 절차와 시간이 걸리는데 대부분 허락이 나지 않는다.[60]

이주는 단지 정서적인 고립과 가족과의 연계의 상실만 동반한 것이 아니라, 말 그대로 위험이 뒤따른다. 그 위험은 미국에 들어가 일하고 고국에 있는 가족을 지원하기 위해서다. 그들에게 국경을 넘어 미국에 가는 것은 선택이 아니라 필수이다. 이주의 군사화로 이주민의 기본적 필요와 권리가 침해된다. 그래서 유엔 이주기구(IOM)와 난민기구(UNHCR)에서는 불가피한 이유로 삶을 찾아 국경을 넘는 사람들의 권리를 존중해야 하고, 무엇보다 그들의 생명 보호가 최우선이라는 입장을 내놓고 있다.

이렇게 국경을 넘는 이주자들은 군사화된 통제에 노출되면서 사망과 다양한 억압을 당한다. 그런 현상은 앞에서 논의한 특정 논의 차원, 가령 개인, 국가 그리고 국제적 차원과 같은 경계를 무색하게 한다. 말하자면 초국적 이주자들의 국경 넘기는 다차원, 나아가 초차원에서 논의할 성질로서 군사화의 복합적 성격을 적나라하게 보여주고 있다. 그러면 군사주의가 최종적으로 침투해 들어가는 생태계는 어떨까?

## 8) 생태 폭력

비판적 군사연구는 군사화 논의를 여러 측면에서 발전시켜왔다. 우선, 비판적 군사연구는 군사화를 현상이나 결과가 아니라 과정 및 구조로 파악하고 연구 시각과 범위를 확장하였고, 둘째는 역사과정 추적법, 인터뷰, 비판적 문헌독해, 참여관찰 등 연구방법상에서도 다양한 창을 열고, 셋째는 페미니즘, 탈식민주의, 포스트-모더니즘과 같은 시각을 적극 활용해 군사화 관련 권력 논의를 문화, 신체, 시간, 공간 등으로 넓혀 논의를 풍부하게 만들었다. 그럼에도 비판적 군사연구는 기후위기가 미친 영향에는 소홀해 온 것을 부인하기 어렵다. 또 미·중 전략경쟁과 우크라이나 사태에서 보듯이 재래식 전쟁이 전통 국제안보와 생태에 가하는 위협에 대한 논의는 비판적 군사연구에 도전으로 다가오고 있다. 이런 문제의식에서 군사화/군사주의 논의, 특히 인간들이 만들어낸 기존의 논의에 생태적 차원을 추가하는 것이 필요하다.

미국 정보당국과 군은 1980년대부터 환경문제가 안보에 미치는 영향에 주목하기 시작하여 1990년대에 들어 본격적인 연구에 들어갔다. 안보기구에서는 복잡하고 다층적인 환경 역사를 하나의 생태안보 이미지로 대체한다는 의식을 가지고 있는데, 이를 로버스 P. 마젝 (Robert P. Marzec)은 '환경성(Environmentality)'이라 부른다. 이는 환경에 대한 불안감을 증대시켜 국가 및 인간 안보의 증가를 정당화하려는 발상이다. 이른바 생태 군사주의는 17~18세기 영국에서 일어난 인클로저 운동, 즉 공유지에 대한 사유화, 감시, 환경조작에 대한 개념에 기원을 두고 있다. 대내적 사유화의 확장은 식민주의로 이어져 오늘날 테러리즘과 신자유주의의 토양을 일구었다. 인클로저 운동은 환경을 삶의 터전이자 공존의 파트너가 아니라 성장을 보장하는 군사적 사고와 맞물려 토지를 생산적인 형태의 국가 방어 수단으로 접근한 것이다. 생태 폭력이 군사주의와 관련되는 것은 자연을 정복의 대상으로 삼은 초기 발전주의 관념의 연장선상에서 기후변화를 안보 대상으로 접근해 군비와 안보기구의 역할을 증대하려는 대응과 직결된다.[61]

생태폭력은 그 주체를 구분하지 않는다. 가정과 기업은 물론 군대도 생태폭력을 가할 수 있다. 다만 그 폭력은 의도적인 경우와 그렇지 않은 경우로 나눌 수 있다. 가령, 군대가 초토화 작전을 벌이면 적군은 물론 민간인과 환경까지 피해를 입을 수 있다. 물론 이런 경우에도 민간인과 환경 피해는 예상할 수 있다는 점에서 예방하거나 최소화하려는 노력이 있어야 한다. 그와 달리 환경파괴를 군사작전의 일환으로 이용하는 경우도 있는데, 이는 명백히 고의로 환경을 파괴하는 행위로서, 결국 피아 구분을 막론하고 인간의 삶에 막대한 부정적인 영향을 미친다. 댐과 발전시설을 겨냥한 융단폭격이 그런 예인데, 이는 군대의 보급과 이동을 차단하는 목적도 있지만 생산기반을 대규모로 파괴해 민간인의 생명을 위협하는 의도를 갖고 있다. 과거 후세인 정권이 이라크 남부 습지대를 불모로 만들어 현지 소수민족의 삶을 황폐하게 만든 것도 멀지 않은 사례이다. 러-우 전쟁에서 자포리아 핵발전소의 안전이 위협받고 있는 것도 마찬가지이다. 문제의 심각성은 생태폭력이 전시만이 아니라 평시에도 군비경쟁이나 기업의 이윤추구 때문에 선진 과학기술이 가해지는 만큼 일어난다는 사실이다.[62] 그러나 그런 사실은 그 막대한 영향만큼 널리 알려져 있지 않다.

분쟁으로 위험이 가중되는 핵발전소

출처: 픽스베이

    기후 변화에 이어 기후 위기, 나아가 그것이 지구촌의 '실존적 위기'로 인식되는 오늘날에 이르러 기후 문제는 더 이상 여유 있는 북구 환경운동 단체의 전유물이 아니다. 군사와 기후문제와의 연관성에 관한 관심이 일어나는 것도 그런 배경에서다. 사실 둘의 연관성에 관한 연구를 주도하는 곳이 바로 미국 국방부이다. 아미타브 고시(Amitav Ghosh)는 기후 위기와 군사주의의 밀접한 관계를 고찰한 드문 연구자이다. 그는 미국은 괌과 디에고가르시아로부터 중동 곳곳에 촘촘히 들어선 군사기지의 의미를 살펴보았다. 고시는 세계 각지에 있는 미군 기지들이 전략상 중요한 길목, 즉 초크 포인트(choke point)를 감시하고 있다고 평가한다.[63]

    엘리자베스 델로리(Elizabeth DelLoughrey)는 "미국의 에너지 정책은 점차 군사화하기에 이르렀는데, 지구상 최대 규모인 미 해군이 그것을 단단히 뒷받침해주고 있다"고 말한다. 마이클 클레어(Michael Klare)에 따르면, 2003년 이라크 전쟁은 미군이 "송유관, 정유소 그리고 중동 및 기타 지역의 적재 시설을 보호하는 세계적인 석유보호 서비스"를 변호하는 계기가 되었다. 그러나 석유 흐름의 통제가 지니는 전략적 가치가 미국의 에너지 수요와는 별 관련이 없다는 것이 고시의 판단이다. 미국이 세계적인 석유 보호 서비스 제공자로 거듭난 시기는 미국이 수입 석유에 대한 의존도를 낮추는 방향으로 나아가던 때였다고 보기 때문이다. 오히려 전략적으로 중요한 것은 경쟁국에 대한 에너지 공급을 거부할 수 있는 능력이라는 것이다.[64]

여기서 관심사는 미국의 초크 포인트 통제정책의 목적이 아니라 그 결과, 특히 생태적 영향이다. 미 국방부는 단일 기관으로서 미국에서, 나아가 아마도 세계에서 가장 많은 에너지를 소비하는 곳이다. 미군부는 방대한 규모의 차량·군함·항공기를 보유하고 있다. 그중 차량과 일부 무기체계는 평상시에도 훈련과 유지를 위해 그리고 900개에 이르는 미국 내 군사 시설을 타국에 있는 약 1,000개의 군사기지와 연결하고 있다. 1990년대에는 미군의 3개 부문[65]이 연간 대략 2,500만 톤의 연료를 소비했다. 이 수치는 미국 총 연료 소비량의 20%를 넘고, 전 세계 상업용 에너지 소비량 2/3보다 많은 규모이다. 이런 활동은 다른 환경상 비용을 초래하는데, 군사 장비 가동을 위해 많은 종류의 유독성 화학물질을 써야 하기 때문이다. 결과적으로 미 국방부는 미국의 상위 5대 화학사를 다 합친 것보다 많은 연간 50만 톤의 독성 폐기물을 쏟아내고 있다. 물론 세계 주요 강대국들의 군대는 세계에서 가장 많은 양의 유해 폐기물을 생산하는 것으로 추정된다.[66]

미군은 기후위기를 초래하는 원인 제공자만이 아니라 그 피해에 노출되기도 한다. 미군도 기후위기 대처에 나설 이해관계가 존재한다는 것이다. 세계적인 기지 네트워크를 갖고 있는 미군은 기후위기의 영향에 직접 노출되어 왔다. 해수면 상승, 허리케인, 산불과 가뭄 등 미 군사시설이 받는 기후위기의 형태는 다양하고 그 정도가 높아지고 있다. 2019년 미 국방부는 수십 개의 시설이 진즉부터 기후변화에 영향을 받아왔다고 보고했다. 그 시설들 가운데 53개는 거듭되는 물난리, 43개는 가뭄, 36개는 산불 그리고 6개는 사막화로 피해를 입었다. 미군은 그러나 화석 연료와 군사력 간의 근본적인 연결고리를 끊을 묘수를 찾아내지 못하고 있다. 헬리콥터나 초음속 제트기에 공급하는 전력을 비롯해 미 국방부의 운영에 쓰이는 에너지의 70% 이상이 제트기 연료이다.[67]

군사화에 의한 생태 위협 책임이 미국만이 아닌 것은 충분히 예상할 수 있다. 러시아는 지금까지 청정지역으로 알려져 있는 북극 인근 바렌츠해를 군사화하며 생태계 훼손을 초래하고 있다. 「가디언(Guardian)」지의 탐사 결과, 러시아는 지난 6년 동안 바렌츠해 군도와 콜라반도에 475개의 군사시설을 설치한 것으로 밝혀졌다. 바렌츠해 일대는 세계적으로 손꼽히는 해양생물종 다양성이 풍부한 곳이고, 육지는 도로가 나지 않는 원시지역이 남아있을 정도이다. 그런데 군사훈련과 군사시설 설치로 이 지역과 해역은 광범위한 오염의 위험에 처해지고 있다. 여기에 러시아가 중국 선박의 바렌츠해 진출을 허용해 해양교통도 혼잡해져 생태 파괴의 우려를 더해주고 있다. 러시아는 우크라이나 침공으로 서방 경제로부터 단절당하면서 심각한 손실을 겪고 있다. 이를 벌충하는 한 방편으로 러시아는 중국이 바렌츠해를 이용하도록 하고, 나아가 그 일대에서 중국과 해양감시 공동훈련 협정도 체결하였다.[68] 북극 해빙이 녹아가면서 북극 영유권 및 항로 개척 경쟁이 시작되었다. 위 사실은 북극 일대에서 군사화와 생태 위협이 현실로 점점 다가오고 있음을 보여주는 징후이다.

이제 눈을 돌려 군사주의적 방식으로 추진하는 경제 발전이 생태계에 미치는 영향을 살펴볼 차례이다. 경제 발전은 말 그대로 경제적 이익을 추구하기도 하고, 때로는 국가 위신 제고의 방편으로 진행하기도 한다. 개도국에서 추진하는 고속도로와 대형 댐 건설 사업이 그 전형적인 예이다. 그 사업의 목적과 규모를 고려할 때 정부의 일방적 결정과 속도감 있는 추진 필요성 등으로 경제발전은 군사주의에 널리 노출된다. 롭 닉슨이 그런 사례를 '느린 폭력'이라는 개념으로 추적한 바 있다.

아룬다티 로이(Arundhati Roy)는 인도의 핵실험과 나르마다 계곡 댐 건설을 다룬 두 에세이를 짝지음으로써, 대형 댐 건설을 폭력의 범주에 포함시키고자 했다. 나중에 네루 총리도 댐 건설을 후회했지만, 로이는 인도의 원대하고 자신만만한 근대성이 눈에 보이지 않는 국가적 배제 이야기를 동반하는 방식에 집중했다. 그의 근대성 탐구는 규모의 정치학과 비가시성의 정치학을 향한 끈질긴 관심과 떼려야 뗄 수 없는 것이었다. 인도 환경운동가들의 분노는 댐 건설을 위해 수몰된 지역의 인간과 동물 그리고 자연의 피해를 직접 겨눈다. 여기서 알렉시예비치는 제2차 세계대전 중 독-소 전쟁 때 일어난 비참한 사건을 겹쳐놓는다. 독일의 레닌그라드 봉쇄 기간 중 봉쇄지역의 소련 민간인들은 기아에 허덕이다가 동네 고양이와 개를 잡아먹었다. 훗날 이들은 이렇게 후회한다. "레닌그라드에는 많은 기념비가 있어요. 하지만 반드시 있어야 할 한 가지가 없답니다. … 그것은 바로 봉쇄 시기의 개에게 바치는 기념비에요. 사랑스러운 개야, 용서해다오."[69]

인도의 수몰 지대는 이른바 군사전략에 의한 피해 지대와 본질적으로 다를 바 없다. 애국심과 과학기술을 버무린 발전 담론은 장소를 전치함으로써 거주민을 잉여인간으로 바꾸기 위한 발판을 마련한다. 근대성의 성취를 과시하는 거창한 기적으로 메가댐의 매혹적 이미지 옆에서 이 잉여인간들은 거의 눈에 띄지 않는다. 로이는 사르다르 사로바르 댐 건설이 "전쟁으로 공식 인정되지 않는 전쟁"을 수반한다고 주장했다. 겉으로 드러나는 것으로만 보면 이 전쟁에 피해 입

은 사람은 존재하지 않는다. 피해자들이 아예 통계의 대상에서 배제되었기 때문이다.[70]

선주민들이 조상 대대로 삶아온 삶의 터전에서 쫓겨나고 그 땅이 성장을 명분으로 한 개발에 내맡겨지는 일에도 군사화는 효과적인 추진방식으로 채택된다. 정부와 기업이 협력해 진행하는 것이다. 볼커 튀르크(Volker Türk) 유엔 인권최고대표는 2023년 들어 몇 개월 동안 콜롬비아, 에콰도르, 베네수엘라, 케냐를 순방해 선주민들과 대화한 결과를 이렇게 말했다. "채굴산업이 환경과 선주민의 권리에 미치는 원칙 없는 파괴적 영향"을 설명하고 "조상 대대로 살던 따아에서 쫓겨나고 영토가 군사화되었다." 국제노동기구(ILO) 통계에 따르면, 선주민은 전 세계 인구의 6%를 조금 넘지만 세계 빈공층의 약 1/5을 차지한다고 한다.[71] 그런 결과에 성장지상주의와 군사주의가 기여한 것은 아닐까?

닉슨은 다시 걸프전을 호명해 군사주의의 생태 폭력을 검토한다. 그는 걸프전에 대한 이야기들이 상반됨을 알고 있었다. 한편에서는 승리를 향해 씩씩하게 달려간 명쾌한 이야기가 펼쳐졌다. 다른 한편에서는 느린 폭력에 관해, 더없이 복잡한 과학적 증거와 위험 정치학에 관해 품이 많이 드는 장황한 이야기가 전개되었다. 결말이 열려있고 불확실한 후유증의 생태학에 관한 이야기다.[72]

'정밀타격', '국부공격', '스마트전쟁', '열화우라늄' 등과 같은 (완곡)어법은 최근의 최첨단 충돌을 정당화하는 데 기여하고 독성물질 및 방사능물질에 의한 장기적 파급력을 은폐해준다. 1997년에는 약 1만 명의 걸프전 참전 미군들이 질병에 걸렸다. 8년이 지난 2008년에는 그 수가 무려 17만 5,000명을 넘어섰다. 이른바 '평화유지군 증후군'이 엄청난 크기로 발생한 것이다. 열화우라늄의 인기가 높은 이유는 가격이 저렴하고, 유독 폐기물을 재활용할 수 있고, 금속의 밀도가 침투력을 높여주기 때문이다. 열화우라늄은 화학적 물질로서의 효과와 방사능 물질로서의 효과를 갖는데, 이 둘이 서로를 강화해주고 직접적 피해를 입은 세포 주변에 있는 세포들에게도 간접적 손상을 일으킨다.[73]

2003년 이라크전에서 미국과 영국군이 1991년 걸프전보다 한층더 많은 양의 열화우라늄탄을 사용했고, 사용 지점은 주로 인구 밀집지역이었다. 군훈련 매뉴얼에 미군은 열화우라늄탄 사용 지역의 반경 75야드에 들어갈 경우를 위험으로 간주하고 있다. 그러나 이라크 민간인들은 그런 안내를 받지 못했다. 결국 이라크 민간인과 미국 군인모두 심각한 후유증을 겪었다. 2003년 5월 작전 직후, 미군은 가이거계수기로 이라크 전역의 여러 지점을 측정하기 시작했는데, 이라크 공화국궁 주변 방사능 수치는 자연 수준에 비해 무려 1,900배 높았다. 닉슨은 이런 전후 '느린 폭력'이 국내와 국외의 경계를 유지하기란 불가능하다고 말한다. 그 피해는 현지 민간인은 물론 승리한 군인들에서도오랫동안 나타난다. 승리한 군인들도 대다수가 세계의 남쪽 빈곤지역(소위 글로벌 사우스, Global South)의 사람들이 겪는 운명과 궤를 같이한다.[74] 이는 군사화와 기후위기가 결합된 오늘날 적대세력만 피해를 당하는, 소위 통제가능한 군사화란 불가능함을 강력히 시사한다. 국제사회가 목표로 하는 산업혁명 이전 기온의 1.5℃ 이상 상승 억제가 무너지면서 기후위기도 통제 불가능 상황에 진입하고 있다.[75]

이제 근본적인 질문을 할 때가 되었다. 자본주의가 지배하는 오늘날 군사화와 산업화가 인류와 인류의 삶의 터전을 지속가능하게 할 수있는가? 어떤 방식으로든 말이다. 정치철학자 낸시 프레이저(Nancy Fraser)는 비관적인 전망을 내놓는데 그 이유가 설득력 높다. 자본주의는 자연을 수탈하며 제 살을 깎아왔다고 보기 때문이다. 그가 이를 '식인 자본주의'라 말했는데, 그것은 자본주의의 특정 유형이라기보다는 자본주의의 속성, 즉 생태 수탈의 성질을 지적한 것이다.

프레이저는 자본주의의 제 살 깎아 먹기를, 자연을 생산 투입물의 원천이자 생산과정에서 배출된 폐기물을 버리는 하수구 역할로 이용하는 것이라 말한다. 일찍이 마르크스주의 정치경제학자 로자 룩셈부르크(Rosa Luxemburg)는 이를 자본이 자연을 '병탄'한다고 지적한 바 있다. 자연은 자본을 위한 자원이 되는데, 그 가치는 전제됨과 동시에 부인된다. 자본 회계에서 자연은 마치 비용이 제로인 듯이 처리된다. 그래서 아무런 수선이나 보충도 없이 무상으로 혹은 헐값에 전용되는데, 이런 행위의 전제는 '자연은 스스로 무한히 회복할 수 있다'는 전제이다. 그 결과 자연은 상품 생산과 자본 축적의 또 다른 필수조건이 되고 이를 놓고 또 다른 제 살 깎아 먹는 짓이 벌어진다.[76]

자본 축적과 상품 생산을 위해 자연을 무단 전용하는 것은 자본주의 사회에서 보이지 않지만 폭넓은 공감대를 얻어왔다. 자본주의는 무한 생산과 무한 소비의 동시 진행에 기반하므로 자연 전용은 자본가는 물론 소비자까지 지지하는 바이다. 그런데 그것은 자연의 입장에서 일방적으로 전개된다는 점에서 군사주의적이다. 자본주의 사회의 등장 초기 마르크스가 발견한 바와 같이 자본은 토지 인클로저를 통해 기존의 자연을 시장화하였다. 이제 신자유주의 단계에 접어든 자본주의는 더 많은 자연을 더 깊이 자본으로 끌어들이고 있다. 이 새로운 인클로저 대상에는 희귀광물과 물, 터미네이터 씨앗, 심지어 환경주의까지 포함된다. 그 과정에서 국가나 국제규범은 공적 규제를 하지 못하고 초국적 금융자본의 조직적이고 거침없는 자연의 자본화를 방관할 뿐이다. 다만, 새로운 인클로저 과정에서 북반구는 탈물질화되면서 자연이 일부 보전되는 반면, 남반구는 극도의 훼손과 착취를 당하는 차이가 발생한다.[77] 그러나 종국적으로 자본의 자연 수탈이 지역별로 구분할 정도의 관리 능력을 보여줄지는 남극·북극에 가보지 않고도 충분히 예상할 수 있을 것이다.

이제 군사주의는 권력과 자본에 정당성을 높여주면서 인간들이 만들어놓은 재화와 서비스는 물론 그 터전인 지구 생태와 우주로 뻗어나가고 있다. 그래서 군사주의의 분석 수준도 전통적인 논의를 넘어 초국적, 초지구적 차원으로 나아가야 할 것이다. 군사주의의 분석 수준이 더 복잡해짐에 따라 군사주의의 성격 규명도 보다 풍부해질 것이다.


## 3. 신자유주의적 군사주의

이 장에서는 행위자, 영역, 차원을 아우르는 군사주의의 트라이앵글을 가장 잘 구현하고 있다고 간주할 수 있는 신자유주의적 군사주의를 자세히 알아보고자 한다. 여기서 자유주의는 사회 발전을 권위와 집단보다는 개인의 자유와 경쟁을 중시하는 사상을 말한다. 다만, 고전적 자유주의에 비해 신자유주의의 특징은 경쟁이 자연현상이 아니라 사회의 원리, 내적 논리이고, 그것은 경제적 통치가 아니라 사회의 통치라는 점이다. 신자유주의 이론가인 프리드리히 하이예크 (Friedrich Hayek)는 경쟁은 모든 개인 활동을 조화롭게 하는 방법이고 그것을 최대한 활용해야 한다는 것이 자유주의자라고 말하였다. 신자유주의에서 경쟁은 자연스러운 것이 아니라 그것을 보장하기 위한 개입이 필요하다는 것이다. 하이에크는 "경쟁을 유지하고 가능한 한 효과적으로 작동시킬 수 있도록 고안된 법제도가 확립되어여 한다"고 말했다.[78] 경쟁의 장애물을 제거하고 경쟁을 촉진하는 일에 군사주의가 역할을 찾을 수 있을 것이다. 자유주의적 군사주의를 다루는 이절 전반부는 이론, 후반부에서는 실제를 주로 다루고 있다.

## 1) 자유주의와 군사주의의 조우

냉전 시기 사회주의 진영의 군사주의를 제외하면 현대 군사주의를 자유주의적 군사주의에 틀에서 벗어나지 못한다 해도 과언이 아니다. 선진 자본주의 국가들은 물론 후발 혹은 저발전 국가들은 패권국의 정치·군사적 영향은 물론, 그 문화·이념적 차원에서도 깊은 영향(심하게는 종속)을 받아왔는데, 그것이 바로 자유주의 이데올로기이다. 여기서 자유주의는 개인의 소유권과 자유로운 경제활동을 중시하고 그것을 향유하고 지속시키는 제반 노력을 지지하는 주의주장을 말한다. 자유주의는 봉건체제의 속박에서 벗어나 개인의 자유를 옹호하고 그것을 역사와 사회 진보의 원동력으로 보는 시각이다. 결국 자유주의는 자본주의 체제의 등장을 예비할 뿐만 아니라 그 각종 장애물들-집단주의, 권위주의, 고립주의 등-을 헤쳐나갈 논리를 제공해준다. 자유주의를 경제적으로 옹호하는 것이 자본주의요, 그 반대세력을 물리치고 나아가 자유주의를 물리적으로 확장시키는 것이 군사주의이다. 자본주의는 군사주의의 물리력과 군수산업의 과학기술에 의해 발달하고, 군사주의는 자본주의의 경제력의 지지를 받아 뻗어간다. 자본주의와 군사주의를 연결짓고 긴밀한 상호작용을 전개한 힘이 20세기 중반까지는 산업화이고, 그 이후에는 세계화와 정보화이다. 물론 임마누엘 월러스틴(Immanuel Wallerstein) 같은 세계체제론자들은 냉전 시기 사회주의 진영도 자본주의 세계체제의 일부로 본다. 그럼에도 여기서는 냉전 시기 진영 대결이 정치·이념·군사 등에 걸쳐 전개되었음을 근거로 자유주의와는 거리가 있는 실체로 간주하고 있다.

냉전이 해체되고 자본주의 경제가 본격적으로 세계화되는 시점에 이르러 기존 국가와 자본 사이 국가 우위의 동맹은 자본 우위로 변화한다. 세계적 차원에서 자본의 이윤 극대화 노력에 국가와 군대는 자본의 하위 파트너로서 자신의 역할을 재조정한다. 새롭게 조정된 역할이란 미/저발전 지역과 분쟁지역을 포함해 그 어떤 경우에도 자본의 진출을 국가와 군대가 보장하는 것을 말한다. 이때 해당 지역의 대중은 인도주의와 해방의 대상이 되기는 하지만 생존과 발전의 주체로 인정되지는 않는다. 그때 대중은 해당 지역 공동체의 집합적 실체로서의 의미를 해체당하고 '자유로운' 개체가 된다. 해당 국가의 정부는 다국적 자본의 투자와 기업활동에 협력하지 않는 이상 여러 명목으로 공격의 표적이 된다. 자유주의적 군사주의가 부상하는 것이다.

자유주의 문명화론은 인간 이성에 대한 믿음을 바탕으로 그 이성의 자유로운 운동에 의해 사회와 역사가 발전한다는 주의주장이다. 이성의 자유로운 운동이란 일체의 권위를 부정하고, 대신 사상의 자유, 경제활동의 자유, 자유경쟁 등을 말한다. 이런 이론이 현실에서 가령, 비자유주의적 문명권과 대면할 때 자유주의 문명화론은 어떻게 적용될까? 사실 이 질문은 '자유주의' 대신 어떤 주의주장, 가령 사회주의나 근본주의 등을 대입해도 성립 가능한 질문이다. 여기서 '대변(representation)의 정치'가 등장하는데, 그 수단으로 법과 경제는 물론 폭력이 호명될 수도 있다. 현대 서양의 전쟁에서 적군은 전쟁포로로 취급되지 않고 고문과 같은 폭력적 관행이 정당화되기도 한다. 자유주의적 문명화의 이름으로 취해지는 폭력은 자체의 원시주의를 노출한다. 서양이 관여한 현대 전쟁 사례들을 보면 군사적 실천이 적에 대한 원래의 대변(잔인한 처리의 대상, 곧 악마로서의 적)을 생산하는 것이다.[79]

자유주의 시각에서 세계평화를 구상할 때 널리 회자되는 사고가 자유의 확산이다. 온갖 속박으로부터의 해방을 쟁취해가는 인간은 사유와 경제, 정치 등 모든 영역에서 자유로운 활동을 추구한다. 냉전시기부터 오랜 기간 미 의회는 각종 적성국을 제재·압박하기 위해서 해당국(의 정권)을 대상으로 예를 들어 '쿠바 해방법', '이라크 자유화법'

을 제정해왔다. 현재 재정되어 시행하고 있는 미국의 북한인권법도 처음에는 '북한자유화법'으로 상정되었다가 내용을 완화시켜 제정한 것이다. 자유 활동을 안정적으로 전개하는 가운데 자유시장 및 자유무역을 확대하면 그 국제적 연합으로서 민주평화를 성취할 수 있다는 것이다. 민주평화론은 그러나 민주평화가 평화적으로, 자연스럽게 달성하기 어려운 경우도 있음을 인정하는데 비민주국가들이 존재하기 때문이다. 민주국가 대 비민주국가의 관계가 지속되고 상호 적대관계가 제도화되어 민주국가 내에서도 비민주적 요소들이 발생할 수 있다. 그런 영향과 현대전쟁의 성격 변화로 자유주의 이념을 구현하기 위해 군사적 방법을 동원할 필요가 높아질 수 있다. 냉전 해체 시기 발칸반도에서 일어난 세르비아 밀로세비치의 '인종청소'에 대응해 NATO가 폭격을 가한 일종의 평화강제, 이라크 후세인 정권의 독재에 맞서 보호책임(R2P) 논리로 제재와 군사행동에 나선 것이 전형적인 예이다.

자유주의적 민주평화 담론은 자본주의 민주국가들 간 상호의존과 통합의 비전을 지지한다. 이 평화지역은 반자유주의적 무질서와 폭정으로 특징지어지는 무정부 지역과 대조된다. 현대 안보 논쟁은 '실패국가', '불량국가', '신형 전쟁', 범죄 및 무질서에 관한 담론이 지배한다. 이런 담론은 엘리트들의 관심을 전통적인 안보에서 자유주의적 질서에 도전하는 신형 위협들로 이동시킨다. 그 결과 국경을 비롯한 재래의 모든 경계를 허물고 '모든 곳에서의 전쟁(everywhere war)'을 수행하는 것이 자유 시민의 임무로 요청된다. 그 결과 패권국은 지구촌의 안전, 즉 자유주의적 질서를 유지하기 위해 군사주의에 구원의 손길을 보낸다.[80]

자유주의가 인간의 합리성과 사회 진보를 지지하지만 그 최고 결실인 핵무기에 직면할 경우 심각한 의문에 직면한다. 억지(抑止)로 정의되는 미래와 관계하고 대신 핵무기의 파괴성에 침묵하는 것은 미래에 대한 인간의 책임성을 게을리하는 것이다.[81] 여기에 더해 핵무기 개발의 주체를 선정하고, 그 사용 대상을 결정하는 데 편파성이 발생한다. 전자는 핵확산금지조약(NPT) 체결을 계기로 한 핵비확산 체제에서, 후자는 미국의 일본에 대한 원폭 투하 결정에서 잘 나타난다. 또 핵비확산 체제를 결성한 기성 핵국가가 핵무기 개발 및 이용에 대한 책임에는 침묵하고 '핵없는 세계' 혹은 '비핵화'를 주창하는 데서는 자유주의적 시각의 한계(혹은 위선)를 목도하게 된다.

고전적 자유주의에 비해 신자유주의의 특성을 감안한다면, 신자유주의는 개입을 전제하고 자유로운 이익 극대화를 위해 군사주의와 동맹을 맺는다. 신자유주의는 군사주의와 결합해 경쟁의 장애물을 제거할 뿐만 아니라, 국가는 물론 개인적 차원에서도 경쟁을 적극 장려한다. 국가와 개인 그리고 가정을 신자유주의로 전환시키는 연결망으로 군인과 군인가족은 대단히 가치가 크다.

레이 스패너(Leigh Spanner)는 카나다 군대를 사례로 국가가 신자유주의 논리로 군인 배우자에 거는 젠더화된 기대를 분석한다.[82] 그것은 애국심과 남편에 대한 헌신을 요구하는 타 군사화 전략과 다르다. 신자유주의적 시민의 질을 보증한다는 회복력과 기업가주의에 대한 국가적 차원의 지원은 적극적 군인 배우자를 이상형으로 그리고 그런 이상형이 복지를 보장하는 수단으로 만들어낸다. 현대 군사화 과정이 일어나는 신자유주의적 논리는 군인 배우자가 카나다 군을 지지하는 여성화된 노동을 더 잘 수행할 조건을 창출해낼 것을 요구하고 또 장려한다는 것이다. 예를 들어, 정신준비태세향상 프로그램(Road to Mental Readiness: R2MR)은 카나다 군이 군 회복력을 제도화한 것 중 가장 활발하고 폭넓은 프로그램인데, 군인과 그 가족들이 직면할 도전에 정신적 준비를 시키는 것인데, 그 목적은 "단기 수행과 장기 정신건강 성과 증진"이다. 회복력 있는 군인은 회복력 있는 배우자에 의해 지원받고, 군의 작전준비태세, 특히 9/11 테러 이후를 특징짓는 다양한 배치에 적응할 능력을 증진시킨다. 위 정신준비태세향상 프로그램의 주요 방법은 단기 수행과 장기 정신건강 증진이다. 회복력과 같은 신자유주의적 합리화는 개인이 자신의 복지에 책임을 지도록 만든다.[83] 군 배우자들의 헌신과 비지불 노동에 기반한 군 돌봄치료사를 지원활동은 군대의 건강과 회복력을 재생시키고 안전하게 하고 배우자의 책임감을 재확인시키는 군사화 전술로 장려된다. 또 카나다 군의 최근 배우자 채용 자원과 프로그램은 기업가정신을 군 배우자들에게 심어주는 것을 목적으로 한다. 가정에서 할 수 있는 일감은 군생활의 이동성과 양립가능하고, 군인 배우자의 사회활동 욕구를 착취하고 가정을 군사화하는 결과를 초래할 수 있다.

## 2) 확장하는 군사주의

자유주의적 군사주의의 출발은 국제질서를 이분법으로 보는 것이다. 왜냐하면 아무리 약육강식의 논리가 횡행하는 국제질서라 하더라도, 민주평화라는 시각에서 세상을 친구와 적으로 나누는 절차는 정당성을 만들어주기 때문이다. 개인의 자유와 그 법적 구현으로서 법치와 경제적 구현으로서 시장경제는 선이고 정의이다. 그러면 선으로 간주되지 않은 모든 주의주장과 정치적 실체는 악이 되는 것이다. 자유주의적 평화를 구현하기 위한 '정의의 전쟁'은 역사에서 선이 악을 구축(驅逐)하는 불가피한 행동이다.

역사 현장에서 선과 악으로 뚜렷하게 구분되는 경우는 대단히 드물다. 결국 자유주의적 평화를 위한 정의의 전쟁, 더 줄여 평화가 전쟁이라는 논리는 모순에 직면한다. 따라서 '정의의 전쟁'론은 보다 현실성을 갖출 필요가 있는데, 인도주의적 개입을 정당화하는 논리로 덜 사악한 악마도 그런 노력의 예이다. '덜 사악함(lesser evil)'의 원리에서 평화와 인도주의를 구현하기 위해서는 평화적이고 인도주의적인 방식으로 접근해야 하는데, 현실에서는 폭력을 쓰지 않고는 평화와 인도주의를 구할 수 없는 상황이 비일비재하다. 그러므로 폭력을 제일의 정치적 수단이 아니라, 다른 평화적 수단과 더불어 불가피하게 적정한 수준으로 폭력을 사용해 목적을 달성할 수밖에 없다는 것이다. 정전론(正戰論)을 지지하는 측에서는 군사적 수단 사용에 대한 타당성과 효과성을 높이기 위해 비례성과 차별성, 최후의 수단 등을 제시하고 있지만 그에 대한 비판이 다각도로 제기되어 왔다.[84] '인도주의적 폭력', '자유주의적 폭력', '자유주의적 전쟁'과 같은 말이 여기서 만들어진다. 결국 '덜 사악함'의 원리는 여러 나쁜 선택지들 사이에서 딜레마에 빠진다. 그런 상황에 빠진 군인은 이렇게 말한다. "민간인 피해자수가 우리가 구한 사람 수보다 적으면 사격해도 좋다." 그리고 그것은 감정에 대한 이성의 우위로 평가한다. 그러나 그 증언은 문제가 있다. 아렌트의 말처럼 "덜 사악한 것을 선택한 사람은 그가 사악한 것을 선택한 것을 재빨리 망각하"기 때문이다.[85]

9/11 테러 이후 미국, 영국 주도의 서방국가들이 전개한 반테러 전쟁의 결정 요인 연구 사례들에서 '덜 사악함'의 원리가 작동함을 알 수 있다. 가령, 아프가니스탄(2001~2011), 리비아(2011), 말리(2013)를 공습한 프랑스 폭격기 조정사의 증언은 '비인간화'의 견지에선 전통적인 설명이 부분적으로만 이해가능함을 보여준다. 그 조정사는 때때로 그들이 죽일 사람의 얼굴을 보았지만, 그런 판단의 순간에도 공습할 의지를 변경하지는 않았다. 그 이유가 바로 인도주의적 목적을 달성하기 위해 폭력이 불가피하고 그것은 '덜 사악함'의 원리에 의해 정당화하는 것이다.[86]

영국 공군의 사례도 마찬가지인데, 관련 사례연구는 무기가 탈정치화된 대행자(actant) 역할을 하는지를 잘 보여준다. 아프가니스탄 공습에 참여한 영국 공군을 조사한 결과는 기술이 대행자 역할을 수행하는데, 기술이 공군의 역할과 적에 대한 대변을 실행하는 방식에 영향을 준다는 것이다. 이 연구는 공군의 군사기술이 타자를 비정치화된 적, 즉 기계로 파괴해야 할 표적으로 틀 짓는 데 기여함을 강조한다. 결국 기계와 무기가 중립적인 도구가 아니라 군사력 사용의 정상화에 참여하는 장치인 셈이다.[87] 여기서 중요한 것은 기계의 대행자 역할이다. 기계가 정치적 목적을 대행하는 역할을 확인하면, 적은 정치적 동기가 있는 사람이라기보다는 흔히 기술적으로 물신화된 라인에 따라 파괴할 대상으로 인식되는 것이다. 이는 여러 군사교본들에서도 확인된다.[88] '덜 사악함'의 원리에 따른 인도주의적 폭력은 기계의 도움으로 민간인 살상에 참여하는 군인의 마음을 가볍게 해줄 수 있을 것이다. 군산복합체와 주요 강대국들이 군사용 AI 드론 개발 경쟁에 뛰어든 것도 그 때문이다.

시장경제에 의해 발전이 이루어지지 않은 곳에 비통치 영역에 대한 통치성의 문제가 발생한다. 그러나 동시에 그곳은 자유주의적 평화를 해칠 잠재적 위험 지대이다. 가난과 불평등이 자유주의에 대한 위협이라는 자유주의자들의 우려는 수많은 역사적 사례들로 증명해 온 바이다. 그럼에도 자유주의자들의 가난 퇴치 방법은 자유주의 이데올로기에 갇혀 있는 듯하다.

마크 듀필드(Mark Duffield)는 발전을 '안보에 대한 자유주의적 문제' 혹은 자유주의 체제에서 잉여인구의 절멸에 대한 대안으로 이해할 것을 제안한다. 나아가 그는 저발전을 위험한 것으로 그리고 발전이 특정 의미의 안보사업을 잉태하는 것으로 이해한다. 듀필드의 논의에서 발전은 '자유주의적 평화'를 달성하는 일종의 통치양식이다. 그는 발전을 탈냉전기 안보 틀로 정의하는데, 그것은 직접적인 영토 통제와는 반대라고 파악한다. 딜런(Dillon)은 그런 자유주의적 평화와 관련된 '자유주의적 방식의 전쟁'에 관심을 둔다. 듀필드는 영토 권력과 정부 권력 간의 구별을 강조한다. 그와 달리 딜런은 어떻게 푸코가 이들이 상호연계하는 것으로 다루었는지를 상기하며, "이런 모든(정부적, 규율적, 주권적, 기타) 형태의 권력들 간의 복잡한 상호작용이 있음"을 주목한다. 인도주의는 반게릴라 전술을 완벽하게 해주는 하나의 '전장'이라는 지리적 상상이 일어난다. 그래서 인도주의 활동으로서 "해외 재난구호는 당신을 아직 쏘지 않은 것일 뿐 반게릴라활동"이라는 말이 나온 것인지도 모른다.[89]

자유주의적 군사주의는 주권, 영토, 지정학 등 전통적인 국가 간 전쟁만이 아니라 자유주의 이념과 관련된 이슈들에도 관여하면서 그 범위를 확대시켜간다. 인권을 비롯하여 인도주의, 민주주의, 발전 등 다양한 인적 차원(human dimension)에서 군대의 개입을 필요로 하는 것이다. 이때 유의할 점은 군대의 개입이 곧 물리적 폭력의 행사와 그 충돌로서 분쟁은 아니라는 점이다. 인적 차원에서 군대의 개입이란 군이 전통적인 임무만이 아니라, 인권 침해 중단, 선거 감시, 재난 구호, 발전사업 전개 그리고 인도주의적 활동 등 그 범위가 광범위하다. 물론 그 지향은 군이 대행하는 국가의 정치·경제·군사적 영향력 확대와 소위 국가이익의 극대화이다.

인적 차원의 문제들에 대한 군의 개입은 자유주의적 군사주의가 구현되는 영역이며, 그만큼 안보 개념의 확대를 가져온다. 듀필드의 신안보론도 그런 예이다. 신안보 우려란 전통적인 국가 간 전쟁 위협이 아니라, 저발전이 분쟁, 범죄화된 행동과 국제 불안전의 원천이 될 가능성을 말한다. 또 새로 재정립된 국제 권력 네트워크와 권위로 특징지어진 글로벌 거버넌스(global governance)가 새롭고 복잡한 발전-안보 넥서스를 확립한다. 그런 권위의 네트워크는 자유주의 평화관과 연관되고, 그런 영역은 사회 전환에의 헌신을 포함한 급진화된 발전 정치학의 특징을 보인다. 듀필드는 발전 정치학이 본격 전개되는 기점을 1980년대로 잡는 데 유엔의 난민 보고서, 레이건 정권, 세계은행 등이 신자유주 구조조정을 취한 때이다.[90] 그러나 듀필드도 인정하듯이 발전과 안보는 이미 근대화와 반게릴라전을 통해 연계되어 있었다. 근대화-반게릴라 넥서스는 자유주의적/비자유주의적으로 작동해 자본 축적을 확대하는 한편, 잉여경제의 특권을 보호한다. "자유주의 평화를 구성하는 네트워크와 복합체는 증대하는 자유주의적 전쟁 양식을 반영한다."[91]

이주는 이주자와 그 가족의 생존은 물론 이주 통제집단의 이익에도 직접적인 영향을 미친다. 기존에 전개되는 리비아, 시리아, 예멘 등의 내전에 우크라이나 사태가 겹쳐 유럽연합은 이주자 및 난민 수용 문제로 국가마다, 또 시기에 따라 일관되지 않은 반응을 보이는 것도 이익(판단)의 차이에서 빚어진다. 이주 위기와 전투를 분석 대상으로 삼아 그것이 이주민들에게 미치는 영향을 연구하는 경우, 초국적 대중에 관한 봉쇄의 '생명정치(biopolitics)'가 적절한 개념이 될 수 있다. 푸코의 생명정치 개념을 초국적 차원에 적용해 인도주의적 개입이 어떻게 이주자들의 자율적 이동을 통제하는지를 분석한다. 그리고 이동하는 개인과 초국적 대중에 영향을 주고 그들의 이주를 통제하려는 정치 기술을 분석할 수 있다. 여기서 생명정치를 이용해 두 과정에 주목할 필요성이 있다. 하나는 국가가 이주자들의 삶에 영향을 미치고, 둘째는 특정 생명정치가 바다 위 난민의 통치에서도 중요하다. 통제 개념을 통해 군사적 인도주의의 작동을 강조하려 하는데, 군사적 인도주의는 이동을 완전히 저지하지 않고 강제된 이동성의 채널을 통제하는 구조에 주목한다.[92] 또 반게릴라 활동이든, 해상구조 활동이든 거기에 반영되어 있는 인도주의적 담론과 실천, 법적 규제, 통

제의 군사전략은 역사적으로 후기 식민지 공간에서 자유주의적 전투 양식을 드러낸다.[93]

이상과 같은 인적 차원에서 전개되는 자유주의적 군사주의를 군대가 단독으로 전개하는 데는 한계가 있다. 이는 자원만이 아니라 정당성, 지속가능성과 같은 차원에서도 민간의 지지와 참여가 필수적이다. 그래서 군대의 활동 일부를 민간에게 양도할 수 있는데, 실제 민영화, 규제완화, 민군 협력 등의 이름으로 전개된다. 그 과정에서 분쟁 혹은 재난 지역 주민의 참여는 미미하거나 주변화되고 그 사업에 들어오는 군수기업 혹은 군과 계약한 민간기업이 이익을 적극 추구한다. 이렇게 여성을 비롯한 소수집단의 소외와 기업의 이익 추구 활동, 그리고 군의 역할 확대는 동시에 전개되는 것이다.

## 3) 개척자로서의 군사주의

페미니스트들은 신자유주의 안보시장을 만들어내는 다양한 남성성을 연구한다. 이론적 논의는 안보산업이 전통적인 안보관을 어떻게 재남성화 하고 가격을 책정하는지, 또 그 산업이 세계 군사노동 작업장을 재구성하는지 그리고 그것이 어떻게 폭넓게 젠더화된 신자유주의적이고 인종적인 사업을 통해 지성있는 것으로 보이게 하는지를 토의한다. 사회학과 민족지학에 바탕을 경험연구는 산업체의 남성을 주요 연구 대상으로 삼는다. 그런 연구에서 안보산업에서 남성성이 생성되는 방식과 연구자가 그것을 서술하는 방식 사이의 차이는 남아있다. 그런 차이는 다음 두 방식으로 다루어 볼 수 있다. 하나는 방법론적으로 젠더와 전쟁에 관한 페미니스트들의 연구를 사례로 재검토하는 것이다. 이를 통해 신자유주의 안보 시대에 군대 남성성의 지식생산의 문제를 제기할 수 있다. 둘째는 군대 남성성에 대한 패권적 관념이 신자유주의 시장 논리와 충돌할 때 어떻게 변하는지를 검토한다. 이를 통해 시장가치와 안보 노동의 가치매김이 어떻게 고객과 업체 사이에서 젠더화되는지를 보여준다. 이런 접근이 물론 패권적 남성성이 반영된 전통적인 안보 시각에 특권을 부여하는 것은 아니다.[94] 그럼에도 자유주의적 군사주의가 군의 민간 영역 침투, 군사활동의 민영화 그리고 젠더 및 인종 차별을 동반함은 부인할 수 없는 사실이다.

비통치 공간은 자유주의적 군사주의의 호재이다. 그런 공간이 자유주의 이데올로기를 구현하고 확대할 기회의 땅이기 때문이다. 대체로 비통치 공간은 인권 탄압과 부패가 만연하고 가난에 빠져있고 거기에 전제통치가 자행되고 있는 곳으로 가정한다. 그런 곳에 자유주의 이데올로기가 희망의 풍선을 만들어줄 수 있지만 그것만으로는 대중의 마음을 살 수 없다. 제Ⅲ부에서 길버트를 인용하며 돈이 효용성 높고 힘 있는 무기체계임을 토의하였다. 이 둘이 힘을 합치면 비통치 공간은 자유주의 지대로 상전벽해(桑田碧海)할 수 있다. 다만, 비통치 공간의 변신이 민주주의와 인권으로 꽃피워질지는 아래 킬란 맥코맥(Killan McCormack)의 논의를 들어보면 낙관하기만은 어렵다.

통치되지 않는 도시 공간은 위협의 씨앗을 뿌리는 땅으로 틀 지워지기도 한다. 한 미군 문서에는 "도시 지역이 (폭력적 극단주의의) 피난처가 되고 테러분자, 반란자 혹은 범죄조직의 기지를 제공한다"는 묘사가 있다. 그런 이해는 반테러전쟁 초기 미국 국가안보기구 내 세계의 연계성과 통합에 관한 담론과 대조를 이룬다. 현 미국의 국가안보 전략은 이런 신자유주의적 세계 통합 목표에 의해 보강된다. 비통치 공간에 대한 대안으로 제시되는 통치 방법은 시민-국가 관계를 장려하고 법치를 명분으로 한 미군의 공간 통제이다. 그러나 푸코의 통치성 개념에서 보면, 이런 식의 민주주의 및 시민권에 대한 초점은 통치되지 않는 공간의 시민들을 상대로 자유주의적 주체성을 생산하는 노력으로 보인다. 이는 시장 중심 논리에 의해 안내되는 주체성으로서 책임 있고 합리적이고 기업가적인 개인을 장려해 신자유주의적 세계 통합이라는 더 넓은 국가안보 전략으로 향한다. 미첼 딘(Mitchell Dean)은 정부가 주조한 개인화된 실천을 '시민권 기술'이라고 부른 바 있다. 시민권 기술은 강조점을 사회적 권리에서 사회적 의무로 이동시키고 적극적이고 자유로운 시민상을 제시한다. 이때 시민은 정보에 밝고 책임 있는 소비자, 공동체 및 조직의 구성원, 민주화를 추구하는 사회운동가, 자신의 위험을 통제할 줄 아는 행위자 등으로 간주된다.[95]

적어도 맥코맥에게 신자유주의 이데올로기는 개인주의와 금권정치로 보인다. 그런 이데올로기의 영향하에 시민권은 원자화되고, 사적 개인과 공적 공간 사이의 법적 관계는 급변하고 점점 더 많은 개인의 공간이 공적 공간에 비해 우세하게 된다는 것이 그의 판단이다. 기업뿐 아니라 신자유주의적 시민은 더 큰 책임을 가정하고 국가 서비스 부족을 자기 규제로 벌충한다. 나아가 공동체와 시민적 관여를 통한 상호 사회적 관계의 잠재력도 점점 침식되고 쪼개진다. 기억할 만한 점은 정부 정책이 항상 성공하지 않는다는 점이다. 물론 발전정책에 생산적인 측면이 있지만, 무엇이 개혁가와 시민을 구성하는지 그리고 누가 정치공동체를 구성하는지는 검토하지 않는다. 미군이 민군 활동을 전개하면서 시민적 조건을 강조하는 것은 미군의 영향력과 통제력을 확대하는 데 유용할 수 있다.[96]

계속해서 길버트가 언급되는데, 그는 '기업가적 방식의 전쟁'이란 용어를 고안해냈다. 미국의 반게릴라전과 안정화 노력이 그 전형적인 예이다. 그런 움직임은 표적 민간집단을 상대로 장려하는 특정 신자유주의적 주체성과 관련있다. 이는 다른 차원의 국가안보기구들의 노력, 즉 통제를 확대하고 비통치 공간을 통치하고 대중을 시장의 확대와 세계의 신자유주의적 통합에 호의적으로 만든다. 2010년 미 대통령 정책명령은 "경제 성장이 발전을 촉진하고 가난을 퇴치하는 유일한 지속가능한 길"이라고 말한다. 거기서 경제성장은 탈정치화되는데, 취약하고 실패한 국가에서 전개되는 신자유주의적 발전정책의 유제와 관련 있지만 그런 문제는 고려되지 않는다.[97]

## 4) 군사주의의 제도화

앞서 자유주의적 군사주의를 개괄하면서 그 정향과 수단을 살펴보았다. 그 가운데 자유주의적 군사주의의 평화적 성격, 민군 협력을 특징으로 거론하였지만, 그것이 여의치 않을 때 폭력적 성격을 숨지지 않음을 지적해둘 필요가 있다. 이점에 관해서는 브라이언 메비(Bryan Mabee)의 논의가 탁월하다. 메비는 자유주의와 전쟁의 연관성을 제도적 군사주의론으로 설명하고 있다. 그는 자유주의적 전쟁을 보다 폭넓은 전쟁의 사회적 역동성과 연계시켜 이해한다.[98]

메비는 군사주의를 군사적 개입을 넘어 자유주의적 전쟁을 역사화·제도화시키는 수단으로 간주한다. 현대화에 대한 자유주의적 접근은 미국 외교안보정책의 열쇠로서, 그것은 '군 현대화'의 일환이라는 것이다. 그는 관련 선행연구를 검토하고 있다. 많은 비판적 안보연구는 미국의 반테러 전쟁을 미 제국주의의 확대이자 신자유주의적 축적의 새로운 공간 창출[99] 혹은 신자유주의적 통치성과 생명정치의 확대[100]로 간주한다. 그런 연구는 많은 통찰력을 주지만 신자유주의적 전쟁의 제도화에 관한 더 긴 역사적 시각이 부족하고, 전쟁의 폭력성에 치중하는 대신 그것과 폭넓은 사회구조와의 연계에는 소홀하다. 메비에 따르면 자유주의와 전쟁은 군사화에 관한 역사사회학으로 잘 검토할 수 있는데, 이 학문은 군사주의를 역사적 현상으로 위치 짓고 그 특정 동학을 정치·사회·경제의 제도적 특징과 연계한다. 마이클 만

(Michael Mann)이 지적한 것처럼 군사주의를 "전쟁 및 전쟁 준비를 규범적이고 바람직한 사회 활동으로 간주하는 일련의 태도와 사회적 실천"[101]으로 보는 것이다. 그에 따르면 자유주의적 군사주의가 초점을 두는 것은 역사적으로 팽창적이고 공격적인 이념과 기술, 능력에 기반한 전쟁이고, 자유주의적 정치경제와 연계된 개입에 기반한다. 전쟁이 비자유주의적 문제 해결을 추구하는 현대화 작업의 일부라는 것이다. 이상과 같은 이론적 검토하에서 메비는 자유주의적 군사주의 개념을 미국에 적용해 그것이 냉전과 그 이후 현대화의 군사적 확장임을 밝히고, 현 미국의 외교안보정책에서 군사화 동학을 안보지원 및 무기이전을 중심으로 분석하였다.

메비는 마이클 하워드(Michael Howard), 데이비스 에거튼(David Edgerton), 마틴 쇼 등 관련 학자들의 논의를 발전시켜 전쟁과 관련한 자유주의의 역사적 변천을 '자유주의적 전쟁에서 자유주의적 군사주의로' 요약한다. 하워드는 자유주의 사상에서 평화가 중요함에도 자유주의 국가는 도덕에 기반한 전쟁에 관여하는 성향이 있다고 지적하였는데, 그것은 자유주의적 전쟁의 역설이다. 자유주의적 전쟁에 관한 비판은 마르크스주의와 푸코의 통치성 및 생명정치론이 대표적이다. 이 두 비판은 그럼에도 자유주의적 전쟁 이해의 주요 요소인 전쟁을 재생산하고 지속시키는 제도에 소홀하다. 전쟁 관련 제도로 전쟁과 사회를 연계시킴으로써 전쟁을 폭력 실행을 넘어 전쟁을 지속시키는 세계 구조를 탐구할 수 있다. 이런 연구는 국내에서는 김동춘에 의해 계승되는데, 한국전쟁 이후 한국사회의 군사주의를 제도와 연계하여 논의를 발전시켜왔다.[102] 에거튼은 신자유주의적 군사주의를 영국의 맥락에서 네 측면으로 말하는데, 국민개병제 반대, 병력 부족을 대체하는 기술 및 직업주의에 대한 투자, 군대를 외부의 적 대응만이 아니라 대내적으로 시민과 경제능력에도 개입함, 보편주의 이데올로기와 세계질서 개념을 기반으로 한 진보가 그것이다.[103] 여기에 메비는 두 요소를 추가하고 있는데, 하나는 제도의 우연성으로서 군사력이 자유주의 국가에서 제도화되는 방식이고, 다른 하나는 전쟁의 정치경제학으로서 전쟁 준비 및 전쟁이 정치경제적 관계에서 등장하는 방식이다. 쇼는 "우리는 군사화된 사회, 경제에서 사회화된 전쟁의 역학을 말하고 있다"며 전쟁과 사회의 연관성을 강조한다. 그는 전쟁을 자본의 생산양식에 기생하거나 자본의 확장에 도구적이라고 말했다.[104] 전쟁을 생산양식과 파괴양식의 연계로 볼 수 있다는 것이다. 전쟁을 찬양하는 이데올로기와 그렇지 않은 이데올로기의 차이는 중요하지만, 둘 다 전쟁과 군사력을 정당화하는 사회적 기능을 수행한다는 것이 쇼의 판단이다.[105]

이상과 같은 일단의 신자유주의 군사주의론은 이 주제에 관한 기존의 제도적 접근을 흡수하는 데 그치지 않고, 군사주의의 사회 침투성을 세계화 시대 신자유주의 정치·경제·이데올로기를 망라해 논의하고 있다. 아래는 신자유주의적 군사주의가 전개되는 사례를 다양한 맥락에서 검토하고 있다.

## 5) 포스트-군사사회

제1~2차 세계대전과 냉전 시기를 통틀어 현대 군사주의를 역사사회학적 시각에서 논의한 대표적인 학자로 마틴 쇼를 꼽지 않을 수 없다. 규정이 불명확한 대신 뉘앙스가 깊은 '포스트-군사사회(post-military society)'라는 개념으로 그는 20세기 군사주의를 개괄한 바 있다.[106] 쇼는 포스트-군사사회를 선진 자본주의 국가에서 나타나는 뉘앙스를 띤 개념으로 본다. 즉 포스트-군사사회는 군사주의가 사라진 사회가 아니라 징집제와 같은 전형적인 군사화 제도가 모병제와 기술

기반 군사적 관료제로 대체되거나, 군사주의가 소비주의와 같은 새로운 사회 정체성과 경쟁하는 식의 뉘앙스를 가진 개념이다.[107] 어떤 이는 포스트-군사사회를 평화가 유지되는 가운데 계속해 온 전쟁 준비가 개별 사회구조에 미치는 영향은 점점 줄어든다고 보기도 하였다. 그럼에도 불구하고 전반적으로 포스트-군사사회는 현대사회의 변화에 지정학과 군사적 동원의 중요성을 드러내준다.[108]

쇼는 20세기 군사주의를 자유주의적 성격을 가진 것으로 평가한다. 군사문제에 대한 기술적 해결에 의존하는 것은 제1차 세계대전 중과 그 후에 모든 나라들에서 발견되지만, 처음 영국에서는 이상해 보였다. 1914년 이전에는 해군 기술, 제1, 2차 세계대전 사이에는 공중전에 점점 더 의존한 것은 특정한 형태의 자유주의적 군사주의를 반영하였다는 것이다. 그런 군사전략으로 빅토리아 시기 영국 군대가 대중적 군사동원을 계속 회피할 수 있었다는 것이다. 물론 1939~45년 전쟁 동원과 1950년대 징집제는 영국 군사주의의 일반적 패턴에서 벗어난 것이다. 그렇지만 영국이 핵무기 개발을 고집하고 징집제를 대신해 핵억지를 방어태세로 채택한 것은 기술에 기반한 자유주의적 군사주의의 전통을 잘 보여주고 있다. 이는 징집제를 주요 군사제도로 고수한 프랑스, 독일과 같은 대륙형 국방정책과 대조되는 부분이다. 요컨대 영국에서 제국주의 이데올로기에서 군사주의적 요소는 세기 전환기와 두 세계대전과 1950년대 두드러졌다.

특정 시대에 한 국가의 군사주의는 징집제와 군수산업을 포함한 국방정책만이 아니라 문화적 요소들과 함께 논의해야 온전한 논의가 가능하다. 쇼는 위 책에서 미국, 영국과 같은 해양국가들은 구조적 탈군사화와 문화 이념적으로 강한 군사주의가 결합된 경우로 본다. 이들 나라에서는 전쟁이 시작된 후 대중의 압도적 지지 위에 강력하고 효과적으로 전쟁 지지 여론을 동원해냈다는 것이다. 반면에 대륙국가들은 구조적 군사주의가 남아있지만 문화 이념적으로는 약한 군사주의 양상을 보인다고 평가한다. 이들 나라에서는 많은 행동이 금지되고 더 많은 모순적인 여론이 드러났다.

전쟁에 가담한 국가의 경험과 이후 생성된 전쟁 신화는 국가의 정체성과 군사문화에 깊은 영향을 미친다. 베트남전을 겪은 미국, 특히 의회와 여론에서는 전쟁에 관한 찬반 의견이 극명하게 갈라졌다. 영국에서는 걸프전에서 논쟁의 부족과 게으른 반응을 나타냈다. 쇼는 이어 유럽 대륙에서는 전쟁 전 군사행동에 대한 지지 여론은 미국, 영국보다 낮았다고 평가한다. 가령, 독일에서는 시민의 79%, 군인의 71%가 전쟁에 반대하였다. 그러나 전쟁이 시작되자 여론은 급속히 변해갔다. 독일에서는 70%에 달하는 다수가 전쟁을 승인하였다. 그럼에도 이후 독일에서는 반전 여론이 높았다. 이런 분열은 그 나라의 '정체성 위기'를 반영한 것이라고 쇼는 평가했다. 물론 미국에서는 전쟁 지지 여론이 가장 높았다. 반대로 전통적으로 군사주의를 부인하는 영국은 기술 군사주의, 제2차 세계대전 중의 군사주의 과소평가, 향수병 군사주의의 초연함을 보였다. 1980년대 초 아르헨티나와의 포클랜드 전쟁 때 영국 언론이 조장한 피상적 군사주의도 실패했다는 것이 쇼의 평가이다. 영국이 대륙국가들은 물론 해양국가들 중에서 미국에 비해 군사주의가 약한 것은 무엇 때문일까? 영국 본토까지 공격당한 경험 때문일까, 반전평화 여론 때문일까, 아니면 핵무기의 억지효과에 대한 기대 때문일까? 그렇다고 영국이 군사주의가 가장 약한, 말하자면 평화주의에 가까운 나라로 평가하기에는 그 반대의 징후들이 적지 않다.

쇼는 앞에서 언급한 2013년 논문에서 21세기 군사주의를 언급한 바 있다. 냉전 시기 군사 분야에서 구조적 변화가 정치·경제·문화에서 거대 전환을 초래했다는 것이다. 군사분야에서의 전환은 경제에 대한 국가 통제의 논리를 약화시키고, 서구 정부를 자유화시키고, 언론도 더 개방하게 되었다는 것이다. 한마디로 자유주의적 군사주의가 심화되거나 '최초의 TV전쟁'이 도래한 것이다.[109] 냉전의 장벽이 무너지고 경제가 세계정치와 일상을 지배하는 상황에서 자본의 이윤을 극대화하는 데 군사주의의 역할이 더 커진 것이다. 냉전 시기 민주국가에서 군에 대한 문민통제는 시대착오적인 담론이 되어버렸고, 대신 국가와 개인의 이익을 위해 군이 제반 평화적/비평화적인 수단으로 적극 관여하는 시대라는 데 쇼도 이의를 달지 않았다. 세계화 시대 신자유주의적 군사주의는 냉전 시기보다 더 큰 날개를 달았다.

## 6) 군사주의 현대화의 두 축

메비는 세계화 시대 세계의 군사주의를 미국 주도의 현대화 프로젝트로 더욱 잘 드러내주고 있다. 메비는 앞의 논문에서 미국의 자유주의적 군 현대화 사례를 다루고 있다. 그는 먼저 자유주의적 군사주의의 세 요소인 자본, 개입, 이데올로기가 미국에서 발전해왔다고 말한다. 그리고 그것을 장기 역사적 과정의 결과이자 미국의 국가 형성 프로젝트의 연속성을 보여준다고 평가하면서, 다만 그것이 비상사태에 의해 추진되어 왔다고 말했다. 그렇다면 미국에서 자유주의적 군사주의는 비정상성이 일상화된 것이란 말인가. 이는 미국이 아메리카 대륙에서든, 세계적 차원이든 팽창과 정복에 의해 형성·발전해왔다는 수정주의 역사학의 시각과 상통하는 바이다. 정치역사학자 리처드 호스태터(Richard Hofstadter)는 "전쟁은 늘 미국 자유주의 전통의 네메시스였다"고 갈파했다.[110]

메비는 이어 미국의 현대화 논리가 군사주의와 관련지어 제기하는 주요 두 문제가 있다고 말한다. 그 첫째는 미국이 위협적인 군사화 국가를 다루는 제도적 방식이고, 둘째는 다른 국가를 현대화하는 방법이다. 첫 번째 현대화 방식과 관련해 자유민주주의는 군사화된 가치, 특히 집단주의와 국가 및 정치 우위의 결합에 반대한다. 그러나 전체주의에 맞서면서 자유국가도 군사화되고 결국 라스웰(Lassell)이 말한 '유격대 국가'로 전환하거나, 헌팅턴(Huntington)이 지적한 바와 같이 자신을 방어하는 데 필요한 타협을 할 줄을 모른다. 국가의 규모와 범위 그리고 그 대외적 개입의 잠재력에 관한 초점이 군사주의의 제도화에 중요했다. 그로써 전쟁 준비, 군사력, 자유주의 간의 적절한 균형이 달성돼 대내외적으로 안보를 유지할 조건이 형성된다. 이런 분석에 기초해 메비는 냉전의 명분이 된 국가안보를 둘러싸고 많은 논쟁이 일어났지만 결국 새로운 자유주의적 군사주의가 제도화되어 갔다고 본다. '국가안보 국가'는 군 현대화를 우선시했을 뿐만 아니라, 그것을 일련의 제도적 변화 안에 내재화시켰다. 그는 군사적 직업주의가 지속하고, 민간 영역에서 연구개발(R&D)을 장려하는 국방비가 증가하고, 반공주의에 대한 헌신이 높아졌다는 사실을 충분하게 논증하고 있다.[111]

둘째, 다른 국가를 미국식 군 현대화에 편입시키는 방법과 관련해 메비는 후기 식민국가와 동맹국들이 미국의 발전전략을 모방함을 강조한다. 발전도상의 국가들은 권위주의를 피하기 위해 현대화하고 그래서 덜 군사화하지만, 미국과 동맹관계를 유지한다. 자유주의적 군사주의는 현대화와 깊이 결부되는데, 미국은 현대화를 추구하는 국가들이 미국과 일치하는 군사력을 발전시키도록 장려한다. 즉 이들은 자본집약적인 군사화에 초점을 두는데, 훈련 및 무기이전 등 미국이 제공하는 군사원조로 현대화를 전개해나간다.[112]

메비가 제시한 이상 두 가지 미국식 군 현대화 작업은 일종의 자유주의적 군사주의인데, 여기에 한국, 일본, 영국, 호주 등 미국의 핵심 동맹국들이 전형적인 예가 아닐까 생각해본다. 앞에서 언급한 트루먼 대통령의 개입주의적 언사는 반공 이념과 현대화를 명분으로 하고 있다. 메비는 냉전 시기 미국의 현대화를 케인스주의 시각으로 보고, 미국이 대규모 사회 공학에 초점을 둔 하향식의 지속적인 경제성장과 강한 시장관계를 추구하였다고 말한다. 그러나 산업 독립을 추구한 인도 같은 비동맹 국가들에서 미국의 군 현대화는 실패하였다. 그럼에도 21세기 하고도 20년이 넘은 시점에서 미국식 군 현대화와 다른 노선을 걷는 나라는 몇이나 될까? 인도도 변모하고 있다. 미중 경쟁시대, 복합위기 시대에 국가주의와 신자유주의는 경합관계의 양상을 보이는데, 거기서 군사주의는 양쪽으로부터 구애를 받는 호조건에 있다.

메비는 계속해서 자유주의적 군사주의의 틀을 갖고 9/11 테러 이후 미국의 군 현대화를 다루고 있다. 조지 W. 부시 정부는 냉전 시대 종말론적인 논조를 부활시켰지만, 반테러 전쟁을 전개하면서 도덕적이고 문명론적인 사명의 최선두에 섰다. 그는 안보 이데올로기를 부활시켰고 세계의 위험에 맞서 군사적 개입의 필요성을 강조하였다. 오바마는 해외 개입을 축소하려 했지만, 노벨상 수상 연설에서 보듯이 '정의의 전쟁'을 지지하며 전쟁을 지속했다. 메비는 미국 외교안보정책에서 문명화 언사는 자유주의적 현대화에 다시 관심을 불러일으켰다고 말한다. 물론 광범위한 자유주의적 군사주의의 윤곽이 여전히 존재하지만, 지정학과 세계 정치경제에서 신자유주의적 동학으로 관심의 무게중심이 이동하였다는 것이다. 비판적 시각에서는 그것을 자본 축적의 새로운 공간 조성 및 생명정치로 간주하고 거기에 군사적 개입을 사회 재건의 일부로 본다는 점도 덧붙이고 있다. 2022년 이후 우크라이나에서의 전쟁과 미 바이든 정부의 '인도-태평양 전략' 등으로 지정학의 부활이 운위되면서 군대의 역할도 높아지고 있다. 지정학이 언제 사망했다 부활한지는 불명확하지만 군대의 역할 상승을 지정학의 산물로만 보는 것은 적어도 위 시각에서는 적절해보이지 않는다.

길버트는 "군은 전쟁과 평화의 시기 시장의 산물이고, 군사조직의 수수 및 계약으로 영향력을 행사한다"고 지적한다.[113] 그는 미군이 이라크와 아프가니스탄에서 실행한 몇몇 주요 사업을 조사한 후 그런 주장을 하는데, 가령 지휘관비상대응프로그램(CERP), 비즈니스·안정화작전태스크포스(TFBSO)를 거론한다. 전자는 지휘관들이 소규모 발전 프로젝트에 감독 없이 자금을 배분하는 것이고, 후자는 미국과 현지 사업자들의 연계를 통한 민간기업들이 이라크와 아프가니스탄의 경제 재건에 관여하는 것이다. 위와 같은 사업은 신자유주의적 시장화에 목적을 둔 상향식 정책 이행과 일치하는데, 신자유주의적 군사화를 현대화의 한 형태로 간주하는 사고이다. 길버트는 어떻게 돈이 실제 미군의 무기가 되는지에 관심이 크다. 이를 바탕으로 메비는 신자유주의적 군사주의가 촉진되는 것은 군사력과 경제력의 상호작용으로서 군사 개입을 통한 현대화 증진만이 아니라 군의 준비태세 수출을 통해서도 일어난다고 평가한다. 그 주요 방법이 안보 지원과 무기 이전이다.

메비가 보기에 군사 훈련 제공과 무기거래는 지정학의 맥락에서 진행되고 무기수출정책의 지배적 틀이지만, 오늘날 그것은 현대화 전략의 일부로 진행된다. 자본집약과 군사전략의 견지에서 개도국 및 동맹국들에 대한 미국의 무기 수출은 자유주의적 군사주의의 일부이다. 또 그것은 광범위한 미국의 정치전략의 일부이자 신자유주의 논리와 일치한다는 것이 메비의 판단이다.

이와 같은 안보지원은 냉전시대와 탈냉전시대를 막론하고 전개되었는데, 탈냉전시대 들어와서는 경제적 논리가 더 부각된다. 메비는 가령, 오바마 정부 시기 미국의 안보지원은 특정 안보목표 달성은 물론 동맹국들과의 군 장비의 상호운용성 증진을 통해 동맹국들의 자체 방어능력 향상에 많은 관심을 두었다고 본다. 그 결과 동맹국들과 미국의 목표가 일치해졌고, 동맹국들은 미국의 무기수입에 적극 나선다. 2013, 2014년 백악관의 「국가안보전략(NSS)」 문서에서 나타나듯이, 미국의 무기 이전 및 안보지원 정책은 안보 부담 공유와 공동안보 목표를 강조한다. 그 과정에서 미국과 그 동맹국들은 안보 개혁과 미국 무기시스템의 획득 증진을 통해 군 현대화와 무기 상호운용성을 제고시킬 수 있다. 이런 정책은 미국 '대통령 정책명령(Presidential Policy Directive)'과 같이 대통령 차원의 권위를 실어 전개한다. 오바마 정부가 천명한 '아태지역으로의 중심 이동(Pivot to Asia-Pacific)'은 지역 동맹국들에 의존하고, 2014년 미 국방부의 「4개년 방위계획(2014 QDR)」은 우방국가들의 능력 증대를 추구하고 있다. 메비는 계속해서 미국의 군 현대화 작업이 자유주의적 군사주의의 성격을 갖고 있다고 말한다. 2015년 미국 오바마 대통령과 인도 모디 총리가 합의한 방위기술교역이니셔티브(DTTI)는 강력한 지전략적 동반자 관계 증진은 물론 인도의 방위산업이 기반 강화 및 양국 방위산업 간 협력 증진을 추구한다. 기존 방위기술의 70%를 해외(주로 러시아)에서 수입하던 인도를 고려한다면 미-인 군사협력의 의미는 정치, 경제, 군사 등 복합적이라는 것이다. 이런 흐름은 바이든 정부 들어 가속화되고 있다. 미중 전략경쟁에 우크라이나 사태의 영향이 가중된 탓이다.

미국의 군사원조 정책은 국방부, 국무부를 비롯해 관련 기구들이 담당하고 있고, 그 목적 달성을 위해 관련 기관들이 움직인다. 2014년 미 국무부와 국방부가 제시한 군사훈련의 관심 분야는 군대의 전문화, 미국과 동맹군의 상호운용성, 전략적 양자 및 지역관계, 제도 및 안보 영역에서의 개혁, 국경안보 및 초국적 위협 등이다. 미국은 이제 이런 목적을 하나의 묶음으로 제공하려고 하는데, 그것은 단순히 무기체계의 합 이상으로 제도 및 법률 개혁, 직업교육까지 망라한다. 이런 분석 위에서 메비는 미국의 안보협력은 동맹 증진을 넘어 군사능력에 기반한 광범위한 현대화 전략으로 확대된다고 말한다. 능력 형성은 자본집약적 전쟁, 자유주의적 민군관계, 시장화된 군수경제 등을 증진한다는 것이다. 마찬가지로 안보지원은 자유주의적 군사주의 자체를 확산시키고 군사 준비태세와 관련한 신자유주의 이데올로기를 증진시키는 효과를 만들어낸다. 이런 미국의 세계적인 군 현대화 정책이 한국을 비켜가지 않는다. 21세기 들어 한국과 미국 간에는 한미정상회담을 비롯해 양국 간 일련의 외교적 합의를 바탕으로 군사 당국 간 무기거래 및 상호운용성 제고, 합동 군사연습의 확대 등을 전개해나가고 있다.

이상의 논의를 묶어 메비가 내리는 결론은 이렇다. 자유주의적 군사주의는 자유주의를 자유주의 국가의 안보 관련 사회정치적 제도 안에 착근시킨다. 이것은 전쟁, 안보 그리고 정치경제의 연계를 검토해 자유주의와 군사력의 관계를 이해하는 주요 틀이기도 하다. 미국의 사례는 그런 분석이 적절함을 증명한다. 자유주의와 군대 관행 사이의 연계를 밝혀내 미국 정치에서 단지 자유주의의 중심성만이 아니라 자유주의적 군사주의의 제도화를 잘 보여주고 있다. 미국에서 자유주의적 군사주의는 세계대전에의 개입 경험을 살려 전쟁을 성스러운 일로 정당화하고, 전쟁 준비를 자유주의적 정치경제의 동학에 깊이 포함시켜 결국 자본집약적인 전쟁 준비태세와 사적 영역의 우위를 확립시켰다.

탈냉전시대에는 경제에서 국가의 역할 축소와 민영화 증대의 형태로 '선정(good governance)'을 강조하는 대규모 하향식의 신자유주의적 발전전략으로 전환되었다. 메비의 이런 결론은 오늘날 미국과 많은 서방 국가들(주로 NATO 회원국들)을 일방으로 하고, 중국과 러시아, 소수의 우방국들을 다른 일방으로 하는 신냉전적 국제질서하에서 선명하지 않은 양상을 띠고 있다. 이런 국제질서가 지속될 것인지, 자유주의적 군사주의의 위력 앞에서 소멸할지는 흥미로운 관찰 주제이다.

## 7) 대체군인의 등장

자유주의적 군사주의는 군사주의를 단순한 방식이 아니라 다양한 변용을 취하며 개인의 자유와 시장의 이익을 조화시켜 나가는 일종의 운동이다. 그 과정에서 자유주의는 공화주의와 경합하거나 타협하면서 군사주의의 위용을 지켜낸다.

군의 정치 개입 금지와 국가주권 수호 역할은 공화주의 철학에 의해 뒷받침된다. 이때 군은 시민의 자유의지를 고려할 때 징집병보다는 자원병을 선호할 수 있다. 레오나드 C. 펠드만(Leonard C. Feldman)은 시민군은 효율성과 민영화라는 신자유주의적 과제에 의해 형성된 '대체군인'이라고 주장하고, 그것을 자유주의와 공화주의의 연합으로 설명한다.[114] 그에 따르면 미국이 주방위군과 예비군에 대한 의존 경향을 띠기 시작한 계기는 베트남 전쟁이다. 그런 의존은 자유주의적 계약사회에서 군사적 의무들과 관련한 깊은 긴장을 은폐한다는 것이다. 즉 주방위군과 예비군은 자원병 제도와 같은 자유주의와 시민권 측면으로서의 병역 의무와 같은 시민 공화주의를 통합한다. 그러나 그런 결합은 잘 작동하지 않는다. 주방위군과 예비군은 시민군으로 간주되지만, '시민군'의 지위는 선출되고 자발적인 것이지 의무는 아니기 때문이다. 주방위군과 예비군에 대한 의존에서 미국은 애국적 희생 담론과 시장의 합리성을 결합해 부분적으로 뉴라이트의 두 흐름의 상호작용을 반영한다. 두 흐름은 신자유주의와 신보수주의이다. 시민군인은 전통적으로 인종화되고 젠더화된 범주이고, '자원'병은 전통적으로 계급 불평등에 의해 부분적으로 지지받는다. 그런 시장은 지속한다. 새로운 것은 이 두 정치적 합리성의 상호작용이 시민군을 자발적이고 시장 합리적인 대체물로 재구획한다는 게 펠드만의 주장이다.

펠드만은 마이클 왈저(Michael Walzer)의 군대징집론을 인용하면서 자유주의적 군사화의 일단을 토의한다. 왈저는 "군대 징집이 정치적 임무, 해외 개입, 식민지 억압 혹은 국제경찰활동 등과 같은 목적을 위해 수행되면서 많은 개인들에게는 분명 정의롭지 못하다"[115]고 말한다. 그는 국가는 일반적으로 자원자들에 늘 의존해야 한다고 하지만, 펠드만이 보기에 그런 자원자들이 어디에서 오는가의 문제는 자유주의 정치이론가들이 방위 필요성과 개인적 자유를 화해시키려 할 때 곤혹스럽다. 펠드만은 자유주의적·계약론적 견해는 가난과 계급 불평등에 의존하는데, 이것은 정치공동체가 화해를 이끌어낼 때 자연스럽다고 간주하는 요소라고 말한다.

그런 문제의식 위에서 펠드만이 국가주권과 개인의 자유를 동시에 수호하는 공통 지대로 제시하는 개념이 시민적 공화주의이고 그 현실적 대안이 '시민군인'이다. 베트남전 이후 미군의 군사혁신은 아브람스 독트린(Abrams Doctrine)으로 불렸는데, 예비군을 끌어들이는 것이 핵심이다. 이 독트린은 민간 지도자들이 군에 대한 통제를 재강화하려는 시도가 아니라, 오히려 군 엘리트들이 민간 지도자를 통제하고 대중의 지지 없이 전쟁에 관여하지 않는다는 의도를 갖고 있다.

펠드만은 많은 정치이론가들이 병역문제를 다뤄왔지만 대부분 브람스 독트린 이전 상황이었다고 말한다. 예를 들어 병역문제가 제기될 때 그들은 양심적 병역거부문제에 경도되었다. 그러나 정의의 문제는 두 측면에서 재검토해볼 수 있다. 하나는 미국이 비방어적 전쟁에 싸운다면 그것을 징집병으로 수행하기에는 정의롭지 않다. 정치공동체를 방어하는 전쟁에 나서도록 강요받을 때 개인의 권리를 침해할 수 있기 때문이다. 다른 한편, 방어를 위한 제한전쟁의 명분을 가장 잘 추구할 방법은 징집을 제도화하거나, 시민군인 담론을 부활시키거나 국가방어에 폭넓은 시민의 참여를 장려하는 것이다. 자유주의적 시각에서 방어전쟁을 수행하는 데 징집은 부당하다. 반면에 시민적 공화주적 시각에서 징집 혹은 병역의 의무는 비방어적 전쟁에 가담하지 않도록 하는 최선의 길이다. 그러나 이런 딜레마에 대응하는데 주방위군과 예비군이 시민군으로서 전쟁 조성행위를 제한하고 공적 책임을 활성화시키는 동시에 비징집병에 대한 자유주의적 헌신을 장려하는 것은 적합하지 않다. 시민군과 그 역할은 이데올로기상으로는 시민적 공화주의 견지에서 묘사할 수 있지만 실제는 신자유주의적이기 때문이다.

9/11 테러를 겪으면서 미 국방부는 현역 군인과 주방위군 및 예비군의 통합력을 높여 실제 군 운용 능력과 해외 군사작전 대비 태세를 강조하고 있다. 이와 관련한 개념이 종합전력정책(Total Force Policy)이다. 물론 이 정책은 9/11 테러 이전부터 시행되고 있었다. 종합전력정책은 군대와 시민사회를 연결시켜주는 길로서, 시민군의 전통이라는 이익을 거두어들이는 것으로 묘사한다. 주방위군의 관여가 늘어나는 것은 시민적 공화주의 전통을 되살리는 것일 뿐만 아니라, 징집 없는 비용 절감 및 충분한 무력 유지를 위한 길이기도 하다. 이때 시민군인은 효율성과 민영화라는 신자유주의적 필수과제에 의해 형성되는 대체군인이다. 시민적 공화주의 시각에서 보는 시민군은 애국심과 시민사회에 뿌리내린 군대의 가치를 실행한다. 신자유주의 시각에서 보는 시민군은 비용-편익 대체의 형태를 띠고 조합적 하위계약자들의 지위와 민간보안기업을 연결시켜준다.

종합전력정책과 예비군에 의존하는 것에 더해 다른 대체 논리를 언급할 필요가 있다. 미국 행정부는 적극적으로 외국인 거주자들의 등록을 장려하는데, 그들이 군복무의 대가로 신속절차 시민권(expedited citizenship)을 부여받는 방안이 그것이다. 조지 W. 부시 대통령은 2002년 연설에서 반테러전쟁 기간 중 외국 국적자와 시민권 없는 국적자들이 미군에서 현역 복무를 하도록 신속 귀화책을 제공한다고 밝혔다. 이런 맥락에서 주방위군은 두 개의 요구에 대한 반응을 요구받는다. 하나는 군인집단이 시민군인의 이상을 달성하고, 다른 하나는 주방위군이 제국 군대의 필요를 충족시켜야 한다는 점이다. 그것은 효율성과 시장의 이름으로 전개하는 군대의 신자유주의적 유연화 흐름을 보여주고 있다. 펠드만은 시민군대론으로 대내적 차원에서 징집 제도와 관련 담론을 유연하게 전개해가는 과정을 잘 포착해내고 있는데, 이는 미국이 세계적인 차원에서 자유주의적 군사화를 원활하게 전개하려는 의도를 품고 있음을 말해주는지도 모른다.

## 8) DMZ와 나이키 신발

자유주의적 군사주의는 한반도의 현실을 설명하는 데도 유용할까? 테리 K. 박(Terry K. Park)이 비무장지대(DMZ)를 소재로 한 자유주의적 군사주의는 앞의 논의들과 논의 차원 및 대상에서 차이를 보인다.[116] 박의 이야기는 세계가 아니고 지역 차원이고, 논의 대상은 자본의 관련성보다는 후기 식민국가의 접경지대이다. 그는 미국의 '자유주의적 자유'를 분석 개념으로 갖고 와서 탈/군사화(de/militarisation)를 거론한다. 박은 한국전쟁이 자유주의적 자유의 가능성을 '보호했다'는 전쟁론은 DMZ가 중립적이지 않다는 점에서 거짓이라고 주장한다. 그가 쓰는 자유주의적 자유 개념은 미미 응구엔(Mimi Nguyen)의 논의에서 갖고 온 것이다. 자유주의적 자유는 인정과 식민성 구조에 기반한 현대의 기획으로서, 자유주의 제국은 타자를 위해 자신과 자신의 친구를 안전하게 만든다고 약속하며 세계에 접근한다. 그리고 자유주의적 제국이 '자유라는 선물' 약속을 확신시키는 방식이 자유주의적 전쟁이라는 것이다. 한국전쟁과 같이 이런 전쟁은 자유의 결실을 거둘 조건을 밝히면 자유의 선물은 식민통치 경험이 있는 수취자와 제국주의적 공여자 사이에 영원하고 결속된 부채 관계를 형성한다. DMZ는 세계 최대의 중무장지대이고, 한국에서 인기 있는 관광지대이고 미국 대통령도 방문한 곳이고, 희귀 생물이 존재하는 생태보호구역이기도 하다. 요컨대 DMZ는 자유주의적 전쟁이 거둔 절반의 성과로 보기도 어렵다.

테리 박과 같은 DMZ에 대한 비판적 논의를 통해 접경지대를 텅 빈 '전이지대'로 정의한 것으로부터 경계를 폭력적인 접촉지대로 볼 수도 있다. 그는 결국 탈/군사화는 비판적 군사 연구에 다음 두 가지 방식으로 기여한다고 보는데, 그 하나는 군사화가 특정한 역사적 조건을 통해 어떻게 다르게 진화하는지를 관찰하는 것이다. 다른 한 방식은 접경지대와 경비병력을 물질적 관계와 생산 조건을 은폐하는 이념적 힘으로 이해하는 것이다. 냉전시대 미국이 DMZ에 근무하는 군인에 부여한 두 가지 임무는 군사화된 봉쇄와 감성적인 발달이다. 탈군사화는 이 둘 사이에 상호구성적이고 변덕스럽고 정서적인 관계를 시사한다.

다시 시야를 세계적인 차원으로 돌려보자. 여성주의 평화학자 인로는 군사주의와 세계화의 밀접한 상호관계를 한국 부산의 신발산업의 네트워크로 풀어간다. 여기서 다루는 세계적인 차원은 일국적인 차원과 연결되어 있고 그것은 특정 도시의 공장과 노동자, 즉 사회 및 개인적 차원과도 연결되어 있다. 이는 세계적 차원에 구체성을 부여하고 있다. 인로의 분석에 따르면 1970년대 후반 부산이 '세계 신발산업의 수도'가 된 것, 일명 나이키 모델이 가능했던 것은 ① 세계신발기업의 자체 공장을 폐쇄하고, ② 여성노동자들이 만드는 신발공장을 남성노동자들이 있는 하청 공장 가까이 두고, ③ 이익창출의 기제로 반공이념을 공유하고, ④ 냉전의 군사동맹에 편안해하고, ⑤ 저임금을 합리화하기 위해 현지 성관념을 개발하는 기업전략을 구상하고, ⑥ 지역레짐이 '여성에 대한 존경'이라는 국가이념을 고안하도록 하고, ⑦ 서방

국가들의 소비자들이 고가의 신발을 구입하면 힘을 얻는다고 생각하도록 조장하고, ⑧ 또 서방 소비자들이 아시아 여성이 신발을 만드는 것을 이상히 여기지 않고 오히려 그들이 공장에 일하러 갈 때 "힘을 받는다"고 느끼도록 설득한다. 이런 현상을 젠더화와 군사화 그리고 신자유주의적 산업화의 결합이라 할 만한데 오늘날에도 발전도상에 있는 미국의 동맹·우방국들에서 발견할 수 있다.[117]

자유주의적 군사화의 효과는 젠더와 인종을 군사화의 관점에서 비판적으로 논의하면서 안보 개념을 재검토하는 작업에서도 드러난다. 앞서 말한 수턴과 노브코프는 미국의 군사적·경제적 패권은 세계 경제에서 미국의 경제 조직들의 이익을 우선으로 연결된다고 말한다. 현대 군사화의 동학과 그것의 미국 경제 및 정체성과의 연계는 부시 정부 단독의 산물이 아니라 초당적이고 역사적으로 지속된 현상과 같은 더 깊은 뿌리의 산물이라는 것이다. 물론 경제적 힘과 영향을 성취하려는 노력을 반드시 군사력 확장과 관련지을 필요가 없다는 점은 이들도 인정한다. 그러나 과거와 오늘의 제국이 모두 군사화되고 군대와 전쟁에 의존해 경제적 영향력을 확대시킨 것은 사실이다. 미국이 세계 군사적 우위를 달성하려는 노력과 경제적 우위를 달성하려는 노력 간의 상보관계는 제국 형성 및 이념적 헌신에 기여한 수많은 경험의 산물이다. 다만 그것은 국제관계에서 자유주의적 이상주의를 마비시킨 엄청난 비용을 치른 것이다.[118]

# 군사화 효과

# 제Ⅴ부

# 군사화 효과

## 1. 군사화 효과의 성격과 방향

폭력의 세기를 지적으로 관찰한 한나 아렌트(Hannah Arendt)는 "폭력은 목적을 달성하는 데 효과적일 때까지만 합리적이고, 단기적인 목표를 추구하는 경우에만 합리적일 수 있다"고 말했다. 그리고 "폭력의 실천은 세계를 변화시키지만, 더 폭력적인 세계로 변화시킬 가능성이 가장 많다"고 덧붙였다.[1] 나치가 유대인을 혐오하고 학살한 일을 직시하고, 이어 전체주의를 냉정하게 지켜보면서 그는 '폭력의 세기'를 증언하는 데 열정을 쏟아부었다. 그의 폭력론을 군사화 효과에 변용해보면 진술이 일부 그러나 의미상으로는 크게 달라질 수 있다. 군사화는 "목적을 달성하는 데 효과적일 때만 합리적이고"까지는 같다. 그러나 군사화는 단기적인 목표는 물론 장기적인 목표를 추구하는 경우에도 합리적인 것처럼 보인다. 이 진술은 아렌트의 언급과 차이가 있다. 왜 그런가? 군대식 사고 및 행동방식은 사회 곳곳에서 우세한 위치를 차지하고 있기 때문이다. 우세한 위치는 군산복합체는 물론 정치, 경제, 언론, 문화예술, 종교 등 사회 각 부문의 기득권 집단으로부터 지지를 받는다. 군사주의는 기성 질서를 옹호·유지하는 데 대단히 유용한 사고인데, 인간 사회 모든 영역에서 기득권 세력이 단기·장기 구분 없이 군사주의를 지지한다. 그것이 기성 사회를 유지시키는 데 매우 효율적이고 효과적인 사고라고 주장하면서 말이다. 그러므로 군사화의 효과는 행위자, 시간, 공간, 차원 등을 망라해 발견할 수 있고 그 성격상 복합성을 띤다.

앞에서 군사주의를 크게 군대식 사고 및 행동 방식이 민간사회에 지배적인 영향을 행사하는 점과 갈등의 폭력적 해결을 추구하는 태도, 크게 두 가지로 규정하였다. 군사화 효과 역시 마찬가지인데, 현실에서 이 두 측면은 상호의존하여 하나의 묵직한 결과를 만들어낸다.

군대식 사고 및 행동 방식의 원형이 군대라면 그것이 민간으로 확산하는 데는 매개 역할이 필요하다. 군사주의의 일방적 속성은 민간의 창의성과 자발성을 억제할 수 있기 때문에 민간에서 군사주의를 수용할 동기나 계기를 만들어낼 필요가 있는 것이다. 근대 국민국가체제가 경쟁적으로 산업화를 전개하며 제국주의 단계로 나아가면서 전쟁의 기운이 싹트기 시작하였다. 근대 군사주의의 부상을 유심히 관찰한 칼 리프크네흐트(Karl Liebknecht)만큼 국가-시민사회의 연계에 주목해 군사화 효과에 관심을 기울인 사람은 드물 것이다. 그는 프러시아 중심의 독일 통합 과정을 군사주의 시각에서 비판적으로 관찰하였다. 그는 군사주의 수단으로 교육·훈련, 예비군대, 준군사조직, 재정 등을 꼽았다. 그중에서도 군사교련단과 상이군인단체 등이 준군사조직으로 기능하는 데 주목하였다. 그는 준군사조직들이 군대식 서열의식을 시민사회에 불어넣고 그런 정신을 영속화하고 그들의 지위를 사회에 높이 배정하고, 시민들을 군사주의에 종속시킨다고 분석하였다.[2]

준군사조직들의 촉매 역할로 군사화가 전 사회적으로 확산된 결과, 시민들과 민간조직은 다루기 쉬워지고, 민간조직이 군사주의 정신에 종속되고, 결국 군사주의의 영향력이 확대되고 무한한 권력욕이 지속되는 경향을 낳는다. 뿐만 아니라 중앙정부의 각급 조직과 지방 정부에도 준군사조직이 만들어져 군사주의 정신이 강력하고 열광적으로 확산된다. 그럼으로써 자본주의에 봉사하는 관료제도의 신뢰성과 충성을 보증할 수 있게 되었다는 것이 리프크네흐트의 평가이다. 1906년 가을, 프러시아를 방문한 영국 전쟁장관 리처드 할데인(Rich-ard Haldane)은 대중들이 의무에 적극적이고 충실하게 되어 군대와 전쟁 준비에 깊이 참여하도록 하는 것이 군사주의의 주요 부대효과라고 평가하였다.[3] 프러시아와 영국이 서로 경쟁과 불신에 가득차 있었다. 할데인의 말은 유럽 각국의 정책결정자들이 다 같이 군사화의 길을 걸어갔고 그것이 자국의 이익과 영향력을 극대화하는 데 효과적인 방향이라고 간주하고 있었음을 보여준다.

앞에서 쇼필드는 군사화 체제론에 근거해 국가 간 분쟁의 군사화 효과를 분석한 바 있다. 군사화 체제는 두 측면에서 편향, 즉 정향적 편견과 배열적 편견이 발생하는 것도 살펴보았다. 쇼필드는 특정 군사화 체제 유형에 따라 이 두 편향의 상대적 양상이 다르게 나타남을 7개 국제분쟁 사례로 분석하고 있다. 여기서는 어떤 형태이든 군사화 체제에서 위와 같은 편향을 피하지 못함을 강조하고자 한다.

군사화가 가장 극심한 경우는 마틴 쇼(Martin Shaw)가 지적했듯이, 대내적 갈등이 대외적 분쟁과 겹치는 경우이다. 냉전 해체 시기에 출간한 저서에서 쇼는 이란, 이라크와 분쟁에 있는 쿠르드족, 에리트레아와 티그레이와의 내전에 쌓인 에티오피아, 앙골라에서의 게릴라전 그리고 남아공화국 내 갈등을 전형적인 군사화 사례로 꼽았다. 그는 또 제3세계 국가에서 강력한 군사주의는 전쟁과 관련 있다고 지적하면서 군사화의 내역을 자세히 밝히고 있다. 즉 군사화에 빠진 제3세계 국가의 경제는 전쟁 준비를 위해 운영되고, 사회는 전투와 무장투쟁 지지를 위해 동원되고 국가권력도 군사주의적 형태를 띤다. 이데 올로기는 국가 혹은 반정부세력 관계 없이 군사화를 확산시키는 강력한 힘으로 작용한다.[4]

군사화 효과의 특징 중 하나는 그것이 과거에, 특정 정치체제를 띤 나라에서, 일시적으로 발생하지 않는다는 데 있다. 유엔에서 제공하는 온라인 소식지 「유엔 뉴스(UN News)」에 따르면, 자연재해와 내전이 겹친 아이티에서 약 3백만 명의 어린이들이 생존의 위험에 처해있고, 10년 넘는 내전에 빠져 있는 시리아에서 시민들이 "형언하기 어려운" 상황에 처해있고, 다시 내전에 빠진 수단에서는 혐오 발언은 물론 민간인 살해가 공공연하게 일어나고 있고, 콩고에서도 내전으로 2023년 1월부터 약 1백만 명의 실향민이 발생하였다. 이렇게 생명을 잃고 비참한 삶을 살고 있는 경우를 모두 군사화의 효과라 말하는 것은 무리가 있을지 모르지만, 물리적 폭력 그 자체와 그것이 발생하고 지속되는 데 군사주의의 영향은 부정할 수 없다. 물론 현재진행형인 러-우 전쟁과 이스라엘-하마스 전쟁은 전쟁을 불러일으킨 네 국가와 사회를 포함해 군사주의가 극단적으로 표출된 사례이다.

미국의 사례로 볼 때 군사화 효과는 군사기술을 계속해서 발전시키고 군수산업 등으로 침체된 경제에 일자리를 제공하고, 전쟁으로 해외 적대세력에 맞서 미국의 공약을 달성하고, 권력분립 원리를 약화시켜 결국 전쟁을 한 나라의 생활의 주요 부분으로 자리매긴다. 루스벨트 대통령이 제2차 세계대전에 개입하면서 미국을 "민주주의의 병참"이라고 말한 것은 견제받지 않은 행정부 권한의 투명성과 책임성을 약화시키는 분위기를 조성한 것이다. 그는 진주만 공습 이후 석 달도 되지 않아 행정명령을 잇달아 공개 발표해 군대가 미국인들 중 조상이 적성국가 출신인 자들을 제거, 구속, 재판할 수 있도록 하였다. 그가 비밀리에 발동한 행정명령도 있었는데 핵무기 개발 프로그램, 일명

'맨해턴 프로젝트'가 그것이다. 트루먼이 그것을 승계했는데, 그런 조치는 미국과 외부 세계 그리고 미국 내 행정부와 다른 국가기관 간의 역할을 변화시켰다. 트루먼 독트린은 미국 외교안보정책에서 상전벽해(桑田碧海)와 같은 것이었다. 외교안보정책을 고립주의에서 개입주의로 바꾼 것인데, 미군의 임무를 자위에서 서반구 모든 자유인들의 방어로 확대한 것이다. 대내적으로는 전시와 평시 사이 경계를 모호하게 만들어 영구 군사태세를 요구하고 미국의 평시 세계 개입을 급격하게 확대시켰다. 앞에서 살펴본 1947년 국가안보법의 제정은 미국을 군사국가로 확립해나가는 분수령이 되었다. 군사화는 미국 외교안보정책 결정자들에게 세계질서의 주도자로서의 역할을 수행하는 데 불가피한 선택이었는지 모르지만, 그들이 권력분립과 민주주의의 훼손 가능성을 인지하지 못했다는 증거는 없다. 국가안보법에 근거해 미국 행정부의 개전권 집중과 안보·정보기구의 비대화가 초래되었다. 아이젠하워 대통령은 퇴임 연설에서 "거대한 군부와 거대 군수산업의 결합을 미국이 새로 경험하고 있다"고 하면서, "경제, 정치, 심지어 영혼에까지 미치는 광범위한 영향은 모든 도시, 주 의회 의사당, 모든 연방정부 사무실에서 느낄 수 있다. … 우리는 그 거대한 함의를 이해해야만 한다"고 역설했다.[5]

　존 유(John Yoo)는 조지 W. 부시 정부의 반테러정책에 관여한 법률가로서 테러 용의자 색출을 이유로 한 불법구금에 관여한 인물이다. 그는 반테러전쟁을 회고한 2007년 저작 『다른 수단에 의한 전쟁(War by Other Means)』에서 이렇게 말한 적이 있다. "부시 정부가 대중의 두려움을 이용해 정치권력을 공고화하려" 하지 않았다고 말하고, 나아가 "비상사태가 계속되는 한 전반적으로 새로운 외교안보정책은 지속한다"고 말했다.[6] 이런 낙관론적 회고는 반테러 전쟁의 성질을 무시하고 그것이 지속하는 한 대중의 안전에 미치는 위협의 심각성을 간과하는 것이다. 반테러전쟁이 계속되면 정복할 수도, 패퇴시킬 국가도, 침몰시킬 함선도 없고, 적대세력이 다중 지도력을 갖고 있어 한 사람의 죽음이 분쟁을 종식시키지 못한다. 또 위협이 제거되었다는 의미에서 전쟁을 승리했다고 간주할 만한 자연적인 회귀의 순간도 없다. 반테러전쟁은 마지막 순간이 없기에 진자추가 전시 극단적 상황에서 대중의 일차적 관심사를 중시하는 평시로 돌아가는 경우도 없다. 끝이 없어 보이는 반테러 전쟁이란 맥락에서, 대영제국의 세계권력 추구에서 그러했듯이 태양은 미국의 경우에도 지지 않을 것이다.[7] 시기와 정치세력의 차이에도 불구하고 이런 양상은 미국의 정치집단이 영구전쟁 상태에서 정치하고 외교안보정책을 전개함을 말해준다.

마지막으로 군사화 효과를 특징지을 때 반드시 언급할 것이 바로 복합적 성격과 영향이다. 앞에서 군사화와 군사주의가 다측면이자 다차원임을 설명하기 위해 각 측면과 차원을 나열하였지만, 실제에 그것들은 개별적으로 움직이지 않고 서로 연관을 맺어 작용하면서 큰 영향을 만들어낸다. 물론 군사화의 수준과 성격을 단일하게 말할 수 없고, 그 정도와 유형은 다양하게 나타난다. 그래서 군사화도 극단적 수준과 군사화가 없는 상태를 양 극단으로 놓고 하나의 연속체로 생각해볼 수도 있을 것이다. 그중 군사화 수준이 대단히 높은 경우를 보면 군사화 효과가 복합적임을 알 수 있다. 고질적 분쟁과 대규모 국제분쟁의 경우 막대한 인명 살상은 물론 개인의 자유가 억압되고 광범위한 민간시설이 파괴되고 식량, 에너지의 수급이 힘들어지고 토양과 강, 숲 등 생태계가 파괴된다. 이런 경우 폭력은 광범위할 뿐만 아니라 오래 간다. 이스라엘과 팔레스타인들 사이의 오랜 분쟁을 비롯하여 고질적 분쟁을 겪고 있는 나라(혹은 지역)들은 물론, 평화협정을 맺어도 분쟁을 겪은 나라에서 평화 프로세스는 쉽게 이룩하기 힘들다. 가령, 콜롬비아, 스리랑카 그리고 지금도 진행되고 있는 이스라엘-팔레스틴 분쟁이 일어나는 지역은 계층 및 지역 간 불평등과 기후변화의 영향, 인종 및 성차별, 환경 오염 그리고 저발전이 겹쳐 평화-인권-발전의 선순환을 기하기가 여간 힘들지 않다.


## 2. 영역별 군사화 효과

이 절에서는 이 책의 제III부에서 토의한 군사주의 영역을 준용해 군사화 효과를 영역별로 살펴보고 있다.

### 1) 개인적 측면의 효과

먼저. 개인적 측면에서의 군사화 효과이다. 이 효과가 개인별로 별개의 성질인지, 아니면 사회적 효과의 단면인지 아래 사례를 보고 생각해보면 좋을 것이다.

미국의 저명한 평화운동가이자 신학자였던 존 디어(John Dear) 신부가 신학을 가르친 포담대학교 4학년 학생들이 졸업 댄스파티를 항공모함 유에스에스 인트레피드(USS Intrepid) 박물관에서, 즉 항공모함 갑판에서 연다고 발표했다. 이 항공모함은 제2차 세계대전에서 활약했는데, 이 박물관은 전쟁을 찬양할 목적으로 만든 것이라고 디어 신부는 말한다. 학생들이 그런 결정을 내린 것과 그 결정에 대해 대다수 교직원들과 예수회가 침묵함으로써 학생들의 결정을 암묵적으로 지지했던 사건은 미국 사회의 군사화 현실을 보여주는 강력한 상징으로 디어 신부는 보았다. 물론 교수 몇 사람이 반대했다. 그 학교 철학 교수인 짐 마쉬는 논평에서 이렇게 말했다. "나는 4학생 학생들이 졸업 댄스파티를 인트레피드호에서 갖기로 결정한 것에 대해 지적으로, 미학적으로, 도덕적으로, 정치적으로 몹시 불쾌하다. 인트레피드호는 죽음의 배이며 제국의 상징이며, 미국의 군산복합체에서 가장 사악한 것들을 축하하는 것이기 때문이다."

그 사건은 4학년 학생들의 저질 취향과 도덕적 불감증을 보여주는 것일 뿐만 아니라, 가톨릭대학인 포담대학교가 학생들을 그리스도교의 비전 가운데 교육시키지 못했음을 드러낸 것이기도 하다는 것이 디어 신부의 평가이다.[8] 그렇다면 군사화의 개인적 효과는 사회적 효과와 구분하기 어렵고 둘은 상호 밀접하게 연관되어 있다고 하겠다.

개인적 측면의 군사화가 일어나는 장소는 위와 같이 학생들의 행사도 있고, 자기만의 방일 수도 있고, 생산목표 달성을 위해 일하는 공장일 수도 있고, 승리를 위한 전장일 수도 있다. 그러니까 개개인이 군사화를 체험하고 의도적으로 군사주의를 성취하는 방식은 다양하지만 본질적으로 하나이다. 나의 자유의지와 존엄을 희생하고 대신 주어진 목표를 달성하는 것이다. 가장 대표적인 개인의 군사화는 명령에 따라 적을 무찌르고, 역시 명령에 따라 회사에서 설정한 목표 달성을 위해 일하는 것이다. 일본 경제산업성 관료를 지낸 고가 시게아키의 아래 증언이 그 전형적인 예이다.

"(태평양전쟁 때 일본 지배층은) 국민들에게 좀 더 힘을 내라, 협조하라고 하면서 전투기에 태워 보냈어요. 돌아올 연료를 조달할수 없고 죽을 수밖에 없다는 것을 알면서 일단 다녀오라고 했어요. 국민을 희생시켜서 국가의 목적인 전쟁에 투입한 거죠.… 지금 하고 있는 (2021년 도쿄) 올림픽도, 이건 지는 게 뻔하다고 생각되는 싸움에…. 팬데믹도 마찬가지예요, 어떤 과학적 근거도없으면서 '어쨌든 힘내라, 어쨌든 자숙해라', 그런 식으로 국민들에게 방침을 강요했어요. 희생이 되는 건 국민들이지요."[9]

현대 미국의 전투 전략은 인간의 실체를 대규모로 파괴하는 것만
이 아니라 신체의 존재를 모호하게 하고 주변화시키는 일과 관련이 있
다. 현대전에서는 표적으로서 신체의 비중은 줄어들고 대신, 영토 점
령, 적의 무기 파괴 및 산업시설 무력화 등이 군사작전의 성공을 판
단하는 지표들로 부각된다. 이런 점은 핵담론에 들어있는 신체의 표
상을 검토해보면 더 분명해진다. 핵무기 개발사는 부분적으로는 주체
적 신체의 대상화 및 소멸의 이야기이다. 핵담론은 그 담론의 주인을
그 자신의 신체와 분리시킨다. 서구의 소위 과학적 군사주의에서 말
하는 객관화하는 실천이란 군사적 효과 달성을 말한다. 대신 사람의
희생은 누락된다. 가령, 미 의회에서 묘사된 히로사미, 나가사키 핵폭
탄 희생자들과 미 국방부의 발간물에서 핵무기의 희생자들은 소멸된
다. 거기에서는 몸의 주관성, 자신의 몸과 타인의 몸의 관계에 대한
의식은 약화된다. 그 손상당한 신체가 다시 살아날 때는 지식의 신체
로 재구성된다.[10]

개인은 군사화의 영역으로 볼 수도 있고 차원으로 볼 수도 있다.
사람의 몸은 주체성과 객관성이 만나는 공간이다. 구체적으로 사람의
몸은 고문과 파괴를 당하는 대상으로 처분당할 수도 있고, 고통과 절
망을 경험하는 주체적인 실제이기도 하다. 또 몸은 권력의 폭력적 개
입을 기다리는 빈 공간이거나, 그런 권력에 저항하는 원천일 수도 있
다.[11] 개인적 측면에서 군사화 효과란 개인이 군대식 사고 및 행동 방
식을 지지할 뿐만 아니라 그것이 몸에 잘 베여있음을 말한다. 다만, 위
몸의 주관성과 객관성의 논리를 연장해보면 개인의 군사화 효과는 자
발적·비자발적인 두 양상을 띤다. 군사화 효과가 군사주의를 지지하
는 사람만이 아니라 지지하지 않는 사람들에게도 나타난다는 데 그 특

징이 있다. 이때 비자발적 효과가 자발적 효과보다 그 규모가 훨씬 크다는 점을 또 다른 특징으로 꼽을 수 있다.

　감옥에 존재하는 감시자와 피감시자 모두 군사적 효과를 체현하지만 그 양상은 뚜렷한 차이가 난다. 푸코가 벤담의 판옵티콘을 상기시켜 거기에서 나타나는 권력의 작동을 상세하게 다룬 것은 유명하다. 그중 일부이다.

　　"판옵티콘 장치는 끊임없이 볼 수 있게 하고 즉각적인 인지를 가능케 하는 공간의 단위들을 배치한다. 결국 우리는 감옥의 원리를 역전시키는 것이다. 또는 달리 말해 감옥의 세 가지 기능(감금하기, 빛을 박탈하기, 숨기기) 중에서 첫 번째 기능만을 보존하고 남은 두 기능은 삭제하는 것이다. 충만한 빛과 감시인의 시선은 결국 죄수를 보호하는 역할을 하곤 했던 어둠보다 더 잘 죄수를 포착한다. 가시성은 함정인 것이다. … 이로부터 판옵티콘의 주요 효과, 즉 수감자에게 권력의 자동적인 작동을 보증하는 가시성의 상태를 의식적이고 지속적으로 야기하는 효과가 만들어진다. 감시가 불연속적으로 작동할지라도 감시의 효과 지속시키기, 권력의 완벽함이 그 권력의 항시적 작동을 불필요하게 만들도록 하기, 이 건축학적 장치가 권력을 행사하는 자와 무관한 권력관계를 창조하고 지지하는 기계가 되도록 함, 결국 수감자 자신이 권력의 담지자가 되어버리는 권력 상황에 사로잡히도록 하기."[12]

　감시의 비가시성은 권력이 어떤 규정된 형상에 한정되지 않도록 만든다. 권력은 더 이상 어떤 인물이 아니라 익명으로, 자동적으로 작동한다. 규율 기계는 근본적으로 민주적이다. 권력을 개개인에게 자동적으로 작동시키는 최선의 방식은 개개인의 자발적 복종이다. 군사주의를 개개인의 마음에 심어주고 그것을 자동적으로 재생산하도록 채찍과 당근을 적절히 배합해 제공하는 것도 좋은 방법이다.

현실에서 개인의 군사화는 자동적이기는커녕 강압으로 지속하기도 어려운 경우가 많다. 전시는 물론 전후 적대세력의 구성원들에게 군사화는 구속은 물론, 주변화, 배제, 재구성 등 다양한 방법을 동원한다. 군사화를 추진하는 주체의 입장에서 최소 목표는 개인이 군사화 메커니즘을 반대하지 못하게 하고, 최대 목표는 개인이 군사화를 수용하도록 만드는 것이다. 말하자면 개인 측면에서 군사화 효과는 일견 조정 가능한 문제인 것 같지만, 개인을 사회와 국가의 기본단위로 볼 때 중단한 없이 추진할 목표이다.

## 2) 사회적 측면의 효과

개인적 측면의 군사화가 반드시 개개인의 군사화를 의미하지 않고 사회적 측면의 군사화를 구성하는 단위가 될 수 있다. 군사화가 가장 뚜렷하게 구현된 공간 혹은 전형적인 군사화 사례는 군대만이 아니다. 푸코의 논지를 따르면 학교, 병원, 구금시설도 전형적인 군사화 시설이다. 심지어 사회 전체가 군사화된 경우도 상정해볼 수 있다. 그런 공간에서는 개인적 군사화와 집단적 군사화를 구별하기 어렵다. 개개인의 군사화가 합해져 집단적 군사화로 전환되기 때문이다. 가령, 구금시설에 갇혀 있는 사람은 구금 당시 개인별로 법 위반 혐의를 받지만, 거기에 들어간 사람들 전체를 대상으로 하는 구금정책은 집단적 차원의 군사화로 볼 수 있다. 대런 바일러(Darren Byler)가 추적해 온 신장 위구르인들에 대한 집단 구금이 전형적인 예로 꼽을 수 있다.

바일러가 고발하는 신장 위구르인들에 대한 구금은 사실 사회적, 민족적 군사화로 보아도 무방하다. 중국 공산당 정권의 감시 시스템이 신장지역 위구르인을 비롯한 소수민족들에게 '유죄추정' 가정을 적용하기 때문이다. 위구인들이 다수인 이 지역 대부분의 무슬림인들은 국가 프로그램에 의해 충성의 가면을 쓰고 그들의 도덕적 이의를 숨긴다. 가면이 없던 사람들은 수용소의 불빛과 카메라 아래에서 인간성을 말살당했다. 그들은 고문, 폭언, 구타, 폐쇄 공간에서의 비위생적인 생활, 굶주림, 불빛 아래 수면, 간수들에 대한 공포를 표명할 수 없고, 무엇보다 언제 자유를 되찾을지 기약할 수 없다.[13]

2017년 말 샤완수용소가 확장하면서 공식적으로 '중앙집중화된 폐쇄교육훈련센터'로 전환되었는데, 2019년 말에 이르러 7,000명 이상을 수용할 시설이 된다. 그즈음 "체포되어야 할 모든 사람을 체포하라"는 캠페인이 세워지고 중국공산당 타청지구 서기가 여러 시설을 시찰하면서 캠페인이 전개되었다. 위구르족과 카자흐족의 삶에 대한 국가 주도의 한족 독점기업 권력의 도입은 민족과 계급의 차이를 넘어 공장노동자의 소외를 가속화시키는 효과를 갖는다. 이전의 시스템과 다르게 신장 위구르 자치구의 재교육 수용소는 치명적인 기술을 이용하여 수용소 외부의 총체적인 권력관계를 공장과 공동체로 가져온다. 공산당 세력은 흉포하고 절망적인 고독을 일상생활에 가져오고, 공동체를 분열시키고, 아이들은 부모로부터 멀어지게 한다. 이러한 시스템의 기술자들, 곧 알고리즘 교정자, 얼굴인식 설계자, DNA 지도 제작자, 스마트 한 교육학자들은 인간다움에 대해 생각하지 않고, 아이히만처럼 "그들은 그저 자신의 일을 했을 뿐"이라고 방어한다. 그러나 사실 그들은 목적의식적으로 통제 시스템을 설계하고 민족 억압 방식을 자동화했다.[14]

신장 위구르인들에 대한 감시와 억압은 첨단 과학기술력을 이용한다는 점과 그 결과 사회적 신뢰가 붕괴되고 모든 주민들이 자율성을 상실하고 정부에 의존해야 하는 '완벽한 감시국가' 아래 놓이게 된다.[15] 권력과 기술의 결합은 지배집단의 기득권 지속과 피지배집단의 순종을 물리적 폭력 없이 만들어낸다는 점에서 군사화의 효과 중 최고 수준에 해당한다. 물론 이때 물리적 폭력이 개인의 심리적 저항까지 완전히 제거하지는 못하겠지만 물리적 저항은 일어날 수 없다. 사실 위구르인들이 생존하려면 중국 공산정권의 감시와 억압을 수용해야 하고, 실제 감시의 일선에 위구르인들이 그 역할을 담당하기도 한다. 여기서 군사주의에 기반한 대중 감시 및 억압은 개인적·사회적 측면을 망라할 뿐만 아니라, 그것이 특정 정치체제, 가령 공산국가에 한정되지 않는다는 사실에 유의할 필요가 있다. 에드워드 스노든(Edward Snowden)이 드러낸 미국과 영국 정보기관의 광범위한 감청 사례는 권력의 감시가 체제와 이념을 초월함을 적나라하게 증명해주고 있다.

사회 불안에 직면한 당국에는 일반적으로 두 가지 선택지가 있다. 하나는 상징적인 양보로 대중을 달래는 방법이고, 다른 하나는 사회 불안이 당국의 이익에 줄 피해를 최소화하기 위해 통제를 강화하는 방법이다. 서구의 엘리트들은 두 번째 선택지를 더 나은 혹은 자신들의 자리를 지키기 위한 최선의 방법으로 보는 듯하다. 점거 운동에 대한 대응은 무력과 최루 가스와 기소를 통해 진압하는 것이었다. 미국에서는 경찰력의 준군사화가 전면적으로 나타났다. 합법적으로 모인, 평화적인 시위대를 진압하기 위해 경찰은 바그다드 거리에서나 볼 수 있는 장비와 무기를 동원하기도 한다. 이들의 전략은 시위에 참여한 사람들을 두렵게 만드는 효과가 있었다. 더 일반적인 목적은 거대하고 난공불락인 지배층을 상대로 한 그런 저항이 헛수고라는 생각을 심어주는 것이다. 나아가 글렌 E. 그린월드(Glenn E. Greenwald)는 대규모 감시는 더 깊고 더 중요한 곳에서도 반대 의견을 잠재운다고 말하면서 그곳은 다름 아닌 정신이라고 지적한다. 사람들은 단지 정부가 요구하고 기대하는 바에 따라 생각하도록 훈련된다면서 말이다.[16] 이 언급은 위 중국 사례에도 잘 적용된다. 요컨대, 과학기술과 권력 그리고 대중의 복종하에 전개되는 군사화는 권력에의 대중의 신민화(臣民化), 결국 노예화를 초래할 수도 있다.

사회적 측면에서 군사화 효과를 보다 상세히 검토해보면 어떤 결과를 발견할 수 있을까? 모순된 현상을 보게 된다. 전쟁 준비 태세와 군대에 의존한 평화라는 모순의 공존, 군사화를 추진하는 주체의 입장에서는 사회 전체를 전쟁 준비 태세에 나서게 하는 효과를 맛보는 대신, 객체의 측면에서는 불안한 물리적 평화 아래 생존하도록 강제받는다.

군사화 체제는 비군사화 체제보다 전쟁 발발이 쉬운 정책을 추구할 가능성이 높다. 이 지적은 군사화 주체의 입장에서 본 군사화 효과이다. 쇼필드는 그 이유를 배열적 편견으로 다극적 환경에 적응할 중요성을 모르고, 정향적 편견으로 제3국을 도발하거나 소외시킬 수 있음을 언급한다. 외교안보정책을 게을리하는 배열적 편견과 기회의 창에 공격적으로 반응하는 정향적 편견은 전쟁 발발이 쉬운 정책을 추구할 동기를 늘린다.[17] 여기서도 군사화의 체제 초월적 성격을 재확인할 수 있다. 냉전시대 미소 핵 군비경쟁과 2020년대 들어 가시화된 신 냉전적 대결은 진영 혹은 국가 간 대결 이면에 사회에 전쟁 준비 태세를 지지하는 여론을 높인다. 쇼는 냉전기 미소 핵 경쟁을 "은밀하고 느린 군사화 효과를 불러일으킨다"[18]고 말했지만, 오히려 신 냉전 상황에서 그 양상이 노골적으로 변할 개연성도 작지 않다. 근래 목도하는 미중 전략경쟁이라는 것도 일견 미국 대 중국 그리고 양국과 손잡는 국가들 사이의 블록 경쟁 양상을 띤다. 그러나 경쟁이 물리적 충돌이라는 의미의 분쟁으로 비화하기보다는 적정 수준으로 관리되는 대신,[19] 대내적으로 군사주의가 확산되고 그에 따라 통제와 이익이 높아지는 현상을 어렵지 않게 발견할 수 있다.

분쟁 후 지역에서 군사화의 사회적 효과도 주목할 만하다. 이를 주체(군대)의 관점에서 종합적으로 제시한 책은 맥스 부트(Max Booth)의 저술만 한 것이 없을 것이다.[20] 미 육군의 반란진압작전 교리는 지난 수십 년 동안 수정되지 않은 상태였다. 데이비드 H. 퍼트레이어스(David H. Petraeus) 장군은 알제리와 말라야에서의 경험뿐 아니라, 이라크와 아프가니스탄에서의 작전 경험을 반영한 새로운 야전교범을 만들기 시작했다. 그는 유능한 장교뿐만 아니라 학자, 언론인, 구호단체 요원 등 기존에 군이 자문을 구하지 않았던 인사들을 불러 모았다. 그 결과 2006년 12월 나온 것이 미 육군-해병대의 「반란진압작전 야전교범(Counterinsurgency Field Manual)」이다. 이 책자는 군인들로부터 선풍적인 관심을 끌었고 그전에 이 주제에 관심이 없던 「뉴욕타임스」에도 게재되었다.

「반란진압작전 야전교범」은 다음과 같은 작전의 방향 및 방안을 제시하고 있다. "반란진압작전의 주요 목표는 군사적·비군사적 수단을 균형 있게 적용함으로써 효과적인 거버넌스의 발전을 촉진하는 것이다." 교범은 민간 분야와 군사 분야의 노력을 통합할 중요성, 정치적 요인의 우선순위, 작전 환경의 이해와 민간인에 대한 안전보장을 강조했다. 가장 중요한 교훈 중 하나는 "적절한 수준의 무력을 사용하라"는 것이었다. 퍼트레이어스가 이라크에서 성공하자 부시 행정부는 아프가니스탄에서 또 다른 작전 임무를 그에게 맡겼다. 그러나 아프가니스탄 정부의 만연한 부패, 파키스탄에 있을 것으로 의심되는 탈레반의 은신처, 미 본토에서 증가하고 있는 전쟁 피로감 때문에 상황은 어려워졌다. 위 교범은 끈질긴 게릴라들을 즉시 물리칠 수 있는 마법의 공식은 제공하지는 않았다. 더욱이 아프가니스탄은 알렉산드로스 대왕부터 영국인과 러시아인에 이르는 침략자들이 이미 겪었듯이 반란진압작전의 교훈을 적용하기에 최적의 장소는 아니었다.

부트는 5천 년 역사를 전쟁사로 보고 거기서 12가지 교훈을 도출하는데, 그중 반란진압작전에서의 교훈을 여덟 번째로 언급하고 있다. 그는 총평으로 "주민 중심의 반란진압작전은 종종 성공하는 경우도 있지만 일반적으로 생각하는 것만큼 즉시 효과가 나타나는 것은 아니다"라고 언급하였다. 부트는 이어 이렇게 덧붙인다. "자유민주주의 국가의 반란진압작전은 인도주의적 방식으로 수행해야 한다는 것을 의미한다." 그러면서 군사화의 객체, 즉 분쟁 후 사회의 주민들에게 대해서도 한마디 언급한다. "주민들은 반란군을 지지하는 것보다 정부군을 지지하는 것이 덜 위험한 경우에만 정부를 받아들일 것이다." 치안 확보가 주민 중심 접근의 제일 과제임을 말해주는 언급이다. 이는 분쟁 후 사회의 군사화가 아무리 전투를 자제하고 대민 지원사업을 벌인다고 해도 지역주민들의 시선에는 불신과 불안이 가시지 않음을 암시한다.

객체의 입장에서 군사화 효과는 민간인이 군에 의존해 생존을 확보할 수 있다는 데 있다. 인도주의 구현 혹은 인권 보호를 명분으로 한 '주민 중심'의 반란진압작전 수행이 그 좋은 예이다. 2003년 이후 이라크 전쟁에서 성공을 거둔 것으로 평가되는 미군의 '반란진압작전 지침'의 기본방침은 "주민을 보호하고 도와라", "주민들과 밀접한 관계를 유지하라", "확보한 작전지역은 그대로 유지하라", "끈질기게 적을 추적하라"로 요약할 수 있다. 이 방식은 주민의 사회정치적 요구를 해결하기 위해 더 면밀하고 지능적으로 목표를 겨냥할 수 있기는 하지만, 기본적으로 치안 확립에 중점을 두고 상당한 무력 수단을 필요로 한다.[21] 긍정적으로 보면 미국의 주민 중심 반란진압작전은 대중의 생존을 확보해주는 것이지만, 분쟁 후 지역사회의 관심은 경제 회복, 즉 발전으로 이동한다. 그러나 '분쟁 후 사회'는 분쟁 재연의 잠재성을 안고 있어 평화가 완전하게 회복되지 않는 상태이다. 외국군대의 주둔

이 계속되는 경우가 있고, 이때 외국군은 평화유지군의 성격으로 전환하며 민사활동에 나선다.

얀 바흐만(Jan Bachmann)은 9/11 사태를 계기로 미군이 동아프리카에서 대테러활동 이후 전개한 민사활동을 검토한 바 있다.[22] 현지 미군은 인도주의 및 구호 활동으로 지역주민의 신뢰를 획득하려는 시도를 통해 테러리즘에 대한 간접적 접근을 추구하였다. 미군은 소규모 인프라 프로젝트를 확대하면서 대민활동은 평시 군의 주둔 및 활동의 정상화에 기여할 수 있었다. 바흐만은 이를 구체적으로 평가하기 위해 케냐, 우간다에서 대민활동에 나섰던 미군을 인터뷰하였다.

두 사례에서 미군의 민사활동이 현지 주민의 필요에 부분적으로 도움이 되자, 미군에 대한 지역주민들의 의심은 실용적 자세로 변했다. 그럼에도 불구하고 현지에서는 학교와 병원에서 필요 물품이 많기 때문에 교사와 의료인력은 추가 자금 조달을 위해 현지 엘리트, 지역지도자들에게 손을 내밀 수밖에 없었다. 두 지역에서 교사, 의료인, 공동체 지도자들은 미군이 재건과 개발에 기여해 주기를 기대한다.

1984년 와갈라 지역에서 케냐 군대는 소말리아 민족주의 무장세력들에 대한 반게릴라 전투와 케냐 및 소말리아인 수백 명에 대한 학살을 감행했다. 그것은 당연히 그 지역공동체의 집단기억 속에서 깊이 새겨져있다. 케냐 정부는 과거 영국 식민행정기구의 접근을 이어받아 수십 년 동안 북부 변경지역을 예외적인 방식으로 통치하였다. 9/11 테러 이후 미국은 케냐를 포함해 아프리카 일대에서 11개 반테러작전을 전개하였다. 처음 미군의 활동은 현지 공동체의 권위와 조화를 이루지 못해 주민들의 반발과 저항을 초래하였다. 그런 군사적 폭력에 노출된 집단기억과 만연된 면책특권의 문화는 지역사회 지도자들이 미군과 그 활동을 어떻게 인식하는지를 말해준다.

2000년대 우간다에서 미군이 개입해 평화협상이 일그러지고 군의 개발사업이 지역사회를 소외시킨 경험은 앞에서 살펴본 바와 같다. 그 결과 구호 실행자와 수혜자 간에 '관계의 군사화'가 발생하였다. 우간다에서의 전쟁 경험과 분쟁에는 단지 군사적 해결만이 있다는 평판이 정부 안팎에서 일어났다. 미군의 민사활동에도 불구하고 전후 군대의 역할 강화는 정치적 관계 발전을 저해한다. 그것은 또 평화협상 실패로 증가한 폭력과도 관련이 높다. 그 결과 분쟁에 대한 군사적 해결에 반대하는 것은 정부에 의해 비합법적이고 평화 수립 노력을 약화시키는 것으로 간주될 수 있었다.

이상 미군의 민사활동 사례들에서 보듯이 분쟁 후 사회에서 지원 혹은 개발의 군사화 과정은 군대 단독이 아니라, 지역사회와의 상호작용, 중앙정부 및 국제사회의 관여 등 복수의 사회적 과정임을 알 수 있다. 군의 민사활동은 군과 지역사회 간 신뢰구축을 목적으로 하는 활동과 분리해서 파악할 수는 없다. 군의 민사활동은 분쟁 후 사회의 대중의 생존 및 발전의 길을 열어주는 측면이 있지만, 개발 프로젝트에 관여하는 군의 잠재적 강압효과를 동반하고 있음에 유의할 필요가 있다. 결국 분쟁 후 지역사회에서 군사화는 주체와 객체가 상호작용하여 긍부정적인 효과를 동시에 초래했음을 알 수 있다.

이상의 논의에서 사회적 측면의 군사화는 비민주 국가나 분쟁지역에서만 나타난다는 착각을 불러일으킬 수도 있다. 사회적 측면의 군사화는 민주국가에서, 그것도 합법적으로도 발생한다. 그린월드는 스노든이 정보기관의 감청을 전 세계에 폭로하도록 도와준 작가이다. 정보기관의 감청은 합법과 불법을 넘나든다. 그린월드는 먼저 권력의 감시가 광범위하게 전개되는 데 활용된 논리를 지적한다. 감시가 테러 공격과 관련된 정보에만 한정한다는 정부의 선전은 효과가 있는데, 그것은 '잘못을 저질러서' 감시를 받아 마땅한 일부 집단에만 감시를 한정한다는 인식에 기초하고 있다. 그런 인식 위에 대중이 안심하거나

무관심한 한 사이 권력 남용이 발생하고 결과적으로 대중은 그것을 묵인하는 동시에 피해를 보게 된다.[23]

미군의 미사일 발사대가 국내 소도시에 분포해있는 것은 연방정부의 국방정책의 일환이자 지역사회의 군사화를 보여주는 단면이다. 미 국방부는 적의 공격에 취약한 1,000여 기의 육상발사미사일을 농촌 지역에 골고루 배치하고 있는데, 많은 현지 의원들이 일자리 만들기를 명분으로 미사일 배치를 보장하고 있다. 신자유주의 세계화가 덮친 결과로 미국 농촌이 파괴되는 가운데 해당 지역 의원들은 미사일 기지를 고집한다. 결국 지역 차원에서 '최대한 우리 자신을 위험에 빠뜨리자'고 말하는 세력이 존재하는 것이다. 화석연료 회사나 은행을 건드릴 수 없는 것처럼, 군대도 건드릴 수 없다. 제도의 실패가 굉장히 심각하기 때문에 당장 극복하지 못하면 지역사회는 그냥 끝장나는 것이다.[24]

지역사회 차원의 군사화는 전쟁 준비태세를 갖춰야 하는 국가에서는 불가피한 현상인지도 모른다. 경제적 군사화는 미국 사회의 근간을 침식시켰다. 그것은 계급과 인종에 의해 미국인들을 분리하고 육체노동자들과 도시 저소득층을 저임금 노동력의 저수지로 만들었다. 도시근교화(suburbanization)의 효과와 마찬가지로, 군사화의 경제적·지역적 효과는 지면 아래에 작동하며 인종 통합과 사회 평등의 효과를 약화시켰다. 또 사회관계의 군사화는 무기체계나 관료제도와 달리 모호하게 전개된다. 사회관계의 군사화는 사회집단 간 이념적 갈등을 초래하고, 사회 자원을 징발하고, 국가안보의 시각에서 사회관계를 재조정한다. 결국 그것은 언어, 모델, 전쟁양식을 포함한 복합 배치를 만들어낸다.[25]

제2차 세계대전을 겪으면서 미국 사회는 비록 다인종 사회이지만 동질화라는 용광로에 빨려 들어가 사회안정과 국가외교안보정책에 대한 지지를 형성하는 데 유용하였다. 그럼에도 멕시코계, 아메리카 선주민 그리고 중국계 사람들은 배척받거나 내부적으로 분열을 겪었다. 이런 사회관계의 군사화가 전개되면서 사회관계는 공식 주장과 의식의 범위를 넘어 재형성되었다. 거기에는 경제분야도 예외가 아니었다. 그런 영향들 가운데 연방정부의 외교안보정책을 구현할 무기를 생산하는 곳을 중심으로 미국 지도를 다시 작성하는 현상도 포함된다. 한국전쟁은 거기에 지역 재분배를 촉진하는 계기로 작용하였다. 그런 지역 변화는 자본, 전문성, 인구 재분배에 핵심적이었는데, 지역 변화는 다시 인종, 계급, 이념의 패턴을 형성시켰다. 가령, 자본은 육체노동자가 덜 필요하고 노동조합이 약한 지역으로 흘러 들어갔다. 흑인들은 캘리포니아주, 코네티컷주와 같이 경제가 활성화하는 지역으로 혹은 다시 남부로 흘러갔다. 훈련이 부족한 여성들도 비서 일과 함께, 흑인들처럼 군수산업 내 기술 관련 일에 필요하였다.[26]

대중의 의식과 일상생활에까지 군사주의가 스며드는 데는 전쟁 경험과 문화계의 역할이 크다. 문화계는 전시에도 심리전과 대중 홍보에 일익을 담당하면서 전시체제와 낯설지 않다. 제2차 세계대전 기간 군수산업의 일자리 창출과 기술 발전은 증대하는 군사주의를 국가의 일상과 엮어낸다. 헐리우드와 군대의 협업은 20세기 초로 거슬러 올라간다. 미 육군사관학교는 D.W. 그리피스(D.W. Griffith)가 '영화 국가의 탄생(The Birth of a Nation)'을 제작하는 데 자문과 보병대를 지원했고, 9년 후에도 그가 '아메리카(America)'라는 서사영화를 제작하는 데 1천 명의 기병대를 제공했다. 물론 진주만 공격을 당한 후 미군의 전략 및 징집 홍보활동에서 군과 영화업계의 협력은 더욱 발전해갔다. 제2차 세계대전에서 미국은 자유와 노예, 선과 악의 세계적 대결이라는 시각에서 접근하였다. 미군과 영화업계의 협력은 결국 루스벨트의 미국식 전쟁을 일상으로 제도화하였다. 전쟁 자체가 미국식으로 재창조되어 전쟁을 멀리한 건국 이념을 넘고 전쟁 노력과 세계 무대에서 미국을 보는 새로운 방식에 대한 대중적 지지를 획득하였다.[27] 베트남 전쟁과 CIA의 '더러운 전쟁'에 대한 비판 여론도 일어났지만 대중이 군사주의를 지지하는 노력은 중단되지 않았다. 반공주의에 기반한 '람보' 영화 시리즈가 그 좋은 예이다.

군사화의 복합효과는 고질적 분쟁의 경우 그 후에도 진행되지만, 분쟁 중에 그 영향이 광범위하고 직접적이다. 군사화의 복합 효과는 그 원인의 복합성과 연결되어 있다. 현재 고질적 분쟁이 진행되고 있는 나라는 예외 없이 인권 침해, 자연파괴, 권력 집중, 물, 광물, 방목지 등 경제 수단을 둘러싼 갈등, 그리고 강대국의 이권 개입(혹은 식민통치의 유산) 등이 서로 얽혀 있다.

또 분쟁이 종식된 나라이지만 군사화가 중단되지 않는 경우도 있으니 앞서 말한 고질적 분쟁을 겪은 경우가 그렇다. 이런 나라는 특히 분쟁이 극심했던 지역에서 군사화 효과가 커 지역사회가 재생하기 힘든 경우도 있다. 에티오피아와 티그레이는 2000년 12월 12일 평화협정을 체결하고 국경을 획정하였지만, 지금까지 분쟁이 완전 종식되었다고 보기는 어렵다. 2020년 11월 3일 이후 티그레이와 그 인근 지역에서 분쟁이 격화되어 모든 당사자들이 잔악행위를 자행하였다. 2023년 8월 에티오피아 정부는 암하라 지역에서 비상사태를 선포하여 민간인 감독 없이 군사화된 지휘소를 운영하고 있다고 한다.[28] 이런 사례는 분쟁 후 사례로 보기 어렵고 고질적 분쟁의 한 유형에 다르지 않다. 콜롬비아는 2016년 정부군과 반군 사이에 평화협정이 체결되었지만, 협정에 참여하지 않는 반군세력이 남아 있고 협정을 지지하는 인사들에 대한 살해가 이어지고, 일부 반군 점령지역에서는 성차별과 대기업에 의한 토지의 군사화와 토양 및 강 오염이 발생해왔다.[29] 스리랑카는 2000년대 후반까지 이어진 싱할리족과 타밀족 간의 오랜 내전이 타밀 반군세력의 참혹한 패배로 끝났지만, 타밀족에 대한 차별이 발생하고 그들의 거주지역인 동북부 지역에서 "군사화된 환경과 감시 문화가 계속되고 있다." 여기에 스리랑카 독재정권은 정치·경제 개혁을 요구하며 시위에 나선 대중들을 억압하여 국제사회로부터 우려와 비난을 샀다.[30] 이와 같이 고질적 분쟁을 겪은 나라에서는 분쟁세력 간 물리적 폭력이 종식되었다 하더라도 평화 프로세스는 순탄하지 않다. 분쟁의 군사화 효과가 복합적이기 때문이다. 분쟁세력 중 일부가 평화 프로세스를 거부하거나, 대부분 참여하면서도 합의 이행보다는 자신들의 이익을 추구하는 것은 그런 효과의 일면에 불과하다.[31]

내전이나 국제전을 불문하고 분쟁이 일어나지 않더라도 군사화의 복합 효과는 발생할 수 있다. 저발전과 인권 침해, 이를 극복하지 못하고 사익을 추구하는 정치세력, 이 셋이 손을 잡을 때 군사화는 복합적 효과를 낼 수 있다. 유엔이 보고한 최근 사례 몇 개를 들어보는 것으로 만족해도 좋을 것이다. 온두라스는 국가 비상사태를 선포해왔는데, 2023년 7월 5일, 45일 연장을 발표하였다. 연장 발표는 교도소 내 폭력조직 성원 46명이 라이벌 조직원들 공격으로 살해된 것이 계기가 되었다. 그러나 유엔인권최고대표사무소 대변인은 온두라스 정부가 비상사태를 진행하면서 군경이 결사의 자유, 집회의 권리, 불법 체포 등 시민들의 시민정치적 권리를 광범위하게 침해해왔다고 말했다.[32] 성장 위주의 정책을 벌였던 브라질 정부에서도 유엔에서 독립적 인권전문가를 임명해 조사할 정도로 보안군에 의한 민간인 무차별 발포와 경찰의 인종차별적 폭력, 그것을 가능하게 만든 모든 법 집행 기관의 군사화가 이어져왔다. 희생자 대부분은 아프리카계 브라질인이었다.[33] 그런 폭력을 행사한 정부는 아마존의 난개발을 지지하며 선주민들의 생존권을 무시하고 동시에 생태계 파괴에도 나섰던 것이다. 선거는 진행되는데 정부군과 반군 간의 무력 충돌이 일어나는 경우를 분쟁국가로 분류할지, 일시적인 비정상 상태로 규정할지 모호하다. 중앙아프리카공화국에서는 2021년 말에서 이듬해 상반기까지 대통령 선거를 전후로 반군과 정부군의 충돌이 크게 발생하였다. 그 결과 전체 인구의 57%가 인도주의적 지원을 필요로 할 상황이었다고 유엔이 평가할 정도였다. 학교와 병원 같은 민간 시설의 약탈과 군사화가 일어났고, 거기에 무장세력들의 폭발장치 배치로 인도적 활동과 민간인 이동이 제약받았고 경제활동이 방해받았다.[34]

군사화의 사회적 효과가 극명하게 나타나는 곳으로 지역사회를 빼놓을 수 없다. 군사주의적 방식의 개발이 전개되기 때문이다. 앞에서 언급한 인도네시아 만달리카 프로젝트는 분쟁이 없는 나라의 한 지역에서 일어나는 군사화의 예이다. 경찰과 군대는 국가 개발 프로젝트을 진행시키기 위해 토착민들이 토지를 양도하도록 강요하였다. 선주민인 사사족을 지역에서 강제로 추방하고, 개발과정에서 섬과 그 일대 해양을 오염시키고 관광단지 조성 후에는 그 정도가 더 심해질 것이고, 관광산업의 이익이 주로 해외자본과 기업의 수중으로 들어갈 것이 뚜렷하다.

지역사회에 대한 군사주의의 침투가 분쟁 상황에서 전개될 때 그것은 지역사회 주민들에게 생지옥이 아닐까? 가다피 정권의 몰락 이후에도 리비아는 종족 간 내전을 겪고 있다. 그러니 교전의 전초지대가 군사화되는 것은 명약관화하다. 한 예로 이프티카 부드라(Iftikhar Boudra)는 동부지역의 군사화를 소셜 미디어에서 비판했다는 이유로 뱅가지에 구금된 지가 4년이 된다. 내전으로 극심한 인권 침해가 인도주의적 상황에서 발생해 유엔 인권이사회는 2020년 6월 유엔 리비아 독립 사실조사단(The UN Independent Fact-Finding Mission on Libya)을 설립하기로 의결하였고 이후 관련 활동이 진행되어 왔다.[35]

1990년대에 통일을 이룬 예멘은 종족 간 정치적 갈등을 극복하지 못하고, 2015년 다시 내전에 돌입하였다. 지난 1년여 동안 일시 교전 중단을 취하며 평화협상도 벌여오고 있지만 내전 종식은 장담하기 힘들다. 2022년 1월 격렬한 교전이 일어났는데, 한스 그룬트베르그 (Hans Grundberg) 유엔 특사가 "예멘에서 수년간 목격한 최악의 전투"라고 평가할 정도였다. 민간인들이 목숨을 잃고 유엔 직원들도 구금되는 상황이었다. 거기에 마리브, 타이즈, 후다 등에 대한 공격 그리고 사우디아라비아에 대한 공격까지 일어났다. 예멘은 해외에서 받은 원조에 의존하고 있는 터라, 그룬트베르크 특사는 특별히 후다와 같은 항구도시의 '군사화'를 우려하였다.[36]

러-우 전쟁 중 우크라이나의 곡물수출이 어렵게 이어져왔지만, 러시아의 방해로 중단되자 수출 항구는 폐허로 변했다. 2023년 7월 18일 러시아는 흑해곡물협정 연장을 거부하고 오데사, 미콜라이우 등 항구도시를 공격하였다. 푸틴 러시아 대통령은 오데사에 우크라이나 군사시설을 파괴했다고 말했지만, 구테흐스 유엔 사무총장은 러시아의 "민간 인프라 파괴는 국제 인도주의법 위반"이라고 반응했다. 이로써 국제 곡물가격이 올라갔고 12만 명의 실향민이 발생하였다.[37]

이상과 같이 군사화 효과는 그 사회적 측면을 잘 보여주고 있지만, 그것은 다른 측면은 물론 지역적, 국제적 차원과 연결되어 있다. 그 어떤 군사화 효과도 그 중심에 정치경제학이 작동하고 있다.

## 3) 정치경제적 측면의 효과

군사화의 정치경제적 효과는 우선 군사화가 발생시킨 정치적 측면의 결과를 말한다. 국내외 위협이 국가안보에 미치는 영향은 무엇보다 정치적 안정에 대한 위협이다. 민주국가에서 안보 위협이 초래할 가장 위험한 일은 군에 대한 문민통제의 훼손 위험이다. 쿠엔과 레비(Kuehn and Levy)는 안보 위협과 군사화 담론이 군에 대한 문민통제에 미치는 영향을 10개 민주국가를 사례로 비교 분석한 바 있다. 분석 결과, 문민통제에 영향을 주는 것은 위협 그 자체가 아니라,[38] 위협을 군사화 담론으로 전환시키는 정치지도자의 판단이다. 이때 위협이 군사화될 수 있는지 여부는 역사적 유산의 영향을 받는 것이 확인되었다.[39]

다음으로 정치경제적 측면의 군사화 효과는 그 추진 주체의 정치경제적 이익의 극대화에 다르지 않다. 그 근간으로 그린월드는 공포의 확산을 꼽는다. 그는 공포를 퍼뜨리는 것은 정치세력이 선호하는 전술이라고 전제하고, 공포가 힘의 확장과 권리의 축소를 아주 설득력 있게 합리화한다고 주장한다. 그린월드는 이어 "테러리즘의 공포에 이권이 걸린 힘 있는 집단이 많다는 사실"이 문제의 핵심이라고 말한다. 자신들의 행동을 정당화하려는 정부, 공금이 넘쳐나는 군수기업체, 실질적인 도전 없이 우선순위를 정하는 데 몰두하는 워싱턴의 영구적인 권력 파벌들이 여기에 해당한다.[40]

이런 시각에서 트루먼 대통령의 원자폭탄 투하 결정도 작전의 전략적 효과와 별도로 군사주의의 힘을 잘 보여주는 극단적 예이다. 제2차 세계대전 승리 후 미국은 행정부의 과도한 권력 확대와 군사주의의 영향을 받게 된다. 이때부터 방산업체 경영진들은 자신들이 운영하는 회사의 필요에 부합하는 국내 및 외교안보정책이 수립될 수 있도록 강력한 로비활동에 돌입한다. 방산업체 경영진은 세계대전 종료 이후 급감한 군사비를 증액시킬 로비를 미 행정부에 전개하였는데, 그들이 공감한 정서가 소련의 세계지배야욕이라는 공포였다. 트루먼 행정부는 소련과의 대결 노선으로 전후 축소된 군사비를 확대하였다. 그 과정에서 그는 평시와 전시의 경계를 모호하게 만들고 상시적 군비증강을 촉구했다. 그리고 1947년 제정된 국가안보법을 통해 개전권을 행정부에 집중시켰다.[41] 당시 트루먼 대통령은 세 배의 군비증강을 제안한 NSC-68의 재가를 주저하고 있었는데, 한국전쟁이 그의 고민을 해결해주었다.[42]

1960년 미국에서 국방비 증가, 군산복합체의 활성화, 그 결과 민수산업과 군수산업의 상호연계 및 시너지는 괄목할 만하였다. 전체 생산품의 70%가 직간접적으로 군사용이었다. 여기에 정부 지출로 신기술 발전이 민간 시장에 적용되었다. 군수용 TV, 컴퓨터, 제트비행기의 정부 생산으로 민간시장이 더 커졌고 당시 대학, 기업, 민간재단의 능력이 크게 늘어났다. 1950년대 미국 국방비는 GNP의 10%를 넘었다. 국방비는 최첨단 기술을 제공하고 지체하던 민간투자를 보충하였다. 또 국방비는 정부에 경제통제를 위한 주요 수단으로 기능하기도 하였다. 결국 국방비가 유일한 경제 지원 시스템은 아니었지만, 군사적 케인스주의라 불릴 정도로 미국경제를 촉진하면서 냉전체제를 전개해나갔다.[43]

1960년대 말 록히드마틴사가 개발을 추진하던 샤이엔 헬기에 문제가 발생했다. 샤이엔은 헬기와 같은 방식으로 이착륙이 가능한 항공기인데 록히드마틴은 헬기 생산 경험이 없었다. 기종 선정 과정에서 심각한 이해상충 문제가 발생하였다. 정치인들의 비호하에 진행된 부정 거래가 적발되었는데, 담당 인사는 처벌받지 않고 록히드마틴으로 되돌아가는 것으로 그 사건은 유야무야됐다. 그래서 비판적 군사연구자들에 의해 군산복합체는 "대중의 피를 빨아 배를 불리는 기생충", "부패집단", "괴물 같은 존재" 등으로 비난받았다.[44]

군사화가 미국 경제의 건강성에 집합적으로 득이냐 실이냐 하는 문제는 간단히 답할 성질은 아니다. 그럼에도 군사화가 경쟁력을 필요로 하는 전문성을 훼손하고, 자원을 시장 왜곡에 이용한 측면을 부인할 수 없다. 그렇다고 국방비 감축이 자동적으로 예산과 과학자들을 다른 분야로 보내는 것을 의미하지는 않는다. 국방부는 항공, 우주, 통신, 원자력 등 일부 시장에서 세계적 우위를 유지했지만, 그런 분야도 민간 및 군수 기술의 중첩이 심하고 자본이 크게 요구돼 양쪽 시장에 의존하지 않고 생존할 기업은 극소수였다. 그리고 군용기를 민용기로 전용하는 일은 막대한 비용이 필요했다. 1980년대 스텔스 기술은 군용기가 적 레이더에 포착되지 않도록 했지만, 민용기의 생존은 가시성에 더 의존하였다. 그런 과정에서 새로운 민간기술이 군사적 용도를 더 충족시키는 소위 '파생효과' 역전현상이 발생하기도 한다. 이 경우 기업, 군사연구기관 그리고 과학·기술자들은 경쟁이 거의 없는 시스템을 향유할 수 있다. 그들이 무기 개발에서 자동차 개발로 전환할지는 불투명하였다. 왜냐하면 군수업계에서 일하는 것이 민간보다 더 많은 이익을 창출할 수 있기 때문이다. 결국 미국인들이 재정적 차원에서, 가령 세금 인상이나 타 분야에서 지출 감소를 통해 재무장을 감당할 수 있다고 해도 미국 경제의 건강성은 위험에 빠질 수 있다.[45]

세계 군비경쟁을 선도하는 국가는 미국이다. 이는 21세기 들어서도 변함이 없다. 미국은 제2차 세계대전 직후와 마찬가지로, 21세기 들어 신성장 동력 확보를 위해 군사화를 활용하였다. 가령, 기업 편에선 조지 W. 부시 정부의 해결책은 감세와 정부의 사업 발주 확대였다. 군사적으로 사고하고 행동하는 인사들이 새 행정부와 주요 정부 부처를 장악했다. 30여 명의 무기업체 고위 임원, 컨설턴트, 자문위원 등이 군 당국 및 정부 요직에 임명되었다. 부시정부가 막을 내리자 수많은 인사들이 곧바로 방산업체 고위직으로 복귀하였다. 부시정부기 안보·정보 관련 고위인사들은 전쟁 준비의 대규모 민영화를 주창했고 이를 위해 대내외 안보위협을 과대평가했다. 현대판 진주만 공습으로 일컬어지는 9/11 사태를 활용해 테러와의 영구적이고 포괄적인 전쟁, 즉 새로운 군사주의를 전개했다.

9/11 테러 이후 신 군사주의를 본격 추진하는 데 딕 체니가 발명한 '1% 독트린'이란 군사 뉴딜이 큰 역할을 하였다. 위협 발생 가능성이 1%라도 있다면 100%의 확실성을 위해 미국이 개입해야 한다는 주장이다. 그로써 방산업체들은 입법·사업·행정부에 이은 네 번째 권부가 되었다고 「뉴욕타임스」가 평가했고, 국토안보부가 신설되었다. 이제 방산업체는 군사 장비 및 군수품 공급에 그치지 않고 군사작전 관리 역할까지 수행한다. 그 과정에서 체니 같은 인물은 부통령 전후로 헬리버튼이라는 방산업체 CEO로 일했다. 예비역 공군 대령 샘 가디너(Sam Gardiner)는 체니를 "공익과 사익을 구분하지 못한다"고 말했다.[46]

럼스펠드는 국방장관에 임명된 후에도 자신이 보유한 방산업체 지분을 포기하지 않으려 해서 변호인단을 곤란하게 만들었다. 그는 북한, 이라크의 미사일 위협에 대처하는 것을 제안한 소위 '럼스펠드 보고서'를 의회에 제출하였는데, 미사일 위협의 일부는 록히드마틴 엔지니어들의 증언에 기반한 것이었다.[47] 군사전문가 조집 시린시온(Joseph Cirincione)은 군수기업에 관여한 럼스펠드가 국방장관으로 들어와 군사혁신을 제창할 때만 해도 기대가 있었지만, 군사혁신이 네오콘과 만나면서 틀어졌다고 말한다. 즉 럼스펠드의 군사혁신은 정확하고 빠른 군사전략을 지향하는데, 그것이 위협의 과장과 과도한 군사력에의 의존을 가져왔다고 말한다. 가령, 소련과 같은 강대국을 상대하는 B-2 폭격기와 F-22 전투기가 대테러전쟁에 이용한다는 식이다. 시린시온은 그런 결정은 단지 군산복합체만이 아니라 아니라 문민통제를 해야 할 의회의 묵인이 있었다고 하면서 그것을 군산정복합체로 부르는 것이 맞다고 말한다.[48]

유진 자레키(Eugene Jarecki)는 시린시언의 말을 인용하면서 군산복합체와 군산정복합체를 구별하고 있지만, 필자는 둘의 구별이 불필요하다고 보고 있다. 군산복합체가 군부와 무기업체는 물론 정치집단 (행정부와 의회 등)도 포함하기 때문이다. 이를 어떤 이는 '걸어다니는 군산복합체'라고 부르기도 하는 걸 보았는데, 적절하고 흥미로운 표현이다. 그런 점에서 정치경제적 측면의 군사화 효과와 군사적 측면의 효과를 구분하는 것도 불필요할지 모르지만, 논의 편의상 나누어 얘기할 뿐이다.

2020년대 들어서 대표적인 정치경제적 측면의 군사화 효과는 세계적 차원에서 군비경쟁이 다시 격화되고 있는 점이다. 스톡홀름국제 평화연구소(SIPRI)의 보고에 의하면, 무기거래는 냉전 해체 시기에 크게 줄어들었지만 2020년대 들어 다시 증가해 1960년대 초중반, 즉 냉전이 한창이던 시기의 규모와 유사하게 다시 높아졌다.[49]

정치경제적 측면의 군사화 효과를 산출하는 데 가장 유용한 수단은 역시 공포이다. 이때 공포는 대내외 양면으로부터 일어난다. 외부로부터의 공포는 군비증강의 명분으로 작용하고, 내부에서 증가하는 공포도 주로 군비증강을 지속할 구실로 이용되고 민주주의를 억압하는 데 쓰이기도 한다. 그런 경로를 거쳐 정치경제적 측면의 군사화는 추진 주체의 이익 극대화를 추구하면서 국가이익의 위협, 나아가 대중의 안전과 복리에도 악영향을 초래하기도 한다. 가령, 군산복합체와 분쟁의 군사적 해결을 지지하는 정치집단의 요구에 따라 국가를 지키는 데 쓰여야 할 무기와 용역이 외부의 적에게 공급되는 경우가 발생한다. 찰머슨 존슨(Chalmers Johnson)은 이익에 눈이 먼 무기업체가 게릴라들에게도 무기를 제공한 점을 꼬집으며 아프가니스탄 사태의 진정한 승자는 군산복합체라고 주장한 것은 용기 있고 정확한 지적이다.[50]

최근에 나타나는 군사화의 정치경제적 효과 역시 공포에 기반하는데, 중국 위협론이 그것이고 그 대응으로 첨단 군사기술 개발을 위한 투자이다. 구글을 포함한 미국 IT 기업들과 국방부가 미중 패권경쟁에서 압도적 우위를 차지하기 위해 디지털과 AI 기술개발 협력을 강화하고 있는 것이 좋은 예이다. 이것은 중국, 러시아도 마찬가지이다. 길먼 루이 같은 자율비행 전문가나 에릭 슈미트 전 구글 회장 같은 CEO는 미국 정부에 장기 전략적인 사고를 갖고 IT기업에 대한 투자를 요구하면서 정부 정책을 자문한다. 이에 국방부는 디지털·AI 최고책임자 자리를 만들고 거기에 민간전문가를 채용하고 관련 예산을 증액한다. 이는 과거 레이건 정부 때 추진한 것과 같이 군비 지출과 경제적 부를 병행하는 신자유주의적 군사주의의 연장선상이다. 특히 슈미트는 전 세계 100여 개 미군기지를 방문하고 AI 및 생명공학안전 관련 정부 자문을 맡고 AI기업에 수십억 달러를 투자하며 AI 분야 민군협력을 주창하는 대표 인물이다. 그는 미국이 중국과의 네트워크 기반 전쟁에서 승리하려면 관련 분야에 막대한 투자를 해야 한다고 주장하면서 새로운 형태의 군비경쟁을 불러일으키고 있다. 그는 키신저 전 국무장관을 끌어들여 싱크탱크를 만들고 '오프세트-X'라는 중국의 첨단 군사력 증강을 상쇄시키려는 전략을 만들어 AI 전쟁을 위한 군비경쟁 여론을 조성해왔다.[51]

### 4) 안보 측면의 효과

군사적 측면을 중심으로 한 군사화 효과는 쇼필드가 군사화 체제 유형을 활용한 논의가 대표적이다. 그의 군사화 효과는 군의 정향적 효과와 배열적 효과로 구성된다.[52]

먼저. 정향적 군사화 효과는 능력 분석에 초점을 두고, 기회의 창에 민감하고, 급속한 위기상승 경향 그리고 궁극적으로 영토획득의 목적을 말한다. 군대의 능력 분석과 관련해서 전쟁 발발이 쉬운 정책을 장려한다. 왜냐하면 그것은 상대국가의 방어적 무장 동기를 무시함으로써 그 적대성을 과장하기 때문이다. 쇼필드의 사례연구에 의하면 네 경우에 전쟁 발발이 쉬운 정책이 채택되었고(1965년 파키스탄, 1956, 1967년 이스라엘 그리고 이란), 한 경우(1973년 이스라엘-이집트 긴장)에 전쟁을 포기시켰다. 또 능력 분석은 전쟁 승리의 핵심 요소이다. 그런데 인도가 중국, 파키스탄의 능력에 소홀히 해 1962년 패배, 1965년 교착 상태를 초래하였다. 이집트가 1956, 1967년 이스라엘에 패배한 것도 그런 이유이다. 후에 인도와 이집트에 착근된 민군관계가 형성돼 결정자들이 군사력의 한계를 인식해 1971, 1973년 성공적인 전략을 세우게 되었다.

군이 기회의 창을 활용하는 정향적 효과는 군사력 균형에서 작은 변동을 과장해 전쟁을 초래할 수 있다. 두 사례(인도, 이스라엘)에서 나타났는데, 기회의 창은 전쟁 결정에 결정적인 역할을 했다. 정향적 효과는 또 급속한 위기상승 경향을 초래한다. 여기에는 두 가지 방식이 있는데, 하나는 국가들이 제한전쟁을 의도하는 경우에 전투 패배는 갈등의 군사적 팽창을 초래한다. 다른 한 경우는 국가들이 전면 공격을 위해 군사력 집중의 이익을 극대화하는 경우이다. 1965, 1967년 파키스탄과 이스라엘의 위기상승은 위기에서 전쟁을 촉진하는 경향을 보여준다. 시리아, 이집트와의 분쟁에서 이스라엘은 전쟁의 조기 개시를 결정한다. 파키스탄은 카쉬미르 지역 침입에 실패하자 재래식 장갑차 공격으로 반응하였다.

아이젠하워 정부의 뉴 룩(New Look) 정책은 핵 군비경쟁을 초래하였는데, 이것은 미소 간 세력균형에 균열이 나 정향적 효과를 예상할 수 있는 사례이다. 아이젠하워 대통령과 미국인들은 확실한 미국의 우위를 주장했지만, 어떻게 우위를 점할지는 몰랐다. 아이젠하워의 뉴 룩은 군사화를 봉쇄하기 위해 기술에 의존하는데, 이때 이용할 무기는 군사력 수준을 최소화하고 제한전을 예방해 비용을 감축하는 의미가 있다. 즉 뉴 룩은 단지 양적인 현상이 아니라 질적인 현상으로서, 결국 아이젠하워가 군사화를 크게 확대시킨 것이다. 뉴 룩은 기술적으로 예리하고 위험한 핵정책이었다.[53]

정향적 군사 편견이 반드시 전쟁을 초래하지는 않지만 군이 추구하는 목표 유형을 부각시켜준다. 영토획득이 좋은 예이다. 그것은 대중적 상징 가치가 있는 땅보다는 전술적으로 유용한 영토 선호를 포함한다. 쇼필드의 사례연구에서 군이 전술적으로 유용한 영토를 추구하는 기회주의적 태도는 5개 사례에서 나타났는데, 그중 두 경우는 대중의 상징적 가치를 띤 영토와 완충지대의 구별이 힘들다. 이스라엘이 1956, 1967년 시나이반도를 점령하는 목표는 이집트 군대를 패배시키고 수에즈운하를 향한 완충지대 창설이었다. 그러나 캠프 데이비드 협정 체결로 이스라엘은 시나이를 포기하였는데, 이는 영토에 대한 군의 기회주의적 접근과 관련된다. 이때 이스라엘 대중은 시나이반도를 영구 합병하는 것을 지지하였다.

이어 군의 배열상 군사화 효과는 외교의 주변화, 대전략에 대한 무기의 영향력을 의미한다. 외교의 주변화는 전쟁 발생 가능성이 높아짐을 말한다. 그런 배열상 편견으로 제3자가 개입하지 않고 적대세력은 고립될 수 있다. 그러나 더 많은 결과는 그 반대이다. 군사력의 일방적 사용은 자국을 국제사회로부터 고립시키고 주창국을 고립시키고 전투의 이익을 공고화시킬 수 없게 만든다. 군부에 주어진 특권적 역할은 외교전략 요소들의 영향력을 축소시킬 수 있다. 이스라엘이 1957년 시나이에서 축출을 예상하지 못한 것이나, 1973년 전쟁을 초래한 상황 전개를 예측하지 못한 것은 이스라엘 외교안보정책의 심각한 약점인데, 이것은 관련 정책을 군부가 주도해온 것에 기인한다. 그에 비해 비군사화 체제, 민군 조정을 착근시킨 나라, 군엘리트가 상대적으로 배열적 왜곡에서 자유로운 나라는 성공적인 외교전략을 추구한다. 1973년 이집트의 착근된 민군 의사결정은 미국이 이스라엘을 무조건 지지하지 않도록 했고, 결국 이스라엘의 시나이 철수를 이끌어냈다. 이라크의 바타당 정권은 1980년 이란 침공에 대응할 효과적인 지지를 조직해냈고, 1960년대 중반에는 짧은 시기 민간주도 외교는 많은 이슈들을 안정적으로 진행시켰다.

대전략에 대한 무기의 영향력도 배열상의 군사화 효과를 초래한다. 쇼필드가 언급하는 사례는 1965년 파키스탄, 1967년 이스라엘에서 무기체계로 인한 대전략 변화다. 이 두 경우에는 공개 상향적 커뮤니케이션 채널만 있었다. 두 체제는 병참을 최고로 만들 독트린을 구상하는 데 군에 막대한 자유를 부여하였다. 두 사례 모두 육군과 공군의 연합전력과 관련되는데 군은 1차 공격을 선호하였다. 가령, 직접 군사화 체제인 파키스탄 군이 M48 탱크의 위력을 과신함으로써 전면전 우려 없이 카슈미르 분쟁을 격화시켰다. 또 이스라엘의 착근된 민간 군사화는 1967년 무기운용체계가 대전략 안에 통합되도록 하였다. 이스라엘 공군은 1967년 전쟁으로 비화된 위기 상황에서 선제공격의 이익과 공격당함의 비용이 결정적이라고 평가하였다.

이런 군사화 체제에 대한 사례분석을 통해 쇼필드가 내리는 결론은 군사주의 경향이 비효과적인 전략을 초래한다는 사실이다. 군사화 체제는 비효과적인 전략을 생산하는 경향이 있는데, 쇼필드는 대전략의 군사적 요소를 과대평가하는 대신 외교에 소홀한 것을 주요인으로 거론하였다. 즉 군부의 정향적 왜곡을 외교전략의 큰 틀에 종속시킬 때 군사화 효과, 곧 전쟁 준비 태세가 완화되고 협상을 위한 대화 분위기가 조성될 수 있다는 것이다. 미국의 외교안보정책에서 군사적 방법이 외교적 방법보다 상대적 비중이 높아진 점도 유사한 현상인데, 그런 현상이 9/11 테러 이후 더 뚜렷해졌다. 문제는 그런 경

향이 일시적이지 않고 법·제도 그리고 여론 등에 의해 지속적이고 체계적이라는 사실이다.[54]

군사적 측면의 군사화 효과의 최고치는 바로 전쟁상태의 영구화이다. 대단히 위험하고 무서운 이야기이다. 미국 외교안보정책을 비판적 시각에서 관찰해 온 찰머스 존슨은 군산복합체가 점점 비대해지면서 새로운 군사기지들이 만들어진다고 말했다. 이어 새 군사 기지 창설은 이미 건설된 기지 보호를 위한 더 새로운 기지를 요구하고, 결국 군사주의, 전쟁, 무기거래, 기지 확대라는 '더욱 긴박한 순환(ever-tighter cycles)'을 창출한다고 갈파한 바 있다.[55]

군산복합체는 영구 전쟁상태를 유지하는 수단과 동기를 제공한다. 이제 전쟁은 지구만이 아니라 우주에서도 전개될 수 있다. 또 우주에 쏘아 올린 위성이 식별·제공하는 정보에 의해 전세를 가늠할 수 있다. 또 사람이 만든 자율무기 시스템에 의해 경우에 따라서는 사람이 거부해도 전쟁이 진행될 수 있다. 인공지능 프로그램, 로봇, 빅데이터 등이 결합한 자율무기 시스템은 군대와 민간인들에 대한 위험을 감소시키며 작전 목적을 정확히 수행할 수 있다는 것이 큰 장점으로 꼽힌다. 로봇 공학과 인공지능 기술과 같은 정교한 기술을 적용하는 것이 쉬워지고 이제는 강대국들 사이에서 경쟁이 벌어질 정도이다. 그런 기술이 자율무기에 통합되면 전쟁의 양상은 곧 SF영화가 현실이 되는 것에 다름 아니게 된다. 그러나 바로 그런 이유로 분쟁의 평화적 해결보다는 군사적으로 개입할 문턱을 낮추고 의도치 않게 폭력이 확대될 것이라는 우려가 높아진다. 안토니오 구테흐스(António Guterres) 유엔 사무총장과 미르자나 스폴자릭(Mirjana Spoljaric) 국제적십자위원회 회장이 "인간의 개입 없이 목표를 선택하고 무력을 가하는 시스템으로 이해되는 자율무기 시스템은 심각한 인도적, 법적, 안보상의 우려를 제기한다"고 말한 것은 그런 우려를 잘 반영하고 있다. 이들은 2023년 10월 5일, "세계 지도자들이 자율무기 시스템에 대한 명확한 금지와 제한을 설정하고, 2026년까지 협상을 마무리하기 위한 새로운 법적 구속력 있는 기구 설립을 위한 협상에 착수할 것을 촉구"하였다. 이들은 자율무기 시스템의 확산에 직면해 "무력사용에 대한 인간의 통제권", "삶과 죽음의 결정에서 인간의 통제권" 유지를 주장하고 나선 것이다.[56]

그런데 군사화의 군사적 효과는 아직까지는 우려를 깊이 고려하기보다는 정치적으로 지지하는 힘이 더 커 보인다. 군사주의는 회전문 인사를 통해 행정부 및 각 정부 부처에 퍼져나갈 수 있기 때문이다. 미국의 예로, 알렉산더 헤이그, 콜린 파월, 딕 체니, 도널드 럼스펠드는 미 행정부에 영향을 미친 '형이상학적 군사주의'를 대표하는 인물이다. 군 장성 출신 2명이 국무장관에 임명되어 외교안보정책을 군사화한 것은 결코 우연이 아니다. 사람과 돈의 회전문은 라이트 밀스의 표현에 따르면 '형이상학적 군사주의', 즉 항구적 전쟁경제를 정당화하는 군사주의적 현실 규정을 뒷받침해준다.[57]

전쟁의 영속화는 군인을 전쟁 기계로 변질시킨다. 군사적 폭력의 파괴성과 비인간성은 처음부터 인간에 야심 차고 건설적인 개입을 뒷받침한다. 월터 벤야민(Walter Benjamin)은 제1차 세계대전 이후 기계화된 전쟁의 스펙터클에서 전례 없이 모순적인 인간 경험을 언급했지만, 전쟁을 통해 인간의 꿈을 실현할 수 있다는 순수이상주의자(purist)의 이상을 무서워했다. 죽임과 파괴에 더 효과적인 길을 개발하는 것은 항상 인간 신체를 보호하고 치유하는 새 길을 요구하고, 계속해서 마음에 상처 주고 능력을 증가시킨다. 그런데 전쟁이 사악하고 군대가 비인간적이라는 비판을 지지하는 자유주의 인성 구축은 현대 전쟁 준비 기구들의 구조에서 만들어졌다. 이들 기구는 일부 전쟁 준비 방식(화학무기, 소년군인)을 도리를 벗어났다고 비판하고, 대신 다른 것들

(선제공격, 집속탄, 자발적 재입대)은 정당화하는 식으로 전쟁을 합법화한다. 이제 군인이라는 '기계'는 효과적일 뿐 아니라 도덕적이다. 도덕적인 역할을 하는 인간의 완벽성을 기술관료적 투지와 결합시킨 결과가 군인인 셈이다. 자동화된 기계가 된 군인은 이제 군이 부여한 선을 적용받는 강압적인 돌봄의 대상이자, 그들 자신이 지시하는 선의를 위한 해방적이고 인도주의적인 전쟁의 주체이기도 한다. 이렇게 도덕과 기술이 겹치는 논리는, 군인을 더 효과적이고 더 인간적으로 만들어 전쟁을 덜 파괴적인 것처럼 만들어낸다.[58] 이제 군사화는 권력 위에 과학기술과 도덕가치를 겹쳐 얹어 그 파괴성을 반감시키고 반인륜성을 은폐하는 지경에까지 이르렀다.

## 5) 경제적 측면의 효과

다음으로 경제적 측면의 군사화 효과이다. 드물게 군사화의 경제학을 다룬 댄 스미스와 론 스미스(Dan Smith and Ron Smith)는 군비 지출의 경제적 결과를 분석하였다.[59] 군비 지출이 군사화의 모두는 아니지만, 여기에서는 군사 지출을 군사화를 대변하는 주요 지표로 간주하고자 한다. 두 스미스는 군비 지출의 경제적 결과를 단기적(혹은 즉각적) 효과와 장기적 효과로 나누어 논의하였다.

먼저. 단기적 효과에 관한 두 사람의 논의이다. 케인스주의자는 군비 지출 증가는 경제에서 집합적 수요, 총지출을 증가시킨다고 가정한다. 그다음 일어나는 것은 집합적 수요와 공급 그리고 생산 능력 간의 관계이다. 잠재적 공급이 실질 지출보다 더 크면 군사적 수요 증가는 산출 증대와 실업 감소를 가져온다. 산출과 고용 증가에 관한 정확한 크기는 여러 요소들에 의존한다. 그러나 시작할 때 여유 능력이 있고, 세금이 추가 군비 지출을 부담하는 재정 이상으로 늘지 않는다면 산출과 고용은 둘 다 늘어난다.

군비 지출의 즉각적 효과와 관련해, 군비 지출에 쓰이는 산출분의 1% 증가는 자본 형성에 쓰이는 산출분의 1% 하락과 연관된다. 다시 말해 투자에 쓰이는 산출 비율이 높은 나라는 군사비 지출 비율이 낮은 경향이 있다는 말이다. 1954~73년 군비 지출과 경제를 보여주는 서방 선진 14개국 지표에서 영국과 미국은 다른 나라들에 비해 투자율이 낮았고(각각 16.6%, 16.4%), 대신 군사비 지출은 높았다(각각 6.1%, 8.3%).

한편, 군비 지출은 일국의 수지균형에 여러 방식으로 영향을 미친다. 증대하는 군비 지출은 국내소비를 위해 민간산업이 충족시킬 수 있는 것 이상의 수요를 증대시킨다. 무기 교역 흐름의 패턴을 분석하기 위해 가시적 교역과 비가시적 교역으로 구분해 논의하는 것이 필요하다. 가시적 교역은 무기와 다른 장비 거래를 말하고, 비가시적 교역은 해외군사원조, 자문, 해외기지 관련 지출과 같은 서비스 거래를 말한다. 높은 군비 지출은 가시적 교역에서 흑자, 비가시적 교역에서 적자와 관련된다. 수지 균형에 관한 종합 효과는 이들 두 측면의 교역 간 균형에 의존한다. 냉전기 프랑스, 서독, 일본은 균형을 추구한데 비해 미국과 영국은 그렇지 못했다. 1950~70년 사이 무기교역에서 미국은 530억 달러, 영국은 70억 달러의 적자를 나타냈다. 그러나 미국과 영국의 그런 패턴은 변화를 보였는데, 미국은 군사장비 이전 방식으로 무기 판매가 대여를 대체하였다. 1950년대에는 원조가 군사장비 이전의 90%를 차지한 데 비해, 1970년대 말에는 90%가 판매였다.

이어 두 스미스는 군비 지출의 장기적 효과를 논의하였다. 여기서는 교환, 분배, 생산, 고용 등 네 측면을 다루고 있다.

첫째, 교환에서의 효과이다. 군비는 위기에 대비하는 투자 혹은 수요 창출의 의미가 있어 정상적인 상황에서의 민간소비와 길항관계를 가질 수 있다. '위기시 저소비 이론'이 군비 지출과 교환의 관계를 다룰 때 언급할 수 있다. 그렇지만 실업률과 군비 지출 사이에 특정한 관계나 일반적인 메커니즘은 발견되지 않는다. 군비 지출이 효과적인 수요를 유지하는 역할도 한다는 주장도 그렇다. 요컨대, 국가가 실업률 감소나 경기 불황 타개를 위해 군비 지출을 체계적으로 이용한다는 증거는 없다. 오히려 높은 군비 지출은 경제를 약화시킬 수 있는데, 이는 냉전 시기 미국과 소련 경제에서 각각 확인할 수 있다. 미국의 경우, 높은 군비 지출은 투자 및 생산성에 미치는 효과 또는 달러화 약세를 통해 경제에 부정적인 영향을 미쳤다. 그것은 베트남 전쟁과 소련과의 군비경쟁의 맥락에서 일어난 것이었다. 반대로 소련이 미국과의 군비경쟁에 빠져든 것은 고르바초프가 뒤늦게 깨달았지만 체제 붕괴를 제어할 수 없을 정도로 심각한 수준이었다.

둘째, 분배에서의 장기 효과이다. 산출은 크게 임금과 이익으로 구성된다. 군사주의는 자본주의 사회 내 권력관계에 다양한 효과를 초래한다. 군비 지출은 기성 질서에 대한 위협 인식과 그에 대응할 필요와 이데올로기에 의해 지속되고, 또 그런 이데올로기를 지속시킨다. 군사주의를 고취하는 것은 국가적 단합, 명예, 규율에 관한 감정을 발달시키고, 노동자들이 사회질서와 그 속에서 자신의 위치를 수용하는 태도를 진작시키는 데 도움을 준다. 만약 사회적 관계에 관한 국가의 규제가 붕괴될 위험에 처하면 결국 기성 권력 및 부의 분배 방식을 유지하기 위해 의존하는 것이 군대이다.

셋째, 생산에서의 장기 효과이다. 국가가 무기 생산에 미치는 영향은 군비 지출, 장비 구입과 같은 직접적 영향과 함께 간접적 영향도 행사한다. 거기에는 무기생산의 기술적 방향, 협동적 무기프로젝트를 통한 자본의 국제화, 무기업체 선정 등의 방법이 포함된다. 그러나 생산을 위한 군비 지출의 결과는 국가의 직접적 영향을 능가한다. 군비 지출은 파생효과를 통해 생산성을 증가시킨다. 무기생산은 연구개발을 요구하는 높은 기술과 관련된다. 파생효과는 두 가지 측면에 의존하는데, 하나는 규모 때문에 국가만이 이런 투자를 할 수 있다는 점이고, 둘째는 그 이익이 민간으로 이전된다는 점이다. 또한 부정적인 파생효과도 볼 필요가 있는데, 경쟁적인 소비시장 압력의 미흡, 적응과 이익창출성 성장을 못하게 하는 경직성이 그것이다. 어떻게 보면 군사적 계약을 한다 함은 기업가적 창의와 시장 주도 신사고의 도출이라기보다는 관료적 동의와 관성을 의미한다. 군사 부문의 연구개발 기금이 기업과 대학과 연구기관에 흘러 들어간다. 거기에 참여하는 과학자들과 그들의 기술은 민간 영역에서 파생효과를 기다리기보다 직접적으로 생산성 증가에 기여할 수 있다.

넷째, 고용에서의 장기 효과이다. 군비 지출과 고용 사이의 관계는 논란이 되고 정치적으로 민감하다. 노조는 노조원들의 일자리를 추구하면서 군사적 계약을 두둔한다. 그러나 노조는 원칙적으로 군비 지출의 삭감을 지지한다. 고실업 상태에서 정치인들은 실업 위기를 맞는 노동자들 편에 선다. 문제는 군비 지출이 일자리 창출에 필요하고 효과적이냐이다. 물론 군비 지출이 일자리 창출에 필요하다는 주장은 증명되지 않았다. 또 국가가 군비 지출을 실업 증가의 방편으로 이용하느냐의 문제도 논쟁점이다. 군비 삭감으로 일자리가 줄어든다는 주장에도 불구하고, 군비 지출의 목적이 일자리 창출이라는 점을 지지하는 명백한 증거는 없다. 레이건 정부와 대처 정부 시기 미국과 영국에서 나타난 군비증강은 일자리 창출을 위한 국가개입의 사례는 결코 아니다. 1980년대 초 군비증강은 국제 위기에 대한 반응이었다.

물론 군비증강과 무기생산이 경제회복을 위한 정치적 프레임의 성격이 없지는 않다. 일견 군사주의 이념을 어떻게 자본주의 국가들이 위기에 살아남도록 활용했는지를 보기가 더 쉽다. 바이든 정부가 미 의회에 러-우 전쟁에 대한 막대한 지원을 촉구하면서, 지원 예산 대부분이 미국에서 사용돼 경제에 도움이 된다고 주장하였다. 그는 "미국을 지키는 무기가 미국에서 생산된다. 패트리어트 미사일은 아리조나주에서, 포탄은 펜실베니아주, 오하이오주, 텍사스주 등 12개 주에서 생산된다"며, "민주주의 무기를 만들어 자유를 증진하는데 기여한다"고 주장하였다.[60] 이런 정치적 주장이 대중에게 군사화의 경제적 효과로 비춰질 수도 있을 것이다. 앞서 소개한 마크 티센의 칼럼은 미 바이든 정부의 우크라이나 군사지원 예산 대부분이 미국 군수기업의 활성화와 해당 기업이 있는 지역 노동자들의 일자리 창출에 기여함을 밝히고 있다. 그렇지만 언제까지 전쟁무기를 팔아 일자리를 창출할 수 있을까? 그것이 고용 확대와 지역경제 활성화를 가져오고 결국 대중의 삶의 질이 향상시키는지도 의문이다. 무기 지원의 혜택은 결국 소수 군수기업 CEO에게 돌아가고 일부 액수가 정치 자금으로 흘러들어가는 경우도 있다.

이상의 논의로부터 경제적 측면에서 군사화 효과는 다면적이고 복잡함을 알 수 있다. 그것은 경제적 효과가 시간상의 측면만이 아니라, 투자, 생산, 수지균형, 교환, 분배 그리고 고용 등 여러 측면에서 일방향의 성격을 보여주지 않음을 말해준다. 그럼에도 군사화가 적어도 민간경제를 풍요롭고 균형적으로 발전시키는 효과를 창출한다고 말하기는 어렵다. 이는 의도가 아니라 결과 면에서 말하는 것이다. 군사화의 경제적 효과는 처음부터 민간경제 발전을 의도하지는 않는다. 군사화의 경제적 측면이 민간경제의 합리성과 경쟁과 같은 성격 그리고 대중의 삶의 질 향상과 같은 기대효과를 반드시 수반하지 않는다는 것이 본 논의의 잠정 결론이다. 죽임의 경제는 살림의 경제와 상쇄 관계에 있기 때문이다.

이상과 같은 논의에도 불구하고 군사화가 외교안보정책에 효과적이냐, 아니면 사적 이익의 침투로부터 자유로우냐는 답하기 어렵다. 아래의 진술도 위 질문에 답하기보다는 두 측면을 언급하고 있다. 전설적인 공군조종사 피터 보이어(Peter Boyer)는 미군의 군사혁신운동의 '지적 후원자'로 평가받는다. 속도, 민첩성, 유연성으로 구성된 그의 운용전 개념은 군사혁신운동의 언어가 되었다. 그는 군사혁신이 군산복합체의 변화를 필요로 한다고 말했다. 부시 정부 들어 럼스펠드 국방장관이 주도한 군사분야혁신(RMA)은 미국의 정보 자산 우위에 기반한 신 군사전략이다. 물론 그 용어는 과거에도 있었지만 럼스펠드는 군사혁신을 공군력, 정밀도, 육상전투 비중 약화 등으로 구성하였다. 정보 우위는 신속한 운용성, 정확한 조준, 더 가볍고 신속하고 작은 무기 활용 등으로 나타났다. 그러나 보이어와 같이 일한 토마스 크리스티(Thomas Christie)는 생각이 달랐다. 그는 많은 군수기업과 의회 내 친기업 인사들이 공군기의 운용성, 조종사 안전 그리고 국가안보 증대보다는 자신들의 목적을 위해 시스템을 조정하려 들었다고 회고하며 여러 사례들을 든다. 보이어와 그 동료들은 군산복합체의 활동을 관찰하면서 미국에 대한 최대의 방어 위협이 외부만이 아니라 국가 시스템 내부에서도 일어남을 인식하였던 것이다.[61]

## 6) 외교적 측면의 효과

군사화가 일국의 외교안보정책에 미치는 효과는 그 나라의 대외관계를 악화시켜 국제적 위상을 약화시키는 데만 있지 않다. 국제관계의 군사화는 세계평화를 해치고 결국 각국의 대내적 안정에도 나쁜 영향을 미치는 악순환을 초래할 수 있다. 민군관계(civil-military relations)의 견지에서 볼 때 외교에서 군사화는 외교안보정책에서 제도적 불균형이 군대 쪽으로 기울어 국가성과 외교안보정책을 군사화시킴을 말한다.

군사화는 군대의 시각과 우선순위가 폭넓은 외교안보정책으로 점점 더 스며들어가고, 더 직접적으로는 정책결정자들이 정책 형성 · 결정 · 집행 등 일련의 과정에 군사기구에 대한 의존을 높여가고, 그 결과 군대가 일국의 외교안보정책 방향을 주도하는 경향 혹은 그런 현상 말한다. 특히, 경향에 주목할 경우 외교안보정책 결정을 군대의 시각에서 접근하는 경향이 높다. 그런 경향은 서서히, 민주정부와 여론으로부터 견제받지 않고, 심지어 정상인 것처럼 보인다. 결국 군대 시각의 제도화가 일어나고 군의 임무와 책임이 정책결정자들에게는 자기충족적 예언이 된다. 군대가 특정 임무를 달성할 유일한 가용 주체로 보이기 시작한다. 이런 이론적 바탕 위에서 아담스와 머레이(Adams and Murray) 연구팀은 미국 외교안보정책의 군사화를 외교안보정책 사례와 관련 국내 정책결정과정 및 기구에 걸쳐 양적 · 질적 연구를 전개한 바 있다.[62]

민군관계의 견지에서 외교안보정책의 군사화는 다음과 같은 몇 가지 차원을 담고 있다. 첫째는 전통적인 이슈로서 민간기구가 어느 정도, 어떻게 군부를 통제하느냐이고, 둘째는 군부가 전반적인 외교안보정책 수립 과정에서 하는 역할이 어느 정도이냐이고, 셋째는 정책집행과정에서 군부의 역할과 범위가 어디까지인가이다.[63]

미국 국가기구의 제도적 불균형성에 역사와 문화의 영향이 크다. 냉전을 거치며 국방부가 크게 성장하였다. 이제 국방부는 거대하고 제도화된 기구가 되었고 사업과 예산 면에서도 강력한 제도적 지지를 받고 있다. 그에 비해 국무부를 포함한 민간기구는 서서히 약해졌다. 특히 정부기구들에 퍼져있는 민간외교안보정책 결정을 국무부가 잘 조정하지 못하고 있다. 문화 측면에서도 군부는 초점을 맞추고 기획하고 조정하고 "할 수 있다(can do)"는 기회를 백악관에 제공해온 데 비해,

국무부의 문화는 느리고 실행력이 약하다. 그런 차이는 이라크, 아프가니스탄 전쟁에서 확인되는 데 국무부와 대외원조청은 임무에서 배제된 반면 군부가 책임을 맡았다.[64] 물론 미국 외교안보정책에서 군의 역할이 증대한 것은 동맹국의 요구, 즉 국내 정치적 안정과 외교안보정책 달성을 위해 미국에 군사적 지원을 요청하는 점도 작지 않다.[65]

위 연구에 참여한 제임스 도빈스(James Dobbins)는 1990년대 발칸반도에서 발생했던 일련의 분쟁에 미국의 관여를 국무부와 국방부의 역할을 중심으로 분석하였다.[66] 1990년대 말 보스니아, 코소보 사태에서 미 클린턴 대통령이 정책을 세팅하고 그 참모들이 관련 기구들을 소집해 임무를 부여했다. 국방부는 군사업무에 자신을 한정했고 임무 확대에는 반대했다. 비군사적인 임무를 위한 비용은 국무부에 배당돼 국무부가 자금을 대외원조청, 재무부 등 관련 기관에 할당해 집행하도록 했다. 그 경우에 미국의 정책은 완벽하지는 않았지만 지난 20년 동안 가장 성공적이었다. 도빈스는 그와 같은 분석 뒤에 향후 대규모 지상전이 일어날 가능성은 낮지만 소규모 국가형성 작전이나 내전에 빠진 국가 지원에 나설 가능성이 높다고 전망한다. 그에 대응하는 데 있어서 1990년대 발칸에서의 경험을 활용할 필요가 크다고 말하고, 군 중심의 활동보다는 민간 중심의 대응을 제안한다. 물론 군의 안보 제공자로서의 역할을 전제로 해서 말이다.

1999년 나토군의 공습으로 화염에 싸인
유고슬라비아 노비사드시

위 연구를 주도한 사람 중 한 사람인 고든 아담스(Gordon Admas)는 아래와 같은 평가와 결론을 내리고 있다.[67] 먼저 그는 미국 외교안보정책의 군사화에 대한 폭넓은 평가를 하고 있다.

첫째, 외교안보정책에서 군대가 비전투 임무에 폭넓게 관여하는 것은 성과를 중시하는 군대의 문화 및 태도를 반영한다. 분쟁 후 지역의 평화구축과 국가형성 과정에서 군이 수행하는 업무는 반테러, 안보 지원, 발전 업무, 인도주의 등 광범위한데 9/11 테러 이후 반테러 전쟁을 거치며 공화당, 민주당 정권을 초월해 증가일로를 걸어왔다. 그러나 그것이 불가피한지는 의문이다. 1990년대 말 발칸에서의 개입과 9/11 테러 이후 세계적 개입에서 소규모 민간 주도와 대규모 군부 주도라는 차이를 보였기 때문이다. 그러나 외교안보정책에서 군사화 추세가 지속되면서 비전투 임무 증가에 군은 익숙하고 준비되어 있다.

둘째, 군부 내에서 군의 비전투 임무 증가를 두고 논란이 있는데, 지지하는 측은 한마디로 파트너의 역량 증대 혹은 국가 형성 과정에서 군의 역할 증대는 비대칭 위협에 적절하게 대응하는 것으로 평가한다. 비판하는 측은 군대가 불안정, 테러리즘, 극단주의, 실패국가에 대응하는 수단들 중 하나에 불과하다는 것이다. 중요한 것은 전쟁 양상의 변화가 아니라 미국의 정책운영방식을 변화시킬 필요라는 것이다.

셋째, 군대에 대한 과도한 의존은 정책결정집단의 의도가 아니라 새로운 세계적 도전에 미국 외교안보정책기구들이 적응에 실패한 결과이다. 그 대응으로 민군의 역할 분담을 포함한 범 정부 차원의 종합 대응이 제시된다. 그러나 그것은 불균형적인 대응 수단을 개선하지 않고는 정책의 군사화 경향을 수정하지 못할 것이다.

넷째, 그럼 군에 대한 과도한 의존은 불가피한 현상인가? 권한과 예산 면에서 현재 국방부 중심의 군사화는 분명한 현실이다. 이라크와 아프가니스탄 개입에서 군사적 개입은 물론 전후 재건과정에서도 국방부가 주도해왔다. 전후 복구 관련 임무 대부분은 민간기구가 주도할 성질이지만 대부분의 임무는 국방부 주도 아래 전개되었다.

아담스는 외교안보정책의 군사화를 가져온 제도적 불균형의 결과를 이렇게 요약하고 있다. 첫째, 이라크와 아프가니스탄의 사례에서 보듯이, 군이 주도한 발전 및 사회 프로그램은 실패하고 민주적 거버넌스는 부재하고 부패는 줄어들지 않았고, 결국 미국 외교안보정책의 신뢰성과 효과성에 문제를 초래했고, 둘째, 장기적으로 민간기구의 효과성에 부정적인 영향을 미치며 군사화의 자기충족적인 위험을 초래하고, 셋째, 미국 외교안보정책이 군사화되고 있다는 이미지를 국제사회에 심어준다.

외교안보문제를 군사적으로 해결하려는 경향은 일시적 유행으로 그치지 않는다. 물론 그런 현상은 전시에 가장 극명하게 나타나지만 그것은 영구전쟁 상태를 촉진하고 지속시키는 계기로 작용한다. 9/11 테러가 터지고 미국의 반테러전쟁이 전개되면서 파월이 이끄는 국무부와 럼스펠드가 이끄는 국방부 사이에 갈등이 증대했는데, 그것은 특정 정책을 둘러싼 불협화음을 넘어 제도, 이념, 인적 차원으로 확대되었다. 이를 지켜보던 윌리엄 크리스톨(William Kristol)은 이라크전 개시 6개월 후에 미 행정부가 '내전'에 빠졌다고 말할 정도였다.[68] 그런 지적이 9/11 테러라는 예외적인 경우의 여파임에 틀림없지만 그 당시 정책에 관여했던 인사조차 군사적 방식 주도의 접근의 기원을 9/11 테러로 한정하지 않는다. 1947년 국가안보기구의 발전은 국가안보 의사결정구조로부터 국무부를 멀리하고 외교문제의 군사적 해결을 선호하는 방향으로 만들었다. 파월 국무장관의 정책보좌관으로 일한 로렌스 윌커슨(Lawrence Wilkerson)은 그 법의 제정으로 미국이 군사주의로 나아갔다고 평가하며, 당시 트루먼을 비롯해 미국 외교안보정책 결정자들이 1947년 일로 미국의 권력행사 방식에 일대전환이 일어났음을 이해하고 있었다고 말했다. 찰머스 존슨도 1947년 사건을 미국이 온건한 공화국에서 세계 패권국으로 진화하는 데 기폭제가 되었다고 평가했다. 이라크전 수행시 미 중부사령부 총사령관을 지낸 토미 프랭크스(Tommy Franks)는 한 언론과의 인터뷰에서 놀라운 발언을 했다. 그가 경고한 것은 "발생할 수 있는 최악의 일"이었다. 그것은 "서방 어느 곳에서 테러리스트에 의한 대량 인명살상 사건이고, 그것은 대중이 우리의 헌법을 의심하고 우리 조국을 군사화시키기 시작하는 일이다"고 말했다.[69] 오늘날 미국 외교안보정책 예산 중 93%가 국방부를 통하고, 나머지 7%만이 국무부를 통해 집행된다. 이는 미국이 대외문제 해결을 주로 '군사기구'에 의존하고 있음을 보여주는 단적인 예이다.

위와 같은 군사화의 외교적 효과는 국경을 넘어 세계에 전파된다. 반테러전쟁에서 미국의 동맹국이던 파키스탄의 페르베즈 무샤라프(Pervez Musharraf) 대통령은 2007년 11월 3일 계엄령을 선포하고 헌법을 중지하고 대법원을 폐쇄하였다. 이때 그는 텔레비전 연설을 하였는데 자신의 행동을 정당화하는 데 미 남북전쟁 시기 링컨 대통령이 취한 조치를 인용하였다. 무샤라프는 "미 연방을 유지하기 위해 그(링컨)는 법률을 파기하고 헌법을 위반하고 자의적 권력을 이용하고 개인의 자유를 짓밟았다"고 말했다.[70] 이는 일국의 군사화 효과가 해외로, 외교안보정책상의 효과가 민주주의에 미치는 등 복합적임을 재확인시켜주는 단적인 예이다.

## 3. 다차원의 군사화 효과

군사화 효과가 복합적인 점은 복수의 행위자들과 함께 다측면성, 다차원성이 결합되기 때문이다. 그중 군사화의 다차원적 효과야말로 군사화의 본질을 가장 잘 반영하는 현상이라 하겠다. 군사화 경향은 개인에서부터 사회, 국가, 세계, 심지어는 우주까지 뻗어가는 확장성과 공격성을 갖고 있다.

군사화의 다차원적 속성은 실제 군사화를 담지한 세력에서 확인할 수 있다. '군산복합체'를 권력 연합으로 이론화한 라이트 밀스는 권력 엘리트를 두 측면에서 언급하면서 군사화를 거론하였다. 밀스는 정치·경제·군사적 지도력을 결합하는 지배 엘리트가 20세기 전반에 등장하였는데, 특히 군사문제가 주목할 만하다고 했다. 또 그는 전체 권력체계가 군사화된다는 점을 지적하였는데, 이때 군사화된 권력체계는 국내적 차원과 국제적 차원이 결합된 상태이다. 여기서 권력 엘리트는 중하위 수준의 권력 집단과 구별되고, 대중은 권력의 영역에서 제외된다.[71]

냉전 시대에는 일국 및 국제적 차원을 망라해 지구촌이 군사화되었다. 미국은 제2차 세계대전 이후에도 대내적으로 산업의 엔진을 최고로 가동시켜 재계에 엄청난 이익을 안겨주는 데 군사주의를 활용하였다. 물론 군사주의를 촉진하는 데 냉전이 구조적으로 큰 영향을 미쳤다. 대외적으로도 미국은 주적인 소련과 무한 군비경쟁에 돌입하였다.[72] 냉전 초기 소련은 전후 복구와 경제회복이 우선시되었으나 미국이 선도한 군비경쟁에 빨려 들어가지 않을 수 없었다. 1980년대 중반 이후는 냉전이 막바지에 들어선 국면이었지만 군사화가 지구 안에서 추진되는 것을 불만스러워하는 세력도 나타났다. 미국 레이건 행정부는 소련의 위협을 빌미로 우주에서의 군비경쟁을 부채질하였으니, 그것이 '별들의 전쟁(Star Wars)' 프로젝트였다. 군사화의 다차원성, 다시 말해 군사화가 지구촌과 그 밖으로까지 전개된다는 말은 개개인에서부터 인류 전체가 비인간적이고 위험한 삶, 곧 죽임의 생활을 살아갈 수 있다는 말이 된다. 이것을 안보, 생존, 국가를 명분으로 전개하였는데, 냉전이 붕괴했지만 군사화는 지양되지 않고 다른 형태로 재생산된다는 점에서 군사화의 생명력을 알 수 있다. 아래에서는 군사화의 다차원성을 몇 가지 사례를 통해 구체적으로 논의해보고자 한다.

## 1) 드론 공격과 두더지 잡기

먼저, 다차원적인 군사화의 극단적 사례로 무인 드론을 이용한 전쟁을 꼽는 데 어려움이 없다. 이얼 프레스(Eyal Press)는 이것을 '험한 일(dirty work)'의 하나로 간주한다. 그는 험한 노동 사례로 드론 조종사 외에도 교도소 정신병동 교도관, 도살장 노동자 등을 거론하면서 비윤리적이고 불결한 노동이 불평등 사회를 유지하는 데 필수불가결한 일이라고 말한다.[73] 그런데 험한 일이라는 게 드론 원격조종 군인을 제외하면 모두 사회적인 일을 하는 이들인데, 군인을 포함하는 게 적절한가. 프레스의 설명을 들어보자.

프레스는 험한 일을 "사회에 꼭 필요하지만 눈에 보이지 않는 필수노동 가운데 '도덕적으로 문제 있다'고 여겨져 더욱 은밀한 곳으로 숨어든 노동"으로 정의한다. 이어 그는 험한 일의 성격을 구체적으로 언급한다. 험한 일은 첫째, 다른 인간에게 또는 인간이 아닌 동물과 환경에 상당한 피해를 입히는 노동, 둘째, '선량한 사람들'이 보기에 더럽고 비윤리적인 노동, 셋째, 그 일을 하는 사람으로 하여금 다른 사람들에게 낮게 평가되거나 낙인찍혔다고 느끼게 함으로써, 아니면 자신의 가치관과 신념을 스스로 위배했다고 느끼게 함으로써 상처 주는 노동, 마지막으로 '선량한 사람들'의 암묵적인 동의에 기반한 노동으로, 그들은 사회질서 유지에 그 일이 꼭 필요하다고 생각하지만 명시적으로는 그 일에 동의하지 않음으로써 만약의 경우에 책임을 회피할 수 있다. 이런 일이 가능하려면 그 험한 일을 다른 사람에게 위임해야 하는데, 이는 다른 누군가가 매일같이 고역을 치르리라는 것을 그들이 알고 위임한다는 뜻이다.[74] 드론을 이용해 적(으로 의심받는 사람)을 공격하는 일도 험한 노동이라는 것이다. 왜냐? 또 그것을 어떻게 군사화의 효과라 말할 수 있는가?

미군의 드론 공격은 반테러전쟁의 일환으로 이라크, 아프가니스탄 등지에 이용되기 시작하였다. 미 행정부는 드론이 값싸고 병력 투입이 불필요하고, 부수적 피해를 최소화할 수 있고, 거의 언제나 작전 실행이 가능하고 정치인이 실시간 참관할 수도 있다고 하면서 그 유용성을 지지하고 있다. 물론 일부 인사는 작전의 대가가 성과보다 작은지 회의하는 이들도 있다. 특히, 드론 공격으로 민간인 피해를 경험하는 현지에서는 드론 공격이 부수적 피해를 최소한다고 생각하지 않는다. 한 예로 파키스탄에서는 드론 피해자들을 대리해 파키스탄 정부에 소송을 제기하는 기본권 옹호재단(Foundation for Fundamental

Rights)이라는 민간단체 대표 샤자드 악바르(Shahzad Akbar)는 미군의 드론 공격이 민간인과 민간시설을 구별하지 않는다고 비판한다.[75] 미군의 드론 공격은 노벨평화상을 수상한 오바마 대통령 재임 기간에 조지 W. 부시 행정부 기간보다 열 배 증가하였다. CIA에서 오사마 빈 라덴 추적팀을 이끈 전 요원 리처드 블리는 "모든 드론 공습은 처형"이라고 말했다. 미국 정부는 1976년 대통령 행정명령으로 표적 살인을 금지해왔다. 그것이 2001년 반테러전쟁 개시 이후 폐기되었는데 당시 충분한 논의 없이 단행되었다. 물론 오바마 대통령은 예멘이나 북아프리카 등지에서 드론 공습으로 살해당한 민간인 수를 공개하는 제한적인 투명성 조치를 채택하였다. 그러나 2019년 트럼프 행정부는 그 요건을 삭제했고 거기에 의회나 대중은 거의 반대하지 않았다. 트럼프 대통령은 드론 공습의 표적을 고위급 반군으로 제한한 규정도 삭제했다. 이에 대한 미국 사회의 반응은 침묵이었다. 이런 침묵의 지지로 미국 정부는 지구상에서 놀랄 만큼 넓은 지역에서 감시와 살인작전을 수행할 수 있었고, 미군의 사망자 수를 최대한 적게 유지하려고 노력하며 그것을 "전쟁의 미덕으로 제시"할 수 있게 된 것이다. 미국이 일으킨 전쟁으로 획득한 이 '도덕적 광택'은 끝없는 전쟁의 앞날을 더 괜찮아 보이게 만든다.[76]

드론을 활용한 표적 공격은 유엔에서 비사법적 또는 자의적 처형으로 간주되기도 해 국제법 위반 시비를 초래하였다. 2020년 1월 3일 이란 고위 인사 가셈 솔레이마니도 드론에서 발사된 미사일 공격으로 사망하였다. 드론의 표적살인을 인권 옹호자들이 우려를 표명할 때도 대중은 침묵하였다. 드론의 전투방식이 미국 내 공적 담론의 장에서 거의 논의되지 않은 이유는 첫째, 드론 공격이 미국과 아주 먼 곳에서 벌어지고, 둘째, 공격의 비밀주의가 만연하고, 셋째, 미국 병사가 사망할 위험이 전혀 없기 때문이다.[77] 이렇게 효율성 높은 드론 공격은 국민들의 지지를 받지만 공격의 부정확성으로 민간인 피해가 크다. 영국의 탐사언론단체 탐사보도국(Bureau of Investigative Journalism)의 집계에 따르면, 2001년에서 2010년 사이 미국은 1만 4천여 회의 드론 공격을 수행해서 8,858~16,901명을 살해했다. 그중 910~2,200명이 민간인이다(어린이 283~445명). 미국 언론인 아즈마트 칸과 동료들은 '미국이 이라크와 시리아에서 주도한 공습의 민간인 사상자 파일'을 작성했는데, 공습의 절반에서 이슬람국가(ISIS) 대원들은 주변에 없었고 사망자가 전부 민간인이었다는 사실을 발견했다.[78] 드론 조종사들도 육상에서 직접 전투에 참여하는 군인들 못지않게 깊은 고통을 겪는데, 그것이 군사화 효과의 일부이다. 그보다 더 큰 군사화 효과는 드론 공격이 민간인 희생을 빈번하게 초래하고 나아가 전쟁의 영속화를 강화한다는 점이다. 미군의 드론 공격은 초당적인 지지를 받고 있다는 사실은 죽임의 군사화 효과가 지속될 것임을 암시해준다.

드론 공격이라는 '더러운 일'을 수행한 크리스라는 병사는 한 종교모임에서 과거 동료들과 함께 수행했던 드론 전투가 마치 '두더지 잡기' 게임 같다고 말했다. 테러리스트를 한 명 죽이면 어디선가 또 다른 테러리스트가 나타나 그 자리를 메울 뿐이라는 것이다. 이제 크리스는 드론 전투를 '끝없는 전쟁'으로 여긴다. 이 전쟁의 단기적 성공은 장기적으로 더 많은 증오의 씨앗을 뿌릴 뿐이다. 전쟁의 영속화를 추구하는 가운데 군수기업들은 막대한 이익을 취한다. 크리스는 '책임의 분산'에 대해 이야기했다. 드론 전투에서는 수많은 기관과 결정권자가 이리저리 얽혀 있기에 어떤 행위자가 어떤 행위를 했는지 파악하기 어렵다. 크리스는 군이 원하는 것이 바로 그 상태라고 주장한다. 왜냐하면 그래야 표적살인 작전에 가담하는 그 누구도 개인적 책임을 느끼지 않을 수 있기 때문이다. 그렇지만 크리스 본인은 과도한 회한과 자책감에 사로잡혔으며 표적살인으로 사태가 더욱 나빠졌다고 확신했다. 그리고 귀환 병사가 전쟁의 대가와 결과를 혼자 짊어지는 상황이 '도덕적 외상'을 더 악화시키고 있다고 또 다른 귀환병이 말했다. '도덕적 외상'은 자신의 정체성이나 도적덕 신념과 반대되는 행동을 한 후에 겪는 신체적·정신적 고통을 말하는 용어이다. 프레스는 '험한 일'에 종사하는 사람들이 외상후 증후군만이 아니라 도덕적 외상이 겹쳐 심한 고통을 받는데, 관련 정부기관과 기업은 책임을 회피한다고 비판한다.[79]

한편, 드론 전투에 관한 정보가 공개되지 않고 특수작전부대에 대한 의존도가 점차 확대되는 동안 민간인은 "그들의 이름으로 자행되는 폭력"에 대해 "덜 알고, 위험을 덜 무릅쓰고, 그래서 덜 신경 써도" 된다. 아프가니스탄에서 장교로 복무했던 앤털 박사는 그 결과 "사회가 모르는 척하거나 잊으려는 고통을 귀환병이 짊어지는 경우가 많다. 이 와중에 미국 군대는 지구상의 거의 모든 나라에 주둔해있고, 과거 그 어느 때보다도 거대한 재원과 막강한 살인 역량을 보유하고 있다"[80]고 말했다.

프레스가 다른 일과 함께 드론 공격을 '험한 일'의 예로 들었지만, 그가 눈을 좀 더 넓게 떴다면 자본주의 사회에서 임노동 자체를 '험한 일'의 대표 사례로 거론했을지도 모른다. 자본주의가 태동하던 19세기 초반 영국 노동자들의 삶을 조사한 프리드리히 엥겔스(Friedrich Engels)는 어디서나 '사회적 전쟁'이 벌어지고 있다고 보고하면서 그것은 자본이 일방적으로 수행하는 전쟁이라고 평가했다. 저임금과 비인간적인 노동조건이 결합하여 노동자들은 굶주림으로 병들고 죽어가는 '사회적 살인'을 당하고 있다는 것이다. 엥겔스는 '사회적 살인'을 굶주림이 직접적인 원인이 되어 죽은 사람보다 간접적인 원인이 되어 죽은 사람이 훨씬 많다는 점으로 정의한다. 그가 공식 문서, 의회와 정부의 보고서 그리고 현장조사 등을 활용해 영국사회가 노동자들이 건강을 유지할 수도 오래 살 수도 없는 상황으로 몰아넣었고, 그런 상황을 개선하기 위해 하는 일이 전혀 없다는 것 그리고 그 사회가 자기 행위의 결과를 알고 있다는 것을 '사회적 살인'을 입증하는 근거로 삼고 있다.[81] 그런 요소들이 프레스가 말한 '험한 노동'의 요건과 유사하지 않은가? 다만, 임노동 착취가 공개적이라는 점은 프레스의 은밀한 '험한 노동' 개념과 차이가 있지만 말이다.

드론을 활용한 군사작전을 어떻게 평가할 수 있는가? 작전 효과 대비 비용이 크지 않다면 드론의 유용성이 높다고 말할 수도 있을 것이다. 위 사례들에서 드론을 활용한 작전이 지상전에 비해 효과가 큰 것은 객관적인 사실이다. 그리고 작전 참여 병사의 트라우마와 작전지역 민간인의 피해를 고려해도 드론 작전을 축소하거나 폐기하는 것은 적어도 군의 입장에서는 적절해 보이지 않는다. 미국 정부 측은 드론이 값싸고 병력 투입이 불필요하고, 부수적 피해를 최소화할 수 있다고 주장하며 그 장점을 언급한다. 같은 맥락에서 드론은 아주 흐린 날씨를 제외하고는 언제나 작전실행이 가능하고, 정치인이 실시간 참관할 수도 있다고 그 장점을 덧붙인다. 다만, 그와 같은 문제를 해소하는 노력이 더 필요할 것이다. 또 드론이 재난 예방과 같은 민수용 기능에 널리 활용하는 방안을 개발하는 것도 드론을 이용한 군사작전의 문제점을 상쇄하는 데 기여할 것이다. 실제 그런 방향으로 드론이 개발되고 있으니 인공지능(AI) 기술을 탑재한 드론이 그것이다.

다큐멘터리 영화, '언노운: 킬러 로봇'은 인공지능과 소프트웨어를 이용한 AI 드론의 개발 현황과 전망을 다루고 있다. 쉴드 에이아이(Shield AI)와 같은 AI 전문개발회사와 록히드마틴 같은 다국적 군수기업은 물론 미국과 중국, 러시아 등 주요 강대국 정부에서 AI 드론 개발이 치열하다. 미국과 러시아는 이미 자율무기금지조약에 반대한다는 입장을 밝혔고, 시진핑도 AI 드론에 대한 높은 관심을 나타낸 바 있다. 쉴드 에이아이 공동 창업자인 쳉(Tseng)은 "10년 후에 다시 오면 AI와 자율기술이 시장 전체를 지배하는 모습을 볼 것이다"고 전망한다. AI 드론은 막대한 정보와 정교한 연산 프로그램으로 높은 수준의 목표 달성을 추구한다. 현재 기술개발은 대형 산불 예방, 난치병 약재 개발과 같은 민수용과 아군의 피해 없이 공격목표를 빠르고 정확하게 달성하는 군수용, 두 방향으로 전개되고 있다. 현재 군수용 AI 드론 개발은 30년 경력의 공군 조종사가 AI 드론과의 가상 공중전에서 패할 정도로 와있다.[82]

미 육군은 AI 드론부대(일명 스웜, Swarm) 창설을 향해 기술개발을 하고 있는데, 선도자 없이 떼 지어 다니는 동물군을 모델로 삼고 있다. 철새, 개미가 대표적이다. 이론물리학자 폴 데이비스(Paul Davies)는 이런 선도자 없는 무리들의 집단행동을 '떼 정보(swarm inteligence)'라고 부른다. 그는 단순한 규칙 몇 개를 반복적으로 많이 적용하면 상당히 정교한 결과가 나올 수 있다고 추측하고, 관련 통제된 실험들을 예로 든다.[83] AI 드론부대는 향후 군의 의사결정구조에 AI를 결합시키는 상황을 상정하는데, 군이 지휘권을 알고리즘과 소프트웨어에 이양할지를 결정해야 할 때에 직면한다는 말이다. AI 드론이라는 무기체계는 저비용에 확장성이 좋고 조정할 사람이 따로 필요 없는 수준으로 향하고 있다. 그렇게 되면 분쟁의 진입 장벽 자체가 대대적으로 낮아져 언제 어디서나 전쟁이 일어나는 시대가 도래할 것이다. 2009년 미 공군은 한 연구를 통해 혼합 대형, 즉 유인 비행기 한 대가 세 대의 무인 비행기를 이끄는 방식을 상정하였다. 인공지능이 계속 발달하는 만큼 로봇이 법규정 절차 내에서 인간의 허락을 굳이 받지 않고도 전투결정을 내릴 수 있게 될 것이라는 것이 미 공군의 연구결과이다. 사실무인 제트기는 2013년 7월에 테스트를 마쳤다. 실전에 적용할 수 있는 시간이 가까워지고 있는데, 전직 미 육군 중령 토머스 애덤스(Thomas

Adams)는 "이미 전투는 인간의 영역을 넘어섰다"고 말한다. 작전의 정확성은 물론 판단 및 실행까지 걸리는 시간이 나노 초(10억분의 1초)까지 줄일 수 있을 것으로 예상되기 때문이다.[84] 미래생활연구소(Future of life institute)의 에밀라 자보르스키(Emilia Javorsky) 연구위원이 이제 "기술을 개발할 힘과 그것을 다스릴 지혜 사이의 줄다리기"가 시작되었다고 말하는 이유이다. 인간의 생사여탈권은 기계에게 이양하는 일이 발생할 수도 있다. 이것은 인간이 무기에 종속되는 초군사화 시대에 진입함을 말하는지도 모른다.[85]

통제 불능의 분쟁 가능성을 안고 있는 스웜 부대 상상도

출처: 픽스베이

앞으로 10년 혹은 20년 안에 컴퓨터를 기반으로 한 전쟁은 한층 더 발전할 것이다. 그리고 기본적으로 이렇게 개발된 모든 것들은 전쟁을 덜 참혹하게 만들어줄 수 있을 것이다. 드론 전쟁이 그 예인데, 드론은 다른 대체물보다 싸면서 인명 살상도 적게 한다. AI 드론은 그

효과를 극대화할 수 있을까? 미국, 러시아, 중국 등 AI 드론 개발에 박차를 가하고 있는 강대국들은 인명 피해 최소화를 그 명분으로 삼고 있다. 그러나 AI 드론이 인간의 통제를 벗어나 전쟁이 빈발하거나 격화될 우려는 남아있다. 국제적 규제를 주장하는 이유가 여기에 있지만, 관련 국제법 제정에 이르기에는 그 위험이 충분히 공유되지 않고 있고 무엇보다 국가간 입장 차이가 크다.[86] 2050년대에는 우주에 기반한 대규모 정교한 정보 시스템이 지구를 지배할 가능성도 제기되고 있다. 사이버전쟁은 정교함과 스피드 면에서 기술적 진보에 의해 전면전이 되지는 않을 수도 있다. 일반 로봇전쟁에서 한쪽이 밀리면 항복하거나 도륙되거나, 둘 중 하나의 선택만이 있을 뿐이다. 민간인들은 그저 구경꾼이 되는 것이다.[87] 강대국이 자국 정부에 의한 킬러 로봇 규제를 부르짖고 있지만 그 규제가 무의미해지는 시점은 시간문제일 것이다.

## 2) '느린 폭력'과 집속탄

롭 닉슨(Rob Nixon)이 제기하는 '느린 폭력'도 군사화의 효과를 다차원적으로 보여주고 있다. 닉슨은 '느린 폭력'이란 용어로 인간의 성장지상주의와 군사주의로 인간은 물론 생태계가 서서히 그러나 계속해서 파괴되는 현상을 지적하고 있다. 그는 '느린 폭력'의 사례로 집속탄의 자탄효과도 포함시키고 있는데, 이것은 위 드론보다 더 큰 효과인지도 모른다. 분명히 드론 공격보다 군사화 효과의 차원은 더 폭넓다. 그의 이야기를 들어보자.

앙골라는 과거 자급자족이 가능하고 산림이 울창한 나라였다. 하지만 25년을 끈 내전이 끝났음에도 그 나라는 경제 및 의료체계가 500만 개의 지뢰와 세계 최대의 사지 절단 인구 비율을 감당하기에 태부족이다. 앙골라에서 삶의 터전을 잃고 쫓겨난 시골 사람들은 절박함에 내몰려 그 나라의 숲을 파괴했으며, 한때 풍부하고 다양했던 사냥감의 씨를 말렸다. 이들은 기괴하게 변화된 자신들의 삶의 환경을 '악마의 정원', '킬링 필드'라고 부른다.[88] 킬링 필드는 캄보디아 장기 내전에서 발생한 대규모 민간인 학살을 일컫는 말로 잘 알려져 있는데, 사실 킬링 필드는 전 세계 도처에서 무장정치집단의 무차별 학살로 헤아릴 수 없는 피해를 양산해냈다. 그러나 그 가해자는 법의 심판을 거의 피해간 데 비해, 수많은 피해자는 보호받기가 너무 어렵다.

집속탄이라는 이 비정밀 무기를 정밀 타격전에 사용할 때마다 민간인 피해자가 속출한다. 불발탄이 속출하기 때문이다. 아프가니스탄 전쟁 기간과 전후에 미폭발 무기로 인한 피해자의 69%가 18세 이하 아동이었다. 1차 걸프전 이후 이라크에서는 같은 피해자의 60%가 18세 이하 아동이었다. 유니세프(UNICEF)는 지뢰가 지구상에 아동 20명당 1개꼴로 존재한다고 추정했다. 또 대부분의 오염 형태와 마찬가지로 집속탄과 지뢰의 오염 역시 거의 무작위적이다. 서구 국가에서 독성 폐기물 투척지역이 가난한 공동체나 소수민족 공동체 부근에 위치하듯, 불발판 오염도 아프가니스탄, 앙골라, 모잠비크, 베트남, 소말리아, 캄보디아, 니카라과, 엘살바도르 등 가난한 국가들에 몰려 있다. 지뢰 하나를 제거하는 데 드는 비용은 그 매설 비용의 100배가 넘는다. 그래서 지뢰와 집속탄은 동일한 문제의 두 가지 버전에 다르지 않다. 이들 군사 무기가 초래하는 군사화 효과가 가장 폭넓은 차원인 것은 그 효과가 자연에까지 미치고 그 영향이 오래 가기 때문이다. 인간을 비롯한 지구촌의 뭇 생명과 지구촌의 지속가능성을 약화시킬 우려가 높은 것이다. 열화우라늄탄과 집속탄을 사용하는 오늘날 세계의 많은 토양, 대기, 물이 계속되는 대량살상무기의 위해 앞에 노출되어 있다. 그러니만큼 이른바 스마트 전쟁이 생태적으로는 어리석은 전쟁이 되고 말았다.[89] 우크라이나에서의 전쟁에 주요 세 관련국들(러시아, 우크라이나, 미국)이 집속탄을 사용한 것으로 알려졌다. 그것은 그 전쟁이 심각한 군사주의에 빠져 있음을, 그래서 평화로의 전환에 더 많은 지지 여론을 결집해야 함을 웅변해주고 있다. 느린 폭력의 실상은 이미 베트남 전쟁과 1차 걸프전의 영향에서 널리 알 수 있다. 1차 걸프전 이후 이라크에 대한 경제제재가 이어졌을 때 과도한 질병 사망률, 특히 아동 건강에 미친 악영향은 커다란 논쟁거리가 되었다.[90] 베트남 전쟁에 참가했던 상이군인의 트라우마와 사회경제적 곤경은 지난 시기 한국사회에서도 어렵지 않게 볼 수 있었다. 그 곤경에는 전쟁 자체의 원인만이 아니라 박정희 정권의 전투수당 전용과 미흡하기 짝이 없는 원호정책 탓도 작지 않다.

오늘날 인류의 책임이 뚜렷한 생태계 파괴와 관련한 새로운 시대 구분법으로서 '인류세'가 회자되고 있다. 최근 과학자들이 인류세의 특색을 가장 잘 보여주는 곳으로 캐나다 크로퍼드 호수를 꼽으면서 그 증거로 광물채굴, 화석연료 연소에 의한 온실가스 배출 그리고 핵무기가 배출한 방사능 물질 유출 등을 제시하였다. '인류세 워킹그룹(AWG)'이라는 지질학자단체가 인류세의 시점을 핵무기 실험이 활발해진 1950년대로 잡은 것은 시사하는 바가 크다.[91] 군사주의가 생태 폭력의 직접 당사자임을 말해주는 것이라 하겠다. 그런데 국제사회의 기후위기 대책에 군사활동은 빠져 있다. 기후변화정부간협의체(IPCC)가 잇달아 발표하는 보고서는 기후위기가 지구촌의 생존을 위협하는 수준이라고 경고하고 있음에도 그 노력의 대상에 군사활동은 제외되어 있다. 전 세계 군사활동으로 인한 탄소 배출량은 전 세계 배출량의 5.5%로 추정되는데, 이는 국가별 배출 규모로 환산하면 중국, 미국, 인도 다음으로 4위에 해당한다. 러-우 전쟁이 지속되면서 인명 피해는 물론 환경 파괴도 우려를 사고 있는데, 전쟁 9개월쯤 군사활동으로 배출된 온실가스양이 네덜란드가 배출한 규모와 유사하다고 한다.[92] 물론 그런 추산에는 제2차 세계대전 시기 비밀리에 미국 정부가 진행했던 핵무기 개발의 현장인 워싱턴주 핸포드에 저장되어 있는 방사성물질이 유출하는 '느린 폭력'은 포함되지 않는다.[93] 그러나 '느린 폭력'은 서서히 그 영향이 후세대에 그 모습을 드러낸다. 폰탈롭스카야(Fontalovskaya)는 크림반도 동편 흑해 인근 러시아 해안도시이다. 이곳에서 제2차 세계대전을 겪은 할아버지 유리(Yuri)는 인근 야산에서 찾은 탄알을 가리키며 "흙은 이런 걸 삼키지 않아요. 오히려 토해내죠"하고 말한다.[94] 전쟁과 성장을 중단하지 않아 온 인류에게 느린 폭력을 찾기는 어렵지 않다. 그에 비해 느린 폭력이 던지는 메시지는 아직 널리 공유되지 않고 있다. 여기서 유의할 것은 '느린 폭력'이 전장터에서도 발생해 눈앞에서 자행되는 살상 및 파괴, 곧 빠른 폭력과 결합한다는 사실이다. 가령, 2023년 10월 7일 하마스의 기습공격 이후 벌어지고 있는 가자전투에서 발발 2개월 동안 발생한 탄소 배출량(281,000메트릭톤)이 기후변화에 가장 취약한 20개 국가의 배출량보다 많다는 것이다.[95]

## 3) 군사적 인도주의와 차별

접경지역에서의 군사화 효과도 지적할 필요가 있다. 유럽의 지중해 난민 대책의 일환으로 유럽연합(EU)과 북대서양조약기구(NATO) 차원에서 전개하는 공격적인 이주 통제정책 좋은 예이다. 군사적 인도주의 명분은 난민 보호지만 실제는 난민을 더 위험에 빠뜨린다.

2015년 '소피아 작전'으로 불린 난민보호 작전에 참여했던 엔리코 그레덴디노(Enrico Credendino) 장군은 지중해상에 이주 선박이 줄어든 점을 들어 억지효과가 있었다고 평가한다. 그러나 동시에 밀수업자들을 겨냥한 대응이 있었음을 인정한 점은 이주의 안보화가 증가함을 말해준다. 그 결과 이주자들의 해상 사망 수는 줄어들지 않고, 리비아에서 이주자들을 향한 인권 침해도 줄어들지 않고 있다.[96] 그리스, 이탈리아와 가장 가까운 리비아 항구로 난민들이 결집하기까지 무장세력과 브로커들이 개입하고 있는 것은 공공연한 사실이다.

아프리카 및 중동 난민·이주민들에게 지중해는 목숨을 걸로 유럽으로 향하는 탈출구이다. 적지 않은 경우 지중해가 탈출 통로가 되지 못하고 공동묘지가 될 수도 있다. 10년 전 프란치스코 교황이 즉위 직후 첫 방문지로 찾은 곳이 이탈리아 람페두사섬인데, 당시 교황은 그곳을 "묘비도 없이 차가운, 유럽에서 가장 큰 공동묘지"라고 말했다.[97] 이 섬은 아프리카 난민들의 유럽행 일차 목표 지점이다. 이 섬이 북아프리카에서 가장 가깝기 때문이다.

2023년 6월 리비아 동부 토브쿠르 지역에서 출발하는 고기잡이 배에 400~800명 규모의 난민이 타고 유럽을 향하다 그리스 남부 해안에서 배가 전복돼 500명 이상이 실종된 것으로 알려졌다. 어린이가 100명 가까이 탔다는 증언도 있었다. 지중해를 건너려는 이주민들의 참사 가운데 어린이들의 희생도 적지 않다. 유니세프의 발표에 따르면, 2023년 6개월 동안 지중해를 건너다 참사를 당한 어린이들이 289명에 이르는데, 이는 작년 같은 기간의 두 배 규모이다.[98] 위 사고는 2015년 1,100명이 사망한 지중해 난민선 침몰 사고 이후 최악의 참사로 꼽힌다. 그런데 이 배를 구조할 수 있었는데 그리스 정부 당국이 잘못 대처했다는 의혹이 일어났다. 영국 「가디언(Guardian)」지는 선박 위치추적 회사인 마리트레이스의 위성항법장치(GPS) 항로 추적 결과, 그리스 민간 선박 '럭키 세일러'와 '페이스풀 워리어' 등이 침몰 전 엔진 고장으로 멈춰 서있던 난민선 주변에서 최소 4시간 동안 배회했다고 보도했다. 시민운동가에 의하면 배가 침몰하기 전 난민들이 15시간 이상 구조를 요청했다고 한다. 하지만 그리스 정부의 진상 규명은 오락가락하고 있다. 그리스 정부가 "침몰 전 선박은 정상 운항 중이었고, 밧줄로 결박한 적 없다"고 밝혔으나, 현장에 출동한 해안 경비대가 밧줄로 난민선을 견인하려다 전복이 발생했다는 생존자들의 증언이 잇따랐다. 이후 그리스 정부는 "난민선 위 난민들의 건강 상태를 확인하기 위해 뱃머리에 밧줄 하나를 짧게 묶었다"고 번복했다. 또 다른 생존자는 배에 있던 사람들이 '그리스군'이 잡고 있던 로프를 외치는 소리를 들었다고 하면서, 트롤선이 침몰 10분 동안 예인되고 있었다고 묘사했다. 그는 그리스 당국이 배를 그리스 영해 밖으로 밀어내 구조 책임을 지지 않으려 했다고 주장했다. 한편 이번 사고 선박 내에서 국적과 성에 따른 차별이 있었다는 주장도 제기되었다. 「가디언」에 따르면 생존자들은 진술서에서 "파키스탄 국적자들이 전복 시 생존 가능성이 떨어지는 갑판 아래층으로 밀려났다"며 "여성과 어린이도 짐칸에 태웠다"고 말했다.[99]

그로부터 며칠 후, 1912년 4월 대서양에서 실종된 타이타닉호를 관광하기 위한 심해 잠수정 '타이탄'에 탑승했던 5명이 실종된 뉴스가 타전되었다. 이 뉴스는 즉각 세계적인 관심을 끌었다. 이 뉴스가 위 난민선 침몰 뉴스를 덮은 것인지는 단정하기 어렵다. 다만, 세계적인 인지도를 갖고 있는 타이타닉호를 심해 관광하려던 민간인 5명의 사망 뉴스에 언론이 훨씬 더 높은 반응을 보인 것은 사실이다. 두 사건에 실종자를 낸 파키스탄에서는 이 두 사건에 대한 언론의 차별적인 반응에 대해 논란이 일어났다.[100] 영국의 정치학자 케빈 그래이(Kevin Gray)는 페이스북(2023. 6. 22.)에 이 두 사건을 언급하면서 "지중해의 난민 750명에게 같은 수준의 우려를 보여주려면 무엇이 필요할까요?" 하고 말했다. 이런 차이에 성, 계급, 인종 차별적 요소가 없는지 생각해볼 수 있을 것이다. 이런 합리적 의심은 페미니스트 작가 벨 훅스

(Bell Hooks)의 다음과 같은 말을 상기시킨다. "강간을 성 정치학의 측면에서 보면 이 사회적 위계란 곧 백인 여자 한 명이 흑인 남자 한 명에게 강간을 당하는 것이 1,000명의 흑인 여자가 한 명의 백인 남자에게 강간당하는 것보다 더 시급하고 중요한 일로 취급된다는 뜻이다."[101]

유럽이 다른 대륙에 비해 사회경제적으로 발전한 것은 사실이지만, 최근 전반적인 경체 침체와 반이민 정서 등으로 난민 유입에 부정적인 여론이 높아졌다. 그래서 지중해 일대의 불법 난민 유입을 안보 문제로 간주하고 NATO 차원에서 대응하고 있다. 난민의 유럽 입국을 막는 과정에서 해상에서 불상사가 발생할 수 있다. 유럽 땅에 도착하더라도 난민들은 추방 위험에도 노출된다. 난민의 유럽행은 마지막 생존의 탈출구인 데 비해, 유럽 국가들의 대응은 안보 논리에 의해 군사적 대응으로 맞서고 있다. 그 결과 난민들의 목숨이 희생된다. 그러나 지중해를 건너려는 난민들의 의지는 꺾이지 않고, 대신 그리스와 이탈리아 당국의 단속을 피하려 더 위험한 항해도 불사하고 있다. 접경지역의 군사화는 이렇게 서로 포용하지 못하는 입장이 대립하면서 약자의 희생이 발생하는데, 그 결과는 물론 원인에서도 군사화 효과를 뚜렷하게 목도할 수 있다.

러-우 전쟁으로 발생한 난민들에서도 인종차별은 사라지지 않는다. 서방 국가들과 언론들이 이구동성으로 러시아의 우크라이나 침략을 비난하고 무기 지원까지 하고 있지만, 그로 인해 발생한 난민들 모두를 환영하는 것은 아니다. 피부색의 영향력은 건재하다. 백인 우크라이나인들은 환영을 받지만, 비백인 우크라이나인들은 폴란드 국경지대에서 우크라이나 군인들에 의해 그리고 국경을 넘어서는 폴란드를 비롯한 서방 경찰들에 의해 폭력을 당하거나 추위에 방치되고, 심지어는 호텔에 숙박료를 지불하려고 해도 쫓겨나고, 그래서 그들이 배회하던 중 백인 민족주의자 무리들로부터 폭언과 폭행을 당하는 일이 온라인과 보도로 알려지고 있다. 그리고 이런 일은 비단 러-우 전쟁으로 발생한 비백인 난민들만이 아니라 북아프리카와 중동에서 유럽으로 향하는 난민, 멕시코와 캐리비안 및 남미 출신 유색인들이 미국으로 향하는 국경지대에서도 일어나고 있다. 그런데 이들에 대한 폭행과 차별은 백인이 인구 대다수인 나라의 정치인들과 언론인들에 의해서도 자행되고 있다는 사실이 공공하게 드러나고 있다.[102]

서방세계가 주도하는 비(非)서방세계에 대한 군사적 개입은 1990년대 들어 발생한 두 차례의 인종청소(코소보와 르완다 사태)에서 비롯된 것이 아니다. 적어도 1970년대부터 서방의 정치인들과 학자들은 자연재해와 그와 같은 비상사태에서 인도주의 목적을 띤 군대의 역할이 필요하다고 주장하고, 그것을 합법화하는 국제법 제정을 제안해왔다. 그 과정에서 코소보 사태가 선택되었고 르완다는 배제되었다. 2000년대 들어 기존의 인도주의적 개입론이 보호책임(R2P)론으로 바뀌었고 조지 W. 부시 대통령의 지지하에 2005년 유엔 결의로 채택되었다. 이후 보호책임의 논리로 미군 단독으로 혹은 유엔 결의에 의한 평화유지군이 세계 각지에 군사개입을 하고 있다.[103] 그 과정에서 강대국의 이익에 따라 인도주의는 폭력 행사를 정당화하는 수사가 되고, 그 일환으로 '비례성의 원리'가 호명된다.

국제인도법은 냉전 해체 이후에는 점점 군사 행동의 계산과 적용이 발생하는 틀이 되었다. 또한 최근 수십 년 동안 국제인도법은 세계 정치문화의 일부가 되었다. 코소보에서 아프가니스탄, 이라크 전쟁과 점령을 둘러싼 논쟁에서 국제인도법의 용어들이 회자되었다. '필요성'과 '비례성'은 국가폭력을 구상하고 감시하는 데 가장 널리 이용되는 용어이다. 서방 군대는 전쟁 수행 방식의 변화에 민감하고 민간인 피해를 최소화하고자 한다. 서방 군대는 그들이 수행하는 폭력을 온건화함으로써 대중의 마음을 사 전쟁에 승리할 수 있다고 믿는 경향이 있다. 국제인도법 내에서 덜 사악함의 원칙이 가장 잘 드러나는 것이 비례성의 원리이다. 물론 이것은 거의 모든 법적 규정에 확립되어 있고, 다양한 형태를 띠고 균형 잡는 행동을 묘사하는 데 이용된다. 국제인도법의 맥락 안에서 비례성은 군사력 사용의 제약을 추구하는 온건한 원리이다.[104]

인도주의를 명분으로 강대국들의 외교안보정책에서 군사주의는 '인도주의적 폭력'과 각종 차별로 드러난다. 19~20세기 서구 강대국은 미개한 지역의 종족들을 '문명화' 혹은 '시민화'시킨다는 명분으로 착취와 수탈을 자행하였다. 그런 원시적인 폭력은 이후 미국에 의해 정교해졌다. 1960~70년대 미국 사회는 민권운동의 발달로 법제도적으로는 인종차별이 해소되는 양상을 띠었는데, 이는 미국이 냉전 시기 자유진영의 수호자를 자임하는 데 유용한 명분이 되었다. 탈냉전 이후 미국은 세계를 선진 1세계와 저발전 및 체제전환의 2세계로 나누어 1세계의 대표 국가를 자임하고, 2세계의 발전을 명분으로 인도주의와 폭력을 적절히 결합시켜 나갔다.[105] 네다 아타나소스키는 앞에 소개한 책에서 베트남 전쟁, 소련-아프가니스탄 전쟁, 세르비아-코소보 분쟁 그리고 구유고슬라비아 내전 관련 국제형사재판 등을 사례로 '인도주의 폭력'을 다루고 있다.

그러나 군사화된 인도주의조차도 국가이익의 하위 개념에 불과한 것이 냉엄한 현실이다. 미국의 인도주의 정책에서 기존 서유럽국가들이 보였던 인종차별은 사라졌지만 선택주의적 개입 양상을 보였다. 그 기준이 국가이익 우선성이다. 클린턴 정부 시기 미국 최초의 여성 국무장관으로 일한 올브라이트(Albright)의 다음 언급은 그 단적에 예에 불과하다. 그는 미국 텔레비전 시사 프로그램 '60분(60 Minitues)'에 출연해 미국의 경제제재 정책이 이라크 어린이들에게 미친 영향에 관한 질문을 받았다. 그때 그는 미국의 국익을 지키는 것이 어린이들의 죽

음보다 가치 있는 일이라고 무뚝뚝하게 대답했다.[106]

## 4) 신자유주의적 군사주의의 복합 효과

군사화 효과의 다차원성을 다룸에 있어서 자유주의적 군사주의의 영향을 언급하지 않을 수 없다. 자유주의적 군사주의는 자유주의 국가의 군사력을 비자유주의 국가를 포함해 전 세계에 제도적으로 뿌리내린다는 사고와 그 실천을 말한다. 그것은 자유주의를 전 세계에 구현하자는 발상에 기반하는 데 자유주의를 거부하거나 자유주의 국가와 적대하는 세력은 무력에 의한 징벌의 대상이 된다. 이때 자유주의를 삼족오(三足烏)에 비유하자면 한 발에 자본, 다른 한 발에 총, 나머지 다른 한 발에는 가치를 표상한다. 자유주의적 군사주의야말로 군사화 효과를 일국적 차원을 넘어 세계적 차원으로 확산하는 동력이다. 이런 군사주의는 경제적 이익과 서구식 가치(개인의 자유를 옹호하지만 결국은 자본의 무한 이익 극대화를 위한 자유)를 명분으로 자유주의와 군사주의를 밀착시킨다. 미국의 사례는 자유주의적 군사주의의 효과를 잘 보여주는데, 자유주의와 군대 관행 사이의 밀접한 관계를 드러낸다. 미국에서 자유주의적 군사주의는 냉전 초기부터 전쟁을 성전(聖戰)으로 정당화하고 그것을 자유주의적 정치경제의 동학에 착근시켜 결국 자본집약적인 전쟁과 사적 영역의 우위를 확립시킨다.[107] 그러나 대내적으로 미국의 건국 및 영토 확장 과정은 대외적 군사주의보다 더 앞서고 더 잔인하였다. 유럽에서 백인들은 종교의 자유와 새로운 삶을 위해 아메리카로 이주해왔지만 그런 꿈은 자본의 야망 앞에 희석되거나 왜곡되었다. 백인들은 선주민과 그들의 삶의 터전을 정복하고 노예매매 및 착취로 미국을 건국하고 영토를 확장해나갔다. 거기에도 자유주의적 군사주의를 담은 삼족오가 앞장을 선 것은 물론이다.

자유주의적 군사주의는 대내외적 차원에서 군사화의 다차원성을 보여준다. 대외적 차원에서 자유주의 국가, 특히 강대국은 전 세계의 자유화를 위해 비자유주의적 국가들을 교체하기 위한 군사적/비군사적 조치를 준비하고 실행한다. 전 세계의 자유화를 향한 걸림돌로는 역사적으로 나치국가, 공산국가, 반미국가, 테러(지원)국가, 독재국가 등 그 이름이 변해왔고 앞으로도 새로운 대상들이 나타날 것이다. 최근에는 서방 국가들 사이에 '자유민주주의'가 다시 호명돼 세계를 냉전기와 유사하게 나누고 있다. 이렇게 되면 대외적 차원에서는 자유를 향해(대부분 그것을 명분으로) 정치적 대결과 물리적 충돌 위험이 높아지고, 그만큼 비자유주의 국가의 대중의 삶은 열악해지고 삶의 터전은 악화된다.

　　대외적 차원의 자유주의적 군사주의의 문제점은 그 대상 지역 혹은 사회의 요구(needs)와 문화를 반영하지 않는 일방성에 있다. 조지 W. 부시 행정부의 이라크 공격 명분은 변해갔다. 처음 후세인과 9/11 테러의 연계성이었다가, 이라크의 대량살상무기 개발로, 이어 이라크 민중의 해방, 반란 진압, 지금은 비극적으로 끝난 분쟁의 결과를 억제하기 위해서라는 걸로 바뀌었다. 잘못된 전제로 미군은 많은 오류를 낳았다. 후세인의 사고와 이라크 문화에 대한 이해가 있었다면 전쟁은 비용과 시간을 줄였을 것이다. 많은 전문가들은 후세인이 대량살상무기를 보유한 척하면서 주변국가들의 두려움을 자아내려 했다고 지적한다. 또 1차 걸프전 이후 광범위한 제재로 이라크 민중들이 힘들어하고 있는 점을 고려했다면, 전쟁 기획자들은 침략이 이라크 민중들이 반기는 대안이 아니었음을 알았을 것이다.[108] 이라크 전쟁 주도 세력이었던 미국 정치세력과 군부, 특히 체니와 럼스펠드가 민간업체와 결탁한 행태와 전쟁 이후 이라크 재건에 미국 기업들이 관여한 사실은 미국의 이라크 전쟁이 사적 이익을 추구하는 자유주의적 군사주의임을 증명해주는 셈이다.

대내적 차원에서 자유주의 국가에서는 전 세계의 자유화를 지지하는 정치세력 및 여론의 조성 그리고 실제 물질적 자원을 동원한다. 이를 추진하는 세력들의 연합을 과거에는 군산복합체라고 불렀지만, 언론과 문화·예능산업의 영향력에 주목해 제임스 더 데리안(James Der Derian) 같은 이는 군대-산업-언론-예능 네트워크(MIME NET)라 부르기도 한다. 자유주의 국가 내에서 대중은 정부의 외교안보정책을 지지하면서 세계평화에 기여한다는 허위의식에 안주하는 한편, 복지는 약해지고 정보 제약은 더 커진다. 요컨대, 군사화 효과의 차원이 높아질수록 그만큼 대중의 삶의 질은 더 낮아질 가능성이 크다.

지금까지 군사화 효과가 복합적임을 살펴보았는데, 불행하게도 오늘날 그 전형적인 예를 목도하고 있으니 바로 러-우 전쟁이 그것이다. 전쟁이 3년째로 접어들었지만 전쟁이 종식될 기미는 보이지 않는다. 유엔 사무총장을 비롯해 유엔 관련 기구들은 러시아와 우크라이나 정부 그리고 국제사회를 향해 식량 및 비료 협정(흑해곡물협정)의 중단, 1천 5백만 명이 넘는 국내외 난민, 카호프카 댐 붕괴로 인한 인도주의적·경제적·생태적 재앙, 대규모 식수 부족 및 질병 확산 등으로 인한 우크라이나인들의 전반적인 건강 위기, 식량위기의 장기화가 미칠 영향 그리고 전쟁으로 인한 무수한 인명 피해와 생태 파괴를 경고하고 그 대책을 위한 협력을 호소하고 있다.[109] 특히, 지난 체르노빌과 후쿠시마 원전 폭발의 영향이 지속되고 있는 가운데 유럽 최대인 자포리아 핵발전소 파괴의 위험은 심각한 우려를 사고 있다. 전투 지역의 광범위한 환경 오염도 마찬가지이다.[110] 그리고 오늘날 중동과 북아프리카 등지에서 장기 내전과 대규모 국가폭력이 계속되고 있고, 다른 분쟁(위험)지역에서도 인간과 생태계가 파괴되고 있다. 이 모두는 군사주의로 무장한 인간 집단들 간 적대의 결과이다. 군사화의 효과가 인간사회를 넘어서는 데 비해 그 책임은 인간에 귀착되는 모순의 간극이 더욱 커져가고 있다. 그 간극을 좁힐 수 있을까?

## 5) 민주주의의 후퇴

군사화가 민주주의를 훼손하고 인권을 억압하는 경우를 앞에서 간간이 언급했지만, 그것이 우연한 사례이고 예외적인 경우일까? 미국의 사례를 통해 더 토의해보고자 한다.

1947년의 사건, 곧 국가안보법 제정이 행정부에의 권한 집중을 넘어 국가와 사회의 군사화를 초래하였음을 언급하였다. 한국전쟁이 큰 계기로, 소련과의 냉전 대립이 구조적 배경으로 작용한 것이 사실이다. 아래에서 언급하는 일단의 사례들은 군사화 조치가 외교안보정책을 수행하는 과정에서 민주주의를 파괴한 것이 의도하지 않은 결과라기보다는 필연적 현상임을 보여준다. 그리고 그 범위가 국내외, 정치, 경제, 사회를 망라한다는 점에서 놀라움을 불러일으킨다.

1954년 1월, 덜레스 국무장관은 아이젠하워 정부의 외교안보정책, 곧 '대량보복전략'을 설명하면서 소련의 공격에 대응하는 막강한 행정부의 권한은 언급하면서 의회의 개전권은 언급하지 않았다. 오히려 그는 "소련이 미국의 동맹국을 공격하면 미 대통령은 의회에 개전 선언을 요청할 필요가 없다"고 공언하였다. 1953~54년 미 중앙정보부(CIA)가 비밀작전으로 과테말라와 이란에서 민주정부를 전복시켰는데, 그 사건은 미 행정부가 국민이나 의회의 승인 없이 자행하는 비밀 해외작전의 서막을 연 것이었다. CIA 주도의 비밀군사작전은 행정부와 의회 내 비밀 지지집단, 군수업계 간의 정실관계를 만들었다. CIA 설립은 새로운 형태의 비밀과 책임 축소를 초래하였고, 미국의 국가 이익과 기업의 사적 이익 간의 경계를 흐려놓았다.[111]

군사화의 주체를 군산복합체라고 불러왔는데, 사실은 의회의 방조와 묵인이 있음을 고려할 때 군산복합체보다는 군산의복합체(MICC)라고 말하는 것이 좋다. MICC의 부패가 어떻게 전쟁을 초래하는지를 이해하는 데 핵심은 매디슨(Madison)이 「연방교서(Federal Papers)」에서 말했듯이 미 의회가 '다수집단(majority faction)'이 된 것을 평가하는 일이다. 매디슨이 말한 대로, 공공이익과 다른 시민의 권리는 위험에 빠질 수 있다. 그는 "이해관계가 있고 고압적인 다수의 우월한 힘"이 "정의의 규칙과 소수집단의 권리"를 배척하는 조건을 만들어낼 수 있다고 경고한다.[112]

9/11 테러 이후 반테러전쟁을 전개하는 과정에서 부시 행정부는 인신보호영장제도를 무력화시켰다. 이 제도는 언론, 종교, 집회의 자유보다 앞서 헌법 제1조에 명문화된 기본권이다. 부시 정부는 관타나모에 구금한 테러용의를 받는 유색인들을 "적대세력의 전투원"으로 분류하고 "불법분자"로 규정하였다. 이에 대해 국내외에서 인권 침해 비판이 있었지만, 대법원이 부시 정부의 군사재판이 국내법과 국제법을 위반했다고 판결한 것은 9/11 테러 발생 5년이 지난 2006년 6월 29일이었다. 그럼에도 부시정부는 그런 관행을 제한하기는커녕 그것을 합법화하는 법 제정을 추진하였다. 부시 정부는 대통령이 불법 구금과 그 상태에서 얻은 증언으로 "불법 전투원(테러용의자를 말함)"을 사형까지 언도할 수 있는 권한을 부여하는 군사위원회법(Military Commission Act of 2006)을 제정하고자 하였다. 여기에 소속 변호사 8명이 반대하자 법무부가 이들을 해고하였다. 이들에 대한 정부의 해고가 정치적 편향에 의한 것이고 변호사들의 항의가 초당적이었음은 해고 처분된 변호사를 모두 부시 대통령이 임명했고, 그들 중 6명이 공화당원이었다는 사실에서 알 수 있다. 부시 정부는 또 검찰총장을 비롯한 연방 검찰 고위인사들을 해고하기도 했다. 부시 정부는 또 국방부 내 국가안

보국이 4개 최대 전화회사들이 갖고 있는 전화번호부를 입수하고 감시한 비밀프로그램을 진행하였다. 2006년 5월 10일, 「USA Today」가 폭로한 기사이다. 이 사실은 미국 수정헌법 제4조와 해외정보감시법을 위반한 것이다.[113]

9/11 테러 이후 반테러전쟁을 전개하면서 미국은 테러혐의로 유색인종을 불법 체포·구금해 조사하고 그 과정에서 고문한 의혹을 샀다. 당시 파월 국무장관은 테러 혐의로 아부그라비 수용소에 구금된 유색인들에 대한 미군의 인권 침해를 조사하였는데, 이것으로 그는 부시 정부의 주류 집단과 충돌해 해고되었다.[114] 아부그라비 고문은 부시 정부의 반테러전쟁에 대한 지지가 잃어가는 계기가 되었다.

이라크, 아프가니스탄 전쟁 이전과 진행 중에서 군수업체들은 많은 이익을 창출했는데, 그중 하나가 핼리버튼(Haliburton)이다. 핼리버튼은 두 전쟁을 치르면서 2백억 달러 이상의 군수계약을 체결했다. 이 회사에 체니는 부대통령을 전후로 임원으로 있으면서 고액의 급료를 받았다. 체니와 핼리버튼의 합작으로 둘의 이익이 높아진 것은 쉽게 알 수 있다. 핼리버튼의 부상은 미국 정가에서 기업의 정치적 영향력의 증가와 함께, 기업과 정치권의 미국인들의 생활 안에 위험할 정도로 모호해지는 역동성을 말해준다. 이런 현상을 두고 미국 언론은 민간계약업체가 영업비밀 보호를 이유로 공적 감시로부터 기업활동 내용을 은폐하고, 이를 정치권이 방조하고 있다고 지적한다. 이것은 한 기업을 넘는 문제이다. 사적 보안계약자를 이용해 수감자를 조사하는 것은 심각한 문제이다. 특히 책임성의 측면에서 그렇다. 심지어 KBR과 같은 군수계약업체의 해리슨 캐롤(Harrison Carroll) 같은 이는 "군대와 하는 공모가 우리의 비즈니스다"라고 말할 정도이다.[115]

위와 같은 군사화 조치들이 민주주의를 훼손하고 인권을 침해하는 것을 어렵지 않고 예측할 수 있다. 그 가운데 대외 안보 위협을 이유로 한 권력 집중 현상이 자리하고 있다. 안보 위협을 명분으로 행정부의 권한 강화는 일시적이지 않고 오래된 관행이고, 나아가 민주주의를 후퇴시켰다. 링컨은 남북전쟁 중 정치적 반대자를 구금시키고 인신보호영장제도를 중단시키고, 루스벨트는 제2차 세계대전 시기 독일인과 미국계 일본인들을 구금시켰고, 닉슨과 레이건은 의회 감독을 벗어난 불법 정치활동을 은폐하였다. 그런 행정부 권한 확대의 역사는 초당적이었다.[116]

군사주의가 만연한 사회에서 민주주의가 낙후한 것은 충분히 예상할 수 있다. 거기에는 미국의 예에서 보는 바와 같이 정치체제의 영향이 크지 않다. 그러나 민주주의 국가보다 권위주의 국가에서 군사주의는 더 노골적으로 작동한다. 전쟁에 가담하는 나라의 경우는 더욱 심하다. 우크라이나 국경지대에서 분쟁을 이어가는 러시아가 그런 경우이다. 가령, 러시아 법원은 러-우 전쟁에서 사망한 러시아 군인에 대한 신원 공개를 국가기밀 유출로 간주한다고 판시하였다. 언론·표현의 자유는 물론 양심의 자유도 크게 억제당한다. 사실상 전시상태에 들어간 러시아 내에서 이를 취재한 두 언론인은 "이 전쟁은 죽은 병사의 집은 물론 모든 러시아인들의 집에 진입한다"고 말한 것이 은유적이되 군사주의가 민주주의를 압도하는 현실을 정확히 담고 있다. 푸틴 대통령의 다음 언급은 군사주의가 사회를 지배함을 명시적으로 드러내주는지도 모른다. "자연스럽고 필요할 때 스스로 청소하는 사회만이 나라를 강하게 만든다."[117]

다차원의 군사주의는 역동성을 동반하고 그 결과 민주주의가 억압당한다. 이때 민주주의는 한 사회나 국가 차원은 물론 세계적 차원을 포함한다. 이상 살펴본 군사주의에 관한 이론과 실제를 바탕으로 군사주의의 핵심 요소를 꼽으라면 타자화와 공포 유발을 지목할 수 있다. 타자화는 우열, 적대의식, 혐오, 결국 억압과 배제를 초래하는 출발이다. 공포는 억압과 배제를 정당화하고 그에 저항하는 움직임, 곧 민주주의를 억누르는 이중 수단이다. 그 대표적인 예가 사회 및 국가 차원에서는 고문이고, 국제적 차원에서는 전쟁이다. 이런 구별도 적절하지는 않다. 전쟁에 고문이 붙어 있고 고문은 내전에서도, 평시에도 발생한다. 군사주의의 최종적 효과는 민주주의 후퇴이다. 로베르토 곤잘레스가 풍부하게 보여주었듯이,[118] 군사주의의 민주주의 억압은 비상시 군대만이 아니라 평시 정보기관과 군수기업, 언론, 오락산업, 전문가 집단의 협업으로 가능한 일이다.

정치체제와 경제발달 수준을 막론하고 경제의 세계화와 함께 군사주의도 세계화되었다. 군사화 효과가 우리가 마시는 공기와 같이 자연스럽고 인간 생활 속에서 인간과 함께하고 있다고 말하면 과장일까? 군사화 효과의 다측면성과 다차원성을 발견할 수 있는 수많은 사례들을 생각할 때 결코 과장이 아니라 성찰이 늦었는지도 모른다. 군사화 효과는 군사주의의 속성에서 예고되었지만 그것이 인간의 존엄한 삶, 인간과 공존하는 뭇 생명의 생존 그리고 인간과 뭇 생명의 터전을 위협하는 현상이 우리가 직면하는 현실이다. 군사주의 이론이 실제로 전환한 셈이다. 군사주의는 인간사회의 필연적 숙명인가 아니면 극복해 나갈 수 있는 대상인가?

# 결장

## 요약

군사주의를 정리하면서 러-우 전쟁을 예로 삼는 것이 대단히 유감스럽다. 전쟁 중에 있는 두 나라의 언론인과 예술인이 1년간의 일지를 하나의 책으로 엮어낸 것이 국내에도 소개되었다.[119] 러시아 상트페테르부르크 출신의 예술가 D와 러시아 태생의 우크라이나 기자 K, 이 두 사람의 서사가 전쟁이라는 극단적인 군사주의 상황을 비극적이고 지독하게 잘 전달해주고 있다.[120] 이들이야말로 군사주의의 다측면성과 다차원성, 또 그 역동성을 증언해주고 있다. 죽임과 죽은 자에 대한 방치, 이산의 아픔, 아이들을 전쟁 세대로 만들어버린 처사, 학생들에 대한 군사교육, 예술가들의 활동 금지, 해외여행 금지, 망자에 대한 작은 추모조차 체포로 응하는 공권력 등등. 이와 같은 여러 측면들을 관통해 그 책에는 상대 국민들 전체에 대한 적대의식, 몸과 마음이 황폐해지는 변화 그리고 미래를 전망하기 어려운 절망(이상 개인적 차원), 전쟁을 지지하는 대중들의 태도, 소비에트 시기 트라우마(경제적 곤경)의 재생(이상 사회적 차원), 전쟁 찬반을 기준으로 감시와 동원이 강제되는 현실(국가적 차원) 등이 묘사되어 있다. 덧붙여 D의 말이지만, 전쟁이 주위 사람들을 위하는 게 얼마나 소중한 일인지를 가르쳐주지만, 그 말은 사람들이 어떻게 하더라도 정부에 영향을 끼칠 수 없다는 그의 다른 깨달음으로 무색해진다. 이 전쟁이 단지 두 나라만의 싸움이 아니라, 미국과 많은 국가들이 관여하는 국제전쟁이자, 지정학적 이해에 가치와 이념 갈등의 성격까지 밴 복합전쟁임은 이제 잘 알려져 있다.

무기수출과 적대적 언사, 결국 죽임의 방조를 통해 정치경제적 이익을 쫓는 무리들이 활개치는 것도 보고 있다. 이스라엘-하마스 전쟁의 비참함도 러-우 전쟁과 마찬가지이다. 그 저변에 군사주의가 어떻게 작동하고 있는지를 이 책의 논의 틀을 갖고 평가할 수 있을 것이다. 군사주의의 동학에 주목할 때 탈군사화의 길을 전망할 수 있을 것이다.

군사주의는 이념을 초월하고, 사회의 각 영역을 초월하고, 시대를 초월하여 인간의 보편적인 마음가짐 혹은 태도처럼 보인다. 가령, 조르주 소렐(Georges Sorel)이 1908년 저 유명한 무정부주의적 노동운동의 바이블로 불리는 저작에서 "사회운동에 가담한 사람들은 임박한 행동을 마치 자신들의 대의가 승리할 전투의 이미지로 마음속에 그려본다"고 말한 바 있다.[121] 그가 아니더라도 급진적 사회운동가들은 세계를 갈등론적으로 보고 있어 군사주의에 친화성이 있다. 그 이전에 클라우제비츠가 전쟁을 정치의 연장으로 보았고, 더 일찍이 중국 춘추전국시대 사상가들도 그렇게 보았다. 군대는 물론 시장에서, 의회에서 그리고 국제회의장에서도 군사주의는 익숙하고 자연스럽게 나타난다. 심지어는 스포츠, 연예오락 경연 프로그램에서도 '전쟁', '무기', '전략'이라는 말을 흔하게 쓰고 있다. 어린이들 장난감과 연령 제한 없는 영화에서도 군사주의는 장려되고 있다.

이 책에서 다룬 군사주의를 요약하면 크게 두 가지이다. 하나는 군사주의는 인간의 삶과 함께하면서 오래되고 익숙한, 그러나 존엄한 삶을 저해하는 사고방식이라는 점이다. 군사주의는 인권과 민주주의를 약화시키고 생태계를 파괴할 뿐만 아니라, 공감하고 공존하려는 평화주의를 부정한다. 다른 하나는 그런 군사주의가 다측면성과 다차원성을 띠면서 역동성을 보여준다는 사실이다. 전쟁이 군사주의의 극단적인 모습을 보여주지만, 위와 같은 성격을 띤 군사주의는 문화적·구조적 양상을 띠며 평상시에도 나타난다는 점이 불행한 특징이다. 분쟁

시 군사주의와 평시 군사주의는 정도의 문제인 셈이다. 평시 군사주의 없이 전쟁은 일어나지 않고, 중우정치나 무기수출 같이 군사주의에 기반하는 정치경제는 발생할 수 없음을 본문에서 충분히 살펴보았다. 군사주의라는 프리즘으로 인간사를 하나의 연속선상에서 살펴볼 가치가 크다. 특히, 전쟁과 기후변화 등 글로벌 복합위기 시대에 그 근본 원인을 진단하고 미래를 전망하는 데 있어 군사주의는 성찰과 대안의 두 창을 열어주고 있다.

이 책에서 군사주의는 크게 세 축으로 논의를 진행하였다. 그 하나가 범위로서 여기서는 전쟁(준비)을 지지하는 협의의 범주보다는 군대식 사고방식의 사회적 확산이라는 광의의 범주로 설정하였다. 군사주의는 개인의 마음과 몸에서부터 가정과 다양한 사회집단, 국가 그리고 국제관계, 생태, 나아가 우주에서까지 발견할 수 있다. 둘째는 군사주의의 깊이로서, 이 책에서는 차원으로 언급하고 있는데, 국가 혹은 국제관계에 머무르지 않고 개인, 사회, 생태 그리고 우주 차원까지 다루고 있다. 신자유주의적 군사주의에 주목해 군사주의의 다차원성과 역동성을 규명하고자 하였다. 셋째, 이 책은 군사주의의 변천에도 주목해 그 연속성과 변화를 논의하고 있는데, 이 역시 군사주의의 역동성을 보여준다. 군사주의는 정치적 목적, 경제와 과학기술의 발달, 다양한 정치·사회집단들의 연합 등이 상호작용하면서 역동적인 변화를 보여왔다. 이 세 축을 묶어 군사화 효과를 논의하고 그 함의를 더듬어 보았다. 군사화 효과 역시 군사주의의 세 특징을 반영하고 있다.

이와 같은 군사주의가 하나의 경향으로 지속하고 세계화하면서 인류는 공감·공존·공영의 삶으로부터 더욱 멀어진다. 대신 인간의 마음과 인간이 만든 모든 현실이 영구 전쟁상태에 빠지고, 인간은 그것을 의식하지 못하거나 운명처럼 받아들일지도 모른다. 군사주의를 하나의 큰 연구주제일 뿐만 아니라 연구 시각으로 보는 이유가 여기에 있다. 우크라이나와 팔레스타인에서 전쟁이 어떻게 일어나 계속되고 있는지, 그리고 한반도에서 분단이 전쟁으로 확정된 이후 그런 상태가 지속하는 근본적인 원인으로 필자는 감히 군사주의를 지목하는 것이다.

그럼 군사주의가 갖는 시각이란 무엇인가? 그것은 군사주의를 어떻게 정의하느냐와 관련이 있다. 군사주의를 협의로 정의할 경우 그 대안은 군에 대한 문민통제이다. 그에 비해 이 책이 견지하는 광의의 정의에 설 경우 군사주의의 대안은 민주주의+평화주의+생태주의+@이다. 군사주의 연구를 비판적 군사연구로 부르는 이유가 여기에 있다. 군사주의는 국가와 국민을 수호하는 방어적 목적의 군사력 확충과 관련 정치, 경제, 사회적 지지를 부정하지 않는다. 그것은 합리적이고 군 본연의 역할에 다르지 않다. 군사적인 것과 군사주의는 별개의 문제이다. 군사주의란 군대식 사고 및 행동 방식을 군의 담장을 넘어 민간에 확산시키는 움직임과 그런 조치를 지지하는 태도를 말한다. 이때 안보, 국가이익, 위기와 같은 단어들이 활용되는 경우가 많다. 그 위에 군산정복합체 혹은 군산복합체와 문화산업의 결탁에서 보는 바와 같이, 기득권 집단의 이익이 국가이익 혹은 공공이익으로 둔갑하는 경우가 적지 않고, 전쟁과 국가폭력이 정당화되는 경우도 많다. 이렇게 군사주의는 하나의 흥미로운 연구주제만이 아니라, 비판적이고 대안적인 접근으로 보편가치들의 조화로운 추구를 안내하는 이론적 지침이기도 하다.

이 책에서 다룬 군사주의론은 군사주의의 실제와 운동방식 그리고 그 효과에 관한 문제를 말한다. 한마디로 군사주의의 이데올로기와 그 작동방식의 문제에 집중하고 있다. 또 본문에서는 군사주의의 변천과 효과에 대해서도 상세히 다루고 있지만, 크게 보아 군사주의 이론과 실제에 대한 전반적인 이해를 추구하고 있다. 대신 이러한 군사주의의 면모와 효과를 가져온 원인은 충분히 다루고 있지 못하다. 물론 본문 곳곳에 군사주의의 요인을 언급하고 있고, 특히 '신자유주의적 군사주의'는 군사주의에 대한 묘사인 동시에 요인 분석의 성격도 갖고 있다.

이 책에서 견지하는 군사주의 성격의 연장선상에서 군사주의의 요인도 특정 측면이나 차원으로 환원할 수는 없다. 군사주의 요인을 인간의 폭력성이나 지배 욕망이라는 추상적 가정에 의지하는 것은 거론할 가치가 없다. 그것은 기후위기를 모든 사람의 책임으로 돌리는 것과 같이, 비논리적이고 군사주의에 숙명론을 덧입히는 처사에 다르지 않다. 그럼에도 군사주의의 다측면 중에서, 다차원 중에서, 또 역사적으로 특정 국면에서 군사주의의 확립을 주도한 요소를 발견할 수 있을 것이다. 이는 별도의 연구과제이지만, 필자는 군사주의를 산업화 이후 현대사회의 일반적 경향으로 간주하고, 그 주요 요인으로 주류 정치집단과 자본의 이익연합을 꼽는다. 물론 그 일차 명분은 국가안보이다. 이 연합이 중심이 되어 정치와 문화예술, 과학기술이 결합해 군사주의는 물리적 폭력은 물론 구조적·문화적 폭력을 양산해오고 있다. 이외에도 군사주의의 원인은 구조와 행위자 차원, 역사적 측면과 현재적 측면, 물질적 측면과 정신적 측면 등 여러 각도에서 분석할 수 있을 것이다.

## ▌과제

군사주의를 연구하는 의의는 첫째, 그것이 세상만사에 걸쳐있는 폭력적이고 일방적인 사고 및 행동 방식을 성찰하는 창을 열어준다는 점이다. 군사주의는 군대 안에서 나타나는 행동거지를 말하는 것이 아니다. 군 생활을 추억으로 미화하는 것은 더더욱 아니다. 관성과 효율성이라는 미명 아래, 가정과 학교 그리고 회사, 이익단체 등 시민사회 곳곳에서 군사주의를 자연스럽게 받아들이는 경우가 많다. 정부 정책과 기성 정책 현장에서도 국가이익이라는 이름하에 각종 법제도와 관행으로 군사주의를 지지하고 확산시키는 움직임을 어렵지 않게 볼 수 있다. 군사주의는 민주주의와 인권을 저해하고 각지의 평화를 억누르고 결국은 인간의 삶의 터전과 뭇 생명까지 파괴한다. 군사주의의 총체적인 성격과 그 역동성을 이해하는 것은 인간과 비인간 생명과 지구촌을 존중하고 공존하는 길을 찾아가는 출발점이다.

둘째, 군사주의론은 세상을 총체적이고 온전한 것, 그래서 상보적이고 상생하는 삶으로 파악하는 세계관을 지지하는 현실적 근거를 제공한다. 현실 세계는 이웃을 내 몸과 같이 생각하는 사람들의 공동체만도 아니고, 만인의 만인에 대한 투쟁의 장만도 아니고 그런 모순들이 상호작용하며 변해가는 복잡한 삶의 현장이다. 군사주의론은 그 논의 범위와 차원을 복합적이고 역동적으로 파악한다. 전쟁과 평화, 안보와 경제, 국내문제와 국제문제, 정부와 시민사회 등과 같은 경계를 허물고 군사주의의 생성 및 변화를 융복합적으로 파악한다. 그 탈경계 위에서 군사주의를 전개하는 힘을 발견함으로써 민주주의와 평화의 길을 찾는다. 세계와 인간 집단을 차별하고 배제하는 것은 현실주의, 성악설, 폭력 인간본능론 등의 논리로 지배와 통제를 합리화하는 일이다. 군사주의는 세계를 뭇 생명이 상호 존중하고 보완하며 운동해가는 하나의 총체로 파악하고, 그 방해 요소와 구조를 식별하게 해준다. 더욱이 오늘날과 같이 지구촌이 실존적 위기에 직면한 시대에 군사주의는 추상적 시각이나 비판적 담론으로 머물지 않고, 모든 생명이 공감·공존·공영해나간다는 절박한 현실 인식을 불어넣어 준다. 다만, 그런 인식에 도달함 있어 군사주의론은 지독하게 파괴적이고 억압적인 현실을 직시하도록 안내하는 역할을 감당하는 것이다.

군사주의론이 제공하는 위와 같은 의의는 한반도에 특별하다. 군사주의론이 이분법적 사고를 지양하고 통합적 시각을 지지하고, 평화와 민주주의를 향한 성찰의 기회를 제공해주는 것을 한반도 문제에 적용하면 어떨까? 서장에서 이분법적 논리와 인식의 문제를 제기한 바 있다. 분단을 통일, 정전을 평화 문제로 각각 나누고 평화와 통일 중 무엇이 우선이냐는 질문은 군사주의 시각에서 볼 때 잘못 설정된 논제이다. 그런 구분은 군사주의의 정도 문제로 통합해 논의할 수 있다. 오늘까지의 분단정전체제와 내일의 통일평화체제를 구분하거나, 남과 북을 선과 악으로 차별하는 태도는 그 자체가 군사주의의 반영이자, 분단정전체제를 지속하는데 기여하는 (혹은 지속시키려는) 처사이다. 김정은이 통일을 포기하고 남북관계를 '적대적 두 국가관계'로 규정한 이후 통일정책을 재구상할 때, 군사주의는 하나의 방향성이 될 수 있다. 군사주의의 다측면, 다차원 그리고 그 연속성과 변화를 상기한다면, 군사주의론으로 한반도의 오늘을 평가하고 내일을 전망하는 눈이 더 넓어지고 호흡이 더 깊어질 것이다. 나아가 군사주의론을 한반도에 투영해보면 한반도의 군사주의, 우리 안의 군사주의가 한반도만의, 우리만의 그것이 아님을 깨닫게 된다. 우크라이나와 가자의 참상이 한반도와 무관한 문제가 아니다.

이 책은 군사주의의 세계화와 지방화, 사회화, 가정화 그리고 내면화가 동시에 상호작용하고 있음을 보여주고 있다. 군사화된 세계가 상호 연관되어 있는 하나의 실체이므로 군사주의 너머를 내다보는 일도 그렇게 접근함이 마땅하다. 그것을 어떻게 할 것인가의 문제, 소위 탈군사주의의 길은 이 책이 다루지 못한 바로서 향후 별도의 연구과제로 남아있다. 군사주의 지표/지수가 사회, 국가, 세계 차원의 비평화(peacelessness)를 평가하는 데 유익한 방법이라는 점에서, 기존의 제한적인 논의를 보완해 온전한 지표/지수를 개발하는 작업도 연구자들을 기다리고 있는 과제이다.

국내에서 군사주의가 잘 알려져 있지 않은 점을 고려할 때, 필자는 이 책의 출간을 계기로 학계는 물론 언론계, 정책연구기관, 나아가 정책결정자들이 군사주의에 관심을 가진다면 큰 보람으로 여길 것이다. 다른 사회에서도 그렇지만 군사주의는 한국사회와 한반도를 성찰하고 바람직한 미래를 설계하는 반명제로서의 의미가 크다. 이 책이 군사주의에 대한 전반적인 이해를 도모하는 데 일조했다면 향후 군사주의 연구는 군사주의의 각 영역과 차원에서 그 본질을 예증하는 방향으로 나아가길 기대해본다. 또 군사주의가 민주주의, 인권, 평화, 생태주의 등 인접 개념들과 연관성이 큰 만큼 이론과 사례 양 측면에서 군사주의와 그들의 상호 관계를 구체적으로 탐구하는 일도 향후 연구 과제이다.

# 미주

## 제 I 부 군사주의의 개념화

1  분단정전체제의 개념은 서보혁·나핵집, 『지속가능한 한반도 평화를 향하여』(서울: 동연, 2016), pp. 34-42.

2  Christian Davenport, Erik Melander, and Patrick M. Regan, *The Peace Continuum: What It Is and How to Study It* (New York: Oxford University Press, 2018).

3  SIPRI, 「SIPRI YEARBOOK 2023: Armaments, Disarmament and International Security, Summary」(Stockholm: SIPRI, 2023).

4  Institute for Economics & Peace, 「Global Peace Index 2023」(Sidney: Institute for Economics & Peace, 2023).

5  SIPRI, 「Environment of Peace: Security in a New Era of Risk」(Stockholm: SIPRI, 2022).

6  https://www.riss.kr/index.do (검색일: 2023. 10. 18.).

7  김동춘, 『전쟁정치: 한국정치의 메커니즘과 국가폭력』(서울: 길, 2013).

8  문승숙·마리아 혼 엮음, 이현숙 번역, 『오버 데어: 2차 세계대전부터 현재까지 미군 제국과 함께 살아온 삶』(서울: 그린비, 2017).

9  Carter J. Eckert, *Park Chung Hee and modern Korea: The roots of militarism, 1866-1945* (Massachusetts: Harvard University Press, 2016).

10  김종수, 『한국 고대·중세 군사제도사』(서울: 국학자료원, 2020); 박창희, 『한국의 군사사상』(서울: 플래닛미디어, 2020).

11  추천하는 도서로 아널드 J. 토인비 글, 조행복 역, 『토인비의 전쟁과 문명』(서울: 까치, 2020); 신시아 인로 저. 김엘리·오미영 역, 『군사주의는 어떻게 패션이 되었을까: 지구화 군사주의 젠더』(서울: 바다출판사 2015); 마이클 만 지음, 이규성 옮김, 『분별없는 제국: 미국의 일방주의와 패권적 신군사주의』(서울: 심산, 2005); 찰머스 존슨 지음, 안병진 옮김, 『제국의 슬픔: 군국주의, 비밀주의 그리고 공화국의 종말』(서울: 삼우반, 2004); 조엘 안드레아스 글, 평화네트워크 옮김, 『전쟁중독』(서울: 창해 2003) 등이 있다.

12  Jan Bachmann, "Militarization going places?: US forces, aid delivery and memories of military coersion in Uganda and Kenya" *Critical Military Studies*, 4:2 (2018), p. 104.

13　Iraklis Oikonomou, "The political economy of EU space policy militarization," in Anna Stavrianakis and Jan Selby, eds, *Militarism and International Relations: Political economy, security, theory* (New York: Routledge, 2013), pp. 142–143.

14　Cynthia Enloe, *Globalization and Militarism*, Second Edition (Rowan and Littlefield: Lanham, 2016), pp. 11–13.

15　Gordon Adams and Shoon Murray, "An introduction to mission creep," in Gordon Adams and Shoon Murray, eds., *Mission creep: The militarization of US foreign policy?* (Washington, D.C.: Georgetown University Press, 2014), pp. 13–14.

16　Julian Schofield, *Militarization and War* (New York: Palgrave Macmillan, 2007), pp. 4–5.

17　Barbara Sutton and Julie Novkov, "Rethinking Security, Confronting Inequality: An Introduction," in Barbara Sutton, Sandra Morgen, and Julie Novkov, eds. *Security Disarmed: Critical Perspective on Gender, Race, and Militarization* (Rutgers: Rutgers University Press, 2008), p. 4.

18　Andrew Ross, "Dimension of militarization in the Third World," *Armed Forces and Society*, 13 (1987), p. 562; Martin Shaw, *Post-Military Society: Militarism, Demilitarization and War at the End of the Twentieth Century* (Cambridge, UK: Polity Press, 1991), p. 71에서 재인용.

19　Martin Shaw (1991), pp. 70–72.

20　Conrad Schetter et al., 「Global Militarisation Index」 (Bonn: BICC, 2022). https://www.bicc.de/uploads/tx_bicctools/BICC_GMI_2022_EN_01.pdf (검색일: 2023. 11. 1.)

21　John R. Gillis, "Employing Michael Geyer's definition," in John R. Gills, *Militarization of the Western Worls*, 1, p. 3; Michael S. Sherry, *In the Shadow of War: The United States Since the 1930s* (New Haven: Yale university Press, 1995), p. xii에서 재인용.

22　로버트 자레츠키 지음, 윤종은 옮김, 『승리는 언제나 일시적이다: 사회적 재난 시대의 고전 읽기』 (서울: 휴머니스트출판그룹, 2022), p.135.

23　UNHCR et al. "Human impact of war in Ukraine" (19 June 2023); Deepak Rawtani, Gunjan Gupta, Nitasha Khatri, Piyush K. Rao, Chaudhery M. Hussain, "Environmental damages due to war in Ukraine: A perspective," *Science of the Total Environment* 850 (2022), pp. 1–6.

24　헬렌 맥도널드, 공경희 옮김, 『메이블 이야기』 (서울: 판미동, 2015), p. 133.

25　Michael S. Sherry (1995), pp. 431, 445–446.

이하는 Schofield (2007), pp. 12, 25-29.

27  Eugene Jarecki, *The American way of war: Guided missiles, misguided men, and a republic in peril* (New York: Free Press, 2008), p. 55.

28  Gwyn Kirk, "Contesting Militarism: Global Perspectives," in Barbara Sutton, Sandra Morgen, and Julie Novkov, eds. *Security Disarmed: Critical Perspective on Gender, Race, and Militarization* (Rutgers: Rutgers University Press, 2008), pp. 45-50.

29  Martin Shaw (1991), pp. 68-69.

30  Michael S. Sherry (1995), p. 499.

31  Roberto J. Gonzalez, Hugh Gusterson, Gustaaf Houtman, eds., *Militarsim: A reader* (Durham: Duke University Press, 2019).

32  John C. Mohawk, *Utopian Legacies: A history of conquest and oppression in the Western world* (Santa Fe, New Mexico: Clear Light Publishers, 2000), pp. 94-95.

33  David Kinsella, "The global arms trade and the diffusion of militarism," in Anna Stavrianakis and Jan Selby, eds, *Militarism and International Relations: Political economy, security, theory* (New York: Routledge, 2013), p. 105.

34  Micheal Mann, "The roots and contradictions of modern militarism," *New Left Review* sreies Ⅰ, 162 (March-April 1987), p. 35; Bryan Mabee, "From 'liberal war' to 'liberal militarism': United States security policy as the promotion of military modernity," *Critical Military Studies*, 2:3 (Published online: 17 Jun 2016), p. 3에서 재인용.

35  Alfred Vagts, *A History of militarism: Civilian and military*, Revised edition (New York: The Free Press, 1959), p. 13.

36  Alfred Vagts (1959), p. 13.

37  Rachel Woodward, "Military landscape: Agendas and approaches for future research," *Progress in Human Geography*, 38:1 (2014), p. 41.

38  Anna Stavrianakis and Jan Selby, "Militarism and international relations in the twenty-first centry, " in Anna Stavrianakis and Jan Selby, eds (2012), p. 3.

39  Synne L. Dyvik and Lauren Greenwood, "Embodying militarism: exploring the spaces and bodies in-between," *Critical Military Studies*, 1:1-2 (2016), p. 2.

40  Martin Shaw, "Twenty-first century militarism: A historical-sociological framework," in Anna Stavrianakis and Jan Selby, eds, *Militarism and International Relations: Political economy, security, theory* (2013), p. 19.

41  Anna Stavrianakis and Jan Selby, "Militarism and international relations in

**522**  군사주의: 폭력의 이데올로기와 작동방식

the twenty-first century," in Anna Stavrianakis and Jan Selby, eds, *Militarism and International Relations: Political economy, security, theory* (New York: Routledge, 2013), pp. 15-16.

**42**  Stavrianakis and Selby (2013), pp. 12-14.

**43**  Anthony Giddens, *The Nation-State and Violence* (Berkeley: University of California Press, 1987), p. 328.

**44**  Vickerman H. Rutherford, *Militarism after the War* (London: The Swarthmore Press Ltd., 1921), p. 9.

**45**  Marek Thee, "Militarism and Militarization in Contemporary International Relations," *Bulletin of Peace Proposals*, 8 (1977), p. 301.

**46**  Julian Schofield (2007), p. 3.

**47**  Dan Smith and Ron Smith, *The Economics of Militarism* (London: Pluto Press, 1983), pp. 10-11.

**48**  Karl Liebknecht, *Militarism* (New York: Wentworth Press, 2019[1906]), p. 1.

**49**  Karl Liebknecht (2019[1906]), p. 2.

**50**  Cynthia Enloe (2016), p. 11.

**51**  Michael Mann, "The roots and contradictions of modern militarism," *New Left Review*, 162 (1987), pp. 35-36.

**52**  Martin Shaw (1991), p. 76.

**53**  Bryan Mabee, "From 'liberal war' to 'liberal militarism': United States security policy as the promotion of military modernity," *Critical Military Studies*, Volume 2, Issue 3 (2016), p. 1(면수 표기는 온라인 버전 기준(Published online: 17 Jun 2016)).

**54**  D. Edgerton, "liberal militarism and the British state," *New Left Review*, 185 (1991), p. 141; Bryan Mabee (2016), p. 6.

**55**  L. Gill, "Creating citizens, making men: The military anad masculirity in Bolivia," *Cultural Anthropology*, 12:4 (1997), pp. 534-535; Ramy M.K. Aly, "Producing men, the nation and commodities: The cutural political-economy of militarism in Egypt," Anna Stavrianakis and Jan Selby, eds (2013), p. 150에서 재인용.

**56**  Martin Shaw (1991), p. 64.

**57**  Michael S. Sherry (1995), pp. 3, 75, 81.

**58**  Kevin Blachford, "Liberal militarism and republican restraints on power: the problems of unaccountable intervention for American democracy," *Critical Military Studies*, 8:3 (2022), pp. 299-314.

**59**  H. Bruce Franklin, *Crash Course: From the Good War to the Forever War* (New Brunswick: Rutgers University Press, 2018), p. 148.

60 Martin Shaw, *Theory of the global state: Globality as an unfinished revolution* (Cambridge: Cambridge University Press, 2000).

61 Anna and Jan (2013), p. 15.

62 Dan and Ron (1983), pp. 49, 56.

63 Karl Liebknecht (2019[1906]), pp. 22–23, 41–57.

64 Dan and Ron (1983), pp. 49–51.

65 Karl Liebknecht (2019[1906]), pp. 22, 24–25, 30.

66 Francis Massé, Elizabeth Lunstrum & Devin Holterman, "Linking green militarization and critical military studies," *Critical Military Studies*, 4:2 (2018), pp. 201–221.

67 Martin Shaw (2013), pp. 29–31.

68 David Zierler, *The Invention of Ecocide* (Athens and London: The University of Georgia Press, 2011), pp. 97–98.

69 Martin Shaw (1991), p. 135.

70 Martin Shaw (1991), pp. 77–79.

71 C. B. Otley, "Militarism and militarization in the public schools, 1900–1972," *British Journal of Sociology*, 19:3 (1978), pp. 334–335; Martin Shaw (1991), p. 126에서 재인용.

72 Martin Shaw (1991), pp. 117–118, 155–156.

73 노다 마사아키 지음, 서혜영 옮김, 『전쟁과 죄책: 일본 군국주의 전범들을 분석한 정신과 의사의 심층 보고서』 (서울: 또다른우주, 2023), p. 424.

74 노다 마사아키 (2023), pp. 20–21, 458, 460.

75 미켈라 무르자 지음, 한재호 옮김, 『파시스트 되는 법: 실용지침서』 (고양: 사월의책, 2021),

76 바흐만이 예로 드는 구체적인 연구성과는 R. Woodward, "From military geography to militarism's geographies: Disciplinary engagemnet with the geographies of militarism and military activities," *Progress in Human Geography*, 29:6 (2005), pp. 718–740; R. Bernazzoli and C. Flint, "Power, place and militarism: Toward comparative geographic analysis of militarization," *Geography Compass*, 3:1 (2009), pp. 393–411; Jan Bachmann, "Militarization going places?: US forces, aid delivery and memories of military coersion in Uganda and Kenya" *Critical Military Studies*, 4:2 (2018), p. 106.

77 Jan Bachmann (2018), pp. 106, 115.

78 Cynthia Enloe (2016), p. 165.

79 Cynthia Enloe (2016), p. 170.

80　이에 대한 이론적 사례들은 Jan Bachmann (2018), p. 106을 참조.

81　John A. Agnew, *Place and politics: The geographical mediation of state and society* (Winchster: Allen & Uwin, 1987); Jan Bachmann (2018), p. 106에서 재인용.

82　류길재, "예외국가의 제도화: 군사국가화 경향과 군의 역할 확대," 『현대북한연구』, 제4권 1호 (2001), pp. 121-157.

83　김용현, "북한의 군사국가화에 관한 연구: 1950~60년대를 중심으로," 동국대학교 대학원 박사학위 논문 (2002).

84　Martin Shaw (2013), p. 23.

85　Karl Liebknecht (2019[1906]), pp. 90-91.

86　Martin Shaw (2013), p. 24.

## 제Ⅱ부 군사주의의 변천

1　장 길렌·장 자미트 지음, 박성진 옮김, 『전쟁 고고학: 선사시대 폭력의 민낯』 (서울: 사회평론아카데미, 2020).

2　장 길렌·장 자미트 (2020), p. 275.

3　제러미 블랙 지음, 유나영 옮김, 『거의 모든 전쟁의 역사』 (파주: 서해문집, 2022).

4　Anna Stavrianakis and Jan Selby, "War becomes academic: *Human Terrain*, virtuous war and contemporary militarism. An interview with James Der Derian," in Anna Stavrianakis and Jan Selby, eds (2013), pp. 61-62.

5　Martin Shaw (2013), pp. 24, 26.

6　Martin Shaw (2013), p. 30.

7　프레데릭 그로 지음, 배세진 옮김, 『미셸 푸코』 (서울: 이학사, 2022), pp. 132-133.

8　이에 대한 상세한 논의는 이 책 제Ⅲ부 3장 '자유주의적 군사주의'를 참고 바람.

9　Radley Balko, *Rise of the Warrior Cop: The militarization of America's Police Forces* (New York: PublicAffairs, 2014).

10　사토 요시유키 (2014), p. 97; 자크 데리다 저. 진태원 역, 『법의 힘』 (서울: 문학과지성사, 2004), pp. 102-103.

11　John Adams, *The Works of John Adams, Second President of the United States*, Vol. 2, app. A (Boston: Little, Brown & Co., 1850), p. 525; Radley Balko (2014), p. 10에서 재인용.

12　아미타브 고시 지음, 김흥옥 옮김, 『육두구의 저주: 지구 위기와 서구 제국주의』 (서울: 에코리브르, 2022), pp. 13-39, 41-45.

13　아미타브 고시 (2022), pp. 36-37, 39.

14 아미타브 고시 (2022), pp. 56-57.

15 아미타브 고시 (2022), p. 63.

16 아미타브 고시 (2022), pp. 77-79.

17 아미타브 고시 (2022), pp. 79-81.

18 아미타브 고시 (2022), p. 82.

19 아미타브 고시 (2022), pp. 83-84.

20 아미타브 고시 (2022), pp. 98-99.

21 아미타브 고시 (2022), pp. 100-101.

22 Anthony Giddens (1987), pp. 222-223.

23 Anthony Giddens (1987), pp. 230, 224, 226.

24 Anthony Giddens (1987), pp. 230, 224, 226.

25 Anthony Giddens (1987), pp. 232-233.

26 Anthony Giddens (1987), pp. 233-235.

27 Michael S. Sherry (1995), p. 6.

28 Vickerman H. Rutherford, *Militarism after the War* (London: The Swarthmore Press Ltd., 1921), pp. 55-56.

29 Vickerman H. Rutherford (1921), pp. 57-62.

30 Vickerman H. Rutherford (1921), pp. 65-68, 70-72, 76-79.

31 자크 파월 (2017), p. 75.

32 자크 파월 (2017), pp. 77-78, 230-231.

33 Michael S. Sherry (1995), p. 17.

34 자크 파월 (2017), pp. 51, 55, 65, 71, 301.

35 자크 파월 (2017), pp. 121-122.

36 Martin Shaw (2013), p. 25.

37 이하 Patricia McFadden, "Plunder as Statecraft: Militarism and Resistance in Neocolonial Africa," in Barbara Sutton, Sandra Morgen, and Julie Novkov, eds. (2008), pp. 136-156.

38 Eboe Hutchful, "Restructuring political space: Militarism and constitutionalism in Africa," in *State and constitutionalism: An African debate on democracy*, ed. Issa Shivji (Harare: SAPES Books, 1991), p. 186; Patricia McFadden (2008), p. 145에서 재인용.

39 Martin Shaw (1991), p. 22.

40 존 다우어 지음, 정소영 옮김, 『폭력적인 미국의 세기』 (파주: 창비, 2018), pp. 49-50, 54, 68.

41 자크 파월 (2017), pp. 261-263.

42  Eugene Jarecki, *The American way of war: Guided missiles, misguided men, and a republic in peril* (New York: Free Press, 2008), p. 86.

43  Michael S. Sherry (1995), p. 138.

44  Michael S. Sherry (1995), p. 136.

45  Michael S. Sherry (1995), pp. 182-185.

46  자크 파월 (2017), pp. 267-268, 295-297, 374-375.

47  자크 파월 (2017), pp. 305-320, 327-329.

48  Stefanie Fishel, "Remembering nukes: collective memories and countering state history," *Critical Military Studies*, 1:2 (2015), pp. 132-133; Daniel Deudney, "Political fission: State structure, civil society, and nuclear weapons in the United States," in *On security*, ed. Ronnie D. Lipschutz (New York: Columbia University Press, 1995), p. 99.

49  Martin Shaw (1991), pp. 26-27.

50  Anthony Giddens (1987), pp. 255-256, 265-267, 269.

51  Anthony Giddens (1987), p. 274.

52  Anthony Giddens (1987), pp. 275-276.

53  Anthony Giddens (1987), pp. 276-277.

54  Anthony Giddens (1987), pp. 282, 286-287.

55  Anthony Giddens (1987), pp. 288-289.

56  Anthony Giddens (1987), pp. 290, 292-293.

57  Martin Shaw (1991), p. 109.

58  이 책의 제Ⅲ부 제3장 2)를 참조할 것.

59  Martin Shaw (1991), p. 110.

60  Martin Shaw (1991), p. 111.

61  Shaw (1991), pp. 111-112.

62  Martin Shaw (1991), pp. 113, 118.

63  Michael S. Sherry (1995), p. 274.

64  Michael S. Sherry (1995), p. 336.

65  Michael S. Sherry (1995), pp. 453-455

66  Smith and Smith (1983), pp. 56-58, 60-61.

67  Smith and Smith (1983), pp. 58-59.

68  Martin Shaw (1991), p. 180.

69  Martin Shaw (1991), pp. 184-185.

70  Martin Shaw (1991), pp. 186-189.

71  Michael S. Sherry (1995), pp. 486, 494-495.

72  Michael S. Sherry (1995), p. 340.

73  Michael S. Sherry (1995), p. 461.

74  Martin Shaw (1991), pp. 192-193.

75  Martin Shaw (1991), pp. 195-196.

76  노엄 촘스키 · 비자이 프라샤드 지음, 유강은 옮김, 『물러나다: 촘스키, 다극세계의 길목에서 미국의 실패한 전쟁을 돌아보다』 (서울: 시대의창, 2023), p. 12.

77  Martin Shaw (1991), pp. 207-208.

78  Martin Shaw (1991), pp. 208-209.

79  Martin Shaw (1991), pp. 209-211.

80  Martin Shaw (1991), pp. 211-213.

81  존 다우어 (2018), p. 89.

82  Richard Slotkin, *Regeneration through Violence: The Mythology of the American Frontier*, 1600-1860 (Middletown, Conn.: Wesleyan University Press, 1973); *Gunfighter Nation: The Myth of the Frontier in Twentieth-Century America* (New York: Harper-Perennial, 1993), p. 79에서 재인용.

83  Neda Atanasoski, *Humanitarian violence: The U.S. deployment of diversity* (Minneapolis: University of Minnesota Press, 2013), pp. 14-15, 101.

84  존 다우어 (2018), pp. 119, 200.

85  프랜시스 후쿠야마는 미국 네오콘의 기원을 1930년대 뉴욕에 기반을 둔 좌파 지식인들의 움직임으로 본다. 이들은 사회주의 이념을 지지했지만, 1930~40년대 현실 사회주의를 목도하면서 비판적으로 바뀌었다. 그들 중에는 어빙 크리스톨(Irving Kristol, 윌리엄의 아버지), 다니엘 벨(Daniel Bell), 나단 글레이져(Nathan Glazer) 등이 있었다. 결국 그들은 현실 좌익세력에도, 우익세력에도 비판적이었다. 'neo-conservative'라는 용어를 처음 쓴 사람은 1973년 잡지 *Dissent*에 기고한 마이클 해링턴(Michael Harriongton)이었고, 개념화시킨 이는 마이클 노박(Michael Novak)이었다. 네오콘은 국제문제에 대한 적극 개입, 그를 통한 미국의 패권 획득 및 유지를 핵심 입장으로 삼는다. 이들은 베트남 전쟁과 9/11 테러라는 비극적 경험으로부터 그런 입장을 강화한다. Eugene Jarecki (2008), pp. 21-25.

86  노엄 촘스키 (2023), pp. 97-98.

87  H. Bruce Franklin, *Crash Course: From the Good War to the Forever War* (New Brunswick: Rutgers University Press, 2018), pp. 13, 272.

88  H. Bruce Franklin (2018), pp. 148, 274.

89  Neda Atanasoski (2013), p. 132.

90  Bill Clinton, "In the President's Words"; Neda Atanasoski (2013), p. 137에서 재인용.

91 앤드류 바세비치 (2013), pp. 205-206, 208, 213-214.

92 앤드류 바세비치 (2013), pp. 218-219, 221-222, 234-235.

93 앤드류 바세비치 (2013), pp. 248, 255-256.

94 앤드류 바세비치 (2013), p. 261.

95 앤드류 바세비치 (2013), pp. 261-268, 272-273, 284-285, 294.

96 앤드류 바세비치 (2013), pp. 278-282.

97 Gordon Adams and Shoon Murray eds., *Mission creep: The militarization of US foreign policy?* (Washington, D.C.: Georgetown University Press, 2014) 참조.

98 Iraklis Oikonomou, "The political economy of EU space policy militarization," in Anna Stavrianakis and Jan Selby, eds. (2013), pp. 134-135.

99 Dirk Kruijt and Kees Koonings, "From political armies to the 'war against crime': The transformation of militarism in Latin America," in Anna Stavrianakis and Jan Selby, eds. (2013), pp. 92, 103.

100 록히드마틴 혁신센터(노퍽 버지니아주) 관계자의 설명. 영화 'Unknown: Killer Robot' (2023).

101 영화 'Unknown: Killer Robot' (2023)에서 발언.

102 P. Porter, *The global village myth: Distance, war, and the limits of power* (Washington: Georgetown University Press, 2015); Kevin Blachford (2022), p. 301에서 재인용.

103 Kevin Blachford (2022), pp. 301-302.

104 James DerDerian (2009) 참조.

105 Kevin Blachford (2022), pp. 302-303.

106 William G. Howell and Jon C. Pevehouse, *While dangers gather: congressional checks on presidential war powers* (New Jersey: Princeton University Press, 2007) 참조.

107 E. Cusumano, "Bridging the gap: mobilization constraints and contractor support to US and UK military operations," *Journal of Strategic Studies*, 39:1 (2016), p. 97; Kevin Blachford (2022), p. 305에서 재인용.

108 Kevin Blachford (2022), p. 305.

109 C. W. Mahoney, "United States defence contractors and the future of military operations," *Defence and Security Analysis*, 36:2 (2020), pp. 180-200 참조.

110 Kevin Blachford (2022), pp. 305-307.

111 대런 바일러 지음, 홍명교 옮김, 『신장 위구르 디스토피아』 (서울: 생각의힘, 2022), pp. 10, 21.

112 대런 바일러 (2022), pp. 157-159, 171-172.

113 R. Kohn, "The danger of militarism in an endless 'war' on terrorism," *The Journal of Military History*, 73:1 (2009), p. 198; J. Caverly, *Democratic militarism: voting, wealth, and war* (Cambridge: Cambridge University Press, 2014), p. 1; Kevin Blachford (2022), pp. 307–308에서 재인용.

114 아미타브 고시 (2022), p. 176.

115 아미타브 고시 (2022), pp. 182–183; Joseph Masco, "Bad weather: The time of planetary crisis," in *Times of security, ethnographies of fear: Protest and the future*, ed. Martin Holbraad and Morten Axel Pedersen (London: Routledge, 2013), pp. 186–187; 아미타브 고시 (2022), p. 183에서 재인용.

116 군사적 활동과 관련 지출 그리고 사회와 환경의 상호작용을 통해 현저한 환경파괴가 반복되는 세계적 현상을 말한다.

117 아미타브 고시 (2022), pp. 176–177.

118 윌리엄 사우더 지음, 김홍옥 옮김, 『레이첼 카슨; 환경운동의 역사이자 현재』 (서울: 에코리브르, 2014), pp. 331–332.

119 윌리엄 사우더 (2014), pp. 323, 435.

120 윌리엄 사우더 (2014), pp. 24–25.

121 윌리엄 사우더 (2014), pp. 400, 434, 448.

122 로버트 자레츠키 지음, 윤종은 옮김, 『승리는 언제나 일시적이다: 사회적 재난 시대의 고전 읽기』 (서울: 휴머니스트출판그룹, 2022), p. 168.

123 Martin Shaw (1991), pp. 113–114.

124 Martin Shaw (1991), pp. 115–116.

125 W. H. McNeill, *The Pursuit of Power: Technology, Armed Force and Society since AD 1000* (Oxford: Blackwell, 1982), p. 280; Martin Shaw (1991), p. 116에서 재인용.

126 Martin Shaw (1991), p. 117.

127 Martin Shaw (1991), pp. 117–118.

128 Martin Shaw (1991), pp. 119–122.

129 Editorial, "Out of battle," *New Statesman and Society* (30 June 1989), p. 5; Martin Shaw (1991), p. 128에서 재인용.

130 Martin Shaw (1991), p. 128.

131 Martin Shaw (1991), pp. 128–130, 132–133.

132 Martin Shaw (1991), p. 135.

133 Smith and Smith (1983), p. 58.

134 앤드루 파인스타인 지음, 조아영·이세현 옮김, 『어둠의 세계』 (파주: 오월의봄, 2021), pp. 77–78.

**135** Smith and Smith (1983), pp. 55–56.

**136** Martin Shaw (1991), pp. 163–164.

**137** Martin Shaw (1991), pp. 165.

**138** Martin Shaw (1991), pp. 165–166.

**139** Martin Shaw (1991), pp. 166–168.

**140** Martin Shaw (1991), pp. 170, 172, 174.

**141** P.J. Vatiiotis, *The Egyptian army in politics: Pattern for new nations* (Bloomington: Indiana University Press, 1961); A. Abdalla, "The armed forces and the democratic process in Egypt," *Third World Quarterly*, 10:4 (1988), pp. 1452–1466; Ramy M.K. Aly, "Producing men, the nation and commodities: The cutural political-economy of militarism in Egypt," in Anna Stavrianakis and Jan Selby, eds. (2013), p. 150에서 재인용.

**142** Ramy M.K. Aly (2013), p. 150.

**143** Ramy M.K. Aly (2013), pp. 155–159.

**144** Ramy M.K. Aly (2013), p. 162.

**145** Martin Shaw (1991), pp. 97–98.

**146** Martin Shaw (1991), p. 98. 2021년 현재 중동의 군비 지출은 1,860억 미국달러로 추정되는데, 이는 이전 해에 비해 3.3% 감소한 것이다. 그러나 이 추정은 불확실하다. *SIPRI Year Book 2022: Armament, Disarmament and International Security*, Summary (Stockholm: SIPRI, 2022), p. 10.

**147** Kerry Brown and Claudia Zanardi, "The Chinese military: Its political and economic function," in Anna Stavrianakis and Jan Selby, eds. (2013), pp. 170–172.

**148** Brown and Zanardi (2013), pp. 173–175.

**149** Amy Hawkins and Helen Davidson, "China may be planning overseas naval bases in Asia and Africa, say analysts," *Guardian*, 27 July 2023.

**150** Brown and Zanardi (2013), p. 176.

**151** Kenneth E. Boulding, *The Economics of Peace* (New York: Prentice-Hall, Inc., 1946), pp. 249–251.

**152** "Mexico's 100,000 'disappeared' is a tragedy, says UN rights chief Bachelet," *UN News*, 17 May 2022.

## 제II부 군사주의의 영역

1 Alfred Vagts (1959), p. 13.

2 Chalmers Johnson, *The Sorrows of Empire: Militarism, Secrecy, and the End of the Republic* (New York: Metropolitan Books, 2004), pp. 23-24.

3 Ken MacLeish, "The ethnography of good machine," *Critical Military Studies*, 1:1 (2015), pp. 11-22.

4 Michael Taussig, *The Nervous System* (New York: Routledge, 1992).

5 Erving Goffman, *Asylums* (Chicago: Aldine Publishing Co., 1968).

6 Erving Goffman (1968), p. 13; Ken MacLeish (2015), pp. 16-17에서 재인용.

7 Ken MacLeish (2015), p. 17.

8 Ken MacLeish (2015), p. 18.

9 Ken MacLeish (2015), pp. 18-19.

10 1844년 3월 말부터 4개월여 동안 영국 노섬벌랜드와 더럼에서 4만여 명의 광부들이 벌인 파업에 관한 엥겔스의 보고. 프리드리히 엥겔스 지음, 이재만 옮김, 『영국 노동계급의 상황』 (서울: 라티오, 2014), pp. 311-315.

11 Karl Liebknecht (2019[1906]), pp. ix-xi.

12 Karl Liebknecht (2019[1906]), pp. 39, 78-79, 160.

13 Karl Liebknecht (2019[1906]), pp. 38, 118.

14 Karl Liebknecht (2019[1906]), pp. 120, 164-170.

15 Peter Adey, David Denney, Rikke Jensen and Alasdair Pinkerton, "Blurred lines: intimacy, mobility, and the social military," *Critical Military Studies*, 2:1-2 (2016), pp. 7-24.

16 Edward N. Luttwak, "From Geopolitics to Geo-economics: Logic of Conflict, Grammar of Commerce," *The National Interest* 20 (1990), p. 21.

17 Carl J. Schramm, "Expeditionary Economics: Spurring Growth after Conflicts and Disasters," *Foreign Affairs* (May/June 2010), pp. 88-99.

18 Donald H. Rumsfeld, "Transforming the Military," *Foreign Affairs* (May/June 2002), p. 29; Emily Gilbert (2015), p. 214에서 재인용.

19 Emily Gilbert (2015), p. 216.

20 Andrew J. Bacevich, "Wilsonians under arms," in Anna Stavrianakis and Jan Selby, eds. (2013), p. 129.

21 Dan Smith and Ron Smith, *The Economics of Militarism* (London: Pluto Press, 1983), p. 12.

22 Dan Smith and Ron Smith (1983), pp. 40-41.

23 Dan Smith and Ron Smith (1983), p. 42.

24 Gordon Adams, "The institutional imbalance of American statecraft," in Gordon Adams and Shoon Murray, eds., *Mission creep: The militarization of US foreign policy?* (Washington, D.C.: Georgetown University Press, 2014). p. 29.

25 Richard N. Haas, *Foreign policy begins at home* (New York: Basic Books, 2014), pp. 119, 125.

26 Marc A. Thiessen, "Ukraine aid's best-kept secret: Most of the money stays in the U.S.A.," *The Washington Post*, November 29, 2023.

27 Martin Shaw (2013), p. 21.

28 Martin Shaw (2013), pp. 27-28.

29 Dan Smith and Ron Smith (1983), pp. 72-74.

30 Michael S. Sherry (1995), p. 25.

31 Andrew Feinstein, *The Shadow World: Inside the Global Arms* (London: Picador, 2012); 영화 섀도 월드(Shadow World, Johan Grimonprez 감독, 2016) 참조.

32 Dan Smith and Ron Smith (1983), pp. 74-76.

33 클라이브 폰팅 지음, 김현구 옮김, 『진보와 야만: 20세기의 역사』 (서울: 돌베개, 2007), pp. 324, 326-328.

34 Eugene Jarecki (2008), pp. 163-164.

35 존 다우어 지음, 정소영 옮김, 『폭력적인 미국의 세기』 (파주: 창비, 2018), pp. 29, 125, 159.

36 Eugene Jarecki (2008), pp. 191-192.

37 Eugene Jarecki (2008), pp. 192, 204-213.

38 영화 '무인전쟁(War and games), 카린 유르시크 감독 (2016).

39 Nina M. Serafino, "Foreign assistance in camouflage?: Measuring the military security cooperation role," in Gordon Adams and Shoon Murray, eds., *Mission creep: The militarization of US foreign policy?* (Washington, D.C.: Georgetown University Press, 2014), pp. 133-134.

40 Killan McCormack, "Governing 'ungoverned' space: humanitarianism, citizenship, and the civilian sphere in the territorialising practices of the US national security complex," *Critical Military Studies*, 4:2 (2018), p. 172.

41 White House, "The presidential policy directive on global development" (Washington, DC: The White House, 2010).

42 Bryan Mabee (2016), p. 12.

43 National Security Council (1949), pp. 386-7; Bryan Mabee (2016), p. 11에서 재인용.

44  Bryan Mabee (2016), pp. 12–13.

45  Smedley D. Butler, *War is a racket* (New York: Skyhorse Publishing, 2013), pp. 14, 16.

46  Emily Gilbert, "Money as a 'weapon system' and the entrepreneurial way of war," *Critical Military Studies*, 1:3 (2015), p. 202.

47  Emily Gilbert (2015), p. 203.

48  Commander's Guide to Money as a Weapons System: Tactics, Techniques and Procedures (MAAWS), Money as a Weapon System Afghanistan (MAAWS-A), USFOR-A Pub 1–06 (2009, 2011); MAAWS. Money as a Weapon System Iraq (MAAWS-I); USF-I J8 Sop (2010); Emily Gilbert (2015), p. 205에서 재인용.

49  Emily Gilbert (2015), pp. 204–205.

50  Emily Gilbert (2015), p. 206.

51  US Army, Commander's Guide to Money as a Weapons System: Tactics, Techniques and Procedures, Handbook 09–27 (April 2009), p. 3; Emily Gilbert (2015), pp. 205–206에서 재인용.

52  Emily Gilbert (2015), pp. 207–208.

53  R. Christie, "The Pacification of Soldiering, and the Militarization of Development: Contradictions Inherent in Provincial Reconstruction in Afghanistan," *Globalizations*, 9:1 (2012), p. 60; Emily Gilbert (2015), p. 209에서 재인용.

54  Emily Gilbert (2015), pp. 209–210.

55  Killan McCormack (2018), pp. 174–175.

56  Anthony Giddens (1987), pp. 184, 186–188.

57  Anthony Giddens (1987), pp. 190–192.

58  Anthony Giddens (1987), p. 181.

59  Radley Balko, *Rise of the Warrior Cop: The militarization of America's Police Forces* (New York: Public Affairs, 2014); Dirk Kruijt and Kees Koonings, "From political armies to the 'war against crime': The transformation of militarism in Latin America," in Anna Stavrianakis and Jan Selby, eds (2013), pp. 100–102.

60  귀스타브 르 봉 지음, 정명진 옮김, 『전쟁의 심리학』 (서울: 부글, 2020), p. 83.

61  자크 파월 지음, 박영록 옮김, 『자본은 전쟁을 원한다』 (파주: 오월의봄, 2019), p. 82.

62  자크 파월 지음, 지음 (2019). pp. 107–110.

63  자크 파월 지음, 지음 (2019). p. 83.

64  자크 파월 지음, 윤태준 옮김, 『좋은 전쟁이라는 신화』 (파주: 오월의봄, 2017), p. 40.

65  자크 파월 지음 (2017), pp. 121-122.

66  자크 파월 지음 (2017), pp. 305-320.

67  Cynthia Enloe, *Globalization and Militarism* (Rowan and Littlefield: Lanham, 2016), pp. 34-36.

68  Cynthia Enloe (2016), pp. 41-43, 53-55.

69  Mirysia Zalewski, "What's the problem with the concept of military masculinities?" *Critical Military Studies*, 3:2 (2017), p. 200.

70  Katharine M. Millar and Joanna Tidy, "Combat as a moving target: masculinities, the heroic soldier myth, and normative martial violence," *Critical Military Studies*, 3:2 (2017), pp. 149-150; O. Sasson-Levy, "Constructing identitied at the margins: Masculinities and citizenship in the Israel army," *The Sociological Quarterly*, 43:3 (2002), pp. 357-383 참조.

71  R. W. Connell, *Gender and Power* (Sydney: Allen and Unwin, 1987) 참조.

72  Katharine M. Millar and Joanna Tidy (2017), pp. 153-154; F. J. Barrett, "The organizational construction of hegemonic masculinity: The case of US Navy," *Gender, Work Organization*, 3:3 (1996), pp. 129-142; C. Daggett, "Drone disorientations: How 'unmanned' weapons queer the experience of killing in war," *International Feminist Journal of Politics*, 17:3 (2015), pp. 361-379 참조.

73  Katharine M. Millar and Joanna Tidy (2017), p. 154.

74  Mirysia Zalewski (2017), pp. 201-203.

75  Sarah Bulmer and Maya Eichler, "Unmaking militarized masculinity: Veterans and the project of military-to-civilian transition," *Critical Military Studies*, 3:2 (2017), p. 161.

76  Henri Myrttinen, Lana Khattab and Jana Naujoks, "Re-thinking hegemonic masculinities in conflict contexts," *Critical Military Studies*, 3:2 (2017), pp. 108-109.

77  Henri Myrttinen et al. (2017), p. 110.

78  Henri Myrttinen et al. (2017), pp. 112-113.

79  Henri Myrttinen et al. (2017), pp. 114-115.

80  Henri Myrttinen et al. (2017), pp. 192-193.

81  Henri Myrttinen et al. (2017), p. 115.

82  벨 훅스 지음, 노지양 옮김, 『난 여자가 아닙니까?』 (서울: 동녘, 2023).

83  Kimberle Crenshaw, "Demarginalizing the intersection of race and sex: A black feminist critique of antidiscrimination doctrine, feminist theory and

antiracist politics," University of Chicago Forum 1989 (1989); Kimberle Crenshaw, "Mapping the margins: Intersectionality, identity politics, and violence against women of color," *Stanford Law Review*, 43:6 (1991), pp. 1241–1299.

84  Marsha Henry, "Problematizing military masculinity, intersectionality and male vulnerability in feminist critical studies," *Critical Military Studies*, 3:2 (2017), pp. 182–184.

85  Marsha Henry (2017), pp. 186–193.

86  Paul Higate ed., *Military masculinities: Identity and the state* (London: Praeger publishers, 2003).

87  R. F. Titunik, "The myth of macho military," *Polity*, 40:2 (2008), pp. 137–163.

88  O. Sasson-Levy, "Research on gender and military in Israel: From a gendered organizations to inequality regimes," *Israel Studies Review*, 26:2 (2011), pp. 73–98; Marsha Henry (2017), p. 190에서 재인용.

89  Marsha Henry (2017), p. 191.

90  Roberto J. Gonzalez, "Sextion X. militarization and the body," in Roberto J. Gonzalez et al. eds. (2019), p. 276.

91  Carl von Clausewitz, *On War*, Translated by Michael Howard and Peter Parer (Princeton: Princeton University Press, 1976), pp. 91, 93; Elaine Scarry, "The structure of war: The juxtaposition of injured bodies and unanchored issues," in Roberto J. Gonzalez et al. eds. (2019), p. 286에서 재인용.

92  Hugh Gusterson, "Nuclear war, the Gulf War, and the disappearing body," in Roberto J. Gonzalez et al. eds. (2019), pp. 276–277.

93  Hugh Gusterson (2019), pp. 276–282.

94  Kenneth Ford and Clark Glymour, "The enhanced warfighter," in Roberto J. Gonzalez et al. eds. (2019), pp. 291–296.

95  James Quesada, "Suffering child: An embodiment of war and its aftermath in post-Sandinista Nicaragua," in Roberto J. Gonzalez et al. eds. (2019), pp. 296–301.

96  클라이브 폰팅 지음, 김현구 옮김,『진보와 야만: 20세기의 역사』(서울: 돌베개, 2007), pp. 202–203.

97  디디에 알칸트·로랑 프레데릭-볼레 지음, 드니 로디에 그림, 곽지원 옮김,『원자폭탄: 2차대전을 종결한, 잔혹하고 압도적인 무기의 역사』(서울: 북21, 2021), pp. 451–452.

98  Talal Asad, *On Suicide Bombing* (New York: Columbia University Press,

2007).

99 Ken MacLeish, "The ethnography of good machine," *Critical Military Studies*, 1:1 (2015), pp. 15-18.

100 Ken MacLeish (2015), pp. 18-19.

101 Jocelyn Lim Chua, "Bloody war: menstruation, soldiering, and the 'gender-integrated' United States military," *Critical Military Studies*, 8:2 (2022), pp. 139-158.

102 Glenda Garelli and Martina Tazzioli, "The biopolitical warfare on migrants: EU Naval Force and NATO operations of migration government in the Mediterranean," *Critical Military Studies*, 4:2 (2018), pp. 185-187.

103 노지원, "오늘도 계속되는 '람페두사의 비극'," 『한겨레』, 2023년 10월 18일, pp. 8-9; "유럽 이주민 문제, 그리고 위선과 부정의," 『한겨레(온라인)』, 2023년 10월 19일.

104 Glenda Garelli and Martina Tazzioli (2018), p. 184.

105 Mark Duffield, "Global civil war: The non-insured international containment and post-interventionary society," *Journal of Refugee Studies*, 21:5 (2008), p. 146; Glenda Garelli and Martina Tazzioli (2018), p. 195에서 재인용.

106 Glenda Garelli and Martina Tazzioli (2018), pp. 195-196.

107 Didier Bigo, "The (in)securitization preactices of the three universes of EU border control: Military/navy border guard/police-database analysis," *Security Dialogue*, 45 (2014), pp. 209-225.

108 Glenda Garelli and Martina Tazzioli (2018), p. 188.

109 Judith Butler, "Human shield," *London Review of International Law*, 3:2 (2005), p. 1.

110 Glenda Garelli and Martina Tazzioli (2018), pp. 189-190.

111 Didier Bigo, "Security and immigration: Toward a critique of the governmentality of unease," *Alternatives: Global, Local, Political*, 27:1 (2002), pp. 63-92.

112 Glenda Garelli and Martina Tazzioli (2018), pp. 191-193.

113 김엘리, "남성들은 무엇이 억울할까," 김엘리 외, 『군대에 대해 말하지 않은 것들』 (파주: 서해문집, 2024), pp. 71-97.

114 David Duriesmith and Noor Huda Ismail, "Embodied militarism and the process of disengagement from foreign fighter networks," *Critical Military Studies*, 8:1 (2022), p. 29.

115 Julia Welland, "Violence and the contemporary soldiering body," *Security Dialogue*, 48:6 (2017), pp. 524-540.

116 J. Horgan and K. Braddock, "Rehabilitating the terrorist?: Challenges in as-

sessing the effectiveness of de-radicalization programs," Terrorism and Political Violence, 22:2 (167-291 (2010); 이상 David Duriesmith and Noor Huda Ismail (2022), pp. 29-30에서 재인용.

**117** David Duriesmith and Noor Huda Ismail (2022), p. 34.

**118** David Duriesmith and Noor Huda Ismail (2022), p. 36.

**119** Amanda Chisholm, "Clients, contractors, and the everyday masculinities in gobal private security," *Critical Military Studies*, 3:2 (2017), pp. 120-141. 이하 내용도 이 논문을 인용한 것이다.

**120** Anna M. Agathangelou, "Living archives and Cyprus: militarized masculinities and decolonial emerging world horizons," *Critical Military Studies*, 3:2 (2017), pp. 206-211. 이하 내용도 이 논문을 인용한 것이다.

**121** 서보혁, "사이프러스의 장기 분단과 통일 협상," 서보혁·권영승 엮음, 『분쟁의 평화적 전환과 한반도』(서울: 박영사, 2020), pp. 182-184.

**122** Avishai Margalit, *The Ethics of Memory* (Cambridge: Harvard University Press, 2002), p. 14.

**123** Stefanie Fishel, "Remembering nukes: colletive memories and countering state history," *Critical Military Studies*, 1:2 (2015), pp. 131-144.

**124** Martin Harwit, *An exhibit denied: Lobbying the history of Enola Gay* (New York: Springer Verlag, 1996).

**125** Stefanie Fishel (2015), pp. 137-139.

**126** Stefanie Fishel (2015), pp. 139-140.

**127** Barbara Sutton and Julie Novkov, "Rethinking Security, Confronting Inequality: An Introduction," in Barbara Sutton, Sandra Morgen, and Julie Novkov, eds. *Security Disarmed: Critical Perspective on Gender, Race, and Militarization* (Rutgers: Rutgers University Press, 2008), p. 20.

**128** Dwight D. Eisenhower, "Farewell address to the nation (January 17, 1961)," in Roberto J. Gonzalez et al. eds. (2019), pp. 36-38.

**129** David Campbell, *Writing Security: United States Foreign Policy and the politics of Identity* (Minnesota: University of Minnesota Press, 1998), pp. 151-160 참조.

**130** Andrew Feinstein, *The Shadow World: Inside the Global Arms Trade* (New York: Picador, 2012); 앤드루 파일스타인 지음, 조아영·이세현 옮김, 『어둠의 세계』 (파주: 오월의봄, 2021).

**131** 앤드루 파인스타인 지음, 조아영·이세현 옮김 (2021), p. 278.

**132** 앤드루 파인스타인 지음 (2021), pp. 566-567.

133 Karl Liebknecht (2019[1906]), pp. 84-85, 87-88.

134 윌리엄 코키 지음, 이승무 옮김, 『제국 문화의 종말과 흙의 생태학』(서울: 순환경제연구소, 2020), p. 227.

135 Cynthia Enloe, *Globalization and Militarism*, Second Edition (Rowan and Littlefield: Lanham, 2016), pp. 167-169.

136 Martin Shaw (1991), pp. 128-130.

137 Martin Shaw (1991), pp. 132-134.

138 로버트 자레츠키 지음, 윤종은 옮김, 『승리는 언제나 일시적이다: 사회적 재난 시대의 고전 읽기』(서울: 휴머니스트출판그룹, 2022), pp. 119-120.

139 Roberto J. Gonzales, *Militarizing culture: Essays on the warfare state* (New York: Routledge, 2010), pp. 14-18, 57-71.

140 Sanna Strand and Joakim Berndtsson, "Recruiting the 'enterprising soldier': military recruitment discourses in Sweden and the United Kingdom," *Critical Military Studies*, 1:3 (2015), pp. 233-248.

141 James Der Derian, *Virtuous War: Mapping the Military-Industrial-Media-Entertainment-Network* (New York: Routledge, 2009).

142 Anna Stavrianakis and Jan Selby, "War becomes academic: Human Terrain, virtuous war and contemporary militarism. An interview with James Der Derian," in Anna Stavrianakis and Jan Selby, eds. (2013), pp. 72-68.

143 Anna Stavrianakis and Jan Selby (2013), p. 66.

144 Anna Stavrianakis and Jan Selby (2013), pp. 67, 72-73.

145 Matthew Rech, Daniel Bos, K. Neil Jenkings, Alison Williams and Rachel Woodward, "Geography, military geography, and critical military studies," *Critical Military Studies*, 1:1 (2015), pp. 47-60.

146 Derek Gregory, "The everyday war," *The Geographical Journal*, 177:3 (2011), pp. 238-250.

147 S. Elden, *Terror and Territory: The spatial extent of sovereignty* (Minneapolis: University of Minnesota Press, 2009), p. 171.

148 Derek Gregory, *The colonial present: Afghanistan, Plaestine, Iraq* (Malden, MA: Blackwell, 2004), p. 20; Jennifer Greenburg, "'Going back to history': Haiti and US military humanitarian knowledge production," *Critical Military Studies*, 4:2 (2018), pp. 124에서 재인용.

149 Jennifer Greenburg (2018), p. 124.

150 Jennifer Greenburg (2018), pp. 124-125.

151 이에 관한 탁월한 논의는 Mark Duffield, *Development, security and unending*

war: Governing the world of people* (Cambridge: Polity Press, 2007); Mark
Duffield, *Global governance and the new wars: The merging of development
and security* (London: Zedbooks, 2001) 참조.

**152** M. Dillon, "Governing through contingency: The security of biopolitical gov-
ernance," *Political Geography*, 26:1 (2007), pp. 41–47.

**153** Jennifer Greenburg (2018), p. 125.

**154** 노엄 촘스키, 비자이 프라샤드 지음, 유강은 옮김, 『물러나다: 촘스키, 다극세계의 길목
에서 미국의 실패한 전쟁을 돌아보다』(서울: 시대의창, 2023), pp. 147–148.

**155** Killan McCormack, "Governing 'ungoverned' space: humanitarianism, cit-
izenship, and the civilian sphere in the territorialising practices of the US
national security complex," *Critical Military Studies*, 4:2 (2018), p. 162.

**156** Killan McCormack (2018), pp. 163–164.

**157** Killan McCormack (2018), pp. 164–165.

**158** Killan McCormack (2018), p. 166.

**159** Jamey Essex, *Development, security, and aid: Geopolitics and geoeconomics
at the US agency for international development* (Athens, GA: University of
Georgia, 2013) 참조.

**160** Killan McCormack (2018), pp. 167–169.

**161** Colleen Bell, "Hybrid warfare and its metaphors," Humanity: An International
Journal of Human Rights, Humanitarianism and Development, 3:2 (2012),
p. 277; Killan McCormack (2018), p. 168에서 재인용.

**162** Killan McCormack (2018), pp. 168–169.

**163** Killan McCormack (2018), p. 170.

**164** Killan McCormack (2018), p. 171.

**165** Killan McCormack (2018), p. 175.

**166** Mathias Delori and Vron Ware, "The faces of enmity in internarional rela-
tions: An introduction," *Critical Military Studies*, 5:4 (2019), pp. 299–300.

**167** 스티븐 핑커 지음, 김명남 옮김, 『우리 본성의 선한 천사』(서울: 사이언스북스, 2011),
pp. 885–886.

**168** 스티븐 핑커 지음 (2011), pp. 887, 889.

**169** 귀스타브 르 봉 지음, 정명진 옮김, 『전쟁의 심리학』(서울: 부글, 2020), pp. 32, 47.

**170** 로버트 월드 서스먼 지음, 김승진 옮김, 『인종이라는 신화』(고양: 지와사랑, 2022),
pp. 111–113.

**171** 로버트 월드 서스먼 지음 (2022), pp. 165–169, 211–213.

**172** 로버트 월드 서스먼 지음 (2022), pp. 7, 16.

173 Charles Tilly, *Coercion, capital, and European states, A.D. 990-1990* (Oxford: Blackwell Publishing, 1992).

174 낸시 프레이저 지음, 장석준 옮김, 『좌파의 길: 식인 자본주의의 반대한다』 (파주: 2023, 서해문집), pp. 94-102.

175 낸시 프레이저 (2023), pp. 102, 104, 107.

176 Barbara Sutton and Julie Novkov, "Rethinking Security, Confronting Inequality: An Introduction," in Barbara Sutton, Sandra Morgen, and Julie Novkov, eds. (2008), p. 15.

177 David Zierler, *The Invention of Ecocide* (Athens and London: The University of Georgia Press, 2011), pp. 26-27.

178 Kevin A. Gould, "The old militarized humanitarianism: contradictions of counterinsurgent infrastructure in Cold War Guatemala," *Critical Military Studies*, 4:2 (2018), p. 144.

179 Ran Zwigenberg, "The most modern city in the world: Isamu Noguchi's cenotaph controversy and Hiroshima's city of peace," *Critical Military Studies*, 1:2 (2015), p. 104.

180 Erik Ropers, "Contested spaces of ethnicity: zainichi Korean accounts of the atomic bombings," *Critical Military Studies*, 3:2 (2017), pp. 154.

181 Marsha Henry, "Problematizing military masculinity, intersectionality and male vulnerability in feminist critical studies," *Critical Military Studies*, 3:2 (2017), pp. 182, 191.

182 Toni Morrison, *Home* (New York: Vintage Books, 2021).

183 이정현, 『한국전쟁과 타자의 텍스트』 (서울: 삶창, 2020), pp. 271, 273.

184 Jodi Melamed, *Represent and Destroy: Rationalizing Violence in the New Radical Capitalism* (Minneapolis: University of Minnesota Press, 2011), p. 11.

185 Neda Atanasoski, *Humanitarian Violence: The U.S. Deployment of Diversity* (Minneapolis: University of Minnesota Press, 2013), pp. 8-9, 18-19.

186 Barbara Sutton and Julie Novkov, "Rethinking Security, Confronting Inequality: An Introduction," in Barbara Sutton, Sandra Morgen, and Julie Novkov, eds. (2008), p. 19.

187 자크 파월 지음 (2019), pp. 338-339.

188 Hugh Gusterson, "Section XI. Militarism and technology," in Roberto J. Gonzalez et al. eds. (2019), p. 303.

189 Eugene Jarecki (2008), pp. 162-163.

190 David H. Price, "Militarizing space," in Roberto J. Gonzalez et al. eds. (2019),

p. 316.

191 David H. Price (2019), pp. 317-318.

192 롭 닉슨 지음, 김홍옥 옮김, 『느린 폭력과 빈자의 환경주의』(서울: 에코리브르, 2020), pp. 376-384.

193 H. Patrica Hynes, "Land mines and cluster bombs: 'Weapons of mass destruction in slow motion," in Roberto J. Gonzalez et al. eds. (2019), pp. 325-326.

194 말콤 글래드웰 지음, 이영래 옮김, 『어떤 선택의 재검토: 최상을 꿈꾸던 일은 어떻게 최악이 되었는가』(파주: 김영사, 2022), pp. 48-50.

195 Michael S. Sherry (1995), p. 81.

196 말콤 글래드웰 (2022), pp. 125, 225.

197 Ran Zwigenberg, "The most modern city in the world: Isamu Noguchi's cenotaph contorovers and Hiroshima's city of peace," *Critical Military Studies*, 1:2 (2015), p. 104.

198 Joseph Masco, "Life underground: Building the American bunker society," in Roberto J. Gonzalez et al. eds. (2019), pp. 307-308.

199 Joseph Masco (2019), pp. 308-309.

200 마크 코켈버그 지음, 배현석 옮김, 『인공지능은 왜 정치적일 수 밖에 없는가』(서울: 생각이음, 2023), pp. 196-197.

201 존 다우어 (2018), pp. 29-35.

202 프란스 드 발, 김희정 옮김, 『영장류의 평화 만들기』(서울: 새물결, 2007), p. 338.

203 KBS, 2023년 9월 23일.

204 Anthony Giddens (1987), p. 241.

205 David Zierler, *The Invention of Ecocide* (Athens and London: The University of Georgia Press, 2011), p. 27, 47, 114.

206 Anthony Giddens (1987), p. 242.

207 Anthony Giddens (1987), pp. 237, 239-240.

208 클라이브 폰팅 지음, 김현구 옮김, 『진보와 야만: 20세기의 역사』(서울: 돌베개, 2007), pp. 355-356.

209 Anthony Giddens (1987), pp. 254, 333.

210 Anthony Giddens (1987), p. 296.

211 Carl J Friedrich, *Totalitarianism* (Boston, Mass.: Harvard University Press 1954).

212 제러미 리프킨, 『회복력 시대』(서울: 민음사, 2022), pp. 117-118.

213 마크 코켈버그 (2023), pp. 190-191.

214 Senate Select Committee on Intelligence, "Committee Study of the Central Intelligence Agency's Detention and Interrogation Program," December 3, 2014.

215 대런 바일러 (2022), pp. 25, 40, 54, 97.

216 Lily Kuo, "Before they floated abroad, China's spy balloons were already used at home," *The Washington Post* (February 16, 2023). 웹사이트 검색: 2023년 2월 17일.

217 마크 코켈버그 (2023), pp. 211-212.

218 롭 닉슨 (2020), p. 271.

219 Major Kelly Webster, "Lessons from a military humanitarian in Port-Au-Prince," *Small Wars Journal* (March 28, 2010); Jennifer Greenburg, "'Going back to history': Haiti and US military humanitarian knowledge production," *Critical Military Studies*, 4:2 (2018), p. 121에서 재인용.

220 카너 폴리 지음, 노시내 옮김, 『왜 인도주의는 전쟁으로 치닫는가?: 그들이 세계를 돕는 이유』 (서울: 마티, 2010), pp. 16-17, 62-90.

221 이하 Jennifer Greenburg (2018), pp. 121-139.

222 Derek Gregory, "'The rush to the intimate': Counterinsurgency and the cultural turn," *Radical Philosophy*, 150 (2008), p. 9.

223 이언 모리스 지음, 김필규 옮김, 『전쟁의 역설: 폭력으로 평화를 일군 1만년의 역사』 (서울: 지식의날개, 2015), pp. 553-555.

224 메디아 벤저민 · 니컬라스 J.S. 데이비스 지음, 이준태 옮김, 『당신은 우크라이나 전쟁을 모른다』 (파주: 오늘의봄, 2023), pp. 130-131.

225 USAID, *The Development response to violent extremism and insurgency: Putting principles into practice* (Washington, DC: USAID Policy, 2011) 참조.

226 Kevin A. Gould, "The old militarized humanitarianism: contradictions of counterinsurgent infrastructure in Cold War Guatemala," *Critical Military Studies*, 4:2 (2018), pp. 140-141.

227 W. F. Barber and C. N. Ronning, *Internal security and military power: Counterinsurgency and civic action in Latin America* (Ohio: Ohio State University Press, 1966) 참조.

228 N. Chomsky, *The new military humanism: Lessons from Kosovo* (London: Pluto Press, 1999); D. Fassin and M. Pandolfi, eds. *Contemporary states of emergency. The politics of militaryand humanitarian interventions* (New York: Zone Books, 2010) 참조.

229 US Department of the Army 2003, para 3-99; Jan Bachmann, "Militarization

going places?: US forces, aid delivery and memories of military coersion in Uganda and Kenya," *Critical Military Studies*, 4:2 (2018), p. 103에서 재인용.

230 이하 케냐, 우간다 사례는 Jan Bachmann, "Militarization going places?: US forces, aid delivery and memories of military coersion in Uganda and Kenya," *Critical Military Studies*, 4:2 (2018), pp. 102-120.

231 이하 아이티 사례는 Jennifer Greenburg (2018), pp. 127, 129-130, 136.

232 Smedley Butler, *War is a racket* (New York: Skyhorse Publishing, 2013).

233 관련 유엔 웹사이트 https://www.un.org/en/genocideprevention/about-re-sponsibility-to-protect.shtml (검색일: 2023. 7. 24).

234 Emily Gilbert (2015), pp. 202-219.

235 Jan Bachmann (2018), pp. 115-116.

236 Randall Williams, *The Divided World: Human Rights and Its Violence* (Minneapolis: University of Minnesota Press, 2010), pp. 29-30, 64.

237 카너 폴리 (2010), pp. 142-149.

238 이절은 Killam McCormack and Emily Gilbert, "Spaces at the intersections of militarism and humanitarianism," *Critical Military Studies*, 4:2 (2018), pp. 97-101.

239 Joe Bryan, "War without end? military humanitarianism and the limits of biopolitical approaches to Central America and the Caribbean," *Political Geography*, 47 (2015), pp. 33-42.

240 L. Khalili, *Time in the shadows: confinement in counterinsurgencies* (Bloomington: Stanford University Press, 2013), p. 7.

241 Didier Fassin, *Humanitarian reason: A moral history of the present* (Berkeley: University of California Press, 2011) 참조.

242 M. Zehfuss, "Contemporary western war and the idea of humanity," *Environment and Planning D: Society and Space*, 30:5 (2012), p. 868.

243 UNICEF et al., "Human impact of war in Ukraine," June 19, 2023.

244 Lachel L. Carson, *Silent Spring* (Boston: Houghton Mifflin Company, 2002 [1962], p. 297; 윌리엄 사우더 지음, 김홍옥 옮김, 『레이첼 카슨: 환경운동의 역사이자 현재』 (서울: 에코리브르, 2014), p. 471에서 재인용.

245 Conservation Foundation, "Implication of rising carbon dioxide content of the atmosphere" March 1963; 윌리엄 사우더 92014), p. 496에서 재인용.

246 롭 닉슨 지음, 김홍옥 옮김, 『느린 폭력과 빈자의 환경주의』 (서울: 에코리브르, 2020), pp. 425-426.

247 Gwyn Kirk, "Contesting Militarism: Global Perspectives," in Barbara Sutton,

Sandra Morgen, and Julie Novkov, eds. (2008), pp. 43-44.

**248** 이동민, 『기후로 다시 읽는 세계사』 (고양: 갈매나무, 2023), pp. 242, 246-248.

**249** 정욱식, "기후위기 시대 반전, 평화의 논리와 녹색의 한반도," 평창오대산평화포럼 (POP) 주최 '기후위기 시대, 한반도의 평화와 녹색국가' 포럼 발표문 (오대산 월정사 성보박물관, 2023.2.17.-18).

**250** 조효제, 『침묵의 범죄 에코사이드』 (파주: 창비, 2022), pp. 119-137.

**251** 롭 닉슨 (2020), pp. 9, 34-35.

**252** 롭 닉슨 (2020), pp. 247, 252, 255.

**253** 롭 닉슨 (2020), pp. 71-72.

**254** 롭 닉슨 (2020), pp. 326-328, 404.

**255** 아미타브 고시 지음, 김흥옥 옮김, 『육두구의 저주: 지구 위기와 서구 제국주의』 (서울: 에코리브르, 2022), pp. 322-324.

**256** 요아힘 라트카우 지음, 김희상 옮김, 『생태의 시대: 다시 쓰는 환경운동의 세계사』 (파주: 열린책들, 2022), p. 593.

**257** 롭 닉슨 (2020), pp. 343-346.

**258** 롭 닉슨 (2020), pp. 347-350.

**259** 기욤 피트롱 지음, 양영란 옮김, 『프로메테우스의 금속』 (서울: 갈라파고스, 2021), p. 28-29, 80.

**260** David Zierler (2011), p. 92.

**261** Anthony Giddens (1987), p. 327.

**262** 요아힘 라트카우 지음, 김희상 옮김, 『생태의 시대: 다시 쓰는 환경운동의 세계사』 (파주: 열린책들, 2022), p. 824.

**263** 요아힘 라트카우 (2022), p. 691.

## 제IV부 군사주의의 다차원성

**1** Judith Butler, *Frames of war: When is life grievable?* (London: Verso, 2010); Mathias Delori, "Humanitarian violence: how Western airmen kill and let die in order to make live," *Critical Military Studies*, 5:4 (2019), pp. 325-328에서 재인용.

**2** 이하는 Mathias Delori (2019), pp. 329-337.

**3** Talal Asad, *On suicide bombing* (New York: Columbia University Press, 2007), p. 94; Mathias Delori (2019), p. 333에서 재인용.

**4** Adi Ophir, "Moral Technologies: The administration of disaster and the forsaking of lives," *Theoria veBikoret*, 23 (2002), pp. 67-103; Mathias Delori

(2019), p. 335에서 재인용.

5     완전 표기는 Non-combatant Casualty Cut-off Value. Mathias Delori (2019), p. 335.

6     Eyal Weizman, *The least of all possible evils: Humanitarian violence from Arendt to Gaza* (London: Verso, 2012), p. 12; Mathias Delori (2019), p. 336에서 재인용.

7     Christophe Wasinski, "When the war machine produces its enemies: making sense of the Afghan situation through British airpower," *Critical Military Studies*, 5:4 (2019), pp. 341–358.

8     AI 드론 발전에 대한 자세한 내용은 미국 다큐멘터리 영화, Unknown: Killer Robot (2023)을 참조.

9     Francis Massé, Elizabeth Lunstrum & Devin Holterman, "Linking green militarization and critical military studies," *Critical Military Studies*, 4:2 (2018), pp. 201–221.

10     Cynthia Enloe, "The recruiter and the sceptic: a critical feminist approach to military studies," *Critical Military Studies*, 1:1 (2015), p. 7.

11     David Kinsella, "The global arms trade and the diffusion of militarism," in A. Stavrianakis and J. Selby, eds., *Militarism and international relations: Political economy, security, theory* (London: Routledg, 2013), pp. 105–116.

12     Cynthia Enloe, *Globalization and Militarism* (Rowan and Littlefield: Lanham, 2016).

13     David Vine, *Base Nation: How U.S. Military Bases Abroad Harm America and the World* (New York: Henry Holt and Company, 2015), pp. 4–7; Cynthia Enloe (2016), p. 22에서 재인용. 데이비드 바인 지음, 유강은 올김, 『기지 국가』 (서울: 갈마바람, 2017).

14     Anthony Giddens, *The Nation-State and Violence* (Berkeley: University of California Press, 1987).

15     이하 Dan Smith and Ron Smith (1983), pp. 62–82.

16     Ben Hubbard and Maria Abi-Habib, "Behind Hamas's Bloody Gambit to Create a 'Permanent' State of War," *New York Times*, 8 November 2023; Nahal Toosl, Alexander Ward and Lara Seligman, "Why the U.S. isn't stopping this war, and other Middle East realities," *Politico*, 7 November 2023.

17     자크 포웰스 지음 (2019), pp. 69–106.

18     이하는 자크 포웰스 (2019), pp. 126–137, 164–165.

19     이찬수, 『메이지의 그늘: 영혼의 정치와 일본의 보수주의』 (서울: 모시는사람들, 2023),

pp. 113-118.

20  이하는 스티븐 워커 지음, 권기대 옮김, 『카운트다운 히로시마』 (서울: 황금가지, 2005), pp. 180-416.

21  자크 포웰스 (2019), pp. 107-110.

22  자크 포웰스 (2019), pp. 83, 89-90.

23  이하 Barbara Sutton and Julie Novkov, "Rethinking Security, Confronting Inequality: An Introduction," in Barbara Sutton, Sandra Morgen, and Julie Novkov, eds. *Security Disarmed: Critical Perspective on Gender, Race, and Militarization* (Rutgers: Rutgers University Press, 2008), pp. 3-23.

24  Roger Possner, *The rise of militarism in the progressive era*, 1900-1914 (Mc-Farland & Company, Jefferson: 2009).

25  스티븐 워커 지음, 권기대 옮김, 『카운트다운 히로시마』 (서울: 황금가지, 2005), pp. 48, 64-65, 69-71.

26  이하는 Zoe H. Wool, "Critical military studies, queer theory, and the possibilities of critique" the case of suicide and family caregiving in the US military," *Critical Military Studies*, 1:1 (2015), pp. 23-37.

27  Sarah Bulmer and Maya Eichler, "Unmaking militarized masculinity: veterans and the project of military-to-civilian transition," *Critical Military Studies*, 3:2 (2017), pp. 161-181.

28  영화 '아프간에서의 후퇴(Retreat)', 아나벨라 안젤로브스카(Anabela Angelovska) 감독, 2022.

29  이하는 Yuki Miyamoto, "Unbearable light/ness of the bombing: normalizing violence and banalizing the horror of the atomic bomb experiences," *Critical Military Studies*, 1:2 (2015), pp. 116-130.

30  리처드 세넷 지음, 유병선 옮김, 『뉴캐피털리즘』 (서울: 위즈덤하우스, 2009), pp. 5, 31.

31  리처드 세넷 (2009), pp. 32-33.

32  스베틀라나 알렉시예비치 지음, 김하은 옮김, 『세컨드핸드 타임: 호모 소비에티쿠스의 최후』 (서울: 이야기가있는집, 2016).

33  스베틀라나 알렉시예비치 (2016), p. 10.

34  스베틀라나 알렉시예비치 (2016), p. 44.

35  스베틀라나 알렉시예비치 (2016), p. 30-31.

36  스베틀라나 알렉시예비치 (2016), p. 297.

37  스베틀라나 알렉시예비치 (2016), p. 353.

38  *Pax Eurasia*. 2021년 12월 11일. https://russia.kr/archives/8907 (검색일:

2023.3.18.).

39 위키피디아백과. https://ko.wikipedia.org/wiki/옐냐 (검색일: 2023.3.18)

40 드미트리 보골류보프(Dmitry Bogolyubov) 감독의 2019년 작품.

41 앤드류 바세비치 지음, 박인규 옮김, 『워싱턴 룰』(파주: 오월의봄, 2013), pp. 26-30.

42 앤드류 바세비치 (2013), pp. 47-48, 78-79.

43 앤드류 바세비치 (2013), pp. 127, 141.

44 기언 쿽 (2008), pp. 34-35.

45 C. Wright Mills, *The Power Elite* (Oxford: Oxford University Press, 1956): 앤드류 파일스타인 지음, 조아영·이세현 옮김, 『어둠의 세계』(파주: 오월의봄, 2021), p. 39에서 재인용.

46 Steven Staples (2000), pp. 18-19; 기언 쿽 (2008), p. 35에서 재인용.

47 기언 쿽 (2008), p. 356.

48 자크 포웰스 지음, 윤태준 옮김, 『좋은 전쟁이라는 신화』(파주: 오월의봄, 2017), pp. 29-30.

49 앤드류 파일스타인 (2021), p. 39.

50 앤드류 파일스타인 (2021), pp. 49, 51, 53.

51 앤드류 파일스타인 (2021), p. 387-388.

52 Killan McCormack (2018), pp. 172-176.

53 기언 쿽 (2008), p. 36.

54 기언 쿽 (2008), p. 37.

55 앤드류 바세비치 (2013), p. 33.

56 앤드류 파인스타인 지음, 조아영·이세현 옮김, 『어둠의 세계』(파주: 오월의봄, 2021), pp. 40-41.

57 이하는 Lynn Stephen, "Los Nuevos Desaparecidos: Immigration, Militarization, Death, and Disappearance on Mexico's Borders," in Barbara Sutton, Sandra Morgen, and Julie Novkov, eds. (2008), pp. 79-95.

58 Lynn Stephen (2008), p. 81에서 재인용.

59 "Stop deporting Haitians: Rights experts' appeal to countries in Americas," UN News, 28 April 2023.

60 「이민자의 나라」, 넷플릭스 타큐멘터리 시리즈, 2020.

61 Robert P. Marzec, *Militarizing the Environment: Climate change and the security state* (Minneapolis: University of Minnesota Press, 2015), pp. 1-29, 79-103.

62 조효제, 『침묵의 범죄 에코사이드』(파주: 창비, 2022), pp. 63-65.

63 아미타브 고시 지음, 김흥옥 옮김, 『육두구의 저주: 지구 위기와 서구 제국주의』(서울:

에코리브르, 2022), pp. 156-157, 177.

**64** 아미타브 고시 (2022), pp. 152-153.

**65** 미군은 현재 육군·해군·공군·해안경비대·해병대·우주군 등 6개 부분으로 편제되어 있다.

**66** 아미타브 고시 (2022), pp. 174-175.

**67** 아미타브 고시 (2022), pp. 178-179.

**68** John Last, "'Nature is being destroyed': Russia's arms buildup in Barents Sea creating toxic legacy," *Guardian*, July 24, 2023.

**69** 스베틀라나 알렉시예비치 지음, 연진희 옮김, 『마지막 목격자들: 어린이 목소리를 위한 솔로』 (파주: 글항아리, 2016), pp. 364-370.

**70** 롭 닉슨 지음, 김홍옥 옮김, 『느린 폭력과 빈자의 환경주의』 (서울: 에코리브르, 2020), pp. 270, 275, 277.

**71** "Devastating rights violations against Indigenous people must end," *UN News*, 17 July 2023.

**72** 롭 닉슨 (2020), p. 341.

**73** 롭 닉슨 (2020), pp. 341, 356.

**74** 롭 닉슨 (2020), pp. 360-361, 368-370, 372.

**75** "UN says climate change 'out of control' after likely hottest week on record," *The Guardian*, 7 July 2023.

**76** 낸시 프레이저 (2023), p. 44.

**77** 낸시 프레이저 (2023), pp. 45, 195-199.

**78** Friedrich A. Hayek, *The road to serfdom* (University of Chicago Press, 1944), p. 38; 사토 요시유키 지음, 김상운 옮김, 『신자유주의와 권력』 (서울: 후마니타스, 2014), p. 36에서 재인용.

**79** Mathias Delori and Vron Ware, "The faces of enmity in internarional relations: An introduction," *Critical Military Studies*, 5:4 (2019), p. 300.

**80** Kevin Blachford, "Liberal militarism and republican restraints on power: the problems of unaccountable intervention for American democracy," *Critical Military Studies*, 8:3 (2022), pp. 301-302.

**81** Stefanie Fishel, "Remembering nukes: colletive memories and countering state history," *Critical Military Studies*, 1:2 (2015), pp. 134.

**82** 이하는 Leigh Spanner, "Resilient and entrepreneurial military spouses: neo-liberalization meets militarization," *Critical Military Studies*, 8:2 (2022), pp. 233-253.

**83** H. L. Muehlenhoff, "Victims, soldiers, peacemakers and caretakers: The neoliberal constitution of women in the EU's security policy," *International Feminist Journal of Politics*, 19:2 (2017), p. 158; Leigh Spanner (2022), p. 238 에서 재인용.

**84** 김재명, "'정의의 전쟁' 이론에 대한 비판적 연구: 전쟁 종식의 정당성 논의를 중심으로," 국민대학교 박사학위 논문 (2006); 조일수, "왈쩌(M. Walzer)의 정의 전쟁론에 대한 비판적 고찰,"『윤리교육연구』, 제51집 (2019), pp. 79-108.

**85** Mathias Delori, "Humanitarian violence: how Western airmen kill and let die in order to make live," *Critical Military Studies*, 5:4 (2019), pp. 332-333.

**86** Mathias Delori (2019), pp. 322-340.

**87** Christophe Wasinski, "When the war machine produces its enemies: making sense of the Afghan situation through British airpower," *Critical Military Studies*, 5:4 (2019), pp. 341-358.

**88** Christophe Wasinski (2019), p. 346-348.

**89** Jennifer Greenburg, "'Going back to history': Haiti and US military humanitarian knowledge production," *Critical Military Studies*, 4:2 (2018), pp. 121, 125.

**90** Duffield (2001), pp. 7-9, 17; Nicola Short, "Militarism, 'new wars' and the political economy of development: A Gramscian critique," in Anna Stavrianakis and Jan Selby, eds, *Militarism and International Relations: Political economy, security, theory* (New York: Routledge, 2013), p. 51에서 재인용.

**91** Mark Duffield (2001), p. 14; Nicola Short (2013), p. 52에서 재인용.

**92** Glenda Garelli and Martina Tazzioli, "The biopolitical warfare on migrants: EU Naval Force and NATO operations of migration government in the Mediterranean," *Critical Military Studies*, 4:2 (2018), pp. 182-183.

**93** Glenda Garelli and Martina Tazzioli (2018), pp. 183.

**94** Amanda Chisholm, "Clients, contractors, and the everyday masculinities in gobal private security," *Critical Military Studies*, 3:2 (2017), pp. 123-124.

**95** Killan McCormack, "Governing 'ungoverned' space: humanitarianism, citizenship, and the civilian sphere in the territorialising practices of the US national security complex," *Critical Military Studies*, 4:2 (2018), pp. 165, 171.

**96** Killan McCormack (2018), p. 171.

**97** Killan McCormack (2018), p. 173.

**98** Bryan Mabee, "From 'liberal war' to 'liberal militarism': United States security policy as the promotion of military modernity," *Critical Military Studies*, 2:3 (2016), pp. 242-261.

99 M. Neocleous, *War power, police power* (Edinburgh: Edinburgh University Press, 2014).

100 M. Dillon, and J. Reid, *The liberal way of war: Killing to make life live* (London: Routledge, 2009); B. Evans, "Foucault's legacy: Security, war and violence in the 21st century," *Security Dialogue*, 41:4 (2010), pp. 413–433.

101 Michael Mann, "The roots and contradictions of modern militarism," *New Left Review Series I*, 162 (1987), p. 35–50.

102 김동춘, 『전쟁과 사회』 (서울: 돌베개, 2006); 김동춘, 『전쟁정치』 (서울: 길, 2013).

103 D. Edgerton, "Liberal militarism and the British state," *New Left Review*, 185 (1991), p. 141.

104 Martin Shaw, *Dialectics of war* (London: Pluto, 1988), p. 24.

105 Martin Shaw (2013), p. 20.

106 Martin Shaw (1991).

107 Martin Shaw (1991), pp. vii–viii; Gregory McLauchlan, "Review: Post-Military Society: Militarism, Demilitarization and War at the End of the Twentieth Century. by Martin Shaw," *American Journal of Sociology*, 98:5 (1993), p. 1256.

108 Meyer Kestnbaum, "Reviewed work(s): Post-Military Society: Militarism, Demilitarization and War at the End of the Twentieth Century. by Martin Shaw," *Contemporary Sociology*, 22:3 (1993), p. 402.

109 Martin Shaw (2013), p. 26.

110 Richard Hofstadter, *The age of reform: From Bryan to F.D.R.* (New York: Vintage, 1955), p. 272; Bryan Mabee (2016), p. 250에서 재인용.

111 예를 들어 메비는 다음 연구를 적절히 인용하고 있다. M. J. Hogan, *A cross of iron: Harry S. Truman and the origins of the national security state 1945–1954* (Cambridge: Cambridge University Press, 1998); G. Hooks, and G. McLauchlan, "The institutional foundation of warmaking: Three eras ofU.S. warmaking, 1939–1989," *Theory and Society*, 21:6 (1992), pp. 757–788; M. S. Sherry, *In the shadow of war: America since the 1930s* (New Haven: Yale University Press, 1995).

112 메비는 이점도 적절히 논증하고 있는데 예를 들어 다음 연구를 제시한다. David Kinsella (2013), pp. 105–116; Alexander Wendt, and Michael Barnett, "Dependent state formation and Third World militarization," *Review of International Studies*, 19:4 (1993), pp. 321–347.

113 Emily Gilbert (2015), p. 203.

114 Leonard C. Feldman, "The Citizen-Soldier as a Substitute Soldier: Militarism at the Intersection of Neoliberalism and Neoconservatism," in Barbara Sutton, Sandra Morgen, and Julie Novkov, eds. (2008), pp. 198-212.

115 Michael Walzer, *Obligations: Essays on disobedience, war, and citizenship* (Cambridge: Harvard University Press, 1970), p. 118; Leonard C. Feldman (2008), p. 200에서 재인용.

116 Terry K. Park, "The de/militarised frontier: the Korean demilitarised zone, the American DMZ border guard, and US liberal empire," *Critical Military Studies*, 7:2 (2021), pp. 237-254.

117 Cynthia Enloe (2016), p. 43.

118 Barbara Sutton and Julie Novkov (2008), p. 9.

## 제V부 군사화 효과

1 한나 아렌트 지음, 김정한 옮김, 『폭력의 세기』 (서울: 이후, 1999), pp. 121, 123.

2 Karl Liebknecht (2019[1906]), pp. 59-60, 80.

3 Karl Liebknecht (2019[1906]), pp. 81-82, 84.

4 Martin Shaw (1991), pp. 96-97.

5 Eugene Jarecki (2008), pp. 60, 77, 157.

6 John Yoo, *War by other means* (New York: Atlantic Monthly Press, 2007), p. 97; Eugene Jarecki (2008), p. 269에서 재인용.

7 Eugene Jarecki (2008), pp. 269-270.

8 존 디어 지음, 김준우 옮김, 『예수의 평화 영성』 (서울: 한국기독교연구소, 2008), pp. 280-283.

9 "데이터로 본 일본의 두 얼굴," KBS 시사기획 창 (2021년 8월 15일 방영). 검색(유투브, 2023. 9. 5.).

10 Hugh Gusterson, "Nuclear war, the Gulf War, and the disappearing body," in Roberto J. Gonzalez et al. eds. (2019), pp. 277, 279-280.

11 Hugh Gusterson (2019), pp. 276-277.

12 프레데릭 그로 지음, 배세진 옮김, 『미셸 푸코』 (서울: 이학사, 2022), p. 113.

13 대런 바일러 (2022), pp. 25-26.

14 대런 바일러 (2022), pp. 71-72, 149, 153.

15 Geoffrey Cain, *The Perfect Police State: An Undercover Odyssey into China's Terrifying Surveillance Dystopia of the Future* (New York: PublicAffairs, 2021).

16 글렌 E. 그린월드 지음, 박수민·박산호 옮김, 『더이상 숨을 곳이 없다: 스노든, NSA,

그리고 감시국가』(파주: 모던타임스, 2014), p. 232.

17  Julian Schofield (2007), pp. 152-153.

18  Martin Shaw (1991), p. 70.

19  박홍서, 『미중 카르텔: 갈등적 상호 의존의 역사』(서울: 후마니타스, 2020) 참고.

20  맥스 부트 지음, 문상준 · 조상근 옮김, 『보이지 않는 군대』(서울: 플래닛미디어, 2023), pp. 825-853.

21  맥스 부트 지음 (2023), pp. 30-31, 827.

22  이하는 Jan Bachmann, "Militarization going places?: US forces, aid delivery and memories of military coersion in Uganda and Kenya," *Critical Military Studies*, 4:2 (2018), pp. 102-120.

23  글렌 E. 그린월드 (2014), p. 238.

24  노엄 촘스키 (2023), p. 167.

25  Michael S. Sherry (1995), pp. 144, 156.

26  Michael S. Sherry (1995), pp. 154-156.

27  Eugene Jarecki (2008), pp. 55-57.

28  "Ethiopia: Mass killings continue, risk of further 'large-scale' atrocities," *UN News*, 18 September 2023.

29  "The key to climate action and sustainable peace? Women's full and equal participation," *UN News*, 31 March 2022.

30  "Sri Lanka: New Government urged to make progress on accountability, institutional reforms," *UN News*, 6 September 2022.

31  서보혁 · 권영승 엮음, 『분쟁의 평화적 전환과 한반도: 비교평화연구의 이론과 실제』(서울: 박영사, 2020) 참조.

32  "OHCHR 'very concerned' over militarization of public security in Honduras," *UN News*, 7 July 2023.

33  "Brazil: 'Racialized' police killings, evidence reforms are needed, say experts," *UN News*, 6 July 2022.

34  "Central African Republic entrenched in 'unprecedented humanitarian crisis'," *UN News*, 23 June 2021.

35  "Libya: human rights abuses must be addressed, says UN probe," *UN News*, 30 January 2023.

36  "Yemen: 'Political will, responsible leadership' needed, to end 7-year war," *UN News*, 12 January 2022.

37  『경향신문』, 2023년 7월 21일; *Atalayar*, 8 August 2023.

38  물론 외부 위협이 낮고 내부 위협이 높은 경우 군의 권한 확대와 정치개입 성향이 높

을 수도 있다. Michael C. Desch, 1999. *Civilian Control of the Military: The Changing Security Environment* (Baltimore: Johns Hopkins University Press, 1999); Alfred Stepan, *Rethinking Military Politics: Brazil and the Southern Cone* (Princeton, NJ: Princeton University Press, 1988).

**39** 비교연구 대상으로 삼은 10개국은 이스라엘, 한국, 미국, 콜롬비아, 엘살바도르, 프랑스, 남아프리카공화국, 세네갈, 스페인, 일본이다. David Kuehn and Yagil Levy, eds., *Mobilizing Force: Linking security threats, militarization, and civil control* (Boulder, London: Lynne Rienner: 2021).

**40** 글렌 그린월드 (2014), pp. 267, 269.

**41** 앤드루 파인스타인 지음, 조아영 · 이세현 옮김, 『어둠의 세계』 (파주: 오월의봄, 2021), p. 145.

**42** 김진호, "트루먼은 왜 북한의 남침을 기다렸나," 『민들레』. https://www.mindle-news.com/news/articleView.html?idxno=3756 (검색: 2023. 6. 25); Richard C. Thornton, *Odd Man Out: Truman, Stalin, Mao, and the Origins of the Korean War* (Washington, D.C.: Brassey, 2000) 참조.

**43** Michael S. Sherry (1995), p. 141.

**44** 앤드루 파인스타인 (2021), pp. 383, 389-391.

**45** Michael S. Sherry (1995), pp. 388-389, 417.

**46** 앤드루 파일스타인 (2021), p. 443.

**47** 앤드루 파인스타인 (2021), pp. 433-438, 440-443.

**48** Eugene Jarecki, *American way of war: Guided missiles, misguided men, and a republic in peril* (New York: Free Press, 2008); 165-166, 187, 192.

**49** SIPRI, *SIPRI Yearbook 2023* (Summary), p. 10. https://www.sipri.org/sites/default/files/2023-06/yb23_summary_en_1.pdf (검색일: 2023. 6. 19).

**50** Chalmers Johnson, *Dismantling the empire: America's last best hope* (New York: Metropoitan Books, 2010), p. 89; 앤드루 파인스타인 (2021), p. 374에서 재인용.

**51** 예브게니 모로조프, "냉전 2.0, AI의 새로운 비밀 전쟁," 『르몽드 디플로마티크』, 178호 (2023년 7월), pp. 17-25; Eric Schmidt and Robert O. Work, "How to Stop the Next World War: A strategy to restore America's military deterrence," *Atlantic*, 5 December 2012. https://www.theatlantic.com/ideas/archive/2022/12/us-china-military-rivalry-great-power-war/672345/ (검색일: 2023. 10. 15.).

**52** 이하는 Julian Schofield (2007), pp. 141-151.

**53** Michael S. Sherry (1995), p. 203.

54  Gordon Adams and Shoon Murray, eds. (2014) 참조.

55  Chalmers Johnson (2004), p. 214.

56  "UN and Red Cross call for restrictions on autonomous weapon systems to protect humanity," UN News, 5 October 2023.

57  C. Wright Mills, *The Power Elite* (Oxford: Oxford University Press, 1956), p. 39; 글렌 그린월드 (2014), p. 446에서 재인용.

58  Ken MacLeish, "The ethnography of good machine," *Critical Military Studies*, 1:1 (2015), pp. 19–20.

59  이하는 Dan Smith and Ron Smith (1983), pp. 84–99.

60  강영진, "폭탄 경제학… '미 우크라 군사지원 90% 美서 지출된다'," 「뉴시스」, 2023년 11월 30일.

61  Eugene Jarecki (2008), pp. 165, 172–173.

62  Gordon Adams and Shoon Murray, eds. (2014).

63  Gordon Adams and Shoon Murray, "An introduction to mission creep," in Adams and Murray, eds. (2014), pp. 14–15.

64  Gordon Adams, "The institutional imbalance of American statecraft," in Gordon Adams and Shoon Murray, eds. (2014), p. 41.

65  Derek S. Reveron, "From confrontation to cooperation: Weak states, demanding allies, and the US military," in Gordon Adams and Shoon Murray, eds. (2014), pp. 60–73.

66  James Dobbins, "Civic-military roles in postconflict stabilization and reconstruction," in Adams and Murray, eds. (2014), pp. 46–59.

67  Gordon Admas, "Conclusion: Does mission creep matter?" in Adams and Murray, eds. (2014), pp. 255–259.

68  Eugene Jarecki (2008), p. 81.

69  Eugene Jarecki (2008), pp. 81, 85, 89.

70  Pervez Musharraf, "Declaration of Emergency," Broadcast on Pakistan television, November 3, 2007; Eugene Jarecki (2008), p. 268에서 재인용.

71  C. Wright Mills, *The Power Elite* (Oxford: Oxford University Press, 1975).

72  자크 파월 (2017), p. 297.

73  이얼 프레스 지음, 오윤성 옮김, 『더티 워크』 (서울: 한겨레출판, 2023).

74  이얼 프레스(2023), pp. 22, 29–30.

75  영화 Drone, 토니에 헤센 셰이(Tonje Hessen Schei) 감독 (2014).

76  이얼 프레스(2023), p.262.

77  이얼 프레스(2023), pp. 181–183, 185–187, 261–262.

78  노엄 촘스키 (2023), p. 68.

79  이얼 프레스 (2023), pp. 201-202, 213-214.

80  이얼 프레스 (2023), pp. 216-217.

81  프리드리히 엥겔스 지음, 이재만 옮김, 『영국 노동계급의 상황』 (서울: 라티오, 2014),

82  영화 '언노운: 킬러 로봇(Unknown: Killer Robots)', 2023. 넷플릭스.

83  폴 데이비스 지음, 류운 옮김, 『기계 속의 악마』 (서울: 바다출판사, 2023), pp. 179-181.

84  이언 모리스 (2015), pp. 587-589.

85  영화 '언노운: 킬러 로봇(Unknown: Killer Robots)', 2023. 넷플릭스.

86  Eric Lipton, "As A.I.-Controlled Killer Drones Become Reality, Nations Debate Limits Worried about the risks of robot warfare, some countries want new legal constraints, but the U.S. and other major powers are resistant," *New York Times*, November 21, 2023.

87  이언 모리스 (2015), pp. 584-585, 590-591.

88  롭 닉슨 (2020), pp. 382-383.

89  롭 닉슨 (2020), pp. 384-385, 390, 392.

90  John W. Dower, *Cultures of war: Pearl Harbor / Hiroshima / 9 · 11 / Iraq* (New York: Norton and New Press, 2010), pp. 90-93; The Harvard Study Team, "The Effect of the Gulf Crisis on the Children of Iraq," Special Report (September 26, 1991). https://www.nejm.org/doi/full/10.1056/NEJM199109263251330 (검색일: 2023. 10. 15.).

91  「연합뉴스」, 2023. 7. 12.

92  배보람, "전쟁의 생태적 비용," 『녹색평론』 182호 (2023 여름호), pp. 94-95.

93  조슈야 프랭크, "우크라이나의 핵 아마겟돈 게임," 『녹색평론』 182호 (2023 여름호), pp. 104-105.

94  영화 '전쟁일기(The war diary)', 하콥 멜코냔 감독 (2023).

95  Nina Lakhani, "Emissions from Israel's war in Gaza have 'immense' effect on climate catastrophe," *Guardian*, 9 January 2024.

96  Glenda Garelli and Martina Tazzioli (2018), p. 192.

97  「중앙일보」, 2023. 4. 22.

98  "World 'wilfully ignoring' child deaths during dangerous Mediterranean Sea crossings," *UN News*, 14 July 2023.

99  Jon Henley Europe, "Sunk boat had not moved for hours, data suggests, contradicting Greek officials," *Guardian*, 19 June 2023; Katy Fallon, Giorgos Christides, Julian Busch and Lydia Emmanouilidou, "Greek shipwreck: hi-

tech investigation suggests coastguard responsible for sinking," *Guardian*, 10 July 2023; 『중앙일보』, 2023. 6. 21.

100 "타이타닉 관광 잠수정과 그리스 난민선으로 본 생명의 가치," 『BBC NEWS 코리아』, 2023. 6. 23. https://www.bbc.com/korean/articles/c80dyj4wvpdo (검색일: 2023. 6. 26).

101 벨 훅스 지음 (2023), p. 98.

102 메디아 벤저민·니컬라스 J.S. 데이비스, 『당신은 우크라이나 전쟁을 모른다』, pp. 144-149.

103 Eyal Weizman, *The Least of All Possible Evils: A Short History of Humanitarian Violence* (London: Verso, 2011), pp. 49-50.

104 Eyal Weizman (2011), pp. 18-19.

105 Neda Atanasoski (2013), pp. 1-31.

106 존 디어 (2008), p. 106.

107 Bryan Mabee (2016), p. 20.

108 Eugene Jarecki (2008), p. 179.

109 유엔 웹사이트에서 'Ukraine'을 검색어로 조사한 결과. https://www.un.org/en/site-search?query=ukraine (검색일: 2023. 6. 26).

110 배보람 (2023), pp. 92-93; 조슈야 프랭크 (2023), pp. 99-102.

111 Eugene Jarecki (2008), pp. 143, 146.

112 Eugene Jarecki (2008), p. 211.

113 Eugene Jarecki (2008), pp. 233-236.

114 Eugene Jarecki (2008), p. 114.

115 Eugene Jarecki (2008), pp. 257-259.

116 Eugene Jarecki (2008), p. 265.

117 다큐 영화 'Inside Russia: Putin's war at home', 게스빈 모하마드(Gesbeen Mohammad) 감독 (2022).

118 Roberto J. Gonzalez (2010), 특히 3-5장을 참조할 것.

119 노라 크루크 지음, 장한라 옮김, 『전쟁이 나고 말았다』 (서울: 엘리, 2023).

120 K는 푸틴 정권의 우크라이나 침공을 "식민주의적인 공격"으로 규정하고, 수백, 수천의 러시아 연구자 혹은 싱크탱크가 있지만, 대다수 전문가가 러시아의 식민주의를 연구해 본 적이 없다고 안타까움을 표했다. 노라 크루크 (2023), pp. 14, 56.

121 조르주 소렐, 이용재 옮김, 『폭력에 대한 성찰』 (서울: 나남, 2007), p. 55.

본 QR코드를 스캔하시면,
『군사주의: 폭력의 이데올로기와 작동방식』의
참고문헌을 열람하실 수 있습니다.

# 찾아보기

## A-Z

저자 소개

**서보혁**(徐輔赫)은 성균관대학교와 한국외국어대학교에서 공부하고 정치학 박사 학위를 취득하였다. 국제정치학의 입장에서 북한·통일문제를 연구해오다가 평화학을 섭렵하며 국제분쟁·평화연구로 나아가고 있다. 통일연구원에서 평화-인권-발전의 순환관계를 논의 틀로 삼아 '한반도 적극적 평화체제'를 준비하는 연구를 해오고 있다. 이화여대와 서울대 연구교수, 코리아연구원 연구기획위원 등 20여 년 동안 학술활동을 해오면서 여러 정부 및 비정부 기구들에 대북정책을 자문해오고 있다.

주요 저서로 『한국 평화학의 탐구』, 『탈냉전기 북미관계사』, 『코리아 인권』, 『북한 인권』, 『북한 정체성의 두 얼굴』, 『배반당한 평화』, 『인간안보와 남북한 협력』(엮음), 『한국인의 평화사상 Ⅰ·Ⅱ』(공편), 『분단폭력』(공편), 『평화개념 연구』(공편), 『헬싱키 프로세스와 동북아 안보협력』(공편), 『인권의 평화·발전 효과와 한반도』(공저) 등이 있다.

# 군사주의: 폭력의 이데올로기와 작동방식

| | |
|---|---|
| 초판발행 | 2024년 3월 10일 |
| 지은이 | 서보혁 |
| 펴낸이 | 안종만·안상준 |
| 편 집 | 사윤지 |
| 기획/마케팅 | 김한유 |
| 표지디자인 | 이수빈 |
| 제 작 | 고철민·조영환 |
| 펴낸곳 | (주)**박영사** |
| | 서울특별시 금천구 가산디지털2로 53, 210호(가산동, 한라시그마밸리) |
| | 등록 1959.3.11. 제300-1959-1호(倫) |
| 전 화 | 02)733-6771 |
| f a x | 02)736-4818 |
| e-mail | pys@pybook.co.kr |
| homepage | www.pybook.co.kr |
| ISBN | 979-11-303-1935-3  93340 |

정 가  30,000원